故宮

博物院藏文物珍品全集

故宮博物院藏文物珍品全集

明代書法

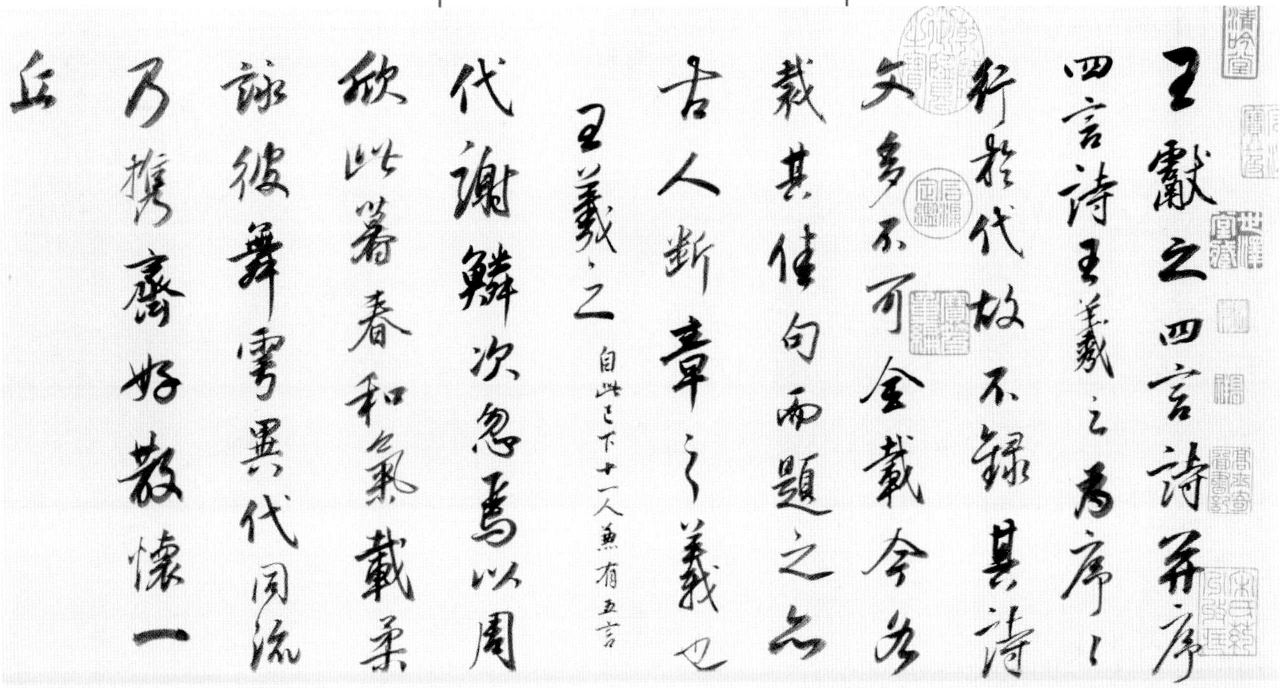

主編：蕭燕翼

商務印書館

明代書法

Calligraphy of the Ming Dynasty

故宮博物院藏文物珍品全集

The Complete Collection of Treasures of the Palace Museum

主　編……………………蕭燕翼
副主編……………………傅紅展
編　委……………………華　寧　李艷霞
攝　影……………………馮　輝

出版人……………………陳萬雄
編輯顧問…………………吳　空
責任編輯…………………段國強
設　計……………………嚴欣強
出　版……………………商務印書館（香港）有限公司
香港筲箕灣耀興道 3 號東滙廣場 8 樓
http://www.commercialpress.com.hk
發　行……………………香港聯合書刊物流有限公司
香港新界荃灣德士古道 220-248 號荃灣工業中心 16 樓
製　版……………………中華商務彩色印刷有限公司
香港新界大埔汀麗路 36 號中華商務印刷大廈
印　刷……………………中華商務彩色印刷有限公司
香港新界大埔汀麗路 36 號中華商務印刷大廈
版　次……………………2022 年 4 月第 2 次印刷

ISBN 978 962 07 5337 4

All inquiries should be directed to:
The Commercial Press (Hong Kong) Ltd.
8/F., Eastern Central Plaza, 3 Yiu Hing Road, Shau Kei Wan, Hong Kong.

故宮博物院藏文物珍品全集

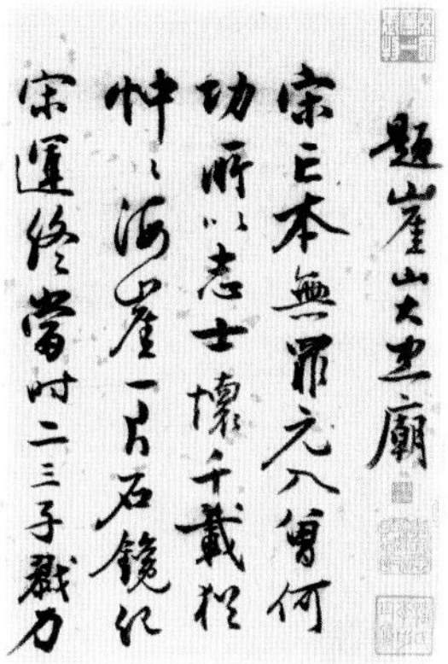

總序

楊新

故宮博物院是在明、清兩代皇宮的基礎上建立起來的國家博物館，位於北京市中心，佔地72萬平方米，收藏文物近百萬件。

公元1406年，明代永樂皇帝朱棣下詔將北平升為北京，翌年即在元代舊宮的基址上，開始大規模營造新的宮殿。公元1420年宮殿落成，稱紫禁城，正式遷都北京。公元1644年，清王朝取代明帝國統治，仍建都北京，居住在紫禁城內。按古老的禮制，紫禁城內分前朝、後寢兩大部分。前朝包括太和、中和、保和三大殿，輔以文華、武英兩殿。後寢包括乾清、交泰、坤寧三宮及東、西六宮等，總稱內廷。明、清兩代，從永樂皇帝朱棣至末代皇帝溥儀，共有24位皇帝及其后妃都居住在這裏。1911年孫中山領導的"辛亥革命"，推翻了清王朝統治，結束了兩千餘年的封建帝制。1914年，北洋政府將瀋陽故宮和承德避暑山莊的部分文物移來，在紫禁城內前朝部分成立古物陳列所。1924年，溥儀被逐出內廷，紫禁城後半部分於1925年建成故宮博物院。

歷代以來，皇帝們都自稱為"天子"。"普天之下，莫非王土；率土之濱，莫非王臣"（《詩經·小雅·北山》），他們把全國的土地和人民視作自己的財產。因此在宮廷內，不但匯集了從全國各地進貢來的各種歷史文化藝術精品和奇珍異寶，而且也集中了全國最優秀的藝術家和匠師，創造新的文化藝術品。中間雖屢經改朝換代，宮廷中的收藏損失無法估計，但是，由於中國的國土遼闊，歷史悠久，人民富於創造，文物散而復聚。清代繼承明代宮廷遺產，到乾隆時期，宮廷中收藏之富，超過了以往任何時代。到清代末年，英法聯軍、八國聯軍兩度侵入北京，橫燒劫掠，文物損失散佚殆不少。溥儀居內廷時，以賞賜、送禮等名義將文物盜出宮外，手下人亦效其尤，至1923年中正殿大火，清宮文物再次遭到嚴重損失。儘管如此，清宮的收藏仍然可觀。在故宮博物院籌備建立時，由"辦理清室善後委員會"對其所藏進行了清點，事竣後整理刊印出《故宮物品點查報告》共六編28

冊，計有文物117萬餘件（套）。1947年底，古物陳列所併入故宮博物院，其文物同時亦歸故宮博物院收藏管理。

二次大戰期間，為了保護故宮文物不至遭到日本侵略者的掠奪和戰火的毀滅，故宮博物院從大量的藏品中檢選出器物、書畫、圖書、檔案共計13427箱又64包，分五批運至上海和南京，後又輾轉流散到川、黔各地。抗日戰爭勝利以後，文物復又運回南京。隨着國內政治形勢的變化，在南京的文物又有2972箱於1948年底至1949年被運往台灣，50年代南京文物大部分運返北京，尚有2211箱至今仍存放在故宮博物院於南京建造的庫房中。

中華人民共和國成立以後，故宮博物院的體制有所變化，根據當時上級的有關指令，原宮廷中收藏圖書中的一部分，被調撥到北京圖書館，而檔案文獻，則另成立了“中國第一歷史檔案館”負責收藏保管。

50至60年代，故宮博物院對北京本院的文物重新進行了清理核對，按新的觀念，把過去劃分“器物”和書畫類的才被編入文物的範疇，凡屬於清宮舊藏的，均給予“故”字編號，計有711338件，其中從過去未被登記的“物品”堆中發現1200餘件。作為國家最大博物館，故宮博物院肩負有蒐藏保護流散在社會上珍貴文物的責任。1949年以後，通過收購、調撥、交換和接受捐贈等渠道以豐富館藏。凡屬新入藏的，均給予“新”字編號，截至1994年底，計有222920件。

這近百萬件文物，蘊藏着中華民族文化藝術極其豐富的史料。其遠自原始社會、商、周、秦、漢，經魏、晉、南北朝、隋、唐，歷五代兩宋、元、明，而至於清代和近世。歷朝歷代，均有佳品，從未有間斷。其文物品類，一應俱有，有青銅、玉器、陶瓷、碑刻造像、法書名畫、印璽、漆器、琺瑯、絲織刺繡、竹木牙骨雕刻、金銀器皿、文房珍玩、鐘錶、珠翠首飾、家具以及其他歷史文物等等。每一品種，又自成歷史系列。可以説這是一座巨大的東方文化藝術寶庫，不但集中反映了中華民族數千年文化藝術的歷史發展，凝聚着中國人民巨大的精神力量，同時它也是人類文明進步不可缺少的組成元素。

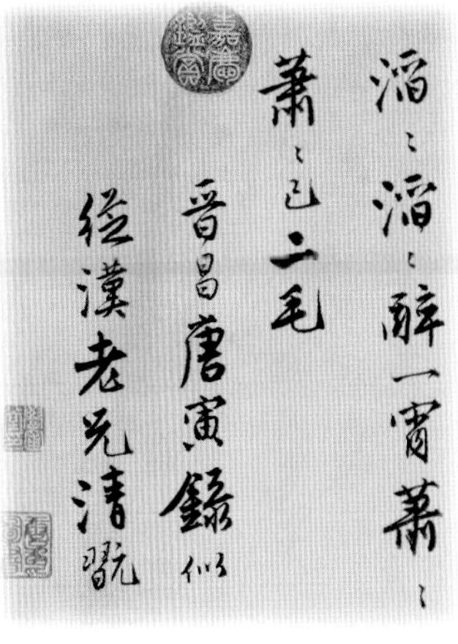

開發這座寶庫，弘揚民族文化傳統，為社會提供了解和研究這一傳統的可信史料，是故宮博物院的重要任務之一。過去我院曾經通過編輯出版各種圖書、畫冊、刊物，為提供這方

面資料作了不少工作，在社會上產生了廣泛的影響，對於推動各科學術的深入研究起到了良好的作用。但是，一種全面而系統地介紹故宮文物以一窺全豹的出版物，由於種種原因，尚未來得及進行。今天，隨着社會的物質生活的提高，和中外文化交流的頻繁往來，無論是中國還是西方，人們越來越多地注意到故宮。學者專家們，無論是專門研究中國的文化歷史，還是從事於東、西方文化的對比研究，也都希望從故宮的藏品中發掘資料，以探索人類文明發展的奧秘。因此，我們決定與香港商務印書館共同努力，合作出版一套全面系統地反映故宮文物收藏的大型圖冊。

要想無一遺漏將近百萬件文物全都出版，我想在近數十年內是不可能的。因此我們在考慮到社會需要的同時，不能不採取精選的辦法，百裏挑一，將那些最具典型和代表性的文物集中起來，約有一萬二千餘件，分成六十卷出版，故名《故宮博物院藏文物珍品全集》。這需要八至十年時間才能完成，可以說是一項跨世紀的工程。六十卷的體例，我們採取按文物分類的方法進行編排，但是不囿於這一方法。例如其中一些與宮廷歷史、典章制度及日常生活有直接關係的文物，則採用特定主題的編輯方法。這部分是最具有宮廷特色的文物，以往常被人們所忽視，而在學術研究深入發展的今天，卻越來越顯示出其重要歷史價值。另外，對某一類數量較多的文物，例如繪畫和陶瓷，則採用每一卷或幾卷具有相對獨立和完整的編排方法，以便於讀者的需要和選購。

如此浩大的工程，其任務是艱巨的。為此我們動員了全院的文物研究者一道工作。由院內老一輩專家和聘請院外若干著名學者為顧問作指導，使這套大型圖冊的科學性、資料性和觀賞性相結合得盡可能地完善完美。但是，由於我們的力量有限，主要任務由中、青年人承擔，其中的錯誤和不足在所難免，因此當我們剛剛開始進行這一工作時，誠懇地希望得到各方面的批評指正和建設性意見，使以後的各卷，能達到更理想之目的。

感謝香港商務印書館的忠誠合作！感謝所有支持和鼓勵我們進行這一事業的人們！

1995年8月30日於燈下

目錄

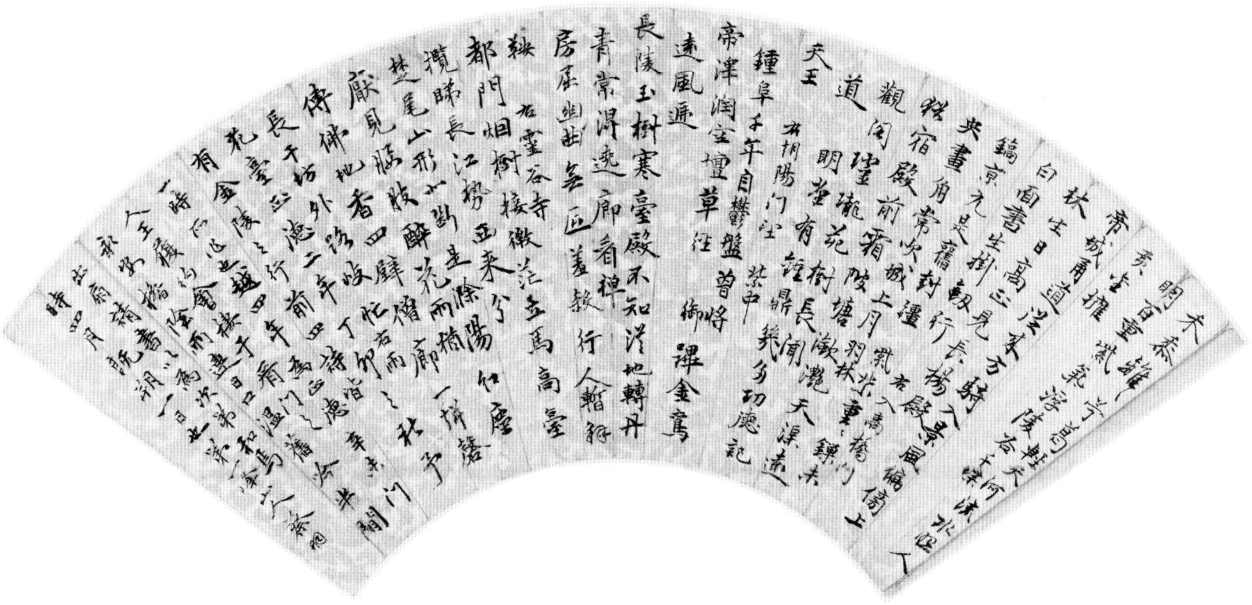

文物目錄

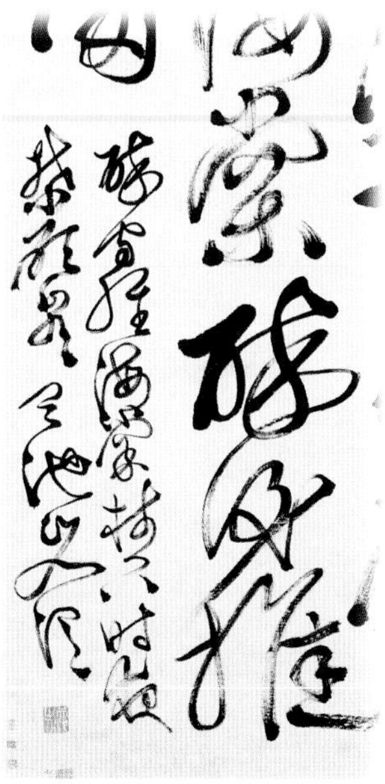

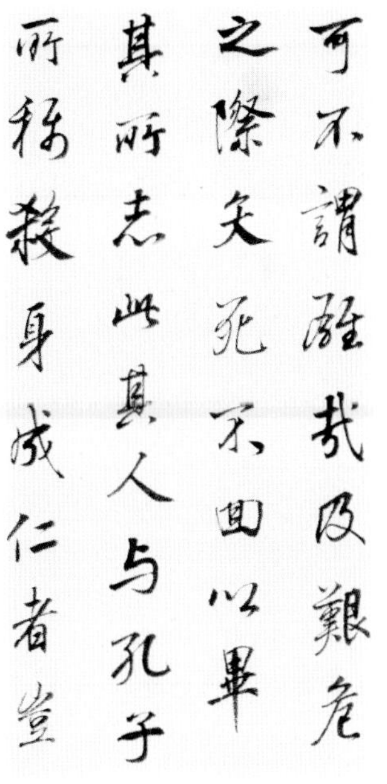
可不謂難哉及艱危
之際矣死不回以畢
其所志此其人与孔子
所稱殺身成仁者豈

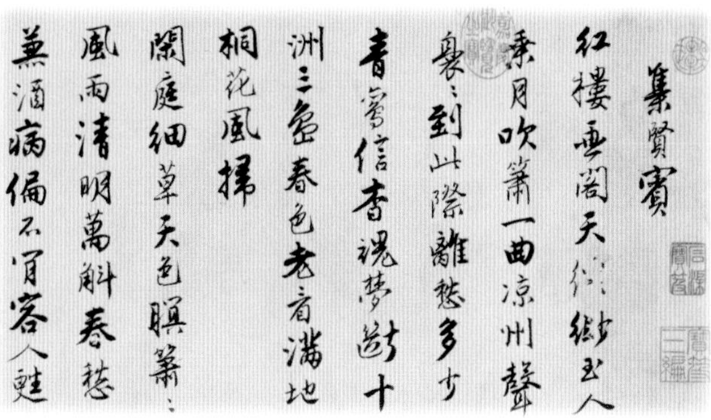

明代書法

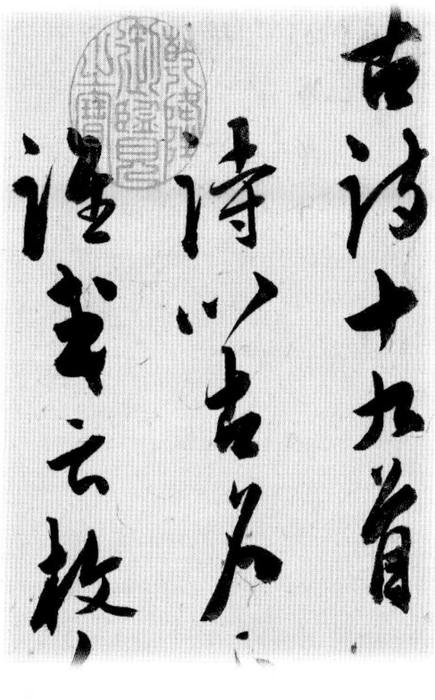

導言

蕭燕翼

經過元末的農民大起義，元朝覆滅，朱元璋於1368年在南京即皇帝位，是為明太祖。中國歷史進入了長達270餘年的明朝時期。中國的書法藝術也進入了一個新的發展階段。

明代書法，是繼宋、元以後帖學書法的又一發展及普及的時期。明代歷朝皇帝及外藩諸王，大多愛好書法，繼宋之後，又掀起朝野間的叢帖匯刻之風，如永樂十四年（1416）周憲王朱有燉匯刻的《東書堂集古法帖》，弘治九年（1496）晉靖王朱奇源為世子時匯刻的《寶賢堂集古法帖》；私家刻帖，有華夏的《真賞齋帖》、文徵明的《停雲館帖》、董其昌的《戲鴻堂法書》等，都是明代的著名刻帖。這些刻帖為明代書學奠定了基礎，故近代馬宗霍說：明代“帖學大行，故明人類能行草，雖絕不知名者，亦有可觀”。（馬宗霍《書林藻鑑》）這是明代書法的主要特點之一。

明王朝統治270餘年，按其政治、經濟發展狀況，可分為早、中、晚三個時期。明朝初建，各項統治舉措相當嚴酷，社會經濟日漸恢復。自中期以後，朝政日弛，統治更加黑暗腐敗，既面臨統治階層內部的鬥爭，又面臨迭起的農民起義及市民的鬥爭，無暇顧及對文化的統治。至明末，因清軍的騷擾、入侵，洶湧而起的農民大起義，統治者更陷入內外交困的境地，社會動蕩，凝聚力大幅度地削弱。社會的變遷，深刻地影響着書法藝術的演變，與社會、經濟發展狀況相適應的是明代書法發展也呈現出階段性變化，並湧現出一些代表性書家。明初，為適應新政權的建立和穩固，逐步確立了明代的書風並形成獨特的“台閣體”書法，代表書家為號稱“三宋、二沈”的宋克、宋璲、宋廣和沈度、沈粲兄弟。明代中期，隨着文化統治的相對削弱，“台閣體”書法已不孚眾望，代之而起的是經濟發達的蘇州地區的文人書法，即以祝允明、文徵明、王寵為核心的吳門書家。明代晚期，書法則呈現紛繁狀況，著名的有邢侗、張瑞圖、董其昌、米萬鍾等“明末四家”，稍後有並稱“黃倪”的黃道周、倪元璐，其中，對後世影響最大的是董其昌。他們的書法、師承、風格都不盡相同，各呈特色，折射着當時複雜的社會現狀。在明代早、中、晚三個不同的歷史時期，書法藝術亦呈現出不同的風貌，這構成了明代書法的又一特點。

此外，由於明代距今時代較近，因此法書遺跡留存至今的亦較為豐富。但是，自明代中期以後，隨着“帖學大行”及書法在社會間的普及，學習、欣賞、收藏古今書法的風氣也倍於前代。因之，書法作品的商品價值愈來愈被社會所認定，伴之而起的是中國書畫史上繼北宋中期以後的又一次書畫作偽風氣。在眾多的書畫作偽者中亦不乏有相當文化藝術修養和藝術成就的書畫家，他們所作的偽書畫不僅具有一定的藝術水準，並且或專門做一、二名家書畫，或作偽的花樣繁多，惑人耳目，以致在當時已擾亂了人們對名家書畫的認識，也給我們今天的書畫鑑定研究留下了許多重要課題。

北京故宮博物院是收藏明代書法作品最為豐富的博物館之一，其中傳世較少的明代早期書法，尤其構成故宮的收藏特點之一。為全面地反映明代書法的總體面貌，本卷在選編時，一方面將明初“台閣體”書法及各個階段的代表性書家的典型作品作為全書的重點，另一方面也盡可能地選入更多的明代書家作品，以豐富讀者對明代書法的認識。全書共收入六十餘家的一百多件作品，基本按明代書法演變的三個階段為序，囊括了各個階段的代表性書家及名家作品。同時，為避免以訛傳訛，特別注重所選作品的可靠性，係以中國古代書畫鑑定組鑑定無疑義的，編入《中國古代書畫目錄·第二冊》的作品為選目標準，以期為讀者提供可信的明代書法資料。

台閣體盛行的明代早期書法

明太祖朱元璋建立明政權之初，其時的書法正處於由元入明的過渡階段。元代末年的一部分有成就的書法家，隨着歷史的變遷跨入明代。明代何良俊在《四友齋叢説》中指出：“國初諸公盡有善書者，但非法書家耳”。所謂的“法書家”，主要指以書法為職業的人，他們的書法形成了一套固定的模式和體格。由元入明的書法家，大多數是兼善書法的文人，他們基本上沿襲着帖學書法的道路，或者直接籠罩在元代趙孟頫書法的影響下，如危素、宋濂、俞和、張羽等人就是這樣的書法家，儘管他們已身入明朝，甚至有的還做了明王朝的高官，但他們的書法仍保持了元代的風軌。明朝政權建立後，立即對書壇施加影響。其一，使書法家出現了朝野之分；其二，在朝的書法家不得不俯就朝廷對書法的要求，即由宋元以來書家多擅行草書，而變成明初一部分書法家擅寫楷書和篆、隸等規範性書體。於是，開始有人被徵召入宮做御用書法家，如書兼歐陽詢、虞世南、顏真卿、柳公權楷法，善署書大字的詹希元；號稱小篆之工為“國朝第一”的宋璲；以及以楷法精嚴而著名的杜環、揭樞，二人先後任中書舍人一職，繕寫宮中的誥敕、典冊、碑匾等。在洪武年間（1368—1398），書法家的朝野之分還不十分明顯，因為此時最著名的書法家“三宋”，既有在朝的宋璲，也有在宮廷之外的宋克和宋廣，其中還以宋克的藝術成就最高。對“三宋”的書法，昔人曾分別作過這樣的評價：“克（宋克）書出魏晉，深得鍾王之法，故筆精墨妙，而風度翩翩可愛。或者反以纖巧病之，可謂知書者乎？”（明吳寬《匏翁家藏集》）“仲珩（宋璲）書兼得文敏、子山二公之妙，而加以俊放；如天驥奔行，不躡故步，而意氣閒美，有踧踊凡馬之勢，當今推為第一。”（明方孝孺《遜志齋集》）“昌裔（宋廣）擅行草，體兼晉唐，筆勢翩翩。”（明楊士奇《東里續集》）本卷所收的“三宋”書法作品，如宋克的臨皇象《章草急就章卷》（圖3）、《草書進學解卷》（圖2），宋璲的《草書敬覆帖頁》（圖10），宋廣的《草書風入松詞軸》（圖6）、《草書太白酒歌軸》（圖7）等，雖書體不一，風格各異，但他們的書法有着明顯可鑑的共同特點，即嫻熟的技藝、健美的形態和閒雅的風韻。相比之下，此時期擅署大字的詹希元書法，則表現出端重嚴整的蒼勁之氣。明太祖朱元璋並不喜歡詹希元的書法風格，因為“詹孟舉嘗作太學集賢門，字畫遒勁，第用趯，太祖見而怒曰：‘安得梗吾賢路！’遂削其趯”。（明李文鳳《月山叢談》）按“趯”字，本為“永字八法”中的一法，即所謂筆鋒挑出者。大概詹希元寫的匾書比較峭拔，被朱元璋牽強的指斥為“梗吾賢路”。也許正因為這樣的原因，使得洪武年間一些御用書家的作品很少流傳下來。朱元璋喜歡的是宋璲一類“如美女簪花”的遒媚之字。帝王的好惡雖然不能作為審美的標準，但卻會對書壇產生很大的影響。於是，“三宋”書風成為社會時尚，他們也成為當時書壇的代表者。統治者對書法藝術的審美要求，通過官祿拉攏、羈縻善書者，深刻地反映在中書舍人的書法風格中，於是，造成了“台閣體”書法的出現。

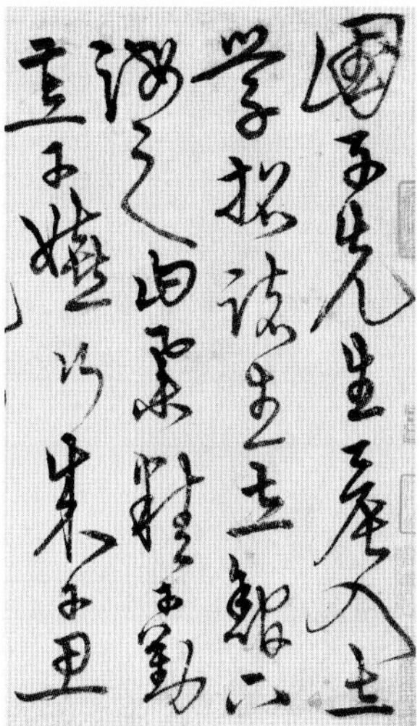

圖2 《草書進學解卷》局部

所謂的“台閣體”，主要指在宮廷中供職的中書舍人們的書法。據《明史．職官志》記載，洪武七年（1374）始設直省舍人，隸屬中書省，秩從八品。九年改中書舍人，並改為正七品。以後在洪武、建文、永樂、宣德幾朝中，統治機構屢有變更，除在建文年間（1399—1402）革除中書舍人改為侍書外，始終沒有廢除過中書舍人的設置。由於中書舍人在洪武初曾隸屬中書省，後來才主要承辦內閣或皇帝直接吩咐的繕寫事務，而唐、宋以後中書省曾取代尚書省，漢代稱尚書為台官，這樣中書省的官員也兼有台官的職能；又由於明代中書舍人書寫的文字，有一定的體格、風貌，所以人們就用中書舍人所在的官署及其職能，合稱其書法為“台閣體”。檢清代康熙時官修的《佩文齋書畫譜》，有記載的中書舍人在洪武朝有十餘人，至永樂朝驟增至三、四十人，宣德朝以後逐漸削減，但至崇禎時仍有中書舍人的設置。雖然有明一代從未間斷過中書舍人之職，而永樂年間（1403—1424）則是最盛的時期。這段時間，“台閣體”書法佔據了當時書壇的主要地位，其代表者是號稱“二沈”的沈度、沈粲兄弟。

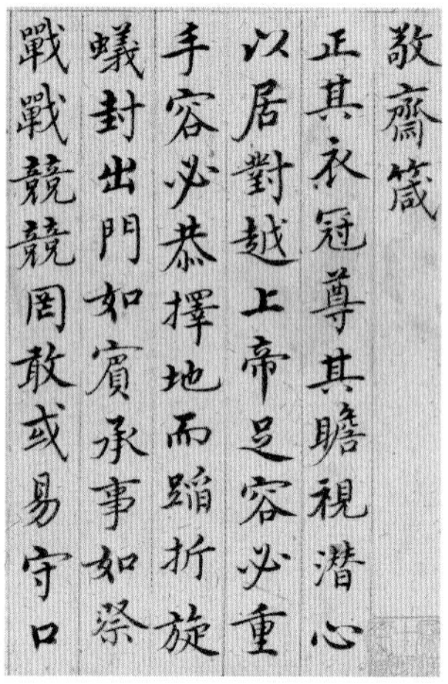

圖11　《楷書敬齋箴頁》局部

沈度的書法深受明成祖朱棣的喜愛，“日侍便殿，凡金版玉冊，用之朝廷，藏祕府，頒屬國，必命之書”（明楊士奇《東里集》），每稱其為“我朝王羲之”。他擅長楷、隸、行、草諸體，尤工楷書，是“台閣體”的典型。《楷書敬齋箴頁》（圖11）、《楷書謙益齋銘頁》（圖12）為其楷書的代表作。沒有確切的記載說明沈度的書學淵源，但從其書法作品的規範中可以看出他受到虞世南的影響。“虞書氣色秀潤，意和筆調，外柔內剛，修媚自喜”（馬宗霍《書林藻鑑》），對比沈書所具有的閒婉遒勁，落落大方的風致和動輒合矩的法度，尤其書法形體上表現出的修媚遒潤，顯然是與虞書十分接近的。所以楊士奇曾以“婉麗飄逸，雍容矩度”八字來概括沈度書法的風格特點。宋克、宋璲、宋廣等洪武年間書法家作品中所表現出來的健勁、婉暢、修美、從裕等藝術特點，在“台閣體”中部分地被繼承和發揚了，主要體現在對書法形式美的強化，和利用書技的嫻熟來控制字體的不激不厲、不靡不頹，以求得健勁而遒和，婉暢而雍容，修美而飄逸的風格；舉凡大小、長短、方圓、正欹、疾徐、剛柔等種種書法藝術表現中的對立因素，均被調解為均衡、和諧、允中。從藝術反映論上說，這種書風實際上是一種中庸思想的體現。但這也正是書法藝術的可玩味之處，只不過“台閣體”書法讓我們回味的不僅是沈度其人，而是社會發展與藝術表現間的制約關係。

沈度除擅長楷書外也能寫隸、行、草書，並有這樣的作品傳世，如《隸書七律詩頁》（圖14）、《行書七律詩頁》（圖15）等，但與其楷書相比就少有自家的獨特風格，不那麼具有典型性了。當時有這樣的說法，“民則（沈度）不作行草，民望（沈粲）時習楷法，不欲兄弟間爭能也”（明陸深《陸儼山集》）。沈粲因其兄的推薦，才得任中書舍人，沈度為使其弟出名，故意掩秀，讓沈粲的行草書得以專名，所以沈粲傳世的書法作品多為行草書，代表作如《草書千字文卷》（圖22）。《明史・文苑傳》稱：“度書以婉麗勝，粲書以遒逸勝”。所謂“遒逸”，應是指其書法的用筆瘦勁，並能隨形婉轉，靈活自如。這種藝術表現，要求書家能提得起筆，靈活地執筆、運筆，在迅疾的書寫中把握字型佈置及全篇章法，所謂意居筆前，先有成竹在胸，才能一揮而就。沈粲書法還常常在撇筆時出鋒，採用章草書的波磔筆畫，尤其顯得健美秀發，可見他曾受到“三宋”書法的啟示，反映出他的行草書與明前期書法的聯繫，也體現了其與沈度楷書的異曲同工之處。如果只就行、草二體書來比較，“二沈”的書法是十分接近的。這說明，“台閣體”書法的主流雖然以楷書為代表，但其他書體也有一定的規範。這就涉及到一個問題，即“台閣體”書法並不囿於中書舍人中，一些官僚文人，甚至包括在野的書法家，他們或因在朝供職，或因欲取科舉，或因流風所致，也曾或多或少地受到“台閣體”書風的制約和影響。比如胡廣（圖26）、胡儼（圖17）、解縉（圖19、20、21）等人的書法，就不能因他們居高官尊位，而將之排除於“台閣體”之外。據記載，永樂朝編纂的《永樂大典》，參加繕寫者達二千餘人，我們只要看《永樂大典》的文字書寫與沈度楷書的接近程度，就可以想象出“台閣體”書法曾經是怎樣的盛行了。既然“台閣體”是強權政治的產物，它有着泯滅藝術家個性的保守性，那麼在這種強權統治稍微鬆弛之時，一些藝術家便會衝破其窠臼，於是，明代書法便進入了中期的發展階段。

“吳門書派”崛起的明代中期書法

從明成化、弘治兩朝開始，書壇上便出現了這樣的現象：一面是“台閣體”書法的衰微，只出現了姜立綱一人，尚能以其書法獲得一些贊譽，而知名於中書舍人間，但其楷書方整已趨刻板僵化，昔日雍容遒麗的風軌掃地，使他成為“台閣體”中知名人物的殿軍，他的《楷書節錄張載東銘冊》（圖40）便是證明，此後再無名家出現。另一方面，一批或官或民的文人書法家如雨後春筍般地湧現，他們不約而同地返回到古代的藝術傳統中去汲取營養，找尋改革“台閣體”的依據，並對之發動起一場猛烈的攻勢。他們中間，有師法蘇軾的吳寬（圖42），師晉人的王鏊（圖48），師法黃庭堅的沈周（圖39），師法張旭、懷素的張弼（圖36、37）、張駿（圖45、46），師法懷素、米芾的徐有貞（圖32）等等。師古的現象如此普遍，説明當時書壇正在醞釀着一場大變革，新興的藝術力量即將崛起。在這場變革出現之前，有一位人物起着很大的啟示作用，他就是從“台閣體”營壘中殺出，最先對其表示不滿和力圖改革的蘇州書家李應禎。李應禎曾任中書舍人，弘治中又官太僕少卿，及至晚年，自悔學書四十年無所得。他曾多閱古帖，深諳書法三昧，“尤妙能三指尖搦管，虛腕疾書”（明文徵明《甫田集》）。“台閣體”書法有一定的體格，學者往往轉近

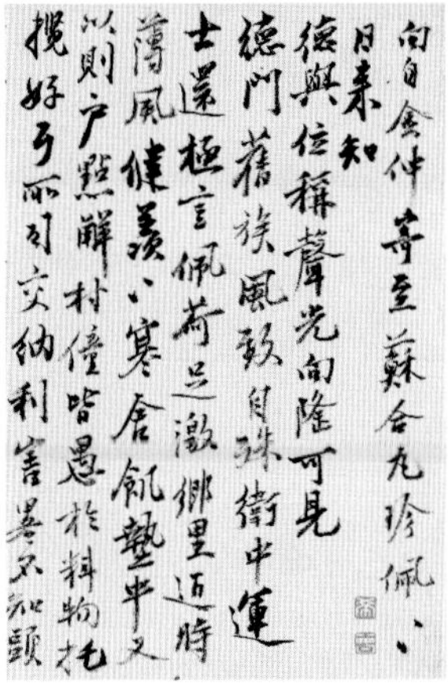
圖39 《行書聲光帖頁》局部

相習，而昧於筆法，且為求書寫工整，必着腕謹書。因此李應禎的自悔，應當是對"台閣體"習弊的不滿，並試圖加以改進。然而此時他年事已高，已經來不及有更大的作為了。於是，這位吳中的先賢，與徐有貞、沈周等人一起啟示了下一代人，其中就有明代中期的代表書家祝允明、文徵明。李應禎是祝允明的岳父，是文徵明之父文林的好友，由於這種關係，祝、文二人都曾受到李應禎的教誨。他們接受了李應禎的書學指導："俱令習晉唐書法，而宋元時帖殊不令學也。"（祝允明《千字文·常清淨經》自題）如果我們拿李應禎的《致中夫戴守禮頁》與文徵明的《書蘇軾詩頁》對比，不難看出其間的遞承關係。祝允明青年時的書法也極類李書，可見他們都曾直接學習過李應禎的書法。於是，李應禎沒有完成的事被祝、文二人繼續完成了，他們實現了李應禎等人的藝術理想，成為"吳門書派"的領袖人物。

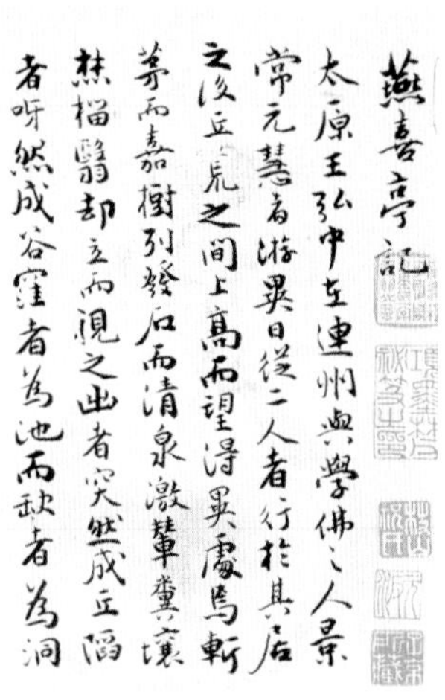
圖50 《小楷書燕喜亭等四記卷》局部

"吳門書派"是指當時聚集在江、浙一帶，特別是蘇州地區（古稱吳）的文人書家所創立的書法流派，以祝允明、文徵明、王寵三人為代表，包括聚集在他們周圍的師友、門生子弟。他們有着共同的藝術理想，作品中也表現出共同的藝術特點，但他們又各自創造出獨特的藝術風格。這首先表現為對古法的追求。清代的錢詠曾認為："前明祝京兆（允明）、文衡山（徵明）俱出自松雪（趙孟頫）"（錢詠《履園叢話》）。這種看法在當時較為普遍，但卻是錯誤的。因為祝、文二人無論是作品中體現的，還是自述的書學經歷，都表明他們是遵循李應禎的教導，一開始即從晉唐法帖入手習書的。如祝允明的楷書學鍾繇，文徵明學王羲之的《樂毅論》、《黃庭經》及歐陽詢，而王寵則是學虞世南等。這可以從祝允明《小楷書燕喜亭等四記卷》（圖50）、文徵明《小楷書前後赤壁賦頁》（圖61）、《小楷書歸去來兮辭頁》（圖59）、王寵《袁方齋序頁》等作品中看出來。總的看來，他們的楷書並不以整齊劃一、筆法整肅為旨歸，而是注重突出字本身的形體特徵，大小、長短、疏密、方圓，一惟字態。雖然大字小字相間、點畫參差不齊，通篇看起來卻渾然一體，和諧自然，氣勢充沛。即使最善寫小楷書的文徵明，仔細觀察他的真跡作品，也莫不皆然。之所以強調他的真跡作品，是因為文書的偽跡太多，那種千字一同、缺乏變化的"文氏小楷"，絕大部分是偽跡。祝允明、王寵的作品中也有這種現象，這也可以從反面證明我們的認識。再者他

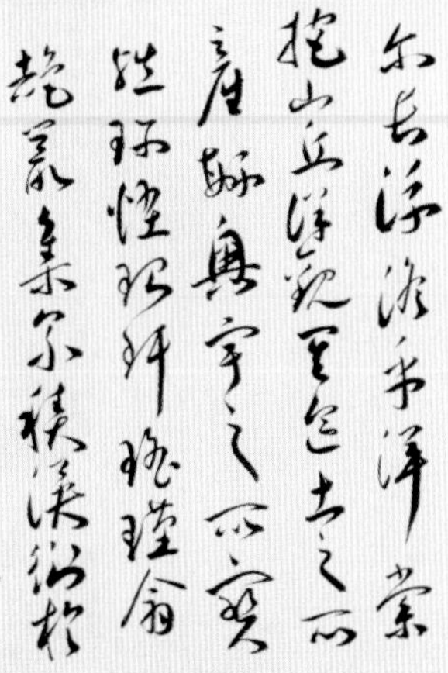
圖54 《草書琴賦卷》局部

們的行草書，一般絕少兩三字筆畫連屬現象，即使祝允明的狂草書也是如此。如祝氏的《草書琴賦卷》（圖54），看似通篇散亂縱橫，實則點畫分明。

表面看來，"吳門書派"書家們的努力是為恢復"各盡字之真態"和以真作草的藝術傳統，實則是為了糾正"台閣體"書法的流弊。所謂字有真態，不假修飾，最主要的目的是為了以此來外化書者的性情。因此，他們的書法既有共同的藝術風格，又各具特點，充分表現出書如其人。"不無野狐"的祝允明書法，其批評者的用語中又包含着欣賞的成分。他那縱橫散亂的書法，掩飾不住旁人難以企及的精彩之處。對於這位才華橫溢、不拘小節、縱酒放浪的詩人、藝術家來説，其書法表現恰是個人性情的絕好寫照。而為人謹慎篤實、用功甚勤的文徵明，性格上與祝允明大相徑庭，因此文氏書法向以法度嚴謹，筆法遒勁、雅致而名世，如其《行書西苑詩卷》（圖60）正體現了此特點。當然也有人指其書法用筆過於尖刻，法度有餘，神化不足，這也正説明其人品與書品是統一的。"疏拓秀媚，亭亭天拔"的王寵書法，表現出更多的晉人風神。儘管他的書法沒有祝、文那樣廣博的書學基礎，但他對晉人書法的精髓卻挖掘得相當深刻。之所以如此，大約其為人也有着類似晉人的風度，"風儀玉立，舉止軒揭，讀書石湖之上，偃息長林豐草間，含噸賦詩，倚席而歌，邈然有千載之思"（文徵明《文徵明集．王履吉墓誌銘》）。王寵從王獻之書法"用筆外拓而開廓，故散朗而多姿"的特點中獲得啟迪，故其書法結字疏拓蕭散，似乎拙於點畫安排，卻又和諧巧妙，用筆多取逆勢，顯得渾厚遒美。從王寵書作中可以體會到，其與晉人書法有着一種內在的契合，典型作品有《草書李白詩卷》（圖74）等。如此類察，我們會發現"吳門書派"中其他書家也有類似的特點，只是沒有祝、文、王表現得那樣充分罷了。書如其人，在"吳門書派"中有特定的意義，那就是他們借復古歸於古代藝術傳統中，重新弘揚文人書法，以糾正"台閣體"流弊，把泯滅於"台閣體"書法中的藝術個性，重新解放出來。這個時期，除卻"吳門書派"外，還有許多知名的書法家，如王守仁、豐坊（圖70）、陸深、徐霖等。他們也較廣泛地學習過前人的成法，並取得了可喜的藝術成就，如王守仁《行書銅陵觀鐵船歌卷》（圖63）、徐霖《篆書四言詩卷》（圖64）等均為一時佳作。因此，王守仁等人也能知名於當時的書壇，並與"吳門書派"書家一起創造了明中期相對繁榮的書壇形勢。這種景象經過一段發展

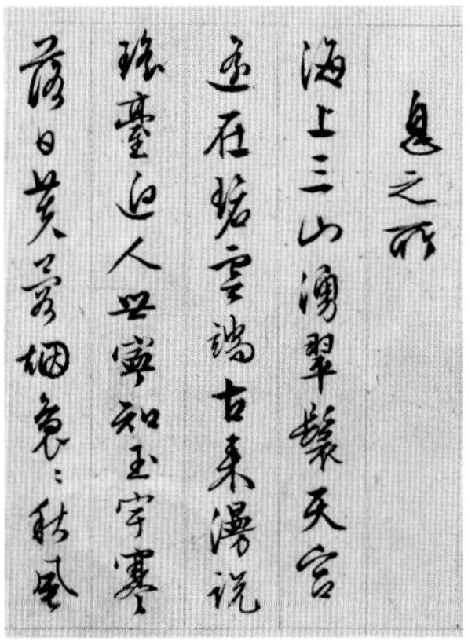

圖60　《行書西苑詩卷》局部

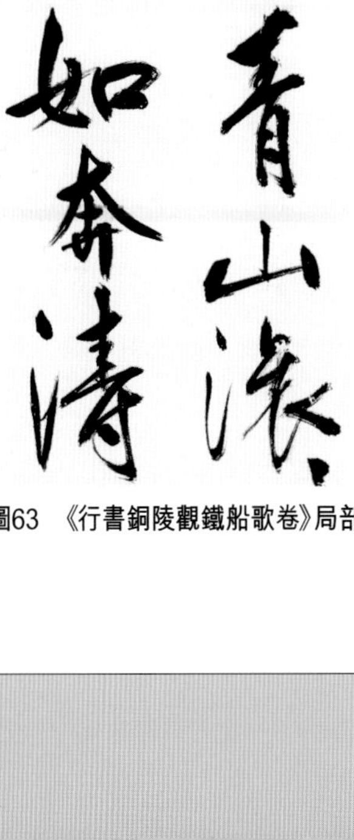

圖63　《行書銅陵觀鐵船歌卷》局部

後，終於又流於形式，出現了衰微勢頭，其時已開始進入明末的階段。

流派紛呈的明代後期書法

明代後期的書法發展，是以諸家紛爭並立的局面為表現形態的。這時期曾先後出現了並稱四家的邢侗、張瑞圖、董其昌、米萬鍾；傲然卓立的徐渭；創草篆的趙宧光；宗漢隸的宋珏；以及最後出現的並稱"黃倪"的黃道周、倪元璐等許許多多的知名書法家。其中，董其昌的書法曾對其後的三百年書法發展產生過重要影響，但他不能代表整個的明末書壇，這是因為帖學書法的濫觴，造就了一大批書法家，但隨即就愈來愈衰微了。他們在藝術上都有所創造，又都不能做到一呼百應。這同當時的社會經濟狀況是不可分的。明末是個舊王朝即將分崩離析、各種社會矛盾尖銳的社會，藝術思潮紛呈，沒有誰能執藝壇牛耳，領攜一代風騷。相比較而言，對於後代影響最大的書法家是董其昌，但當時他的影響並沒有立即產生一個書法派系，相反卻有一些書法家針對他的書風而走上了另闢蹊徑的藝術道路。到了清代康熙年間，董書身價百倍，於朝野間影響頗著。其原因，一方面因清初的書法發展仍是帖學書法的繼續，另一方面則因為董其昌書法是帖學書法的集大成者。因此，董其昌既是明末諸多書法家中的一個，同時又是中國封建社會後期最重要的書法家之一。

董其昌是帖學書法的集大成者。他從十七歲時就學習書法，至四十二歲左右，是博學諸家並稍有體悟的書學奠基階段。此後的一二十年間，也就是其五六十歲時，書法藝術開始銳意精進，作品大大豐富起來，並創作出許多代表性的作品。至晚年則專心於追求樸拙、古淡的藝術表現形式，此時宋代蘇軾、米芾的書法給予他很大的啟示。現在我們見到的董其昌作品，以四五十歲的居多。《行書正陽門關侯廟碑卷》（圖89）是其"為庶常時所書"，年約三十八歲，是其較為稀見的早期作品。五六十歲的作品，如學顏真卿書法的《臨東方朔畫像贊卷》（圖86），學米芾行書的《岳陽樓記卷》（圖87）等，都是這一時期的代表作。晚年的精心之作如《臨柳公權蘭亭詩卷》（圖88）。這些只是董其昌博學諸家的一部分。董其昌習古只是取古代書家的某一藝術特點，融入自己的書法創造中，因此始終能保持自己的藝術風貌。如其書字距行間頗疏，就是取五代楊凝式《韭花帖》的藝術特點；其一生始終學習顏真卿楷書，但務去顏書嚴整方正的一面，而專取其樸拙澀勁之氣。晚年又喜學蘇軾書法，取其自然率意，大約是受蘇

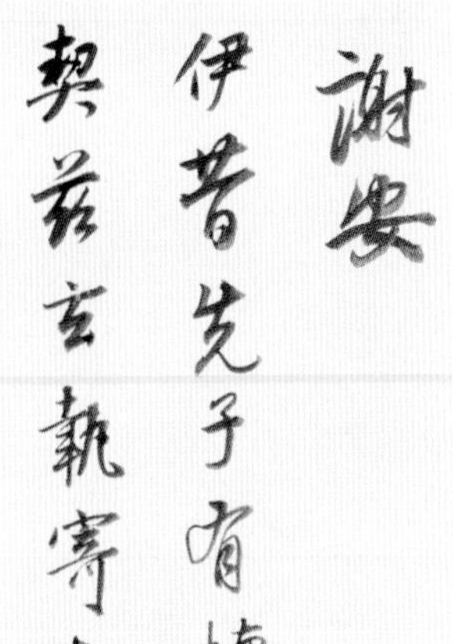

圖88 《臨柳公權蘭亭詩卷》局部

軾“漸老漸熟，反歸平淡”的文論思想的影響。對於博學諸家書法，董其昌在其《容台集》中總結説：“蓋書家妙在能合，神在能離。所欲離者，非歐、虞、褚、薛諸家伎倆，直欲脱去右軍老子習氣，所以難耳。”能合即妙悟，能離即脱化，最終是從古人成法中脱化出來，創出自己的風格。董其昌對於歷代書法太熟悉了，好像一切技法及藝術規律都是他的掌中玩物，可以隨意地、不露痕跡地加以運用。正因如此，他反而忽略了歷代書家那種深厚的書寫功力，作品中沒有了沉雄、渾勁的氣象。因此，在這位帖學書法集大成者的書法中，恰恰又體現了帖學書法的式微。

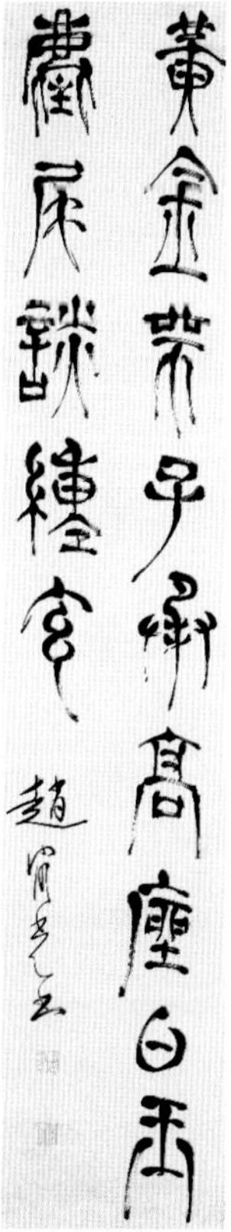
圖92 《篆書七言詩句軸》局部

董其昌是明末的書法家，更是中國封建社會後期的書法代表者之一，而與他同時的其他書法家，才是真正的“明末書法家”，因為他們的作品更能體現當時的時代特色，而隨着這個時代的結束，他們的藝術便基本終止了。從這個意義上來講，他們更能體現明末書壇的主勢，而且有着較一致的藝術特點。所謂一致，不是指他們有着共同的書學淵源和藝術風貌，而是他們屈曲倔強的書風與董其昌古拙秀雅的書法形成的殊觀。在這些書家中，我們可以看到專師王羲之、王獻之父子書法的邢侗，其書“雄強如劍拔弩張，奇絕如危峯阻日，孤拙單枝”（明史孝先《來禽館集．小引》）（圖84、85）；承襲米芾書法的米萬鍾，擅署書大字，筆畫豐厚渾勁，使人有如觀其懸肘運腕、飽墨濃煙地揮灑之態（圖93、94）；於“鍾、王之外，另闢蹊徑”（清秦祖永《桐蔭論畫》）的張瑞圖，書態奇逸，轉折方勁，絕去媚妍（圖95、96）；“八法之散聖，字林之俠客”（明袁宏道《中郎集》）的徐渭，其書狂怪至不見字際行間，惟見滿紙雲煙，筆走龍蛇（圖79、80、81）；追蹤鍾繇書法的黃道周，於清健中顯出筆意的高古超妙（圖99、100）；與黃道周齊名的倪元璐，“新理異態尤多”（清康有為語）（圖101）。此外，還有取法秦篆、漢隸的趙宧光（圖92）、宋珏（圖98）等等。

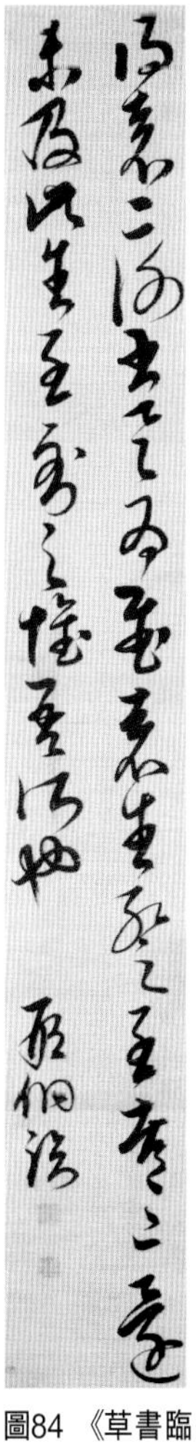
圖84 《草書臨袁生帖軸》局部

昔人評明人書法“尚態”，是指明代人的書法注重形態的表現。但明代早、中期，也包括董其昌的書法，都是一種流便秀美的形態。而明末眾多的書法家則不然，他們的書法形態表現往往很怪異，乍看並不能使人產生美感，甚至覺得“醜怪”；筆法也不追求流暢婉便，而是表現為澀勁倔強，因而與前此的明代書法大相徑庭。從明末諸家的書學來看，除趙宧光、宋珏等人以篆、隸書體為主外，一般都走的是帖學書法的老路，但在這一老路中，又顯示出他們的新意。如師法二王書法的邢侗，其書法的豐勁渾厚並不似王羲之書法的空靈秀媚及王獻之書法的流便灑脱，典型作品有《行書五律詩軸》（圖85）等。也有些書法家更多地師法鍾繇、索靖書法，如張瑞圖、徐渭、黃道周等。中國書法史上並稱“鍾、王”的鍾繇、王羲之，他們的書法雖然被崇為最高典範，其實是兩種不同藝術風格的典型。鍾繇書法保留了較多的隸意，以古樸渾厚為勝；王羲之為構新體，尤其在其中、晚年，已完成由隸而楷的過渡，以妍媚多姿取勝。正因為如此，鍾書表現為外露的東西較多，王書則為內斂的藝術典型。從整個書法史上看，王羲之書法的影響要大於鍾繇，但在明末的動亂時期，鍾繇書法再次產生大的影響，為較多的書家師法，其中的奧妙耐人尋味。至少從表面看，當書家們的心緒意境不能再沉緬於書齋中，而需要向外突出、釋放時，他們便會找尋恰當的藝術典型來師法、借鑑。因此，追求古樸渾厚風格的書法，成為明末書壇的主勢，作為帖學書法核心的二王書法，或被改其意趣，或被置於次要位置，也體現了帖學書法的衰微。同時，由於鍾繇、索靖等人的書法與其後的六朝碑刻書法，無論淵源、藝術特點都有一脈相承之處，就使得如黃道周、倪元璐等人書法更貼近於六朝碑刻的風貌。例如黃道周《楷書張溥墓誌銘卷》（圖99），倪元璐的《行書舞鶴賦卷》等，都在一定程度上體現出這些特點。所以説，清代的碑學書法，其肇端於明末，只不過是到了清代中期才演為大勢，出現了代表性書家，有了完整的理論罷了。

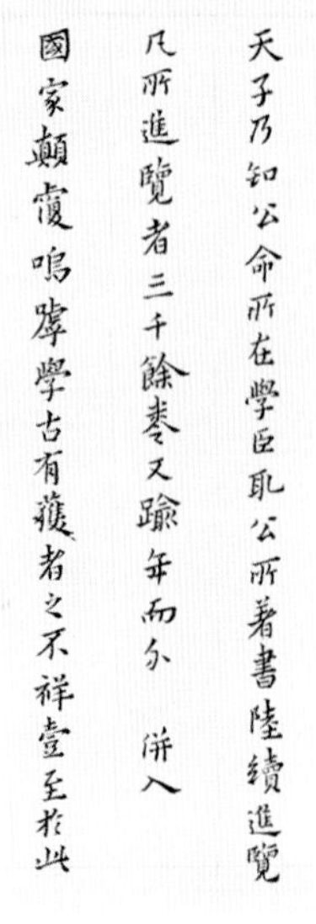

圖99　《楷書張溥墓誌銘卷》局部

概言之，明末的書壇形勢很複雜，社會歷史與藝術發展的各種因素錯綜其間，與董其昌並稱於世的明末書家，就書家個體而言還沒有誰能與董其昌相匹，但他們代表的書法藝術發展趨勢，卻在中國書法史上具有重大的意義。

最後，我們從中國書法發展的歷史來把握明代書法，可以得出這樣的印象：明代書法繼宋、元帖學書法獲得了再發展的藝術生命力，其表現是豐富的，並產生了集大成者。同時，又日益表現出帖學書法的衰微，使明代書法的總成就遜於宋、元。結果必然出現另闢蹊徑的藝術旁門，惟其時間短暫，來不及演為大勢，只在尾聲中肇其端。然而，在書法藝術發展史中，這些現象是必然會產生的，也是不可缺少的。

圖版

1

朱元璋　行書大軍帖頁

紙本　行書
縱33.7厘米　橫47.4厘米

Da Jun Tie (A letter to officers under Zhu Yuanzhang's command) in running script
By Zhu Yuanzhang (1328-1398)
Leaf, ink on paper
H. 33.7cm　L. 47.4cm

朱元璋（1328—1398），即明太祖，字國瑞，元末濠州鍾離（今安徽鳳陽）人。幼貧寒，年十七歲父母兄相繼去世，孤無所依，入皇覺寺為僧。二十五歲入郭子興部，與元兵及各路起兵者長年作戰。後稱吳國公，改吳王。1368年建都南京，年號洪武，廟號太祖，明王朝從此開始。

《大軍帖》是朱元璋寫給部將的一封信。從內容分析，此時朱氏已消滅陳友諒、張士誠等勢力，正全力攻打北方，戰事頻仍。大軍所過之處，收降元朝官員甚多，就如何妥善處置告喻部下。信文明白曉暢，對研究明初軍事形勢和政治方略頗有參考價值。幅末有"朱"字花押。

此帖書風健拔瘦勁，點畫稚拙流暢，得自然生動之趣。

鑑藏印記："永瑢"（朱文）、"張珩審定真跡"（朱文）、"亳州何氏珍藏"（朱文）等。

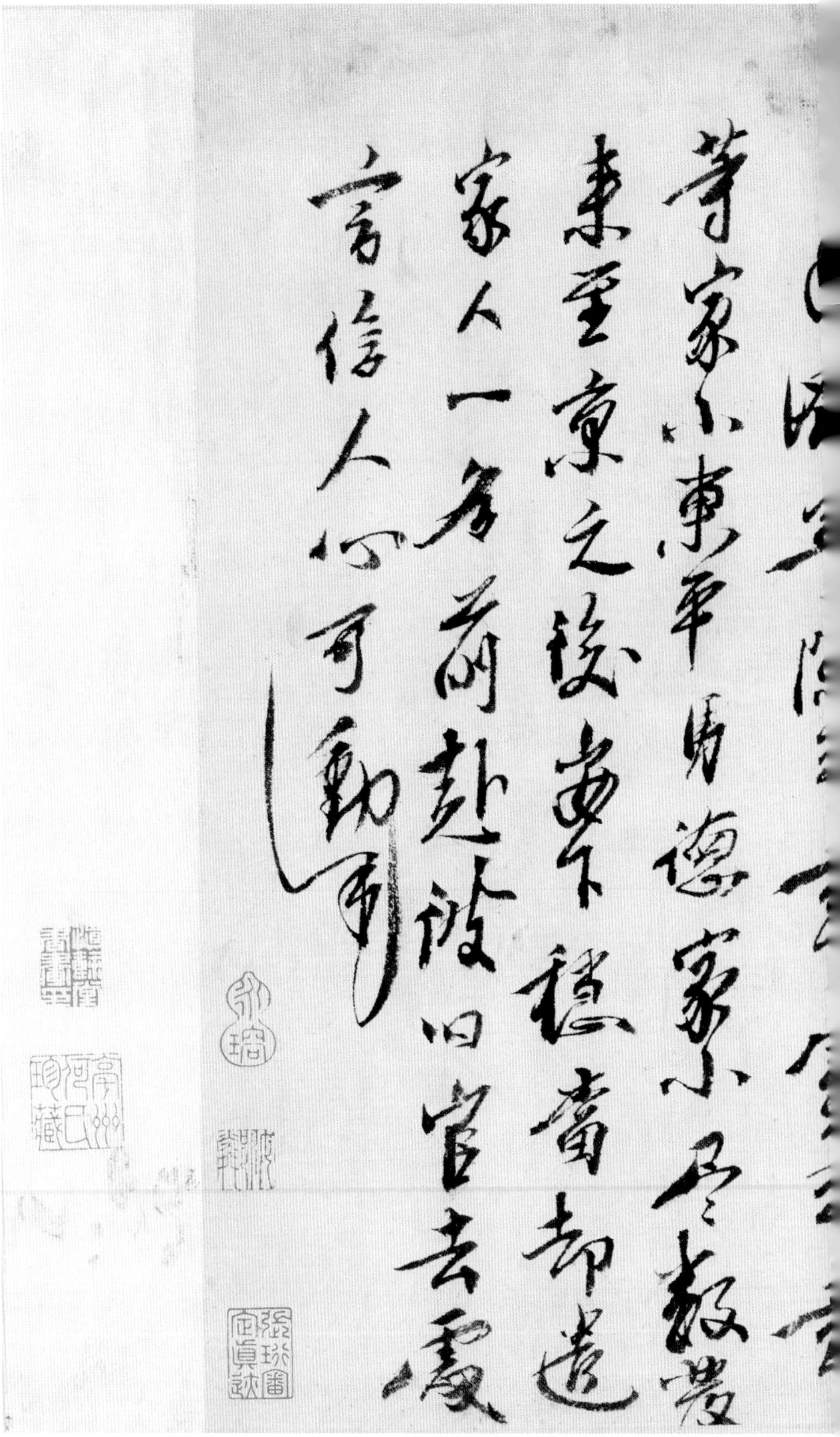

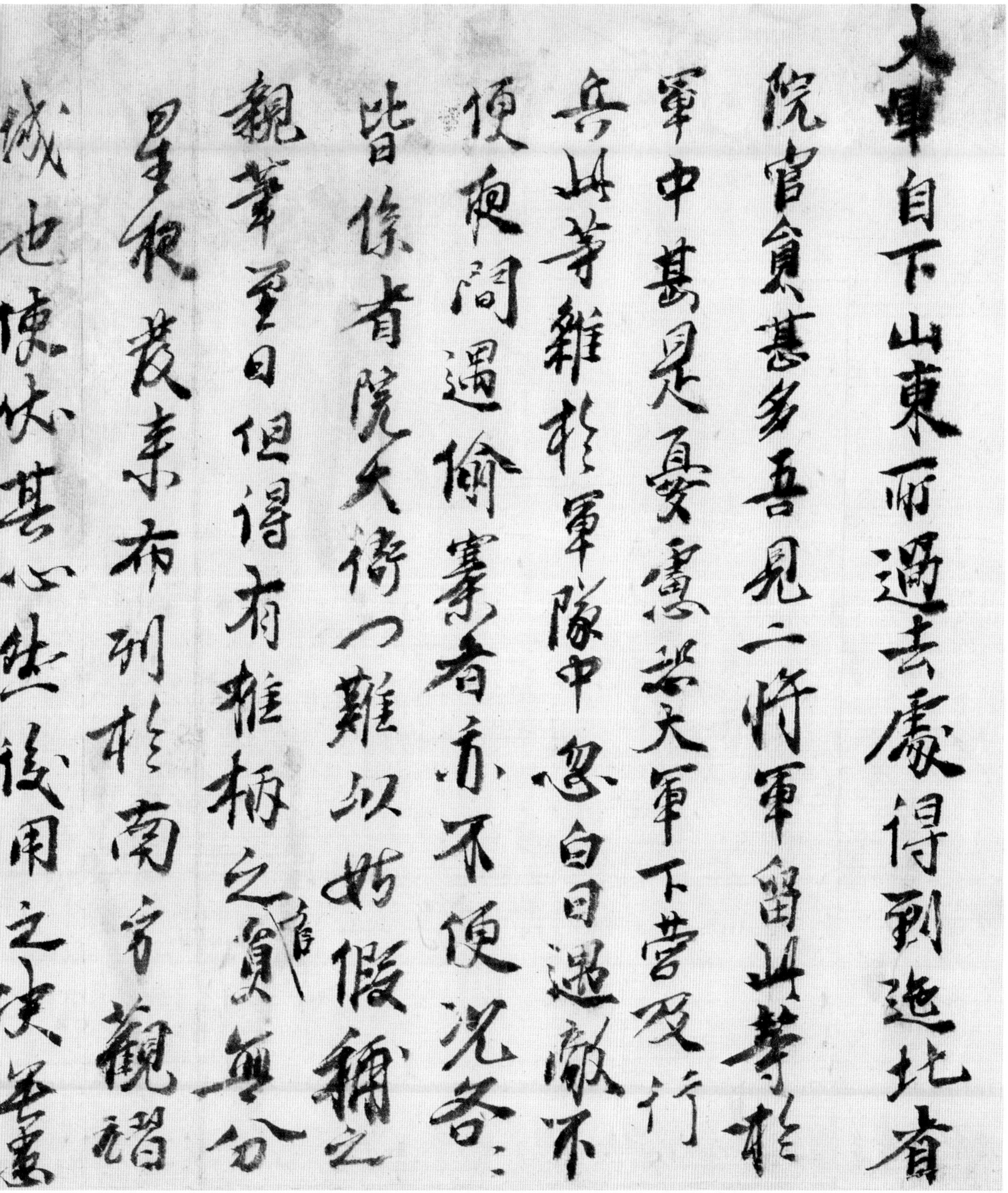

釋文：

大軍自下山東，所過去處，得到迤北省院官員甚多。吾見二將軍留此等於軍中，甚是憂慮。恐大軍下營及行兵，此等雜於軍隊中，忽白日遇敵不便，夜間遇偷寨者亦不便。況各各皆係省院大衙門，難以姑假補之。親筆至日，但得有椎柄之官員，無分星夜發來布列於南方觀玩城池，使伏其心，然後用之，決無患已。如濟寧陳平章、盧平章等家小，東平馬德家小，盡數發來。至京之後，安下穩當，卻遣家人一名，前赴彼舊官去處言信，人心可動。朱

2

宋克　草書進學解卷

紙本 草書
縱31.3厘米 横467厘米

Jin Xue Jie (How to show marked progress in one's study) in cursive script
By Song Ke (1327-1387)
Handscroll, ink on paper
H. 31.3cm　L. 467cm

宋克（1327—1387），字仲溫，明代長洲（今江蘇蘇州）人。少任俠，好學劍走馬，結客飲博。壯年學兵法，欲有所作為。張士誠據吳，羅致而不就。杜門謝客，專意翰墨，日費十紙，遂以善書名天下，與宋廣並稱“二宋”。明洪武初，徵為侍書，出為鳳翔府同知。

卷書唐韓愈名篇《進學解》。款署“時至正己丑七月廿八日東吳宋克書於南宮里”，鈐“東吳生”（白文）、“宋仲溫”（白文）印。宋克時年二十三歲。

此卷書法體勢開放，動勢較大。在今草中夾雜着少許章草結體和用筆，筋骨強健，磔畫變化豐富多姿，表現出宋克師古出新的藝術創造力。

鑑藏印記：“紫瓊道人真賞”（白文）、“石友鑑定書畫之印”（白文）、“一峯精舍陳渭泉鑑賞章”（朱文）、“陳氏百聊齋藏”（朱文）、“羅振玉印”（白文）。

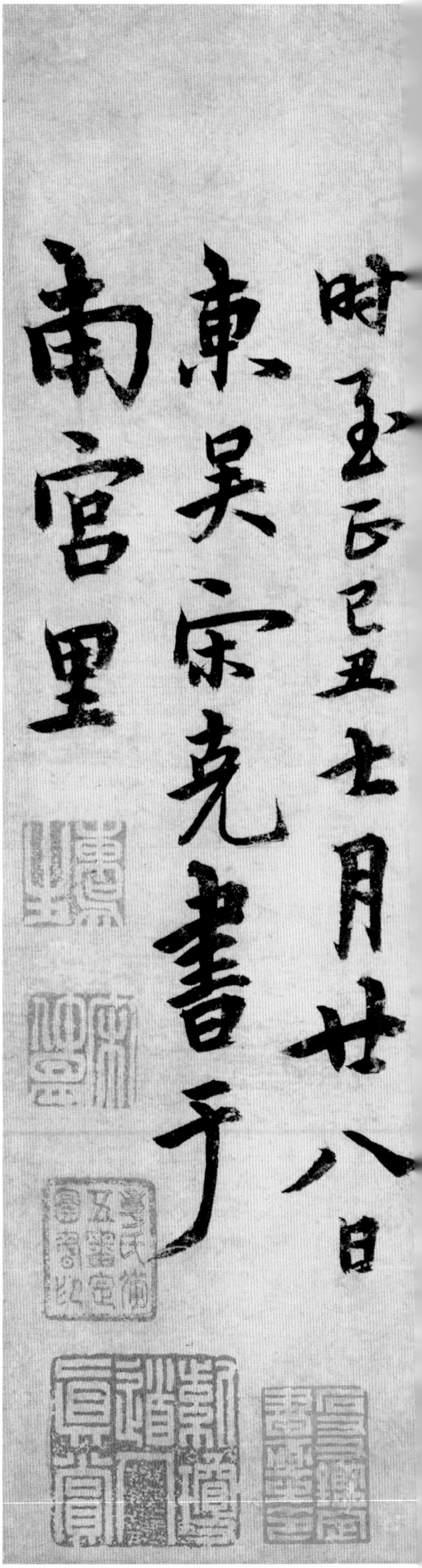

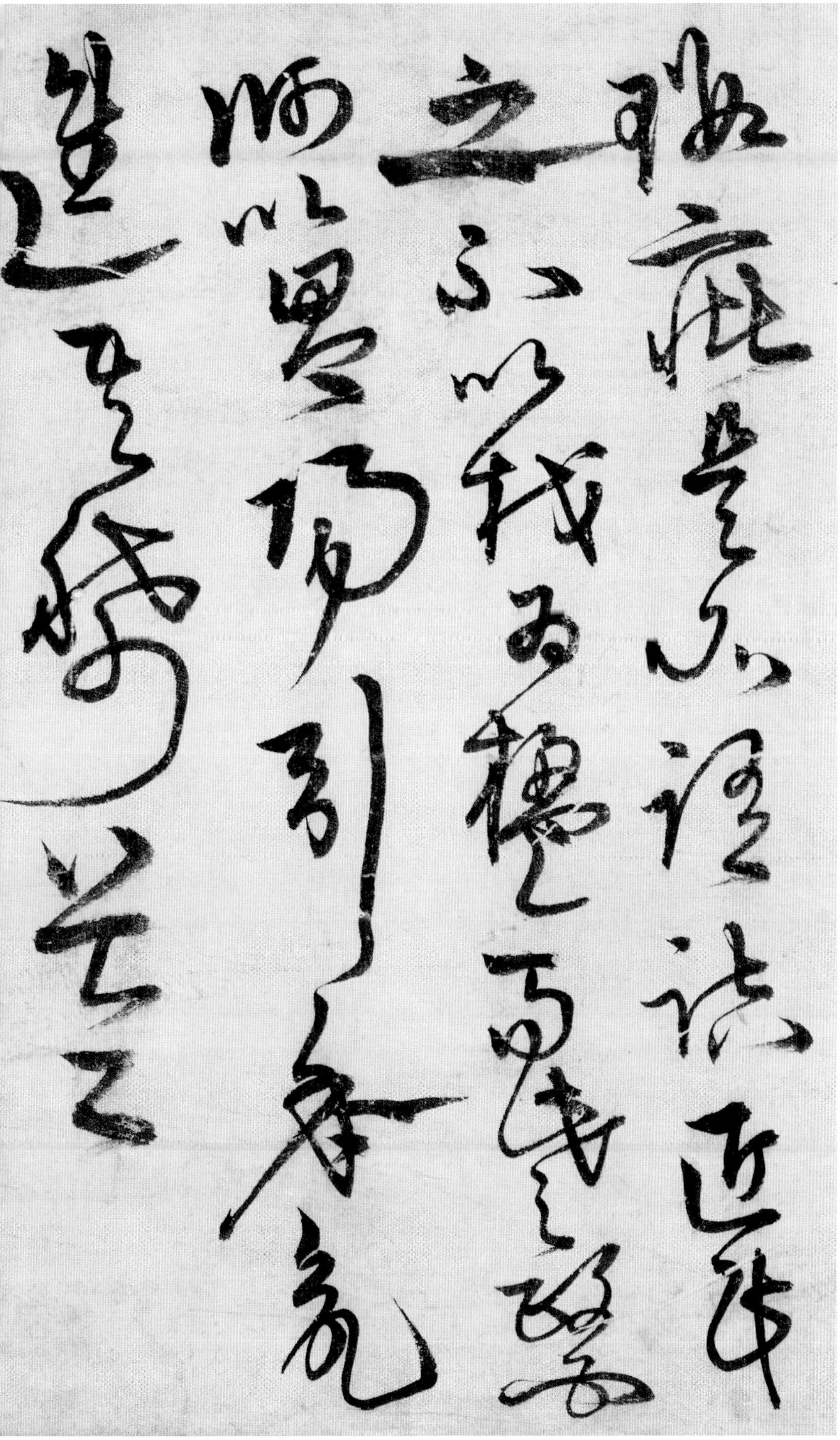

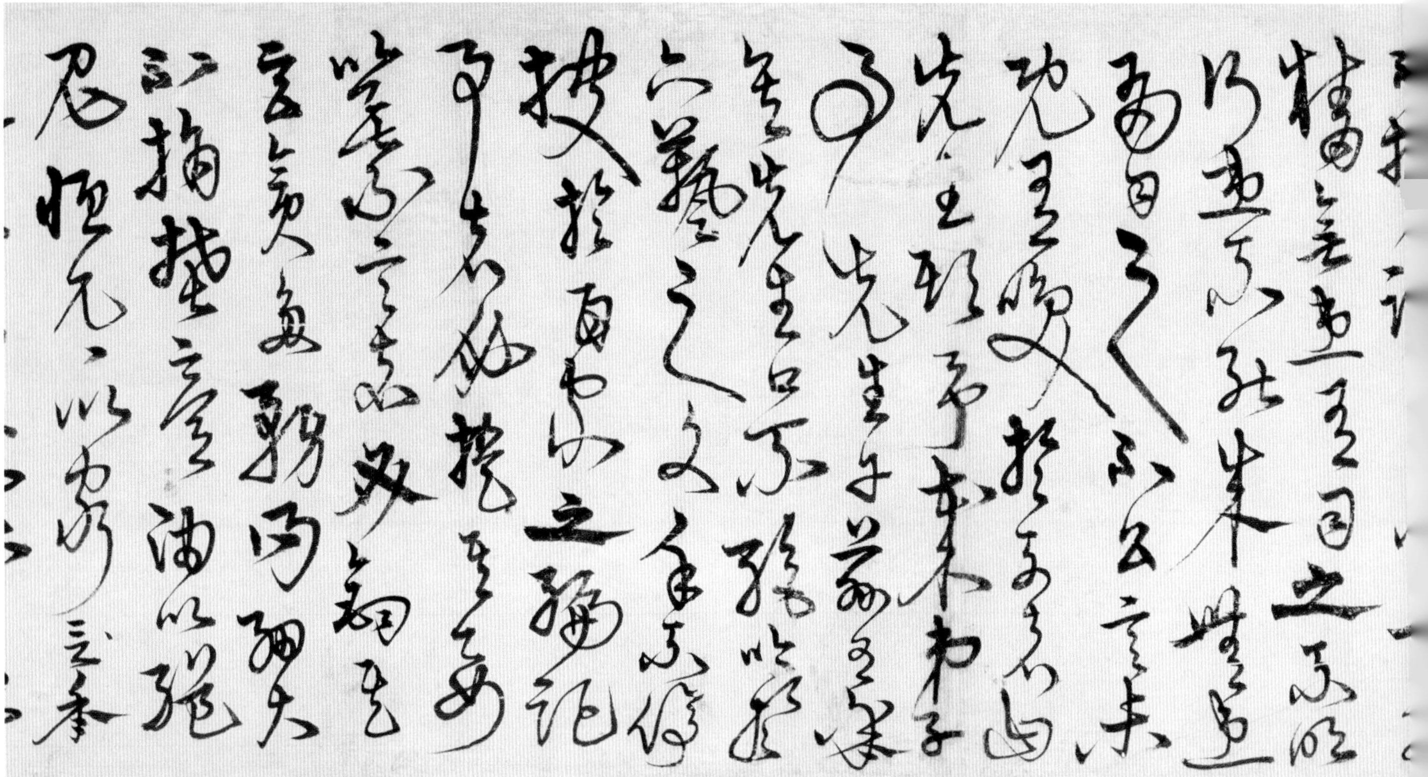

生，於茲有年矣。先生口不絕吟於六藝之文，手不停披於百家之編；記事者必提其要，纂言者必鉤其玄；貪多務得，細大不捐；焚膏油以繼晷，恆兀兀以窮年。先生之業，可謂勤矣。排異端，攘斥佛老，補苴罅漏，張皇幽渺；尋墜緒之茫茫，獨旁搜而遠紹；障百川而東之，回狂瀾於既倒。先生之於儒，可謂勞矣。沉浸醲鬱，含英咀華，作為文章，其書滿家。上規姚姒，渾渾無涯；周誥敦盤，佶屈聱牙；《春秋》謹嚴，左氏浮誇，《易》奇而法，《詩》正葩，下逮《莊》、《騷》，太史所錄，子雲相如，同工異曲。先生之於文，可謂閎其中而肆其外矣。少始知學，勇於敢為；長通於方，左右其宜。先生之於為人，可謂成矣。然而公不見信於人，私不見助於友。跋前致後，動

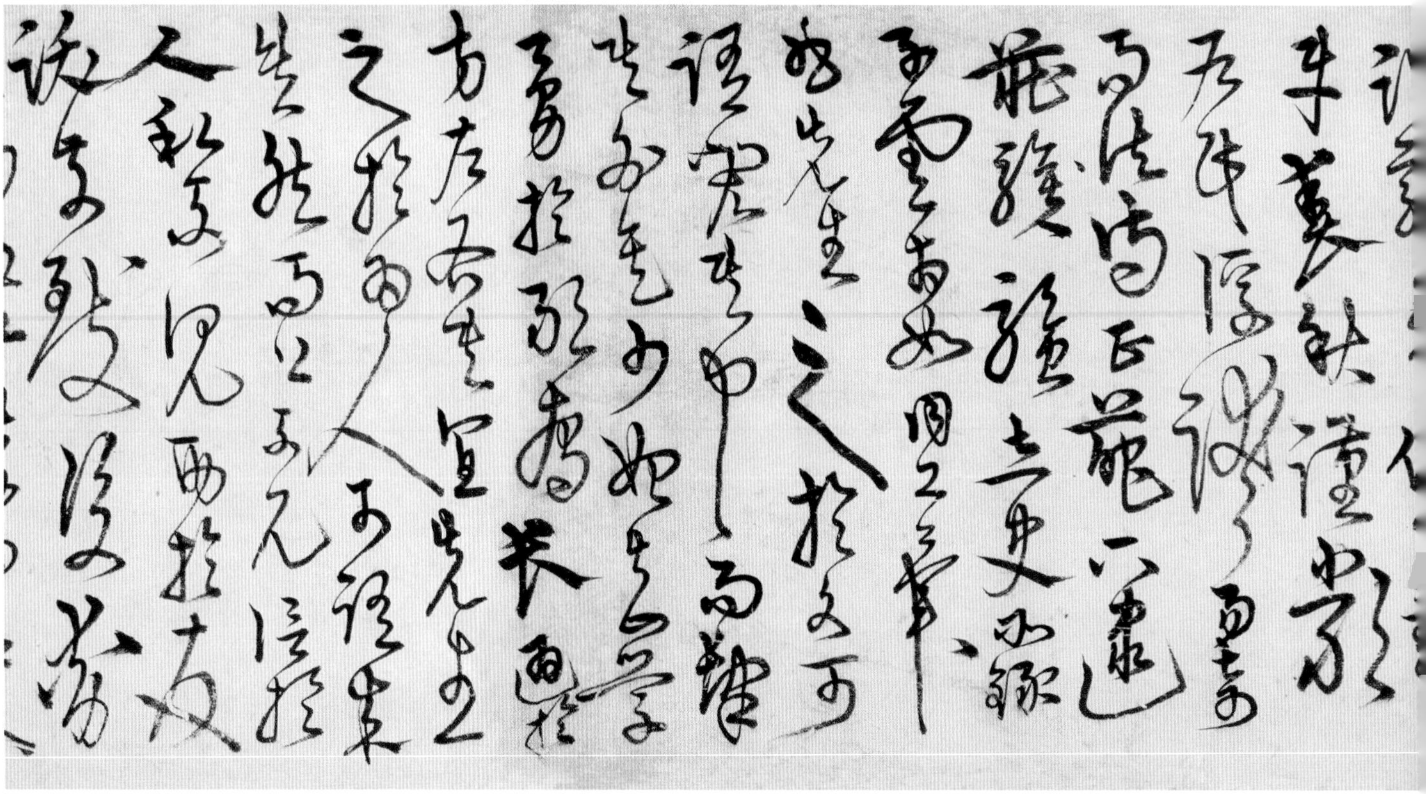

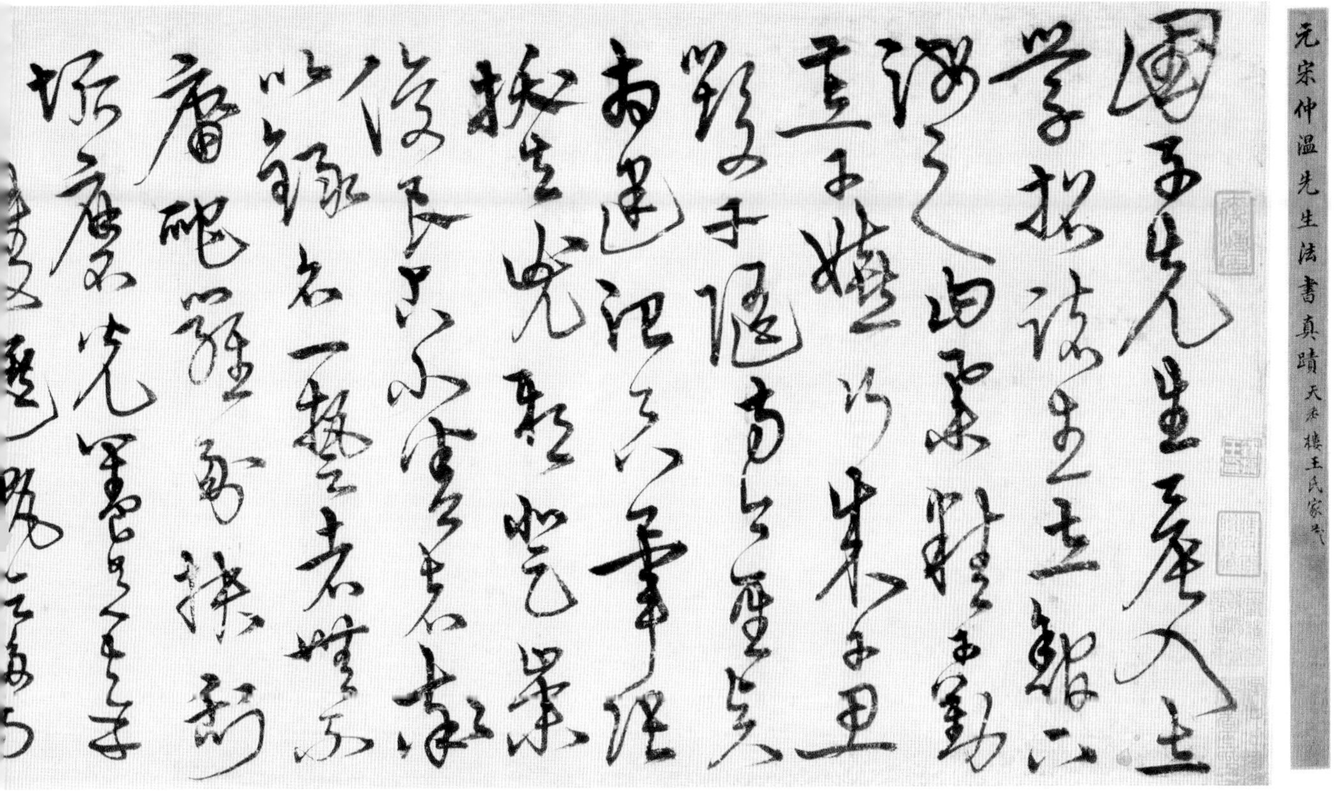

《進學解卷》之一

釋文：國子先生晨入太學，招諸生立館下，誨之曰：『業精於勤荒於嬉，行成於思毀於隨。方今聖賢相逢，治具畢張，拔去兇邪，登崇俊良。佔小善者率以錄，名一藝者無不庸。爬羅剔抉，刮垢磨光。蓋有幸而獲選，孰云多而不揚？諸生業患不能精，無患有司之不明；行患不能成，無患有司之不公。』言未既，有笑於列者曰：『先生欺予哉！弟子事先

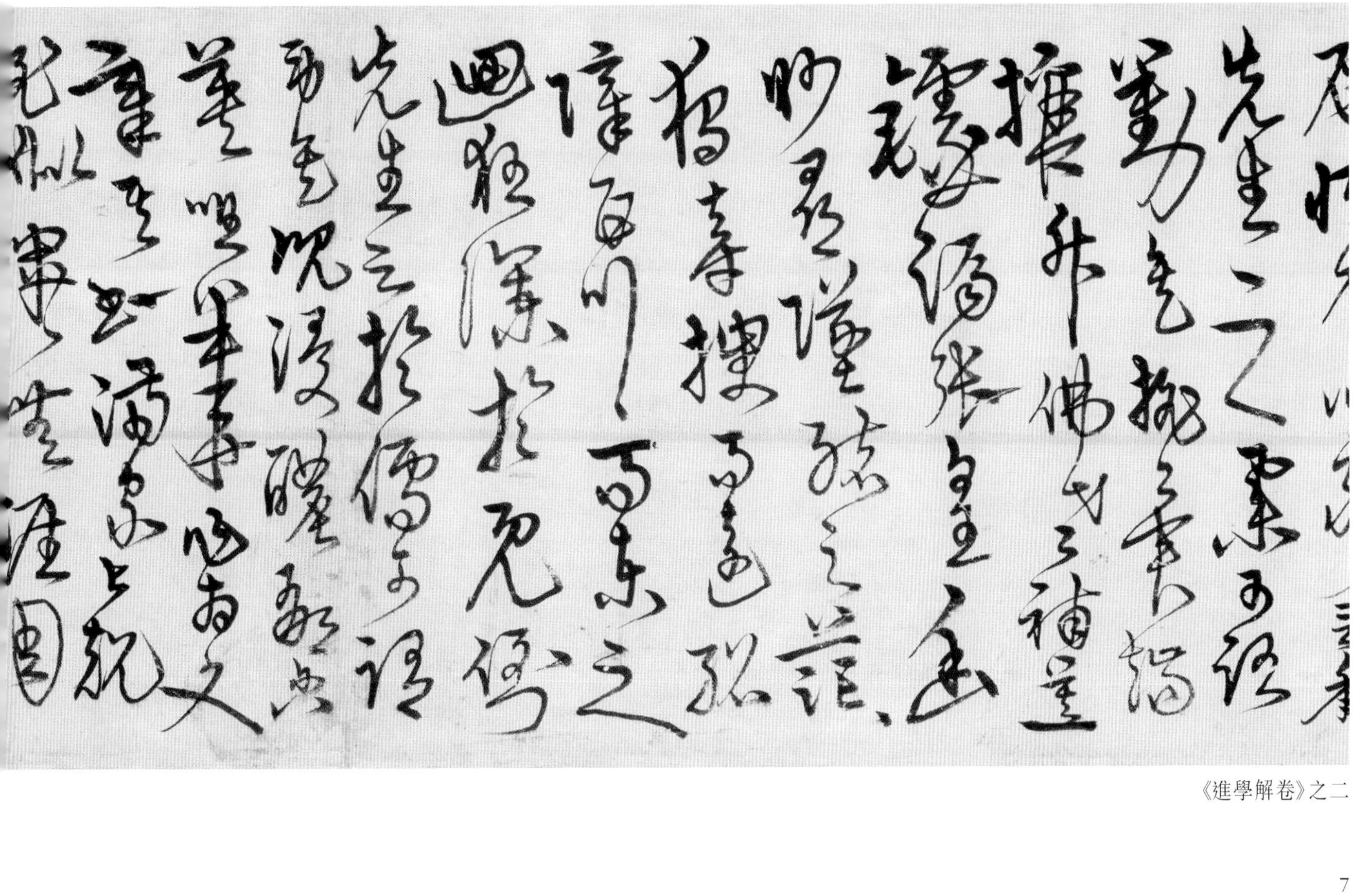

《進學解卷》之二

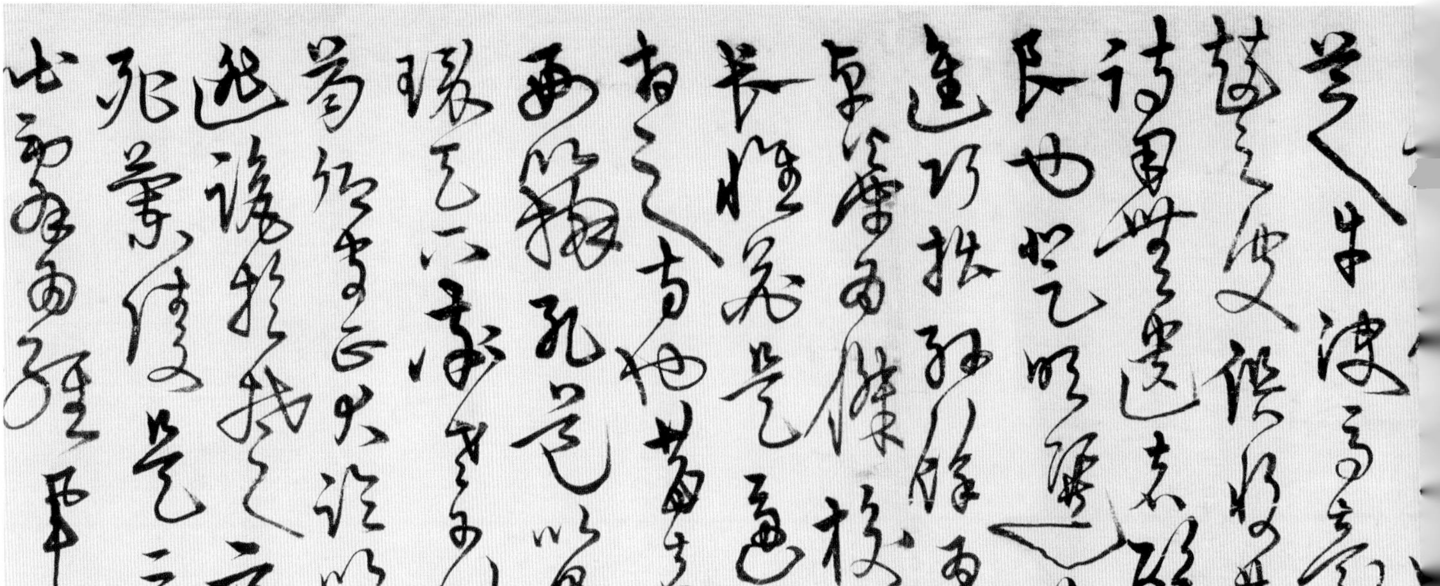

為傑，校短量長，唯器是適者，宰相之方也。昔者孟軻好辯，孔道以明，轍環天下，卒老於行。荀卿守正，大論以興，逃讒於楚，廢死蘭陵。是二儒者，吐辭為經，舉足為法，絕類離倫，優入圣域，其遇於世何如也！今先生學雖勤而不繇其統，言雖多而不要其中，文雖奇而不濟於用，行雖修而不顯於眾。猶且月費俸錢，歲靡廩粟；子不知耕，婦不知織；乘馬從徒，安坐而食；踵常途之役役，窺陳編以盜窃。然而圣主不加誅，宰臣不見斥，茲非幸歟？動而得謗，名亦隨之，投閑置散，乃分之宜。若夫商財賄之有無，計班資之崇庳，忘己量之所稱，指前人之瑕疵，是所謂詰匠氏之不以杙為楹，而訾醫師以昌陽引年，欲進其豨苓。』

時至正己丑七月廿八日，東吳宋克書於南宮里

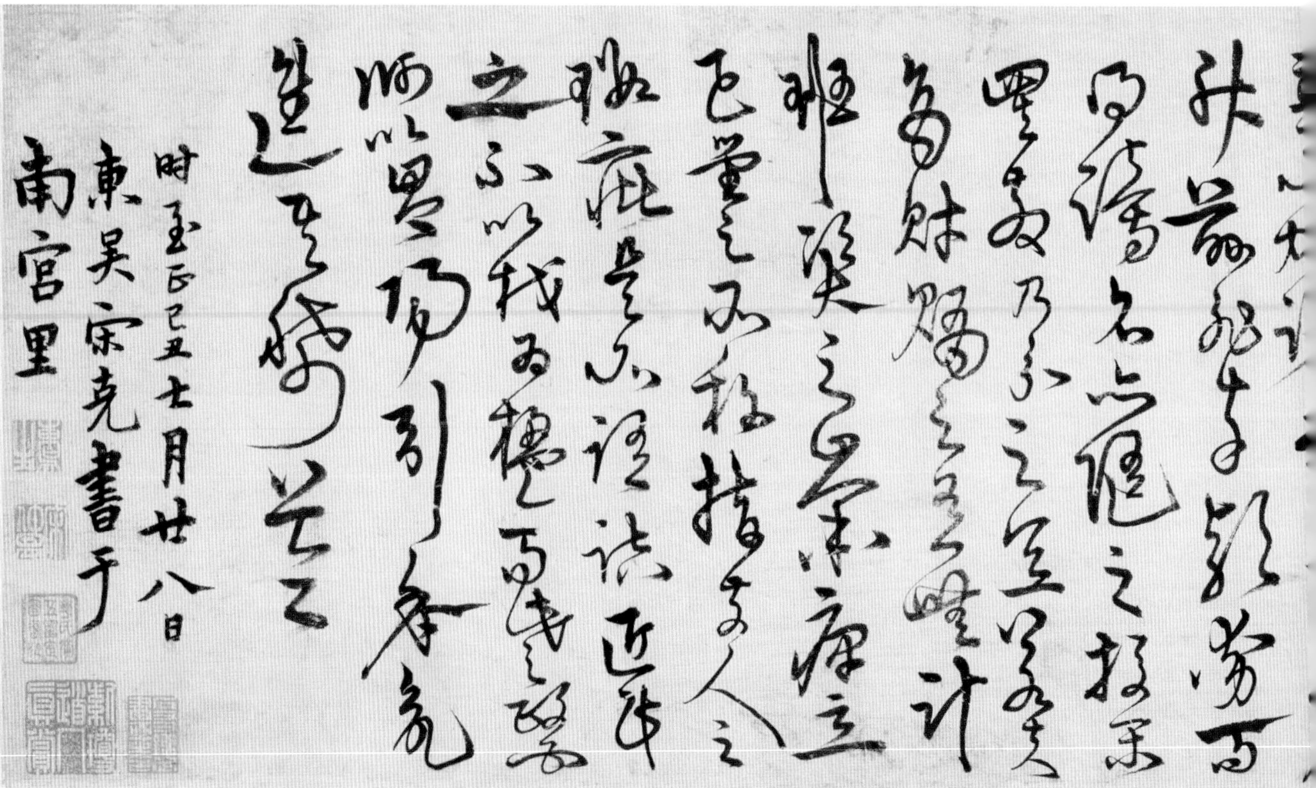

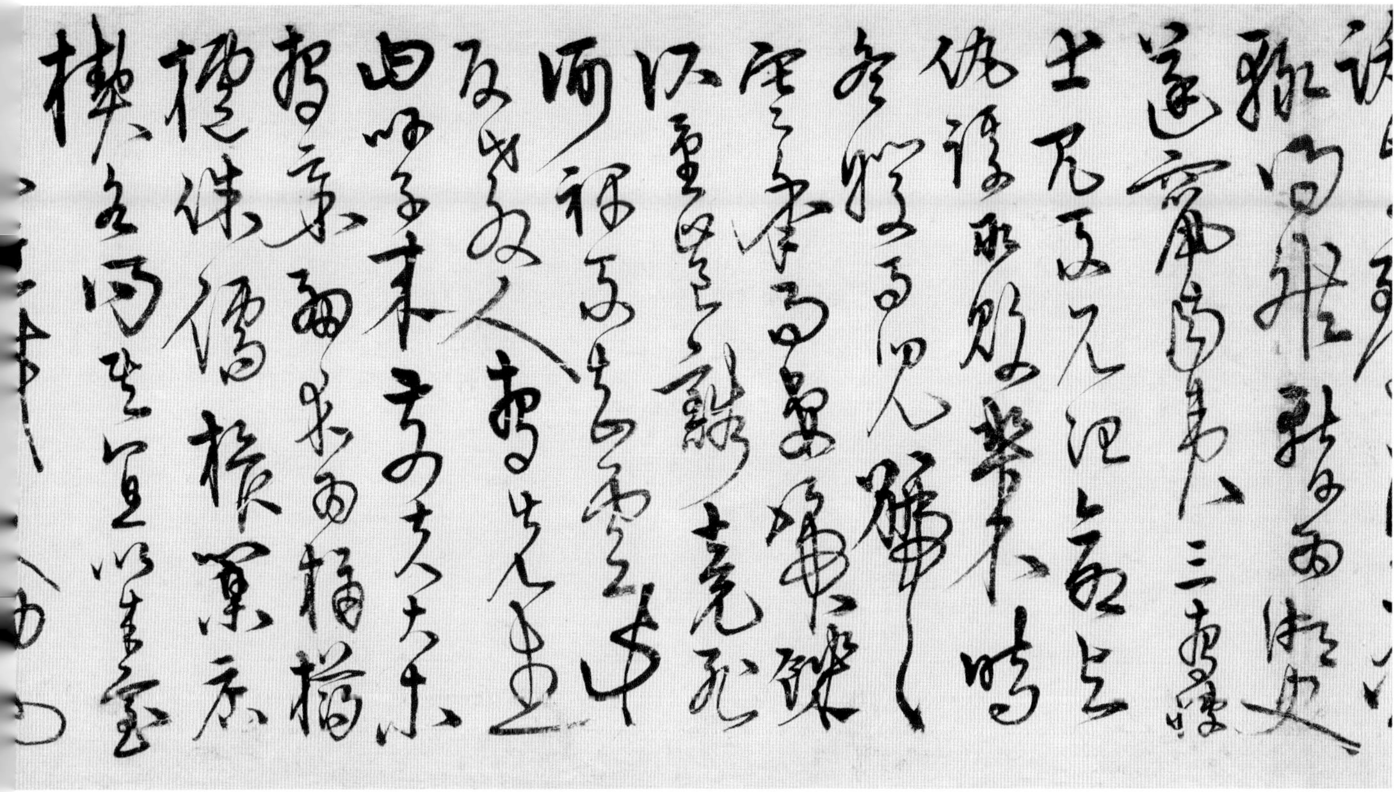

《進學解卷》之三

輒得咎。暫為御史，遂竄南夷。三為博士，冗不見治。命與仇謀，取敗幾時。冬暖而兒號寒，年而妻啼飢。頭童齒豁，竟死何裨？不知慮此，反教人為？』先生曰：『吁！子來前！夫大木為宋，細木為桷，欂櫨侏儒，椳闑扂楔，各得其宜，以成室屋者，匠氏之功也。玉札丹砂，赤箭青芝，牛溲馬勃，敗鼓之皮，俱收並蓄，待用無遺者，醫之良也。登明選公，雜進巧拙，紆餘為妍，卓犖

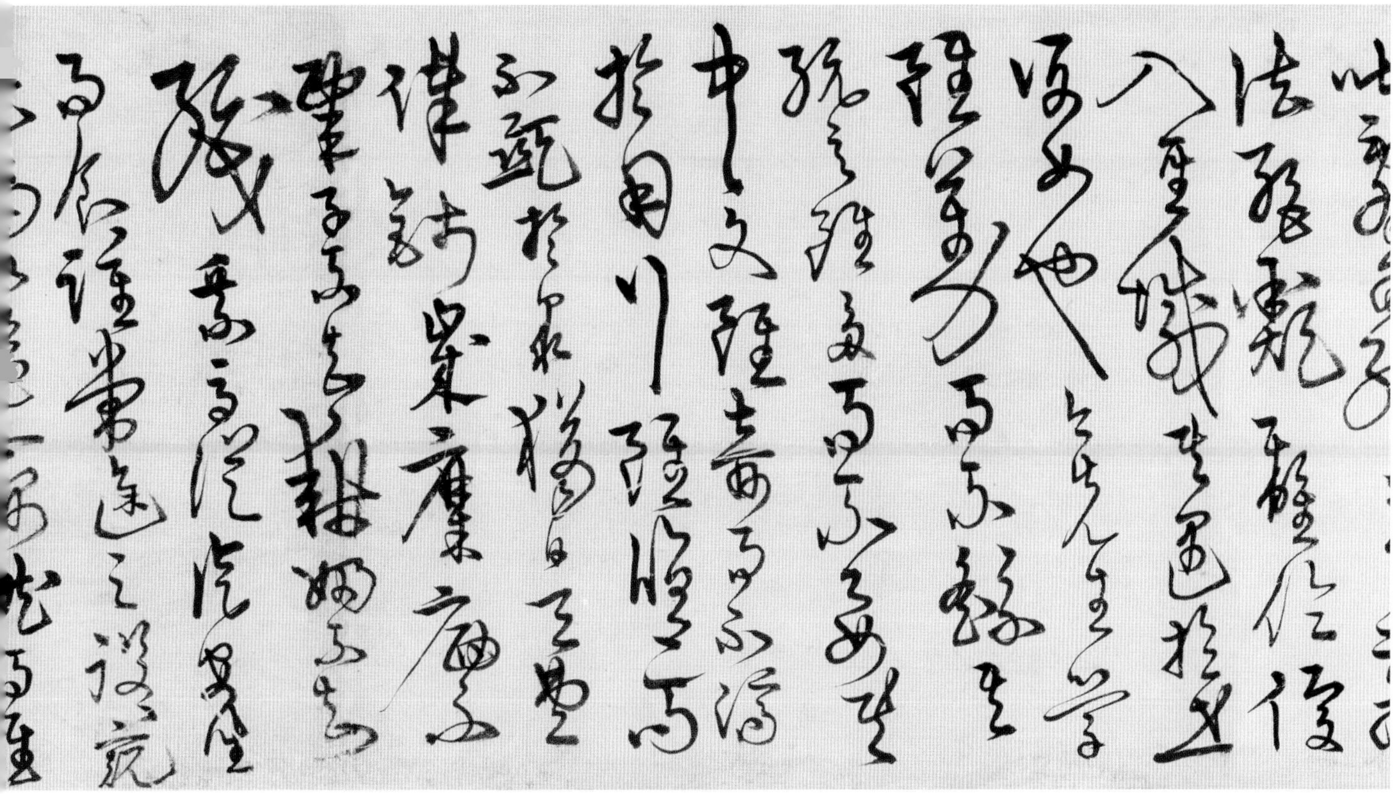

《進學解卷》之四

3

宋克　章草急就章卷

紙本　章草
縱20.3厘米　橫342.5厘米

Ji Jiu Zhang (An improvisation) in simplified form of cursive script
By Song Ke
Handscroll, ink on paper
H. 20.3cm　L. 342.5cm

卷書《急就章》，款署“吳郡宋克書”，又自識一則。引首姚綬隸書大字“宋南宮章草”，後隔水及尾紙有明代周鼎、孫廷惠、朱之赤、項元汴，清代宋犖、鐵保等六家題跋，並於本幅鈐諸家鑑賞印多方。宋克時年四十四歲。

《急就章》，又名《急就篇》，西漢史遊撰，為當時識字課本。歷代章草《急就章》本，以傳為三國時皇象所書最古。宋克臨習章草書，即從此書得法。此作筆勢勁健，風貌簡古。從他“聊以自備遺忘”的自識，結合全篇精絕謹嚴的面目，可知這是宋克經意臨摹，以兼備古法之神與形的得意之作。對此，王世貞的一則評價頗為中肯：“觀仲溫書《急就章》，結意純美，以為徵誅之後，獲覩揖讓。而後偶取皇象石本閱之，大小行模及前後缺處若一，惟波撇小異耳。”此卷十接紙1900餘字，一筆不苟，心手相應，其書藝已臻極境。除書法價值外，此卷對《急就章》章草、正書二體的互釋，以及文字脱佚偽誤的校勘等都具有重要價值。

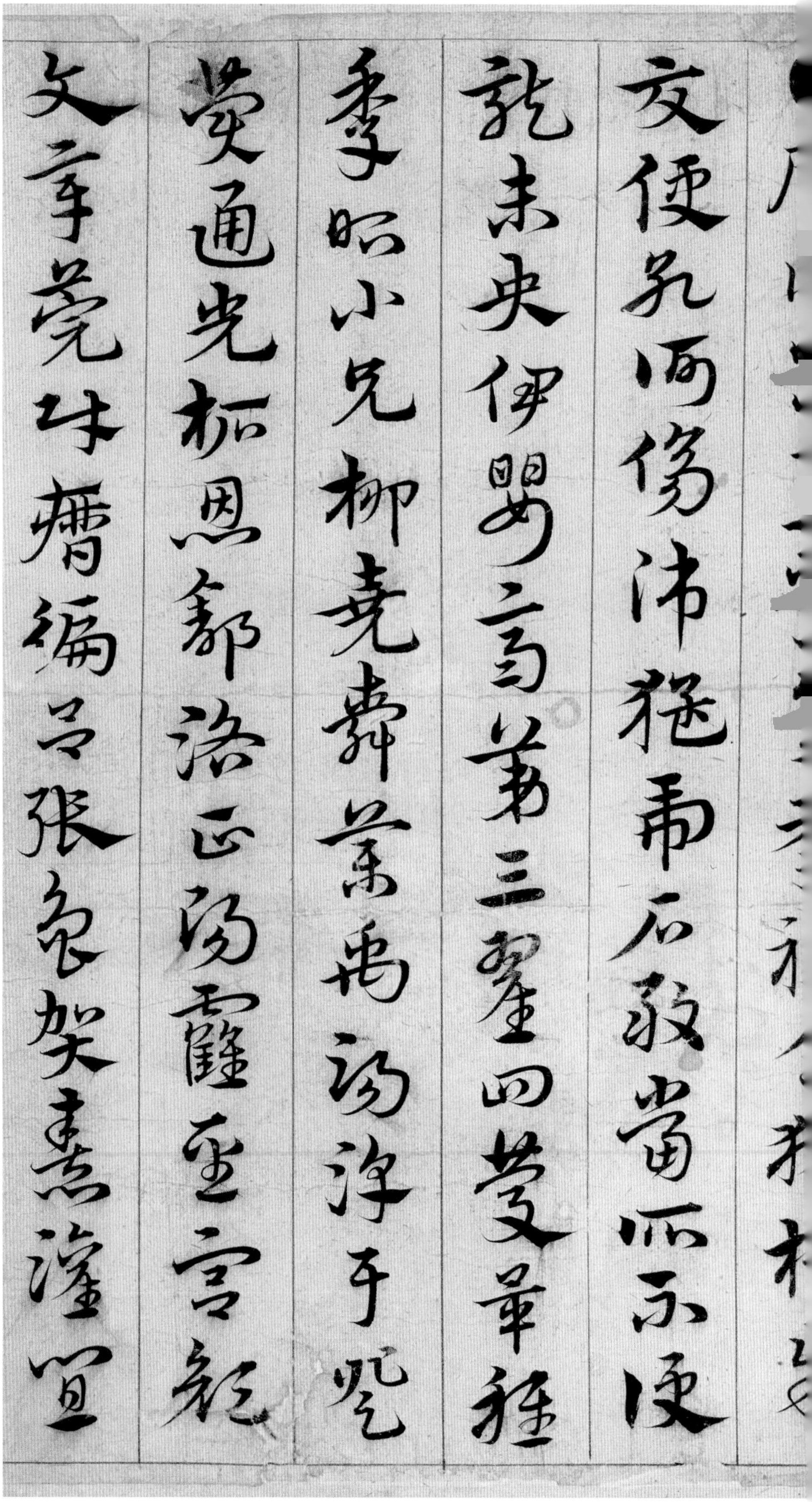

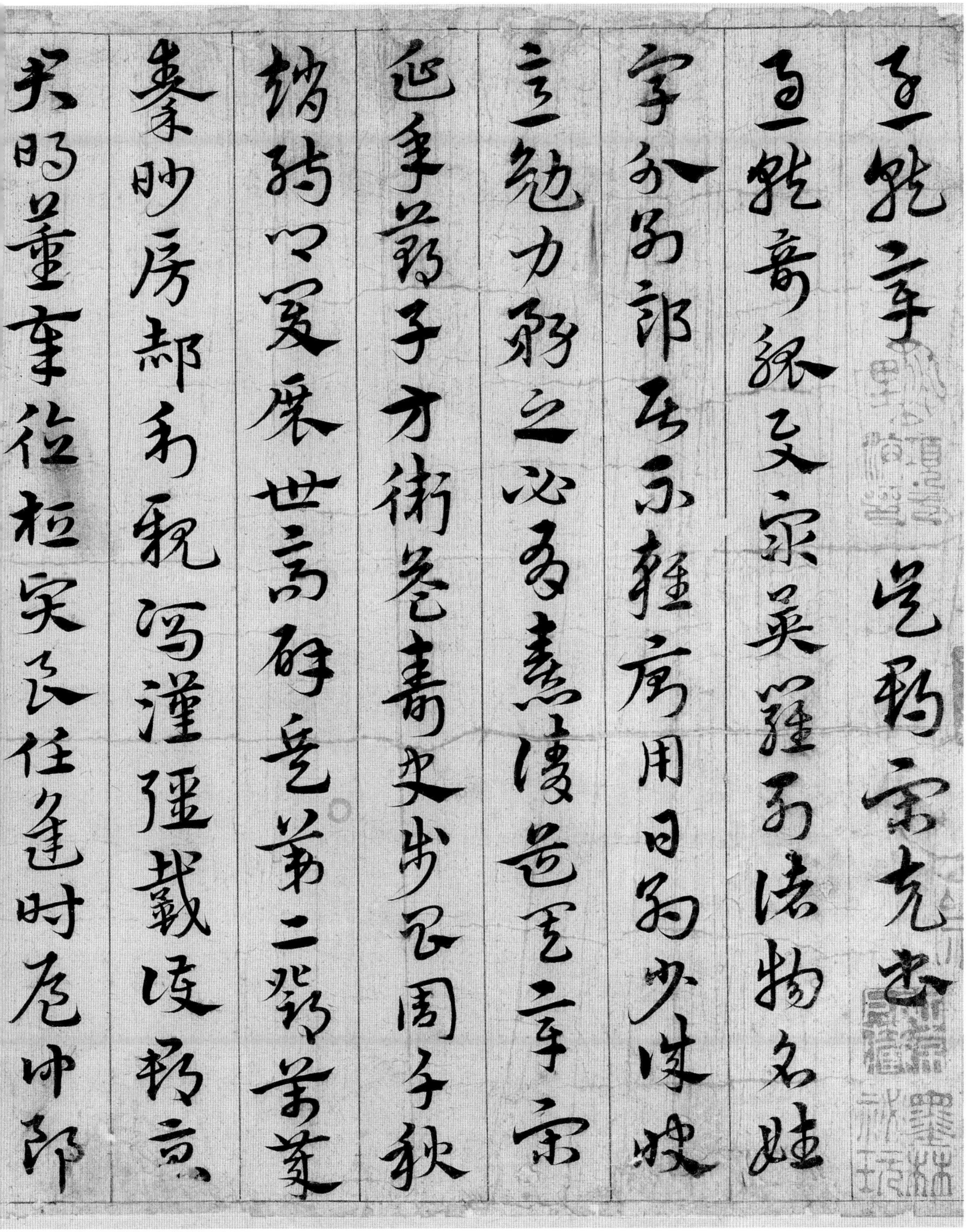

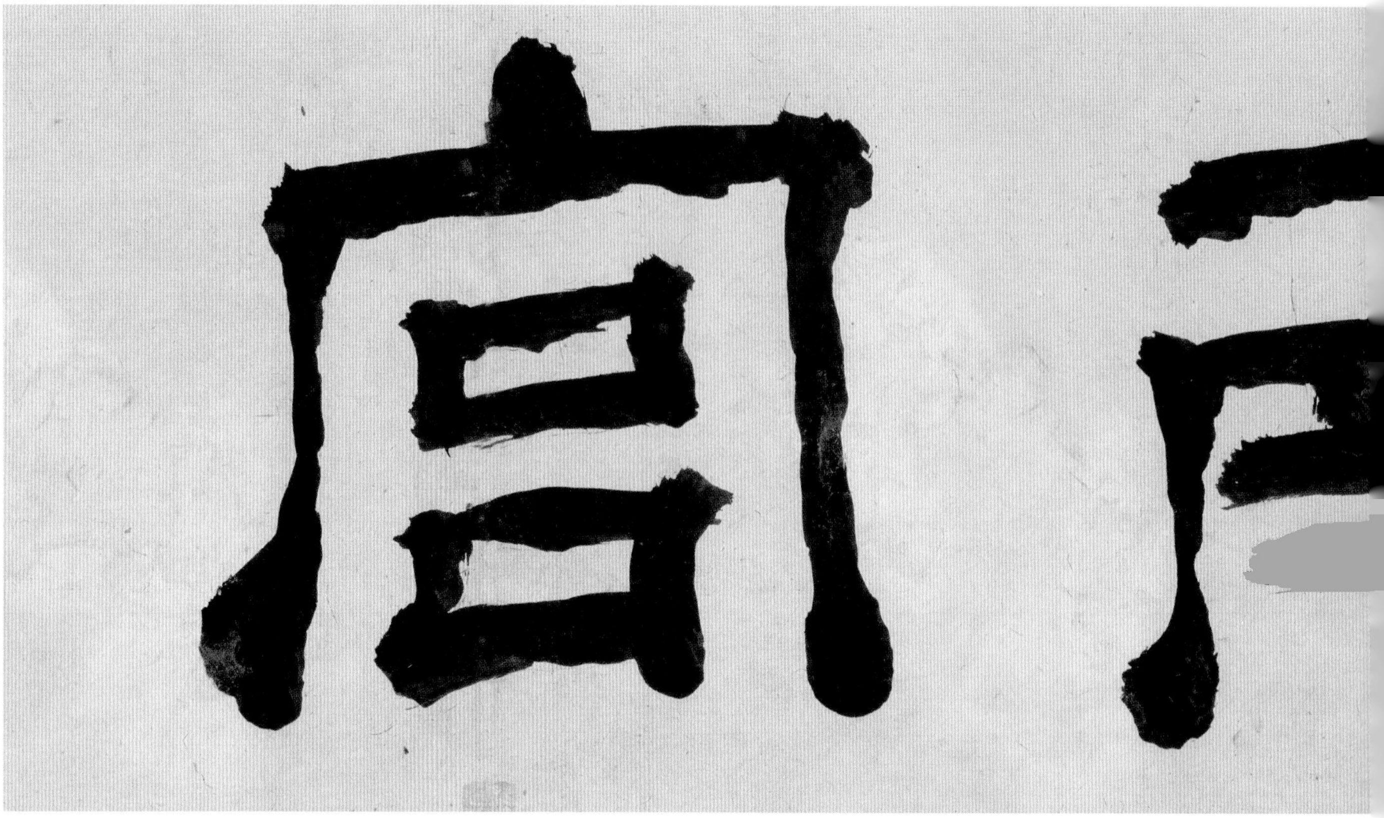
宮

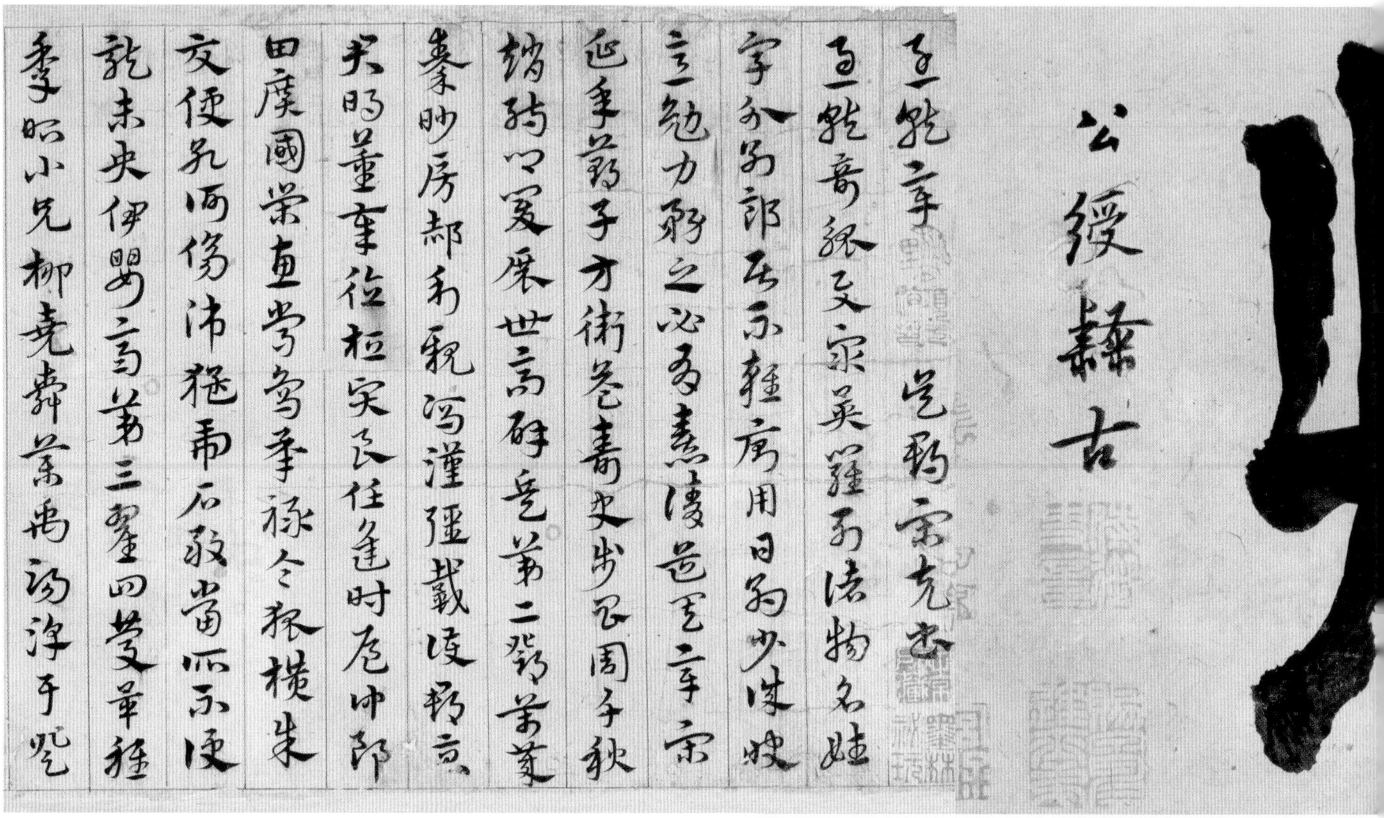

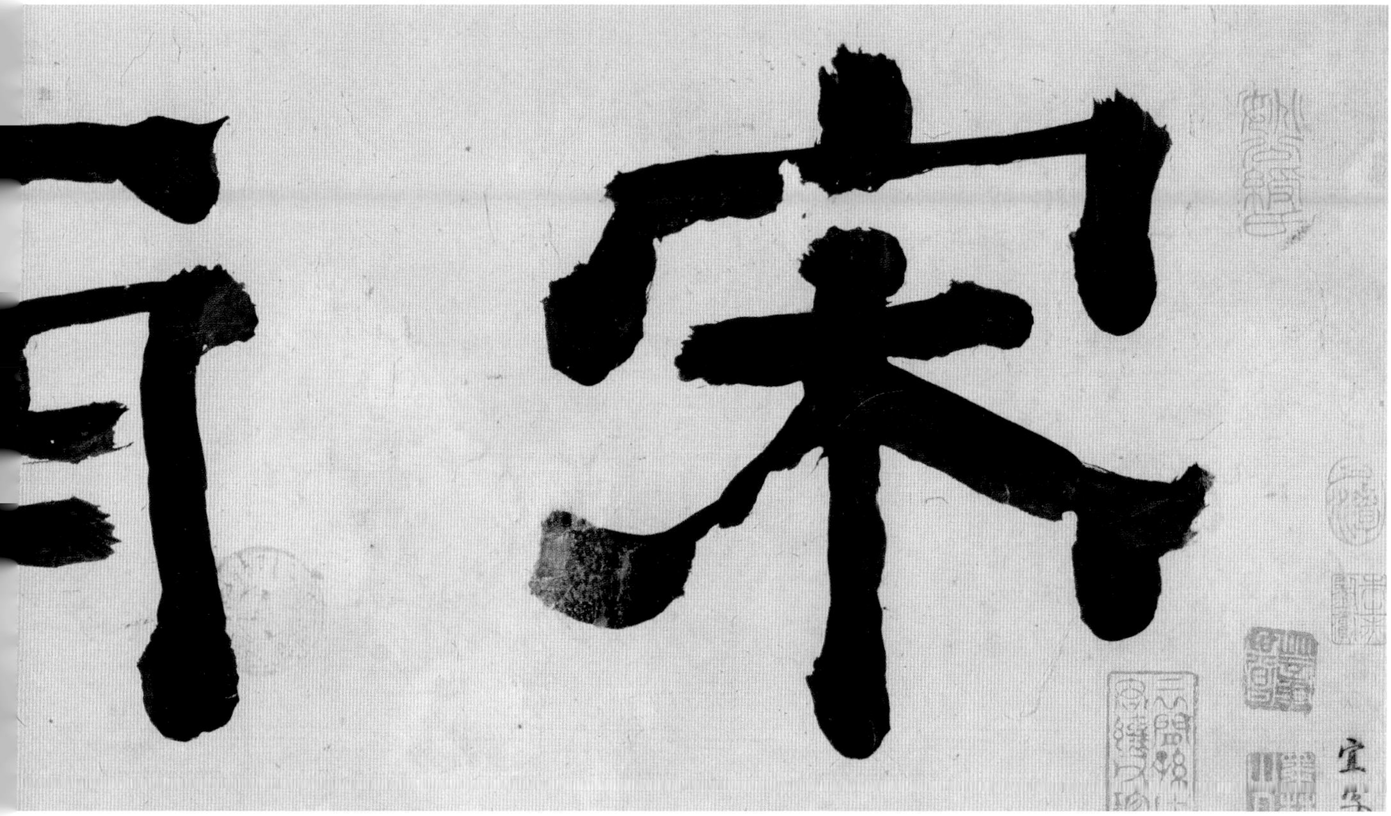

《急就章卷》之一

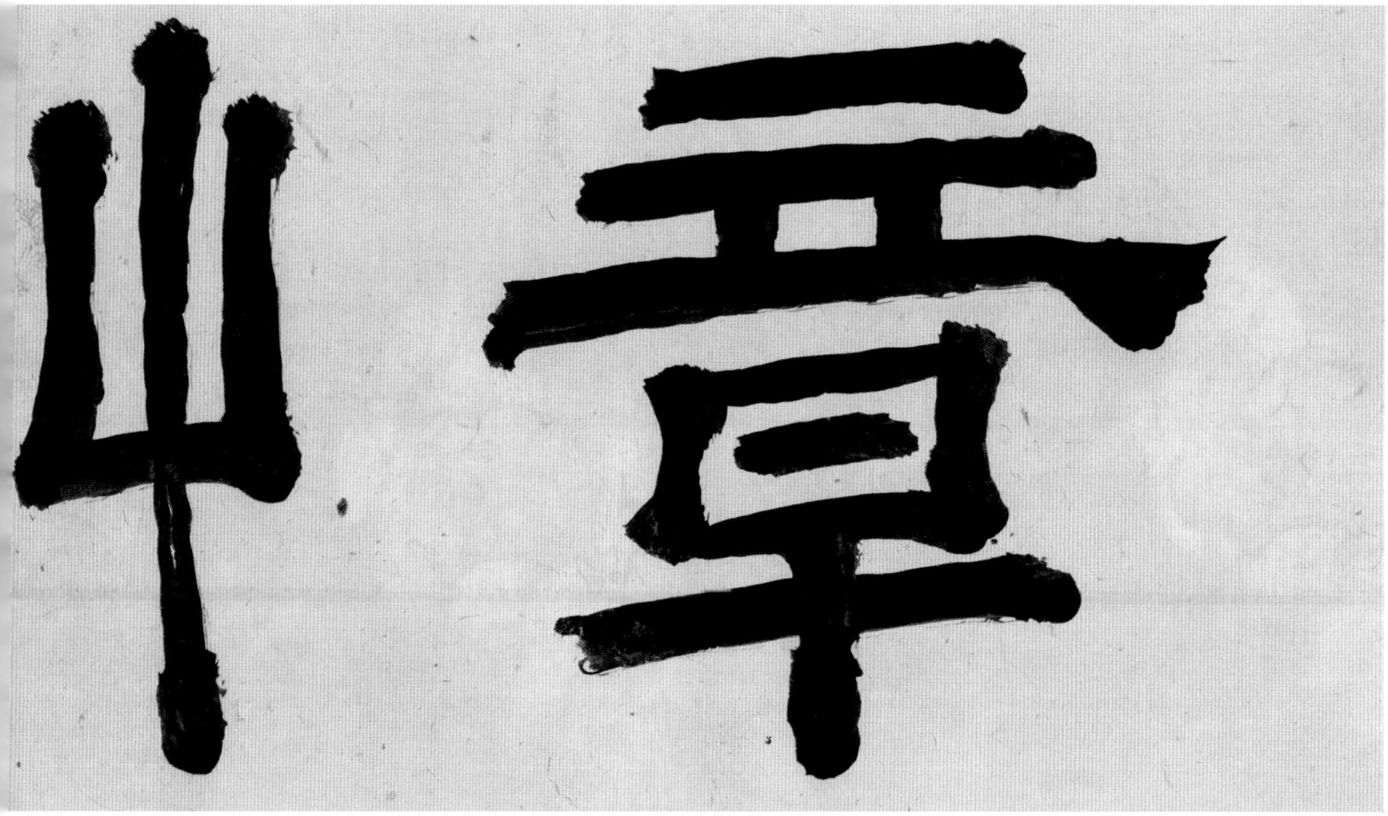

《急就章卷》之二

縣鍾華洞樂豹首落莫兔雙鶴春
草雞翹鳧翁濯鬱金半見緗白䋮
縹綟綠紈皂紫硟烝栗絹紺縉紅燃
青綺綾縠靡潤鮮綈絡縑練素
帛蟬第八絳緹絓紬絲絮綿己帶裳
素示立鈇服瑣、緰𧙖與繒連貰貸
賣買販肆便資貨市贏匹幅全綌
紵枲緼裹約纏綸組縌綬以高遷
量丈尺寸斤兩銓取受付予相因緣第
九稻黍秫稷粟麻秔餅餌麥飯甘
豆羹葵韭蔥䪥蓼蘇薑蕪荑鹽
豉醯酢醬芸蒜薺芥茱萸香老
菁蘘荷冬日藏梨柿柰桃待露霜
棗杏瓜棣饊飴園菜果蓏助米糧
第十甘麩殊美奏諸君袍襦表裏
曲領帬襜褕袷複褶袴褌禪衣蔽
膝布母縛鍼縷補袒縫緣循履片

戶帘條繢總鏡籢疏比各異工芬
薰脂粉膏澤筩沐浴揃搣寡合
同襐飾刻畫無等雙係臂琅玕虎
魄龍璧碧珠璣玫瑰甕玉玦環佩
靡從容射鬾辟邪除群凶第十五
竽瑟空侯琴筑箏鐘磬鞀簫鼙
鼓鳴五音總會歌謳聲倡優俳笑
觀倚庭侍酒行觴宿昔酲廚宰
切割給使令薪炭萑葦孰炊生
膹膾炙胾各有形酸鹹酢淡辨濁
清第十六肌䐑脯腊魚臭腥沽酒
釀醪稽檗程棗而梅甑為疆寫
帳蘖黃粘拔狃頭頟頞頗眉目耳鼻
口脣舌齗牙齒頰頤頸項肩臂肘卷捥
節爪拇指手胂腴匈脅喉咽髃第
十七腸胃腹肝肺心主脾腎五臧膍齊
乳尻髖脊膂要背僂股腳膝臏脛

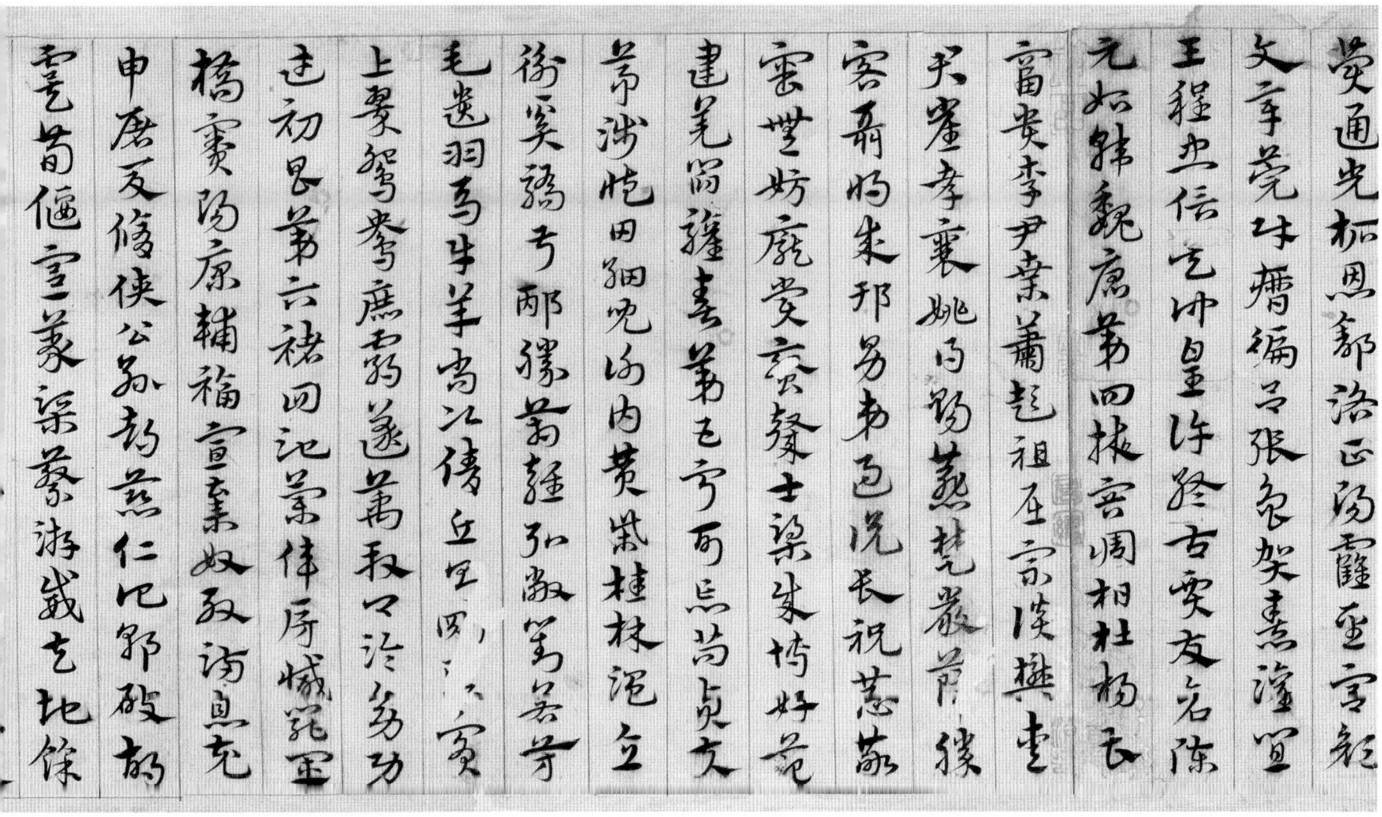

《急就章卷》之三

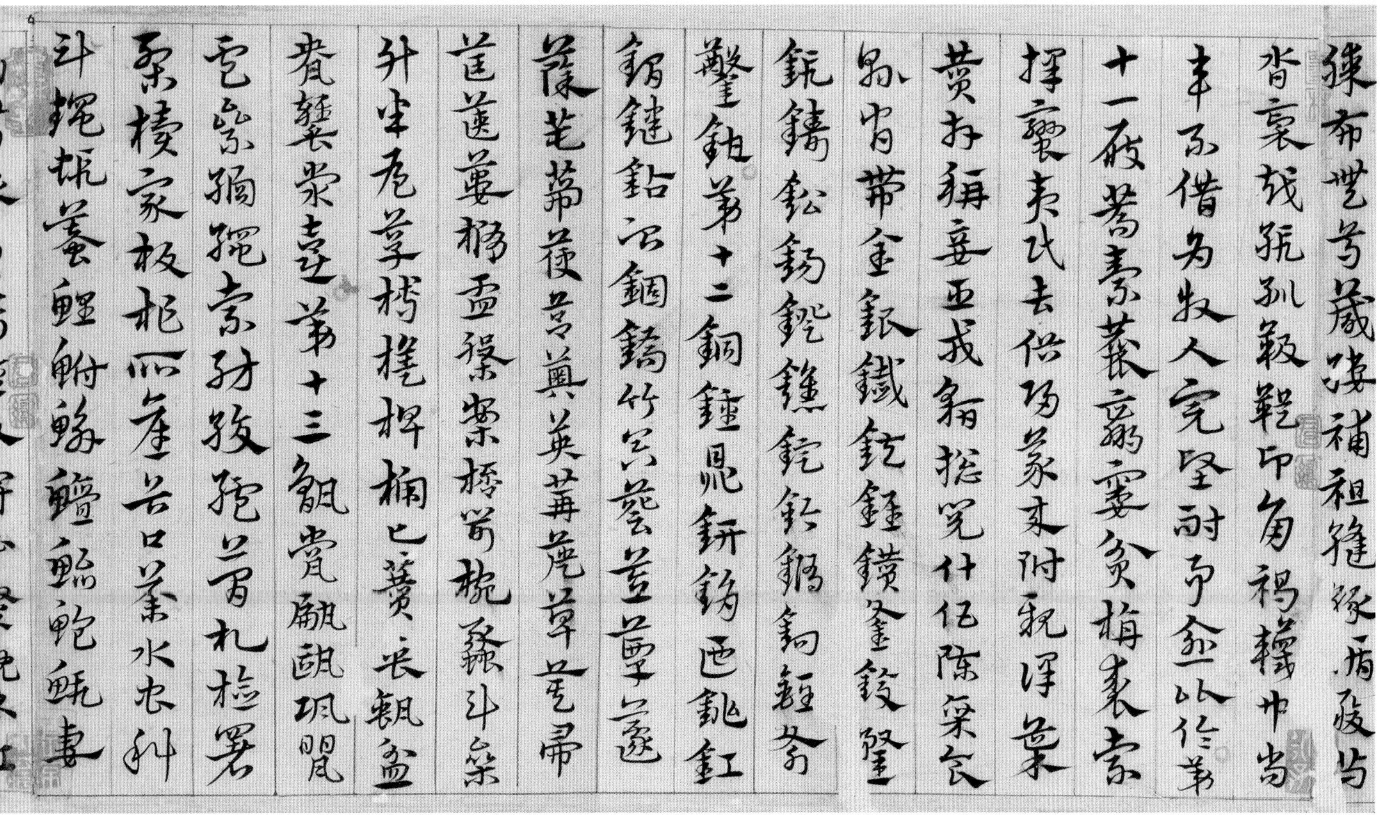

《急就章卷》之四

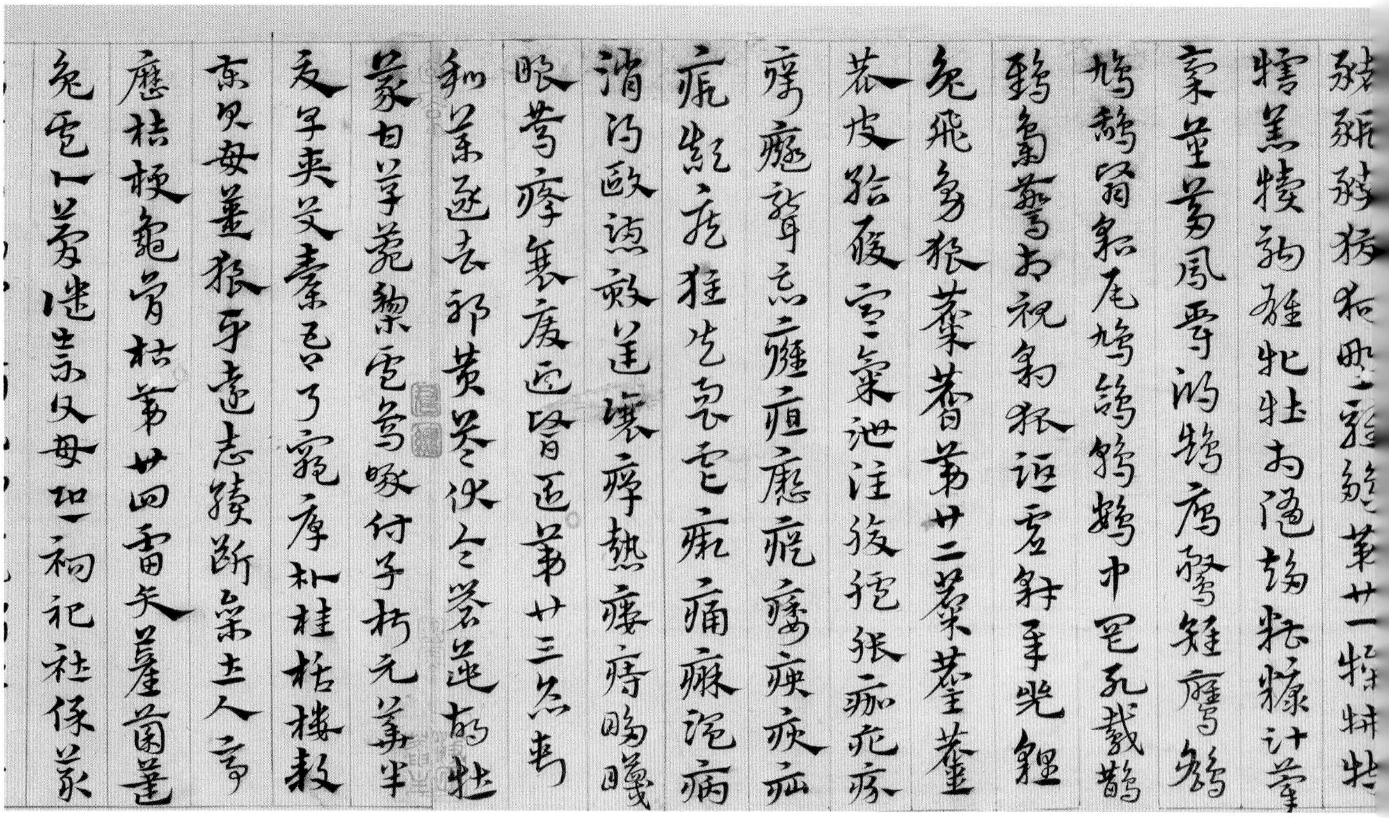

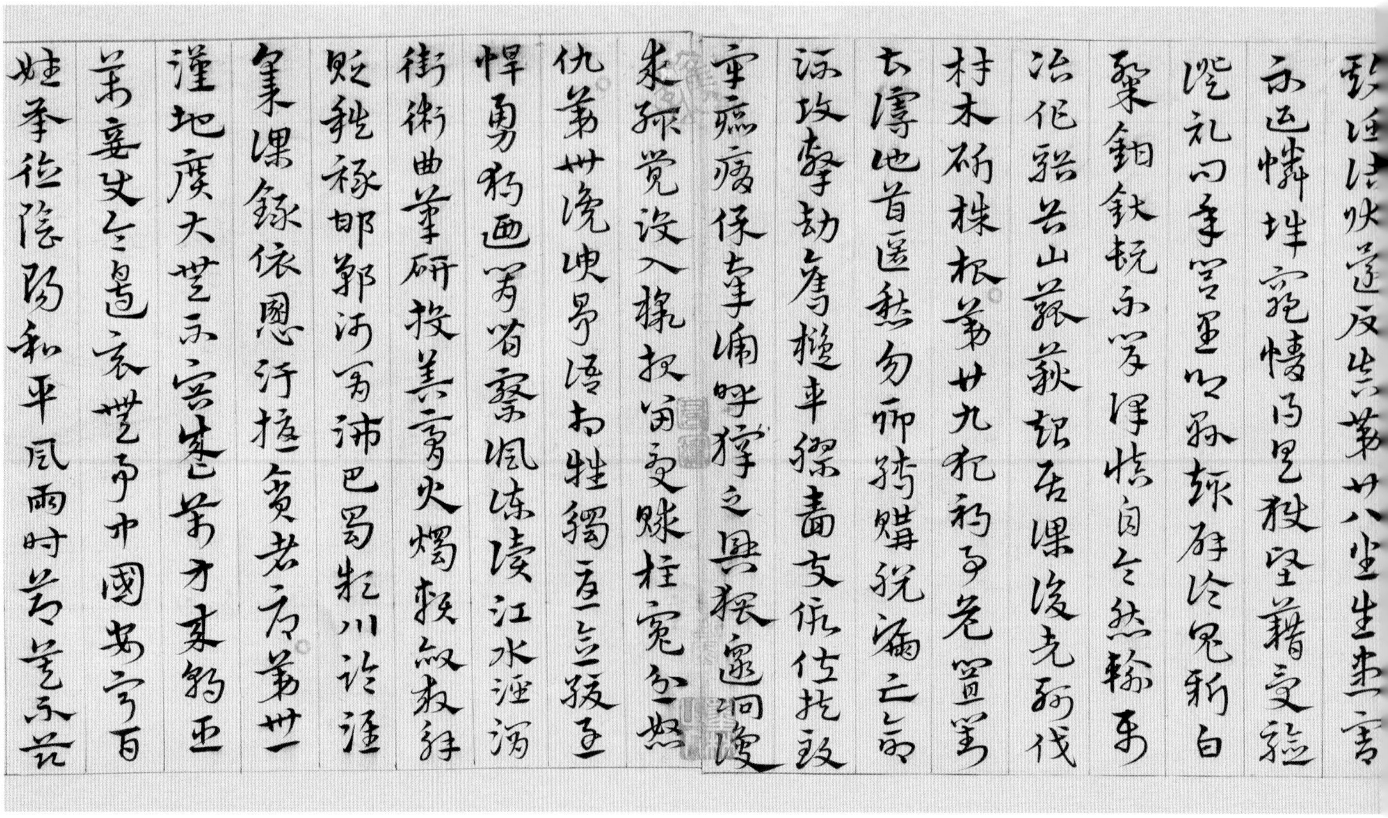

豭豶狡犬野雞雛第廿一犙犗特
犢羔犊駒雄牝牡為隨趨粺糠計群
豪篁篙鳳爵鴻鵠鴈鶩雉鷹鷂鴇
鴰翳鴶尾鳩鴿鶉鴳中罔死鳶鵲
鴟梟驚相視豹狐距虛豺犀兕貍
兔飛鼯狼麋麈第廿二麐麇麀麃
皮給履寒氣泄注腹臚脹痂疕疥
癘癡聾盲癰疽瘛瘲痿痹痮疝
瘕顛疾狂失響瘧瘀痛瘼溫病
消渴歐逆欬懣讓瘅熱瘻痔眵矇
眼篤癃衰廢迎醫匠第廿三灸刺
和藥逐去邪黃芩伏苓礜茈胡牡
蒙甘草菀藜蘆烏喙附子椒芫華半
夏皂莢艾橐吾芎窮厚朴桂栝樓款
東貝母薑狼牙遠志續斷參土瓜亭
歷桔梗龜骨枯第廿四雷矢雚菌蓋
兔盧卜問譴祟父母恐祠祀社稷叢

欺誣詰狀還反真第廿八坐生患害
不足憐辭窮情得具獄堅籍受證
驗記問年閭里鄉縣趣辟論鬼薪白
粲鉗鈦髡不肯謹慎自令然輸屬
詔作谿谷山箛篍起居課後先斬伐
材木斫株根第廿九犯禍事危置曹
對謾訑首匿愁勿聊縛購脫漏亡命
流攻擊劫奪檻車膠嗇夫假佐扶致
牢疻痏保辜謕呼號乏興猥逮詗讂
求輒覺沒入檄報留受賕枉寃怒
仇第卅讒諛爭語相牴觸亙亡猨逐
悍勇矜過乃肯察諷凍淩江水涇渭
衛衛曲筆研按羹膏火燭赖紋叙拜
貶秩祿邯鄲河間沛巴蜀潁川臨淮
集課錄依恩汙擅貧者后第卅一
漢地廣大無不容盛萬方來朝
臣妾使令邊竟無事中國安寧百
姓承德陰陽和平風雨時節莫不滋

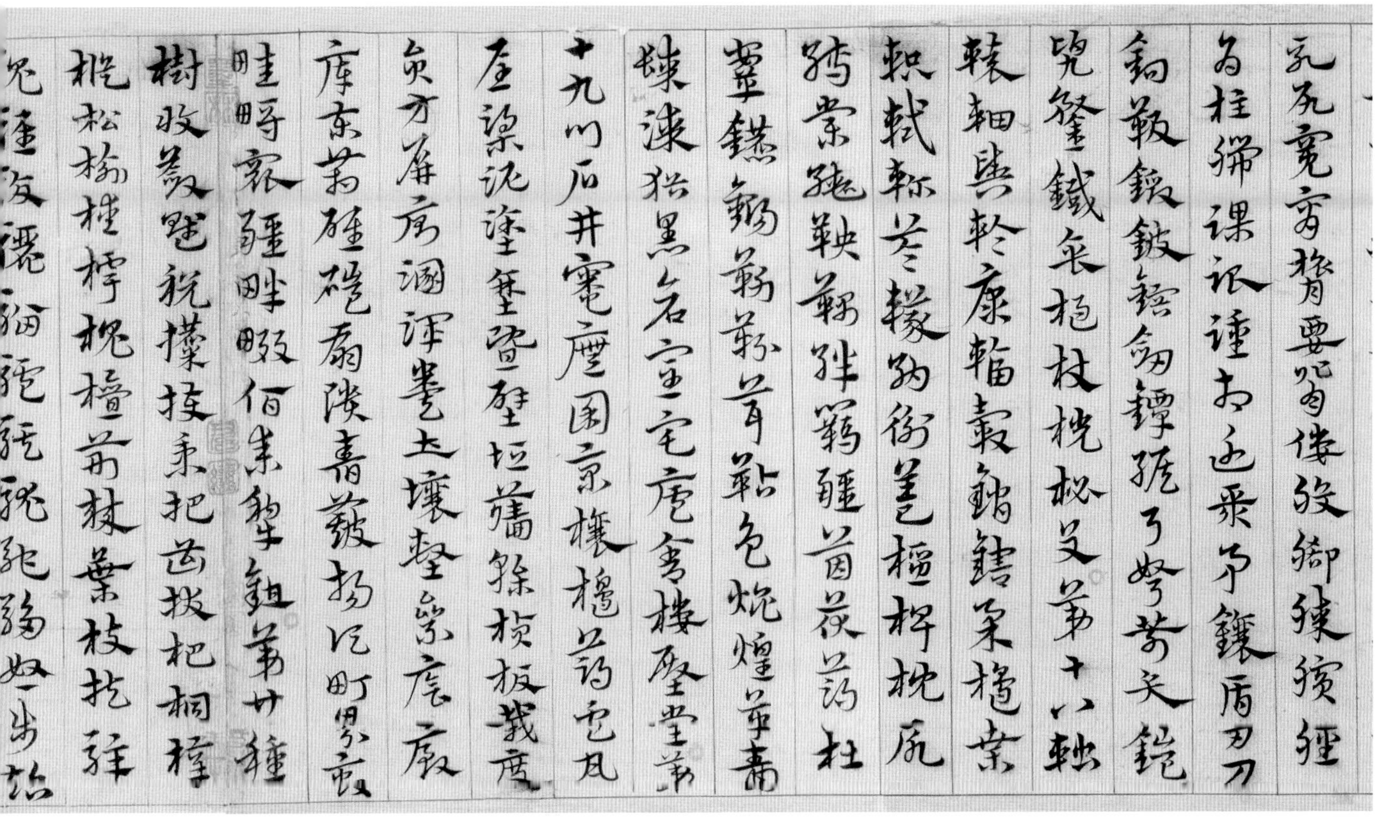

《急就章卷》之五

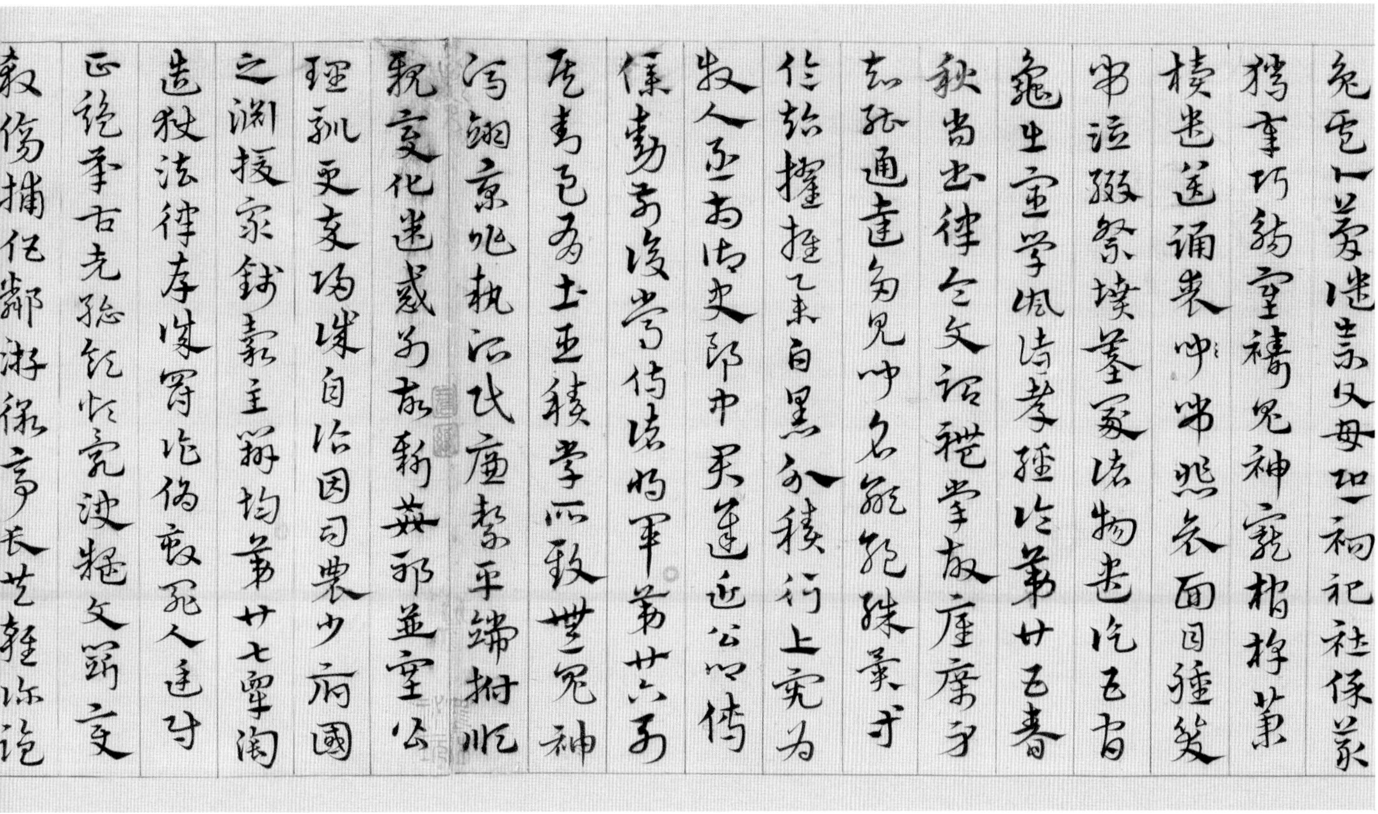

《急就章卷》之六

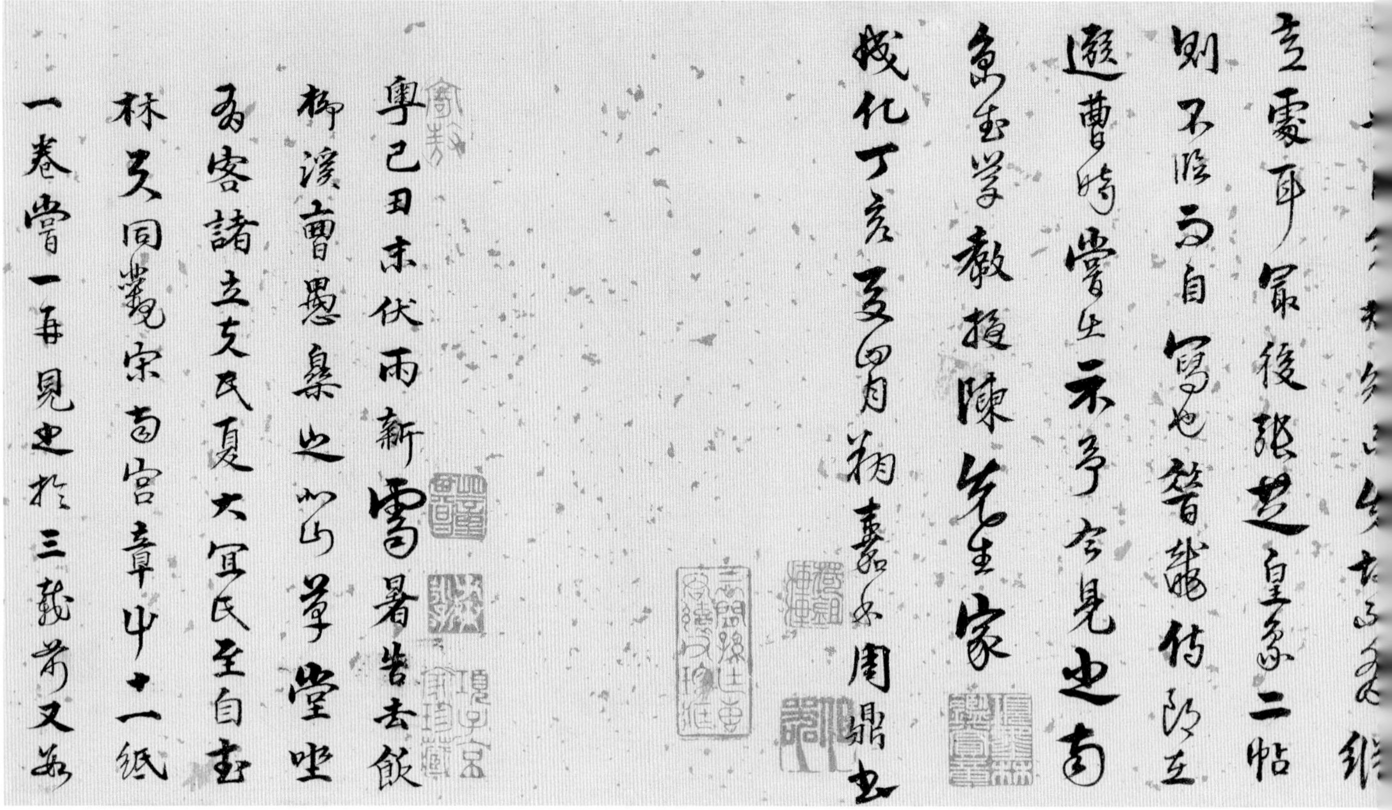
言處耳最後張芝皇象二帖
則不服而自寫也智龍仿取至
遂曹時嘗出示予今見之而
皇象學教授陳先生家
成化丁亥夏四月朔嘉禾周鼎書
粵己丑末伏雨新霽暑告去飯
柳溪曹愚臬之此山草堂坐
兩客諸立文氏夏大宜氏至自書
林文同叢宛宗南宮章中十一紙
一卷嘗一再見之於三載前又如

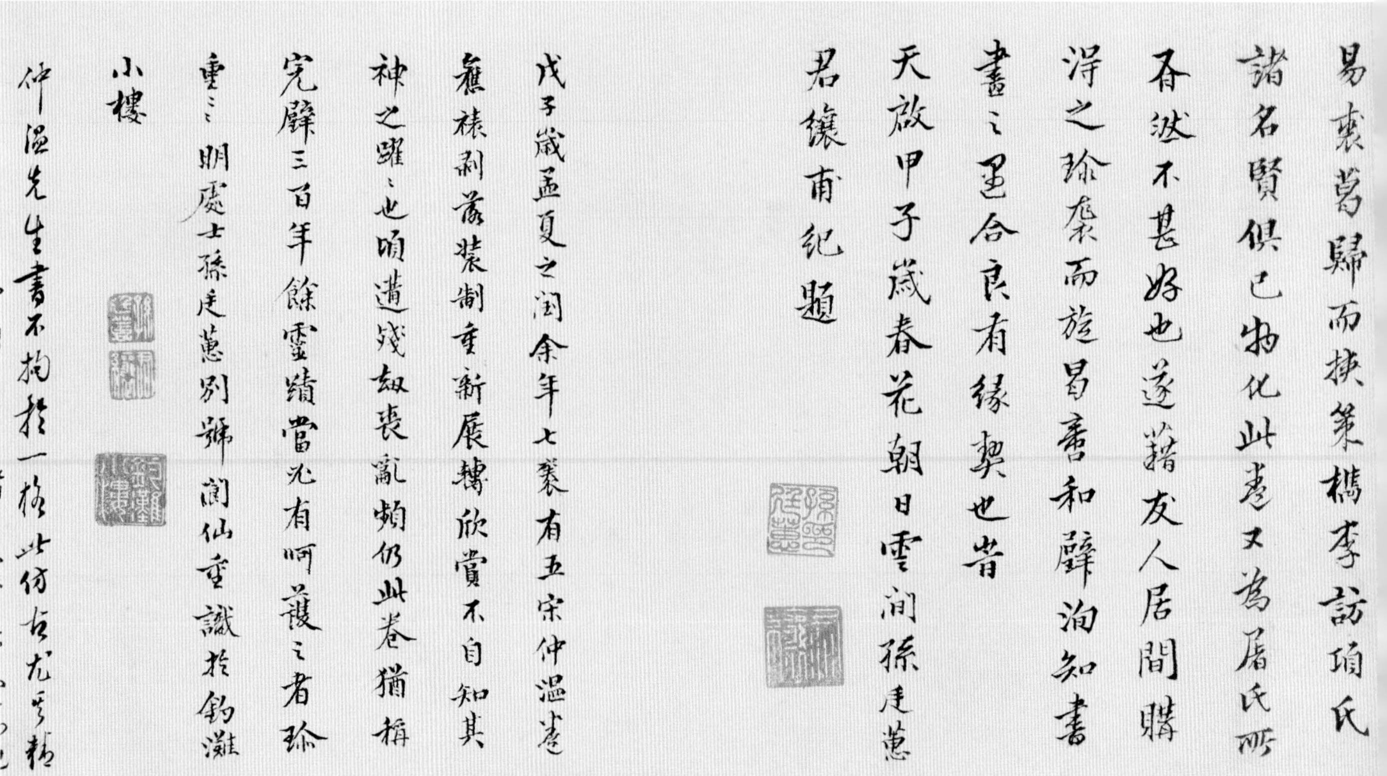
易裹葛歸而挾策樵李訪項氏
諸名賢俱已物化此卷又為居氏所
吞然不甚好也遂藉友人居間購
得之珍襲而旋昌唐和辟洎知書
畫之墨合良有緣契也皆
天啟甲子歲春花朝日雪澗孫廷蕙
君纕甫紀題
戊子歲孟夏之閏余年七襄有五宋仲溫書
龜楳剝落裝潢重新展轉欣賞不自知其
神之躍躍也哨遺殘缺喪亂蛸仍此卷猶捐
完辟三百年餘靈蹟嘗有呵護之者珍
重重 明處士孫廷蕙別號蘭仙並識於鈎灘
小樓
仲溫先生書不拘於一格此仿古尤為精

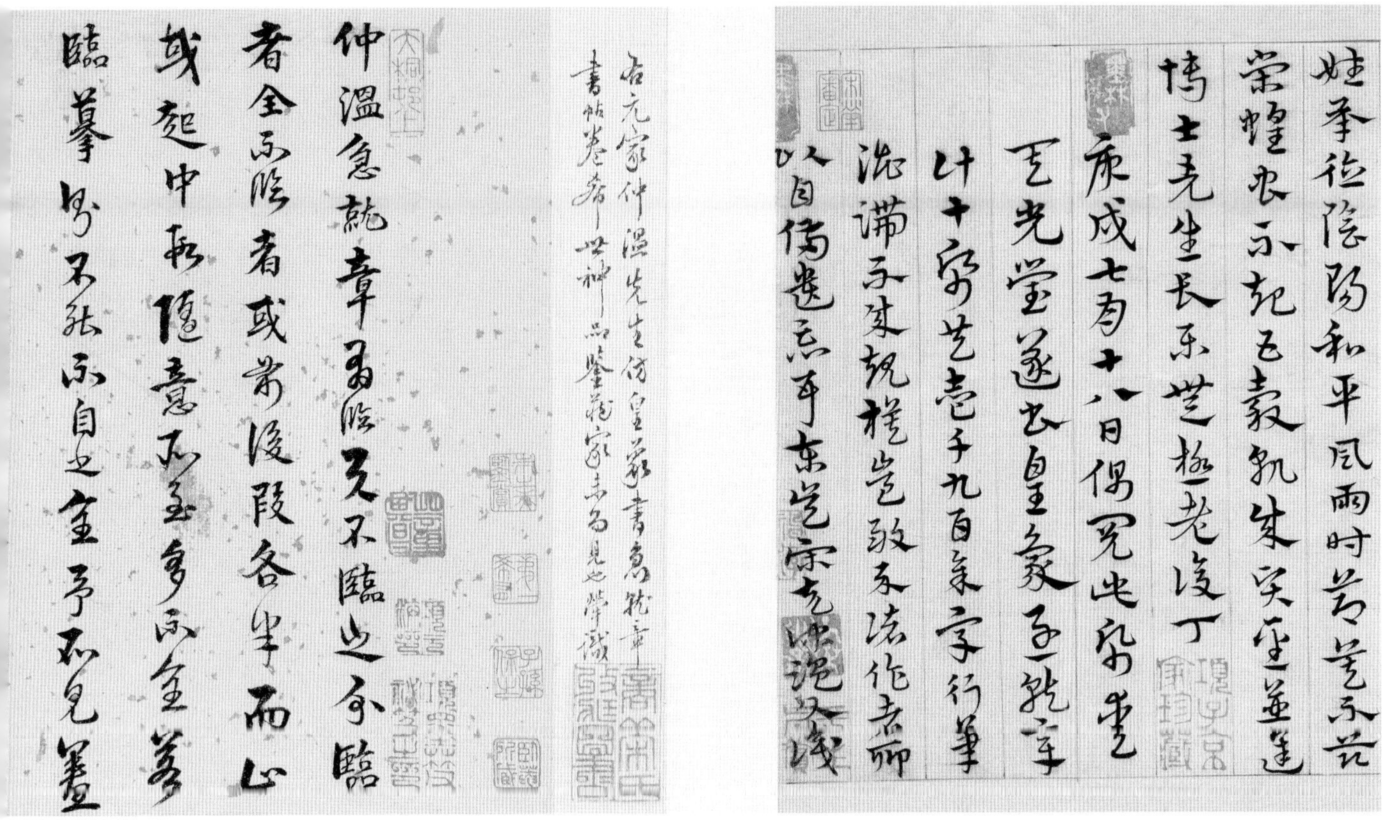

《急就章卷》之七

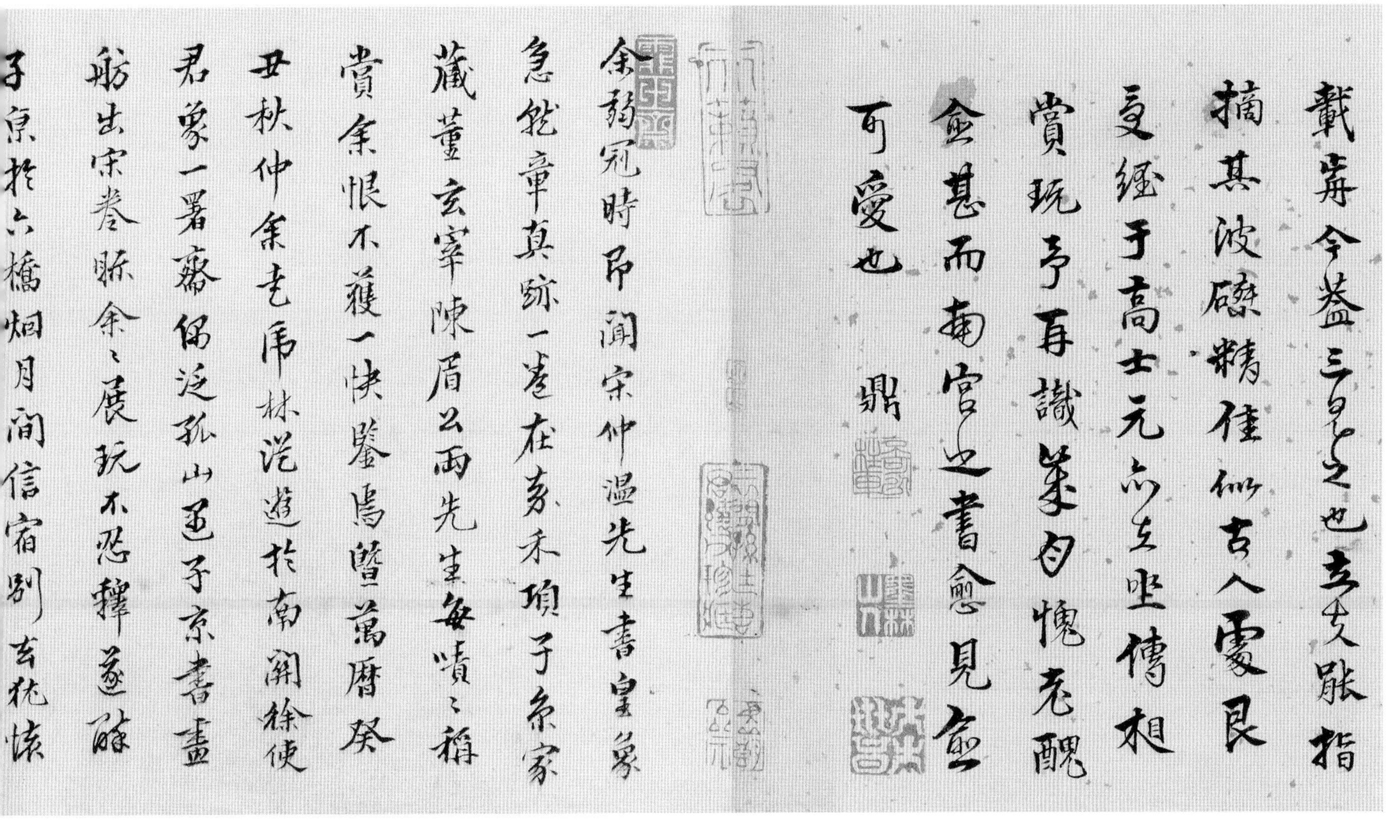

《急就章卷》之八

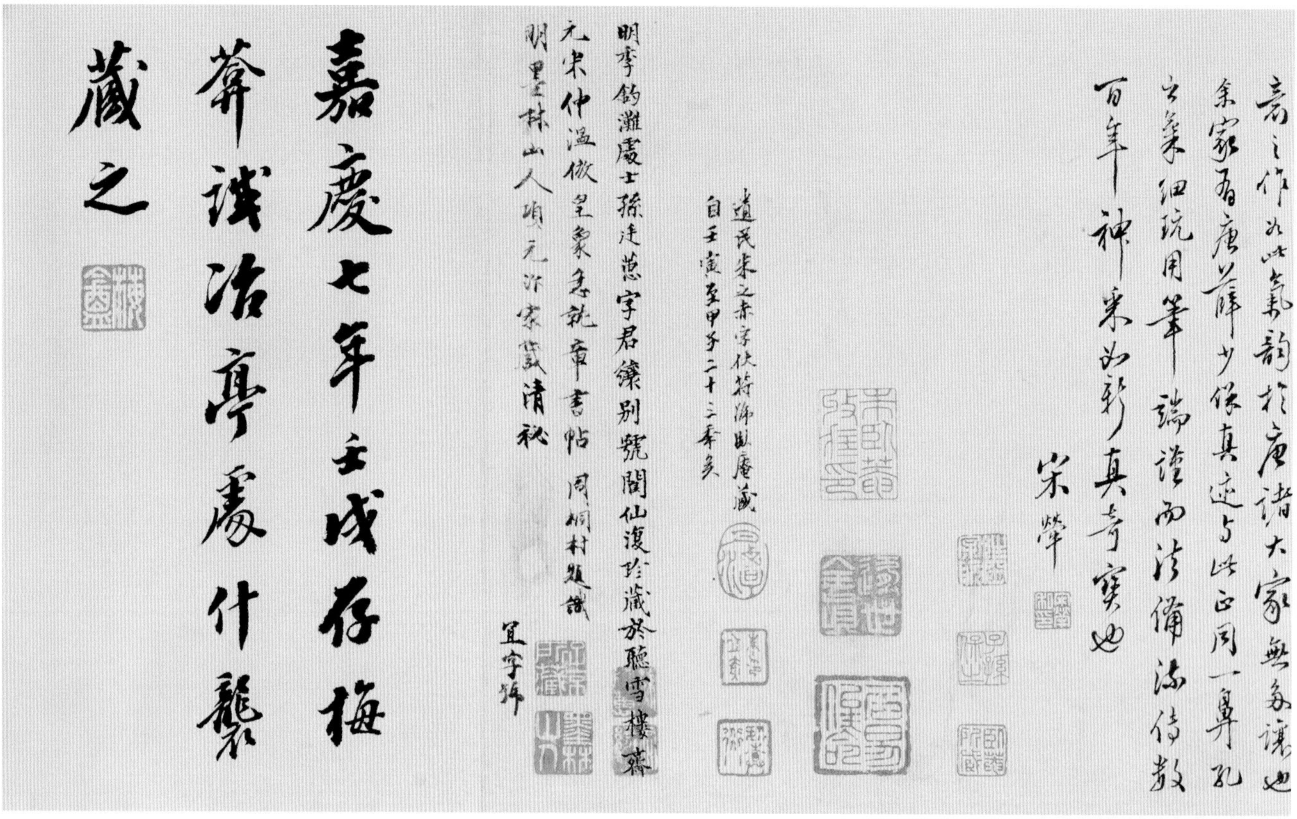

《急就章卷》之九

4

徐賁　楷書題濯清軒詩頁

紙本　楷書
縱17.6厘米　橫7厘米

Ti Zhuo Qing Xuan Shi (A poem on Zhuo Qing Xuan) in regular script
By Xu Ben (1335-1393)
Leaf, ink on paper
H. 17.6cm　L. 7cm

徐賁(1335—1393)，字幼文，號北郭生，居吳(今江蘇蘇州)。元末，為避張士誠徵辟，隱居吳興蜀山。明洪武中官給事中、監察御史，並先後在廣東、廣西、河南做官。後以犒軍不時之罪下獄死。工詩，有《北郭集》六卷。善畫山水，師法董巨。書法精楷書。

頁錄五言律詩一首，見《北郭集》卷四。款署"剡郡徐賁"。

此頁書法秀整端慎，清逸可愛，具唐楷古意。

鑑藏印記："儀周珍藏"(朱文)。

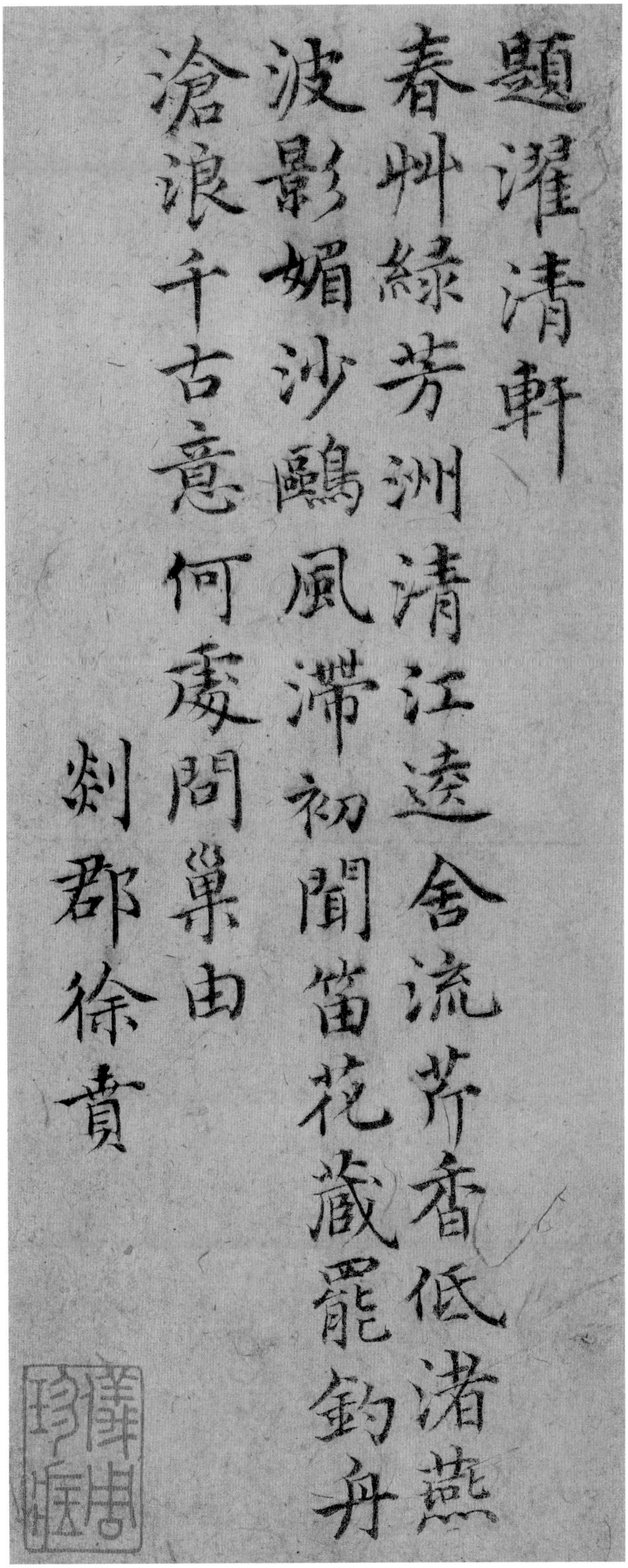

5

姚廣孝　楷書中州先生後和陶詩卷

紙本　楷書
縱22.2厘米　橫357.1厘米

Zhongzhou Xiansheng Hou He Tao Shi (Poems written by Zhongzhou in reply to Tao) in regular script
By Yao Guangxiao (1335-1419)
Handscroll, ink on paper
H. 22.2cm　L. 357.1cm

姚廣孝(1335—1419)，名道衍，字斯道，號逃虛老人、獨庵老人、懶閣翁，明代長洲(今江蘇蘇州)人。十四歲出家為僧。明洪武中跟隨燕王朱棣至北平，住持慶壽寺。燕王起兵"靖難"，道衍為主謀。朱棣奪皇帝位，以功拜太子少師，復其姓，賜名廣孝。善陰陽術數之學，通儒書，工詩畫，嘗監修《太祖實錄》，纂修《永樂大典》。著有《逃虛子集》。

從本幅後自識中得知，詩為中州先生所作，共有九十九首，"因歲月久違，不一而成，故有前後之說"。款署"洪武二十五年倉龍壬申冬十月廿又七日　　獨庵道衍"，鈐"道衍私印"(白文)、"斯道"(白文)印。明洪武二十五年(1392)，道衍時年五十八歲。中州先生姓童名冀，字中州，浙江金華人。洪武中任湖州府學教授，遷北平教授，與宋濂、張羽、道衍等人關係密切。卷後另有吳道旨、莫友芝、鄧瑤伯三家跋。

此卷書法古雅勻細，法度嚴正，瘦硬通神，悠然有靜穆之氣，充分體現出道衍中年時深厚純熟的藝術功力。

鑑藏印記："希之"(朱文)、"獨山莫繩孫字仲武印"(朱文)、"莫彝孫印"(朱文)等。

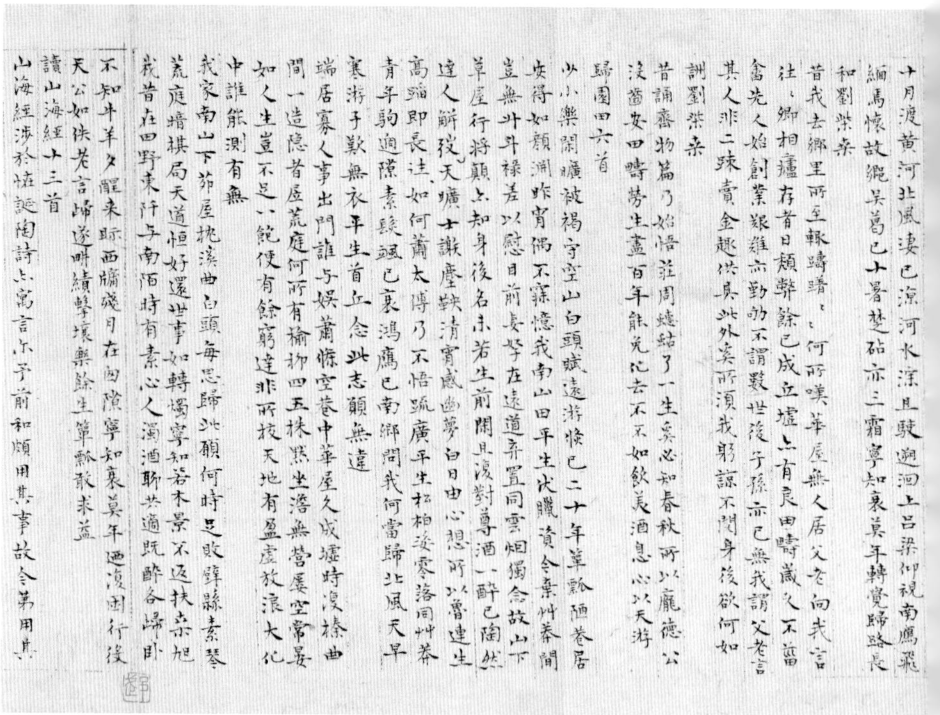

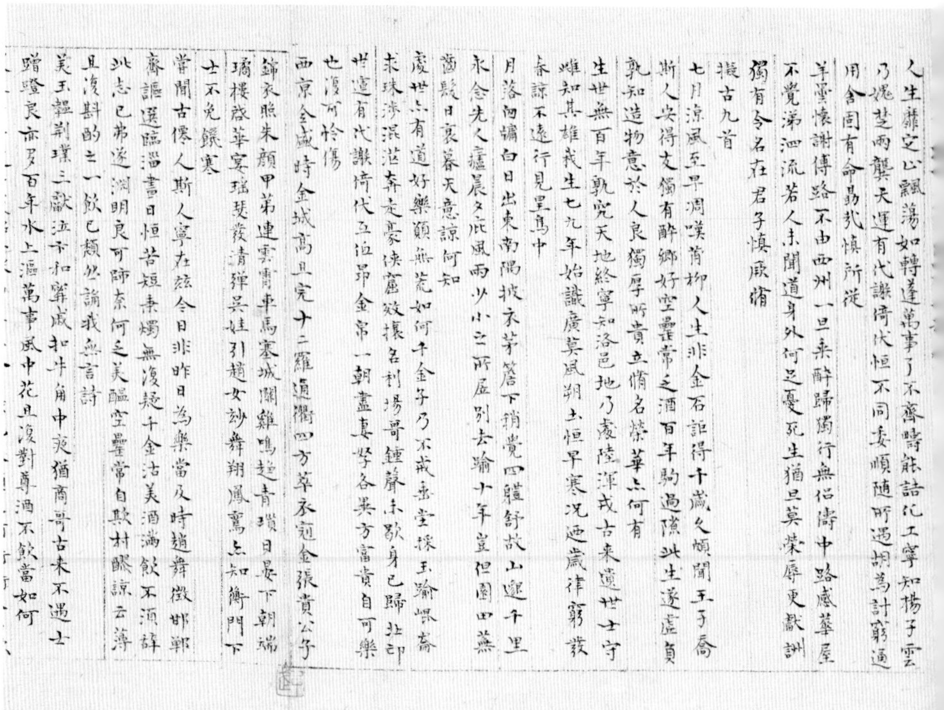

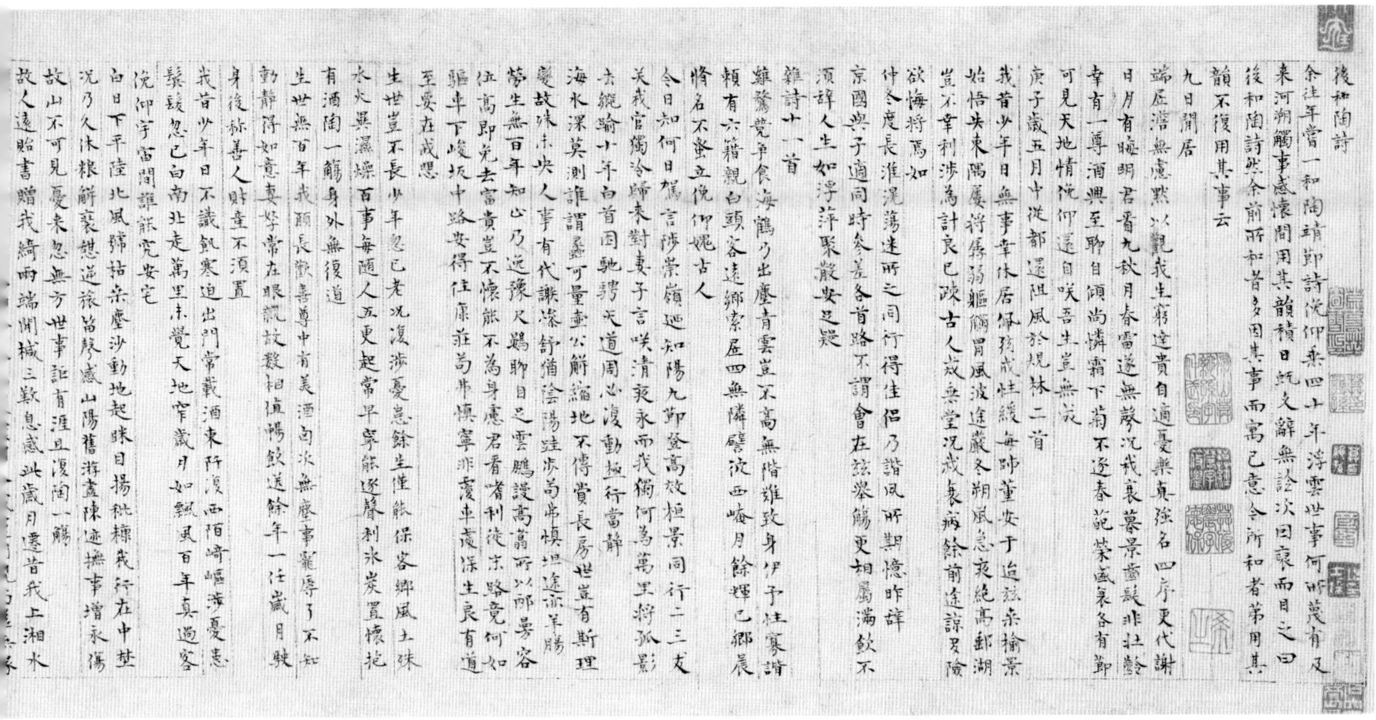

《中州先生後和陶詩卷》之一

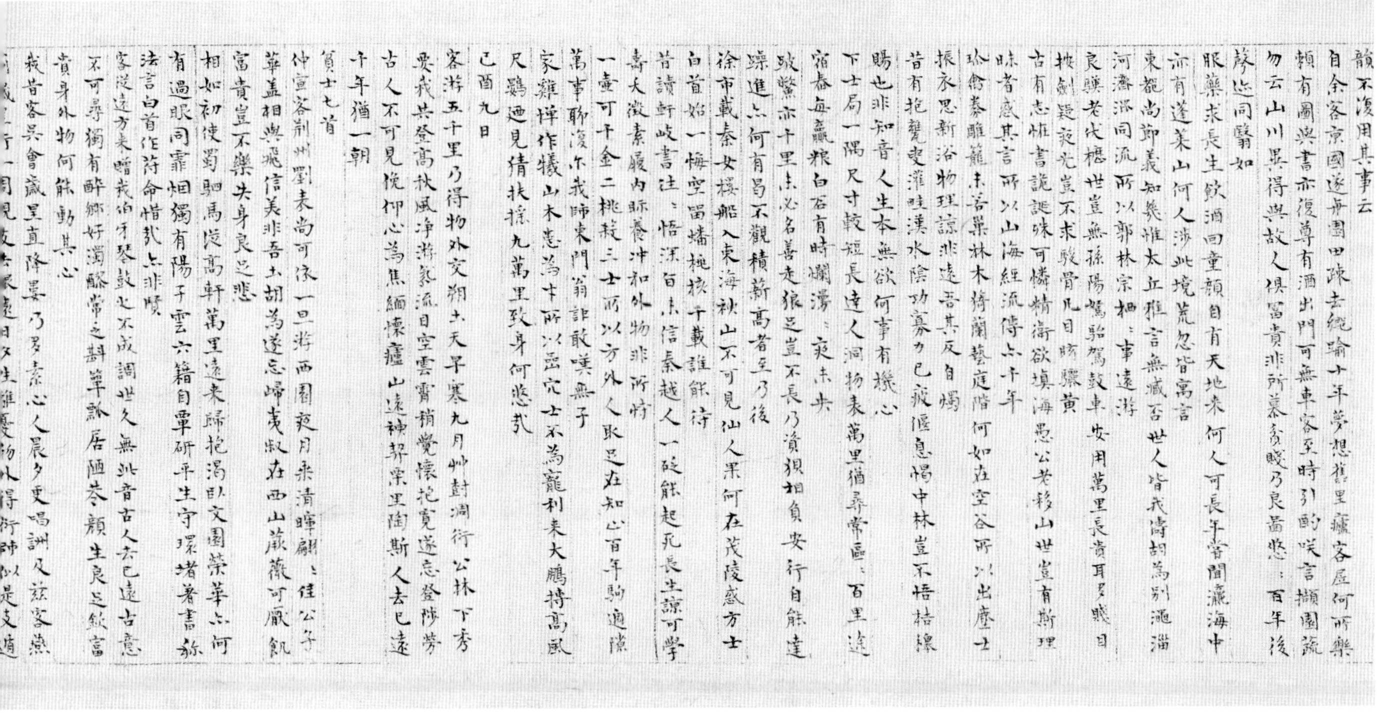

《中州先生後和陶詩卷》之二

揚子泣路歧阮生慼途窮況我困覊旅白首途路中客居恒匱乏
猶幸歲屢豐一身如蓬轉飄蕩隨天風南行歷九疑北乃至無終
緬懷老氏言大盈常若沖當今盛文治世道方向隆南歸諒可冀
揆日游岱嵩

於王撫軍座送客

白露下百艸榮木亦已腓客居嘆離索況餞故人歸憶昔在田里立
朧獲所依寧知衰暮年迺與心事違南北走萬里自咲還自悲
辟彼西崦日揮戈駐餘暉君今返桑梓我行尚遲遲南歸諒有日
造物其我遺

連雨獨飲

窮達固有命出處亦偶然半世守環堵白首歧路間平生芙葛洪燒
丹慕神仙不如醉緜隱萬事從其天今晨坐風雨無人為我先鄰
家有美酒舊逋未能還且復掩關卧消此日如年客況每如此餘
事可悠言

與殷晉安別

天運恒不息人生每長勤嗟我初來縣即与來相親三十遭亂離蕩析
空四鄰東西厭奔走寢食忘宵晨四十甫安宅涇渭清濁分五十
去鄉里迨茲二十春南浮湘水月北睇崆峒雲故鄉日以遠欲歸
道無因來日知幾何革瓢可安貧庶幾百年後不失稱善人

贈羊長史

西京全盛時朝野多懽娛甲第連雲霄勲業諳常書五侯諸貴
人騎從華且都綉衣緣徧諸被服爭僭踰雞鳴趨華省日旰侍
金輿君卿與谷永日夕軒蓋俱于時揚子雲索居獨躊躇閉關
守太玄屢空常晏如資蓺方被野誰能采蘼蕪獨有問奇者載
酒相與娛奈何作符命惜哉計已疎正誼不謀利賢哉董仲舒

歲暮和張常侍

索居若淫雨彌月背流泉杜門謝過客誰亦相晤言適衢潴積水
蛙黽聲何繁況當鶉火月適此伏陰慇嘗聞朔土高北上適連山
頻年困塗潦無乃天道還禾黍卧沮洳蚊蚋相糾纏嗟我羈旅
人所望在有年況復拙生理有無誰懋遷豐歉諒有數默以守
自然

癸卯歲始春懷古田舍二首

范蠡始霸越烏喙悟勾踐扁舟即長逝此身僅能免至今五湖間
烟水相與緬後來非無人千載稱獨善我嘗客吳中屢嘆高情
遠獨怙東入齊殖貨遂忘返雖累千金資所謀良已淺

君子貴尚志憂道不憂貧畊夫不患餒所患力弗勤我昔在田里
畊鑿稱野人白首起農畝聿觀文運新去鄉二十年親故忘戚
欣豈不念歸田弗獲所問津秋風舊茆屋何由洽比鄰此志諒
無遂老為先疇民

乙巳歲三月為建威參軍使都經錢谿

大鵬從南溟高風久培積扶摇九萬里振迅繞一昔鸒鳩蓬蒿
下豈不傳羽翮決起搶榆枋迥若霄漢隔物固有小大乃槩為
形後惟人萬物靈立志諒不易胡為逐聲利東西隨蕩析不有
霜雪時何由知松柏

昔有齊庭鳥三年始一飛志士偶未達無用生歎悲得失互倚伏龍
辱相因依君看陶彭澤到官即遄歸百年能幾何況乃齒髮衰徒
有憂世心時事每相違

逸士樂閑曠宵人騖塵喧所志各有異勿謂造化偏伊余性憂寡昧
抱拙守空山誤落朝市中歲周未能還故山邈在望歲莫嗟何言

孟軻愛薰金世或論非是宣尼大聖人乃罹武叔毀況我去聖遠屢
歎無有爾三復萋菲詩流言易成綺

弱齡富文藻華采縈若英中年尚簡靜遇事每忘情況復涉
憂患棄免過滿傾青陽育羣芳鶗鴂已載鳴悟此消息理默以
觀我生

天馬出渥洼龍種異凡姿珊瑚產滄海熒然璚封枝託迹處幽遠
乃為世所奇伊人惟物靈出處慎所為高蹈羣物表塵鞅胡能羇

在昔太古世風氣未曾開問之當何時草天与元懷自從人偽滋大
道日以離逸歎靡足高鳥微安栖蕩蕩函谷關請封一丸泥志大
術斯淺於事誠寡諧淵明悟斯理無由燭羣迷不涉太行險中
道驅車迴

達人遊大方曲士滯一隅險道靡夷逕狹衢無廣途君看九軌道
方駕遂長驅匈中得天游頃步亦有餘所以古君子寸心為廣居

少年慕神仙推志欲求道崎嶇涉憂患不謂身已老豈無松柏姿
歲久亦枯槁君看方外人未悟壺中好燒丹煉黃白外物以為寶不
如醉鄉士傲睨萬物表

辭受貴合義出處亦以時三聘有弗起萬鍾有固辭所以古君子立
志恒在茲寸心辨義利萬事無復疑如何奔競徒甘為勢利驅
車九折坂日暮欲何之

昔聞父老言醉鄉有佳境安得中山酒千日醉乃醒求之三十年竟
未得要領獨愛陶淵明兔脫囊中穎至今飲酒詩煥若丹青炳

少年如轉燭不謂老已至賴有酒忘憂悲多無復醉上策止於斯
況敢問其次勞生無百年適意以為貴不如飲太和淡中有至味

客居如轉蓬誰能究安宅平生經歷地過眼已陳迹況復不稼穡
胡取禾三百大布足禦冬詎羨狐裘白獨愧老无聞歲月良可惜

勞生已白首未聞衛生經南北走萬里百事嗟無成得失互倚伏
適眼鯢所更緬懷太古世無胥與大庭麒麟在郊藪丹鳳時一鳴
此意不復見懷哉千古情

涉秋炎暑退仲月來涼風適見大火流已復呈虛中四序更代謝人
事有變遷曷不觀玄象天道猶張弓

人生欲無涯至或在貪得中心諒自足外物胡能惑所以原憲徒
安運任通塞宵人競錐刀季子乃辭國豈不萬言當不如守一默

讀書期致用為貧豈不仕胡為尚高志進退懼失己伊予業章句
所重在廉恥半生守環堵白首去鄉里跋涉川途間歲行逾一紀來
日能幾何前塗未知止脩身以俟命天道諒可恃

世道日以降百偽無一真澆風扇四維末俗何由淳淵明雖好古舉
世方尚新南北風馬牛肥瘠越與秦幸有醉鄉飲可避車馬塵
況我後千載勞生每長勤奔走歧路間邈与六籍親結髮志求道白
首迷通津豈不靈萬物被服加冠巾脩名尚不立愧此天地人
凡九十九首其三良形影桃花源等篇前詩已達鄙意故今不復

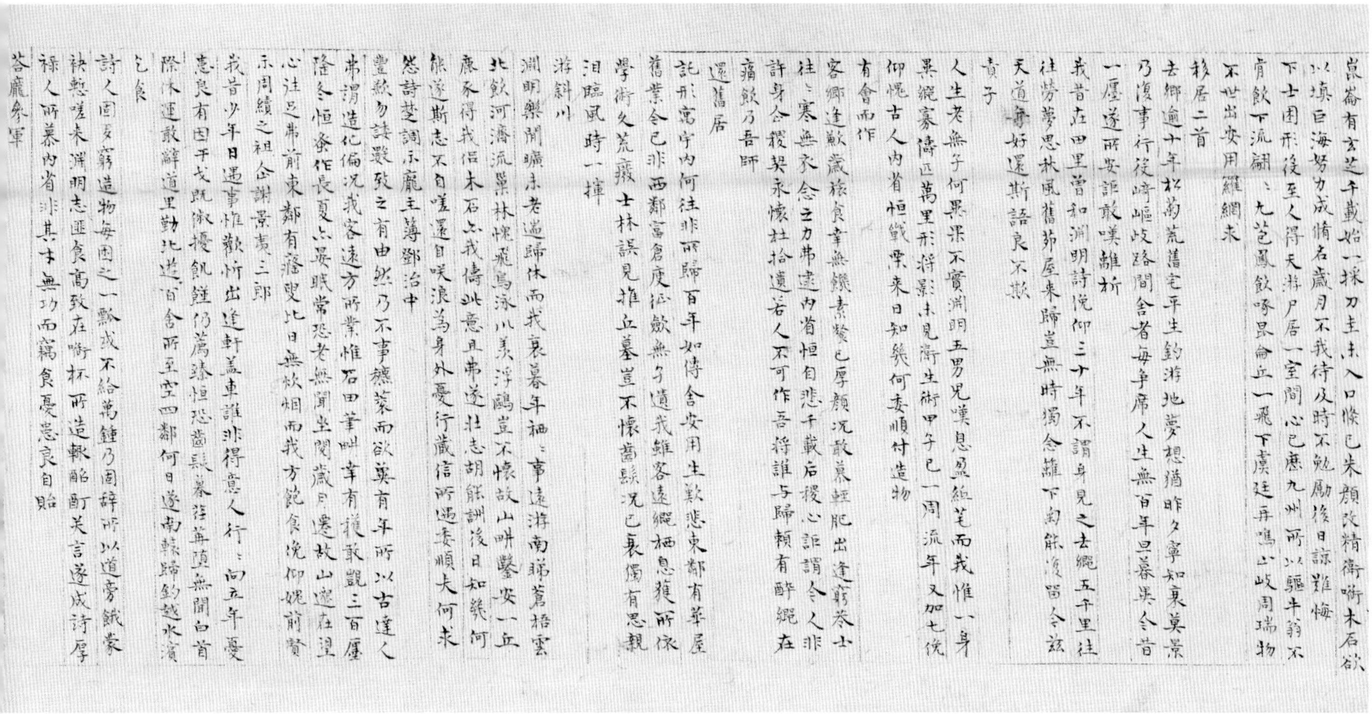

《中州先生後和陶詩卷》之三

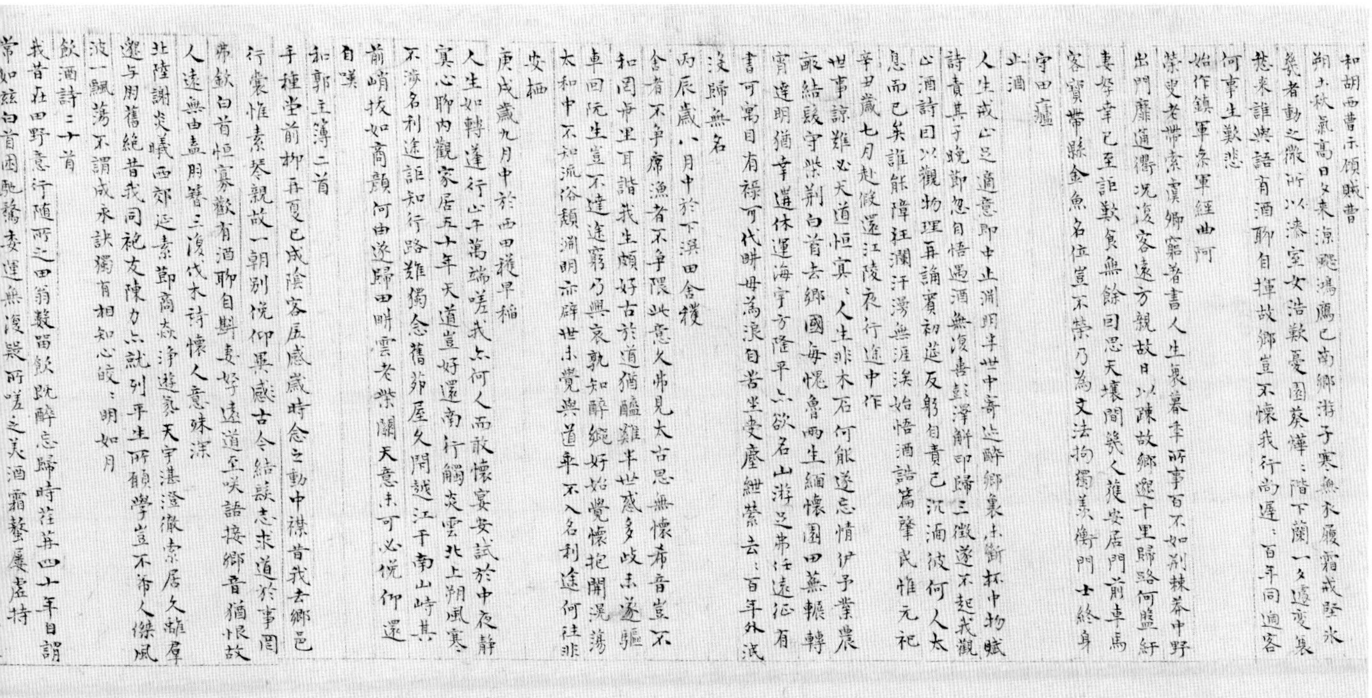

《中州先生後和陶詩卷》之四

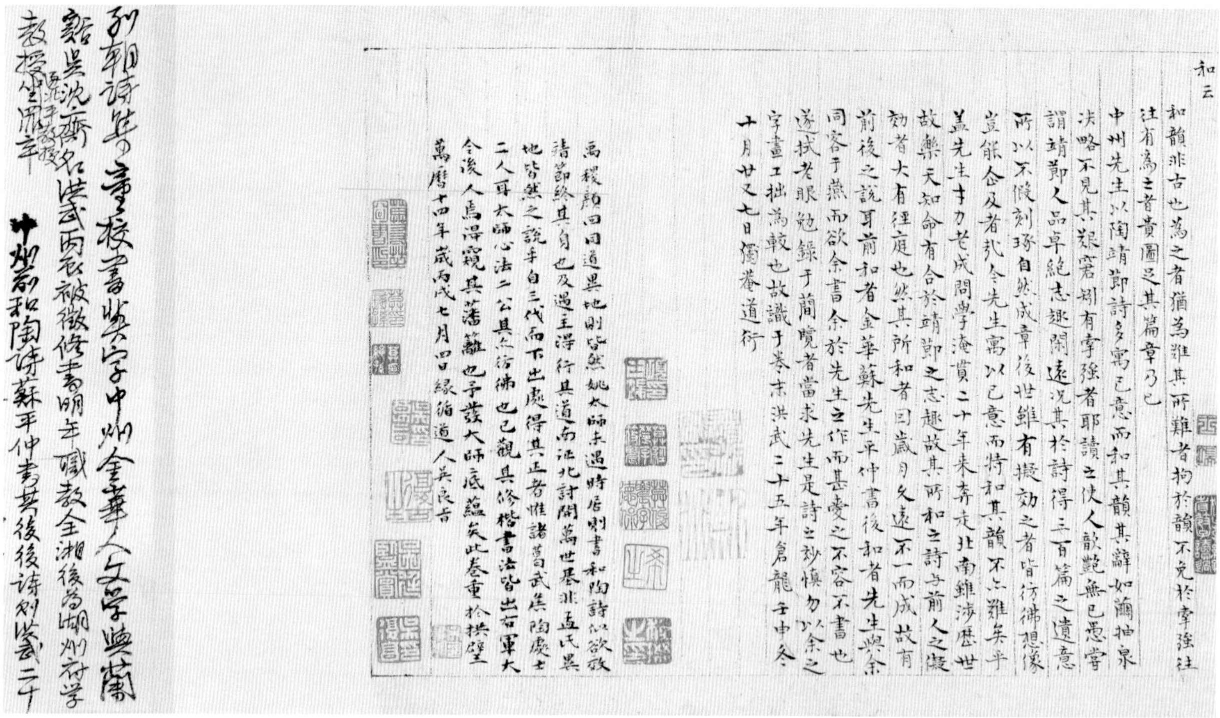

《中州先生後和陶詩卷》之五

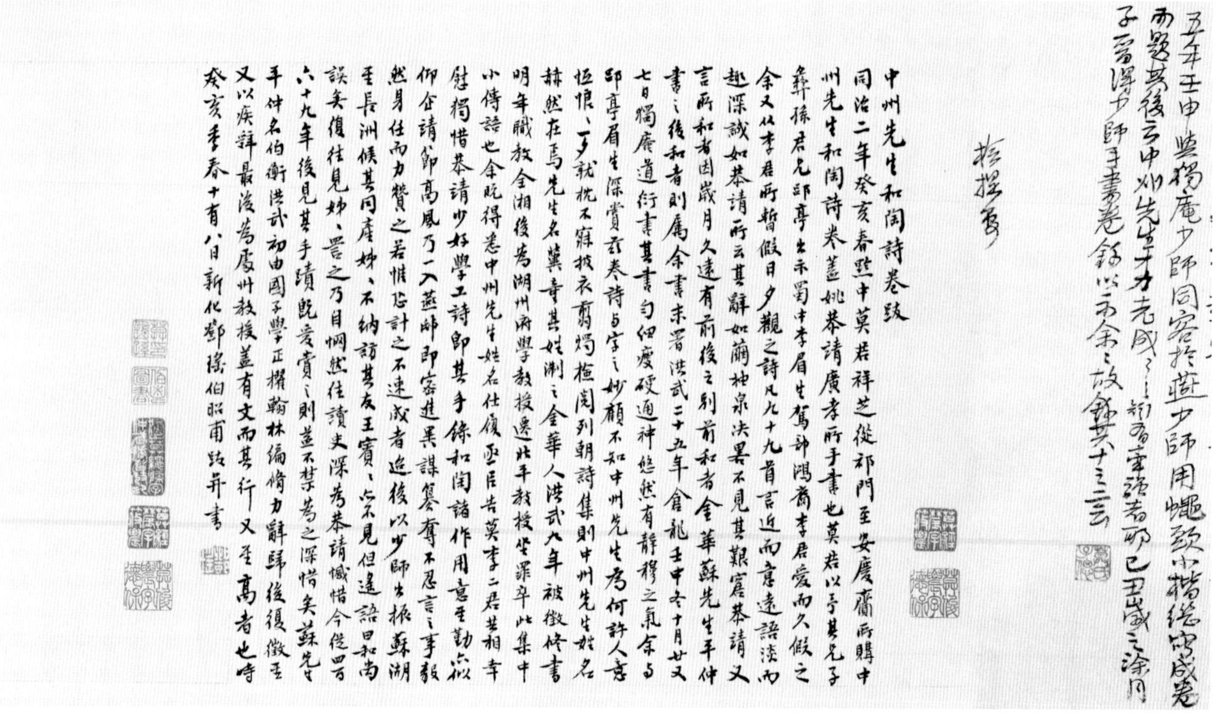

《中州先生後和陶詩卷》之六

6

宋廣　草書風入松詞軸

紙本 草書
縱101.7厘米 橫33.7厘米

Feng Ru Song Ci in cursive script
By Song Guang (Dates unknown)
Hanging scroll, ink on paper
H. 101.7cm L. 33.7cm

宋廣(生卒年不詳)，字昌裔，河南南陽人。曾任沔陽同知。善畫，亦擅行、草書。師法張旭、懷素，略變其體，筆法勁秀流暢，體勢翩翩。與宋克、宋璲俱以善書知名，人稱"三宋"。

《風入松》，又名《遠山橫》，詞牌名。此首詞乃元人虞集贈柯九思者，久已膾炙人口。款署"匊水外史宋廣昌裔識"，鈐"宋廣之印"(白文)、"南陽世家"(白文)印。此軸為宋廣草書代表作，書於洪武十二年(1379)，是送給友人陸德修的。

鑑藏印記：徐學炬、陳驥德等印。

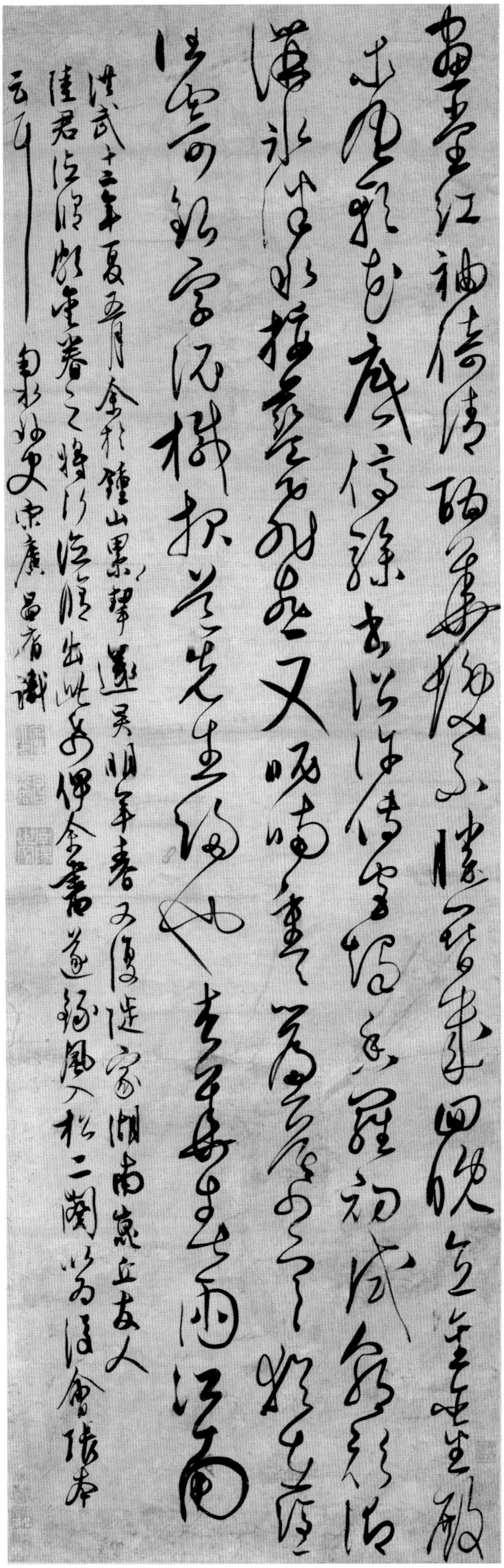

釋文：
畫堂紅袖倚清酣，華髮不勝簪。幾回晚直金鑾殿，東風軟，花底停驂。書詔許傳宮燭，香羅初試朝衫。御溝冰泮水挼藍，飛燕又呢喃。重重簾幕寒猶在，凭誰寄，銀字泥緘。報道先生歸也，杏花春雨江南。
洪武十二年夏五月，余於鍾山挈累還吳。明年春又復徙家湖南昆丘。友人陸君德修頗愛眷之，將行，德修出此紙俾余書，遂錄風入松二闋，以為復會張本云耳。匊水外史宋廣昌裔識

7

宋廣　草書太白酒歌軸

印花箋紙本　草書

縱87厘米　橫33.6厘米

Tai Bai Jiu Ge (Song of Wine by Li Bai) in cursive script

By Song Guang

Hanging scroll, ink on paper

H. 87cm　L. 33.6cm

軸書李白《月下獨酌四首》之第二首。款署"昌裔為彥中書"。

此軸書法筆畫流利飛動，如行雲流水。但線條多均勻圓婉，缺少直折與頓挫，故內蘊略顯不足。

鑑藏印記："乾隆御覽之寶"(朱文)、"石渠寶笈"(朱文)、"休寧朱之赤珍藏圖書"(朱文)、"儀周鑑賞"(白文)、"馮公度家珍藏"(朱文)等。

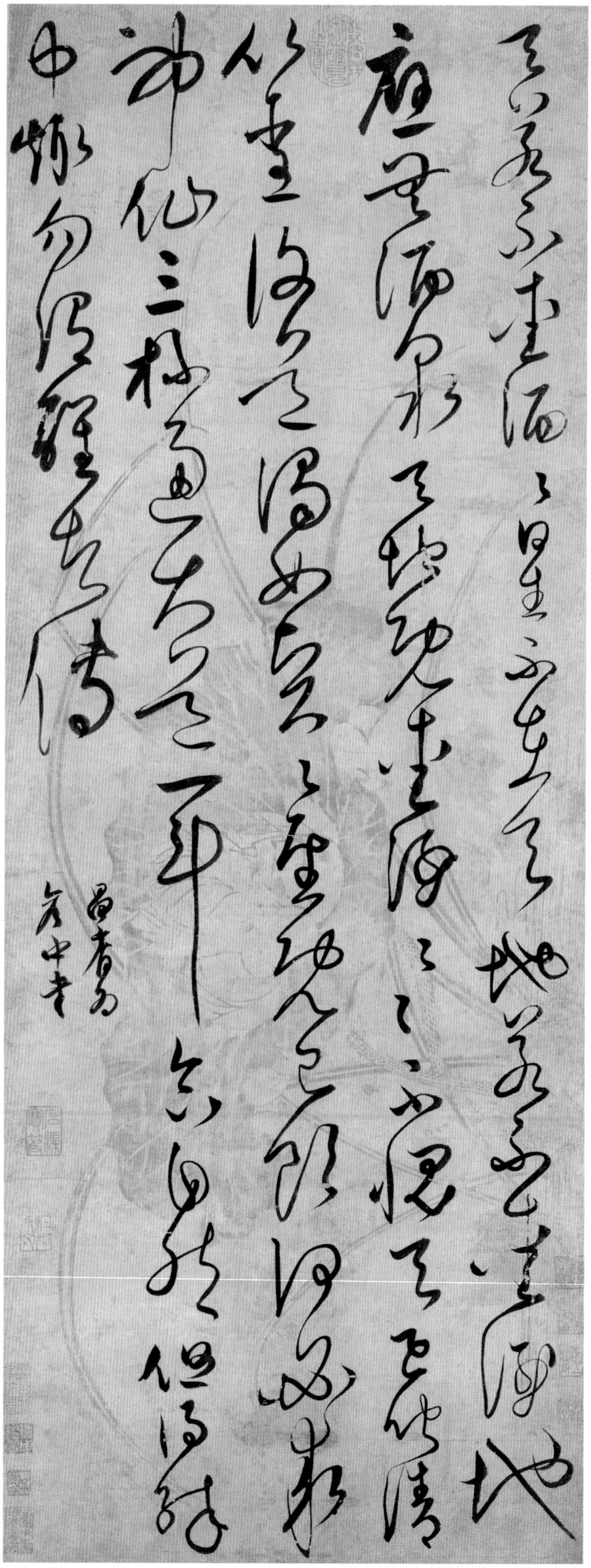

釋文：

天若不愛酒，酒星不在天。地若不愛酒，地應無酒泉。天地既愛酒，愛酒不愧天。已聞清比聖，復道濁如賢。賢聖既已飲，何必求神仙。三杯通大道，一斗合自然。但得醉中趣，勿謂醒者傳。

昌裔為彥中書

8

宋廣　草書七言絕句詩軸

紙本 草書
縱68厘米 橫25.9厘米

Qi Yan Jue Ju Shi (seven-syllable quatrain) in cursive script
By Song Guang
Hanging scroll, ink on paper
H. 68cm　L. 25.9cm

軸書七言詩一首。款署"昌裔為仲紀書"，鈐"宋廣印"（白文）、"宋昌裔"（白文）印。裱邊清人寶熙題跋一則。

此軸書法點畫縱橫開合，蒼勁富於氣勢，援筆急書，但不失法度。

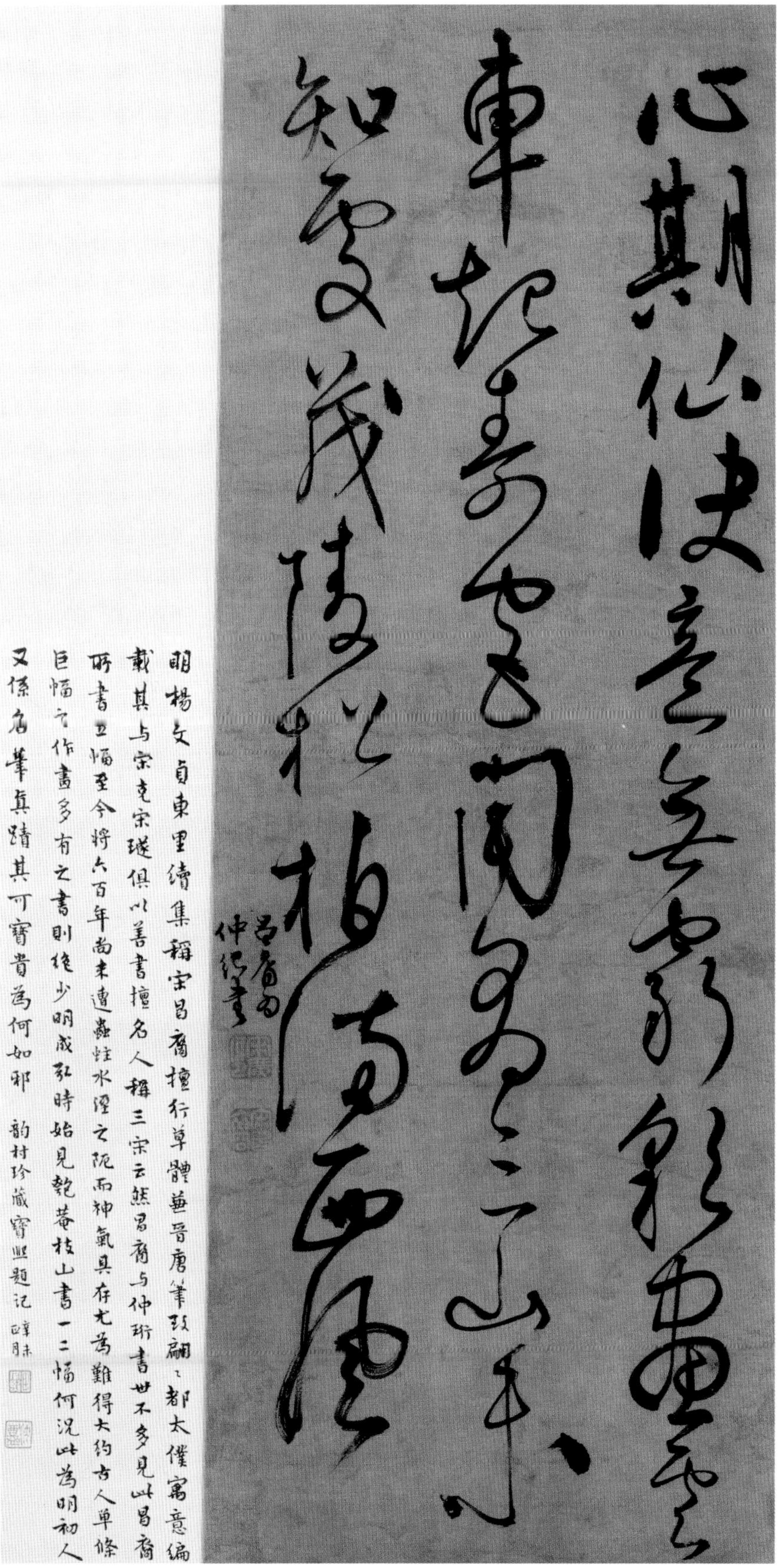

釋文：
心期仙使意無窮，彩畫雲車起壽宮。聞有三山未知處，茂陵松柏滿西風。　昌裔為仲紀書

9

高啟　行楷書題仕女圖詩頁

紙本　行楷書
縱25.9厘米　橫43.4厘米

Ti Shi Nu Tu Shi (A poem on the painting "Classical Ladies") in running-regular script
By Gao Qi (1336-1374)
Leaf, ink on paper
H. 25.9cm　L. 43.4cm

高啟（1336—1374），字季迪，號槎軒，明代長洲（今江蘇蘇州）人。家北郭，與徐賁、宋克、張羽等卜居相近，號"北郭十友"，又稱"十才子"。有文武才，博覽羣書，尤邃於史。元末張士誠開藩平江，以高啟為上客，謝去，隱居吳淞江之青丘，自號青丘子。洪武初，召入纂修元史，授翰林院國史編修官，再擢戶部侍郎，固辭不就，退居青丘。洪武七年（1374）因魏觀案連坐被腰斬。明代李東陽評"國初稱高、楊、張、徐，高才力聲調，過三人遠甚，百餘年來，亦未見卓然有過之者"。有詩、詞、文集多種。

頁書《題仕女圖》七言詩一首。款署"季迪題"，鈐"墨海春融"（白文）印。

此頁書法筆畫圓轉清勁，結體疏朗。《書史會要》稱："啟善楷書，飄逸之氣，入人眉睫。"觀此帖，斯人風采神韻可見一斑。

鑑藏印記："希曾"（白文）、"張珩審定真跡"（朱文）、"潘厚審定"（白文）、"顧崧"（白文）等。

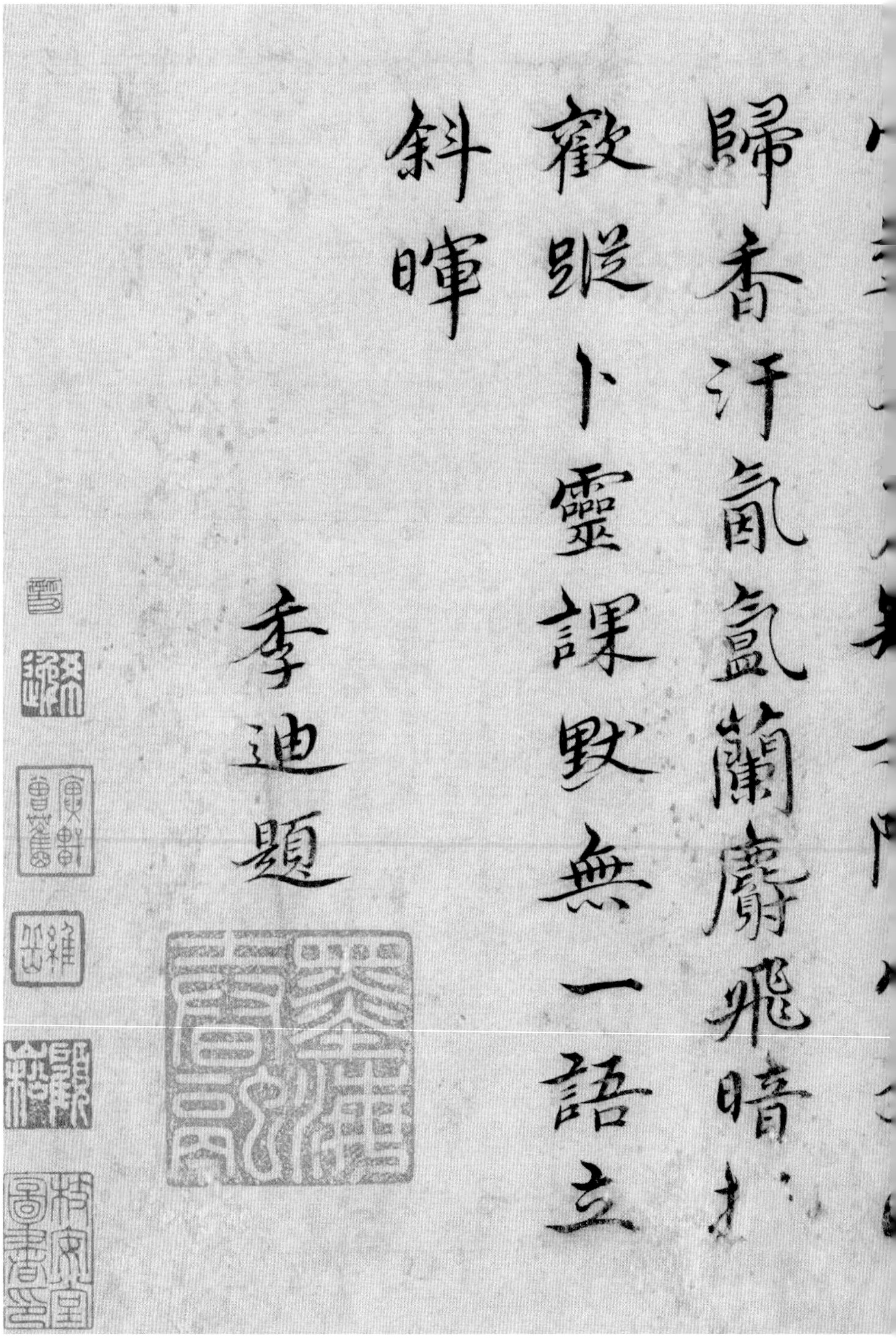

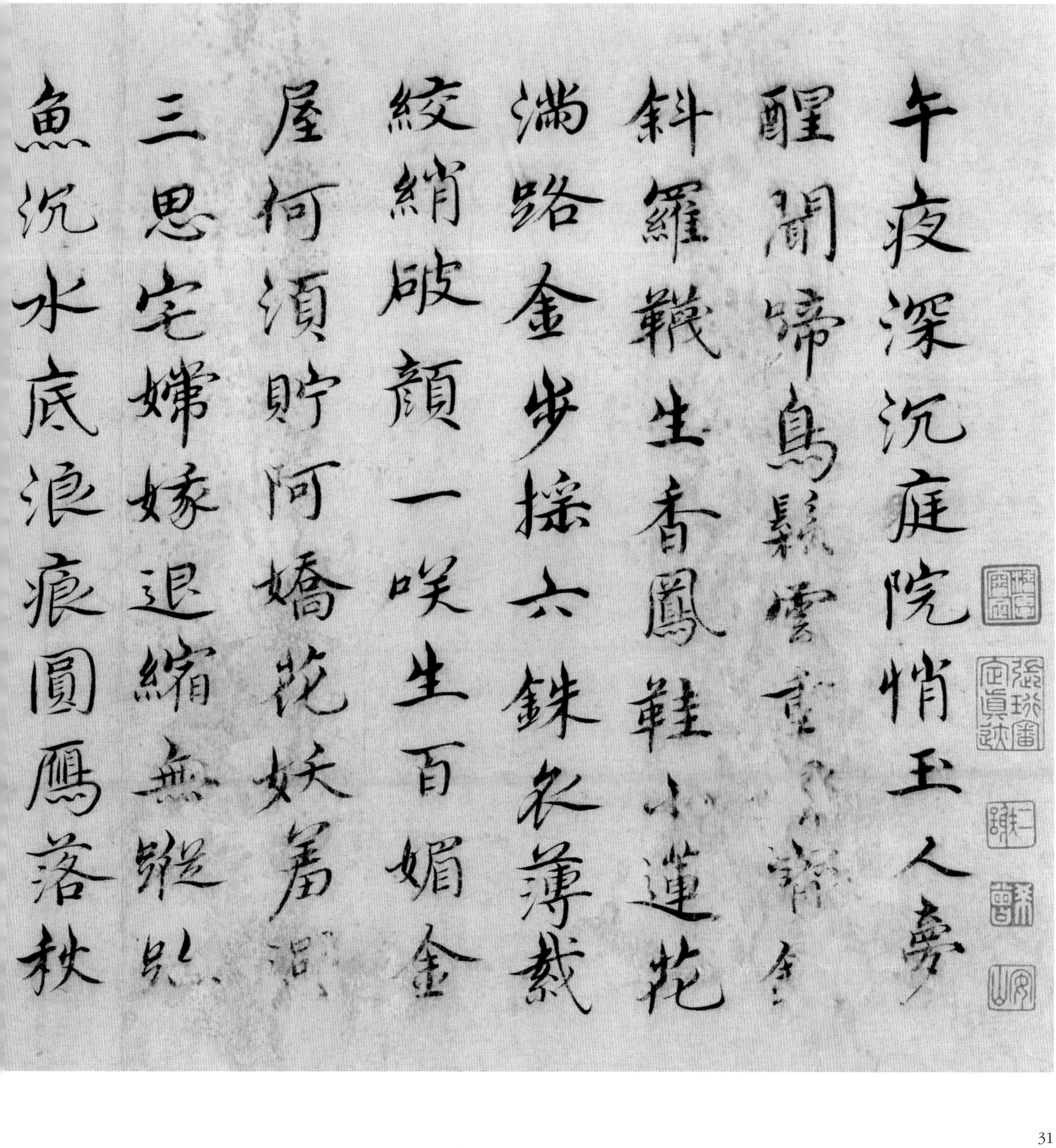

午夜深沉庭院悄玉人夢
醒聞啼鳥鬟雲
斜羅襪生香鳳鞋小蓮花
滿路金步搖六銖衣薄裁
綾綃破顏一咲生百媚金
屋何須貯阿嬌花妖
三思宅婦嫁退縮無蹤
魚沉水底浪痕圓雁落秋

10

宋璲　草書敬覆帖頁
紙本 草書
縱26.7厘米 橫52.8厘米

Jing Fu Tie (A letter to a certain person) in cursive script
By Song Sui (1344-1380)
Leaf, ink on paper
H. 26.7cm　L. 52.8cm

宋璲(1344—1380)，字仲珩，宋濂次子，浙江浦江人。洪武九年(1376)召為中書舍人，十三年以兄連坐胡惟庸黨案被誅。工書法，真、行、草、篆俱精，與宋克、宋廣齊名，並稱“三宋”。

《敬覆帖頁》為致友人的書信，其中提到其父宋濂《潛溪外集》、《詛楚文》帖，以及浙江諸暨遊覽勝地“五洩”等內容，反映了宋璲生活的一個側面，具有一定的文學價值。款署“四月三日璲敬覆”。

此帖書法秀拔縱逸，神采瀟爽，用筆和體勢師法康里巙，而俊放之勢更勝。明代李東陽贊道：“仲珩草書出入變化，不主故常，又非株守一格者比，真翰墨之雄也。”

鑑藏印記：“項子京家珍藏”(朱文)、“王望霖印”(白文)、“卞令之鑑定”(朱文)。

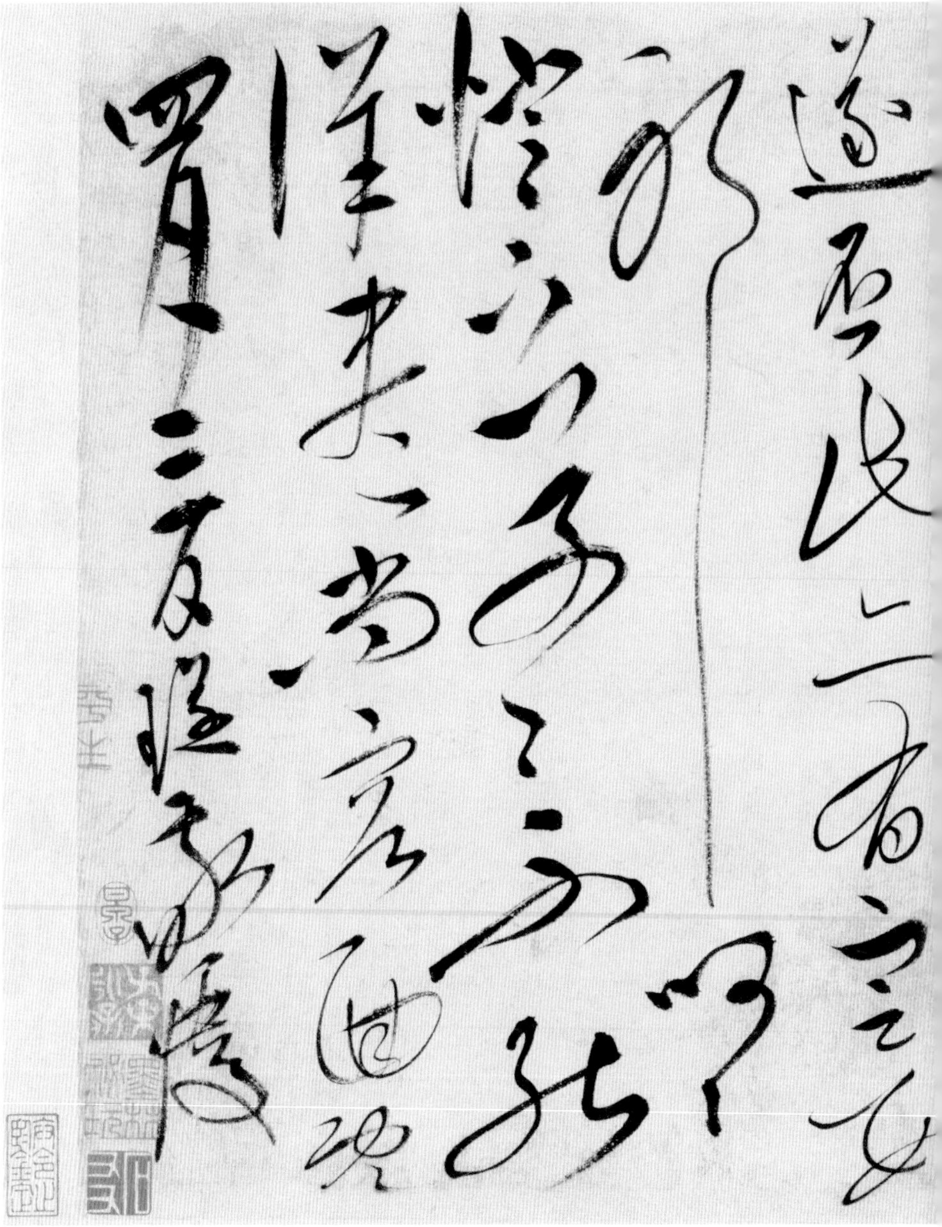

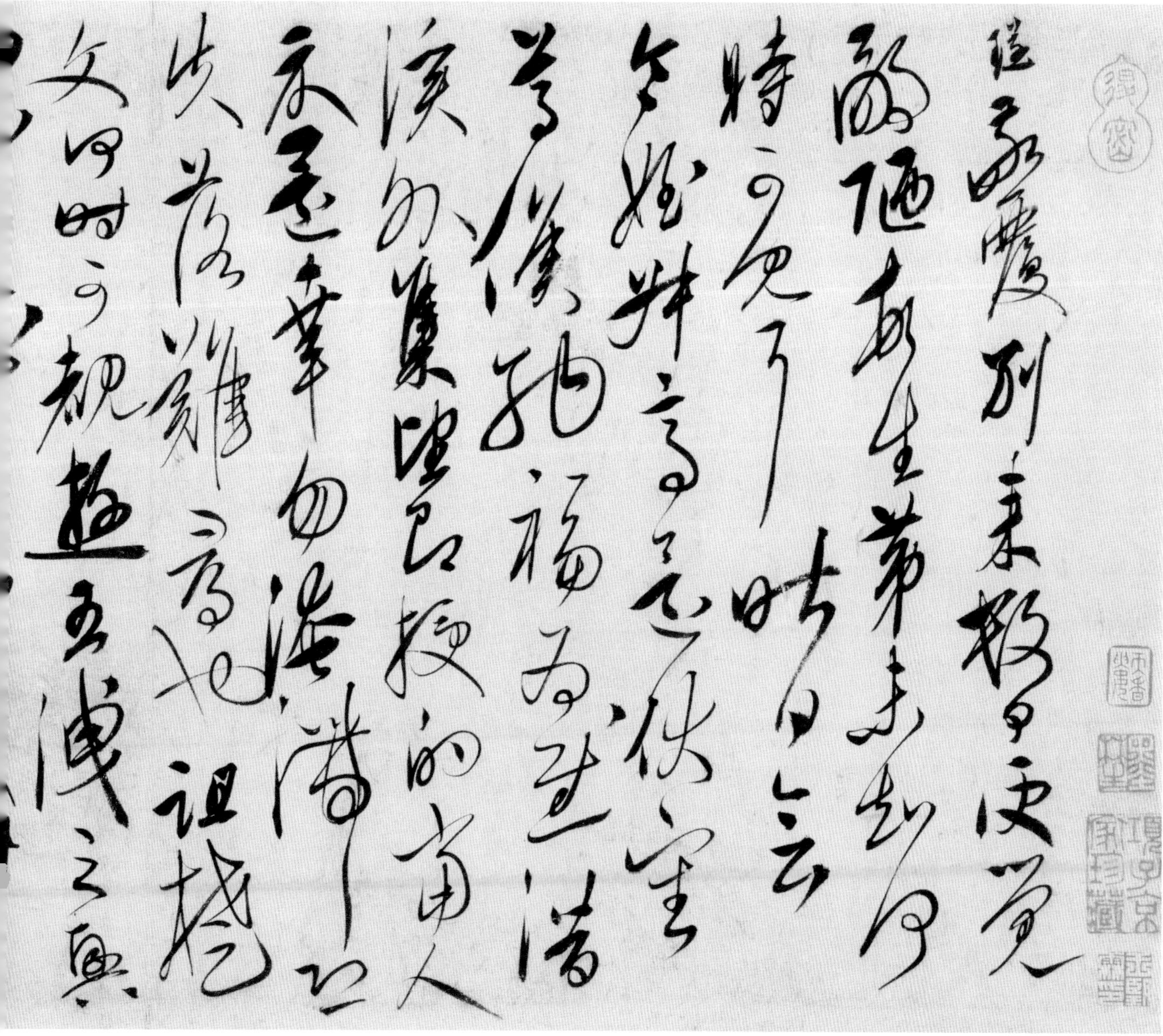

釋文：
璲敬覆：別來數日，便覺鄙陋頓生，弟未知何時可見耳。昨日會令姪叔高還，伏審尊侯納福為慰。《潛溪外集》望即授的當人示還，幸勿淹滯，恐失落難尋也。《詛楚文》何時可覩。遊五洩之興濃甚，不知幾時可遂否？此亦有定數耶。呵呵。燈下草草，不能詳盡，尚容面既。四月三日　璲敬覆

11

沈度　楷書敬齋箴頁

紙本　楷書
縱23.8厘米　橫49.4厘米

Jing Zhai Zhen (The admonitions of Jing Zhai) in regular script
By Shen Du (1357-1434)
Leaf, ink on paper
H. 23.8cm　L. 49.4cm

沈度(1357—1434)，字民則，號自樂，明代華亭(今上海松江)人。性敦厚，工書法，善篆、隸、真、行書，尤精楷書。洪武中舉文學不就。永樂間以能書入翰林，為帝所賞，日侍便殿。凡金版玉冊，用之朝廷，藏祕府，頒屬國，必命之書，每稱曰："我朝王羲之"。書風婉麗端秀，圓潤平正，被稱為"台閣體"。與弟粲俱以書名，時稱"二沈"。

《敬齋箴頁》款署"永樂十六年仲冬至日，翰林學士雲間沈度書"，鈐"沈民則"(白文)、"玉堂學士"(白文)、"自樂軒"(朱文)印。明永樂十六年(1418)，沈度六十二歲。

此帖結字端正嚴謹，筆筆平和工穩，珠圓玉潤。但因一味追求圓熟，忽視了筆墨變化和情緒投入，故失於刻板甜俗。但作為"台閣體"的代表，沈度在此作中表現的精湛功力令人讚嘆。清人王文治詩曰："沈家兄弟直詞垣，簪筆俱承不次恩。端雅正宜書制誥，至今館閣有專門。"《敬齋箴頁》正是這樣一件"台閣體"的經典之作。

鑑藏印記："秦漢十印齋藏"(朱文)、"張吉熊印"(白文)、"日藻珍玩"(朱文)。

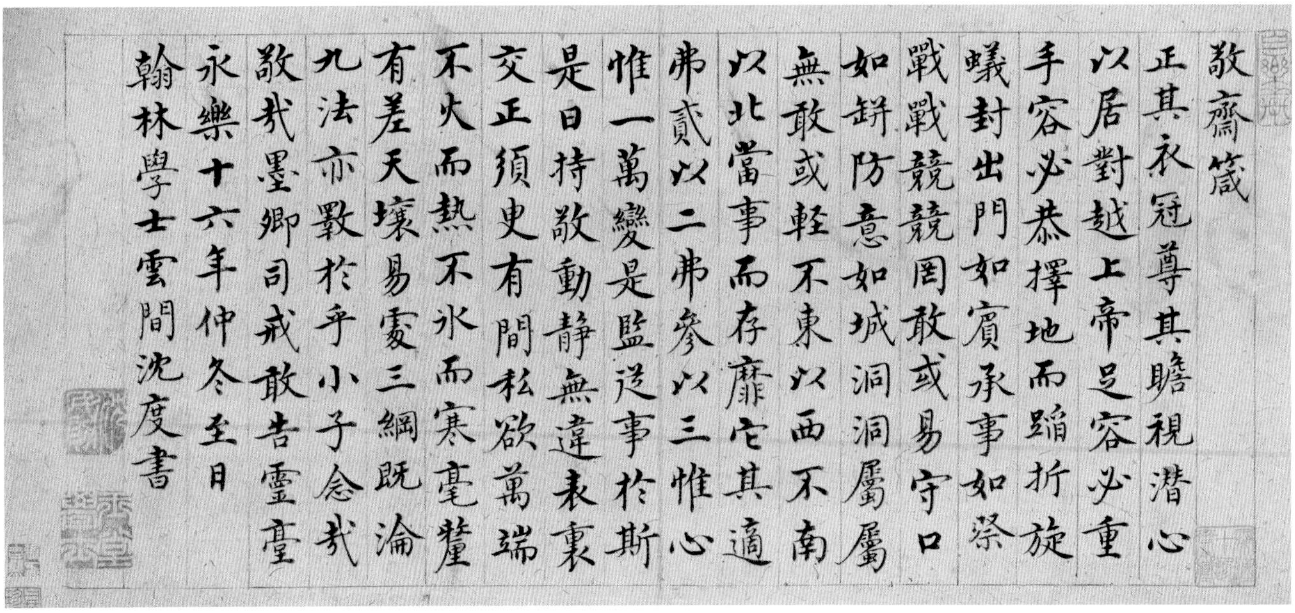

12

沈度　楷書謙益齋銘頁

紙本 楷書
縱24.4厘米 橫31.3厘米

Qian Yi Zhai Ming (The inscriptions on Qian Yi Zhai) in regular script
By Shen Du
Leaf, ink on paper
H. 24.4cm　L. 31.3cm

頁書齋銘一則，款署“雲間沈度”，鈐“雲間沈度”(白文)、“侍講學士之章”(白文)印。

此頁書風圓潤雅致，以婉麗取勝，為“台閣體”典範。

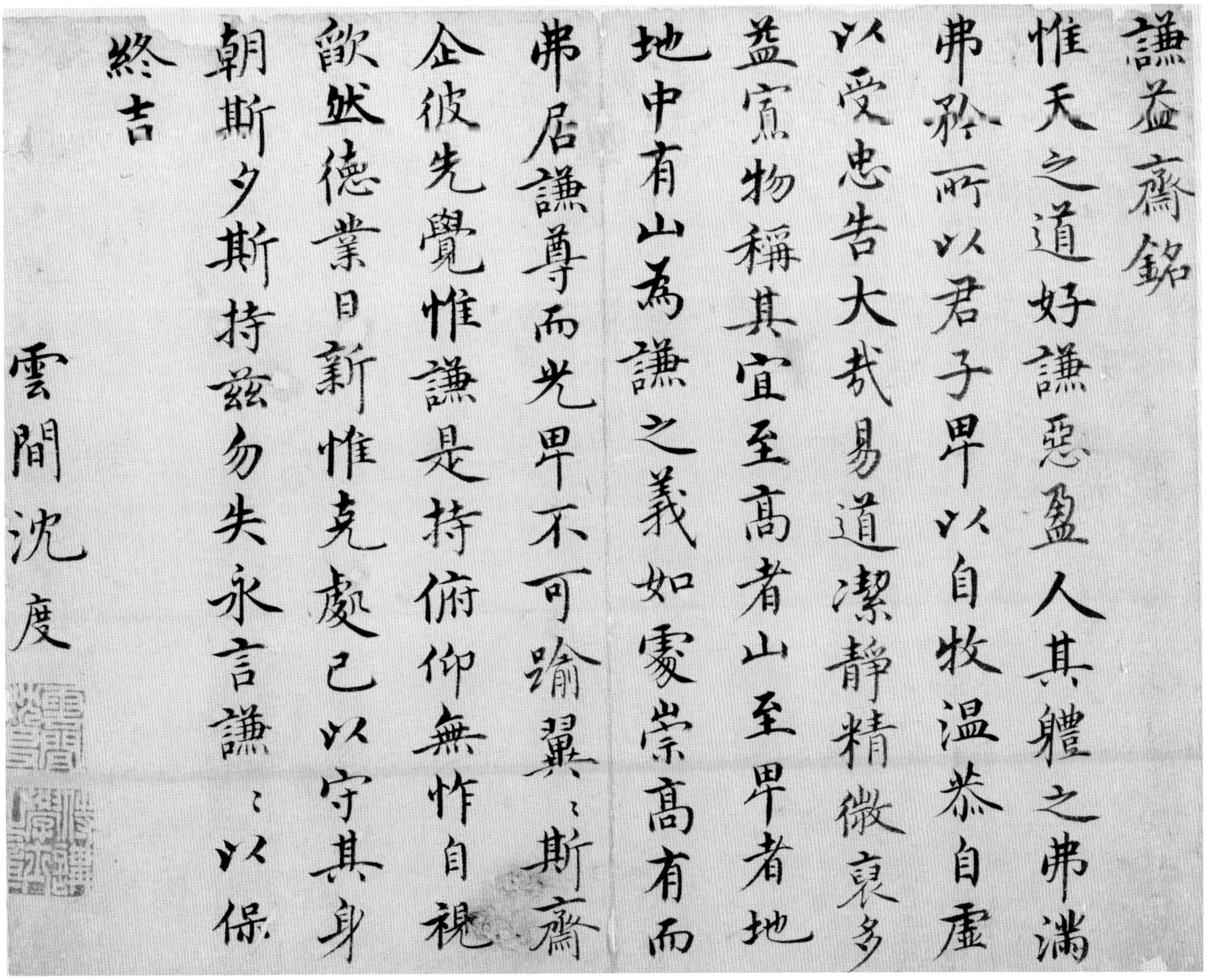

13

沈度　楷書四箴頁

紙本 楷書
頁縱29厘米 橫14.5厘米

Si Zhen (Four admonitions) in regular script
By Shen Du
Album of leaves, ink on paper
H. 29cm　L. 14.5cm

頁書宋代程頤《四箴》文。《四箴》包括"視箴"、"聽箴"、"言箴"、"動箴"，闡發儒家正統禮教思想，規範人的言行舉止。每頁鈐"沈度私印"(白文)印。

沈度傳世作品中，箴、銘一類題材佔有一定比例，這似乎與他端嚴平正的仁者書風不無關聯。此頁以烏絲界欄，楷法緊勁遒麗，極具唐人法度。

鑑藏印記：乾隆、嘉慶、宣統內府璽印八方。

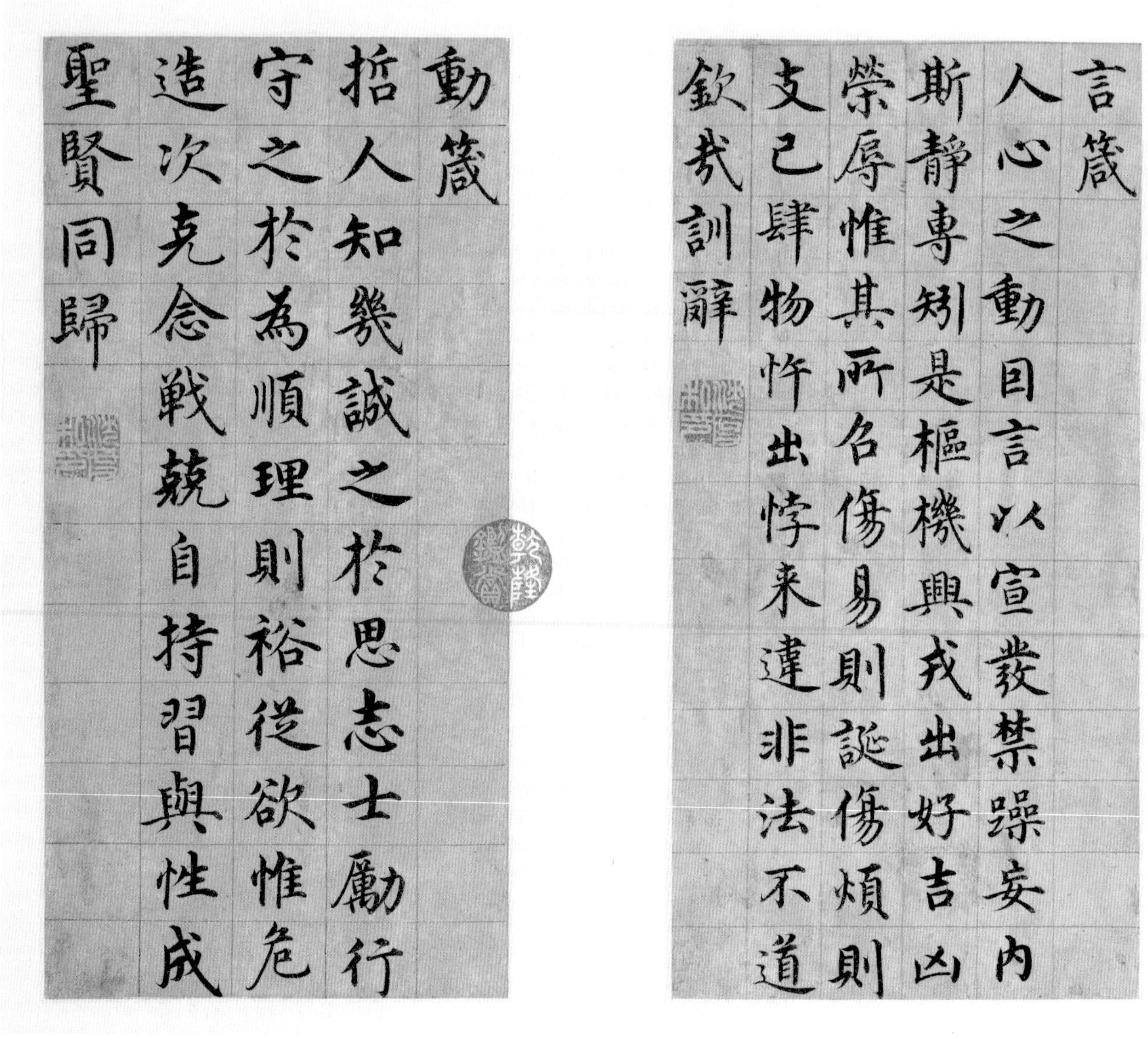

《四箴》之二

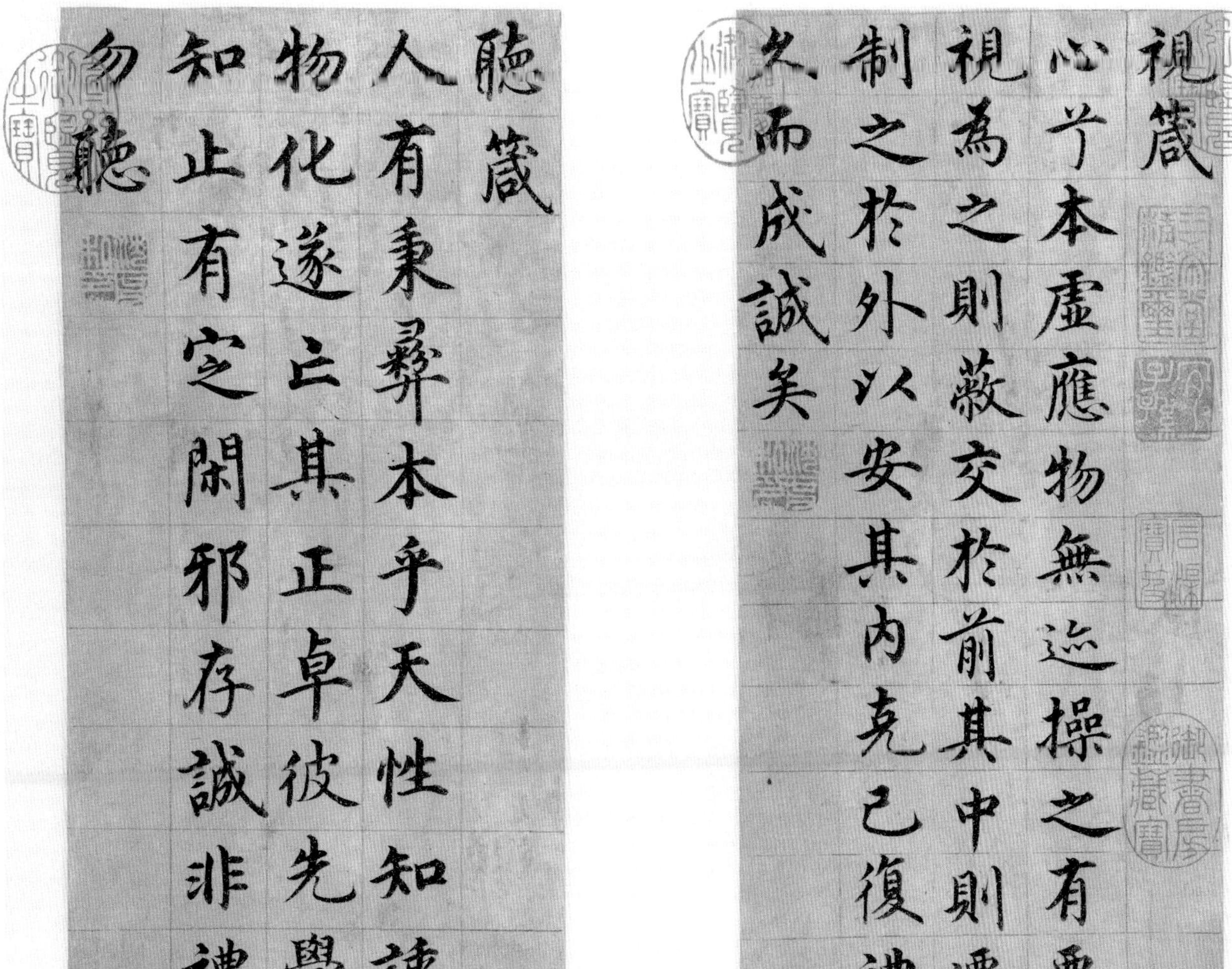
視箴
心兮本虛應物無迹操之有要
視為之則蔽交於前其中則遷
制之於外以安其內克己復禮
久而成誠矣
聽箴
人有秉彝本乎天性知誘
物化遂亡其正卓彼先覺
知止有定閑邪存誠非禮
勿聽

《四箴》之一

14

沈度　隸書七律詩頁

紙本　隸書
縱23.2厘米　橫34.2厘米

Qi Lu Shi (seven-syllable regulated verse) in official script
By Shen Du
Leaf, ink on paper
H. 23.2cm　L. 34.2cm

頁書唐代岑參七律《奉和中書舍人賈至早朝大明宮》一首。款署"雲間沈度隸古"，鈐"沈民則"(白文)印。

沈度善隸書，但傳世作品稀少。明代楊士奇稱他"八分尤為高古，渾然漢意"。觀此作，結體方整，用筆少波磔與回轉，體勢筆法更接近楷書，這些都是唐隸的特徵。總體風格顯得厚重呆板，缺乏質樸與生動。

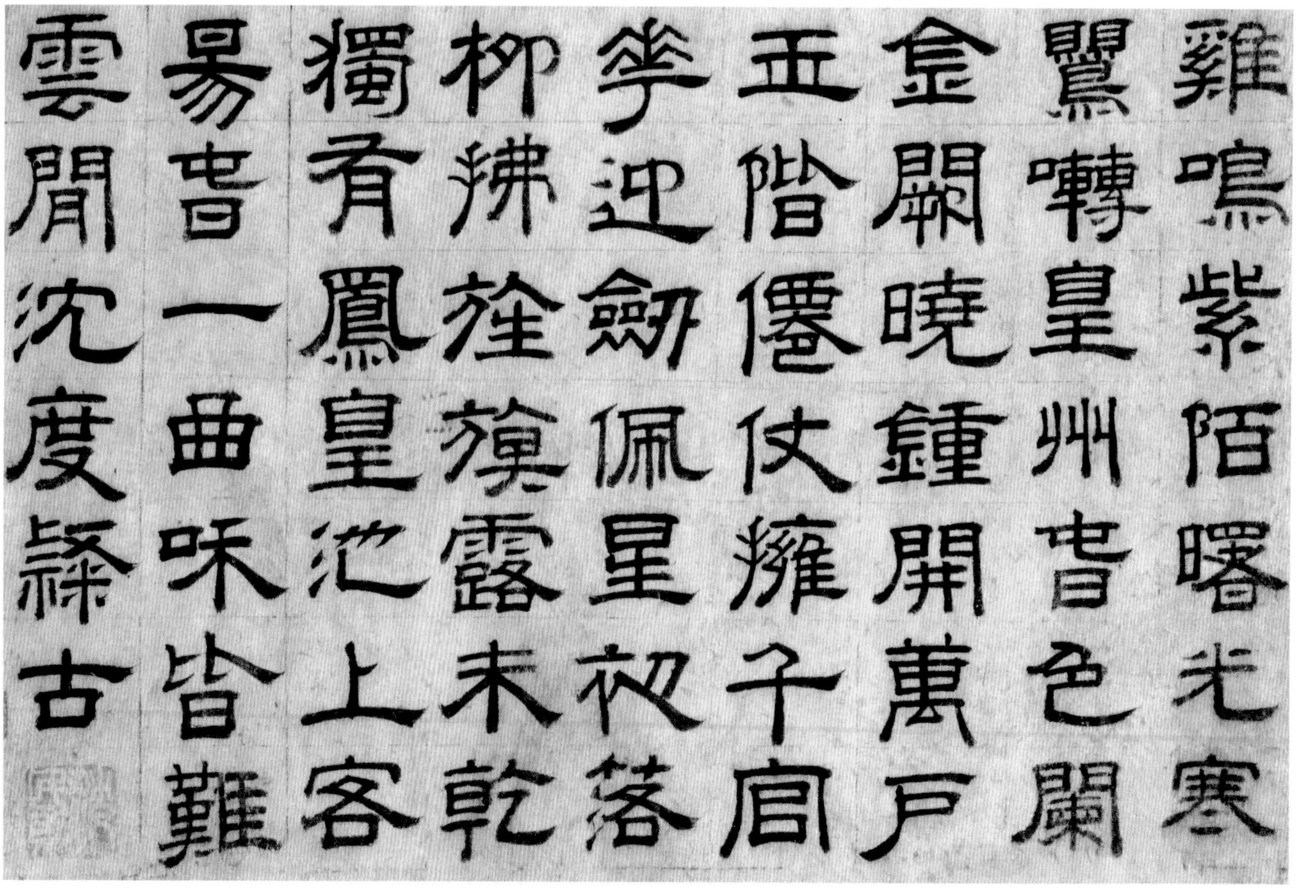

15

沈度　行書七律詩頁

紙本　行書

縱24.5厘米　橫29.2厘米

Qi Lu Shi (seven-syllable regulated verse) in running script

By Shen Du

Leaf, ink on paper

H. 24.5cm　L. 29.2cm

頁書七言律詩一首。款署"雲間沈度"，鈐"沈民則"(白文)、"自樂軒"(朱文)印。

此頁書法仿米芾，結字攲斜，遂成緊勁清健之勢。而筆法仍以"台閣體"為基調，故端妍有餘，而縱逸稍顯不足。

鑑藏印記："式古堂書畫"(朱文)、"臥庵所藏"(朱文)等六方。

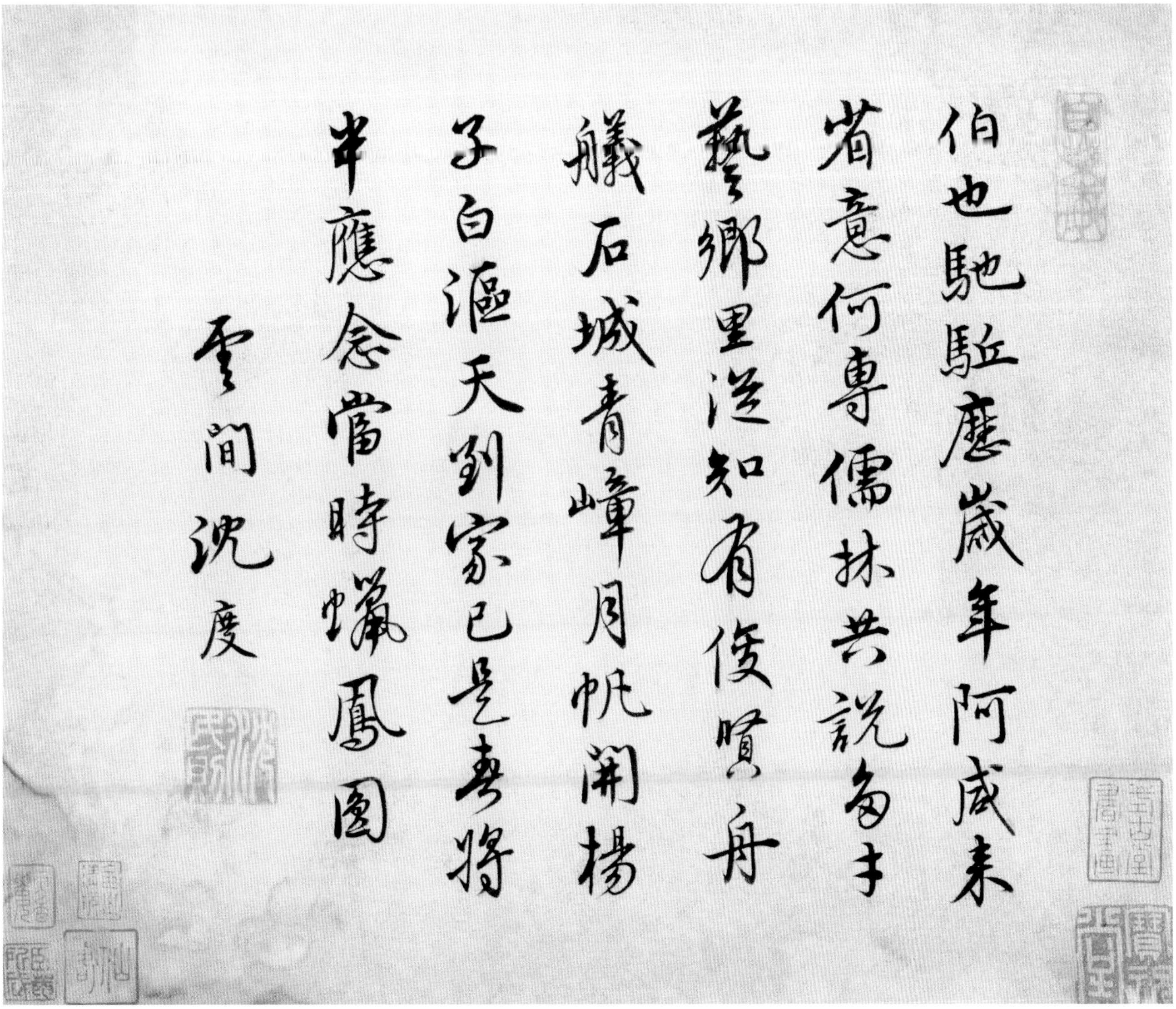

16

王璲　行書手畢帖並詩頁

紙本 行書
縱18.1厘米 橫38.7厘米

Shou Bi Tie Bing Shi (letter and poems) in running script
By Wang Sui (?-1425)
Leaf, ink on paper
H. 18.1cm　L. 38.7cm

王璲(？—1425)，字汝玉，號青城山人，明代長洲(今江蘇蘇州)人。少穎異，年十七，中浙江鄉試。洪武末年由郡學教授擢翰林五經博士。永樂初官翰林檢討，為皇帝賞識，聲名大噪，出諸老臣之上。後以罪下詔獄論死。工詩文，善書法。有《青城山人集》行世。

《手畢帖並詩頁》是王璲寫給“白隺山高士”的書信並和詩三首，表達對友人懷想及渴望相見的心情。款署“林間樵人王璲上復”。

此帖書風天然古淡，意態瀟散而平和，師法晉人，又具趙孟頫書韻味。

鑑藏印記：“儀周鑑賞”(白文)、“希逸”(白文)、“南海伍氏南叟齋祕笈印”(朱文)、“顧崧之印”(白文)、“張珩私印”(白文)等。

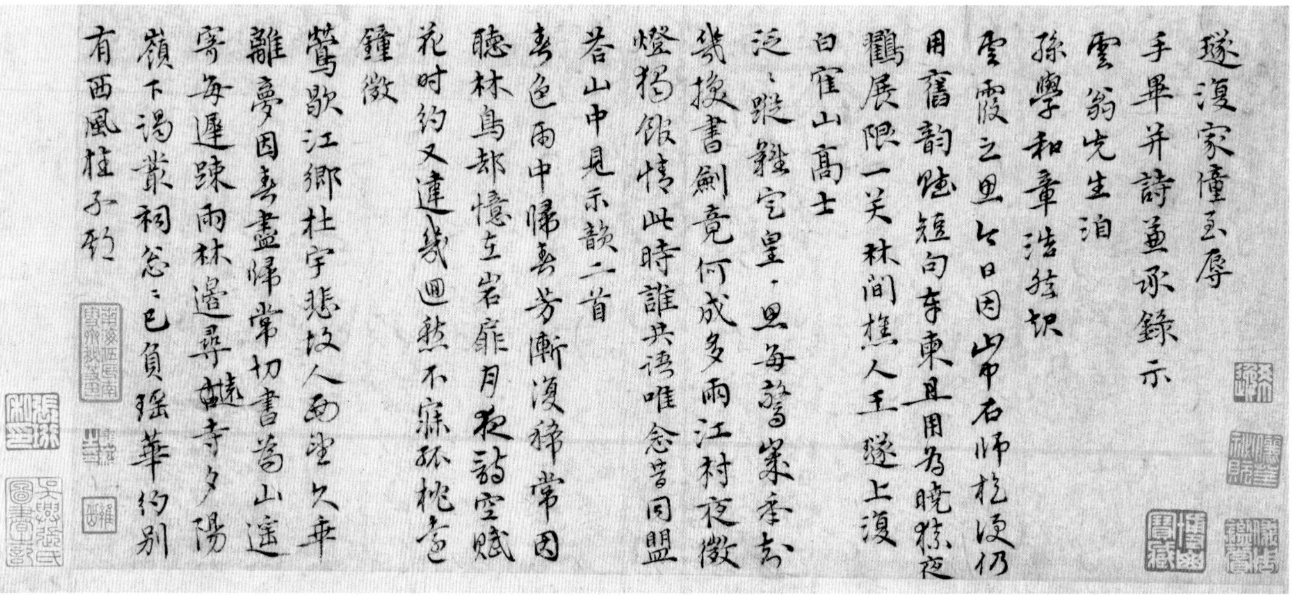

釋文：
璲復，家僮至辱手畢並詩，兼承錄示雲翁先生洎孫學和章，浩然起雲霞之思。今日因山中石師旋便，仍用舊韻賦短句奉柬，且用為曉猿夜鸖展限一笑。林間樵人王璲上復，白隺山高士。
泛泛蹤難定，皇皇思每驚。歲年知幾換，書劍竟何成。多雨江村夜，微燈獨館情。此時誰共語，唯念昔同盟。
答山中見示韻二首
春色雨中歸，春芳漸復稀。常因聽林鳥，卻憶在岩扉。月夜詩空賦，花時約又違。幾回愁不寐，孤枕遠鐘微。
鶯歇江鄉杜宇悲，故人西望久乖離。夢因春盡歸常切，書為山遙寄每遲。疏雨林邊尋遠寺，夕陽嶺下謁叢祠。忽忽已負瑤華約，別有西風桂子期。

17

胡儼　行書題洪崖山房圖頁

紙本　行書
縱27.3厘米　橫45.5厘米

Ti Hong Ya Shan Fang Tu Shi (Poems on the painting "Hermitage in Hong Ya Mountains") in running script
By Hu Yan (1361-1443)
Leaf, ink on paper
H. 27.3cm　L. 45.5cm

胡儼（1361—1443），字若思，號頤庵，南昌人。洪武中以舉人授華亭教諭。建文元年官桐城知縣。永樂初，被舉薦入朝，授翰林檢討，與解縉等直文淵閣，後拜國子監祭酒，進太子賓客等。學識廣博，通天文、地理、曆律、醫卜，充《太祖實錄》、《永樂大典》、《天下圖志》等總裁官。擅書法，精草書。

《題洪崖山房圖頁》書七言律詩三首。洪崖山位於江西南昌西山中，峯巒秀拔、林壑深窅，專豫章之勝。胡儼久欲結廬於此，但南北宦遊，未能遂願，故請陳宗淵繪《洪崖山房圖》以寄託平生之志。這三首詩即表達了對歸隱洪崖山水、詩書耕讀生活的嚮往之情。款署"永樂十四年春正月頤庵重題"，鈐"胡儼若思"（白文）、"三樂居士"（白文）、"琴清軒"（白文）、"頤庵圖書"（白文）印。胡儼時年五十六歲。

此頁書法筆畫矯健蒼勁，精神外露，具有俊爽雄放的風度。

鑑藏印記："儀周鑑賞"（白文）、"佰元萬儷苶甫評書讀畫之印"（朱文）、"張珩私印"（白文）、"顧崧之印"（白文）等。

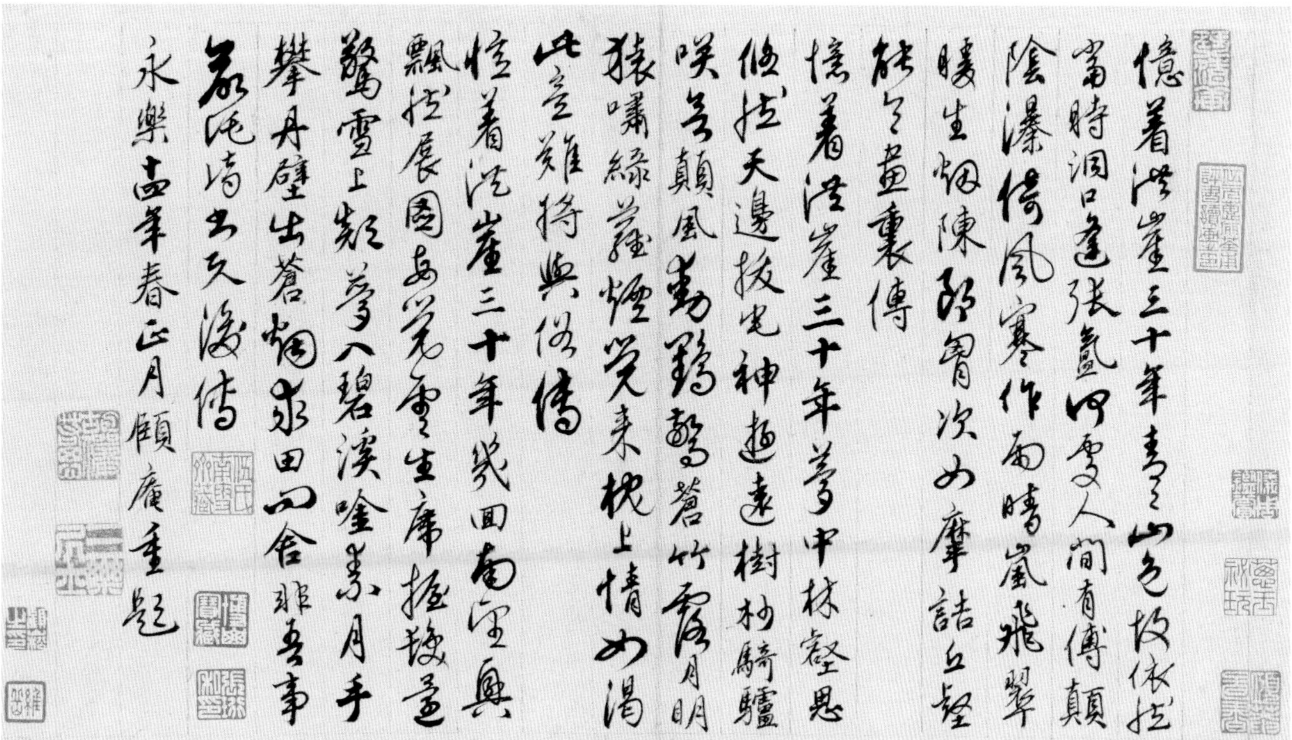

釋文：
憶着洪崖三十年，青青山色故依然。當時洞口逢張氳，何處人間有傳顛。陰瀑倚風寒作雨，晴嵐飛翠暖生煙。陳郎胸次如摩詰，丘壑能令畫裏傳。
憶着洪崖三十年，夢中林壑思悠然。天邊拔宅神遊遠，樹杪騎驢笑欲顛。風動鶴驚蒼竹露，月明猿嘯綠蘿煙。覺來枕上情如渴，此意難將與俗傳。
憶着洪崖三十年，幾回南望興飄然。展圖每覺雲生席，握髮還驚雪上顛。夢入碧溪吟素月，手攀丹壁出蒼煙。求田問舍非吾事，欲託詩書使後傳。
永樂十四年春正月頤庵重題

18

王紱　楷書重過慶壽寺等詩帖頁

紙本 楷書
縱26.8厘米 橫41.2厘米

Chong Guo Qing Shou Si Deng Shi Tie (Poems on revisiting Qing Shou Temple and other poems) in regular script
By Wang Fu (1362-1416)
Leaf, ink on paper
H. 26.8cm　L. 41.2cm

王紱（1362—1416），字孟端，號九龍山人，無錫人。洪武中，坐累戍朔州。永樂初，以善書供事文淵閣，除中書舍人。性高介絕俗，博學，工詩，有《王舍人詩集》五卷。善畫山木竹石。精書法。

帖書《重過慶壽寺》等詩四首，為沈度所書。款署“永樂辛卯三月清明前十日也　孟端”。時王紱五十歲，與沈度為內廷同僚。

此帖書法風格端勁清雅，以鍾王小楷為法，與當時盛行的“台閣體”比較，別具古意。

鑑藏印記：“朱之赤鑑賞”（朱文）、“蘭陵文子收藏”（朱文）、“秦漢十印齋藏”（白文）等。

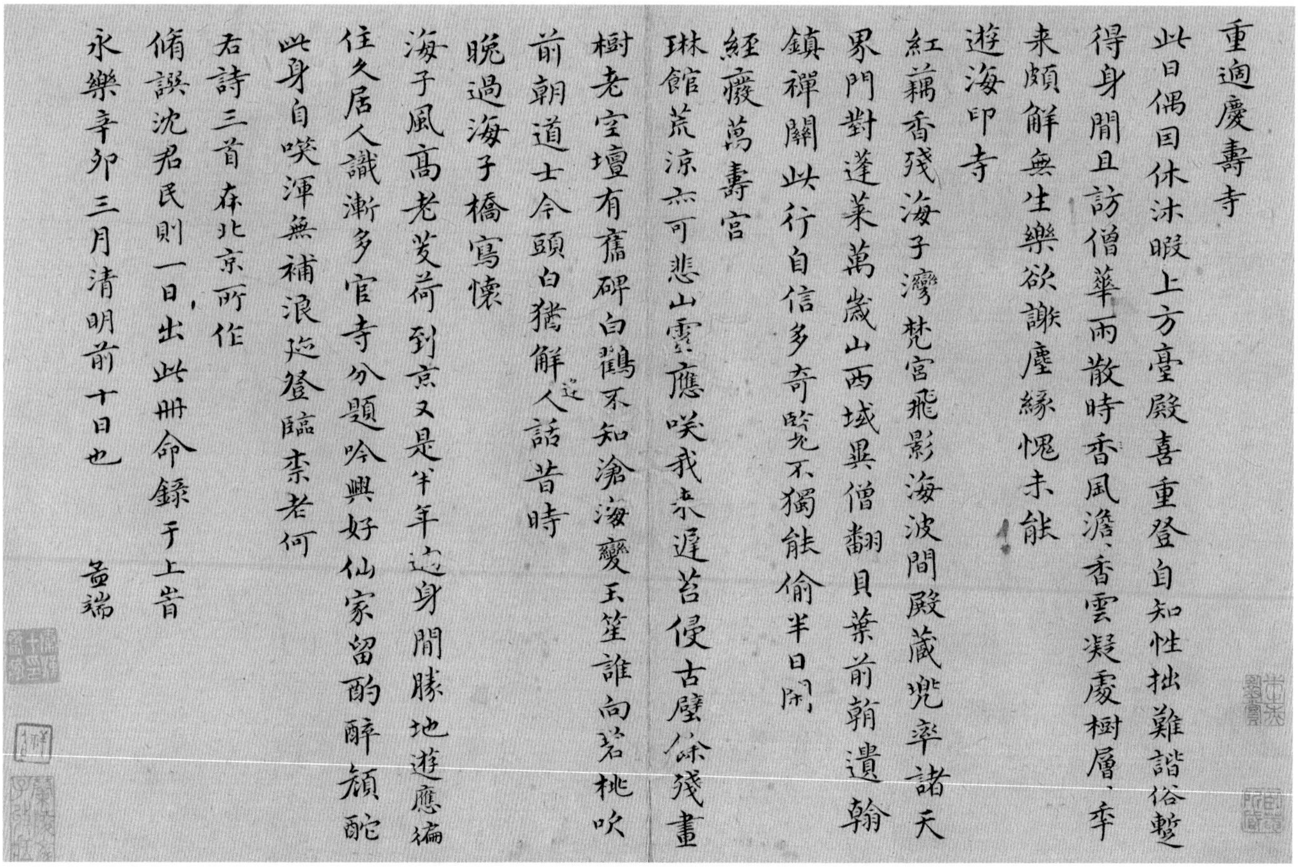

19

解縉　草書遊七星岩詩頁

紙本　草書
縱23.3厘米　橫61.3厘米

You Qi Xing Yan Shi (Poem on an excursion to Qi Xing Yan) in cursive script
By Xie Jin (1369-1415)
Leaf, ink on paper
H. 23.3cm　L. 61.3cm

解縉（1369—1415），字縉紳，號春雨，明代吉水（今屬江西）人。幼穎敏，二十歲舉進士，授庶吉士。太祖甚愛重，常侍御前。永樂間擢侍讀，入直文淵閣，預機務。累進翰林學士兼右春坊大學士。永樂五年（1407）遭貶謫為廣西參議，再改貶交趾（今越南）。八年（1410）為漢王高煦構陷入獄，後慘死獄中。

"七星岩詩"見於解縉《文毅集》卷五《題臨桂七星岩》，原為三首，此處增至四首。七星岩，位於廣西桂林東七星山，岩洞深邃，鐘乳凝結，瑰麗多彩，隋唐以來即為遊覽勝地。此詩作於永樂五年至八年解縉在廣西、廣東作官時。款署"永樂戊子五月十一日為文弼書　縉識"，鈐"縉紳"（白文）印。明永樂六年（1408），解縉年四十歲。

此頁為解縉中年書作，書藝臻至成熟自化，筆墨奔放，傲讓相綴，而意向謹嚴。

鑑藏印記："休寧朱之赤珍藏圖書"（朱文）、"儀周鑑賞"（白文）、"乾隆御覽之寶"（朱文）、"顧崧之印"（白文）、"潘厚"（白文）、"佰元薰儷苓甫評書讀畫之印"、"張珩私印"（白文）等。

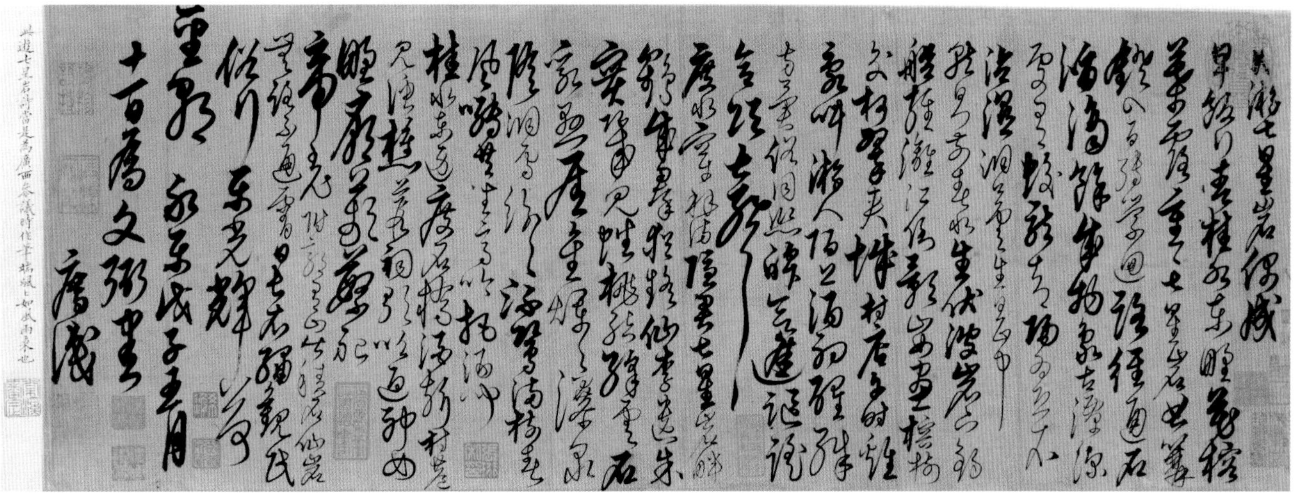

釋文：
遊七星岩偶成
早飯行春桂水東，野花榕葉露重重。
七星岩曲籌鐙入，百轉縈回路徑通。
石溜滴餘成物象，古潭深處有蛟龍。
卻歸為恐衣沾濕，洞口雲生日正中。
就日門前春水生，伏波岩下釣船輕。
灕江倒影山如畫，榕樹交柯翠夾城。
村店午時雞亂叫，遊人陌上酒初醒。
殊方異俗同熙皞，欲進謳謠合頌聲。
度水穿林訪隱君，七星岩畔鶴成羣。
猶疑仙李遺朱實，幾見蟠桃結絳雲。
石乳懸匡金爛爛，瀑泉隧洞雪紛紛。
流鶯滿樹春風轉，共坐高吟把酒聞。
桂水東邊度石橋，酒旂村巷見漁樵。
叢祠歌吹迎神女，野廟頻繁祀帝堯。
附郭有山皆積石，仙岩無路不通霄。
日長衣綉觀民俗，行樂光輝荷聖朝。
永樂戊子五月十一日為文弼書　縉識。

20

解縉　草書自書詩卷

紙本 草書
縱34.3厘米 橫472厘米

Zi Shu Shi (Self-transcribed poems) in cursive script
By Xie Jin
Handscroll, ink on paper
H. 34.3cm　L. 472cm

卷書自作詩七首，除《過藤縣》外，其餘六首均見《文毅集》，個別字句有出入。款署“永樂庚寅五月二十三日夜京城寓舍書與禎期　　縉紳識”。作於永樂八年（1410）未入獄前，時四十二歲。幅後王穉登跋一則。

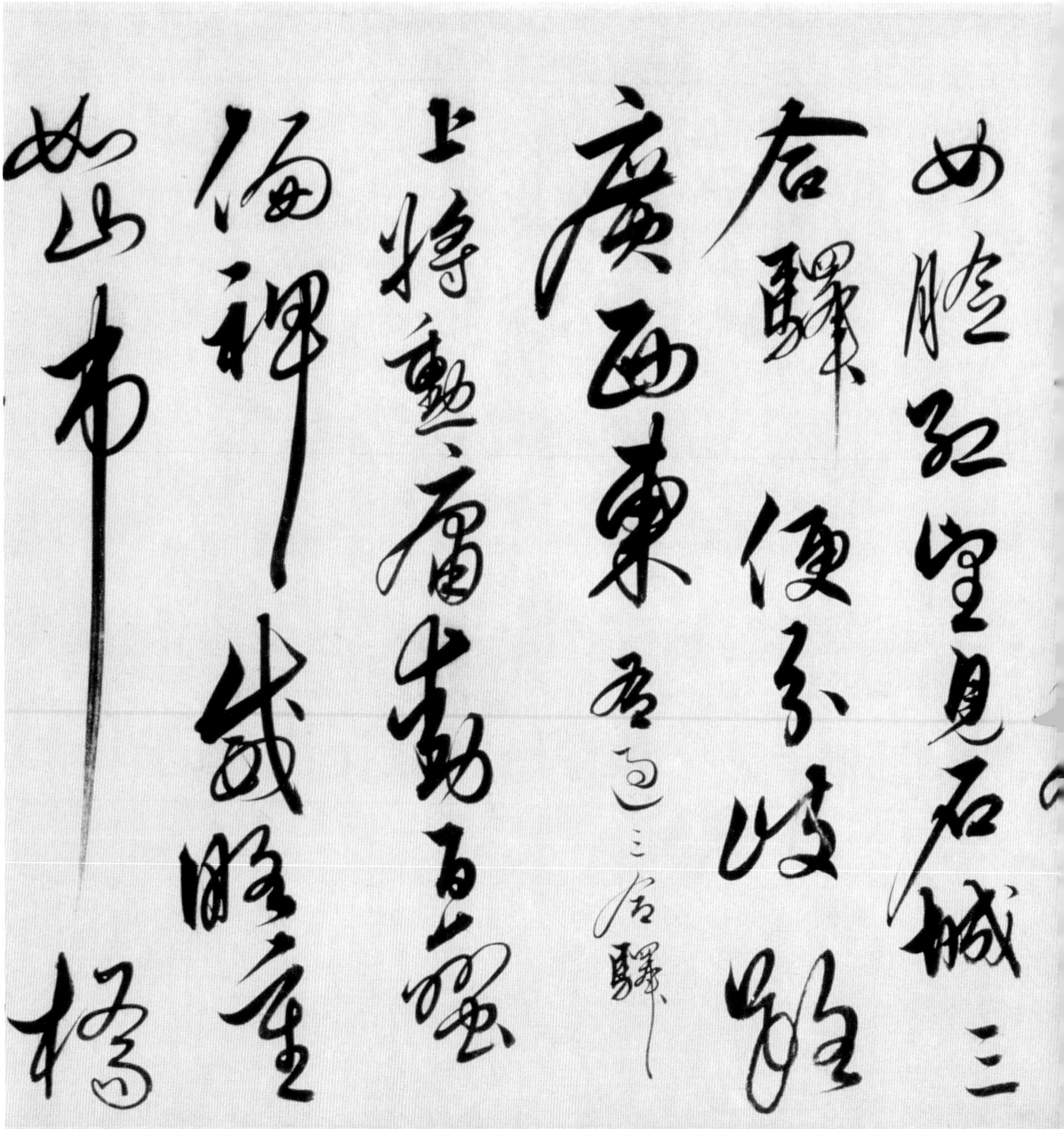

此卷書法縱橫超逸，奔放瀟脱，而點畫出規入矩，絕無草率牽強處，章法經營尤見匠心。全篇一氣呵成，神氣自備，顯示出解縉駕馭長卷游刃有餘的不凡功力。卷末自識中解縉對此卷也頗為得意。此作書送禎期。禎期為縉從子，以書名，不失門風。

鑑藏印記："安儀周家珍藏"(朱文)、"見陽圖書"(朱文)、"乾隆御覽之寶"(朱文)、"嘉慶御覽之寶"(朱文)、"宣統鑑賞"(朱文)等。

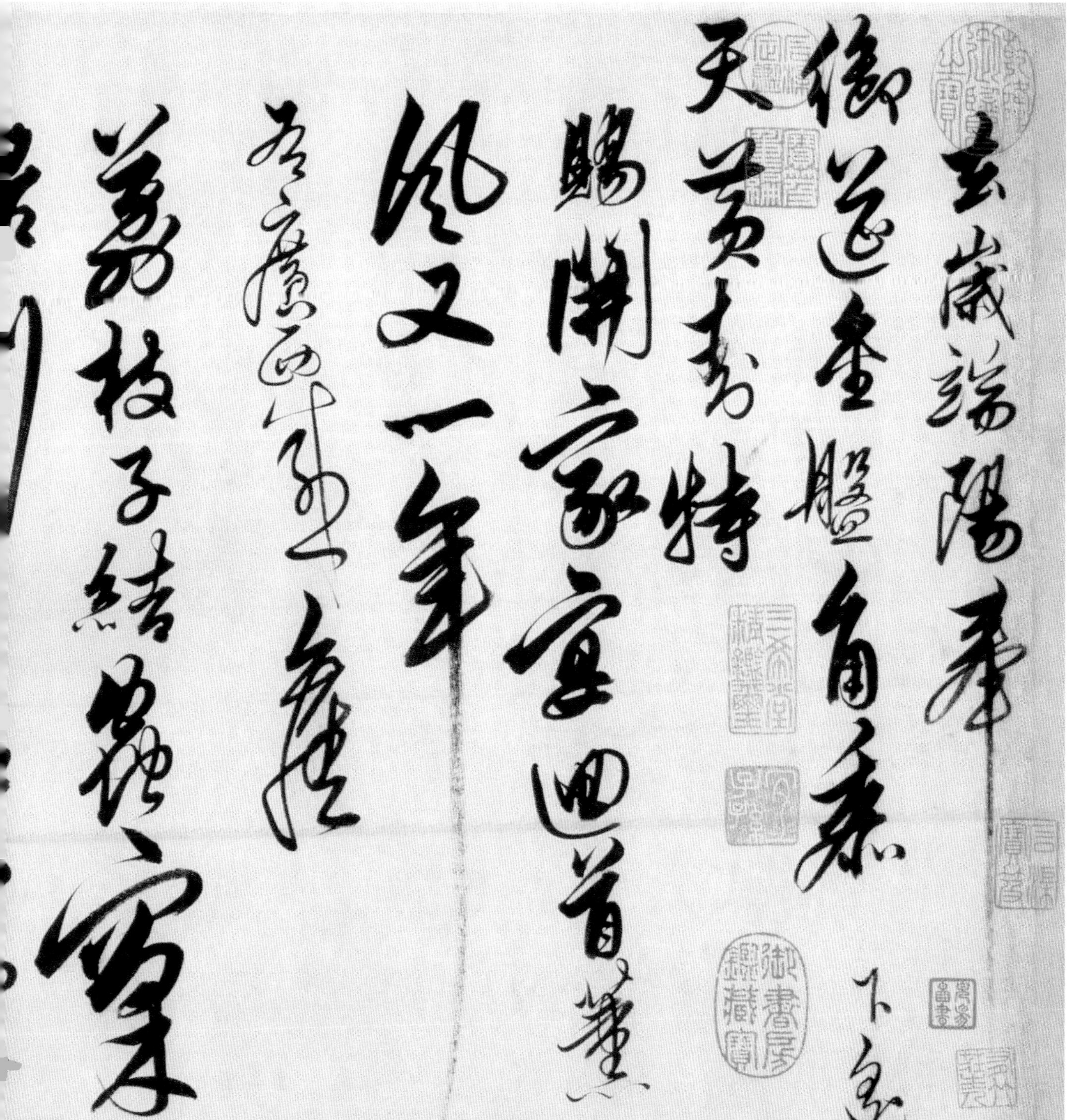

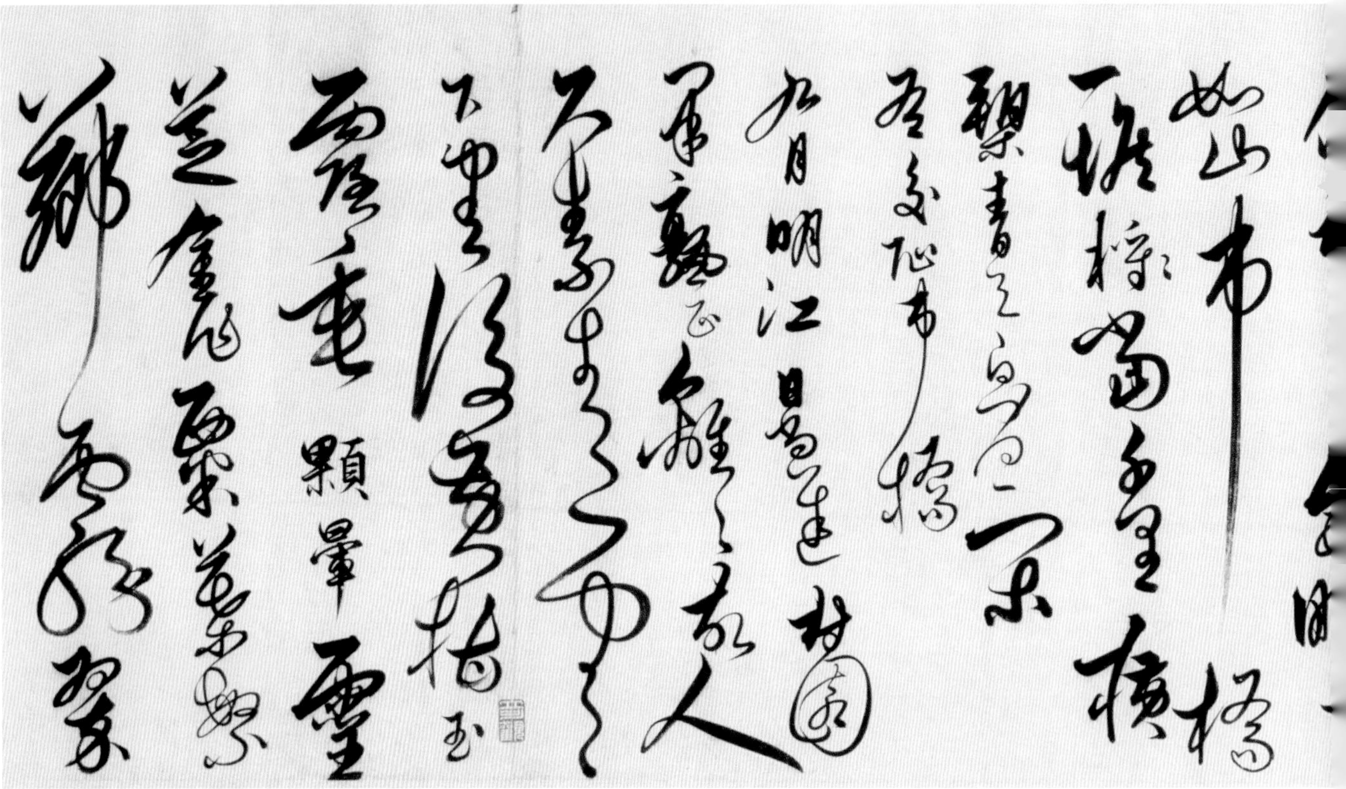

釋文：
去歲端陽奉御
筵，金盤角黍下
遙天。黃封特賜
開家宴，回首薰
風又一年。 右
廣西感舊
荔枝子結蟲窠
綠，倒黏花開女
臉紅。望見石城
三合驛，便分岐
路廣西東。 右
過三合驛
上將動庸動百
蠻，偏裨威略重
如山。市橋一堠
將（點去）當千
里，橫槊青天白
晝閑。 右交阯
市橋
九月明江日尚
遲，林園果熟正
離離。故人尺素
青雲下，望後黃
柑玉露垂。顆暈
靈芝金作粟，葉
繁薌霧翠為枝。
常時錫貢來京
國，尚憶金盤進
御時。 右謝友
人惠黃柑
蒼梧城北繫龍
州，水接南天日
夜流。冰井鱸池
春草合，火山鮫
室夜光浮。千家
竹屋臨沙嘴，萬
斛網船下石頭。
伏枕夢回霄漢
近，佩聲猶在鳳
皇樓。 右過梧
州作
繡水東流合鬱
江，古藤

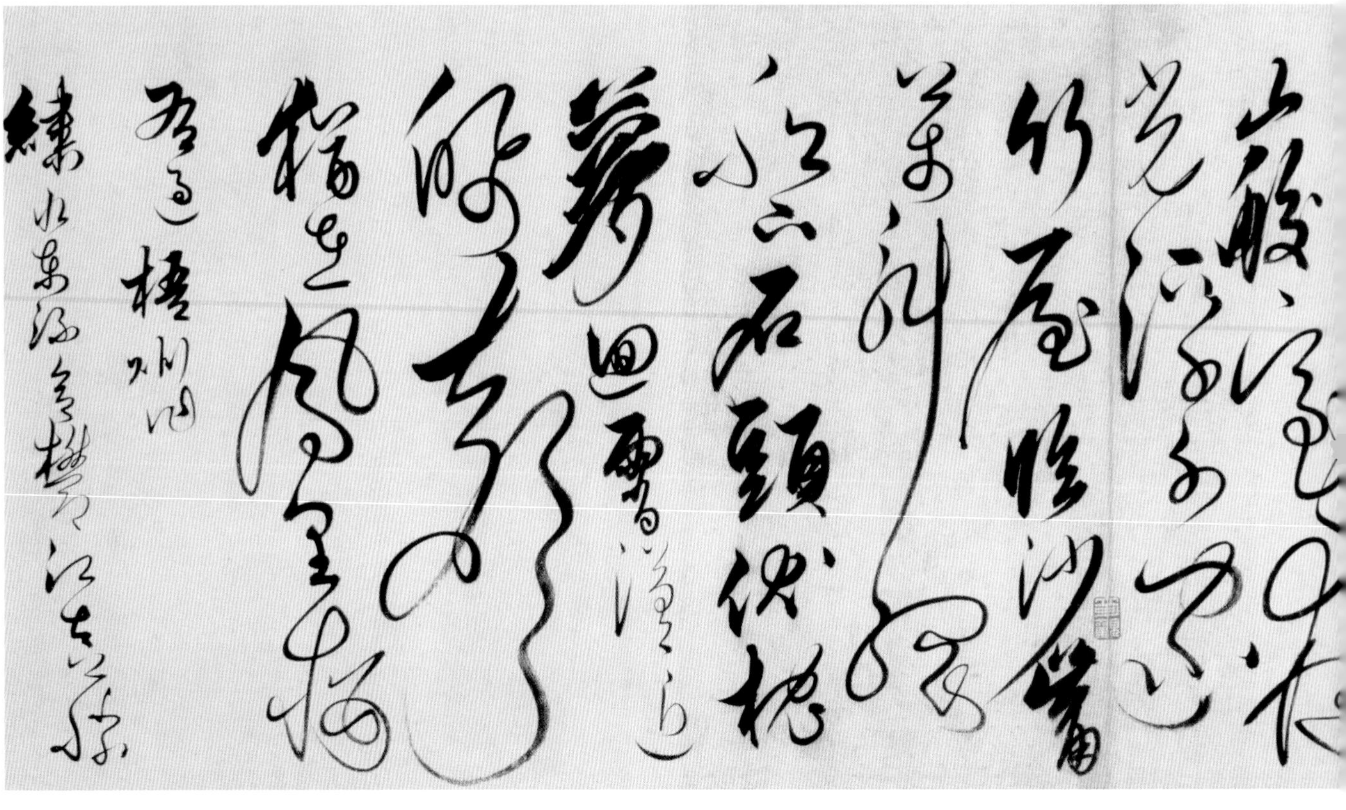

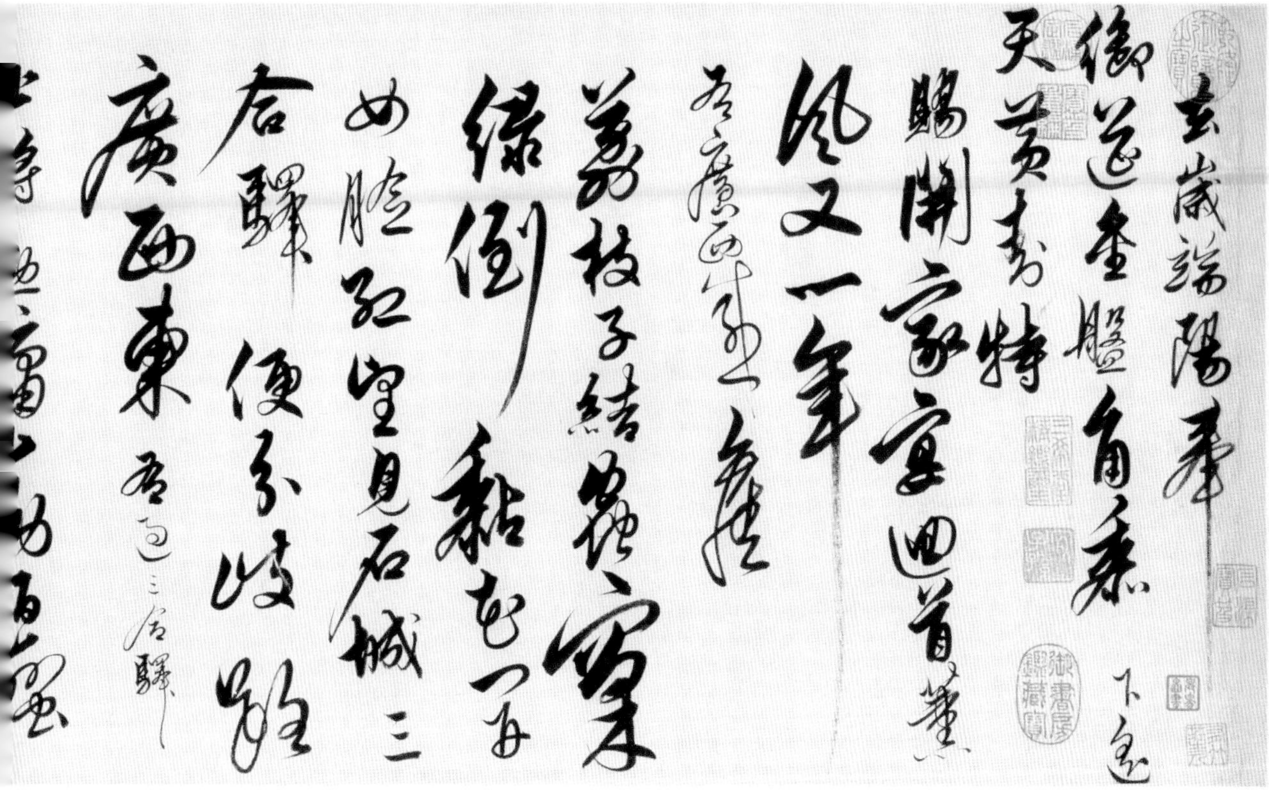

《自書詩卷》之一

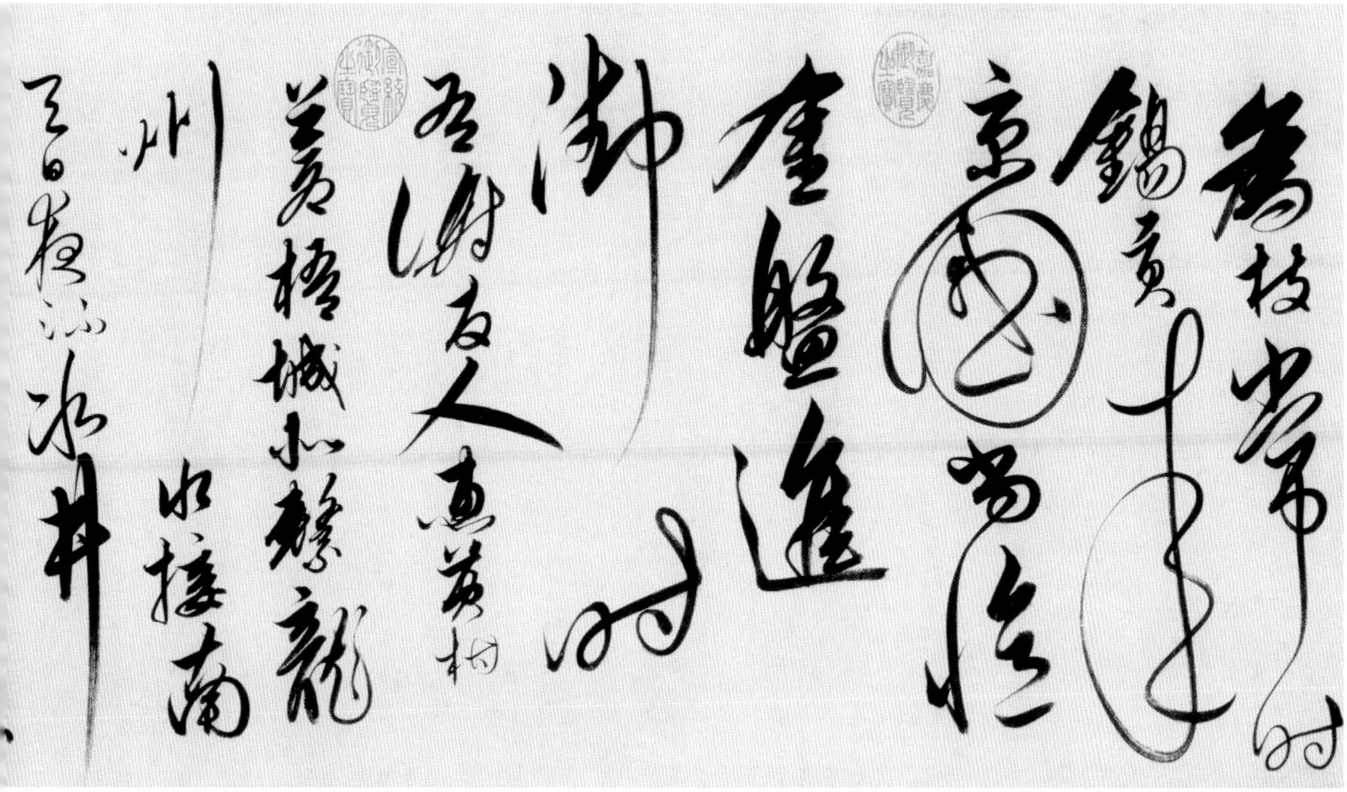

《自書詩卷》之二

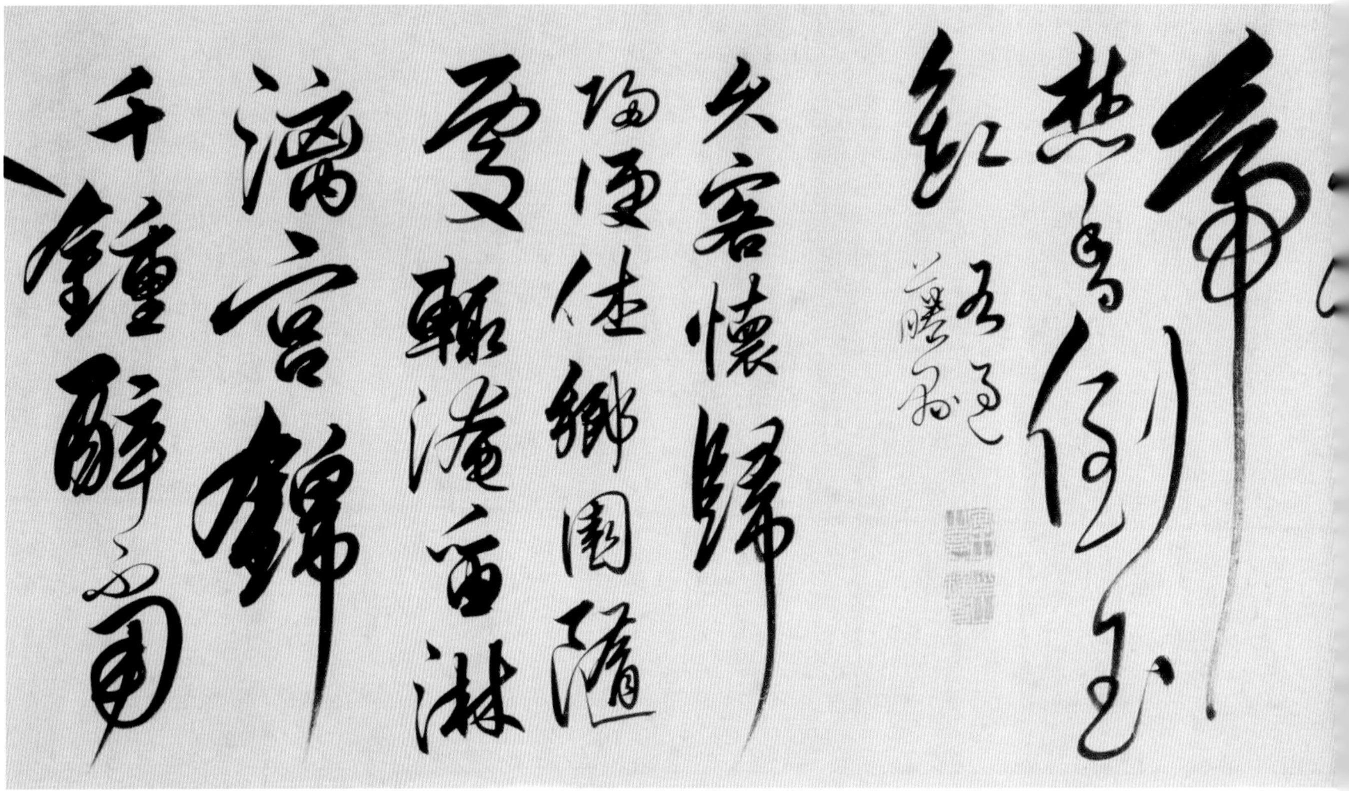

城郭鎮南邦。山雲橋度飛虹並，江月樓空乳燕雙。晴日鴛花紅張錦，春風煙樹碧油幢。吹簫喚起蛟龍舞，金鴨焚香倒玉缸。

右過藤縣

久客懷歸歸便休，鄉園隨處輒淹留。淋漓宮錦千鍾醉，不用人間萬戶侯。　右歸鄉偶作

此余近日所作數詩，皆率爾而成，今又率爾書之。雖然未嘗敢棄古自為也，中間複筆覆筆返筆之妙，付有識者自辯之。　永樂庚寅五月二十三日夜京城寓舍書與禎期　縉紳識

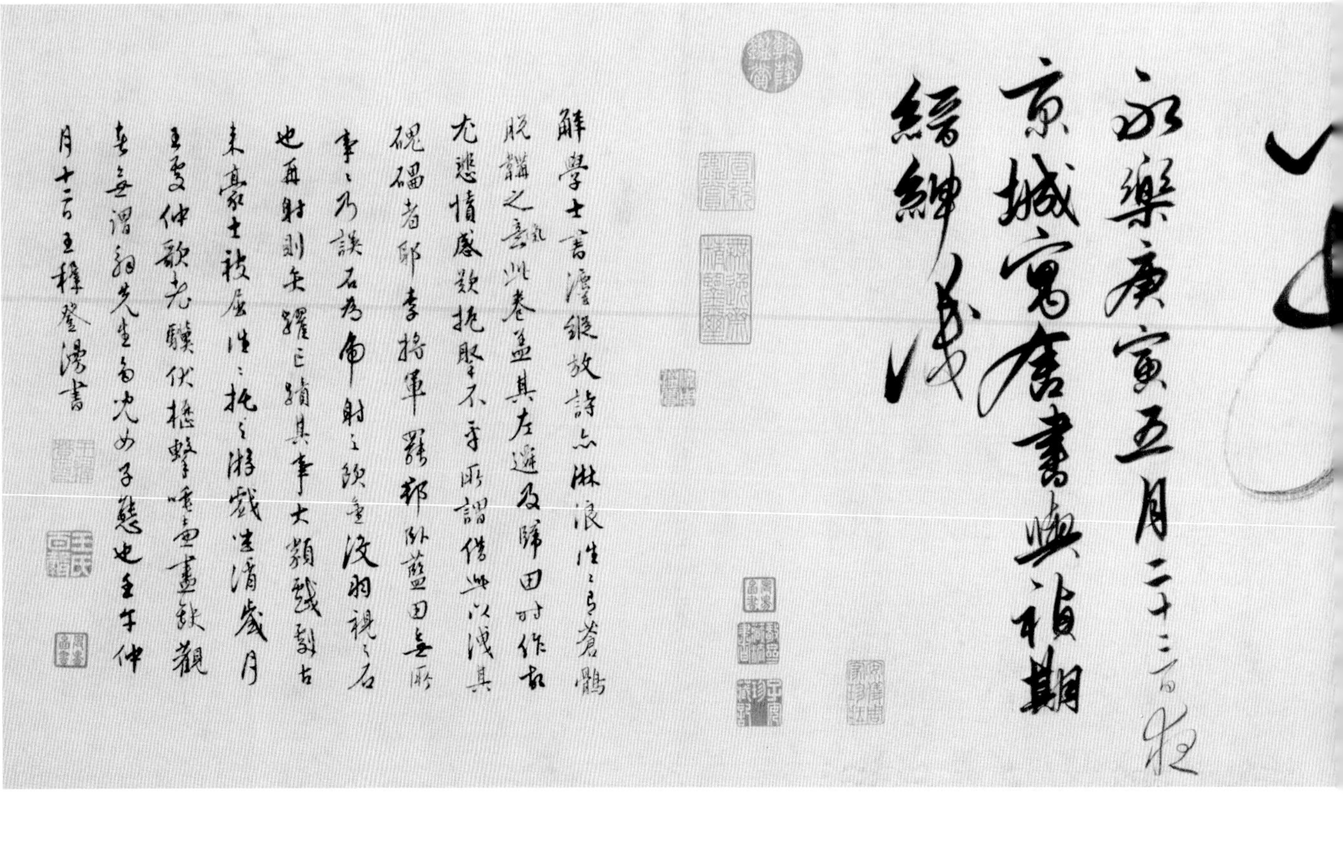

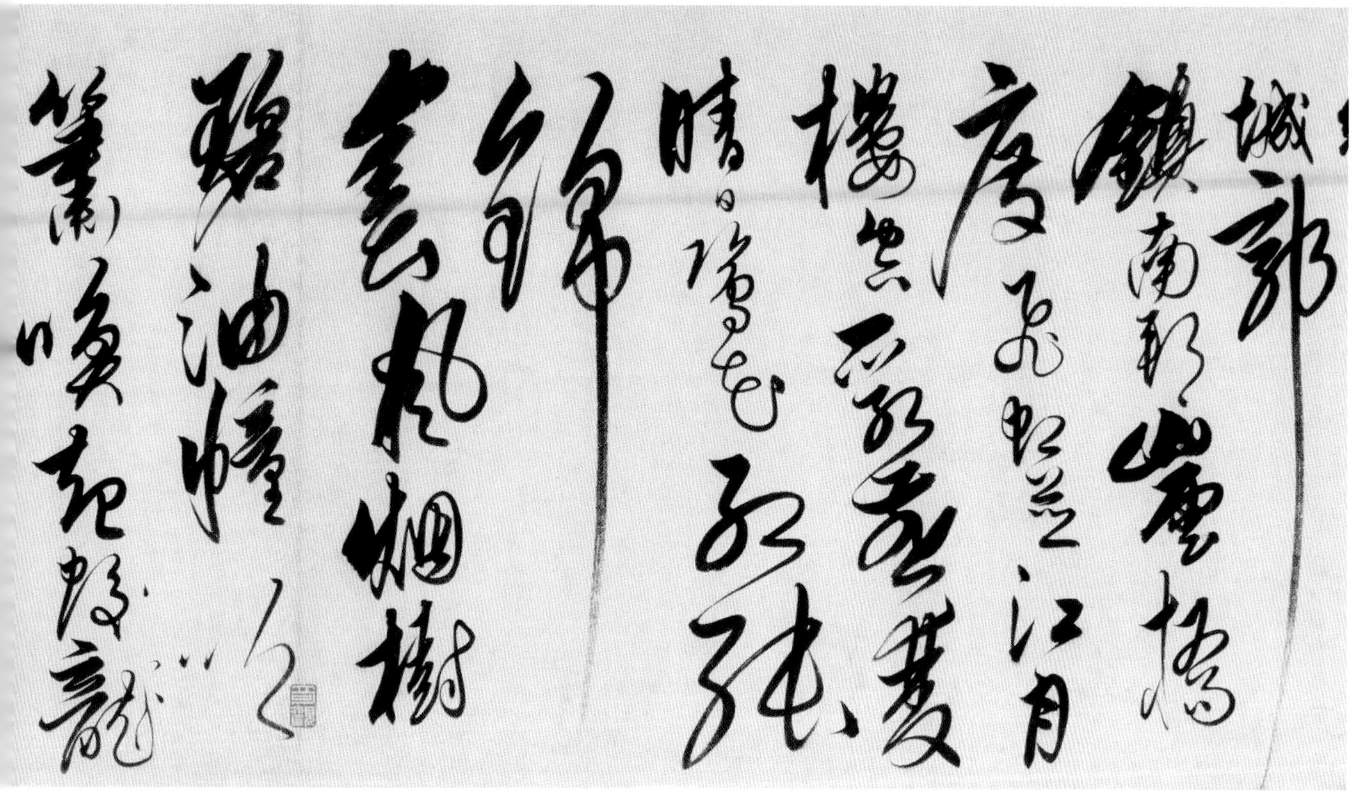

《自書詩卷》之三

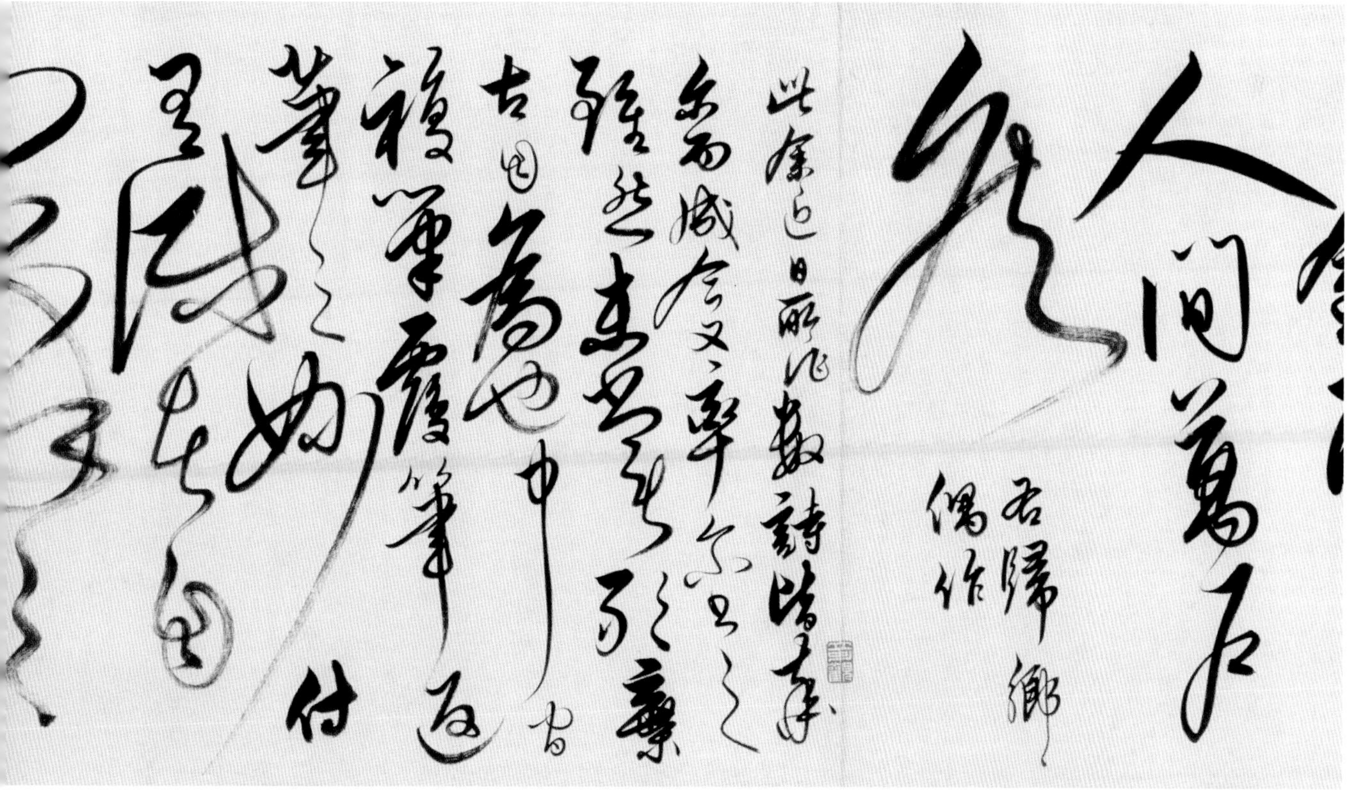

《自書詩卷》之四

21

解縉　草書詩帖冊

紙本　草書　十七開半
開縱30.7厘米　橫22.6厘米

Shi Tie (poems) in cursive script

By Xie Jin
Album of 17 and a half leaves, ink on paper
H. 30.7cm　L. 22.6cm

冊書唐代杜甫、李白、杜牧、王維、劉禹錫、賈至、岑參諸家詩文十八首。款署"解縉紳書"，鈐"解縉"(朱文)印。幅後清方廷瑚觀款一則。

此帖下筆圓滑純熟，精彩的筆墨貫穿於全帖始終。與《自書詩卷》相比，雖略遜於縱蕩，但亦見其草書本色。

鑑藏印記："唐翰題審定"(朱文)、"吳郡顧沅審定書畫"(朱文)、"景行維賢"(白文)等。

是陋室，唯吾德馨。苔痕上階綠，草色入簾青。談笑有鴻儒，往來無白丁。可以調素琴、閱金經。無絲竹之亂耳，無案牘之勞形。南陽諸葛廬，西蜀子雲亭，孔子云，何陋之有？

城上春雲覆花牆，

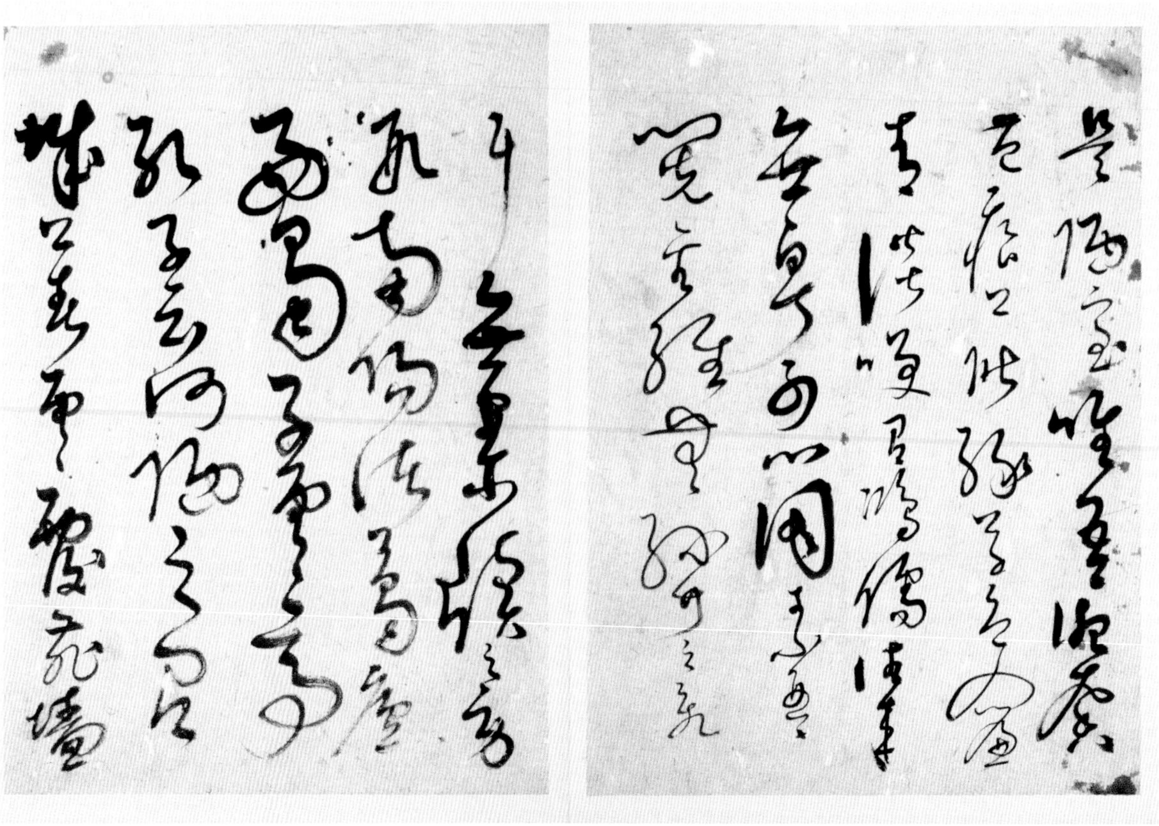

第三開

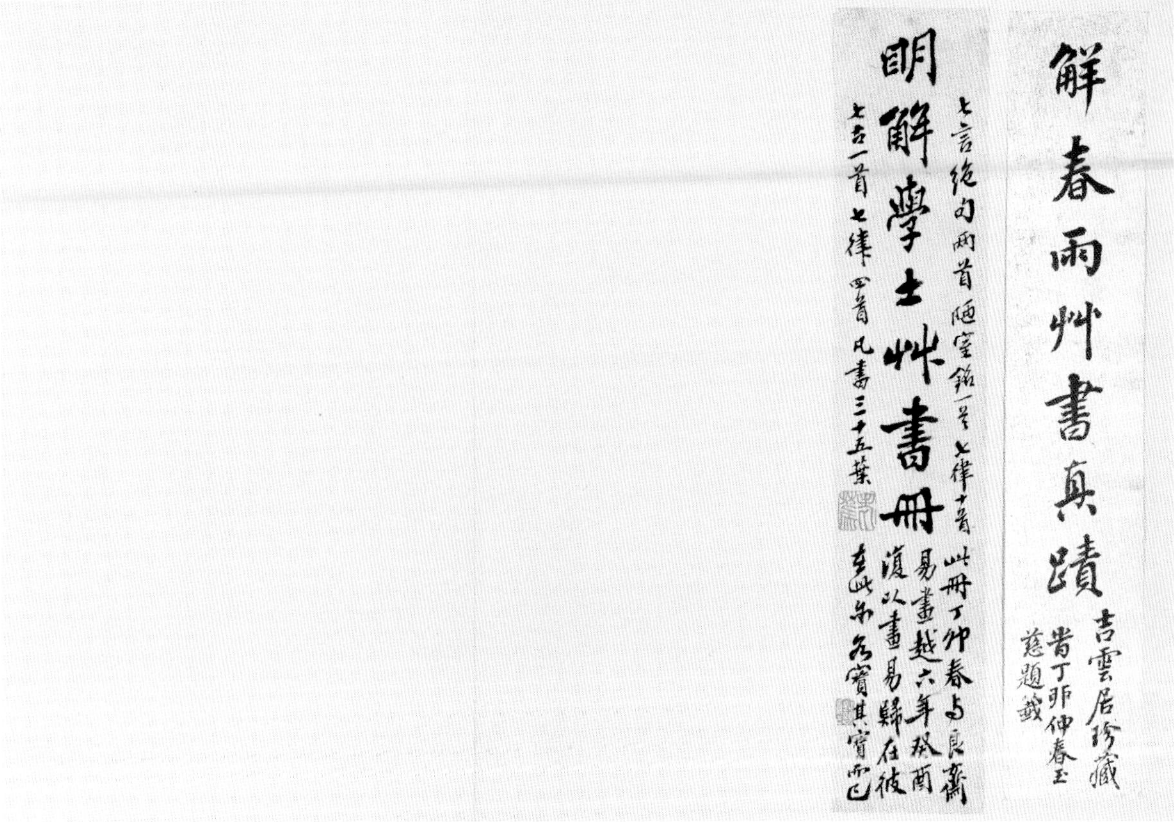
解春雨艸書真蹟
明解學士艸書冊

第一開

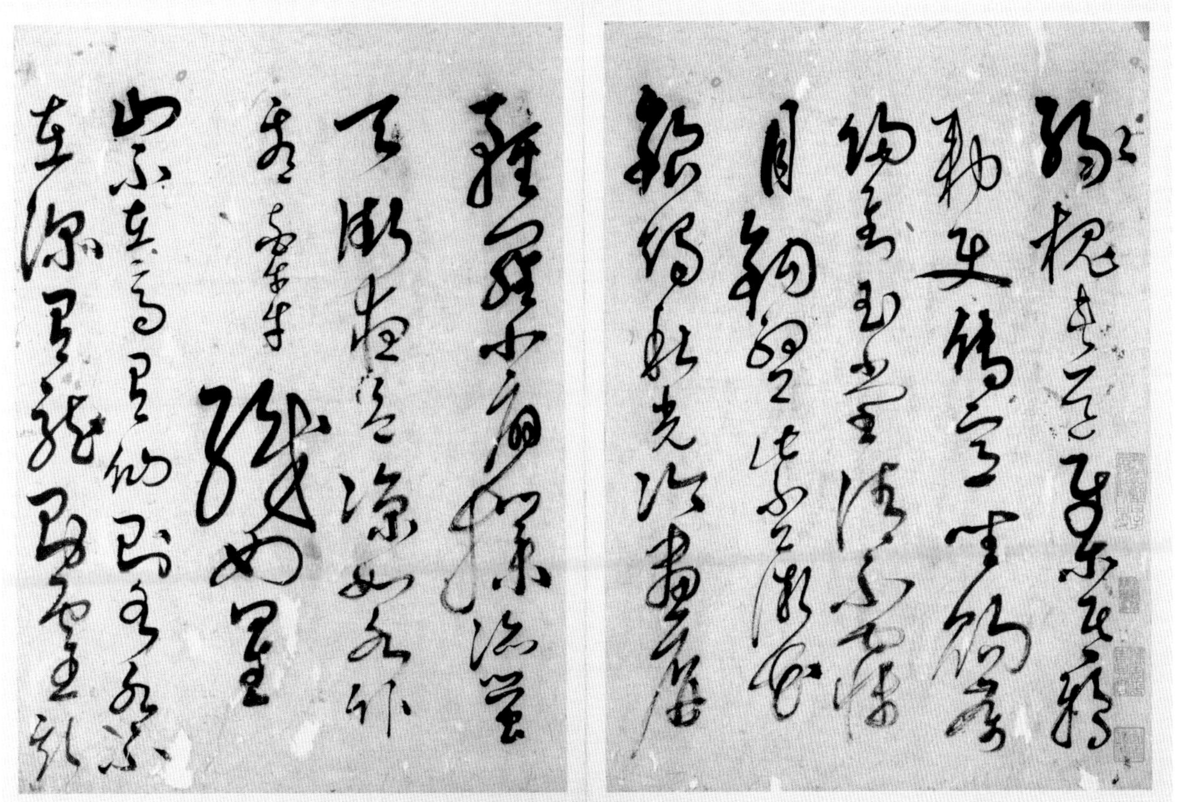

第二開

釋文：

綠槐夾道集昏鴉，勅使傳宣坐賜茶。歸到玉堂清不寐，月鈎初上紫薇花。銀燭秋光冷畫屏，輕羅小扇撲流螢。天街夜色涼如水，作看牽牛織女星。

山不在高，有仙則名，水不在深，有龍則靈。斯香飄合殿春風轉，花覆千官淑景移。晝漏稀聞高閣報，天顏有喜近臣知。中宮每出歸東省，會送夔龍集鳳池。

天門日射黃金榜，春殿晴曛赤羽旗。宮草微微承委珮，鑪香細細駐遊絲。雲近

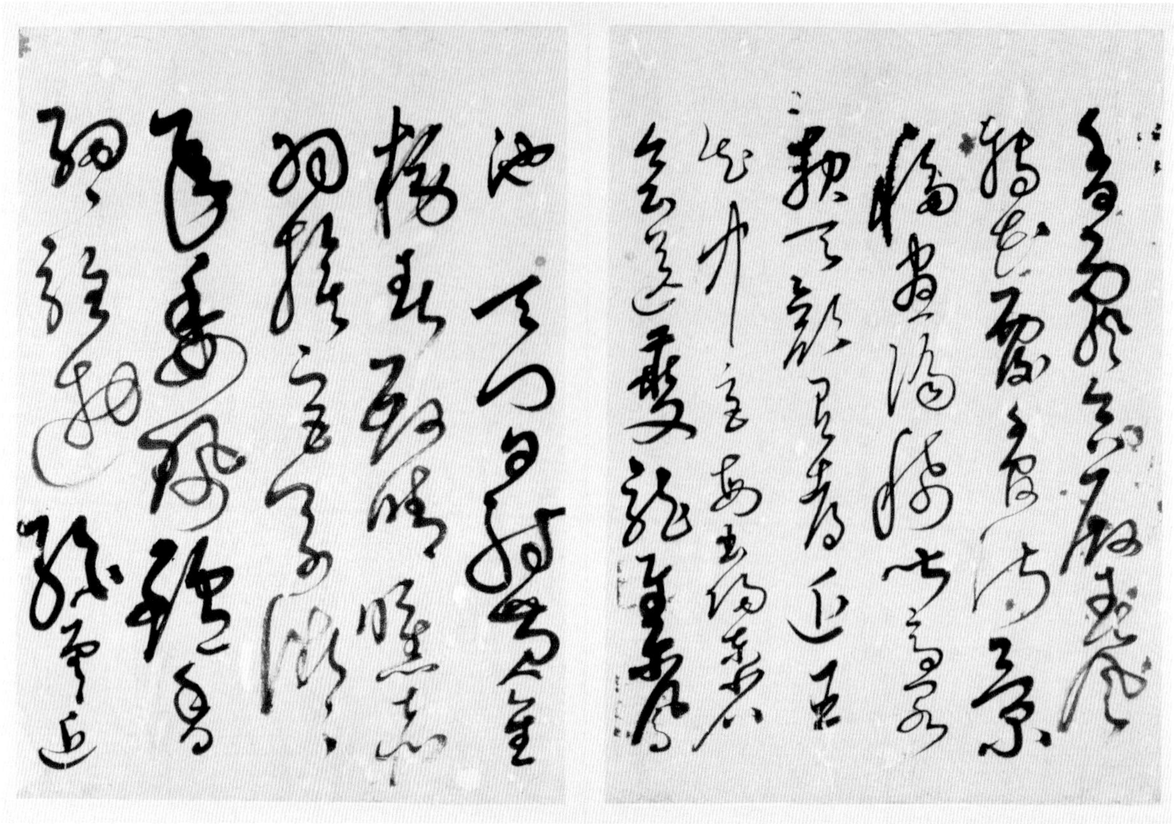

第五開

鐘鼓報新晴。浣花溪裏花饒笑，肯信吾兼吏隱名。

錦江春色逐人來，巫峽清秋萬壑哀。政憶往時嚴僕射，共迎中使望鄉台。主恩前後三持節，君令分明數舉杯。西蜀地形天下險，

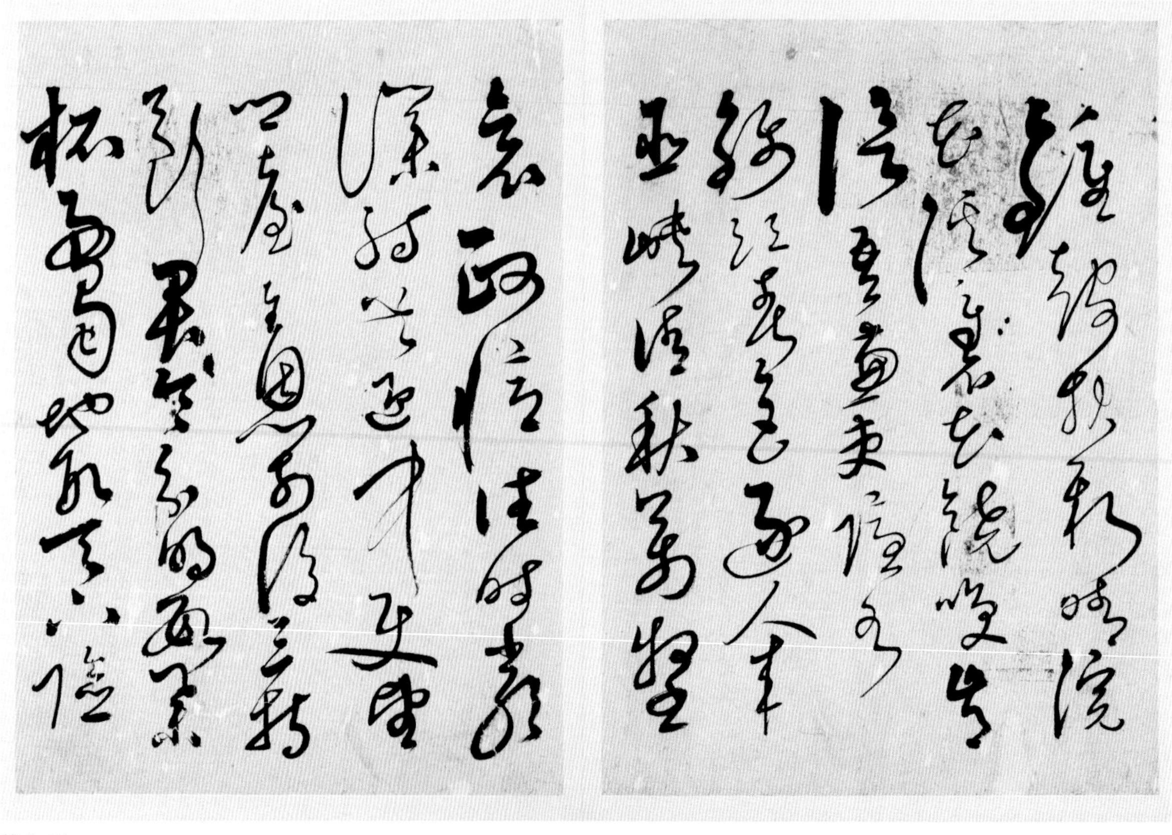

第七開

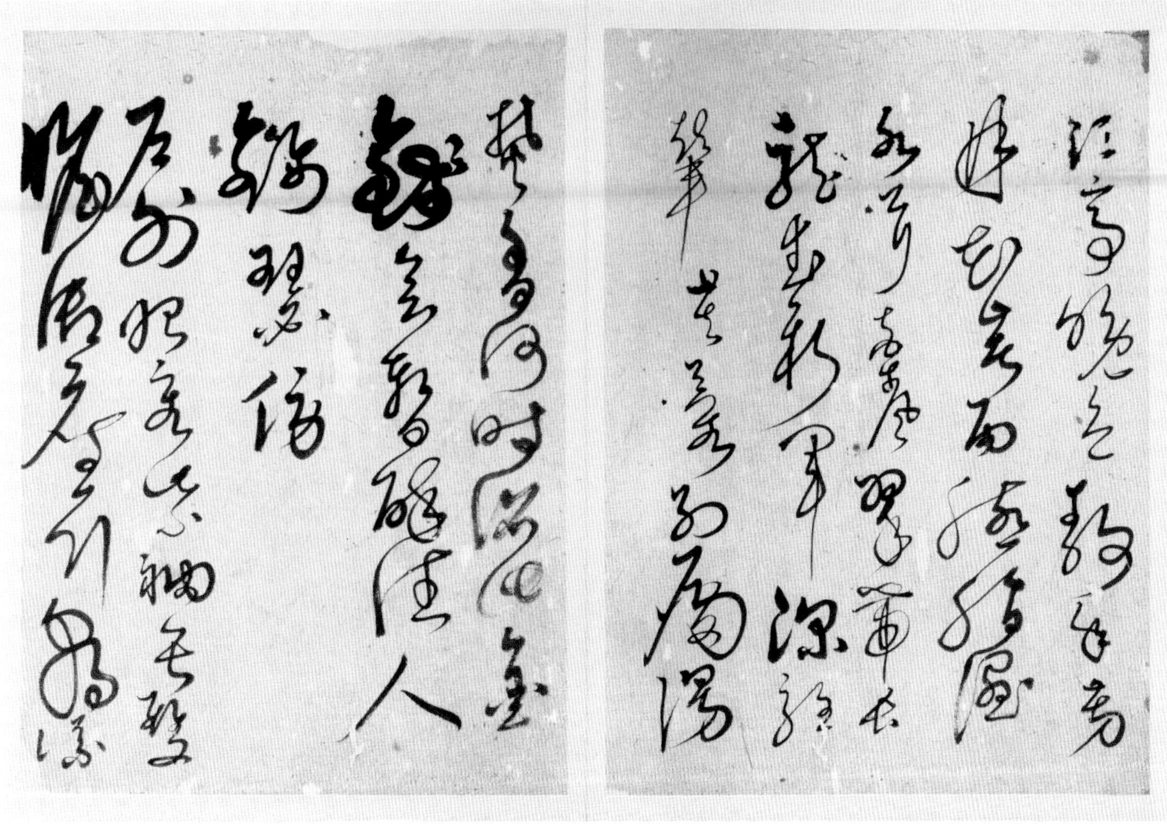

第四開

江亭晚色靜年芳。林花春雨臙脂濕，水荇牽風翠帶長。龍武新軍深駐輦，芙蓉別殿漫焚香。何時詔此金錢會，暫醉佳人錦瑟傍。

戸外昭容紫袖垂，雙瞻御座引朝儀。

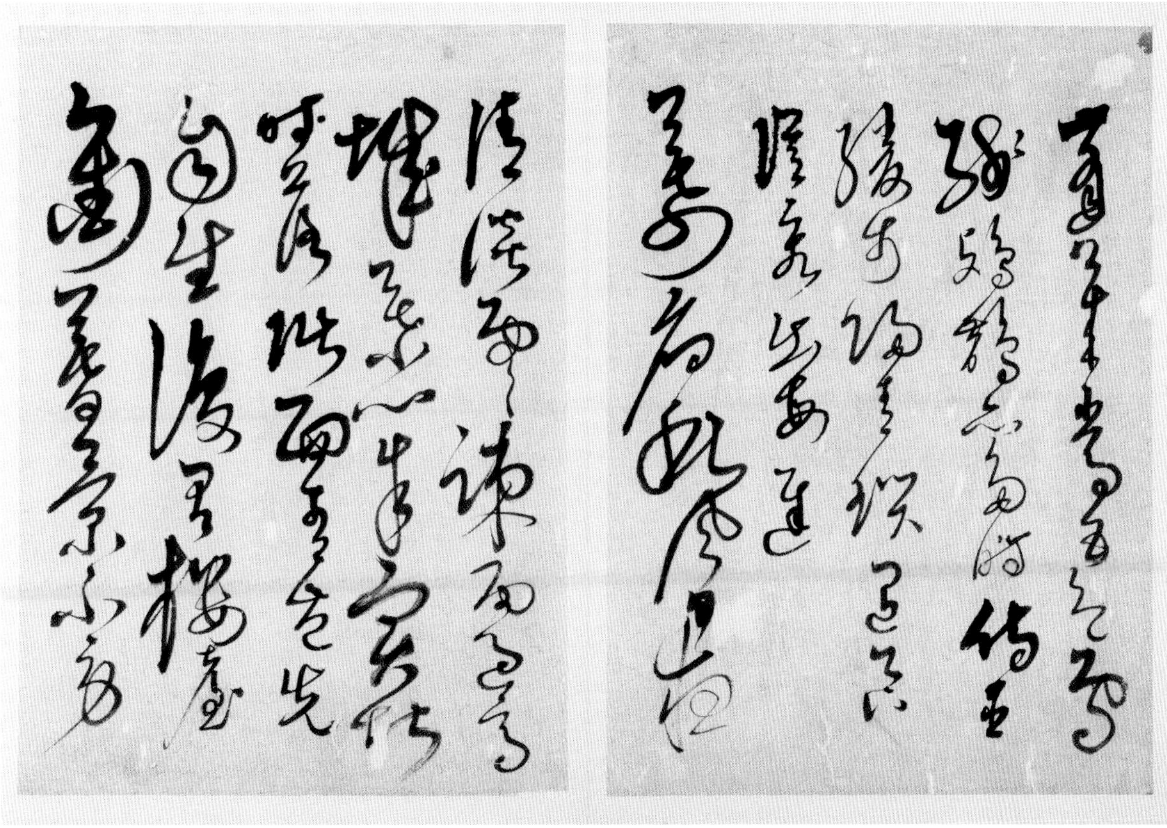

第六開

蓬萊常五色，雪殘鳷鵲亦多時。侍臣緩步歸青瑣，退食從容出每遲。

幕府秋風日夜清，淡雲疏雨過高城。葉心朱實堪時落，階面青苔先自生。復有樓台啣暮景，不勞

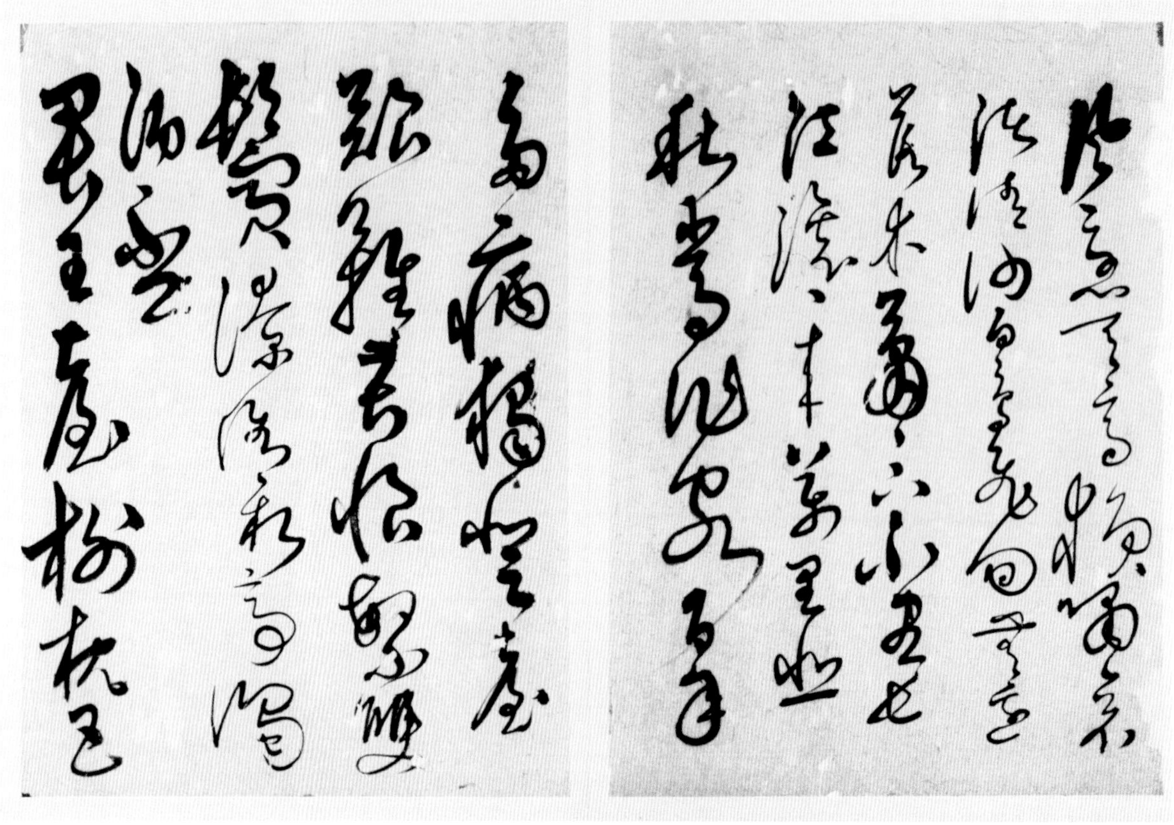

風急天高猿嘯哀，渚清沙白鳥飛回。無邊落木蕭蕭下，不盡長江滾滾來。萬里悲秋常作客，百年多病獨登台。艱難苦恨繁雙鬢，潦倒新亭濁酒杯。
君王台榭枕巴

第九開

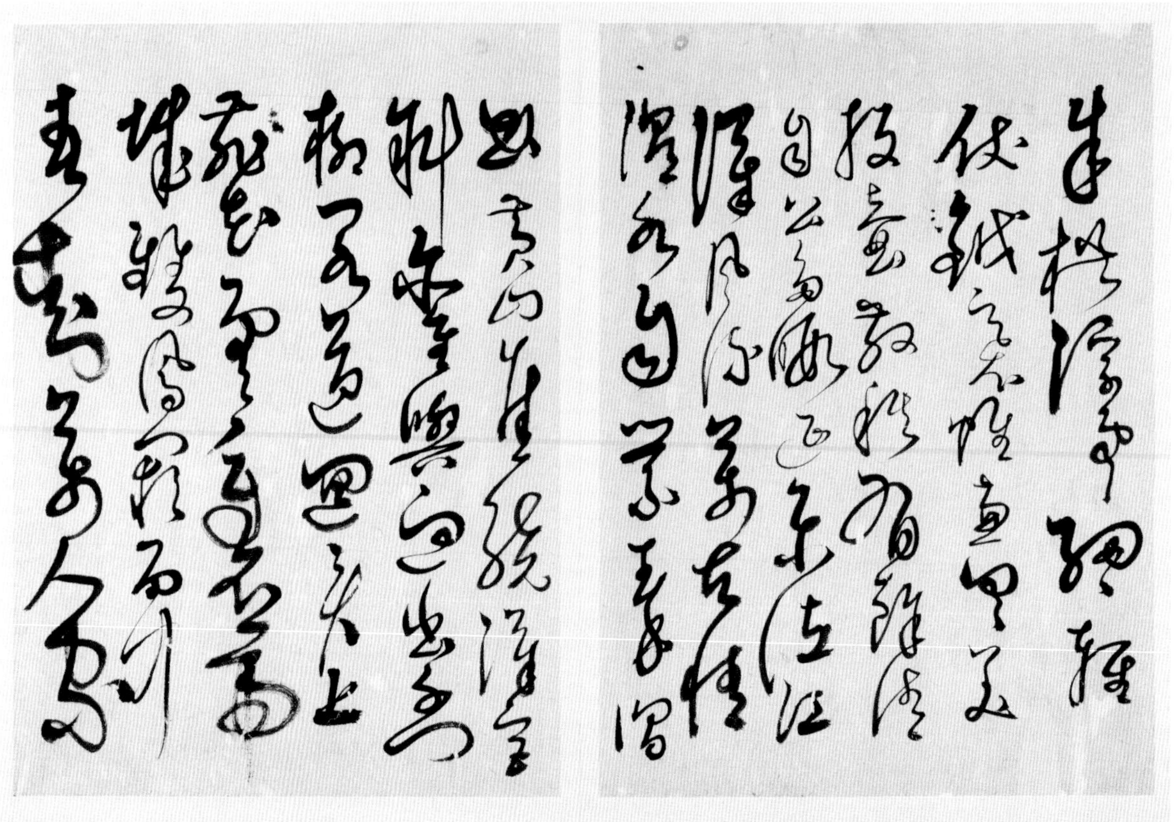

朱栱浮雲細細輕。仗鉞褰帷兼具美，投壺散秩有餘清。自公多暇延參佐，江漢風流萬古情。
渭水自縈秦澗曲，黃山焦繞漢宮斜。鑾輿迴出千門柳，閣道回看上苑花。雲裏帝城雙鳳闕，雨中春樹萬人家。

第十一開

安危須仗出羣材。
淮海維揚一俊人，金章紫綬照青春。指揮能事回天地，訓練強之動鬼神。湘西不得歸關羽，河內尤宜借寇恂。朝覲從容問幽側，勿云江漢有垂綸。

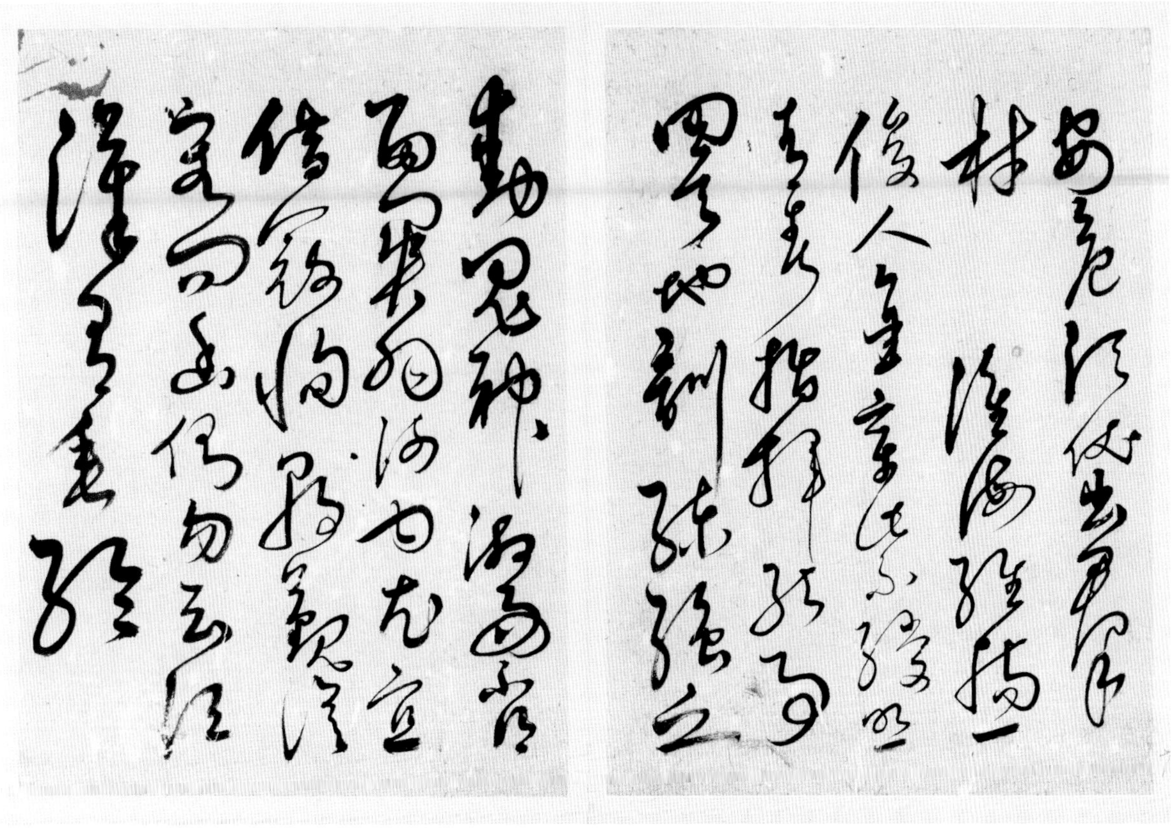

第八開

山，萬丈丹梯尚可攀。春日鶯啼修竹裏，仙家犬吠白雲間。清江碧石傷心麗，嫩蕊穠花滿目斑。人到於今歌出牧，來遊此地不知還。
樓上炎天冰雪生，高飛燕雀賀新成。碧窗宿霧濛濛濕，

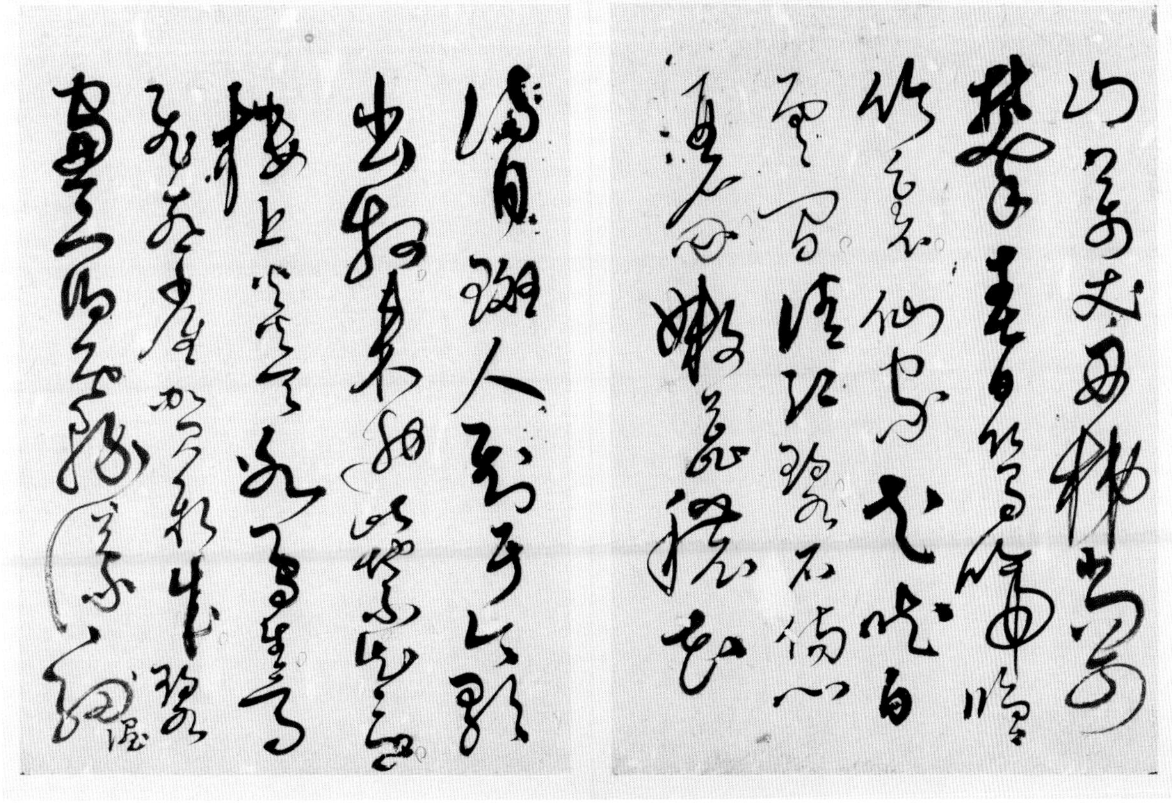

第十開

無所惜。我向淮南攀桂枝，君留洛北愁夢思。不忍別，還相隨。相隨迢迢訪仙城，卅六曲水回縈。一溪初入千花明，（漏句） 銀鞍金絡倒平地，漢東太守來相迎。紫陽之真人，邀我吹玉笙。餐霞樓上動仙樂，嘈然宛似鸞鳳鳴。袖長管催欲輕舉，漢東太守醉起舞。手持錦袖覆我身，我醉横眠枕其股。當筵意氣淩九霄，星離雨散不終朝，分飛楚關山水遙。予既還山尋故巢，君亦西歸度渭橋。君

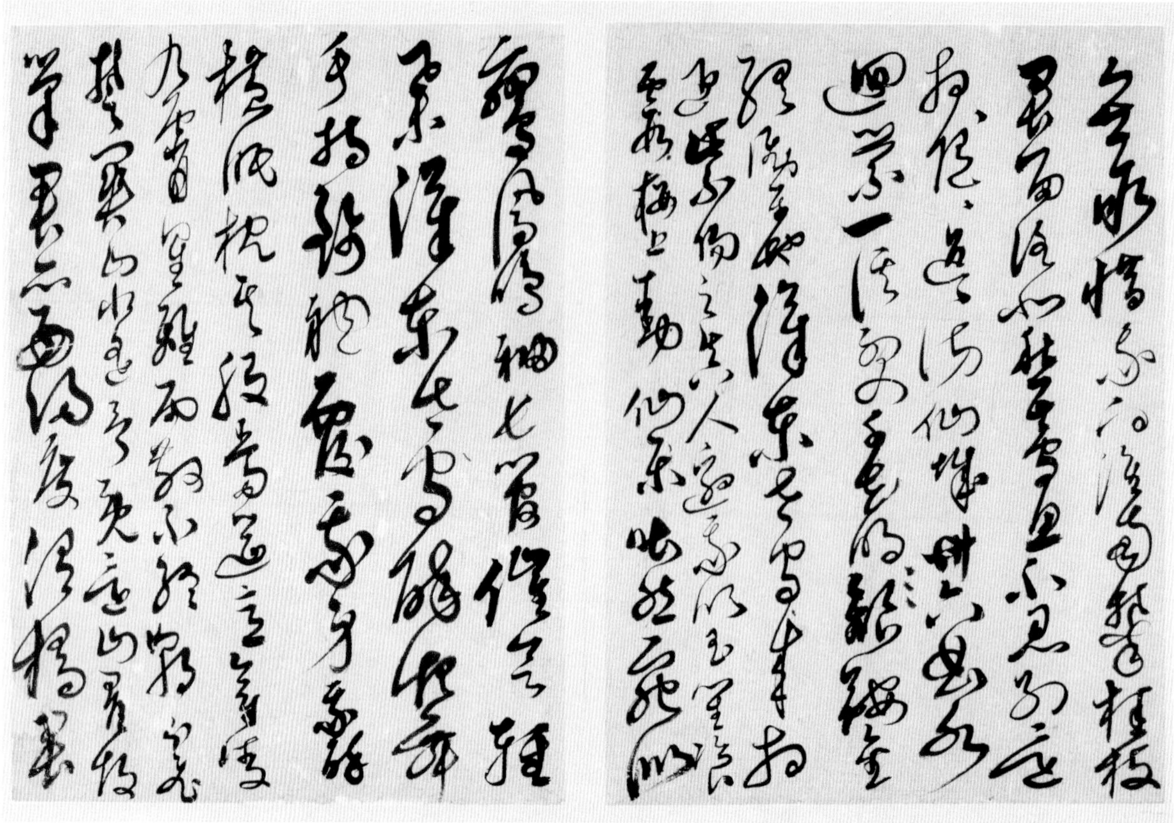

第十三開

初月輝，美人更唱舞羅衣。清風吹歌入空去，歌曲自繞行雲飛。此時歡樂難再遇，西遊因獻長楊賦。北闕青雲不可期，東山白首還歸去。渭橋南頭一遇君，贊台之北又離羣。問予別恨知多少，落花春暮爭紛紛。言亦不可盡，情亦不可極。呼兒長跪緘此辭，寄君千里遙相憶。萬壑度盡松風聲（補漏句）

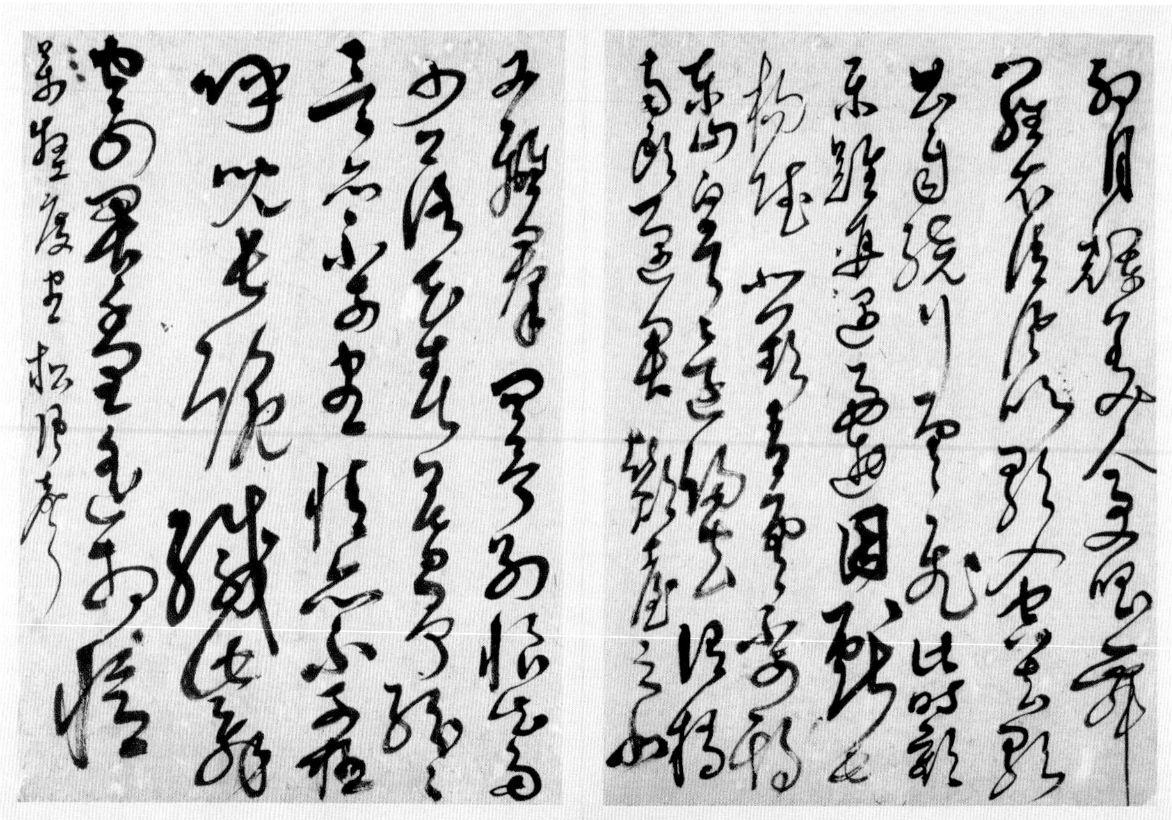

第十五開

為乘時運行春令，不是宸遊重物華。

憶昔洛陽董糟丘，為予天津橋南造酒樓。黃金白璧買歌笑，一醉累月輕王侯。四海賢豪青雲客，與君一遇心莫逆。回山轉海不作難，傾情倒意

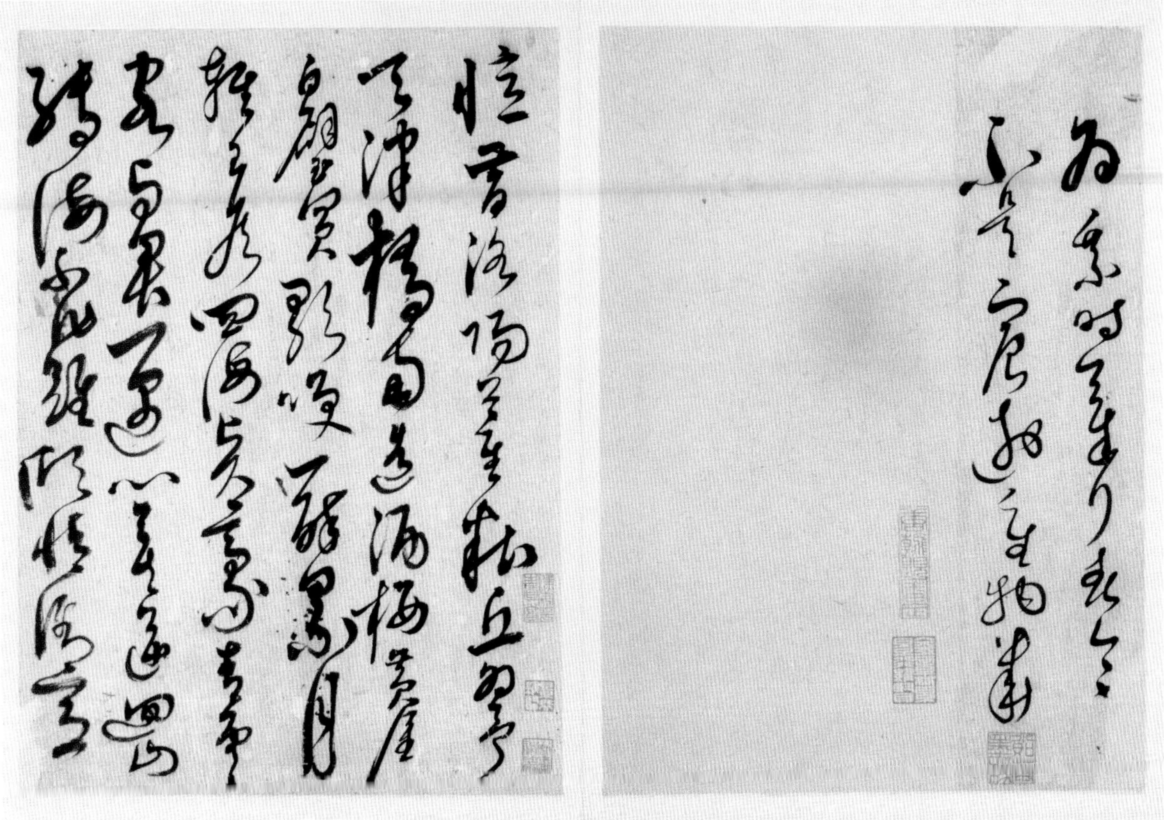

第十二開

家嚴君勇貔虎，作尹並州遏戎虜。五月相呼度太行，摧輪不道羊腸苦。行來北涼歲月深，感君貴義輕黃金。瓊杯綺食青玉案，使我醉飽無歸心。時時出向城西曲，晉祠流水如碧玉。浮舟弄水簫鼓鳴，微波龍鱗莎草綠。興來攜妓恣經過，其若楊花似雪何。紅妝欲醉宜斜日，百尺清潭寫翠娥。翠娥嬋娟

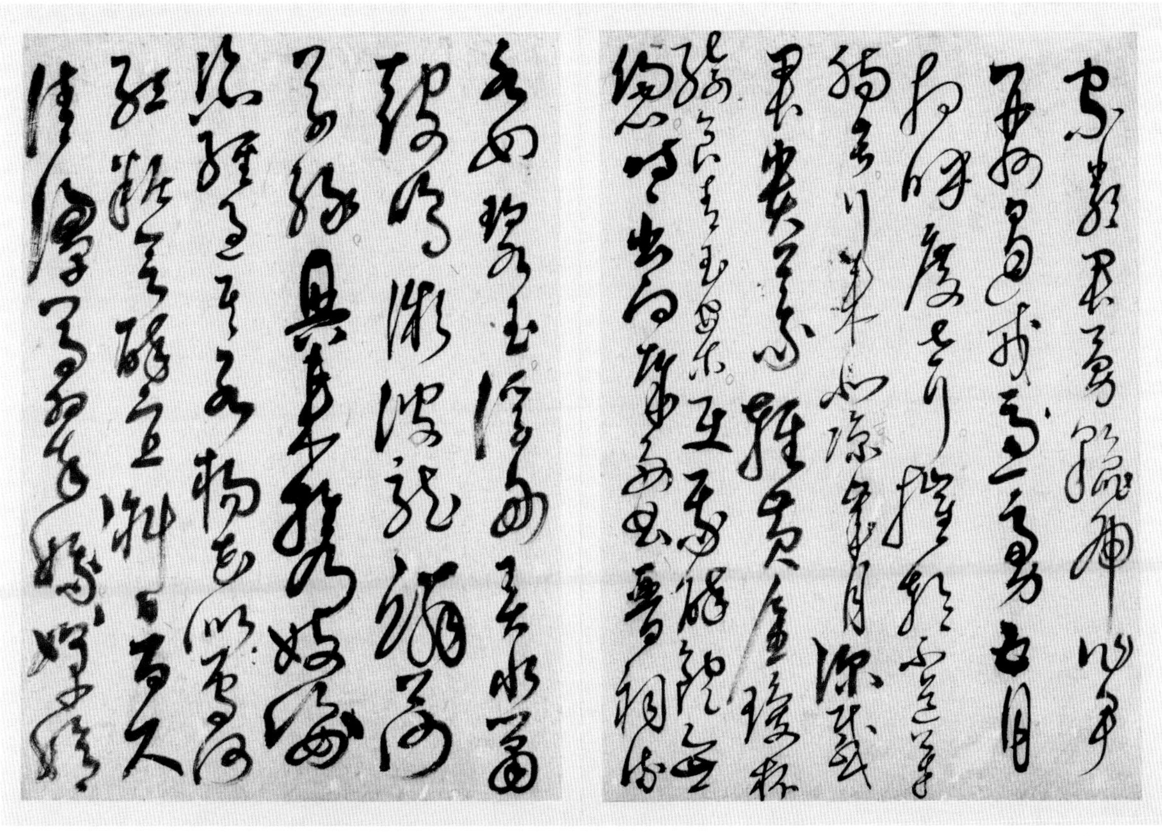

第十四開

身惹御爐香。共沐恩波鳳池裏，朝朝流翰侍君王。
雞鳴紫陌曙光寒，鶯囀皇州春色闌。金闕曉鐘開萬戶，玉階仙仗擁千官。花迎劍珮星初
落，柳拂旌旗露未乾。獨有鳳凰池上客，陽春一

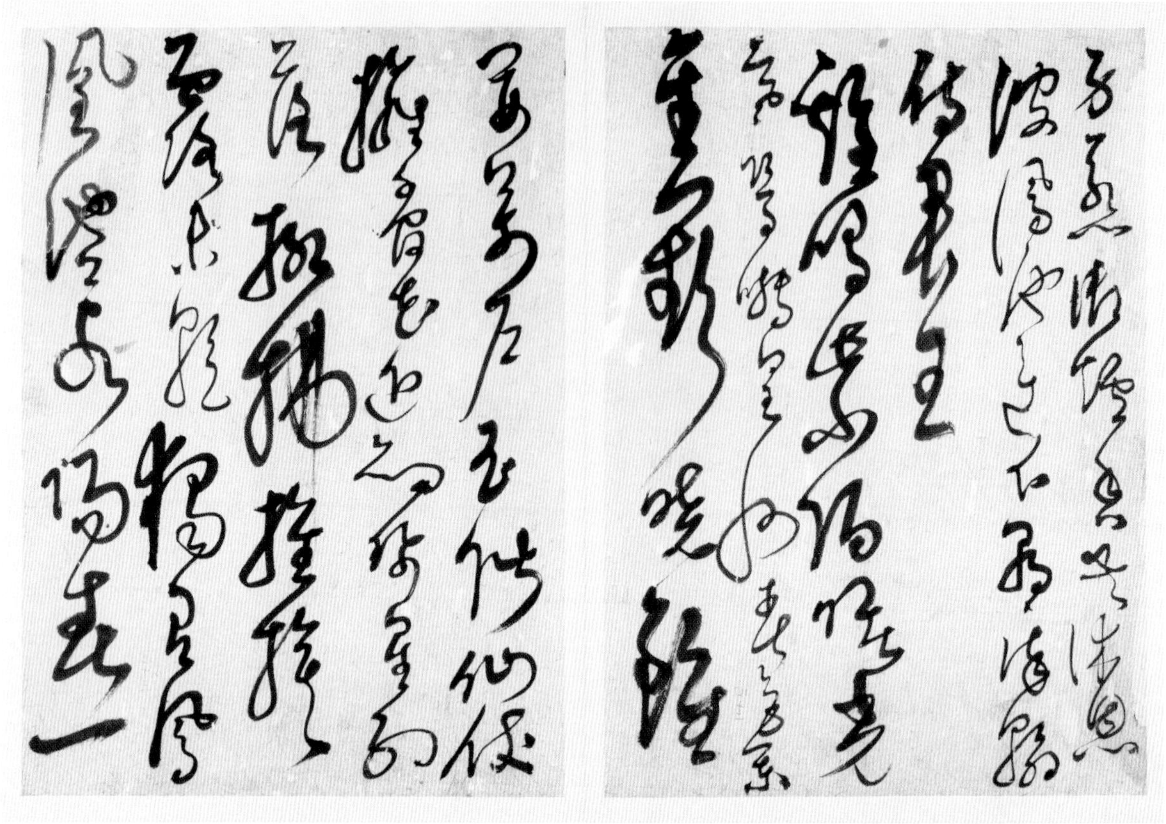

第十七開

鳳池頭。
解縉紳書

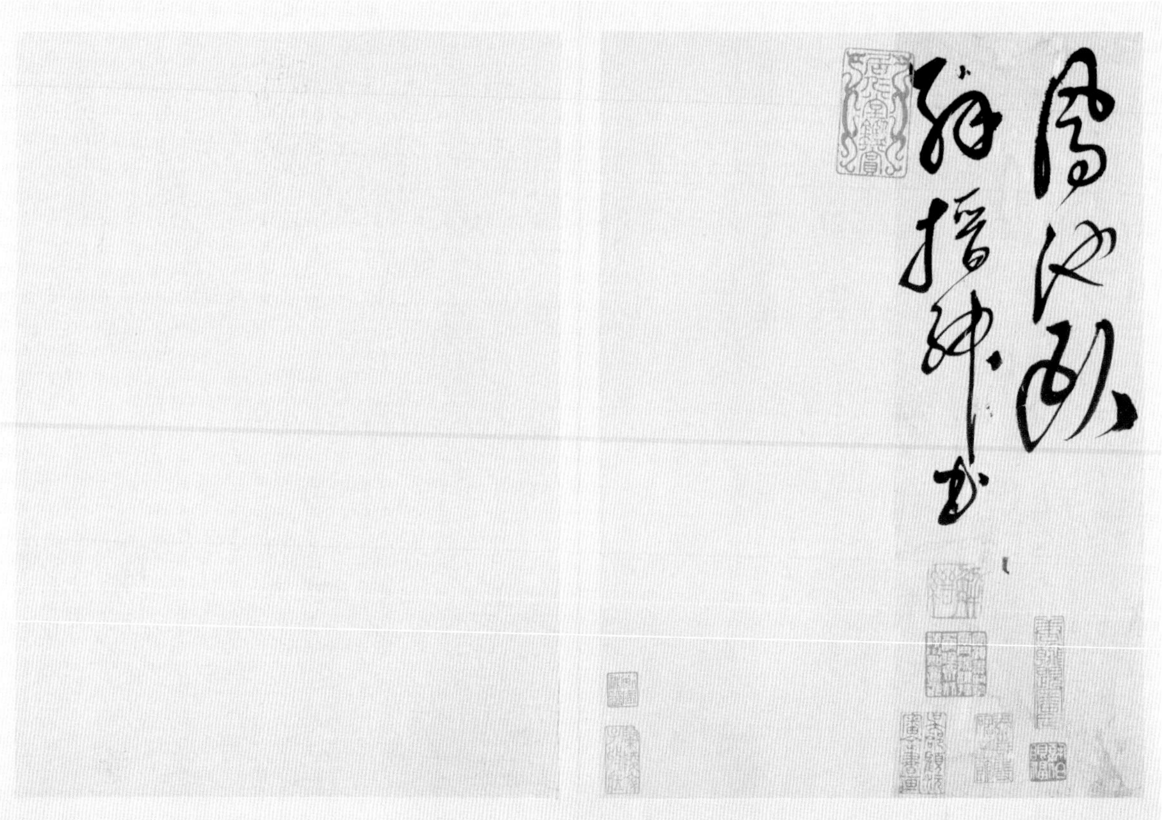

第十九開

五夜漏聲催曉箭，九重春色醉仙桃。旌旗日暖龍蛇動，宮殿風微燕雀高。朝罷香煙攜滿袖，詩成珠玉在揮毫。欲知世掌絲綸美，池上於今有鳳毛。

銀燭朝天紫陌長，禁城春色曉蒼蒼。千條弱柳垂青瑣，百囀流鶯繞建章。劍珮聲隨玉墀步，衣冠

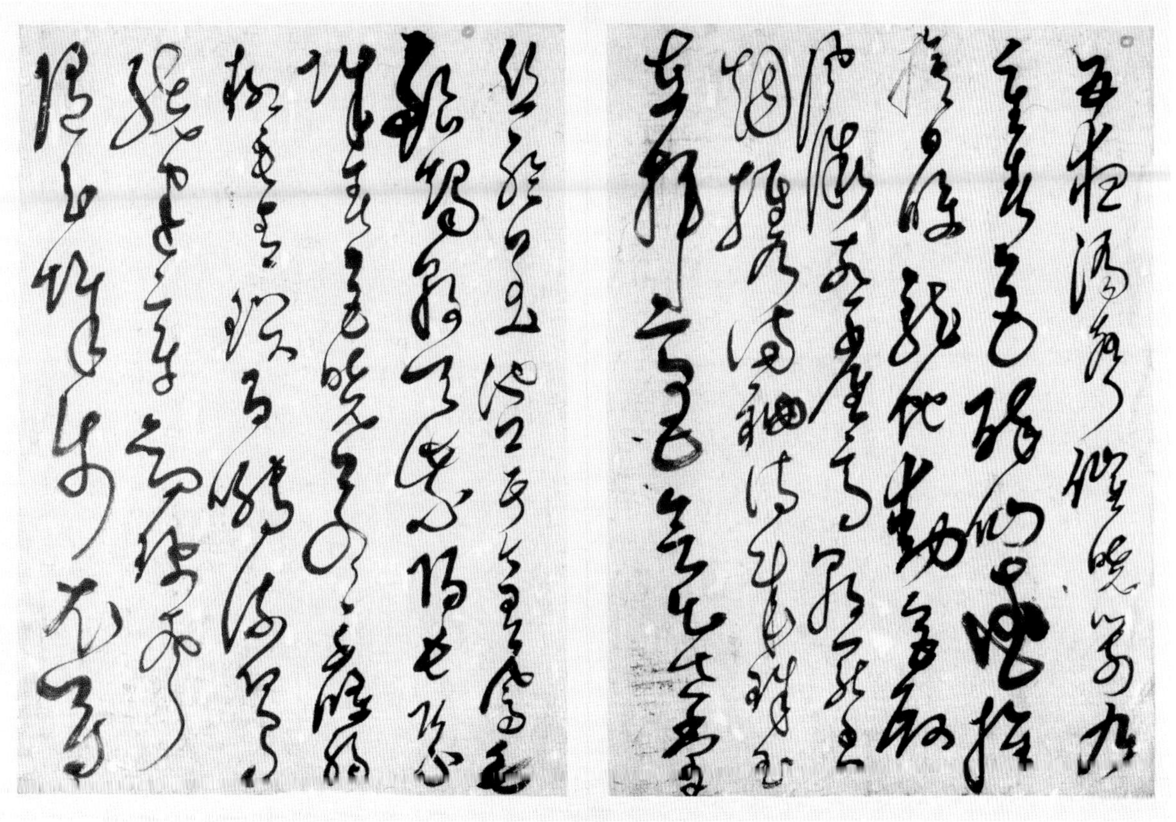

第十六開

曲和皆難。

絳幘雞人報曉籌，尚衣方進翠雲裘。九天閶闔開宮殿，萬國衣冠拜冕旒。日色才臨仙掌動，香煙欲傍袞龍浮。朝罷須裁五色詔，珮聲歸到

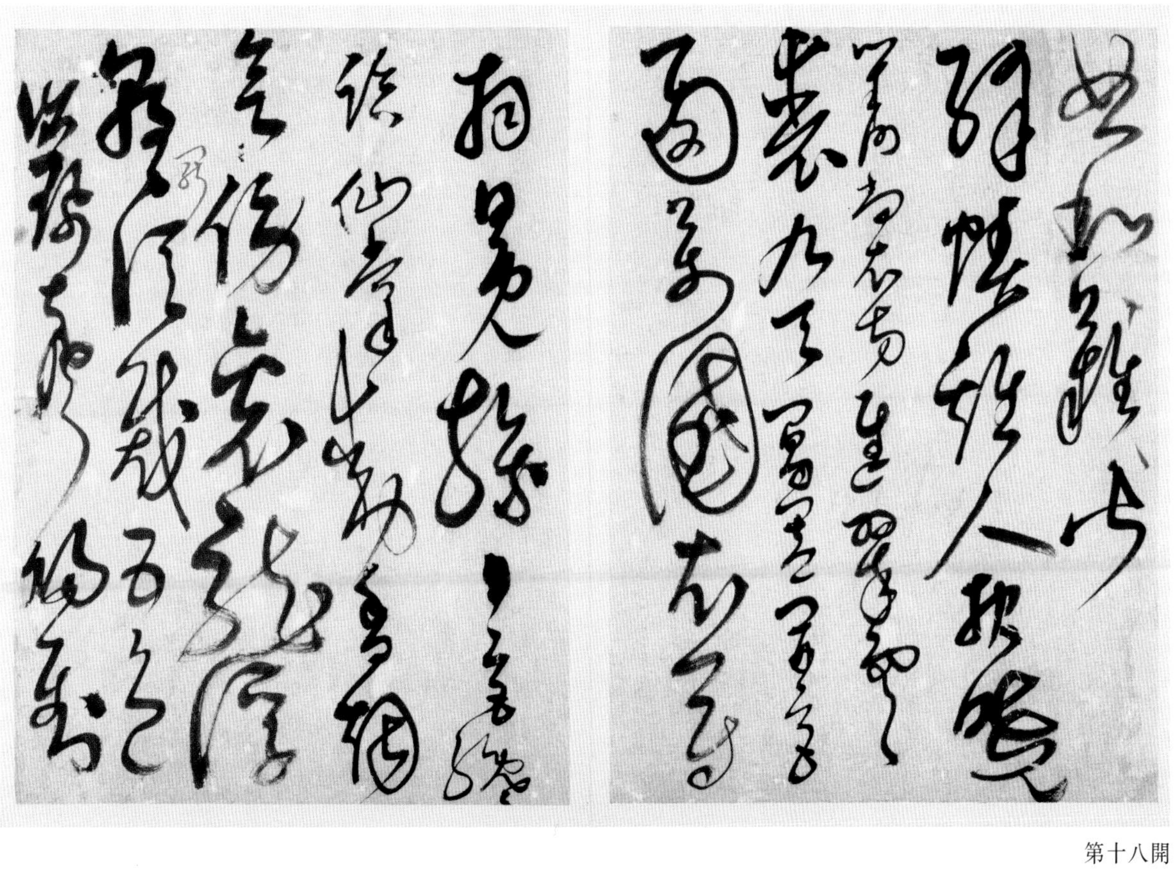

第十八開

22

沈粲　草書千字文卷

紙本　草書

縱25.2厘米　橫576厘米

Qian Zi Wen (The Thousand-Character Classic) in cursive script

By Shen Can (Dates unknown)

Handscroll, ink on paper

H. 25.2cm　L. 576cm

沈粲（生卒年不詳），字民望，號簡庵，明代華亭（今上海松江）人。沈度之弟。永樂時自翰林待詔遷侍讀，進大理寺少卿。與兄沈度同在翰林，時號“大小學士”。擅草書，師法宋璲，以遒麗取勝。

卷書梁代周興嗣《千字文》，為應友人徐尚賓索求而書。款署“正統丁卯秋七月初三日沈粲書”，鈐“雲間沈粲民望”（白文）、“作德心逸日休”（朱文）、“中議大夫贊治尹之章”（白文）印。“丁卯”為明正統十二年（1447）。幅後有清高士奇題跋二則。

此卷書法通篇運筆迅疾流暢，點畫遒勁峭利，絕無衰頹滯鈍的跡象，表現出沈粲晚年的純熟功力和旺盛的藝術創造力。此外，作品中明顯的章草筆意，表明沈粲對同鄉前輩宋克的章草書有所取法，這使他的草書於遒逸之外別具古雅氣質。

鑑藏印記：“高氏江村竹窗珍藏書畫之印”（白文）、“乾隆御覽之寶”（朱文）、“石渠寶笈”（朱文）、“嘉慶御覽之寶”（朱文）、“宣統御覽之寶”（朱文）等。

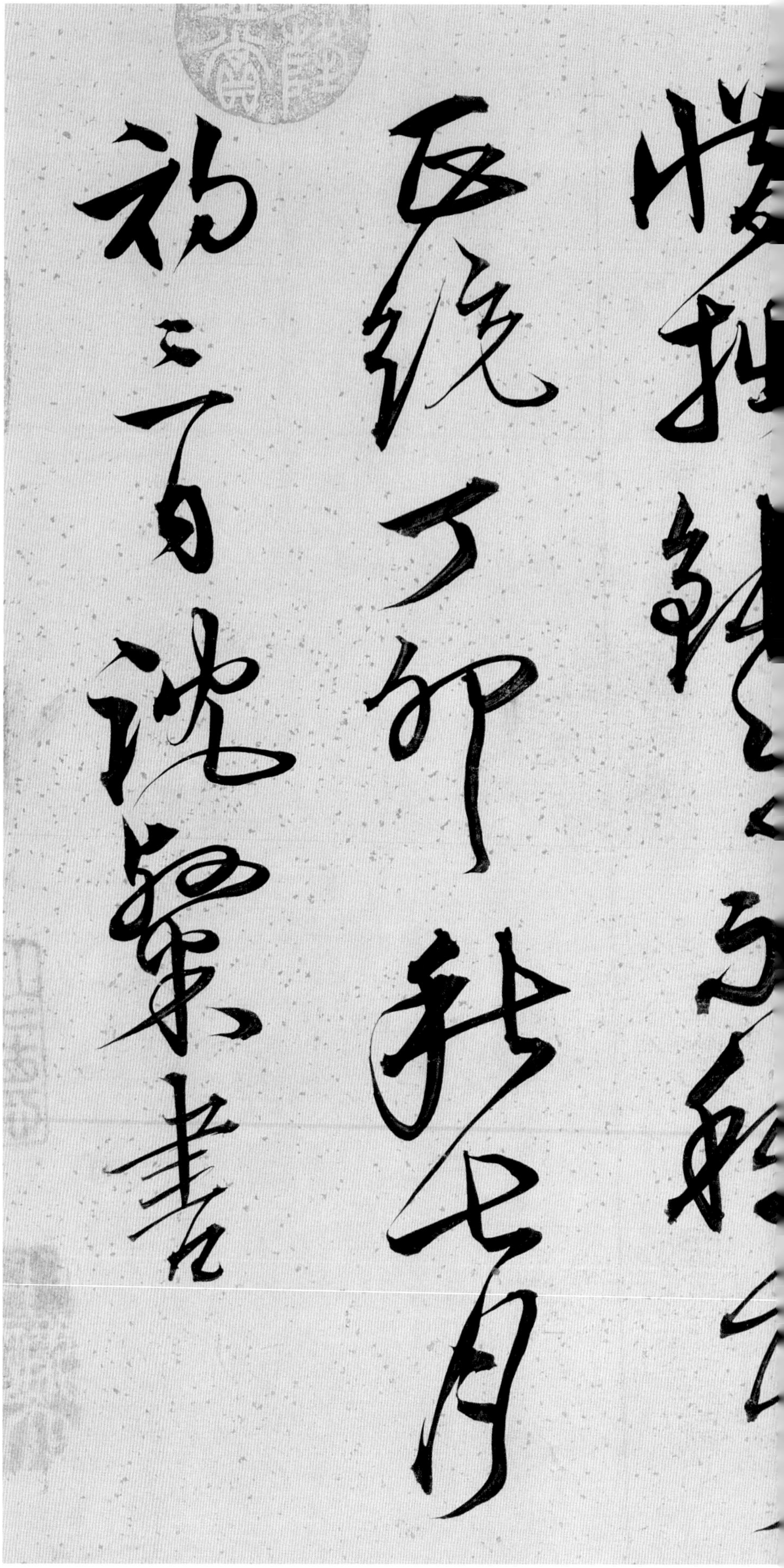

舊友徐君賞以佳
來寫白鹿之館一
日携來寫黃庭遒媚
字如子文多爲書一過

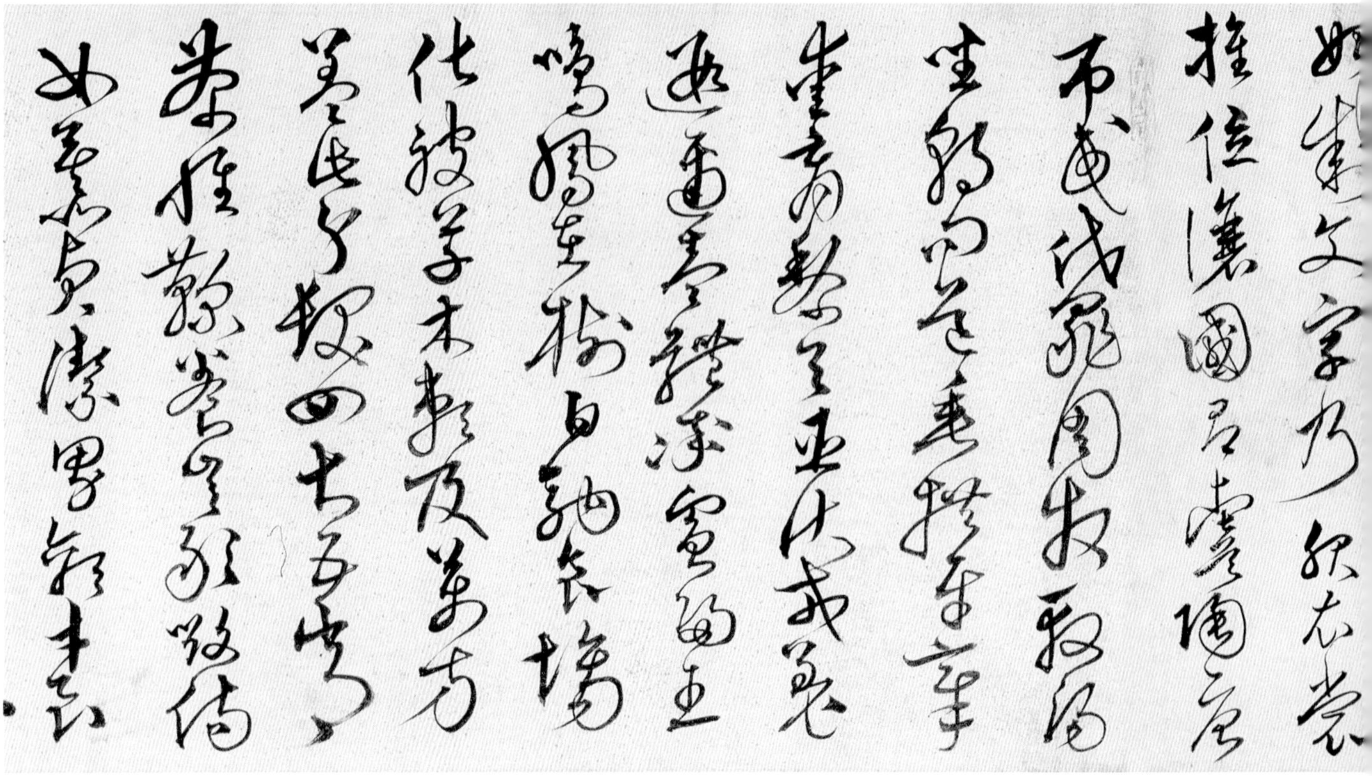

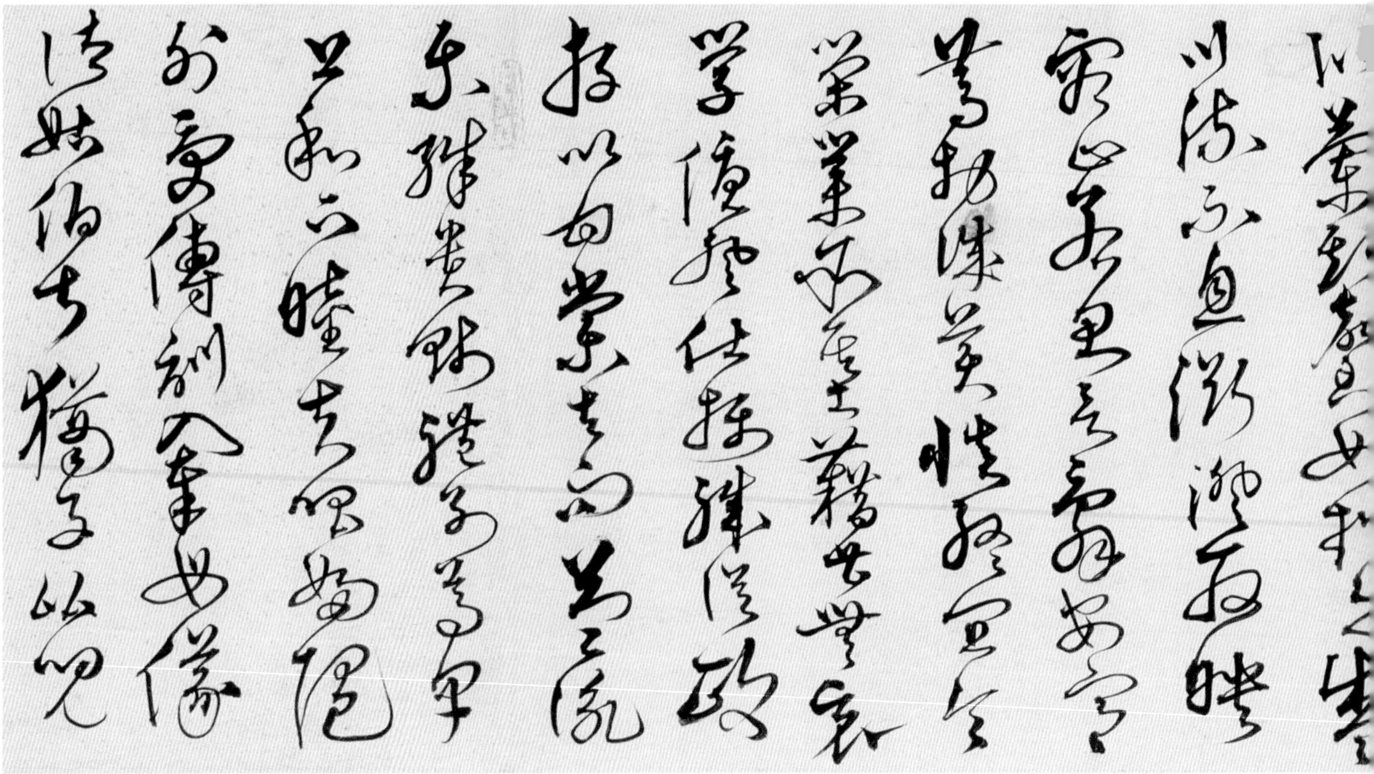

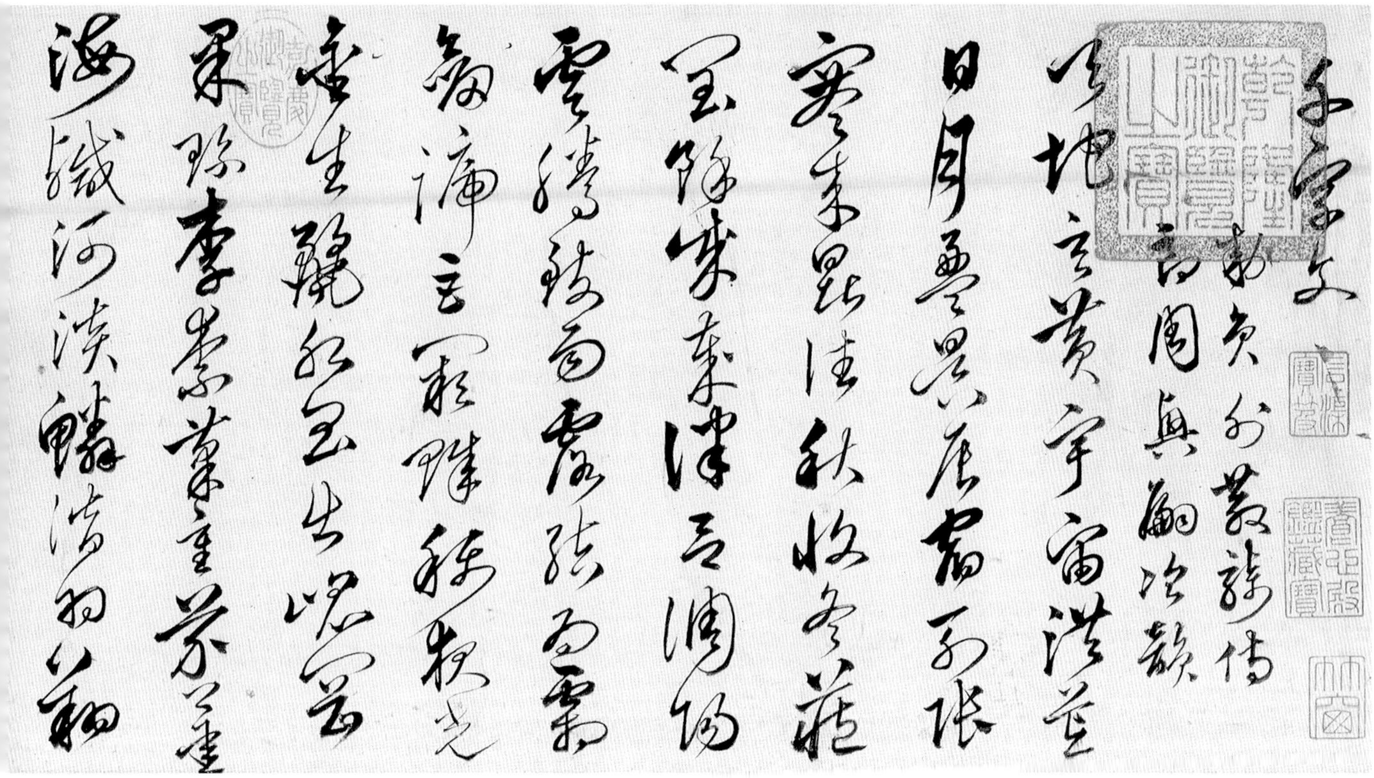

《千字文卷》之一

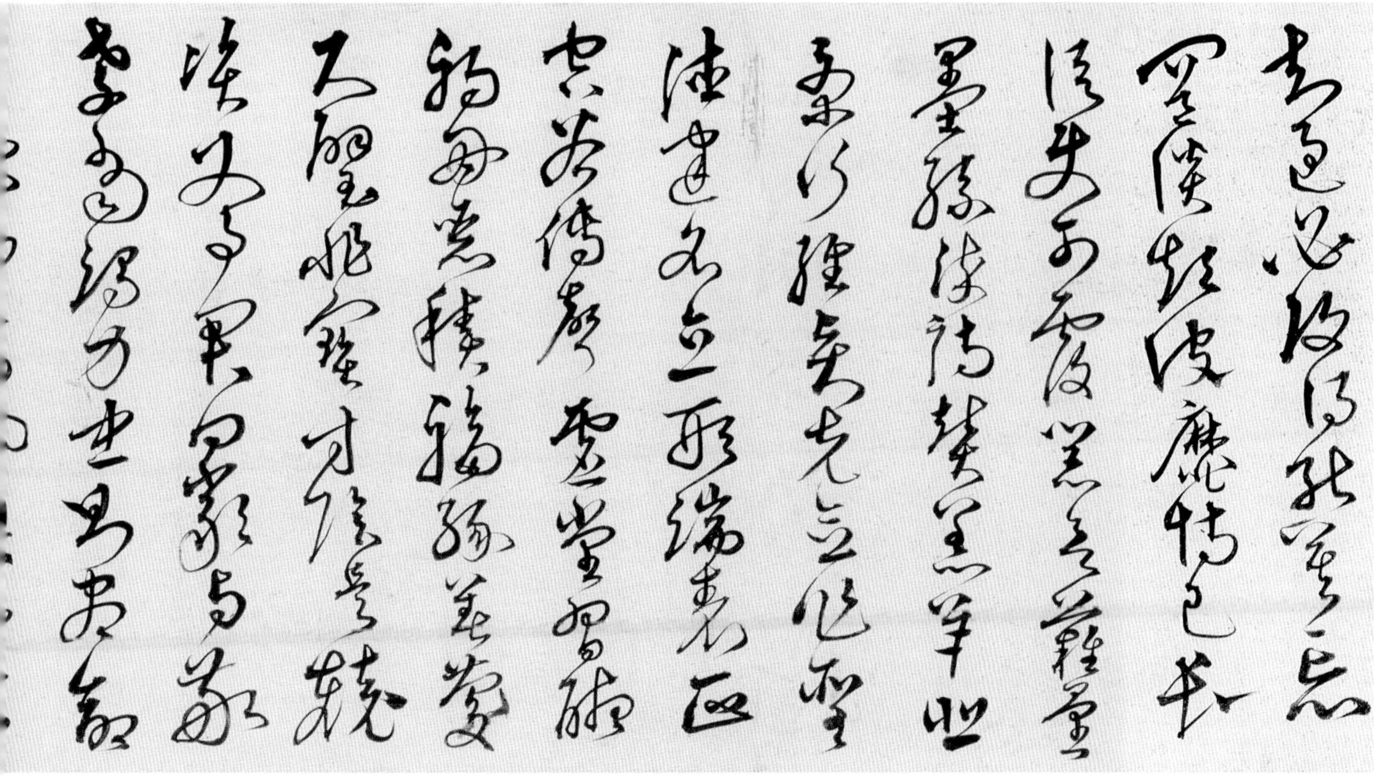

《千字文卷》之二

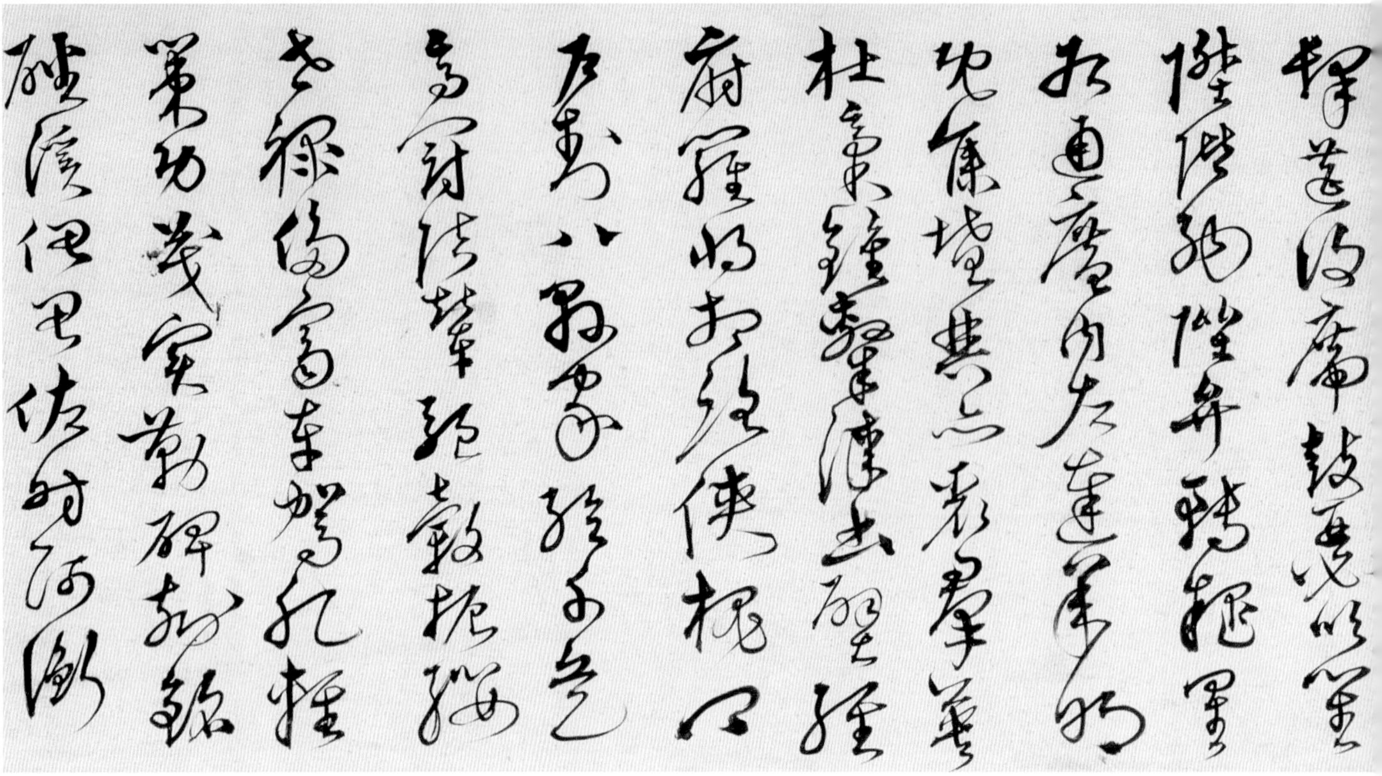

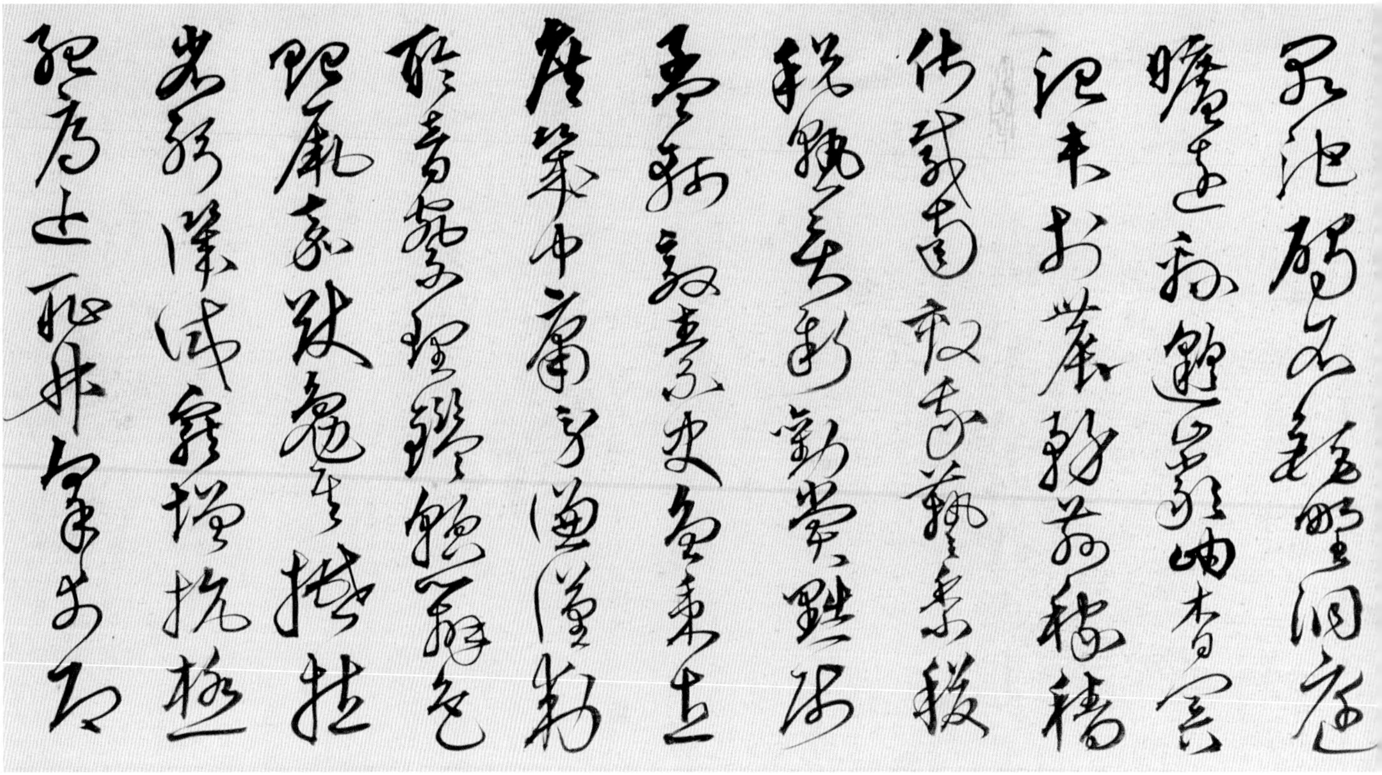

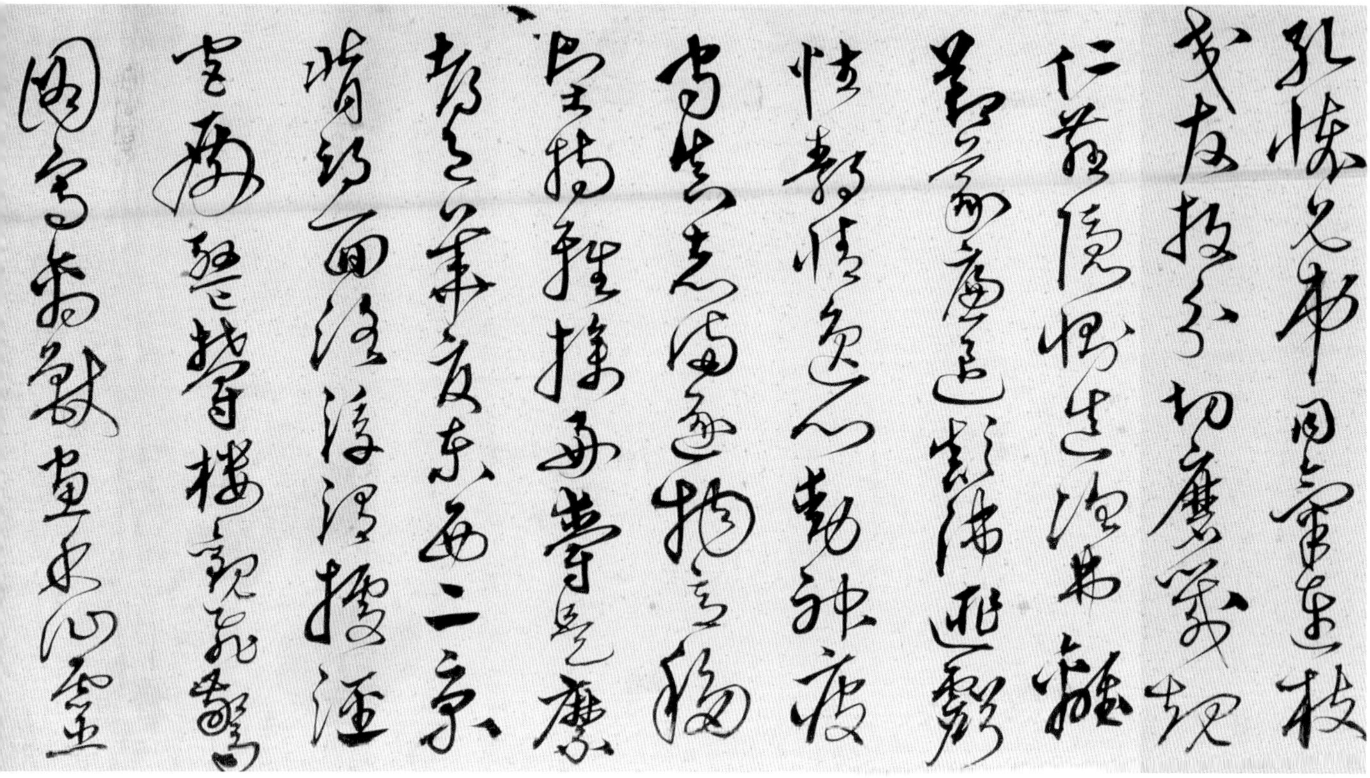

《千字文卷》之三

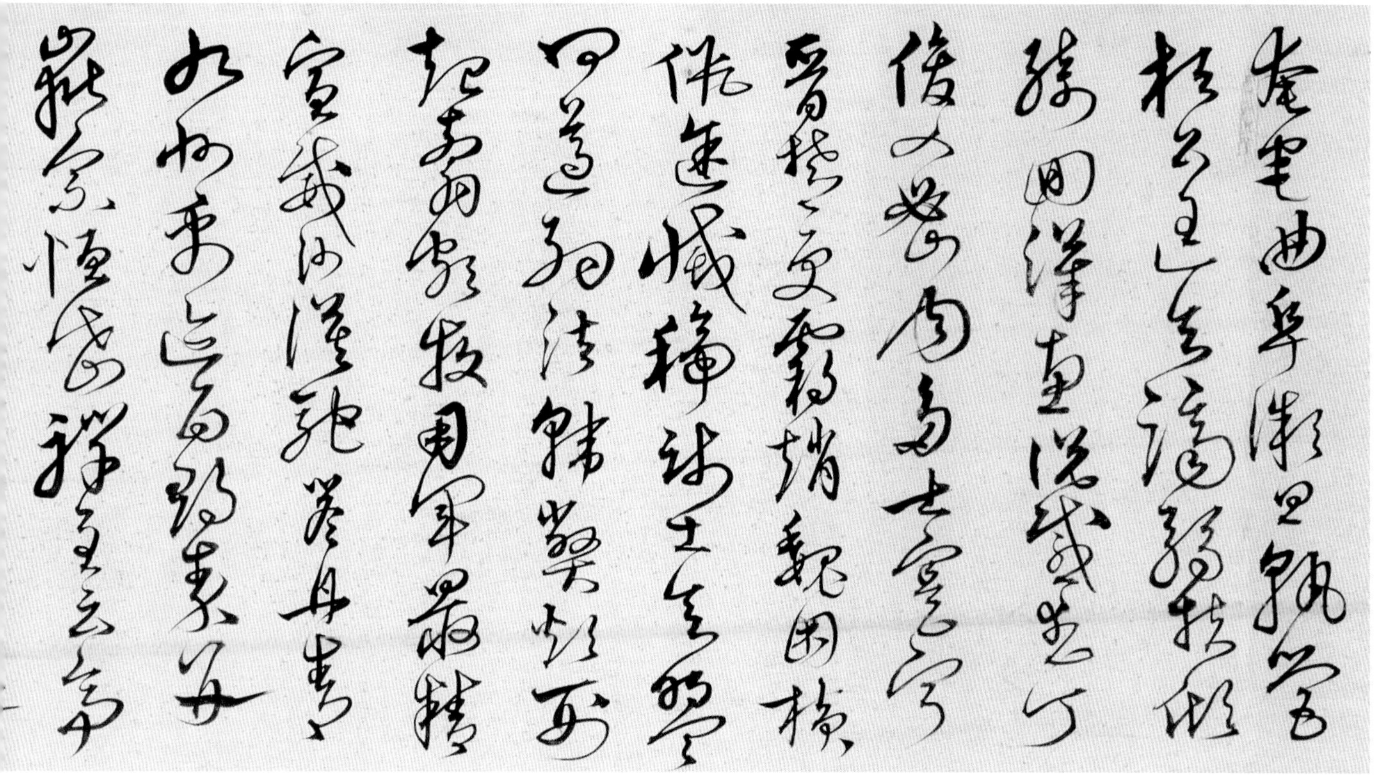

《千字文卷》之四

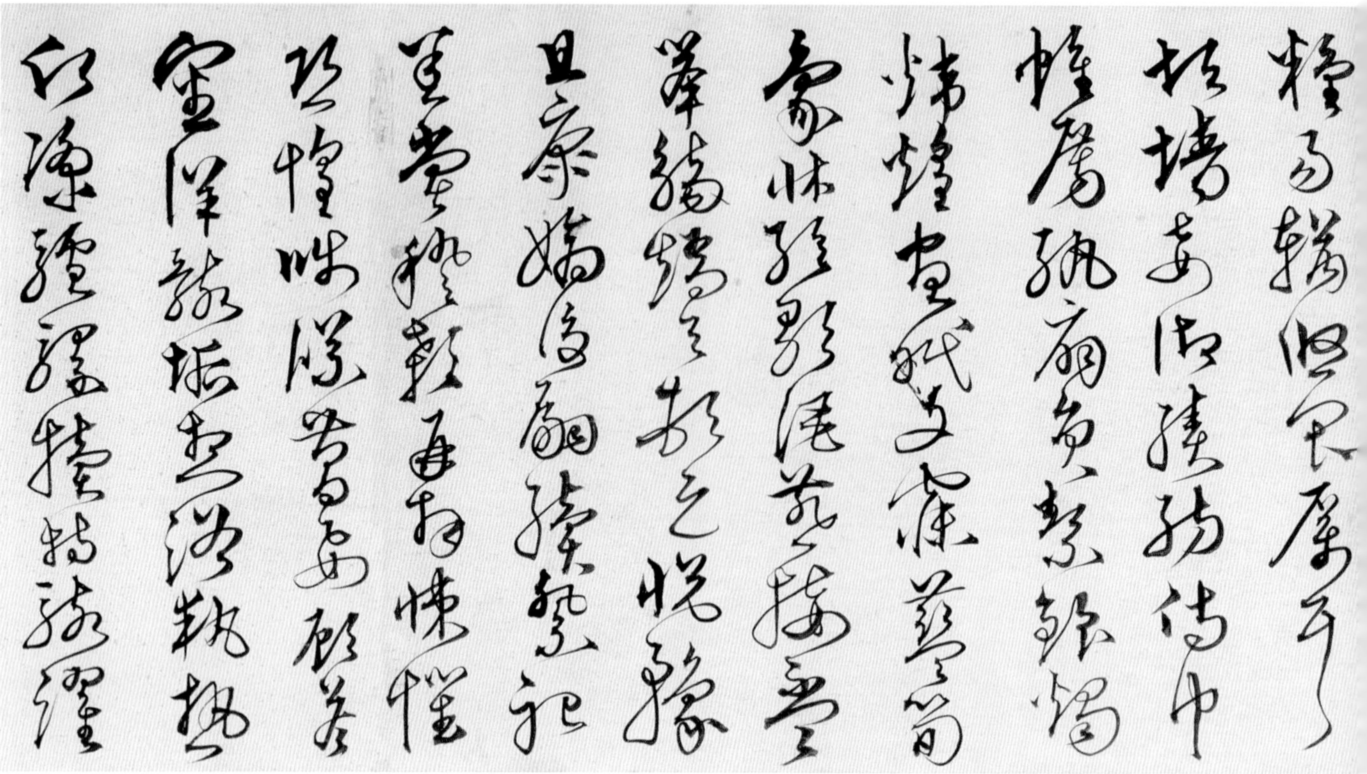

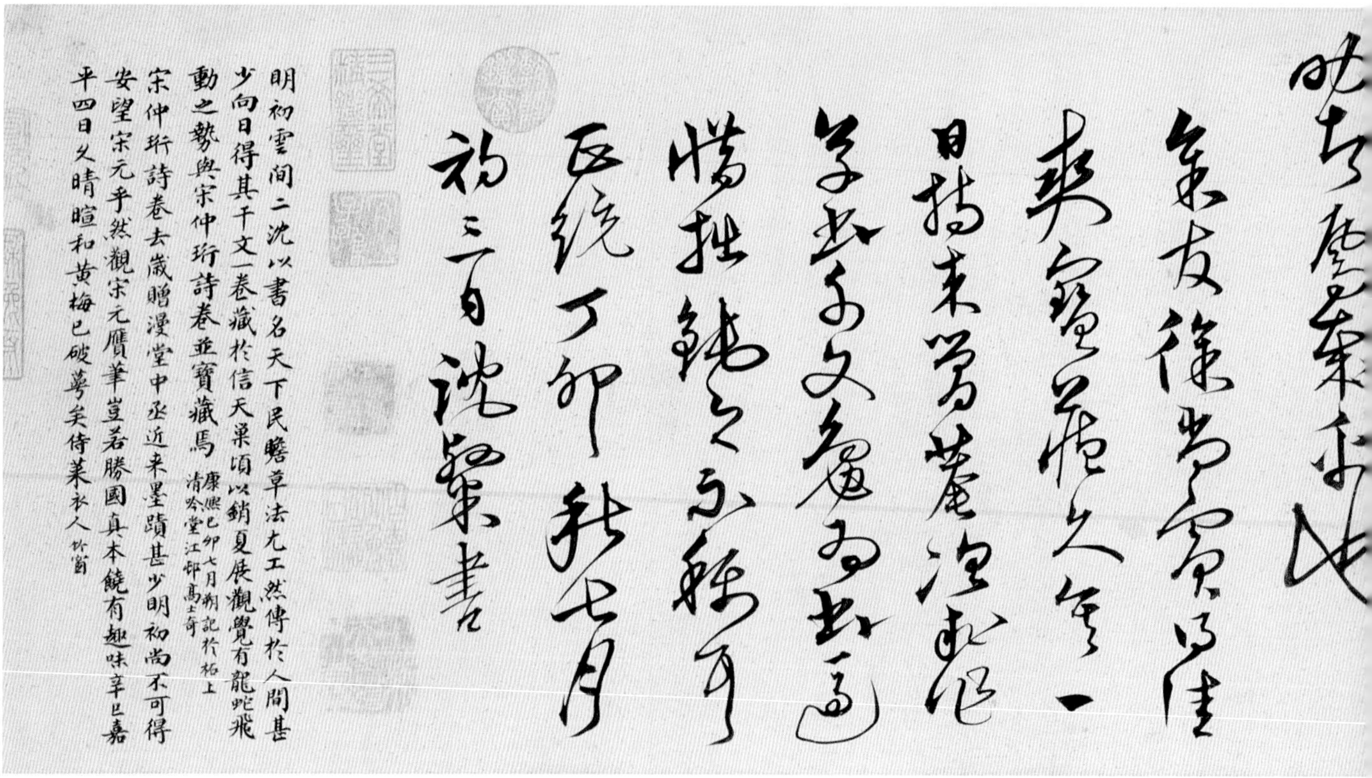
明初雲間二沈以書名天下民瞻草法尤工然傳於人間甚
少向日得其千文一卷藏於信天巢頃以銷夏展觀覺有龍蛇飛
動之勢與宋仲珩詩卷並寶藏焉 康熙己卯七月朔記於柘上 清吟堂江邨高士奇
宋仲珩詩卷去歲贈漫堂中丞近來墨蹟甚少明初尚不可得
安望宋元乎然觀宋元贋筆豈若勝國真本饒有趣味辛巳嘉
平四日久晴暄和黃梅已破蕚矣侍萊衣人 竹窗

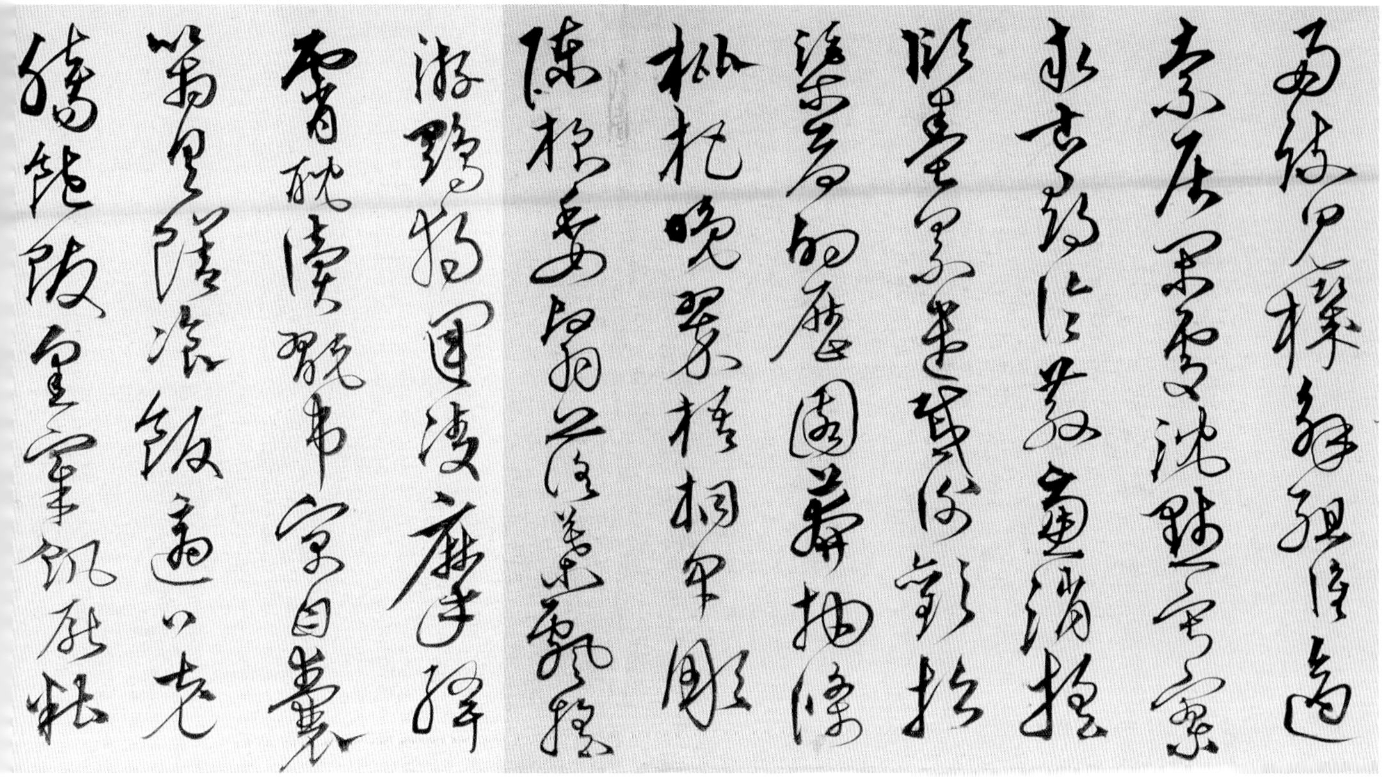

《千字文卷》之五

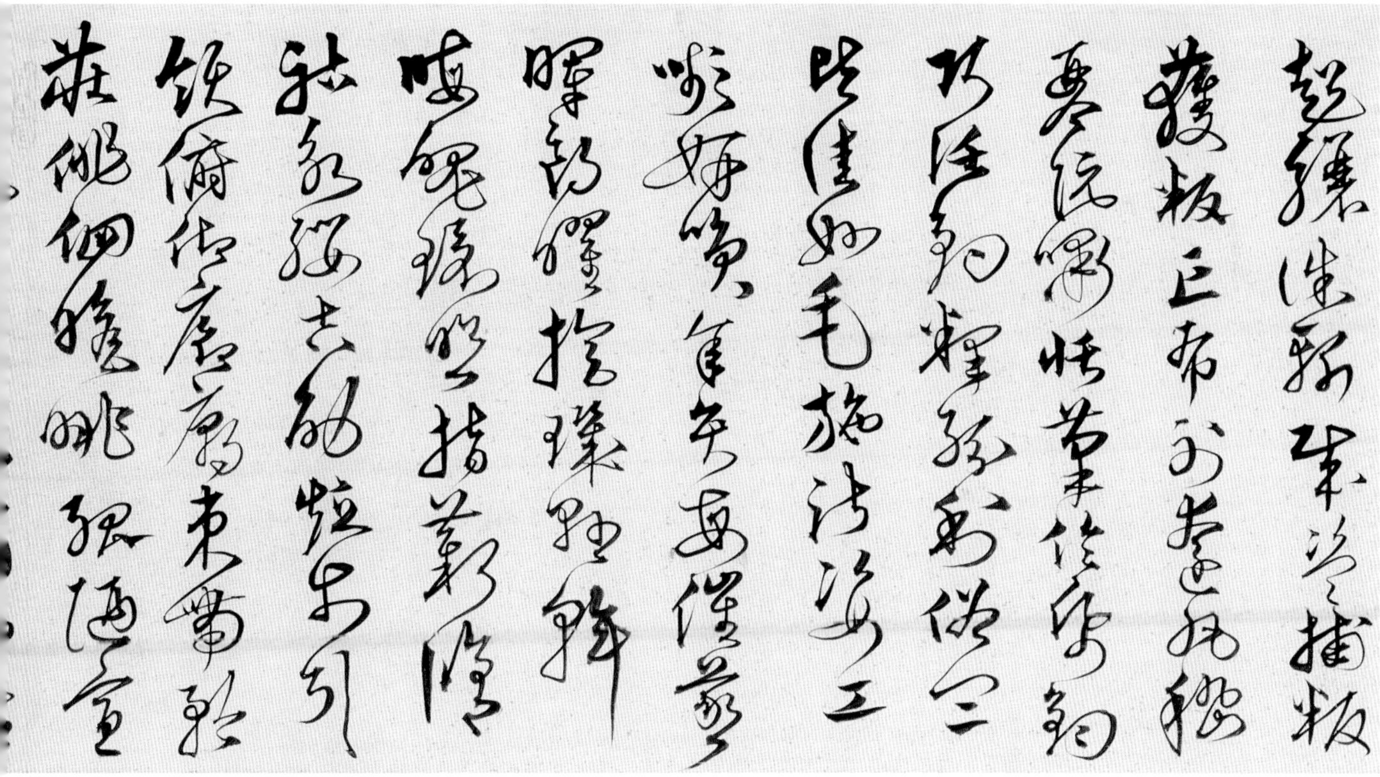

《千字文卷》之六

23

沈粲　行書致曉庵師詩札頁

紙本　行書
縱24.5厘米　橫80.3厘米

Zhi Xiao An Shi Shi Zha (Poems to Teacher Xiao An) in running script
By Shen Can
Leaf, ink on paper
H. 24.5cm　L. 80.3cm

頁書自作七言律詩五首，題為《端溪硯》、《龍香墨》、《金花箋》、《黃封筆》、《筆架山》。詩後自識：“右硯、墨、紙、筆、山，宣德丙午所賜臣粲者。間成五詠，以寓感恩頌德之萬一云。”可知這五種珍貴的文房用具，乃是宣德皇帝御賜之物，沈粲賦詩以表達自己感恩頌德之情，並將詩奉寄“曉庵師”。款署“宣德五年九月望日書一通，奉寄曉庵師一笑。雲間沈粲識”，鈐“雲間沈粲民望”(白文)、“作德心逸日休”(朱文)、“中議大夫贊治尹之章”(白文)印。書於明宣德五年(1430)。

此頁書法圓勁遒媚，具趙(孟頫)字優雅明麗的韻致。

鑑藏印記：“宣統鑑賞”(朱文)、“無逸齋精鑑璽”(朱文)。

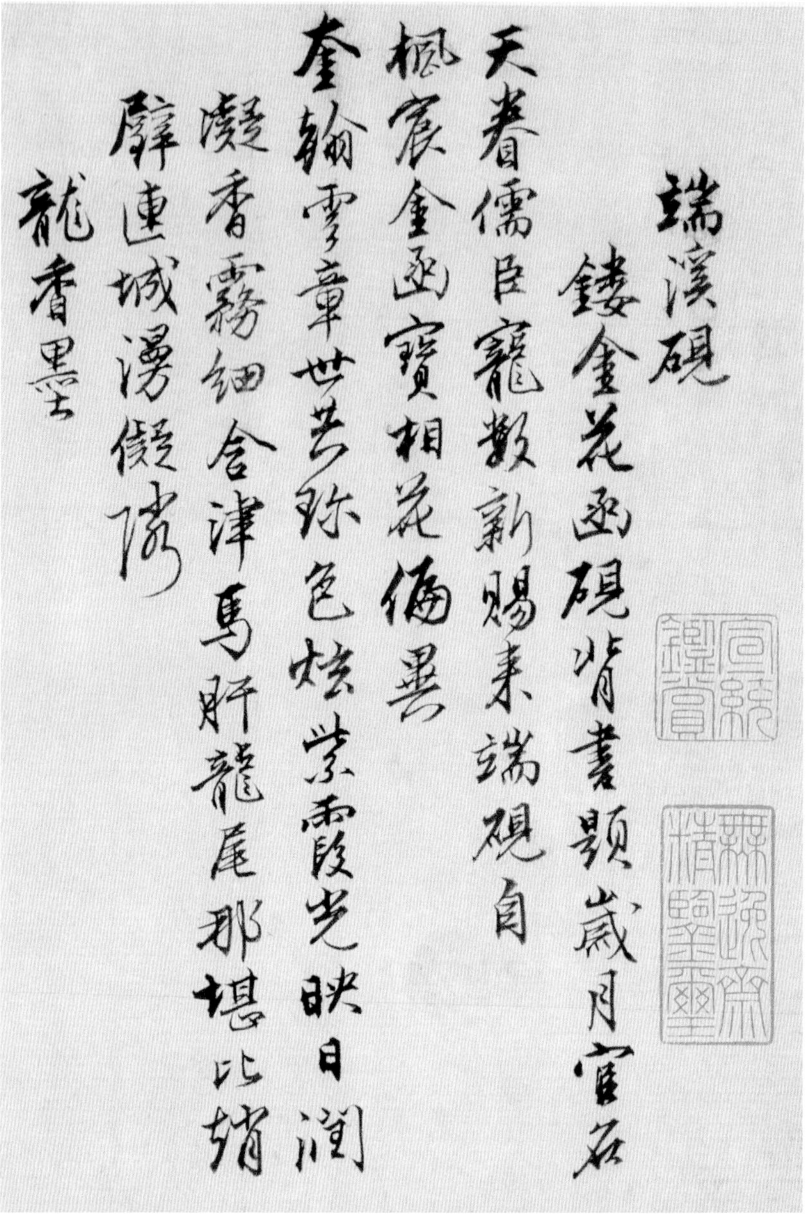

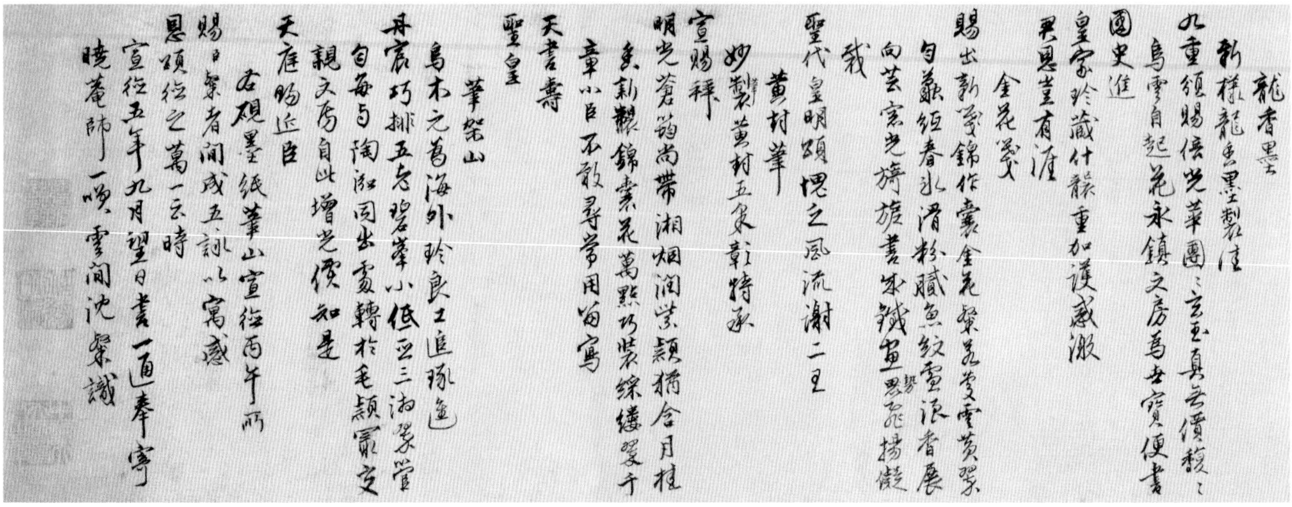

24

沈藻　楷書黃州竹樓記軸

紙本 楷書
縱81.5厘米 橫26厘米

Huang Zhou Zhu Lou Ji (Notes on Bamboo Building in Huangzhou) in regular script
By Shen Zao (Dates unknown)
Hanging scroll, ink on paper
H. 81.5cm　L. 26cm

沈藻（生卒年不詳），字凝清，一字仲藻，明代華亭（今上海松江）人。沈度子。以父蔭為中書舍人，遷禮部員外郎。以書法知名，傳家法，真、行、草書並佳。

軸書宋代王禹偁《黃州竹樓記》文。款署“宣德元年歲次丙午秋八月初吉　雲間沈藻書”，鈐“華亭世家”（白文）、“仲藻”（朱文）、“凝清”（朱文）印。

此軸書法師唐虞永興，筆致圓融遒麗，體方筆圓，筋力內斂，韻度悠遊超逸。

鑑藏印記：“展龐藏物”（朱文）。

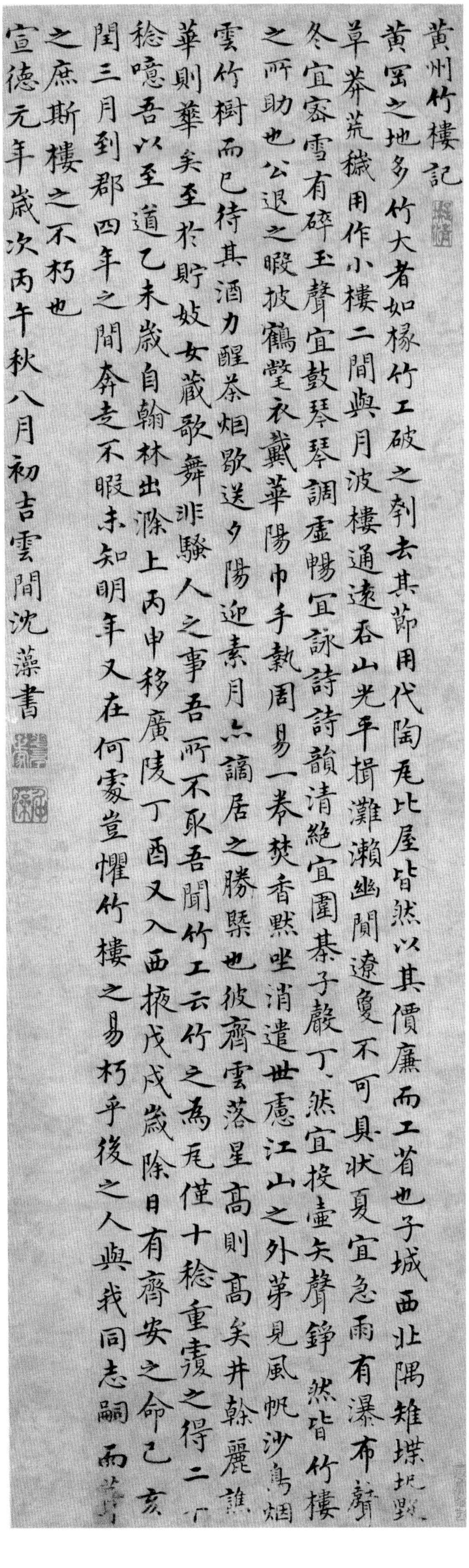

25

沈藻　楷書橘頌頁

紙本 楷書
縱27.6厘米 橫47.6厘米

Ju Song (Ode to Orange) in regular script
By Shen Zao
Leaf, ink on paper
H. 27.6cm　L. 47.6cm

頁書屈原名篇《橘頌》。款署“華亭沈藻書”，鈐“黃門給事”(白文)印。後有題跋一則。

此頁書法圓潤平正，風格婉美端秀，為典型的“台閣體”。

鑑藏印記：“潘厚審定”(白文)、“張珩私印”(白文)、“伍元蕙儷荃甫評書讀畫之印”(朱文)、“儀周鑑賞”(白文)、“顧崧”(白文)等。

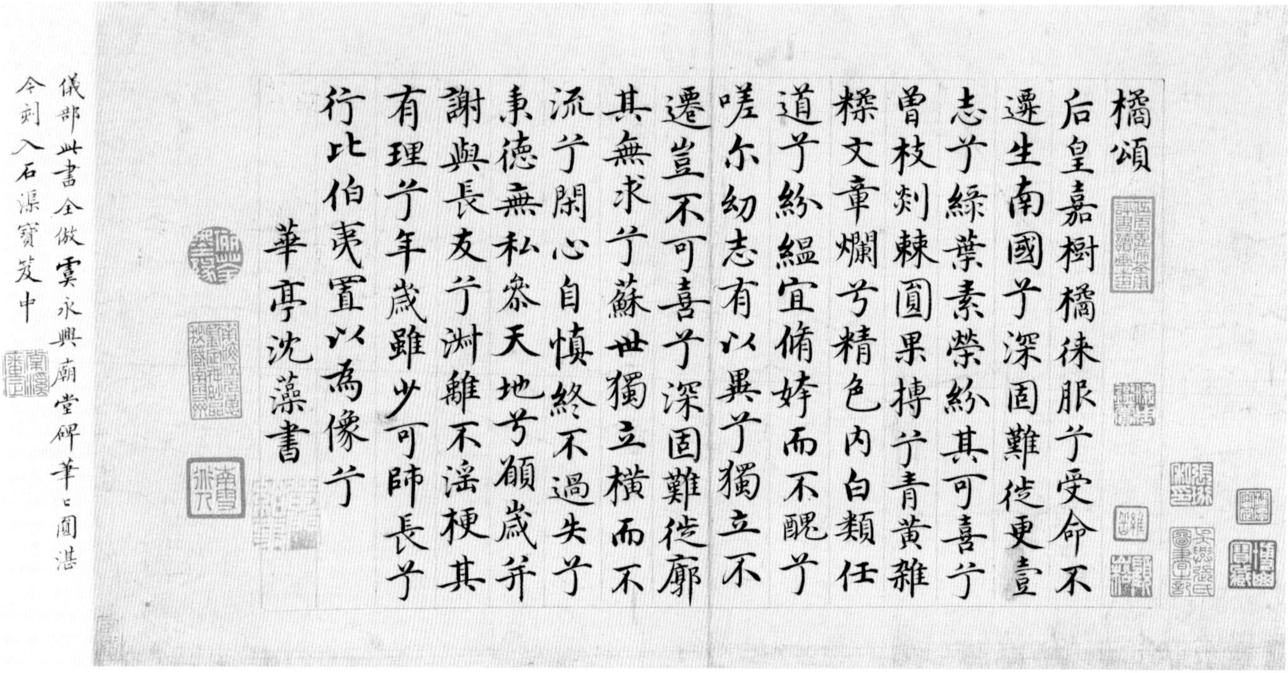

26

胡廣　行書題洪崖山水圖詩頁

紙本 行書
縱27.4厘米 橫57.1厘米

Ti Hong Ya Shan Shui Tu Shi (Poem on the painting "Landscape of Hong Ya Mountain") in running script
By Hu Guang (1370-1418)
Leaf, ink on paper
H. 27.4cm　L. 57.1cm

胡廣(1370—1418)，字光大，明代吉水(今屬江西)人。建文二年(1400)廷試進士第一，賜名靖，授翰林修撰。永樂時復名廣。累官翰林學士兼左春坊大學士、文淵閣大學士等。謚文穆。善真、行、草書，從永樂皇帝北征，每勒石，皆命胡廣書之。

《題洪崖山水圖詩》是為胡儼"洪崖山房"所作。洪崖山房乃胡儼歸老之所，其晚年對洪崖山水倍生悠遠之思，遂作《洪崖山房記》以明志，當時館閣諸公多為之賦詩，此作即為其中一篇。款著"廬陵胡廣"，鈐"胡光大"(白文)、"晄庵"(白文)、"好古"(白文)印。書於明永樂十三年(1415)，胡廣時年四十六歲。

此頁書法結體扁方，略帶欹側，具蘇(軾)字體勢。筆法勁健開張，頗具氣勢。明人楊士奇評："光大行草跌宕雄偉，獨步當世。"王世貞稱："胡文穆善真行草，名不及解大紳，而遇過之。"足見胡廣書法在館閣中佔有重要地位。

鑑藏印記："安儀周家珍藏"(朱文)、"張珩私印"(白文)、"顧崧"(白文)、"南海伍氏南雪齋秘笈印"(朱文)、"潘厚審定"(白文)等。

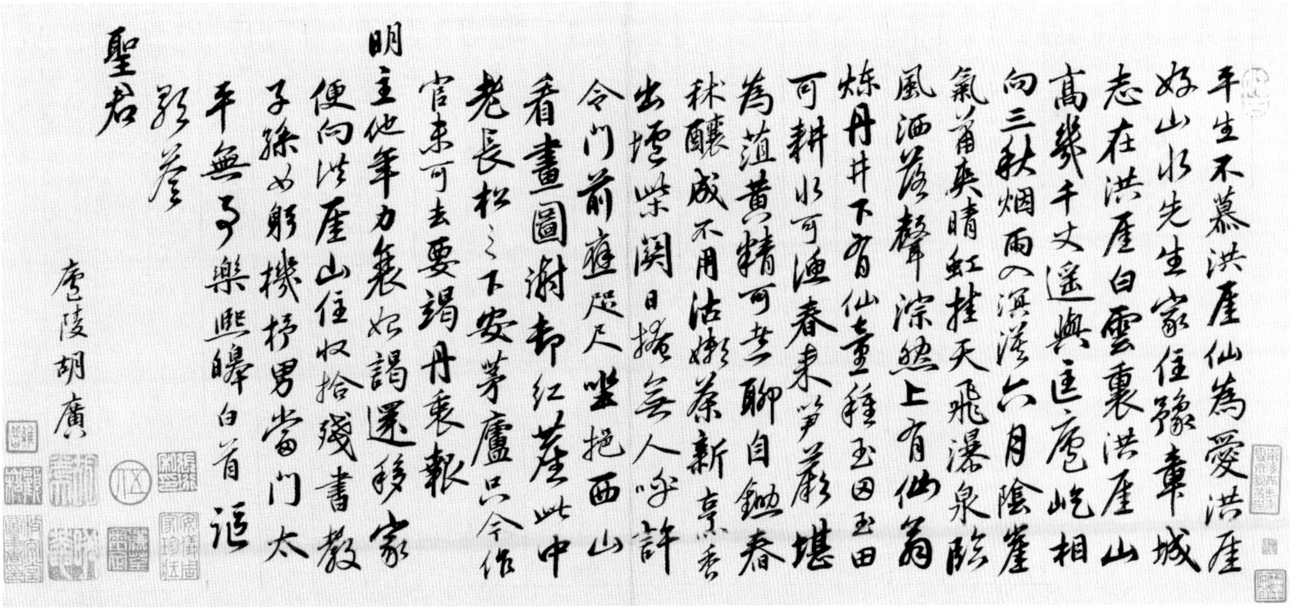

釋文：
平生不慕洪崖仙，為愛洪崖好山水。先生家住豫章城，志在洪崖白雲裏。洪崖山高幾千丈，遙與匡廬屹相向。三秋煙雨入溟漠，六月陰崖氣蕭爽。晴虹掛天飛瀑泉，臨風灑落聲淙然。上有仙翁煉丹井，下有仙童種玉田。玉田可耕水可漁，春來筍蕨堪為葅。黃精可煮聊自鋤，春秫釀成不用沽。嫩茶新烹香出壚，柴關日掩無人呼。許令門前應咫尺，坐挹西山看畫圖。謝卻紅塵此中老，長松之下安茅廬。只今作官未可去，要竭丹衷報明主。他年力衰始謁還，移家便向洪崖山住。收拾殘書教子孫，女躬機杼男當門。太平無事樂熙皞，白首謳歌答聖君。　廬陵胡廣

27

楊榮　楷書題祭韓公茂文頁

紙本 楷書
縱29.5厘米 橫46.5厘米

Ti Ji Han Gong Mao Wen (Writings on the Elegiac Address to Han Gong Mao) in regular script
By Yang Rong (1371-1440)
Leaf, ink on paper
H. 29.5cm　L. 46.5cm

楊榮（1371—1440），初名子榮，字勉仁，明代建安（今屬福建）人。建文二年（1400）進士，授編修。明成祖繼位，入值文淵閣，以其警敏為帝褒賞。多次隨帝北征，為之規劃軍務和邊務。後擢翰林學士，文淵閣大學士。洪熙、宣德、正統間，累進謹身殿大學士、工部尚書、少傅。卒贈太師，授世襲都指揮史，謚文敏。歷仕五朝，謀而能斷，被譽比唐代賢相姚崇，與楊士奇、楊溥並稱“三楊”。

《題祭韓公茂文》是為去世的太醫院使韓公茂而作。韓公茂生前竭忠盡職，去世後皇帝特哀卹，親製文勑。韓子將賜祭文泥金書之，請楊榮識其後，即此篇。款署“永樂十六年歲次戊戌三月朔旦，翰林學士奉政大夫兼右春坊右庶子臣楊榮頓首謹書”。明永樂十六年（1418），楊榮時年四十八歲。

此頁書法工麗遒勁，姿媚動人，骨力洞達，具唐人楷書嚴整法度和清健爽利的風格。

鑑藏印記：“朱之赤鑑賞”（朱文）、“永瑢”（朱文）、“安元忠印”（白文）、“汝鄰”（朱文）、“希逸”（白文）、“潘厚審定”（白文）等。

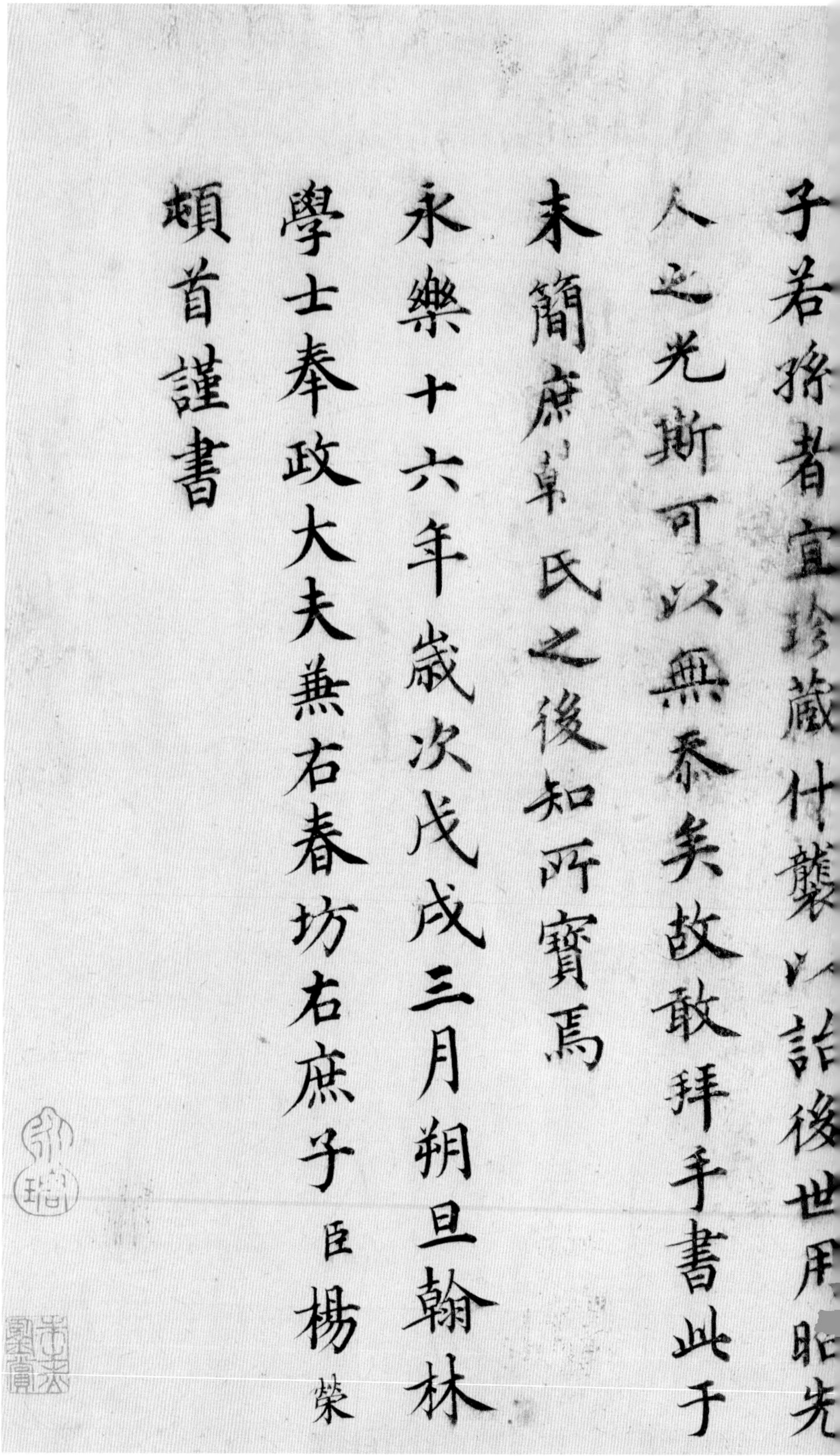

子若將者宜珍藏什襲以詒後世用昭先
人之光斯可以無忝矣故敢拜手書此于
末簡庶卓氏之後知所寶焉
永樂十六年歲次戊戌三月朔旦翰林
學士奉政大夫兼右春坊右庶子臣楊榮
頓首謹書

醫院使韓公茂卒于京師
聖天子於念其勞特加哀卹
親製文勑禮部以三品禮祭之所以褒嘉寵異
之者厚矣其子太醫院御醫傳感荷
意乃以
祭之文泥黃金書之裱池成卷且以屬臣榮
識其後嗟夫人臣之所以竭忠盡職者固
皆分內之事而公茂乃能蒙
上知遇始終顯榮如此誠非人所能及今雖歿
矣而其聲光譽望賴此而益彰因之以

28

曾棨　行書贈王孟安詞頁

紙本　行書
縱29厘米　橫39厘米

Zeng Wang Meng'an Ci (Ci, a form of poetry, presented to Wang Meng'an) in running script
By Zeng Qi (1372-1432)
Leaf, ink on paper
H. 29cm　L. 39cm

釋文：
拔穎中山，管城增號，秦殿喜傳新製。鉛槧無功，涑書漫滅，讓取綵豪精銳。燕許如椽，夢中五色，從此助添文勢。是何人一擲，封侯非是，等閒榮貴。　親曾見雲擁螭頭，月明豹直，天上幾回簪珥。玉署頻呵，石闌斜點，偏惹御爐煙細。顛倒鍾王，縱橫褚薛，揮灑晉唐風致。筭從前陣掃，千軍不負，半生豪氣。
右蘇武慢詞一闋，為吳興王孟安作。蓋孟安工製筆，能造其妙，予平生用之，無不如意。故作此詞，以贊美之。
永樂十三年秋七月，翰林侍講曾棨識

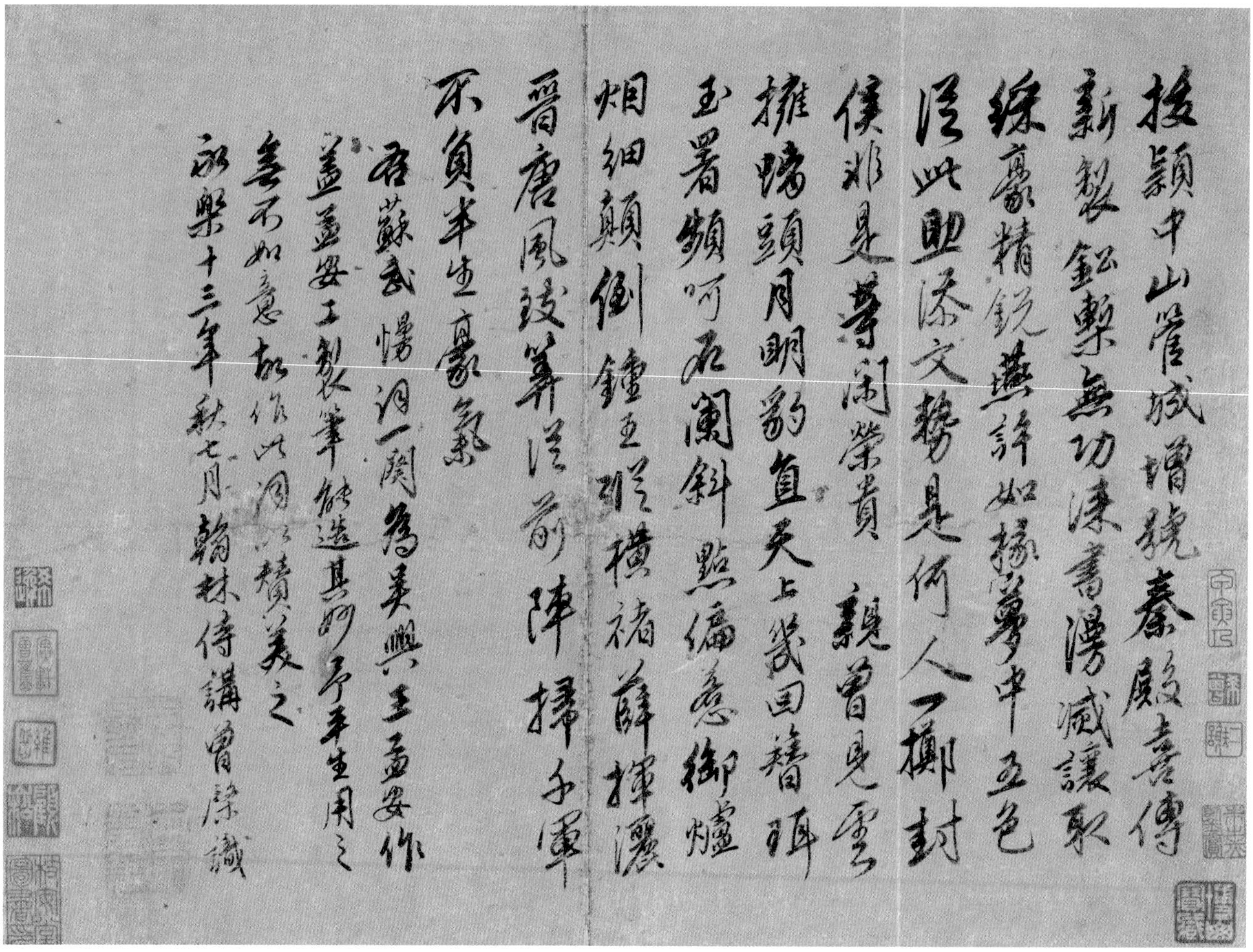

曾棨（1372—1432），字子棨，明代永豐（今屬江西）人。永樂二年（1404）殿試第一，進學文淵閣，歷侍講、讀學、右春坊大學士。才思奔放，文如泉湧，奏對應制，為帝褒賞。館閣中自解（縉）、胡（儼）後，諸大製作，多出其手。宣德初，進詹事府少詹事，日直文淵閣，卒於位。著有《西墅集》。

頁書《蘇武慢》詞，贈王孟安。王孟安是製作湖筆的良工，曾棨稱贊其製筆"能造其妙，予平生所用，無不如意"。款署"永樂十三年秋七月，翰林侍講曾棨識"，鈐"曾子棨印"（白文）、"兩京載筆"（白文）印。明永樂十三年（1415），曾棨四十四歲。

此頁書法運筆流利，結體略呈欹側之勢，風格俊健明快，與明初宋璲、解縉等人雄放書勢一脈相承。

鑑藏印記："博山寶藏"（白文）、"朱之赤鑑賞"（朱文）、"顧崧"（白文）、"希逸"（白文）等。

29

杜瓊　行書榮登帖頁

紙本　行書
縱24.2厘米　橫48.6厘米

Rong Deng Tie (A letter to Wu Kuan, the Top Successful Candidate in the Imperial Examination) in running script
By Du Qiong (1396-1474)
Leaf, ink on paper
H. 24.2cm　L. 48.6cm

杜瓊(1396—1474)，字用嘉，號東原，又號鹿冠道人，明代吳縣(今江蘇蘇州)人。薦舉皆不就。博學，工詩文書畫。著有《東原集》、《紀善集》、《耕餘雜錄》。

《榮登帖頁》是杜瓊致吳寬的信札。吳寬為明成化八年(1472)狀元，授修撰。信中請吳寬為杜家"作重建延綠亭記一首"。款署"壬辰中秋辱知杜瓊奉書"，鈐"年將八十之人"(朱文)、"杜用嘉印"(朱文)、"敕稱美人"(白文)印。"壬辰"即為明成化八年，時杜瓊已七十七歲，為其去世前二年所作。

此帖書法結體瘦長，點畫細潤工麗，書風精緊俊峭，具文人氣質。但偶見筆墨滯弱處。

鑑藏印記："枝安室圖書印"(朱文)、"顧崧"(白文)、"維岳"(朱文)、"希曾"(白文)、"二謝"(朱文)、"張珩私印"(白文)、"曾藏周作民處"(朱文)等。

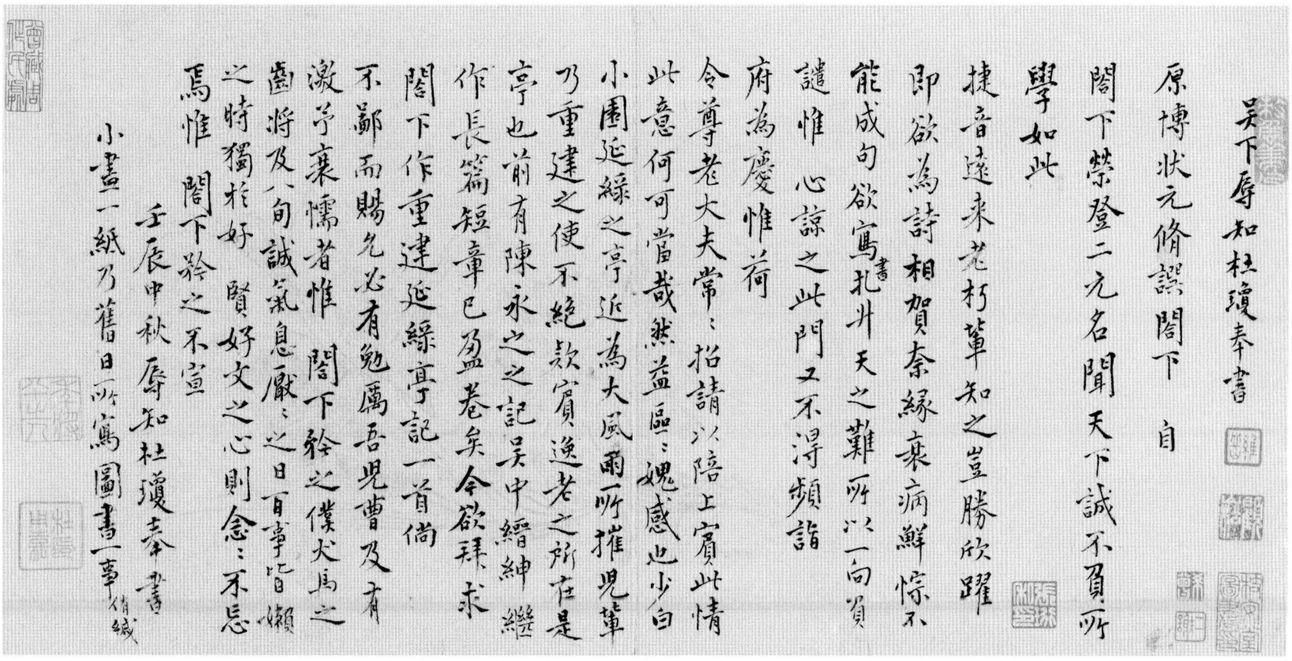

釋文：

吳下辱知杜瓊奉書原博狀元修撰閣下：自閣下榮登二元，名聞天下，誠不負所學如此。捷音遠來，老朽輩知之豈勝欣躍。即欲為詩相賀，奈緣衰病鮮悰，不能成句。欲寫書札，升天之難。所以一向負譴，惟心諒之。此門又不得頻詣府為慶，惟荷令尊老大夫常常招請以陪上賓，此情此意何可當哉。然益區區愧感也。少白小園延綠之亭，近為大風雨所摧。兒輩乃重建之，使不絕款賓逸老之所在。是亭也，前有陳永之之記，吳中縉紳繼作長篇短章已盈卷矣。今欲拜求閣下作重建延綠亭記一首，倘不鄙而賜允，必有勉厲吾兒曹及有激予衰懦者。惟閣下矜之。僕犬馬之齒，將及八旬，誠氣息厭厭之日，百事皆嬾之時，獨於好賢好文之心，則念念不忘焉，惟閣下矜之。不宣。

壬辰中秋辱知杜瓊奉書　小畫一紙乃舊日所寫，圖書一事侑緘。

30

于謙　楷書題公中塔圖並贊頁
紙本 楷書
縱29厘米 橫61厘米

Ti Gong Zhong Ta Tu Bing Zan in regular script
By Yu Qian (1398-1457)
Leaf, ink on paper
H. 29cm　L. 61cm

于謙（1398—1457），字廷益，明代錢塘（今浙江杭州）人。永樂十九年（1421）進士。宣德初官御史，遷兵部右侍郎，巡撫河南、山西，前後在任十九年，有惠政。正統十四年（1449）“土木之變”後，升任兵部尚書，反對明室南遷，擁立景帝，總督軍務，為中外倚重。“奪門之變”英宗復位，于謙以謀逆罪被殺。

此頁係于謙為北京夕照寺古拙俊禪師遺作《公中塔圖並贊語》所作題記。款署“正議大夫資治尹兵部侍郎于謙書”，鈐“辛丑進士”（白文）、“少司馬章”（朱文）、“節庵”（白文）印。從所具官銜分析，應書於明正統中晚期，于謙四十餘歲時。

此頁書法遒勁圓渾，為趙松雪風格。

鑑藏印記：“儀周鑑賞”（白文）、“伍元蕙儷荃甫評書讀畫之印”（朱文）、“張蕙玉家珍藏”（朱文）、“顧崧之印”（白文）、“潘厚”（白文）等。

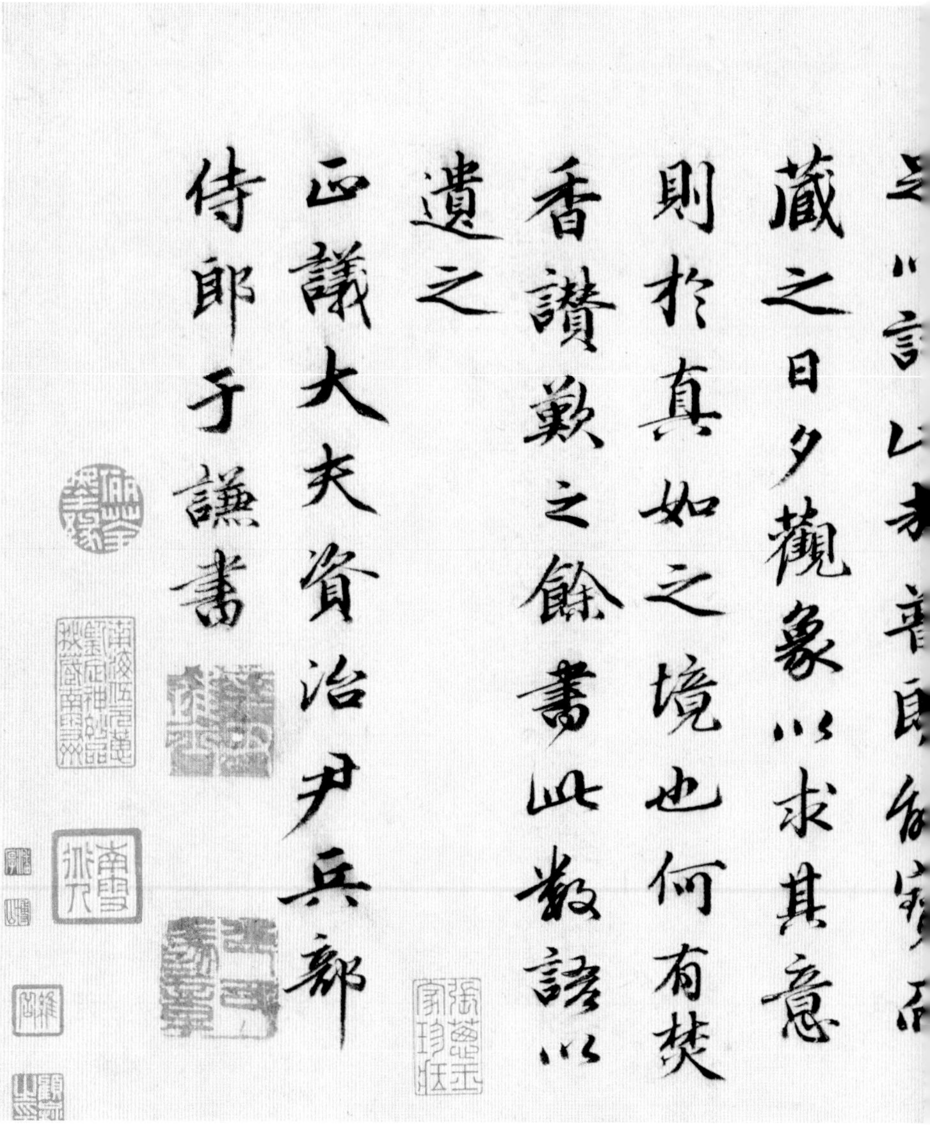

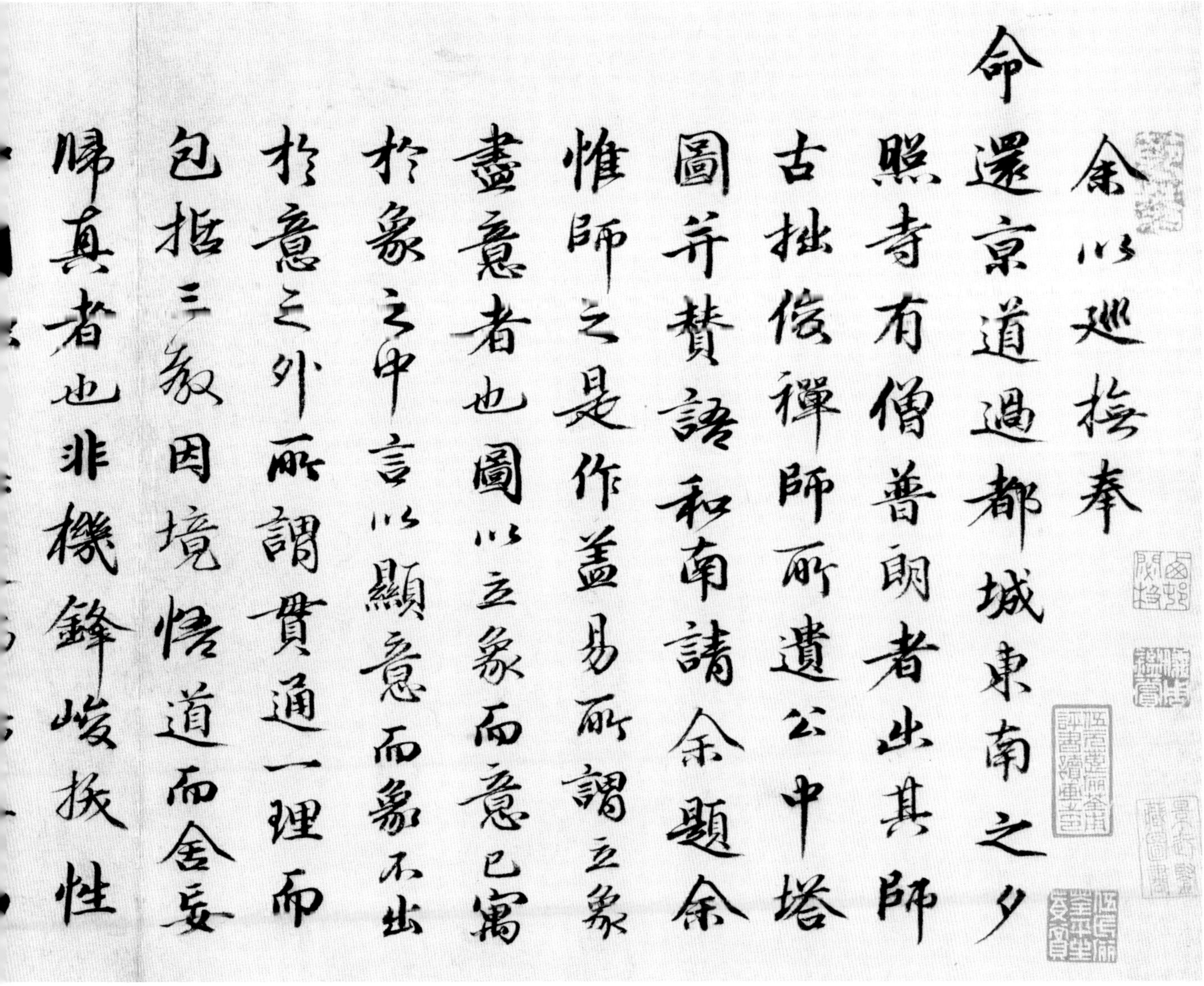
余以巡撫奉
命還京道過都城東南之夕
照寺有僧普朗者出其師
古拙俊禪師所遺公中塔
圖并贊語和南請余題余
惟師之是作蓋易所謂立象
盡意者也圖以立象而意已寓
於象之中言以顯意而象不出
於意之外所謂貫通一理而
包括三教因境悟道而舍妄
歸真者也非機鋒峻拔性

釋文：

余以巡撫奉命還京，道過都城東南之夕照寺。有僧普朗者，出其師古拙俊禪師所遺《公中塔圖並贊語》，和南請余題。余惟師之是作，蓋易所謂立象盡意者也。圖以立象，而意已寓於象之中；言以顯意，而象不出於意之外。所謂貫通一理而包哲三教，因境悟道而舍妄歸真者也，非機鋒峻拔，性智圓融而深造佛諦者，烏足以語此哉。普朗能寶而藏之，日夕觀象以求其意，則於真如之境也何有。焚香讚歎之餘，書此數語以遺之。

正議大夫資治尹兵部侍郎于謙書

31

聶大年　行書煩求帖頁

紙本 行書

縱22.6厘米 橫33.8厘米

Fan Qiu Tie (A letter to a friend for asking for a poem) in running script

By Nie Da'nian (1403-1456)

Leaf, ink on paper

H. 22.6cm　L. 33.8cm

聶大年（1403—1456），字壽卿，明代臨川（今屬江西）人。宣德末年，薦授仁和訓導，後遷仁和教諭。景泰六年（1455）薦入翰林，不久病卒。博學，善詩文，時人稱其詩為三十年來絕唱。工書法，師歐陽詢、李北海、趙孟頫諸家。

《煩求帖頁》是聶大年致"從理老友"的書信，煩求他書詩、付圖書等，反映了文人詩酒唱和的生活，具有文獻價值。書法自然流美，點畫雖不經意，卻具有李北海寬和濕潤的風格，表現出大年師古自運的深厚藝術功力。

鑑藏印記："張珩私印"（白文）、"曾藏周作民處"（朱文）、"希""曾"（白文聯珠）、"安山道人"（朱文）、"顧崧"（白文）、"枝安堂圖書印"（朱文）等。

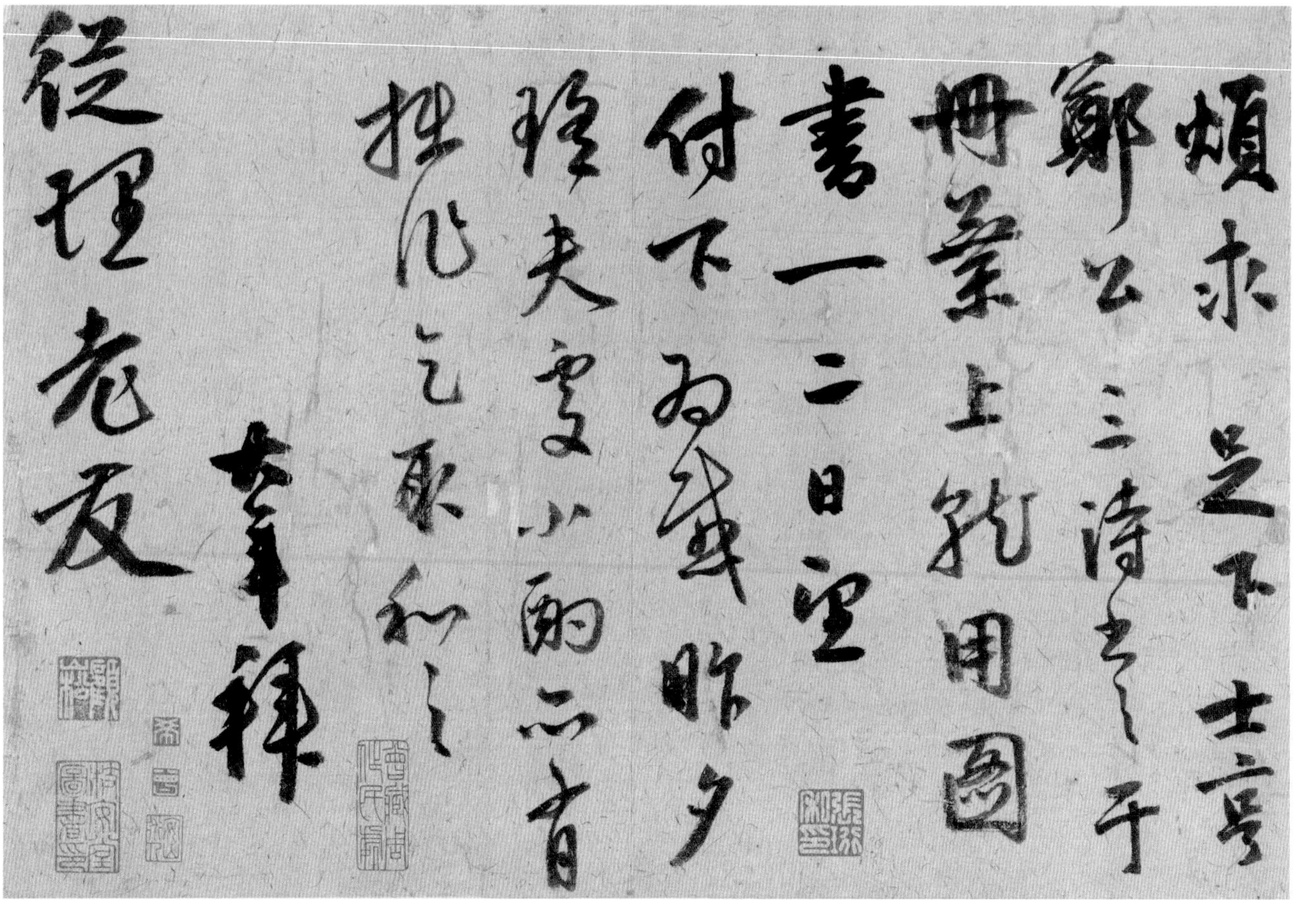

釋文：煩求足下，士亨、鄭公三詩，書之於冊葉上就用。圖書一二日望付下為感。昨夕瑤夫處小酌，亦有拙作，乞取和之。　大年拜　從理老友

32

徐有貞　行書別後帖頁

紙本　行書

縱26.6厘米　橫40.1厘米

Bie Hou Tie (A letter and two poems) in running script

By Xu Youzhen (1407-1472)

Leaf, ink on paper

H. 26.6cm　L. 40.1cm

徐有貞(1407—1472)，初名珵，字元玉，號天全，明代吳縣(今江蘇蘇州)人。宣德八年(1433)進士，任編修、侍講。"土木之變"主南遷，為內廷訕笑，久不得陞遷。景泰初改名有貞，後因迎太上皇復辟，封武功伯兼華蓋殿大學士，給誥券。誣殺于謙、王文。《明史》評其"為人短小精悍，多智數，喜功名。凡天文、地理、兵法、水利、陰陽方術之書，無不諳究"。書法善行草，出入懷素、米芾間，名重當時。

《別後帖》是徐有貞寫給"知庵都憲"的信札併七絕二首。"知庵都憲"即韓雍(1422—1478)，長洲人，負雄略。官左副都御史，提督兩廣軍務。此札涉及韓雍征剿瑤、僮、苗部的史實，具有較高的史料價值。首署"有貞再拜知庵都憲心契幕府"，末署"端陽後一日有貞再拜"，鈐"東海徐元玉父"(朱文)印。書於明成化初年，為徐有貞晚年之筆。

此帖書法筆墨奇逸，灑放雄健，頗具個性。

鑑藏印記："枝安堂圖書印"(朱文)、"顧崧"(白文)、"維岳"(朱文)、"二謝"(朱文)、"希""曾"(白文聯珠)、"安山道人"(朱文)等。

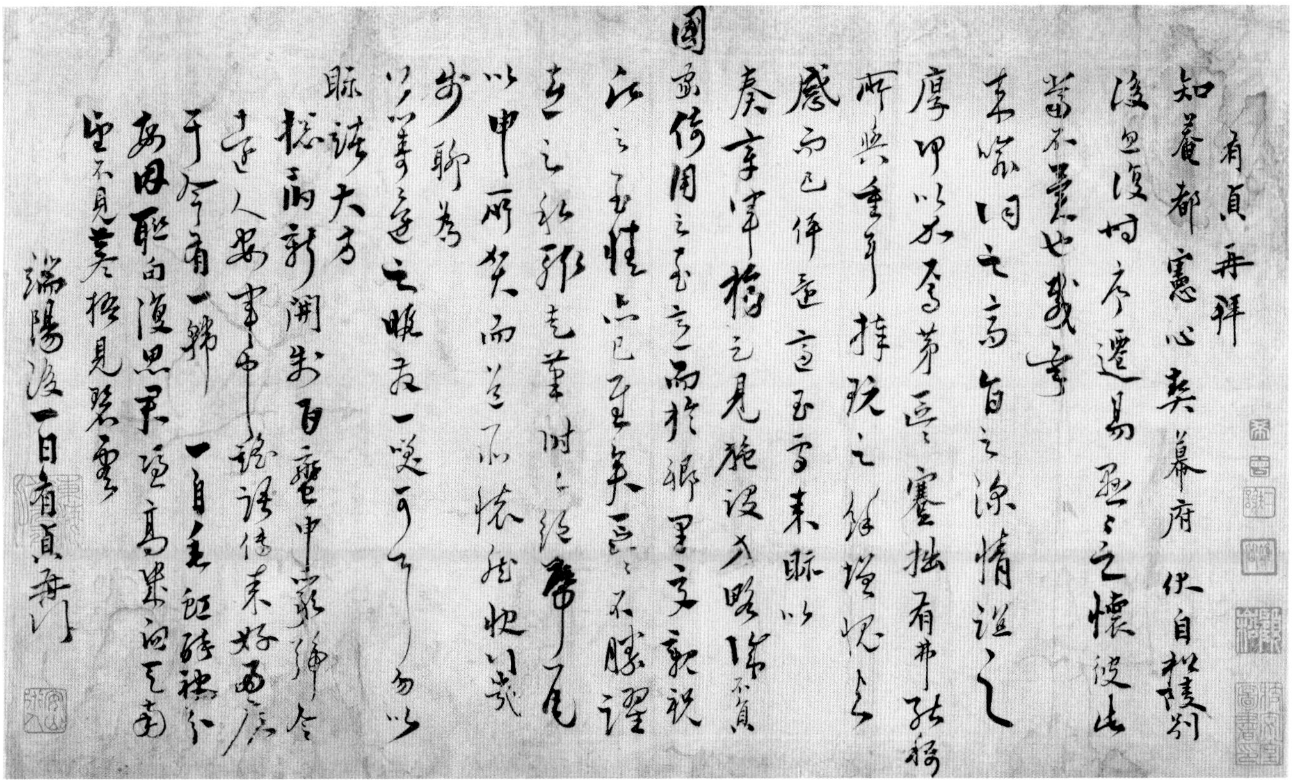

釋文：

有貞再拜，知庵都憲心契幕府：伏自松陵別後，忽復時序遷易，懸懸之懷，彼此當不異也。載承來喻，詞之高、旨之深、情誼之厚，何以加焉。弟區區蹇拙，有弗能稱所與重耳。捧玩之餘，增愧與感而已。伻還，適玉雪來，視以奏章軍榜，足見施設方略，誠不負國家倚用之至意，而于鄉里交親祝愿之至情，亦已慰矣。區區不胜躍喜之私，輒走筆附二絕紙尾，以申所賀，而道所懷。然快行幾步，聊為公籌邊之暇，發一笑可耳，勿以視諸大方。

摠府新開制百蠻，中嚴號令遠人安。軍中謠語傳來好，兩廣於今有一韓。

一自垂虹醉袂分，每因聯句復思君。憑高幾向天南望，不見蒼梧見碧雲。

端陽後一日有貞再拜

33

錢溥　楷書為尊翁壽詩頁

藍箋紙本　楷書
縱28.1厘米　橫40.1厘米

Wei Zun Weng Shou Shi (A poem on offering birthday congratulations) in regular script
By Qian Pu (Dates unknown)
Leaf, ink on blue paper
H. 28.1cm　L. 40.1cm

釋文：
地鄰東海接蓬萊，世際昇平壽域開。青鳥使從雲外至，綵衣人自日邊來。光分爛錦詩盈軸，色泛流霞酒滿杯。問道長生歲何許，六旬花甲是初廻。
進士葉君與中方念尊翁初度六十，欲一稱觴，而未得也。忽有奉使湖南之行，取便道以遂其私，則所樂當何如哉。因賦一詩為其尊翁壽云。正統丙寅暮春初吉　翰林雲間錢溥書

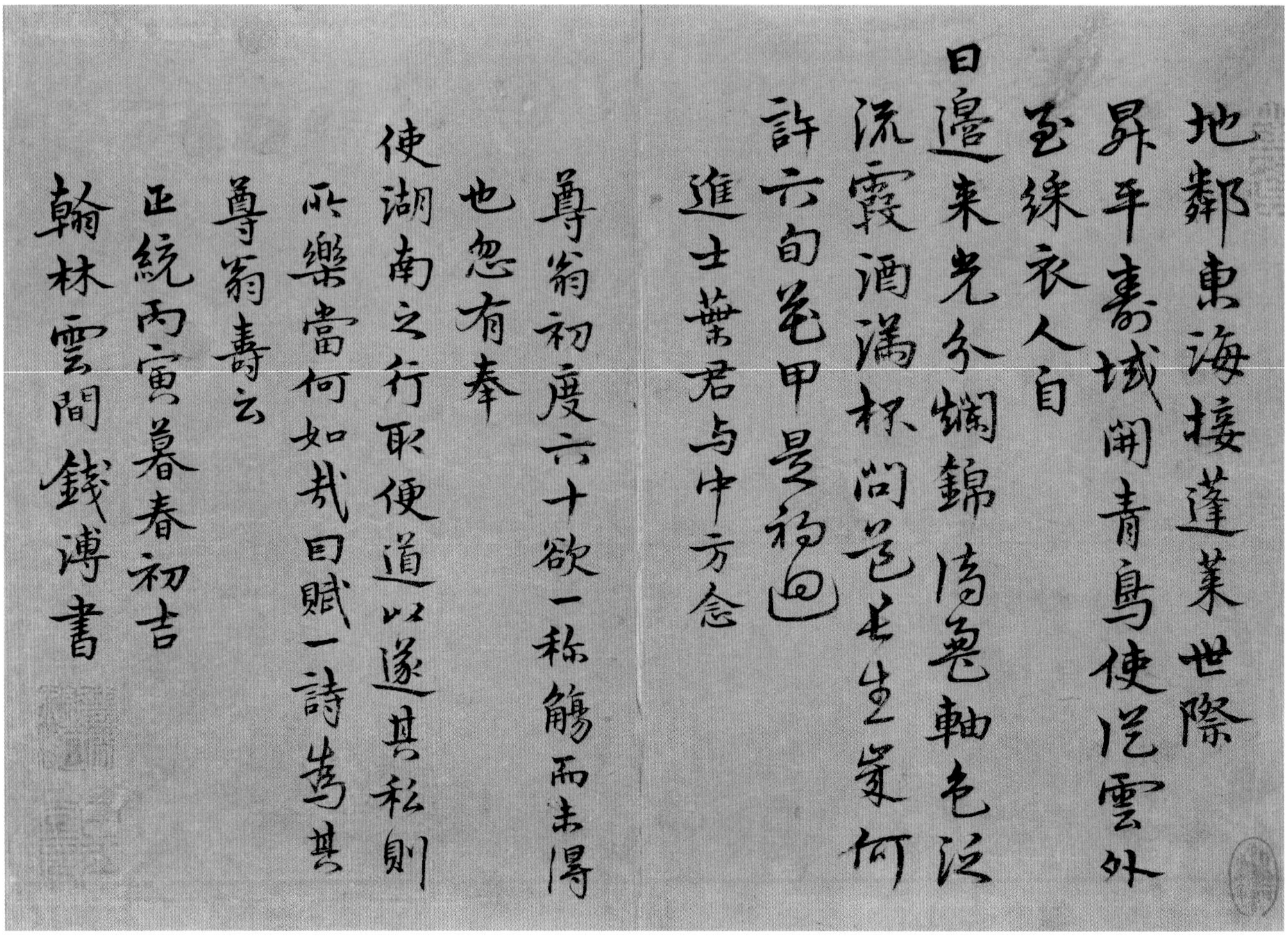

錢溥（生卒年不詳），字原溥，明代華亭（今上海松江）人。正統四年（1439）進士，官至南京吏部尚書，謚文通。書法學宋克，小楷、行、草俱工。

《為尊翁壽詩頁》是為"葉君與中尊翁"六十壽而作。款署"正統丙寅暮春初吉　翰林雲間錢溥書"，鈐"雲間錢氏原溥"（白文）、"白玉堂印"（白文）、"華亭"（白文）印。"葉君"即葉盛（1420—1474），字與中，明代昆山（今江蘇昆山）人。正統十年（1445）進士，官禮部侍郎等。善行、楷書，得蘇軾筆意。"正統丙寅"為明正統十一年（1446）。

此頁書法勁健秀拔，纖婉清美。錢溥的書法得於宋克，行筆中蘊涵章草筆意，筆畫堅韌，鋒棱外露，入筆尖峭，出規入距，還可看到明初"台閣體"書法的影響。

鑑藏印記："聖□考藏金石書畫印章"（朱文）。

34

錢博　楷書詩頁

紙本　楷書
縱27.8厘米　橫39.1厘米

Shi (poem) in regular script
By Qian Bo (Dates unknown)
Leaf, ink on paper
H. 27.8cm　L. 39.1cm

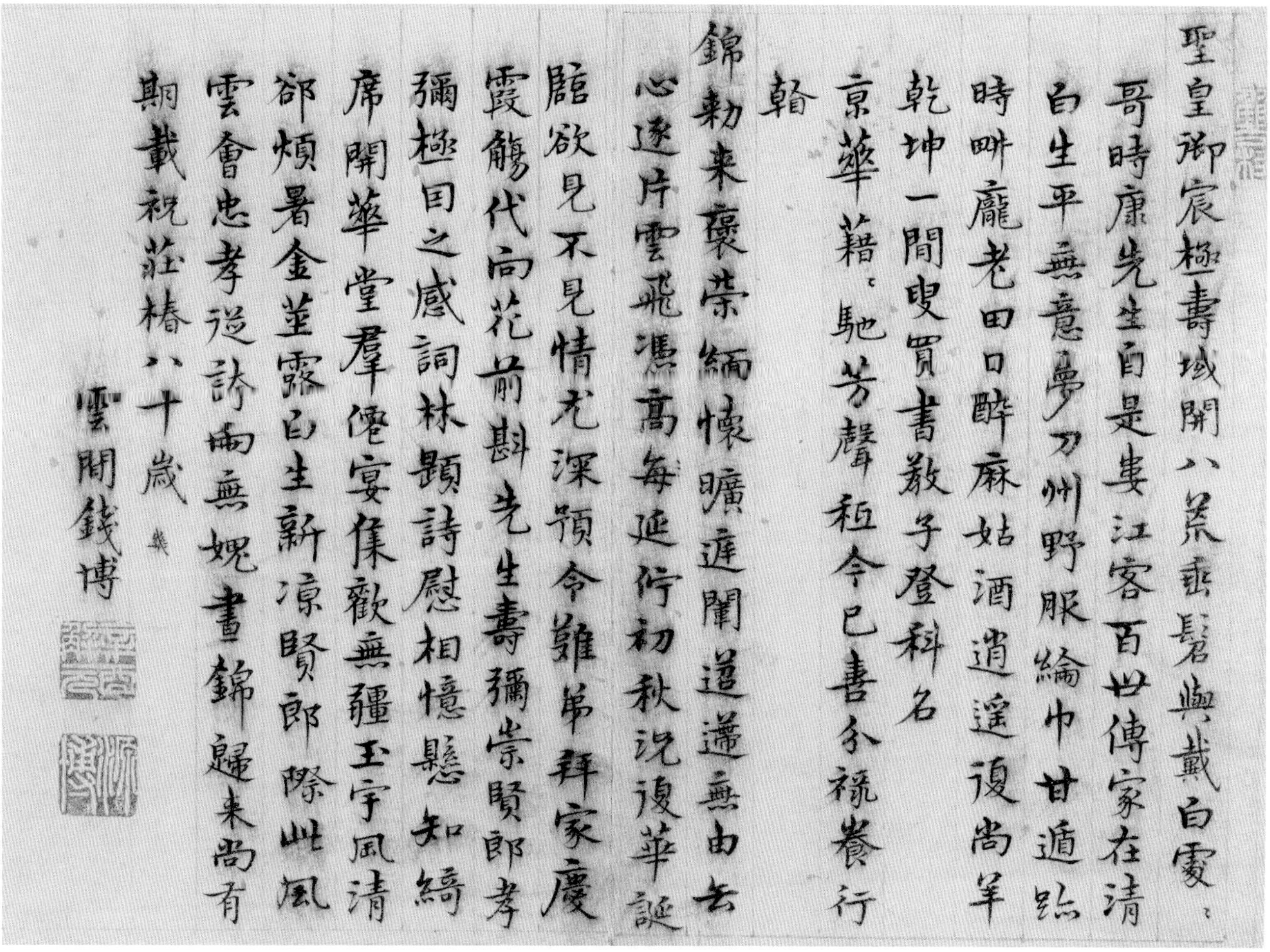

錢博（生卒年不詳），字原博，明代華亭（今上海松江）人。錢溥弟。正統六年（1441）解元，正統十年（1445）進士，授南京刑部之事，官至四川按察使。工古文辭，善楷、行、草書，與兄溥時稱"二錢"。

頁楷書詩句，款署"雲間錢博"，鈐"辛酉解元"（白文）、"源博"（白文）、"雙桂"（白文）印。

錢博與其兄溥同受宋克書法影響。此頁書法清秀挺拔，筆力精勁，逸美流便，轉折柔韌而圓活。比較注重筆鋒的運用，入筆纖細，撇筆上挑，略有輕佻之感。故被王世懋譏為繼宋克之後，"二沈揚波雲間，士人比比學之，至錢原博輩濫觴"。

35

劉珏　行書仰問帖頁

紙本　行書
縱27.9厘米　橫42厘米

Yang Wen Tie (A letter and a poem) in running script
By Liu Jue (1410-1472)
Leaf, ink on paper
H. 27.9cm　L. 42cm

劉珏（1410—1472），字廷美，號完庵，明代長洲（今江蘇蘇州）人。郡守況鍾聞其才，舉為吏，不就。正統三年（1438）舉應天鄉試，補太學生，授刑部主事，遷山西按察僉事。居宦多善政。工詩，擅書法，正、行出趙孟頫，行草出李邕，各極其妙。善畫山水，法吳鎮、王蒙。著有《完庵集》。

《仰問帖頁》是劉珏寫給“蘭室先生隱德函丈”的信札並錄七律一首。款署“中秋後三日晚生劉珏錄奉蘭室先生隱德函丈”，鈐“廷美”（白文）、“進思軒”（白文）、“忠定公世家”（白文）、“益有齋”（白文）印。

此帖書法類趙孟頫，結體圓健規整，用筆嫻熟、灑脱、穎秀。筆畫之間連帶自然，頗具章法，是其書法中之佳作。

鑑藏印記：“顧崧”（白文）、“希曾”（白文）、“二謝”（朱文）、“安山”（朱文）、“吳縣潘承厚博山珍藏”（朱文）、“張珩私印”（白文）等。

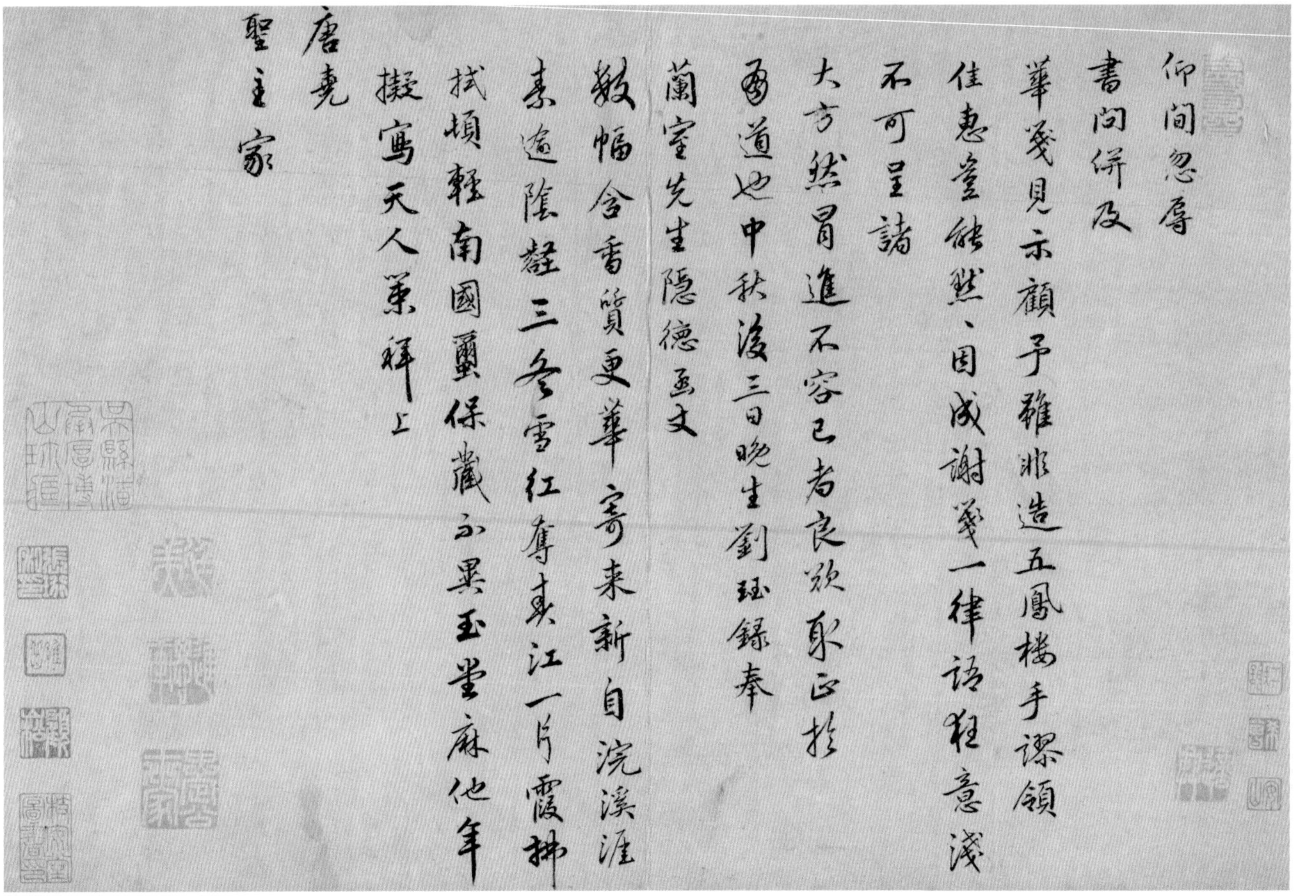

釋文：

仰問忽辱書問，併及華箋，見示顧予，雖非造五鳳樓，手謬領佳惠，豈能默默，因成謝箋。一律語狂意淺，不可呈諸大方，然冒進不容己者，良欲取正於有道也。中秋後三日，晚生劉珏錄奉蘭室先生隱德函丈

數幅含香質更華，寄來新自浣溪涯。素逾陰壑三冬雪，紅奪春江一片霞。拂拭頓輕南國蘭，保藏不異玉堂麻。他年擬寫天人策，拜上唐堯聖主家。

36

張弼 行草書詩文卷

灑金箋紙本 行草書

縱29.5厘米 橫589厘米

Shi Wen (Poems and short essays) in running-cursive script

By Zhang Bi (1425-1487)

Handscroll, ink on gold-flecked paper

H. 29.5cm L. 589cm

張弼(1425—1487)，字汝弼，號東海，晚號東海翁，明代華亭(今上海松江)人。成化二年(1466)進士，歷官兵部主事，兵部員外郎，南安(今江西大餘)知府，政績甚著。弼自幼穎拔，擅詩文，為文自立一家，為詩信手縱筆，多不屬稿。書師法懷素，聲名遠馳海外。其草書尤多自得，酒酣興發，頃刻數十紙，疾如風雨，狂草醉墨流入人間，世以為顛張復出。後人匯其草書，刻成《鐵漢樓帖》。著有《張東海集》。

卷書自作詩、短文十一則。款署"成化十六年庚子六月張弼在南安郡齋記"，鈐"汝弼"(朱文)、"東海翁"(朱文)印。明成化十六年(1480)，張弼時年五十六歲，已為晚年作品。卷後潘正煒題記一段。

此卷書法用筆奇崛，線條流暢，牽絲帶筆處揮灑自如，使轉生動活潑，氣勢貫通，變化豐富，為其典型書風的代表作。

鑑藏印記："潘氏季彤珍藏"(朱文)、"李定頤收藏記"(朱文)、"宋氏廉一長物"(白文)等。

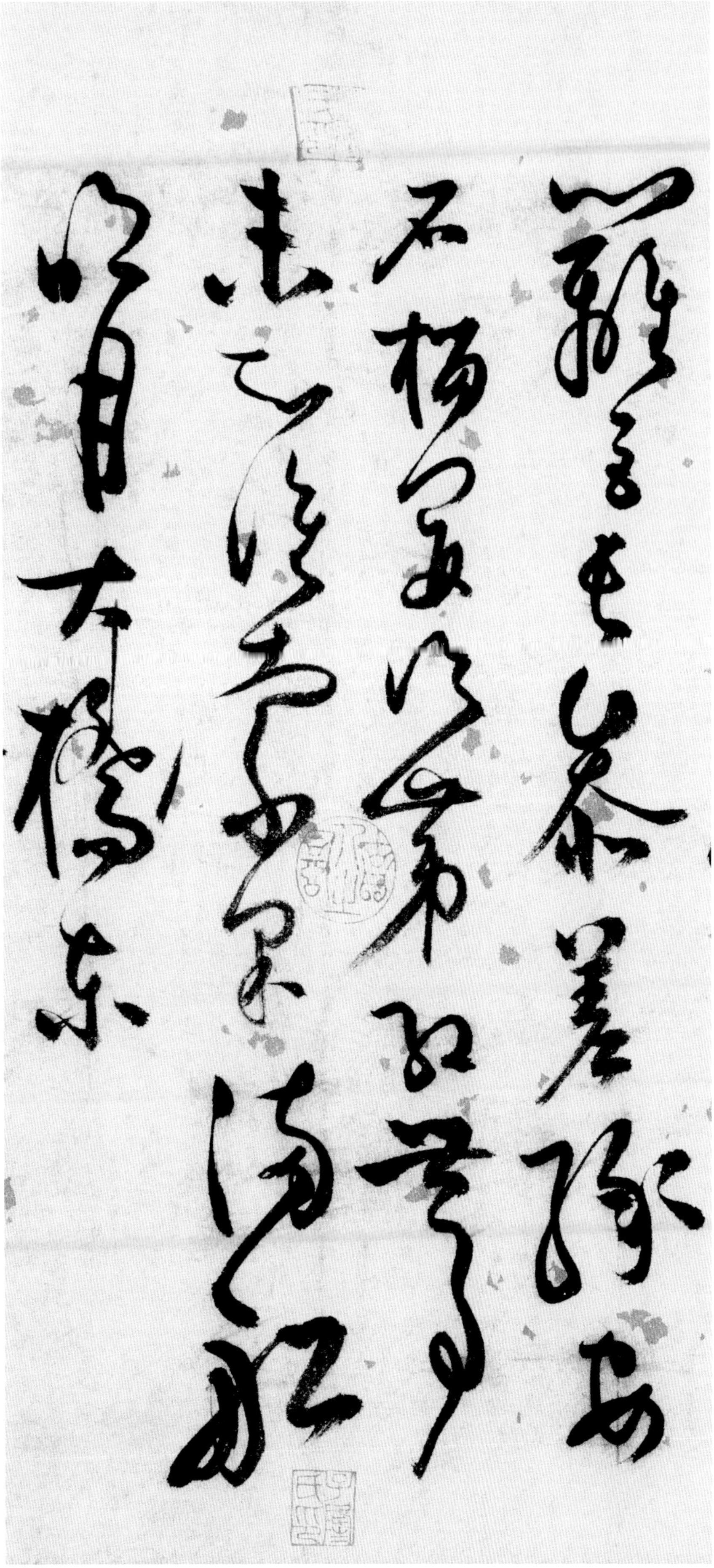

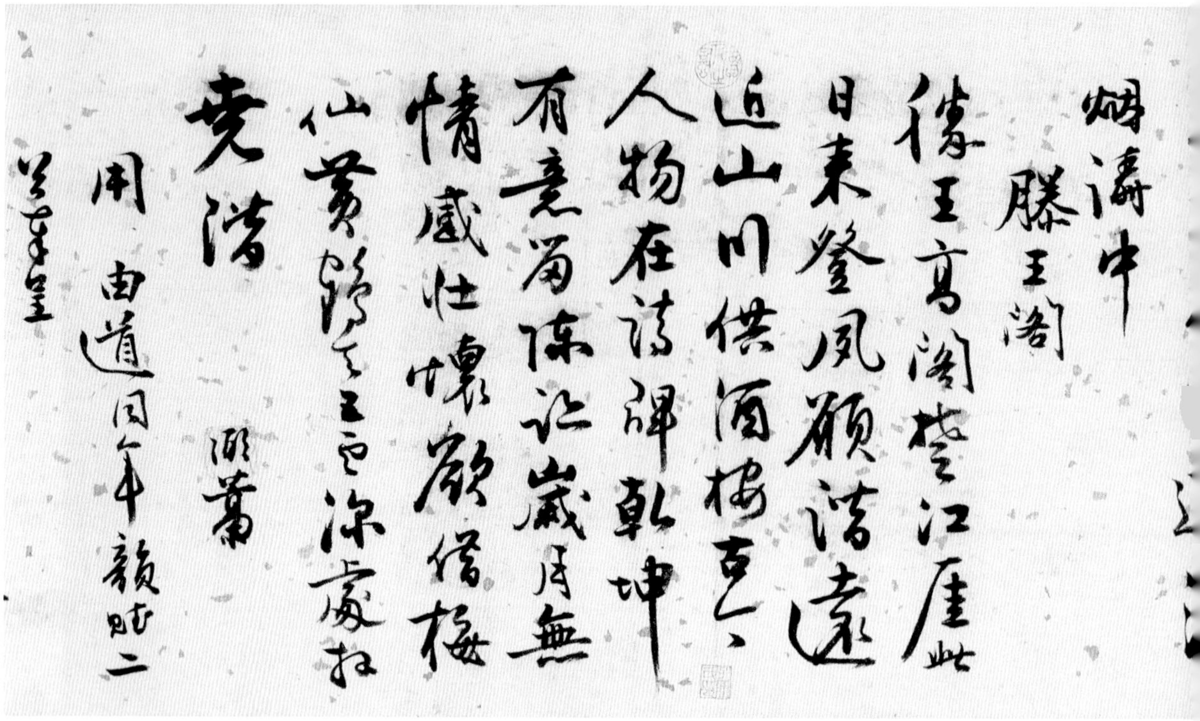

釋文：

題崖山大忠廟

宋亡本無罪，元入曾何功。所以志士懷，千載猶忡忡。海崖一片石，鑱紀宋運終。當時二三子，戮力抱遺弓。事以人力競，敢謂天眼矇。天眼終自瞭，天水流無窮。南來合沙子，又坐穹廬宮。反覆復宛轉，昭晰亦冥蒙。君子惟盡己，天人任違從。海陽屹孤廟，春秋祀大忠。遺民一掬淚，遠灑煙濤中。

滕王閣

滕王高閣楚江匡，此日來登夙願諧。遠近山川供酒樓，古今人物在詩牌。乾坤有意留陳跡，歲月無情感壯懷。欲借梅仙黃鶴去，五雲深處拜堯階。弼蕖用由道同年韻賦二首，奉呈

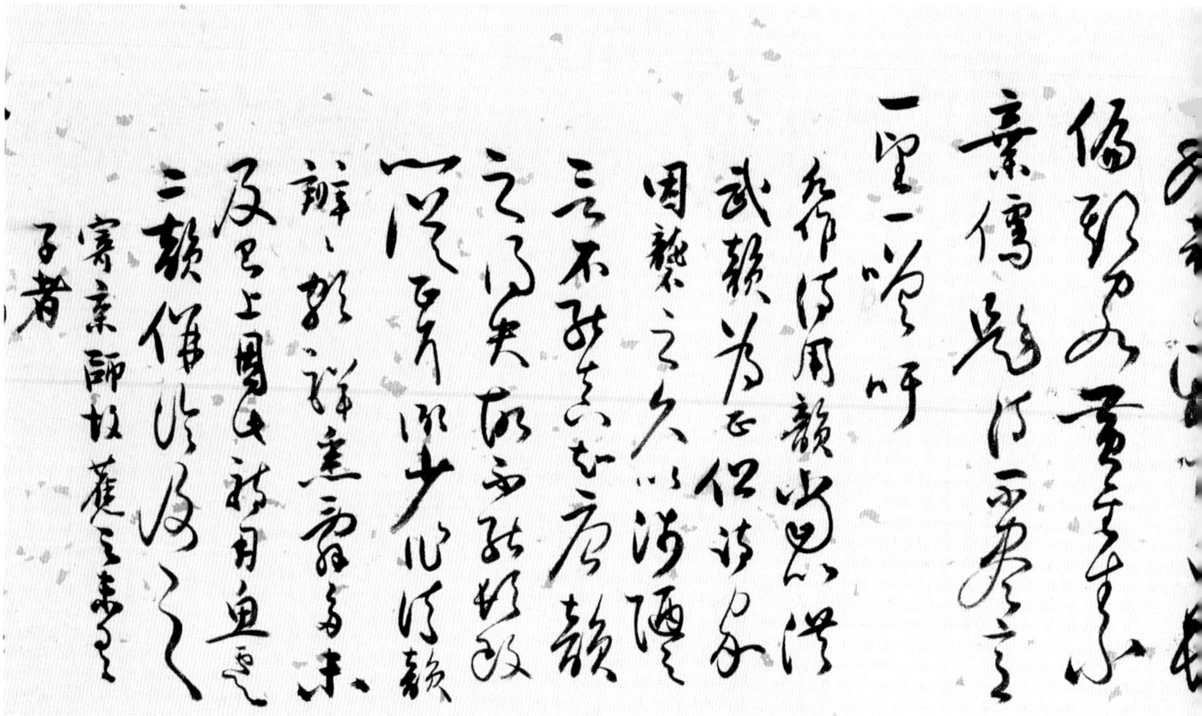

冷庵同年閣下一笑

瑤箋寫罷欲長騷，銀燭花偏興未消。欲寄心知無便使，五更疏雨滴芭蕉。

憶昔同遊寫俚謠，黃金台下雪初消。而今地位雲泥隔，何日從客醉一蕉。

此一韻十首由道冊葉。

寄李應先生一首

借問李中書，如何是定居。吳門非舊業，南部又新除。白髮偏期客，黃金素棄儒。題詩不盡意，一望一嚐吁。

凡作詩用韻當以洪武韻為正，但詩家因襲之久，以涉陋之言不能真知唐韻之得失，故不能頓改以從正耳。弼少作詩韻，辨之頗詳悉，辭多未及書上。因此詩用魚虞二韻，並論及之。

寄京師故舊之未有子者

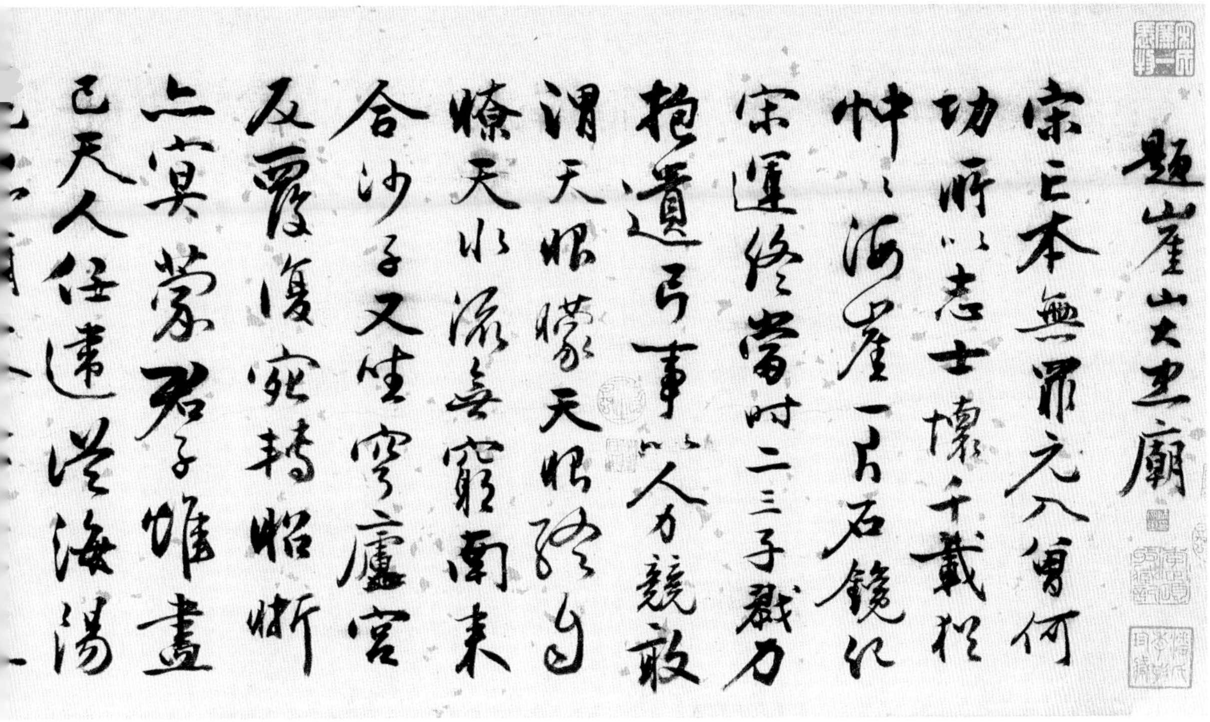

《詩文卷》之一

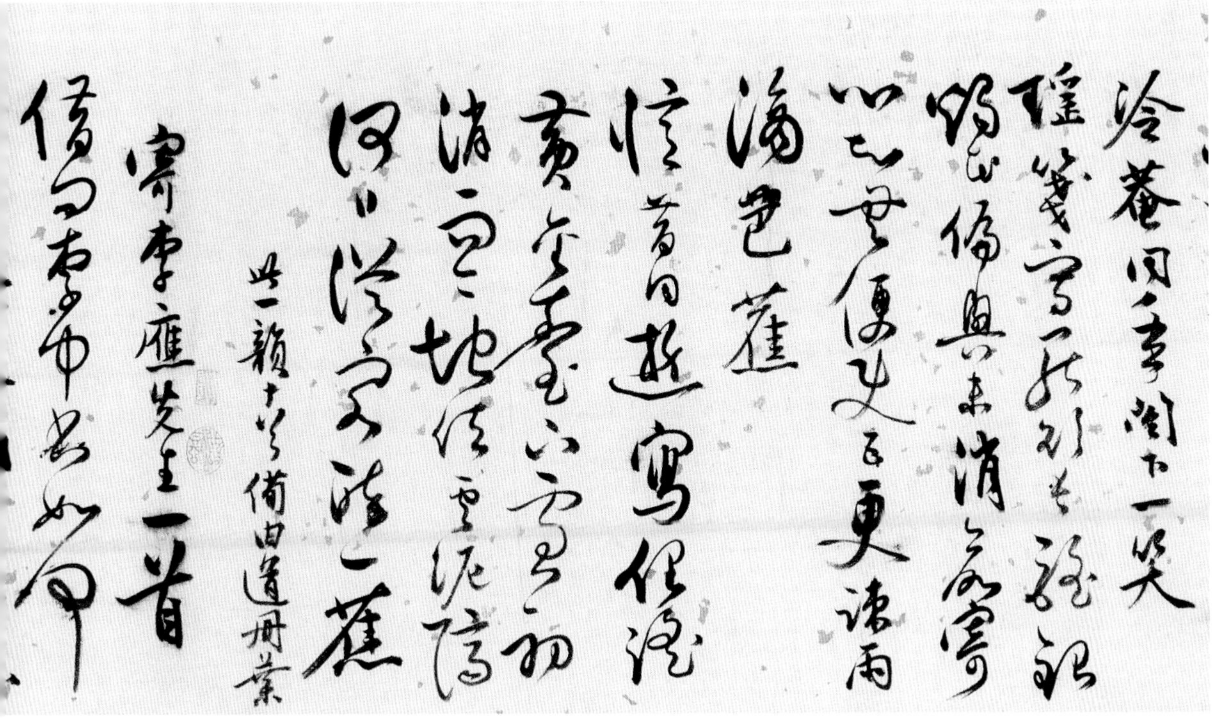

《詩文卷》之二

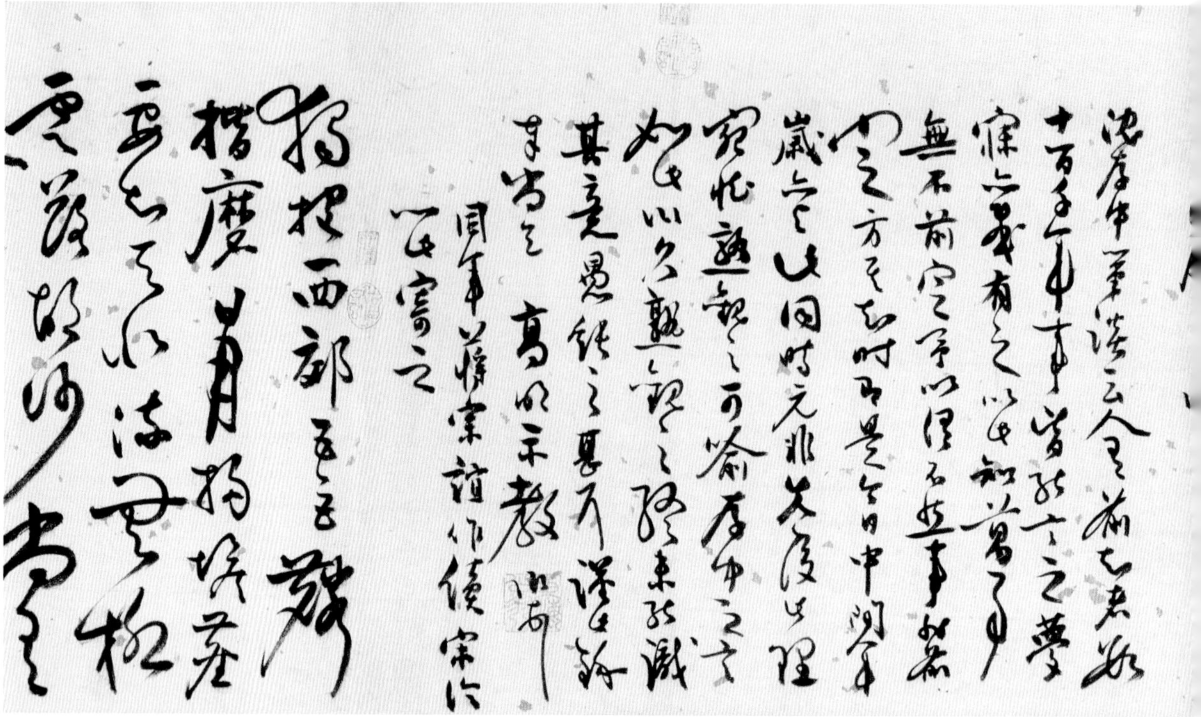

榴開次第紅。
世事未知誰索
果，滿船明月
大橋東。
圭將五期，玉
已三期，圭夢
予事有驗，亦
可寄也，因及
之。弼
沈存中筆談
云：人有前知
者，數十百千
年事皆能言
之，夢寐亦或
有之，以此知
萬事無不前
定。予以謂不
然。事非前
定，方其知時
即是今日，中
間年歲亦與此
同時，元非先
後。此理宛
然，熟觀之可
喻。存中之言
如此以久，熟
觀之終未能識
其意，愚鈍之
甚耳。謹此錄
奉，尚乞高明
示教。弼頓首
同年蔣宗誼作
續宋論以此寄
之
獨抱西郊五色
麟，揩磨日月
揚埃塵。要知
天水流無極，
零落湖沙尚有

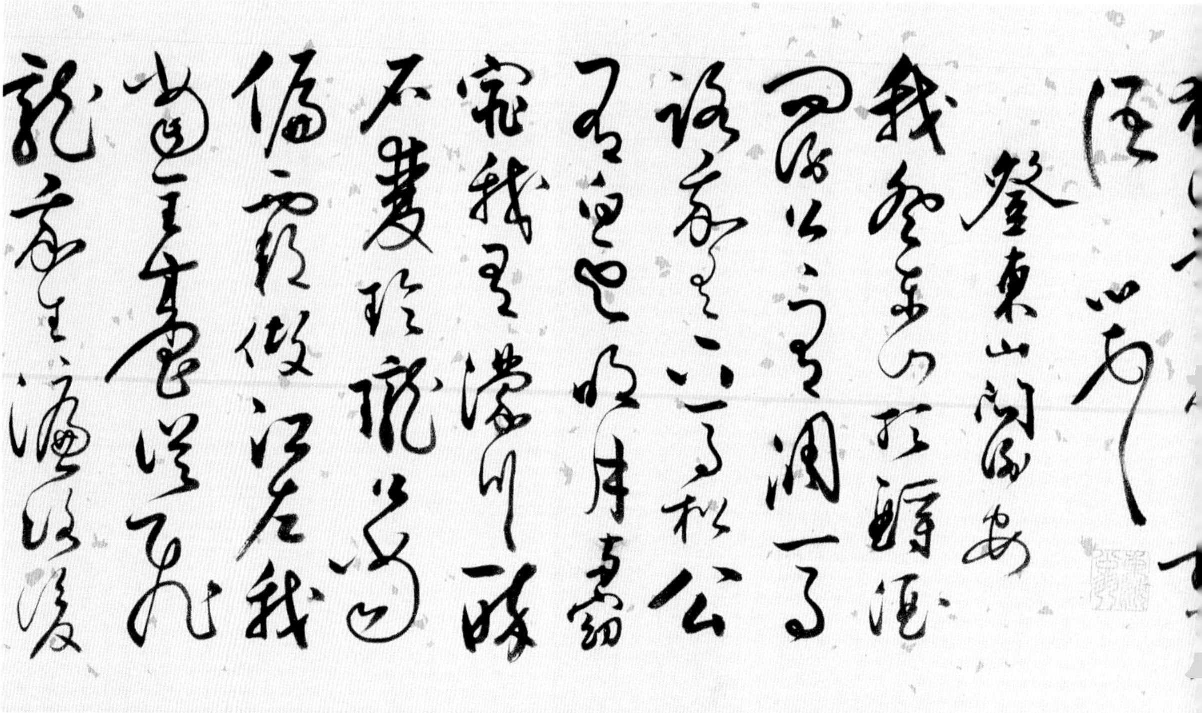

人。
謂元順帝乃瀛
國公後也
東海先生歸
也，南安太守
新除。一挑行
李兩船書，被
人笑是癡愚。
書也書，寒不
堪穿，飢不堪
煮，收拾許多
何用處，況而
今白髮蒼顏，
坐黃堂之署，
乘五馬之車，
那得工夫咸看
渠。如今又將
載到南安去，
古人糟粕，譫
味真腴，狂說
道與聖賢相對
語。弼頓首
登東山問謝安
我登東山頂，
酹酒問謝公。
公有調馬路，
我有下馬松。
公有白雲明月
兩窈窕，我有
濛川醉石雙玲
瓏。公當偏霸
做江左，我當
主台從飛龍。
我生濂洛後，

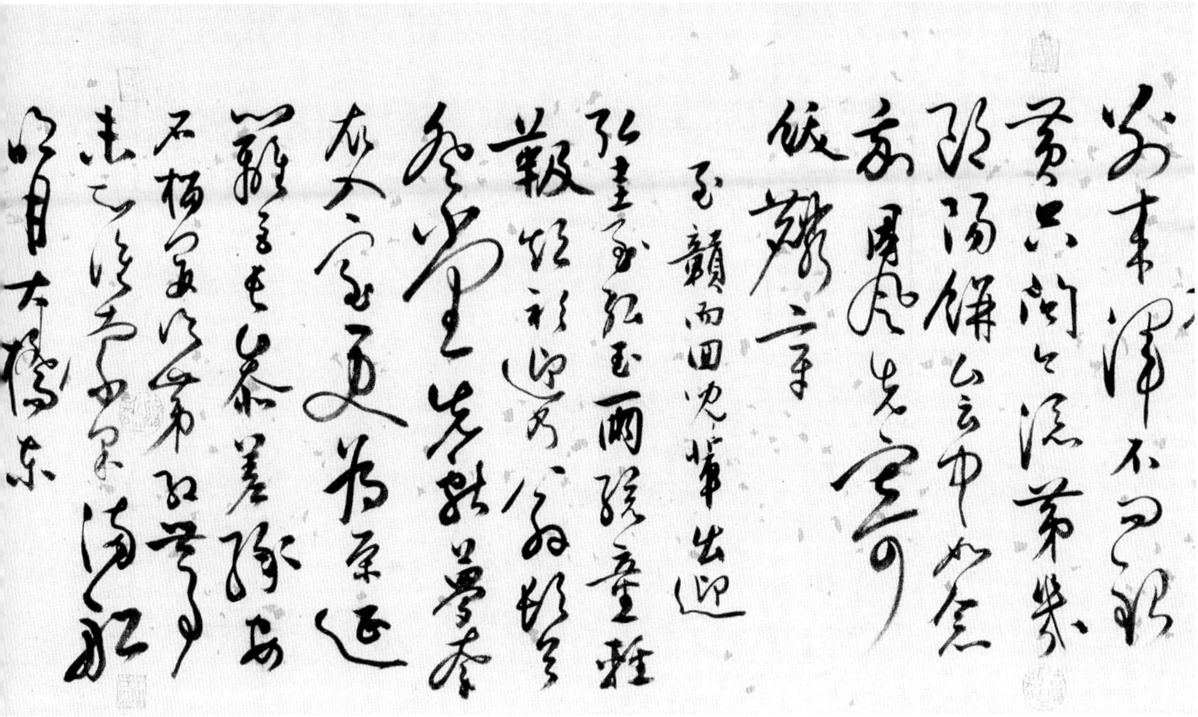

《詩文卷》之三

別來渾不問銀黃，只問今添第幾郎。湯餅會中如念我，因風先寄紱麟章。

至贛而回兒輩出迎

弘圭弘玉兩孩童，輕靸短衫迎乃翁。頓首登堂先獻夢，牽衣入室更為榮。延籬巨長參差綠，安石

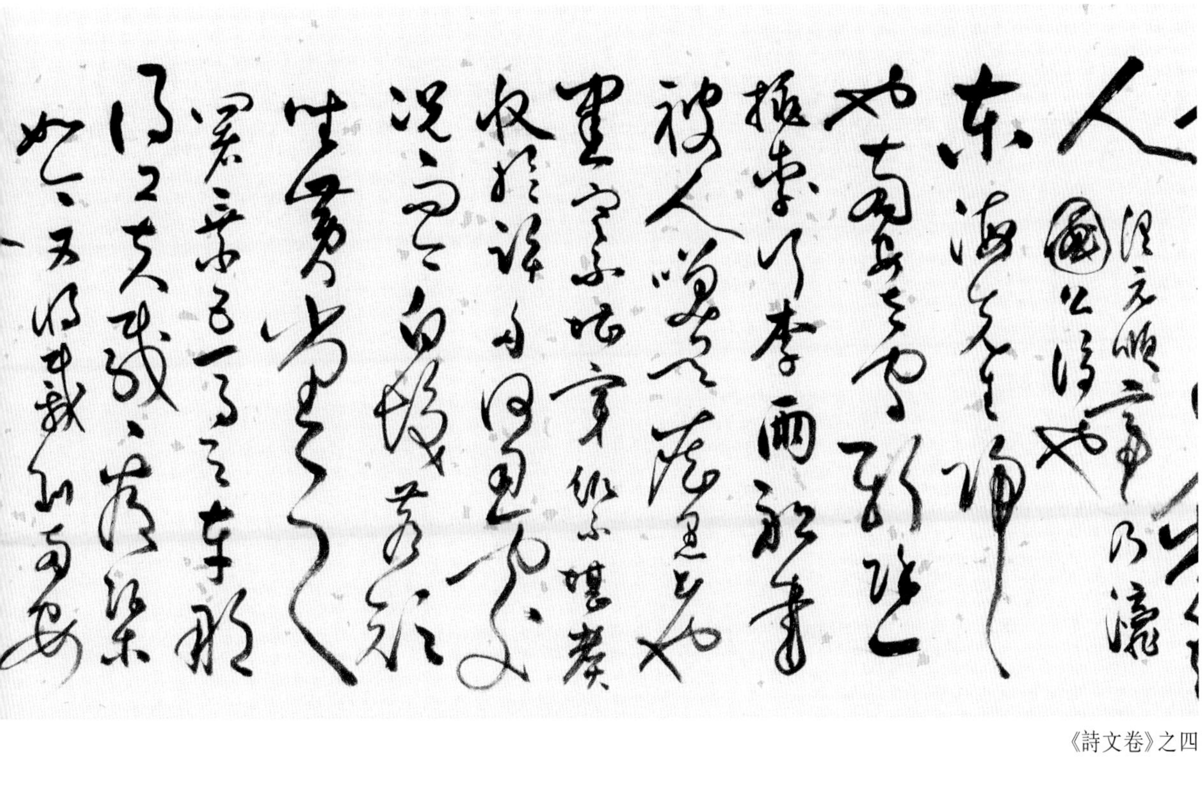

《詩文卷》之四

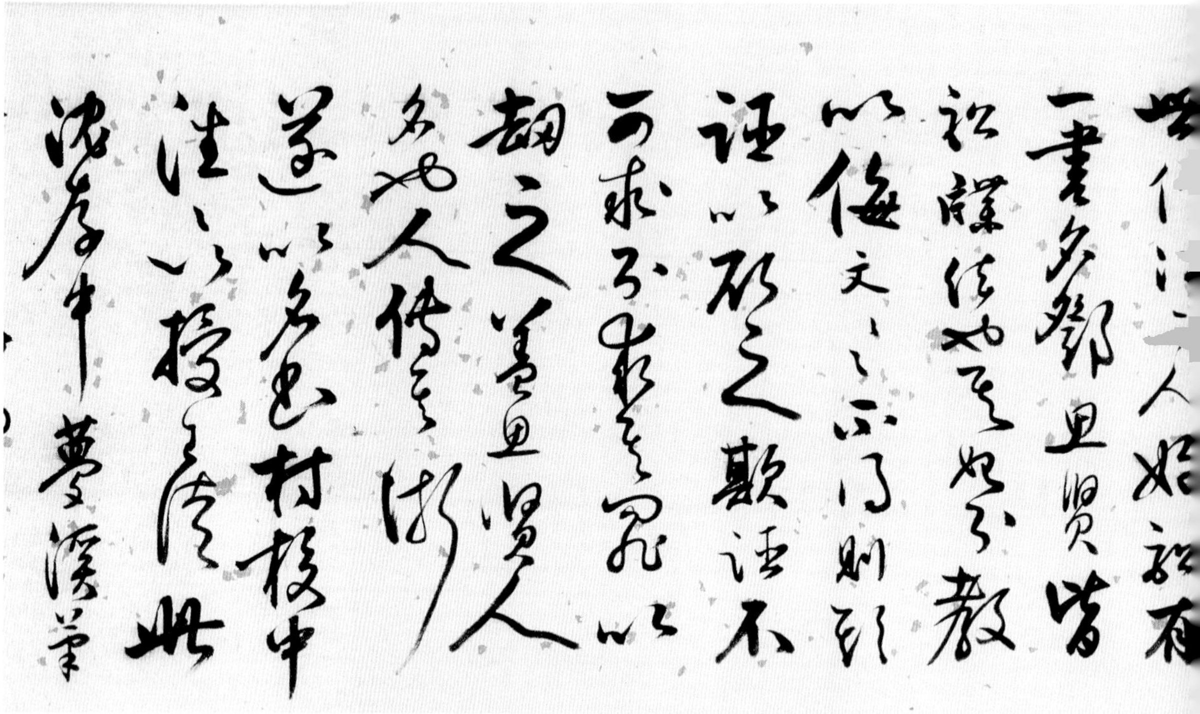

不敢姿情聲妓頹彝風；我無偏澈奇，未試淮維一儔附秦空。公之能事我若不可及，公之風流我亦不苟從。東山名同地隔數千里，我言曾入公之耳；青天望斷一飛鴻，章江悠悠自流水。東海居士藁世傳江西人好訟，有一書名《鄧思賢》，皆訟牒法也。其始則教以侮文；侮文不得，則欺誣以啟之；欺誣不可求，則求其罪以劫之。蓋思賢人名也，人傳其術，遂以名書。村校中往往以授生徒。此沈存中《夢溪筆

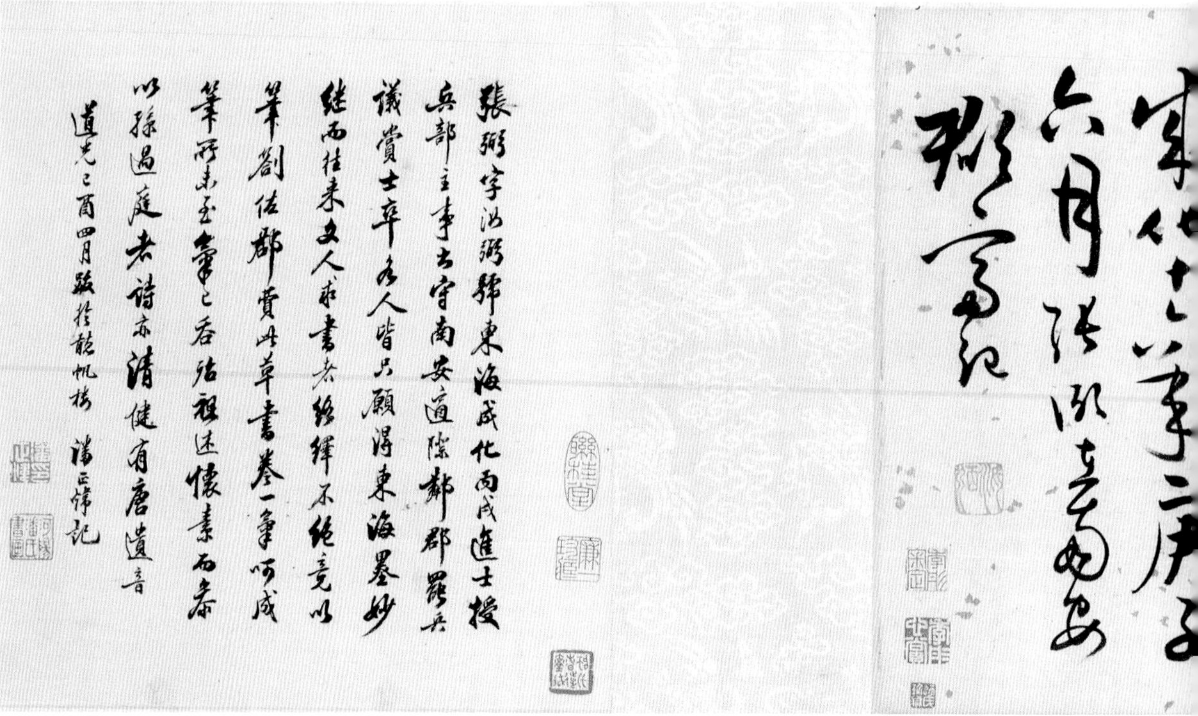

談》中語也。存中乃宋人，則江西之鵰，自古而然，蓋有傳授者，豈一夕一朝而能殄絕之耶？今先生之來數月，遂覺斂鋒戢翼，亦可謂神效矣。遲之以歲月，吾知所謂鄧思賢者皆將革面回心耶？偶閱《筆談》，因錄此以俟。

成化十六年庚子六月 張弼在南安郡齋記

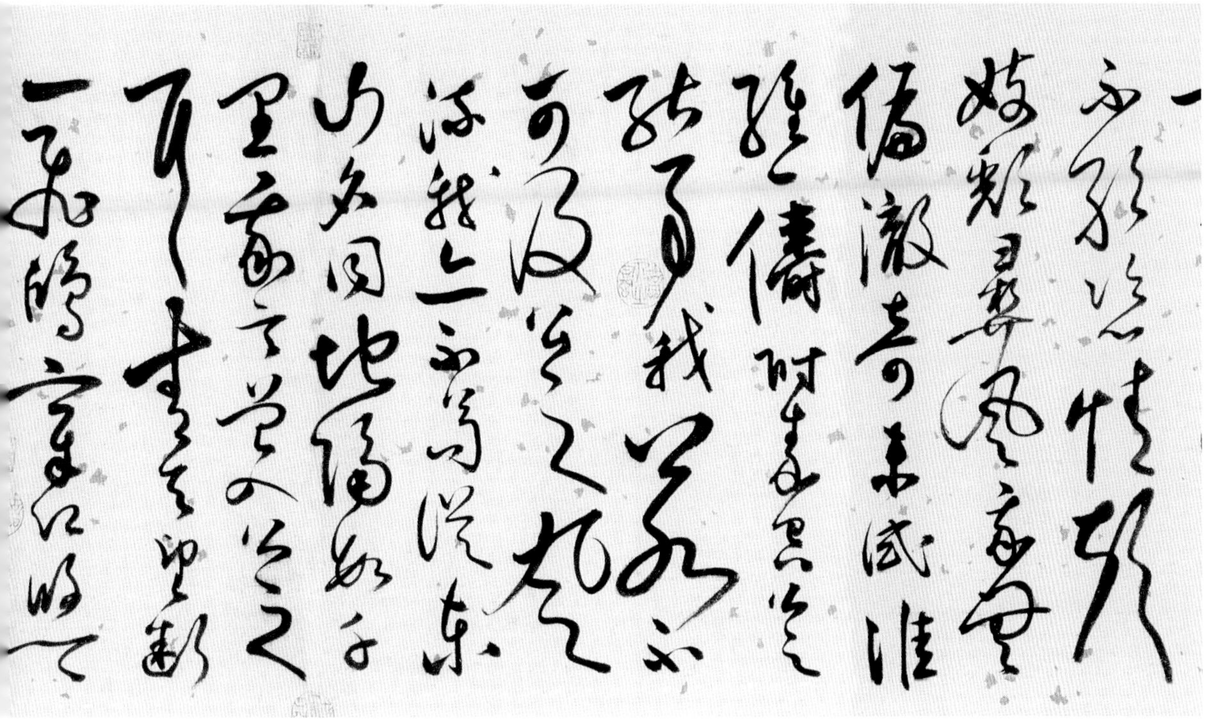

《詩文卷》之五

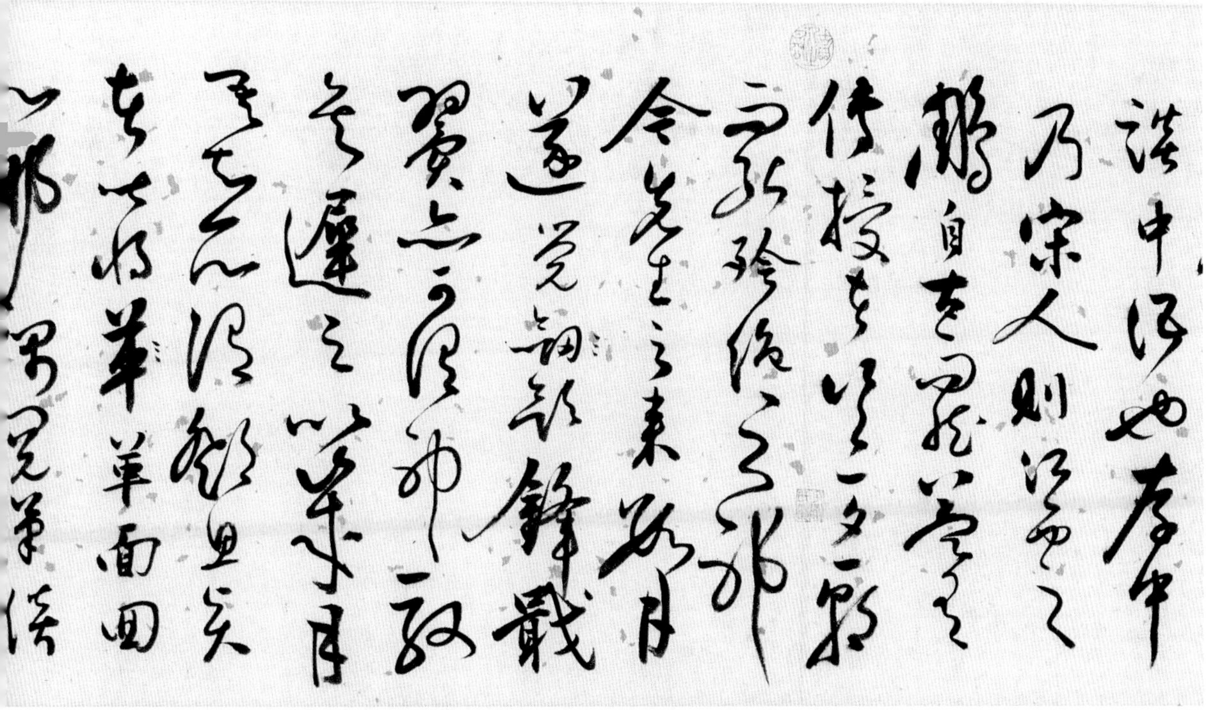

《詩文卷》之六

37

張弼　草書蝶戀花詞軸

紙本 草書
縱148厘米 橫59.4厘米

Die Lian Hua Ci (A Ci to the tune of Die Lian Hua) in cursive script
By Zhang Bi
Hanging scroll, ink on paper
H. 148cm　L. 59.4cm

軸書《蝶戀花》詞一首，款署“此古詞書之有倒句□□以為何如　東海翁”，鈐“張弼”(白文)印。

張弼的狂草書師法張旭、懷素，雄奇勁健，縱逸多姿。此軸書法用筆迅疾飛動，錯落有致，提按起收，富於變化。通篇猶如暴風驟雨，風馳電掣。王鏊評其書：“疾如風雨，矯如龍蛇。欹如墜石，瘦如枯藤，怪偉跌宕。”

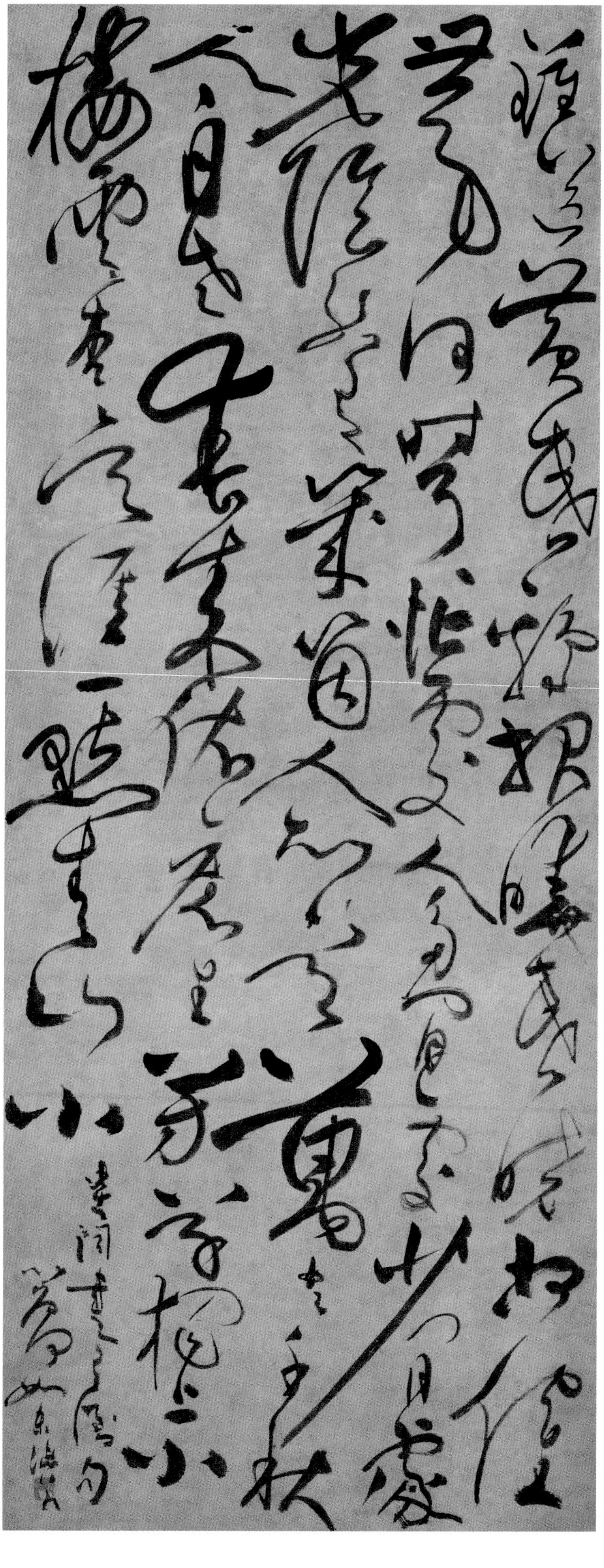

釋文：
鐘送黃昏雞報曉，昏曉相催，世事何時了。忙處人多閒處少，閒處光陰，能有幾個人知道。萬古千秋人自老，春來依舊生芳草，獨上小樓雲杳杳，天涯一點青山小。
此古詞書之有倒句□□以為何如　東海翁

38

陳獻章　草書大頭蝦說軸

紙本　草書
縱158.5厘米　橫69.9厘米

Da Tou Xia Shuo (About the "Shrimp with big head") in cursive script
By Chen Xianzhang (1428-1500)
Hanging scroll, ink on paper
H. 158.5cm　L. 69.9cm

陳獻章（1428—1500），字公甫，號石齋，明代新會（今屬廣東）人。居白沙村，人稱"白沙先生"。精研儒學，著稱當世，在家鄉講學，從者甚眾。善詩文，有《白沙子全集》存世。書法得益於歐陽詢、黃庭堅、米芾數家。因常居偏僻山村，毛筆不敷供給，就用茅草結束成筆代用，成為特殊筆具，時稱"茅龍筆"。此筆寫出的字風格獨特，稱為"茅筆字"，深受當時人珍重。

《大頭蝦說》為陳獻章撰文，借鄉間俚語"大頭蝦"來闡述人生哲理，立意新奇。款署"弘治戊申秋八月望　石翁力疾書於白沙之碧玉樓"，鈐"石齋"（白文）印。"弘治戊申"為明弘治元年（1488），陳獻章時年六十一歲。

此軸書法用茅草筆所作。此筆毫鋒禿散，毛硬易乾，書字獨具特色。如毫端開叉形成了較多飛白之筆，下筆頓挫有力，粗細變化較大，兼之運筆迅疾奔放、揮灑自如，又少見連綿之筆，顯示出了動中寓靜、拙中藏巧的韻致，書風獨樹一幟。

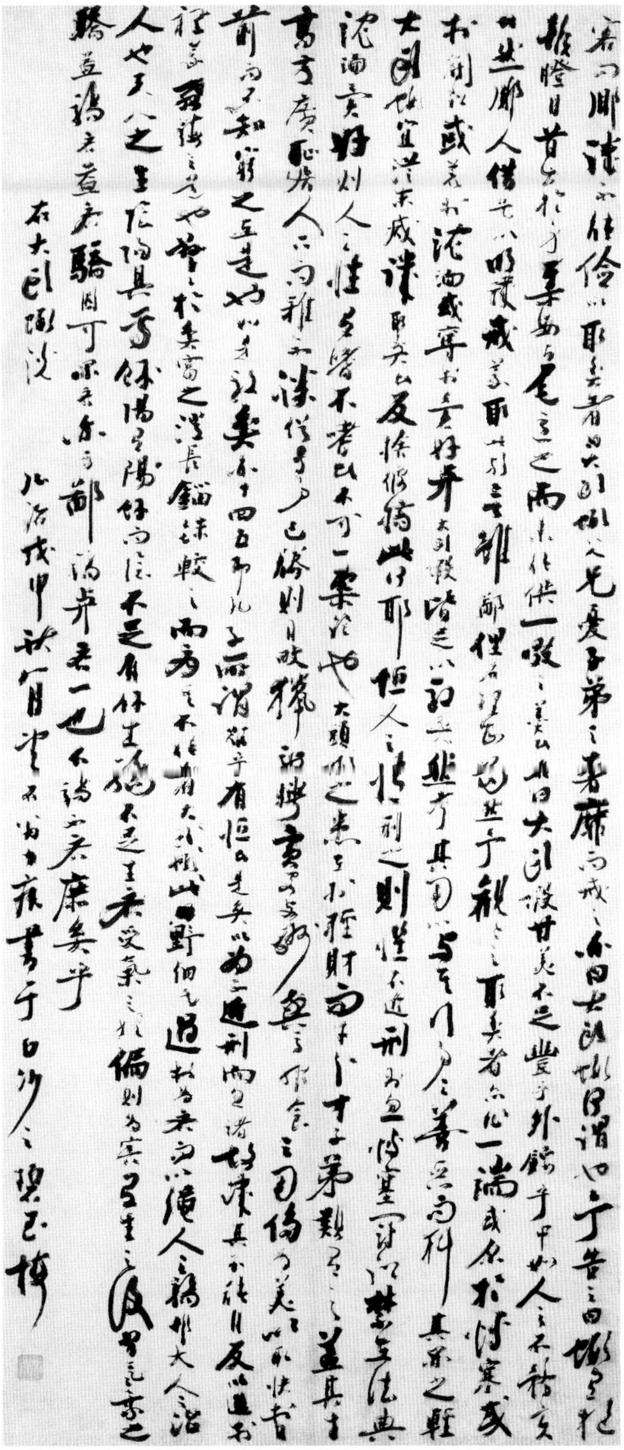

釋文：

客問：鄉譏不能儉以取貧者，曰大頭蝦。父兄憂子弟之奢靡而戒之，亦曰大頭蝦。何謂也？予告之曰：蝦有挺腹瞪目，首大於身，集數百尾烹之而未能供一啜之羹者，名曰大頭蝦。甘美不足，豐乎外，餒乎中，如人之不務實者然。鄉人借是以明譏戒，義取此歟。言雖鄙俚，名理甚當。然予觀今之取貧者，亦非一端，或原於博塞，或於門訟，或荒於沉湎，或奪於異好，並大頭蝦，皆足以致貧。然考其用心與其行事之善惡，而科其罪之輕，大頭蝦宜從末減。譏取貧者反捨彼摘此何耶？恒人之情，刑之則懼，不近刑則忽，博塞門訟，禁在法典，沈湎異好，則人之性有嗜不嗜者，不可一概論也。大頭蝦之患在於輕財，而才與才子弟類有之。蓋其才高意廣，恥居人下，而雅不胜俗，專事已胜，則日畋獵馳騁，賓客交酬，輿馬服食之用，侈為美以取快於目前，而不知窮之在是也。以是致貧亦十四五，即孔子所謂難乎有恒者是矣。以為不近刑而忽諸，故譏其不能自反以進於禮義教誨之道也。孳孳於貧富之消長，錙銖較之，而病其不能者，大頭蝦此草野細民過於為吝，而以繩人之驕，非大人之治人也。夫人之生，陰陽具焉，陽有餘而陰不足，有餘生驕，不足生吝，受氣之始，偏則為害，有生之後，習氣乘之。驕益驕，吝益吝，驕固可非，吝亦可鄙，驕與吝一也。不驕不吝，庶幾乎。右大頭蝦說。弘治戊申秋八月望　石翁力疾書於白沙之碧玉樓

39

沈周　行書聲光帖頁

研花箋紙本　行書

縱23厘米　橫40.7厘米

Sheng Guang Tie (A letter by Shen Zhou to his relatives by marriage) in running script

By Shen Zhou (1427-1509)

Leaf, ink on paper

H. 23cm　L. 40.7cm

沈周(1427—1509)，字啟南，號石田，晚號白石翁，明代長洲(今江蘇蘇州)人。一生隱居不仕，以書畫名於世。在繪畫史上與文徵明、唐寅、仇英稱“吳門四家”，對明、清兩代有很大影響。書法學宋代黃庭堅而自成一家。著有《客座新聞》、《石田詩抄》等。《明史》有傳。

《聲光帖頁》是沈周寫給親家的書信。款署“婣生沈周再拜　三月廿九日”，鈐“啟南”(朱文)印。

此帖書法師黃庭堅，兼及蘇軾，筆力老辣勁挺，結體緊湊不拘，筆畫全以欹側取勢。

鑑藏印記：“之赤”(朱文)、“希曾”(白文)、“二謝”(朱文)、“張珩審定真跡”(朱文)、“周氏作民”(朱文)。

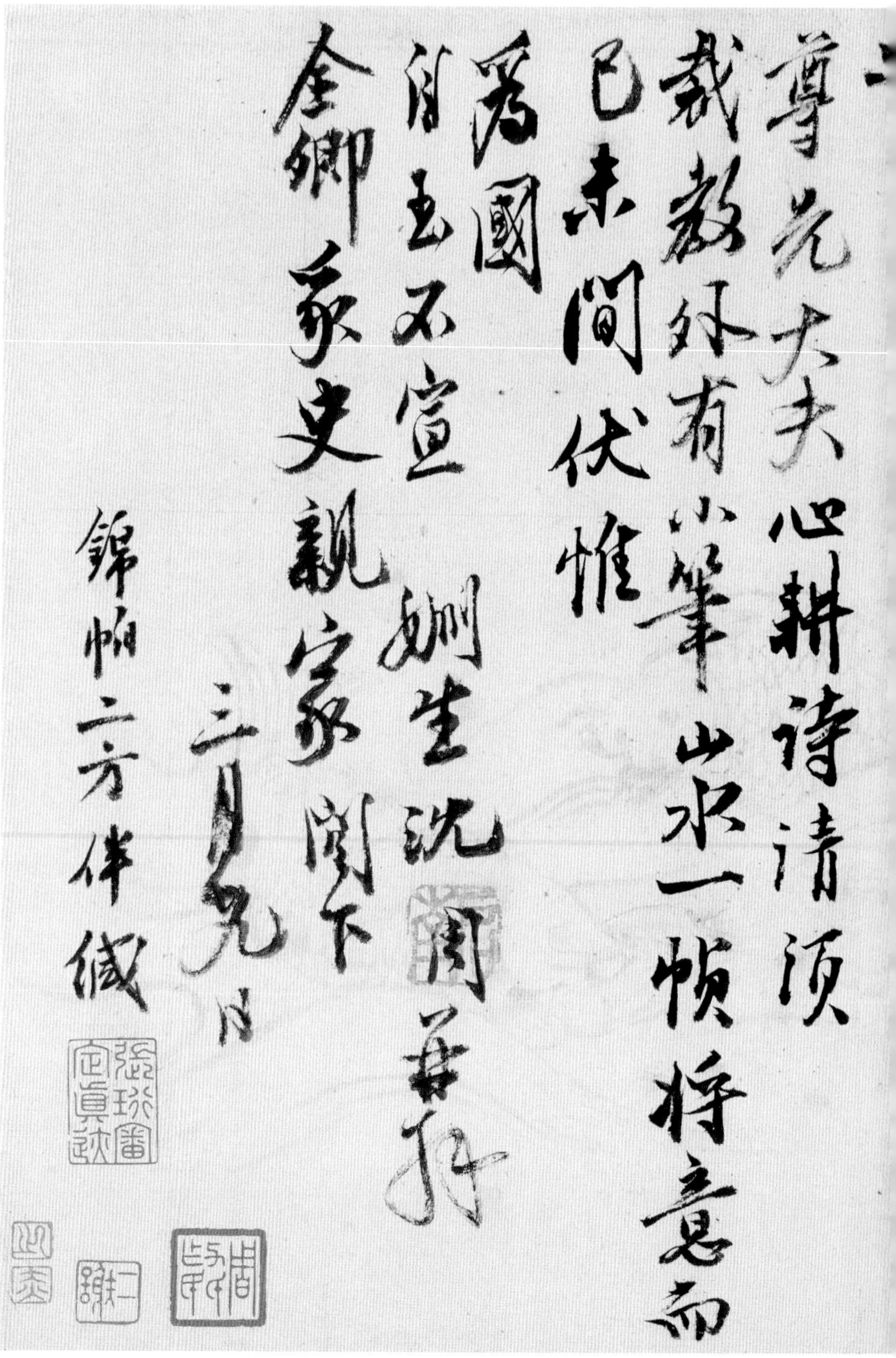

释文：

向自金仲，寄至苏合丸，珍佩、珍佩。日来知德与位称声光，向隆可见，德门旧族，风致自殊。卫中运士还极言，佩荷足激，乡里近时薄风，健羡、健羡。寒舍饥垫中，又以则户点解，村僮皆愚于料物托揽好耳。所司交纳利害，略不知头绪，尚有核桃一色，知待新方收，因不敢赍价去，缘僮俱非惜家者，凡百事为，恃在故旧之爱，希为指点，帡幪当铭刻不浅也。录尔尊先大夫心耕诗，请须裁教。外有小笔山水一帧，将意而已，未间伏惟为国，自玉不宣。姻生沈周再拜全卿豸史亲家阁下　三月廿九日　锦帕二方伴缄

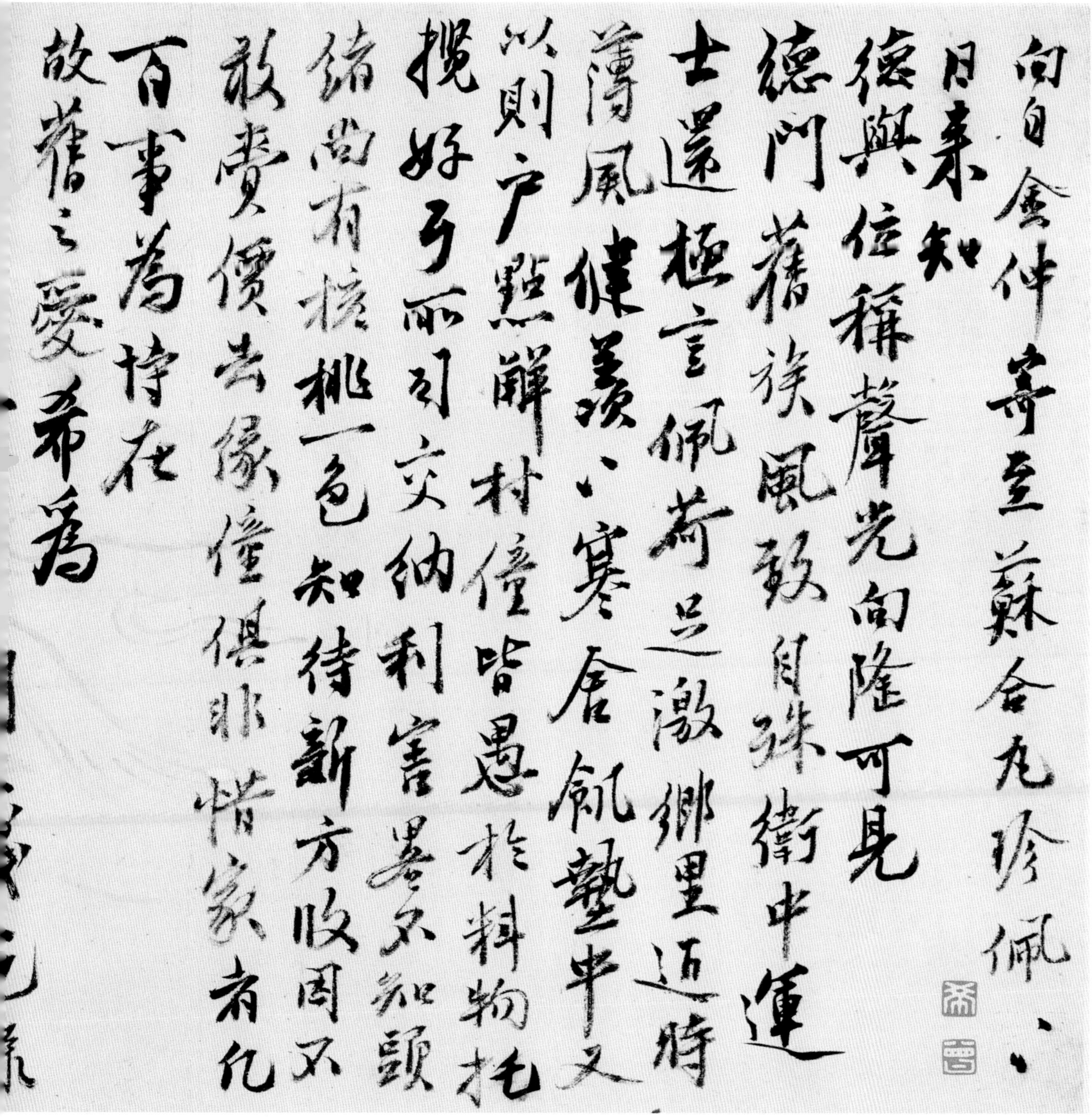

40

姜立綱　楷書節錄張載東銘冊

紙本　楷書　八開十五頁
頁縱28.7厘米　橫14.8厘米

Jie Lu Zhang Zai "Dong Ming" (Excerpts from the essay "Dong Ming" of Zhang Zai) in regular script
By Jiang Ligang (Dates unknown)
Album of 8 leaves, ink on paper
H. 28.7cm　L. 14.8cm

姜立綱(生卒年不詳)，字廷憲，號東溪，明代瑞安(今屬浙江)人。七歲以能書命為翰林秀才，明天順年授中書舍人。善楷書，清勁方正，自成一家。宮殿匾額多出其筆。中書科寫制誥悉宗之。日本曾遣吏求匾，立綱為書之，其國人每自誇曰："此中國惠我之寶也"。嘗臨湖舍作"皆春"二字，適有操舟過其前，衝濤駭浪，其書遂成風波行舟之勢，行於天下，曰"姜字"。

《節錄張載東銘冊》無名款，末鈐"廷憲"(朱文)印。後幅有明代東廬題記。

此冊用筆勁健方正，結體緊密，筆墨厚重，得力於柳公

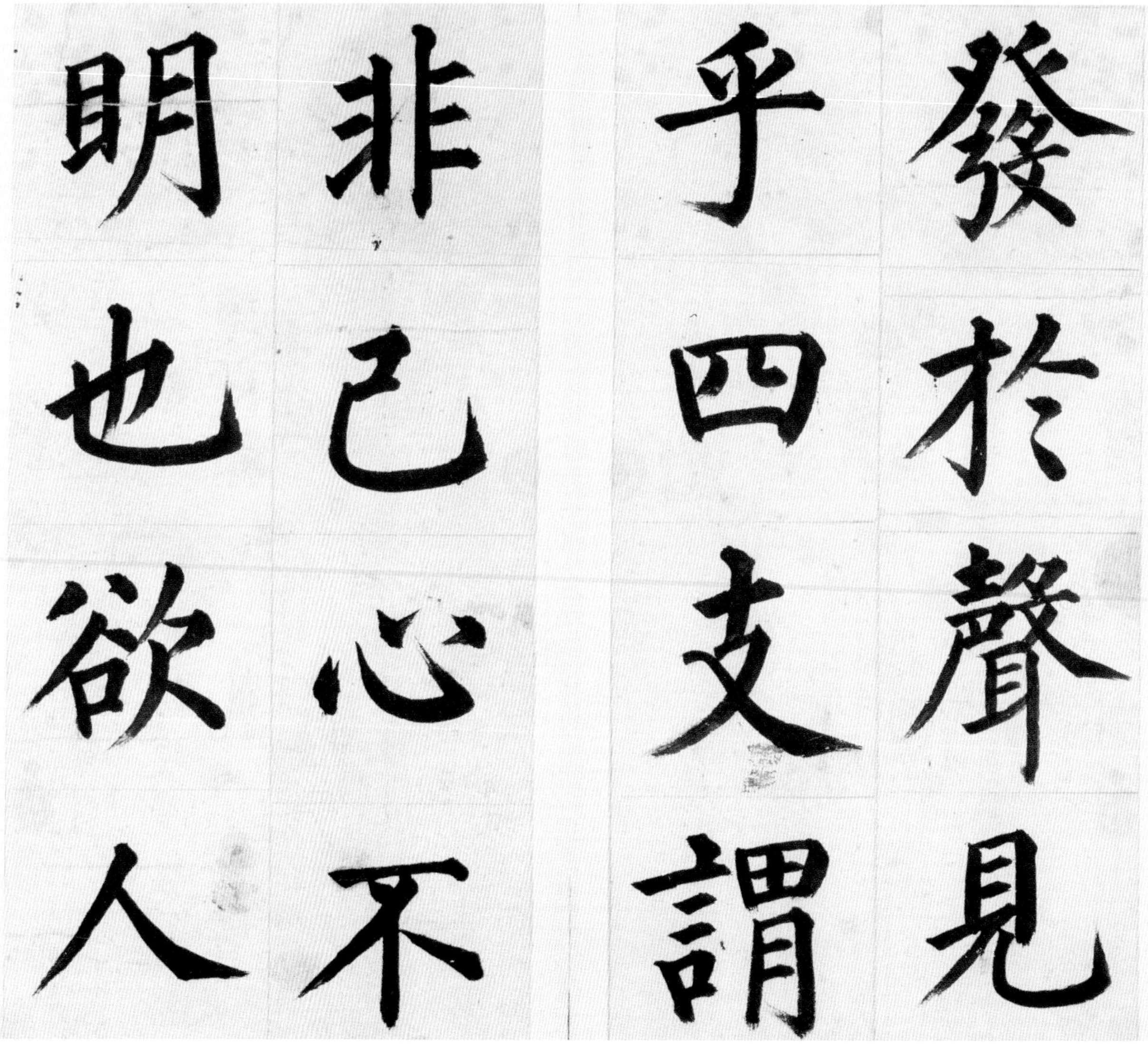

第二開

權書法。但一些筆畫過於板滯，不脫“台閣體”遺風。

鑑藏印記：“乾隆御覽之寶”（朱文）、“嘉慶御覽之寶”（朱文）、“石渠寶笈”（朱文）、“御書房鑑藏寶”（朱文）。

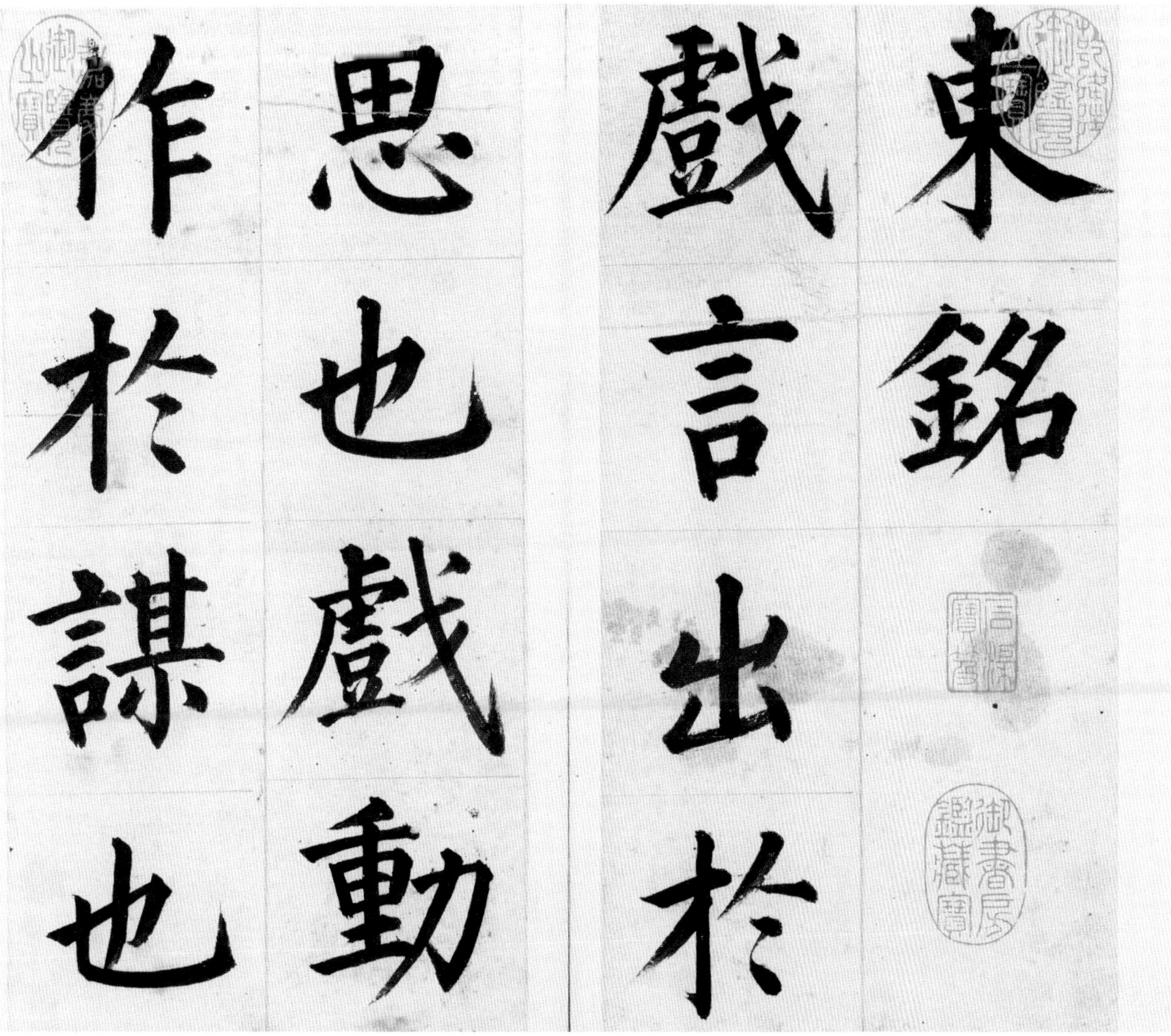

第一開

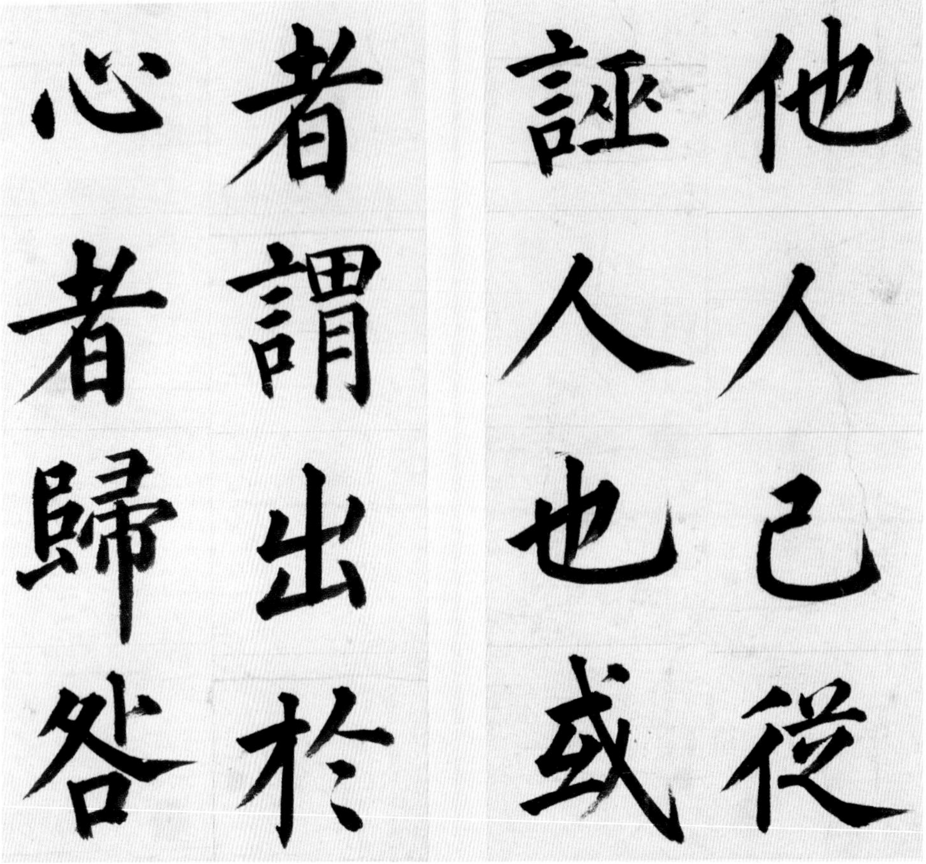
他人己從
誣人也或
者謂出於
心者歸咎
第四開

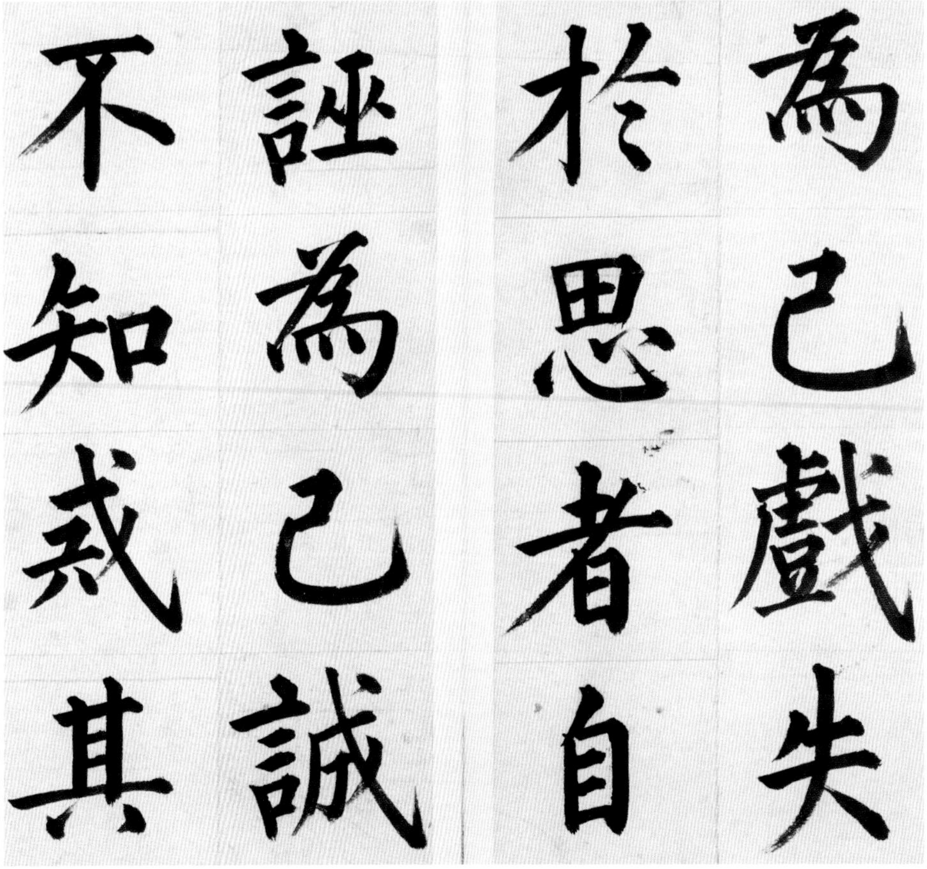
爲己戲失
於思者自
誣爲己誠
不知戒其
第六開

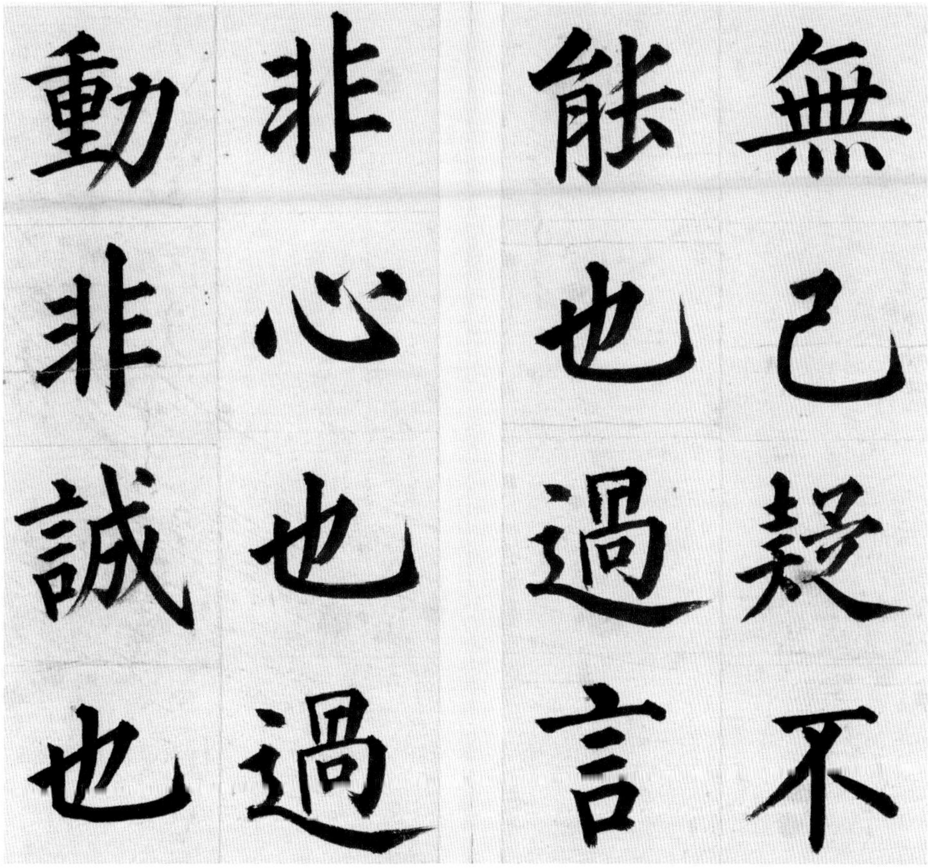
無己疑不
能也過言
非心也過
動非誠也

第三開

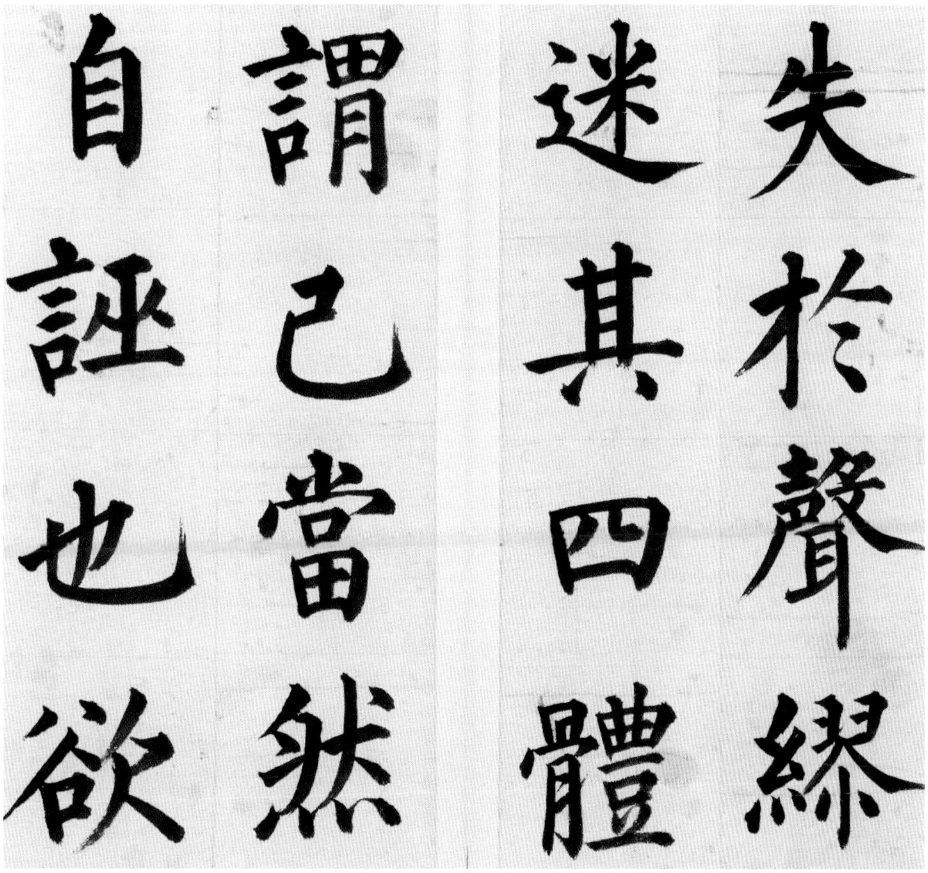
失於聲繆
迷其四體
謂己當然
自誣也欲

第五開

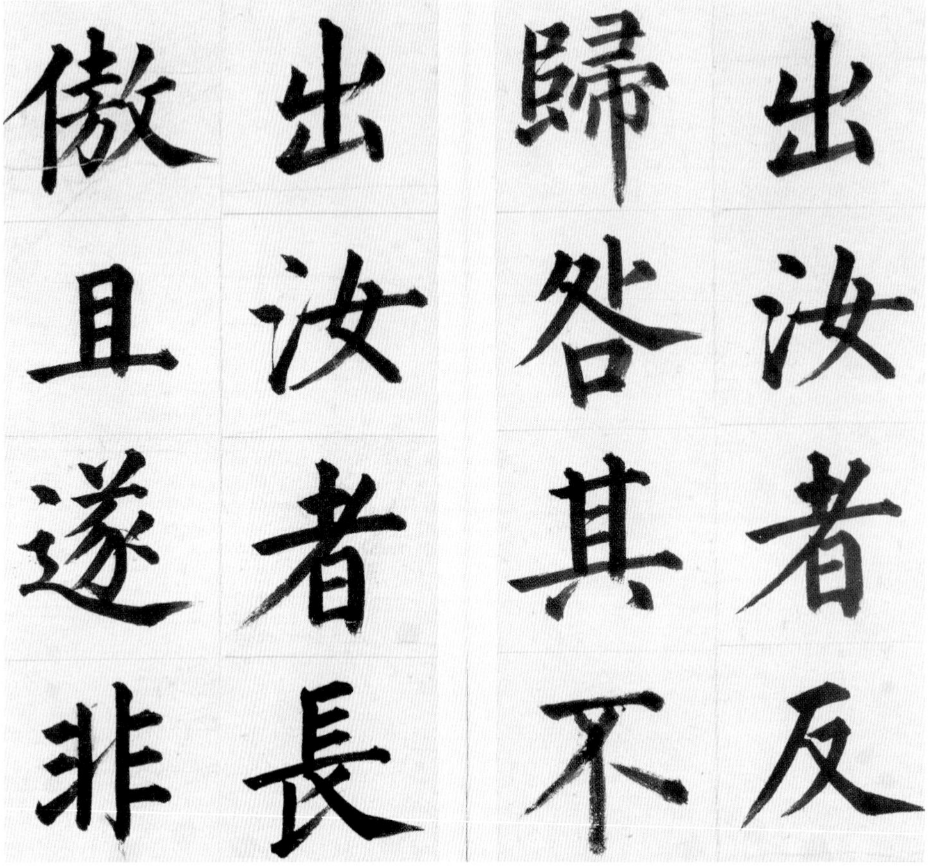
出汝者反
歸咎其不
出汝者長
傲且遂非
第七開

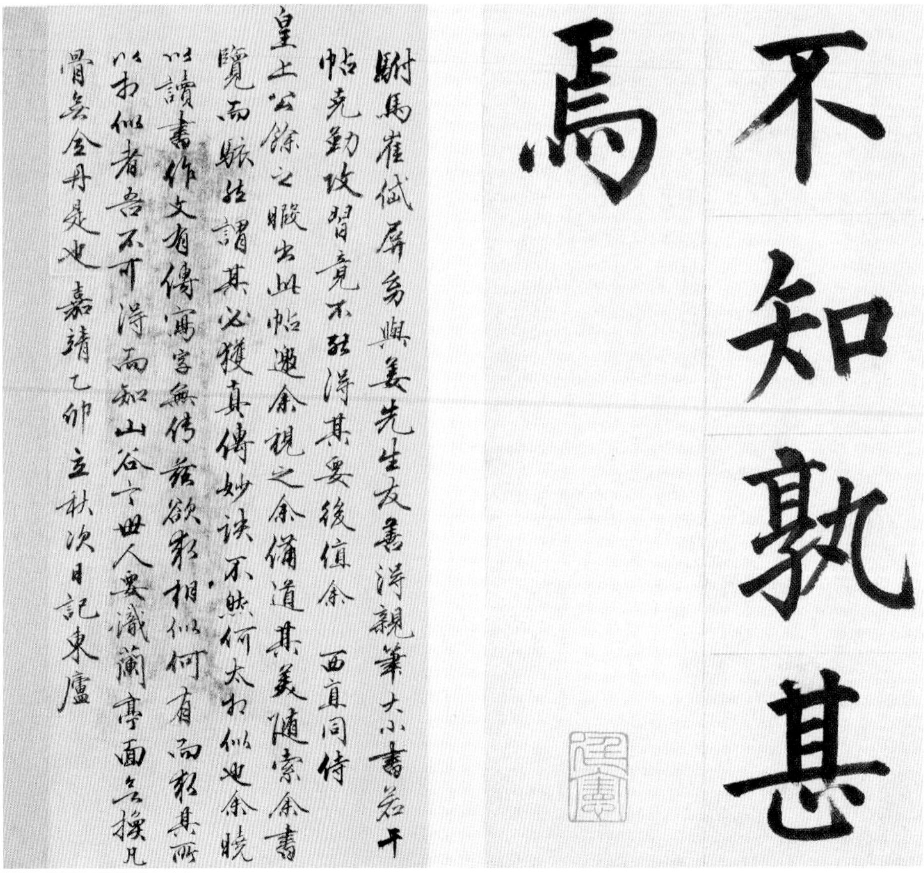
不知孰甚
焉
第八開

41

馬愈　行書暑氣帖頁

紙本 行書
縱23.7厘米 橫38厘米

Shu Qi Tie (A short letter) in running script
By Ma Yu (Dates unknown)
Leaf, ink on paper
H. 23.7cm　L. 38cm

馬愈(生卒年不詳)，字抑之，號華髮仙人，明代嘉定(今屬上海)人。天順八年(1464)進士，官至刑部主事。能詩文，善書法，縱逸不羈，人稱"馬清癡"。亦工畫山水，與杜瓊、劉珏等齊名。

《暑氣帖頁》是馬愈致友人的信札。款署"馬愈奉醫相杜先生閣下"，鈐"抑之"(朱文)印。本幅清陳其錕題跋兩行。

此帖書法行筆縱橫不羈，體勢開張隨意而不求工致，書體瘦勁奔放，氣息朗暢。陳其錕跋中稱："此書骨力排奡，縱宕不羈"。

鑑藏印記："朱之赤鑑賞"(朱文)、"顧崧之印"(白文)、"儀周鑑賞"(白文)、"伍元蕙儷荃氏"(朱文)、"張珩私印"(白文)、"周氏作民"(朱文)等。

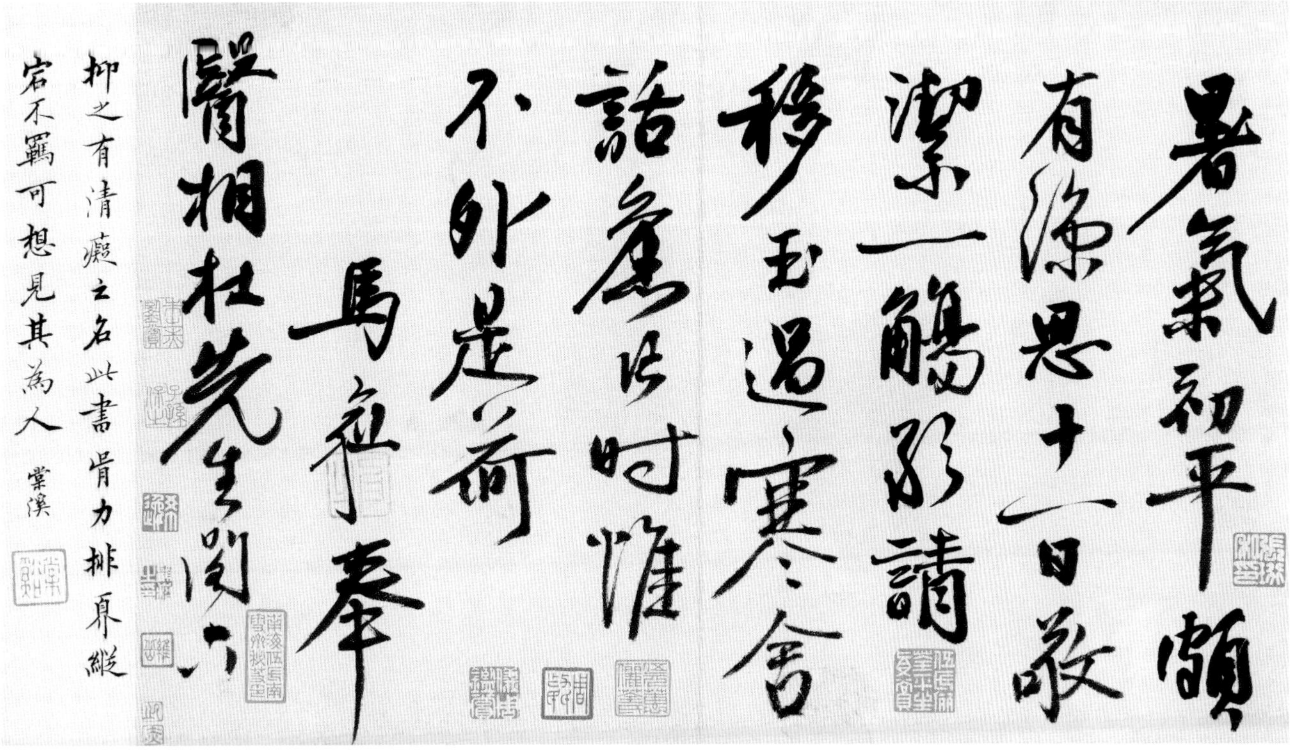

釋文：暑氣初平，頗有涼思，十一日敬潔一觴，敢請移玉過寒舍話舊片時，惟不外是荷。　馬愈奉醫相杜先生閣下

42

吳寬　楷書韓夫人墓誌銘冊
紙本　楷書　五開半
開縱27.1厘米　橫28.9厘米

Han Fu Ren Mu Zhi Ming (Epitaph for Madame Han) in regular script
By Wu Kuan (1435-1504)
Album of 5 and a half leaves, ink on paper
H. 27.1cm　L. 28.9cm

吳寬（1435—1504），字原博，號匏庵，又號玉延亭主，明代長洲（今江蘇蘇州）人。成化八年（1472）會試、廷試均得第一，授修撰，預修《憲宗實錄》。弘治八年（1495）擢吏部右侍郎，官至禮部尚書，卒謚文定，贈太子太保。詩文深厚濃郁，書學蘇軾，明王鏊《震澤集》稱："寬作書姿潤中時出奇倔，雖規模於蘇而多自得"。著有《匏翁家藏集》。

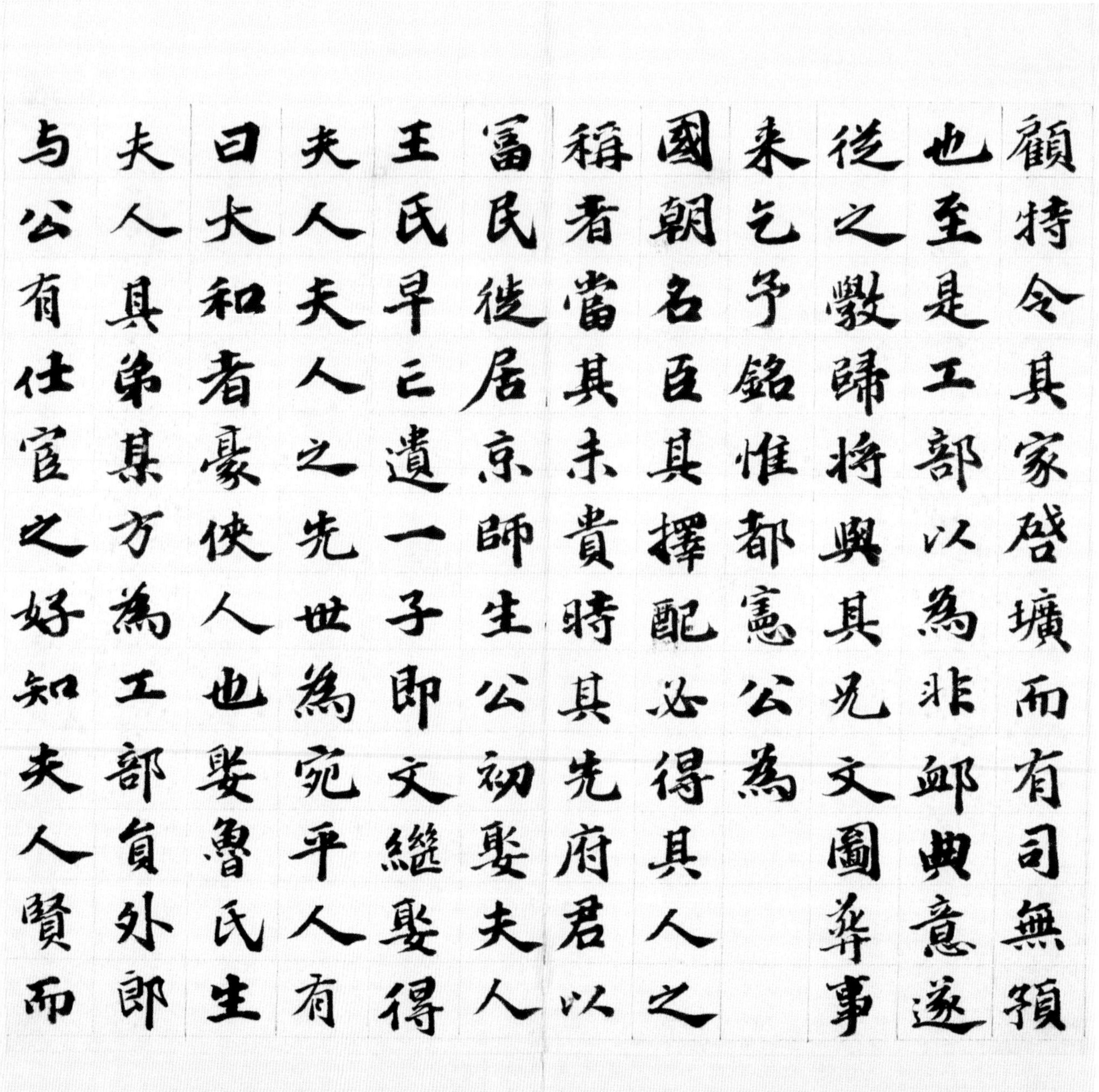
顧特令具家啓壙而有司無預
也至是工部以為非郎典意遂
從之數歸將與其兄文圖葬事
来乞予銘惟都憲公為
國朝名臣其擇配必得其人之
稱者當其未貴時其先府君以
富民徙居京師生公初娶夫人
王氏早已遺一子即文繼娶得
夫人夫人之先世為宛平人有
曰大和者豪俠人也娶魯氏生
夫人具弟某方為工部員外郎
与公有仕宦之好知夫人賢而

第二開

《韓夫人墓誌銘冊》為吳寬撰並書，從韓夫人金氏去逝時間推斷，此時吳寬應在六十四至六十六歲間。款署“嘉議大夫、吏部右侍郎、前史官里人吳寬撰”，鈐“原博”(朱文)、“延陵”(朱文)、“古太史氏”(朱文)印。

吳寬書法源於蘇軾，得其天真潤美之態，而又有自己寬博開闊之勢。此冊書法結構緊密，字體方整，氣勢莊嚴，略存隸書筆意。

鑑藏印記：“乾隆御覽之寶”(朱文)、“嘉慶御覽之寶”(朱文)、“石渠寶笈”(朱文)、“御書房鑑藏寶”(朱文)。

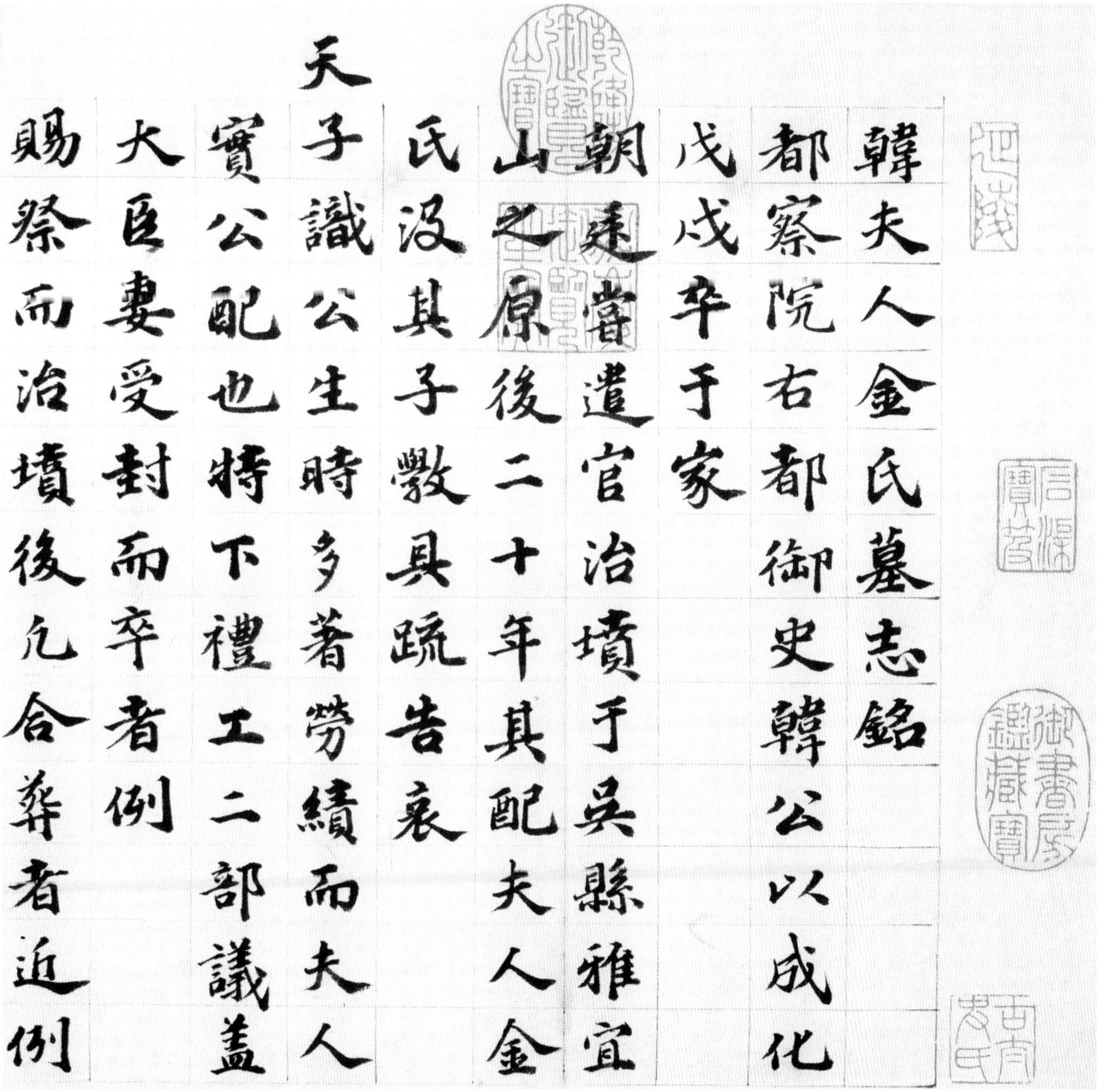
韓夫人金氏墓志銘
都察院右都御史韓公以成化
戊戌卒于家
朝廷嘗遣官治墳于吳縣雅宜
山之原後二十年其配夫人金
氏沒其子數具疏告哀
天
子識公生時多著勞績而夫人
實公配也特下禮工二部議蓋
大臣妻受封而卒者例
賜祭而治墳後凡合葬者近例

第一開

舅姑以孝從行則事公以順公
性爽邁少暇輒具酒饌与賓佐
樂飲夫人治具畢獨以釃澹自
奉平居衣服亦無紈綺之麗人
不知其為命婦也及公致仕後
儉德益甚迨至寢居尤嚴於治
家僮奴輩帖帖無敢縱者當病
亟子婦請醫禱輒戒以有命則
使啓篋視之凡殮具無弗備者
可謂明達矣蓋年六十九而卒
其生宣德戊申八月二日卒于
弘治丙辰閏三月二十六日葬

第四開

帝命守臣爰啓封雅宜山氣俄欝
慈女婦孰克榮始終子孫来視
當無窮　嘉議大夫吏部右
侍郎前史官里人吳寬撰

第六開

可配始娶之朱幾公以監察御
史出巡江西夫人謂公曰長洲
故鄉也無第宅可居他日公何
所歸乎公以為然明年還過吳
中始卜居東城下而公竟歸老
于此公歷仕中外至長憲臺功
業卓然夫人亦從受封可謂當
貴矣然處之自如未嘗有矜喜
色中間公以直道忤人三被降
黜夫人亦不憂且時慰公曰公
心無愧造物者豈令公終在人
下耶已而皆驗夫人居家則奉

第三開

以戊午　月　日子男三
文光祿寺典簿娶吉安知府張
某女繳工部司務娶浙江布政
司參議甯某女敞側室王氏出
娶安吉主簿朱某女女一適蘇
州衛指揮使謝瑛夫人出也孫
男三勳勤勣勳府學生女三曾
孫男四女三銘曰
憲臺卓卓維韓公江嶺植立功
允崇夫人秉嬪婉德容受
恩錫號榮則同閨閫內助嗟成
功偹歸于茲全厥躬

第五開

43

李東陽　草書甘露寺詩軸

紙本　草書
縱111.5厘米　橫35.5厘米

Gan Lu Si Shi (A poem on Gan Lu Temple) in cursive script
By Li Dongyang (1447-1516)
Hanging scroll, ink on paper
H. 111.5cm　L. 35.5cm

李東陽(1447—1516)，字賓之，號西涯，明代茶陵(今屬湖南)人。天順八年(1464)進士。選庶吉士，授編修，累遷侍講學士，加太子太保吏部尚書，華蓋殿大學士。宦官劉瑾專政時，依附周旋，為時人不滿。因其地位顯要，他的詩在當時很有影響，為“茶陵詩派”領袖。書法擅篆、隸、行、草諸體，自成一家。有《懷麓堂集》、《詩話》、《燕對錄》。

軸書七言律詩一首。款署“甘露寺　西涯”，鈐“賓之”(朱文)印。

此帖行筆流便，連綿不絕，張弛有度，清逸雋秀，受黃庭堅草書影響較大。

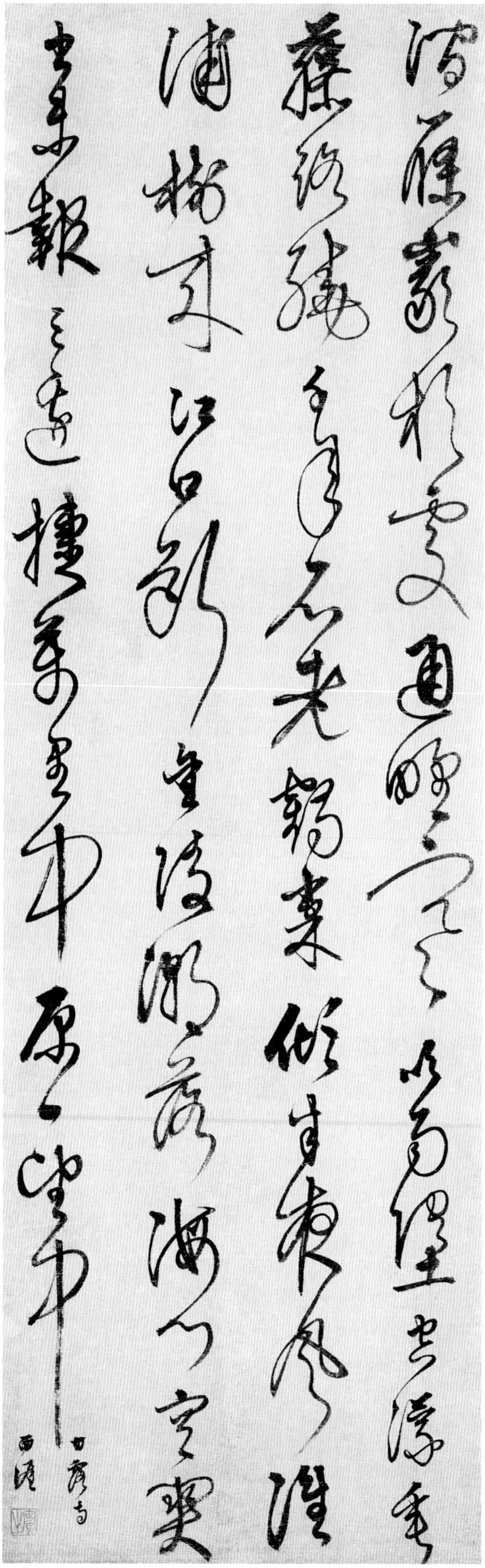

釋文：
澗篠嚴杉處通墅，寒吹雨墮空濛。垂藤路繞千年石，老鶴巢傾半夜風。淮浦樹來江口斷，金陵潮落海門空。關書未報三邊捷，萬里中原一望中　甘露寺　西涯

44

金琮　草書七絕詩軸

紙本 草書
縱148.1厘米 橫29.6厘米

Qi Jue Shi (seven-syllable quatrain) in running script
By Jin Cong (1449-1501)
Hanging scroll, ink on paper
H. 148.1cm　L. 29.6cm

金琮（1449—1501），字元玉，嘗遊赤松山，自號赤松山農，明代金陵（今江蘇南京）人。好吟詠，為"金陵才子"之一。屢試不第。工畫墨梅，奪楊補之筆意。擅書法，十二、三歲時即能作大字。

軸書七言絕句一首，款署"元玉"，鈐"金氏元玉"（白文）、"金芝丹室"（白文）印。

此帖書法得趙孟頫筆法，用筆圓潤流暢，瀟灑飄逸，線條清秀典雅，是金琮書法的代表之作。清代錢謙益《列朝詩集小傳》曰："金琮善書，初法趙子昂，晚年學張伯雨，精工可愛"。

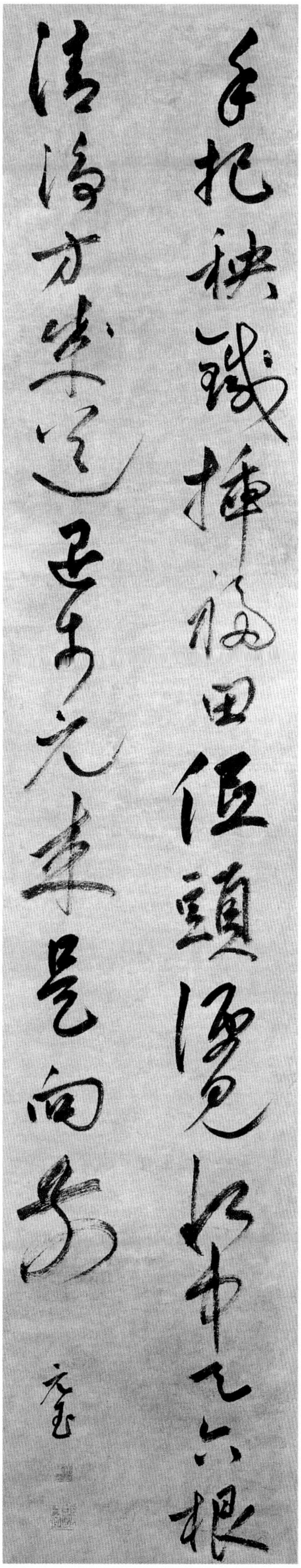

釋文：
手把秧鐵插福田，
低頭便見水中天。
六根清淨方成道，
退步元來是向前。
元玉

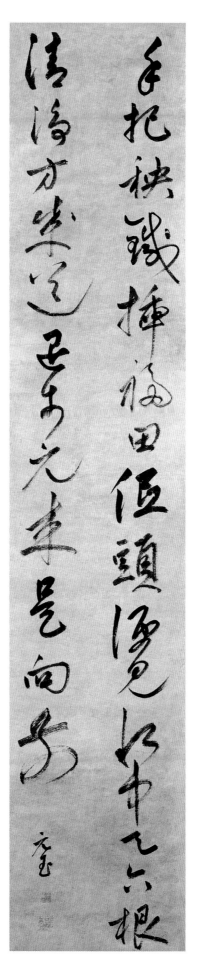

45

張駿　草書遣子畢姻札卷

紙本 草書
縱24厘米 橫230厘米

Qian Zi Bi Yin Zha (A letter for sending son to get married) in cursive script
By Zhang Jun (Dates unknown)
Handscroll, ink on paper
H. 24cm　L. 230cm

張駿(生卒年不詳)，字天駿，號南山，明代華亭(今上海松江)人。景泰四年(1453)舉於鄉，成化初為中書舍人，直文華殿，以禮部尚書致仕。工書法，與張弼齊名，時稱"二張"。擅行、草、隸、篆書，草書宗懷素，得其神，有自己獨特的風格。

《遣子畢姻札卷》是張駿致"唐親家"的禮書。首署"北京遣第三子雲鶴還松江畢姻，與唐親家書"，末署"清河郡眷生張駿拜手，畫繡堂書"，鈐"綠屋人仙"(朱文)、"金紫清華"(朱文)、"世經科第"(朱文)印。卷後有唐翰題、羅振玉題跋。

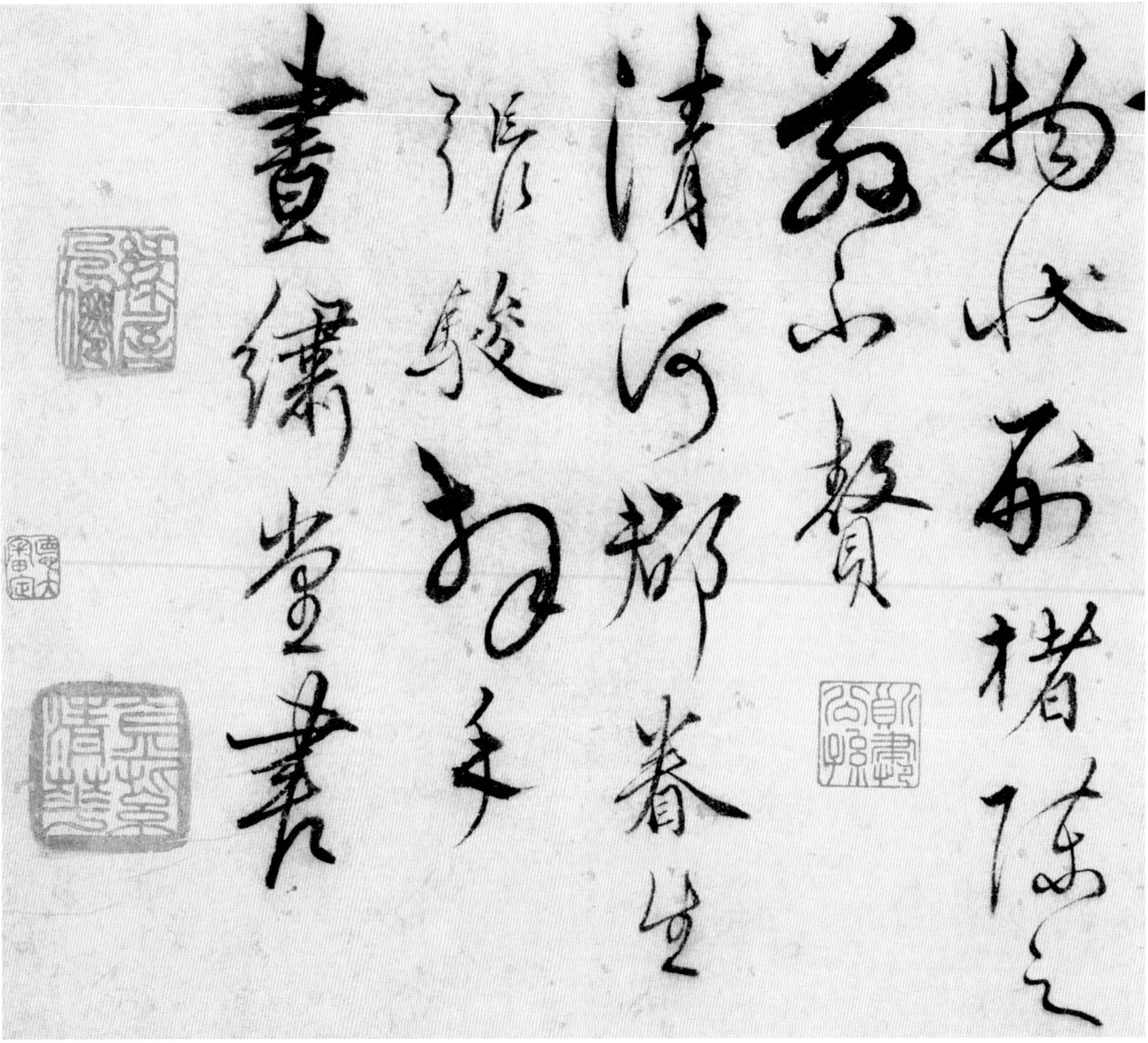

此卷書法筆墨精潤，點畫起落輕重分明，使轉靈變，呈現出圓潤妍美、勁健瀟灑的風韻。

鑑藏印記："嘉興唐翰題子冰書畫記"(白文)、"德大審定"(朱文)、"羅振玉印"(白文)等。

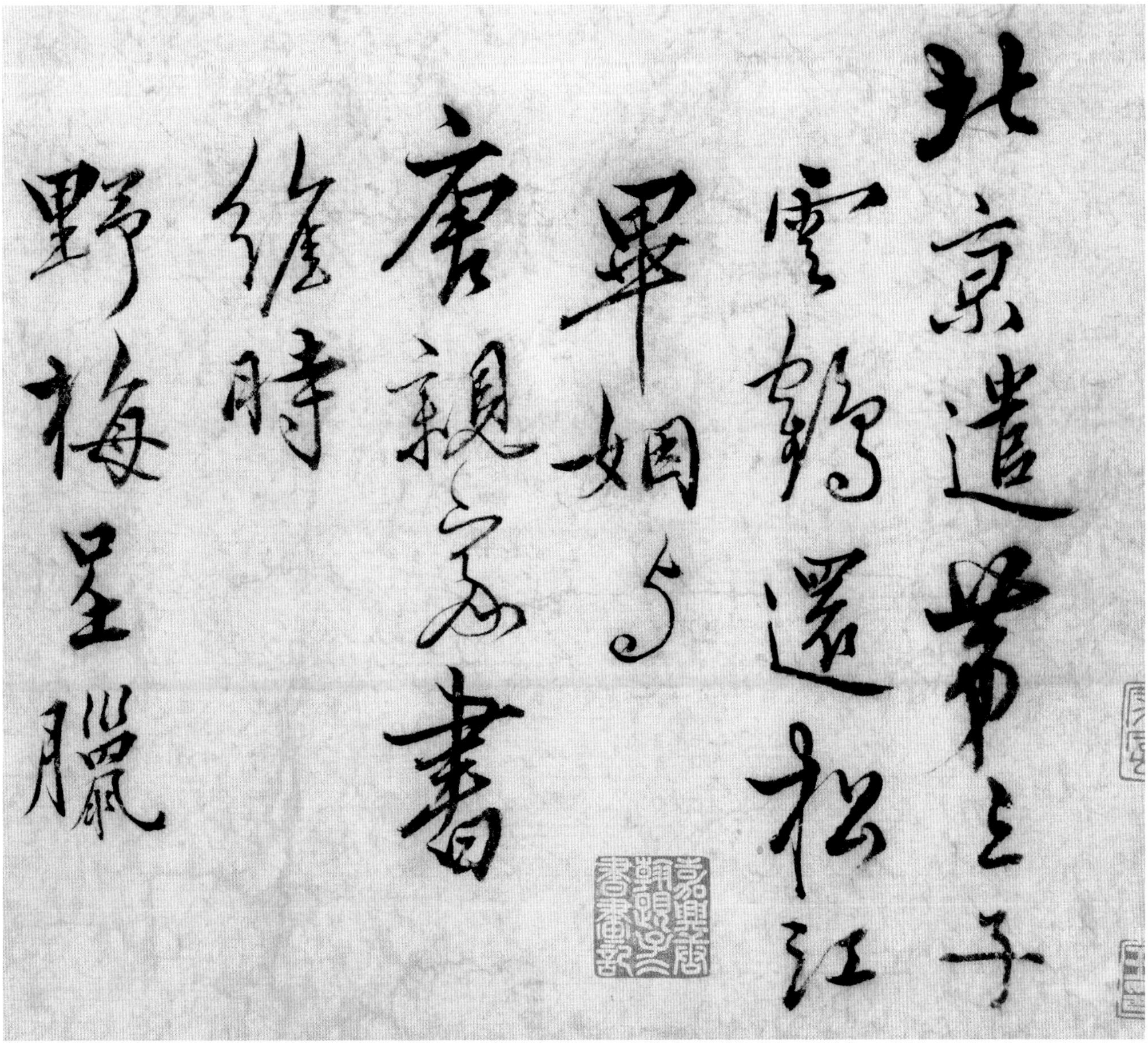

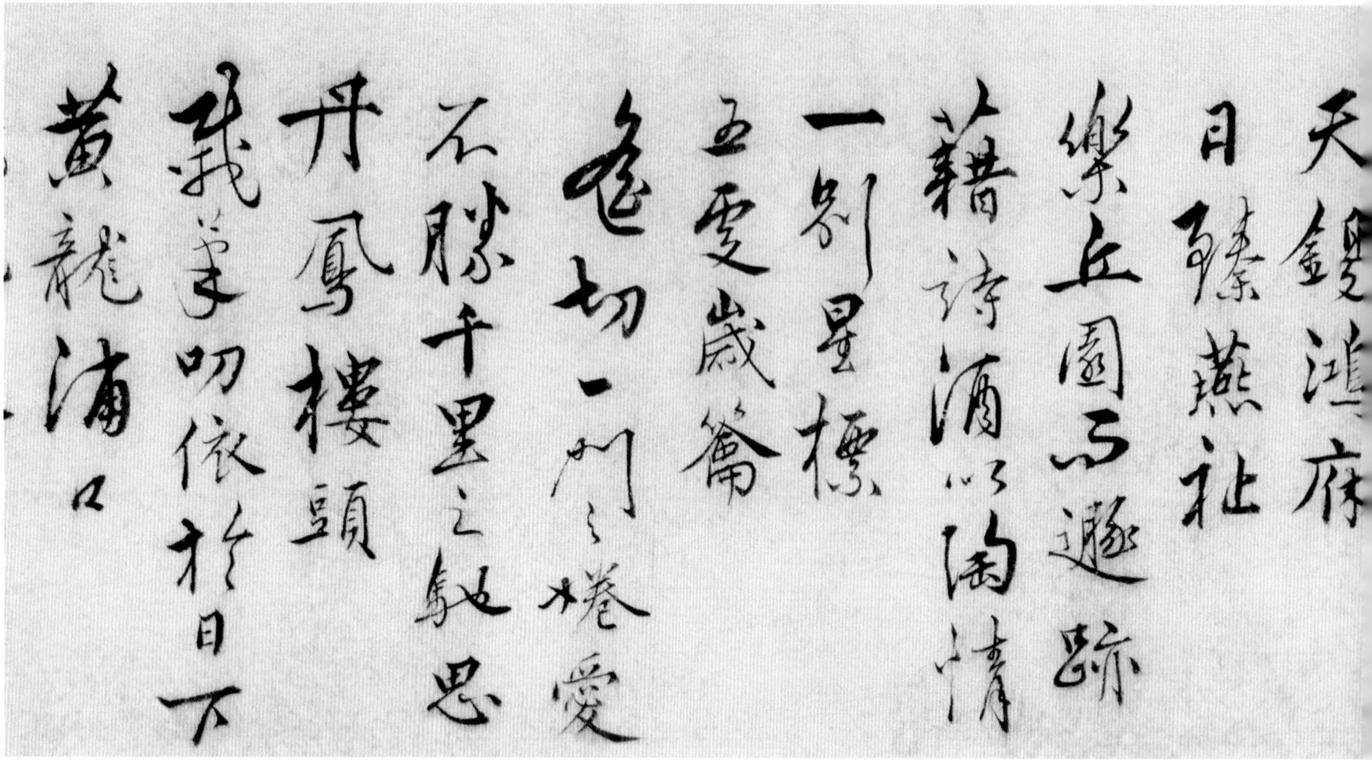

釋文：北京遣第三子雲鶴還松江畢姻，與唐親家書。維時野梅呈臘，宮柳回春，共諗晉國郡尊太親家，闔閫寶聚前。天錫鴻庥，日臻燕祉。樂丘園而遯跡，藉詩酒以陶情。一別星標，五更歲籥，遙切一門之婘愛，不勝千里之馳思。丹鳳樓頭，載筆叨依於日下，黃龍浦口，

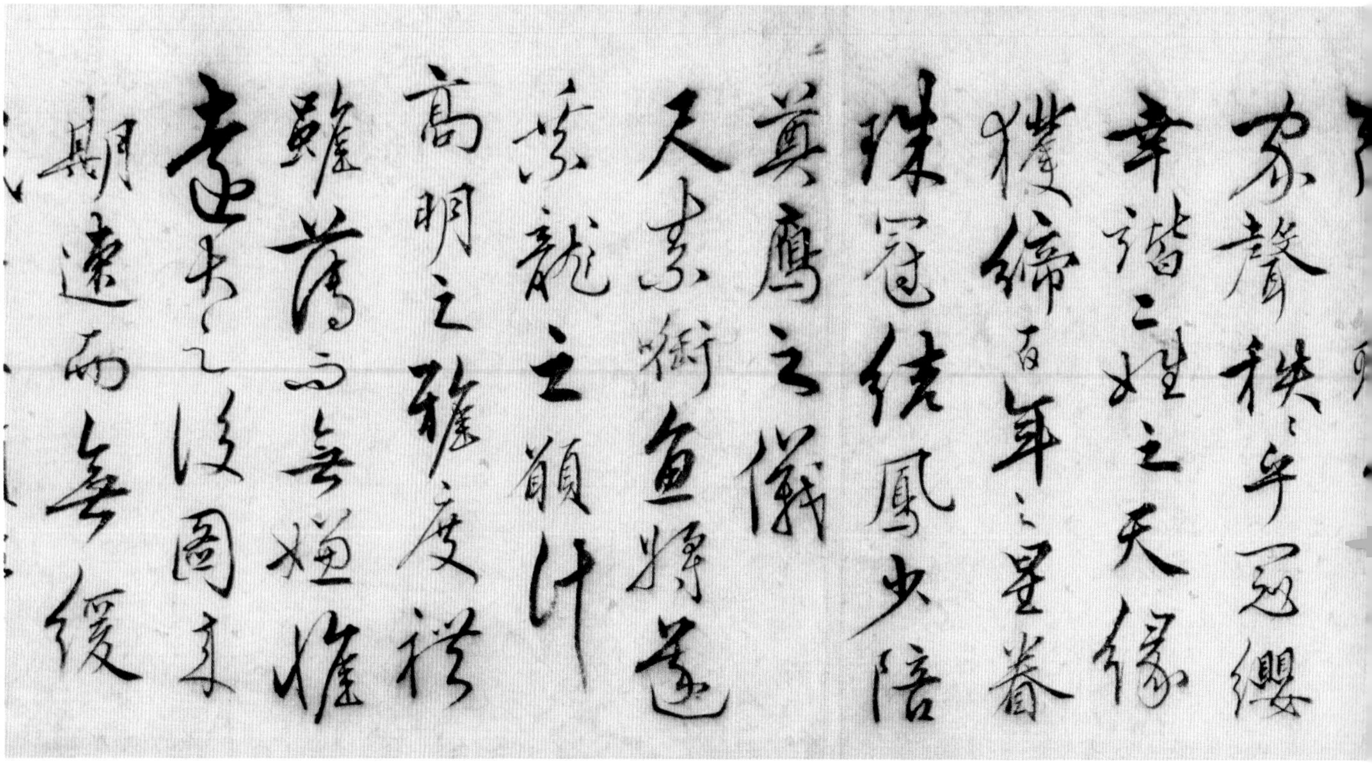

飛帆未得向江南。暑遞往而寒遞來，霎然過眼，男將婚而女將嫁，寔爾勞心。且小兒繆習僰夷書，濫膺冠帶。而令愛素閑紅女繡，宜施衿鞶言。念唐子方以來，世系緜緜乎瓜瓞；張公瑾而下，家聲秩秩乎冠纓。幸諧二姓之天緣，獲締百年之星眷。珠冠結鳳，少陪奠鷹之儀，尺素唧魚，將遂乘龍之願。計高明之雅度，禮雖薄而無嫌，惟遠大之後圖。來期速而無緩，

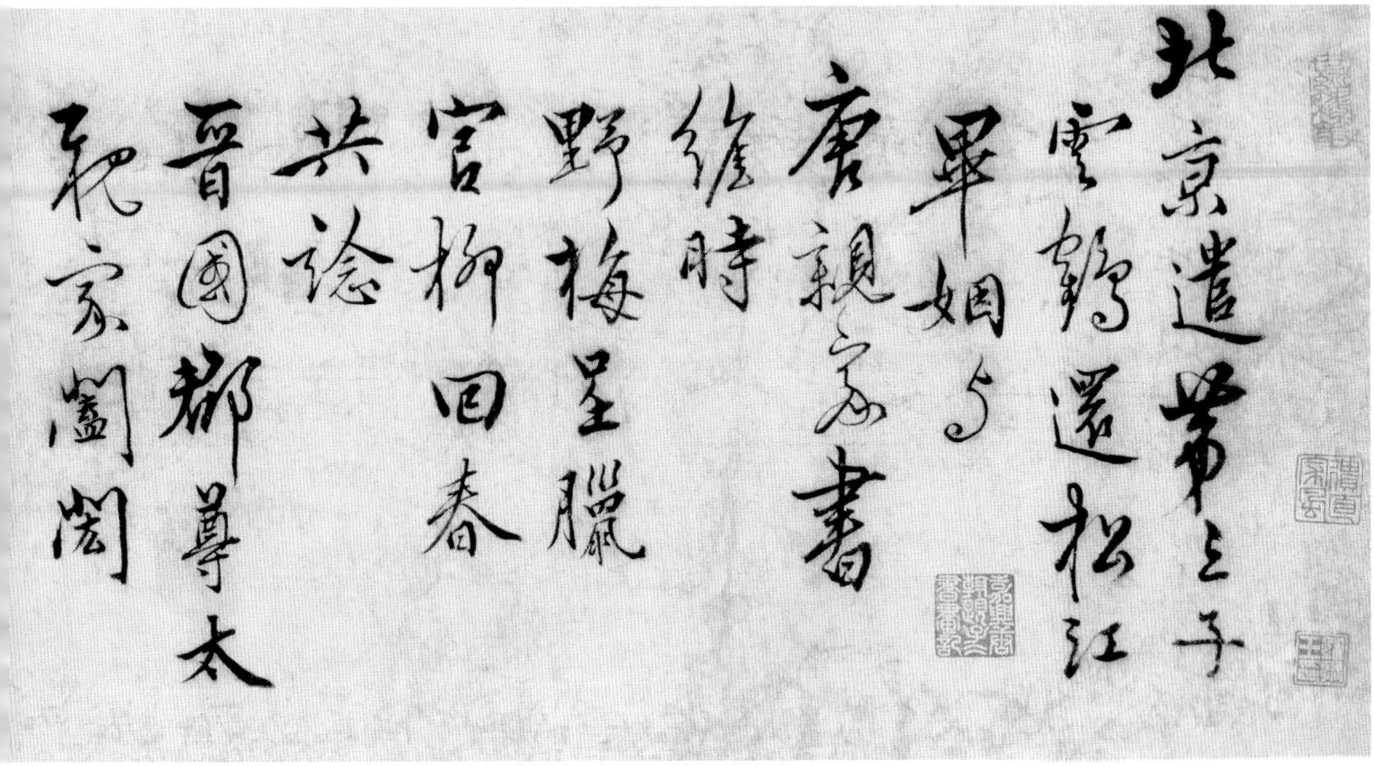

《遣子畢姻札卷》之一

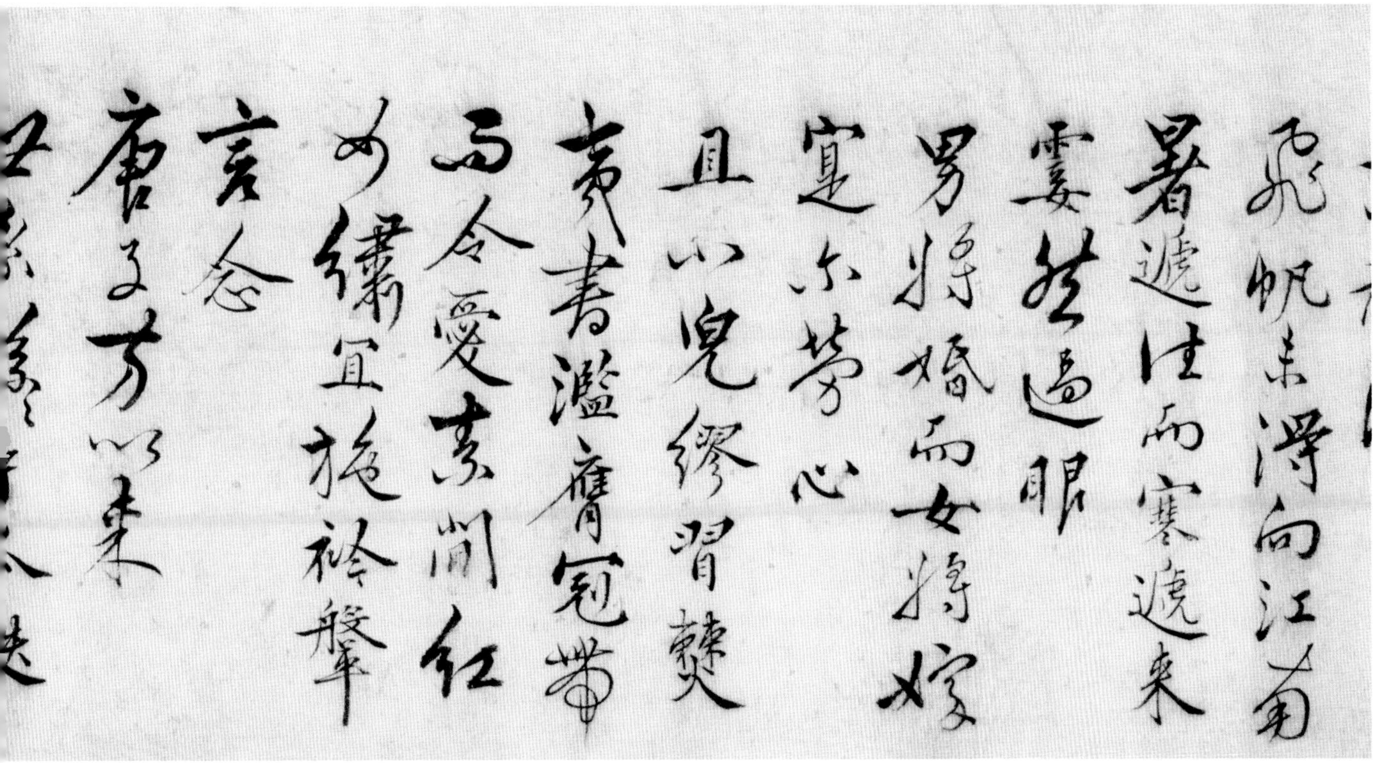

《遣子畢姻札卷》之二

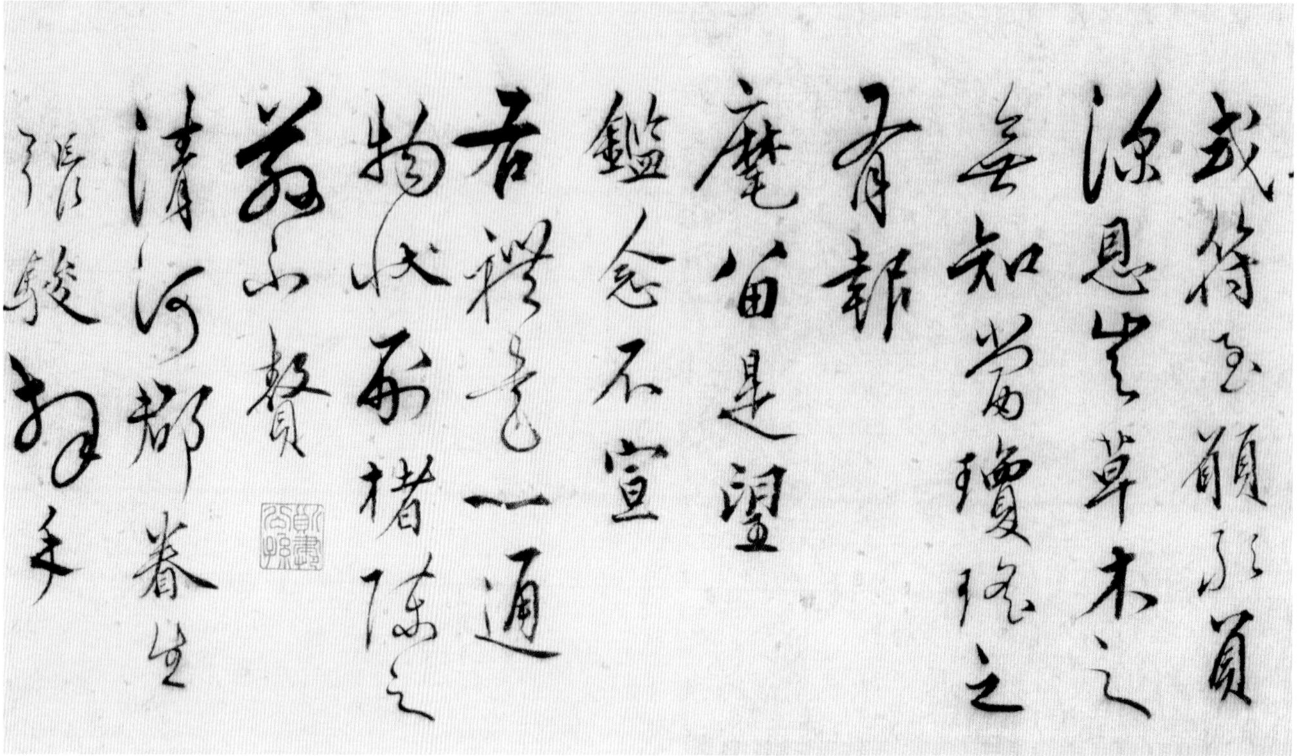

《遣子畢姻札卷》之三

或符至願，敢負深恩，豈草木之無知，當瓊瑤之有報。龐留是望，鑑念不宣。右禮書一通，物狀刑楮，陳之蓀不贅。清河郡眷生張駿拜手

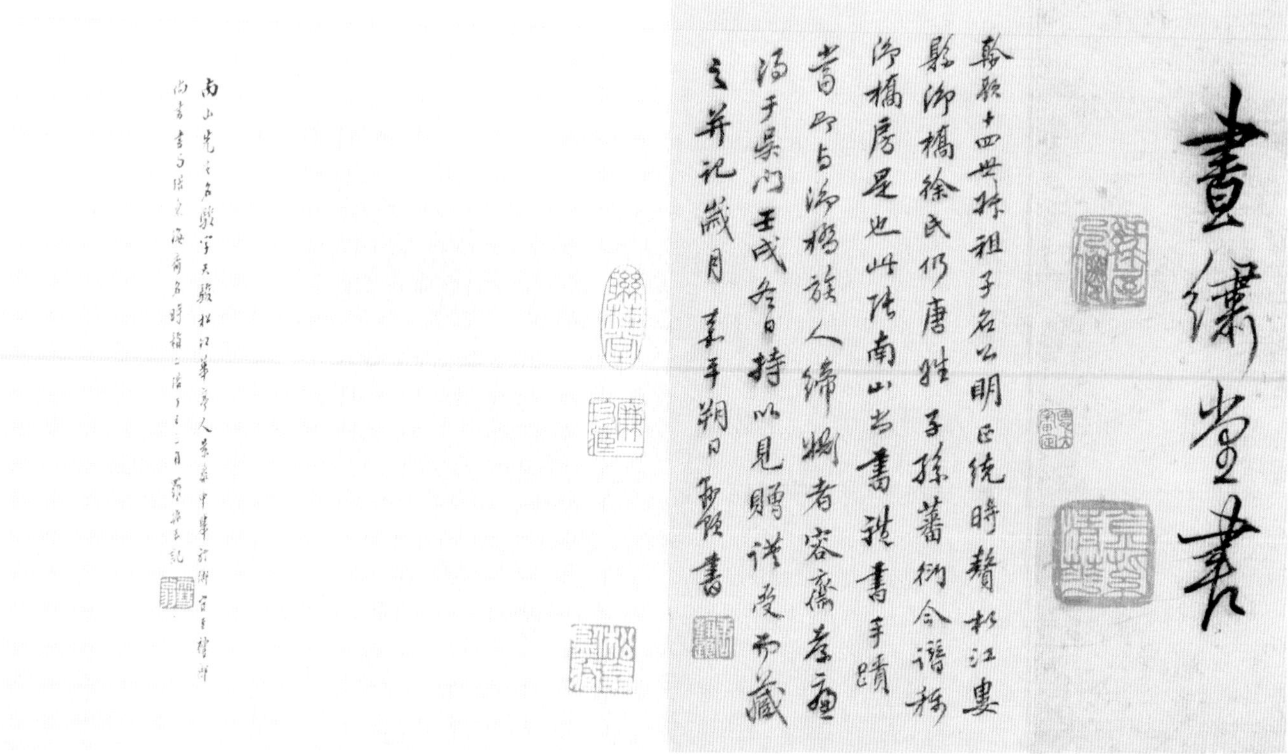

《遣子畢姻札卷》之四

46

張駿　草書貧交行詞軸

紙本 草書
縱153.4厘米 橫62.7厘米

Pin Jiao Xing Ci (Ci, a form of poetry, on friendship between gentlemen in their humble days) in cursive script
By Zhang Jun
Hanging scroll, ink on paper
H. 153.4cm　L. 62.7cm

軸書唐代杜甫《貧交行》詞一首，款署"右杜子美貧交行　天駿"，鈐"金紫清華"（朱文）、"天官大夫"（朱文）等印。

此軸書法宗懷素，神采飛動，揮灑自如，若驚蛇走虺，狂風驟雨。雖揮毫疾馳，但迴旋進退自然有致，將字的大小、長短、軟工有機地組合在一起，既使字與字、行與行之間彼此照應，又使佈白恰到好處。通篇章法佈局安排得當，行氣貫通，氣韻生動，渾然一體。

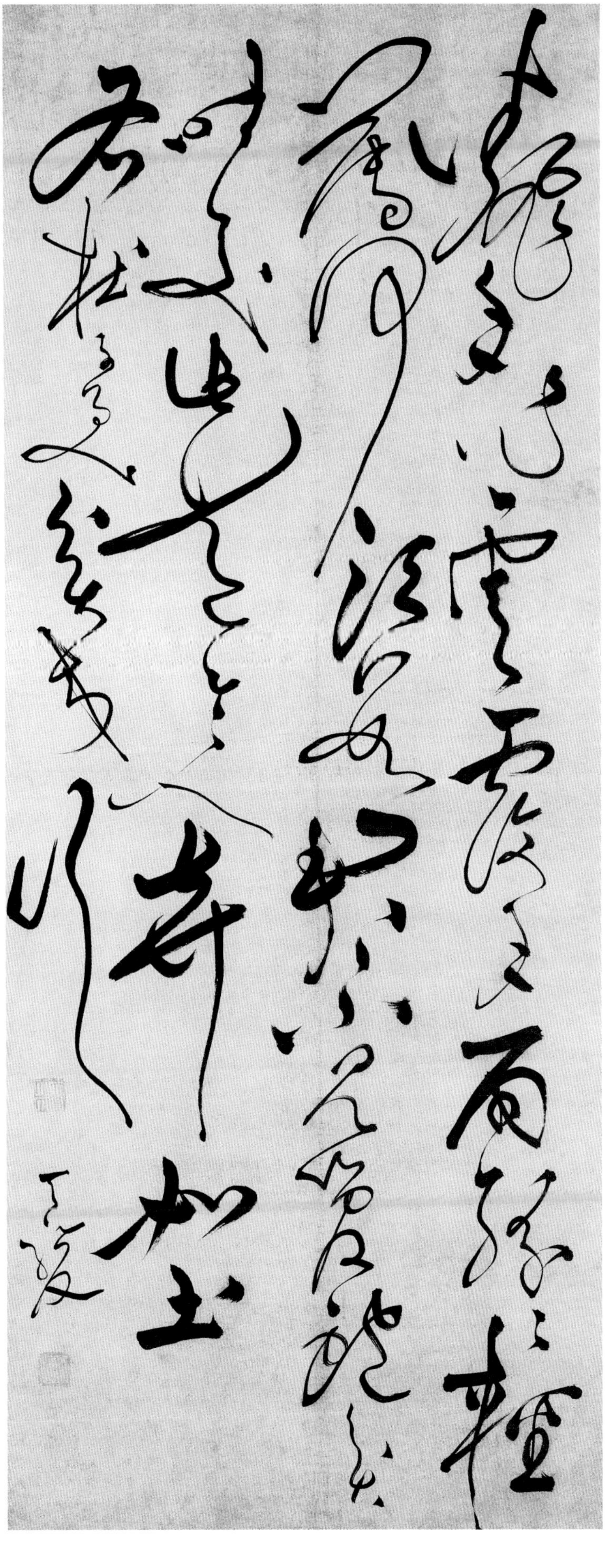

釋文：
翻手作雲覆手雨，紛紛輕薄何須數。君不見管鮑貧時交，此道今人棄如土。　右杜子美貧交行　天駿

47

徐蘭　隸書謝安像贊卷
紙本 隸書
縱30.5厘米 橫86.5厘米

Xie An Xiang Zan (An inscription eulogizing the portrait of Xie An) in official script
By Xu Lan (Dates unknown)
Handscroll, ink on paper
H. 30.5cm　L. 86.5cm

徐蘭（生卒年不詳），字芳遠，號南塘，浙江餘姚人，後徙鄞（今浙江寧波）。《寧波府誌》載：為郡諸生，累舉不第，遂潛心書法。工書，善畫水墨葡萄。楷書師鍾繇，行草師王獻之，尤擅隸書，初法蔡邕，晚年參以己意，時人謂其書法與程南雲並馳。

《謝安像贊》為明正統狀元商輅為謝氏後人藏東晉謝安像所作，徐蘭書。款署“成化十九年（1483）歲次癸卯春二月之吉，榮祿大夫少保吏部尚書兼謹身殿大學士致仕　淳安商輅贊　　四明徐蘭謹書”。

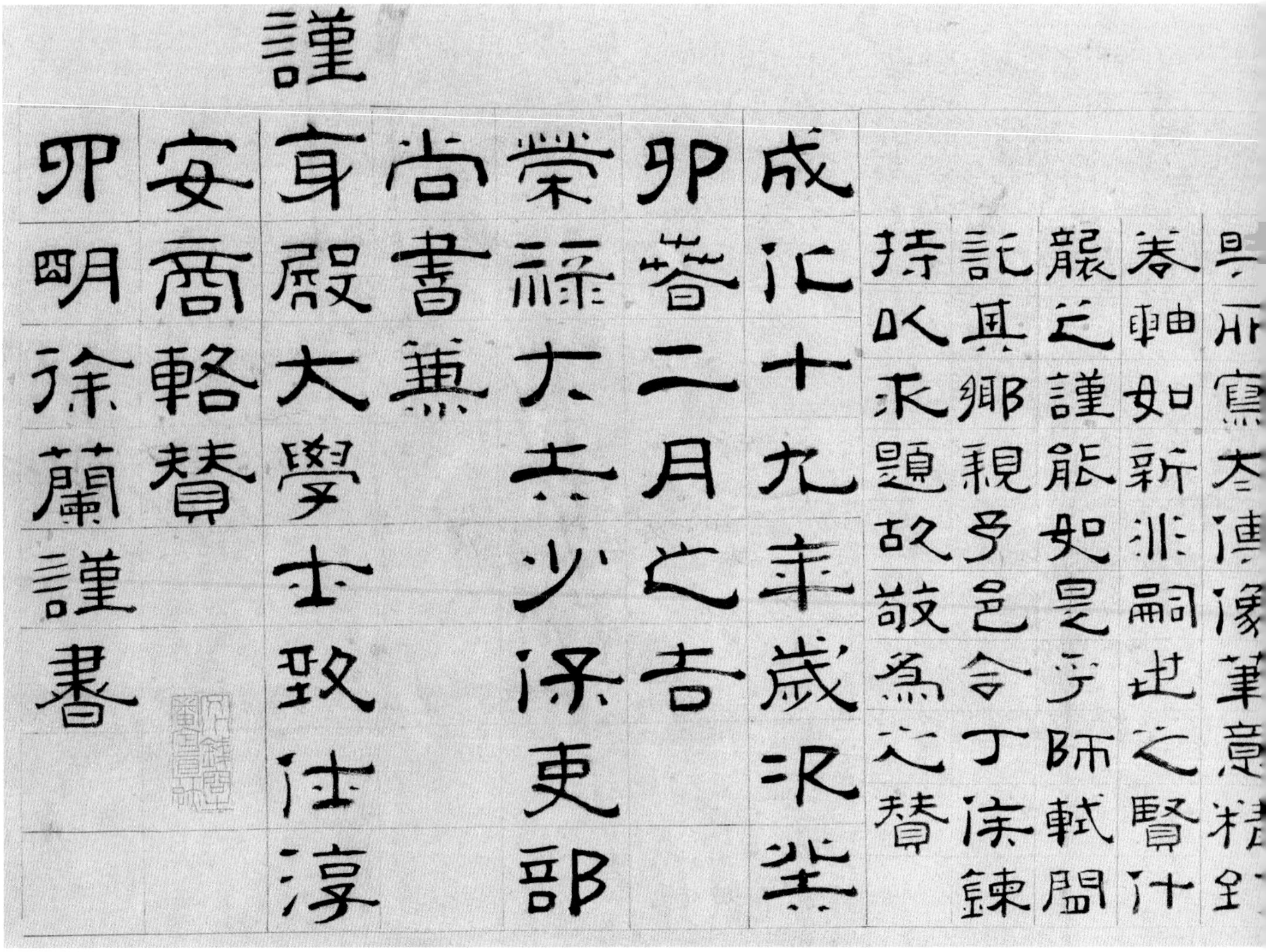

此卷書法體勢扁平，結字秀整，佈白勻稱，筆勢舒展明朗，形體頗近《淳于長碑》。是明代難得的隸書佳作。

鑑藏印記："文水錢容之審定真跡"(朱文)。

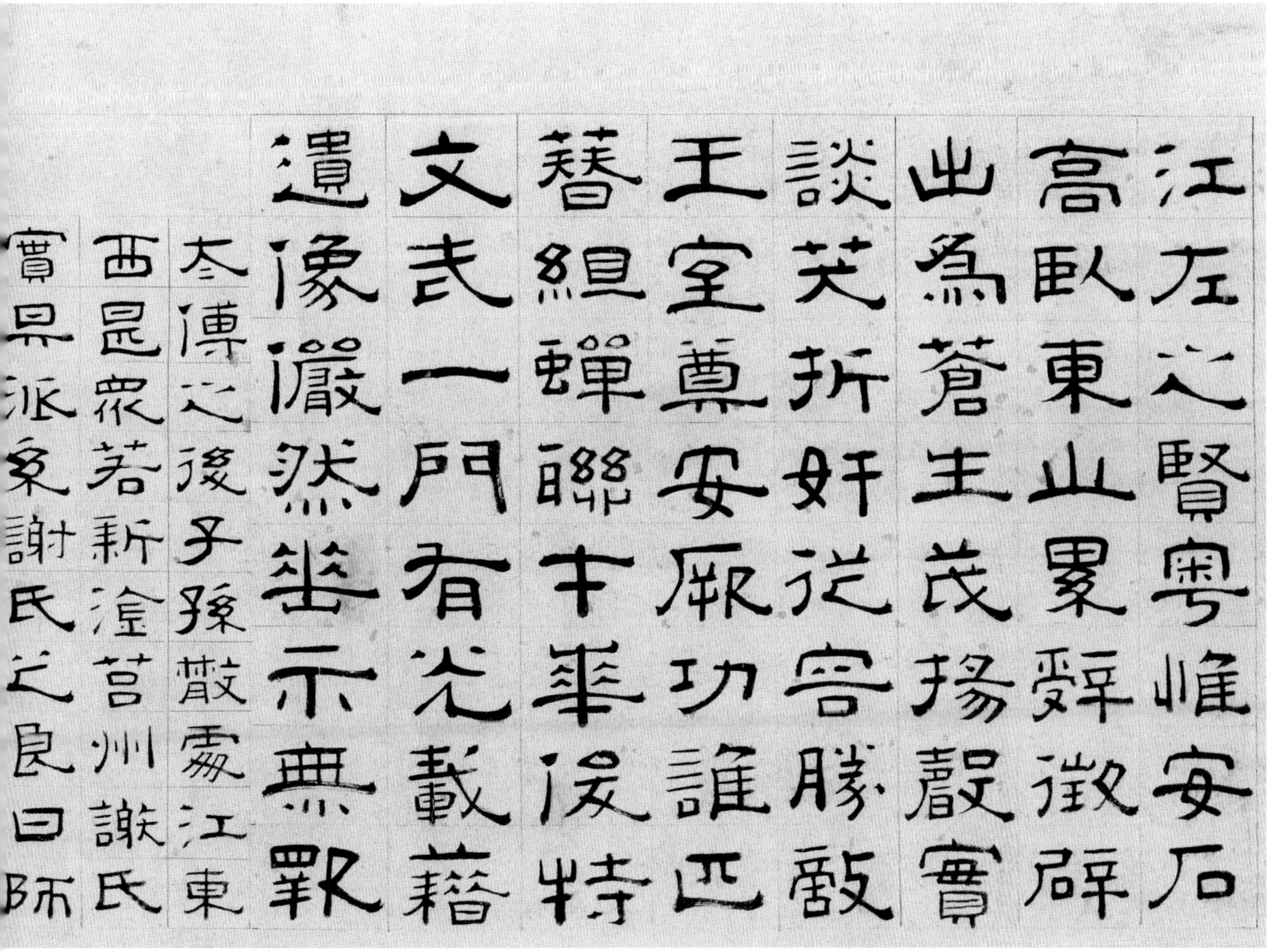

48

王鏊　行書五律詩軸

紙本　行書
縱132.8厘米　橫69.5厘米

Wu Lu Shi (five-syllable regulated verse) in running script
By Wang Ao (1450-1524)
Hanging scroll, ink on paper
H. 132.8cm　L. 69.5cm

王鏊（1450—1524），字濟之、琬子，別號守溪，明代吳縣（今江蘇蘇州）人。成化十一年（1475）進士。授編修，遷侍講學士。正德初，官戶部尚書，文淵閣大學士，加少傅太子太傅。謚文恪。工詩文、書法。著有《姑蘇志》、《震澤集》、《春秋詞命》等。《明史》有傳。

軸書五言律詩《金山》一首，款署“光祿大夫、柱國少傅、兼太子太傅、戶部尚書、武英殿大學士王鏊”，鈐“濟之”（朱文）、“大學士章”（朱文）、“共月庵”（朱文）印。

此軸書法以細硬毫筆書之，行筆迅疾狂放，線條勁健爽快，大有寧折不屈之勢。故明代雷禮《列卿記》稱：“鏊書法清勁，得晉唐筆意”。

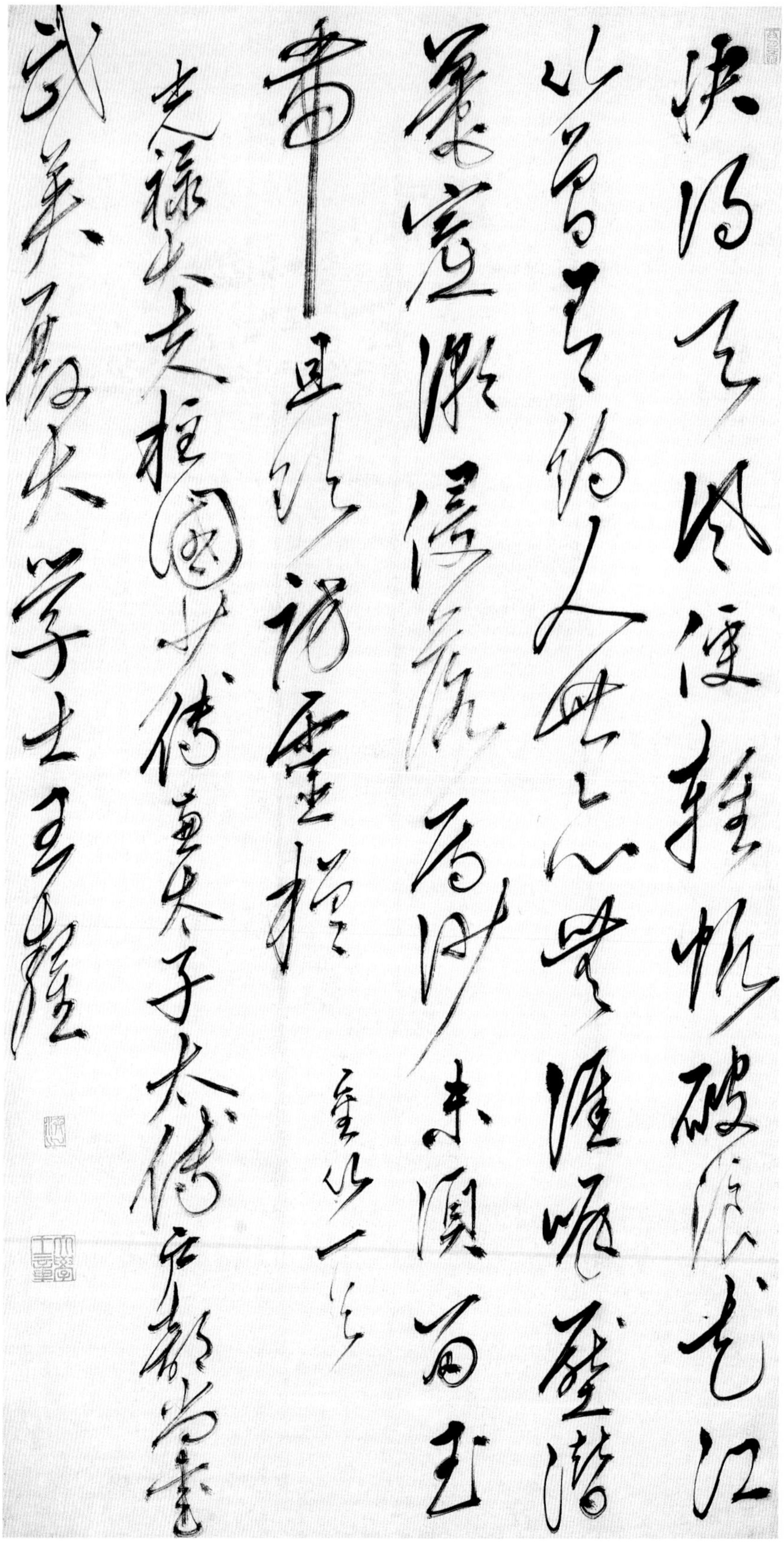

釋文：快得天風便，輕帆破浪花。江山曾有約，人世亦無涯。岸壓潛黿窟，潮侵落雁沙。未須留玉帶，且欲訪靈槎。　金山一首　光祿大夫、柱國少傅、兼太子太傅、戶部尚書、武英殿大學士王鏊

49

邵寶　行書東莊雜詠詩卷

紙本　行書
縱25.8厘米　橫231.5厘米

Dong Zhuang Za Yong Shi (Ode to the Fine View of Dong Zhuang Villa) in running script
By Shao Bao (1460-1527)
Handscroll, ink on paper
H. 25.8cm　L. 231.5cm

邵寶（1460—1527），字國賢，號二泉，人稱“二泉先生”，明代無錫（今屬江蘇）人。十九歲學於江浦莊昶，成化二十年（1484）進士，歷官許州知州、戶部員外郎、江西提學副使、右副都御史、戶部右、左侍郎，進左侍郎、南京禮部尚書等。博綜羣籍，詩文典重和雅，以李東陽為宗。著有《慧山記》、《容春堂集》等。

《東莊雜詠詩》是邵寶贊美吳寬“東莊別墅”景色所作絕句二十首。款署“友生邵寶頓首稿上　復齋先生吟伯請教　三月廿八日”，鈐“國賢”（朱文）、“常郡錫邑世家”（朱文）、“二泉”（朱文）印。

此卷書法用筆穩健，頓挫有致，筆墨濃郁溫厚，氣勢沉實寬博，時出怪異之筆，有自家風格。

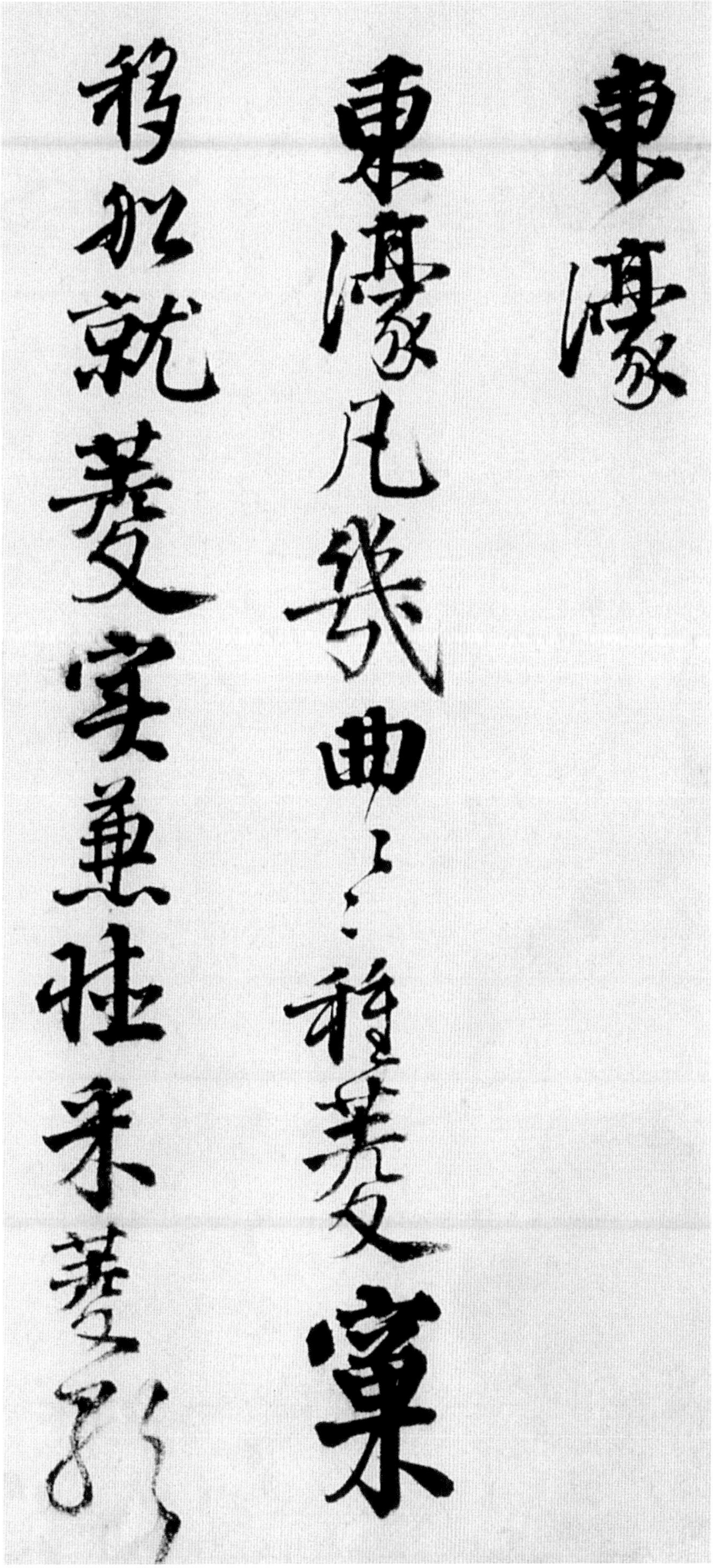

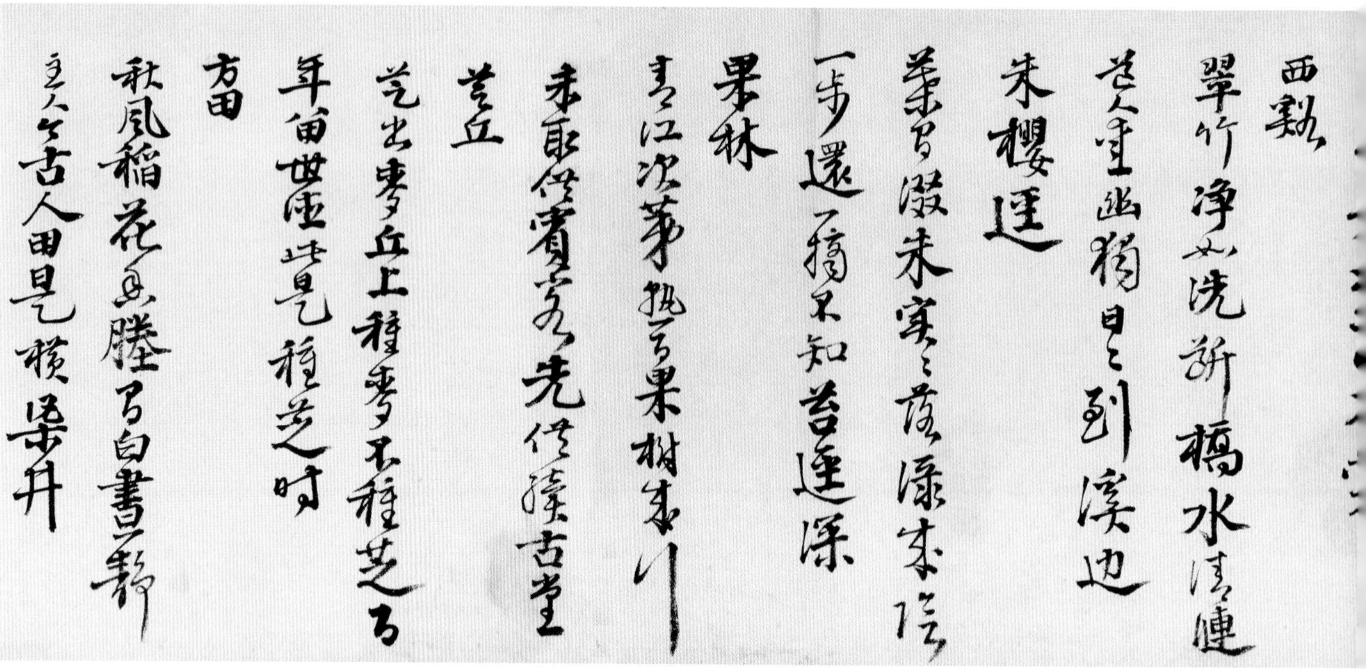

釋文：

匏庵先生東莊雜詠

東濠
東濠凡幾曲，曲曲種菱窠。移船就菱實，兼聽採菱歌。

竹田
楚雲夢瀟湘，衛水歌淇澳。吳城有竹田，亦有人如竹。

續古堂
別院青春深，嘉樹鬱相向。如聞杖屨聲，升堂拜遺像。

南港
南港通西湖，晚多漁艇宿。人家深樹中，青煙起茅屋。

北港
北港接回塘，芙渠十里香。野人時到此，採葉作衣裳。

西溪
翠竹淨如洗，斷橋水清漣。道人愛幽獨，日日到溪邊。

朱櫻逕
葉間綴朱實，實落綠成陰。一步還一摘，不知苔逕深。

果林
青江次第熟，百果樹成行。未取供賓客，先供續古堂。

芝丘
芝出麥丘上，種麥不種芝。百年留世德，此是種芝時。

方田
秋風稻花香，膝間白書靜。主人今古人，田是橫渠井。

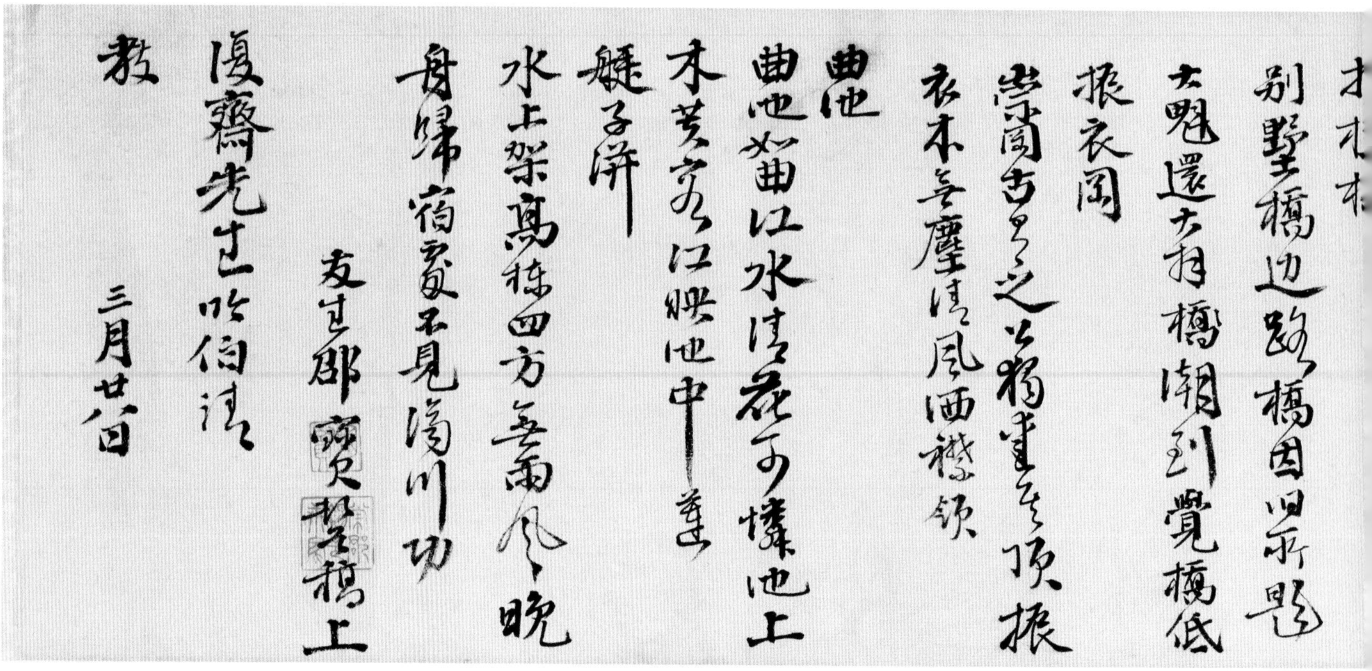

桑洲
汲溪灌桑樹，（蠶）葉多蠶亦稠。雲錦被天下，美哉真此洲。

鶴峒
老鶴愛雲棲，石洞自天鑿。秋風時一聲，飛雲散寥廓。

知樂亭
游魚在水中，我亦倚吾閣。知我即知魚，不知天下樂。

拙修庵
破屋貯古書，陶匏滿前列。此心與道俱，甘為時所劣。

耕息軒
壟上閱畊罷，北窗清臥風。豳風讀未了，夢已見周公。

全真館
何處適餘興，尋師談道經。隔橋雲滿屋，鐘磬晚泠泠。

折桂橋
別墅橋邊路，橋因舊所題。大魁還大拜，潮到覺橋低。

振衣岡
崇岡古有之，公獨愛其頂。振衣本無塵，清風灑襟領。

曲池
曲池如曲江，水清花可憐。池上木芙蓉，江映池中蓮。

艇子洴
水上架高棟，四方無雨風。晚舟歸宿處，不見濟川功。

友生邵寶頓首稿上
復齋先生吟伯請教
三月廿八日

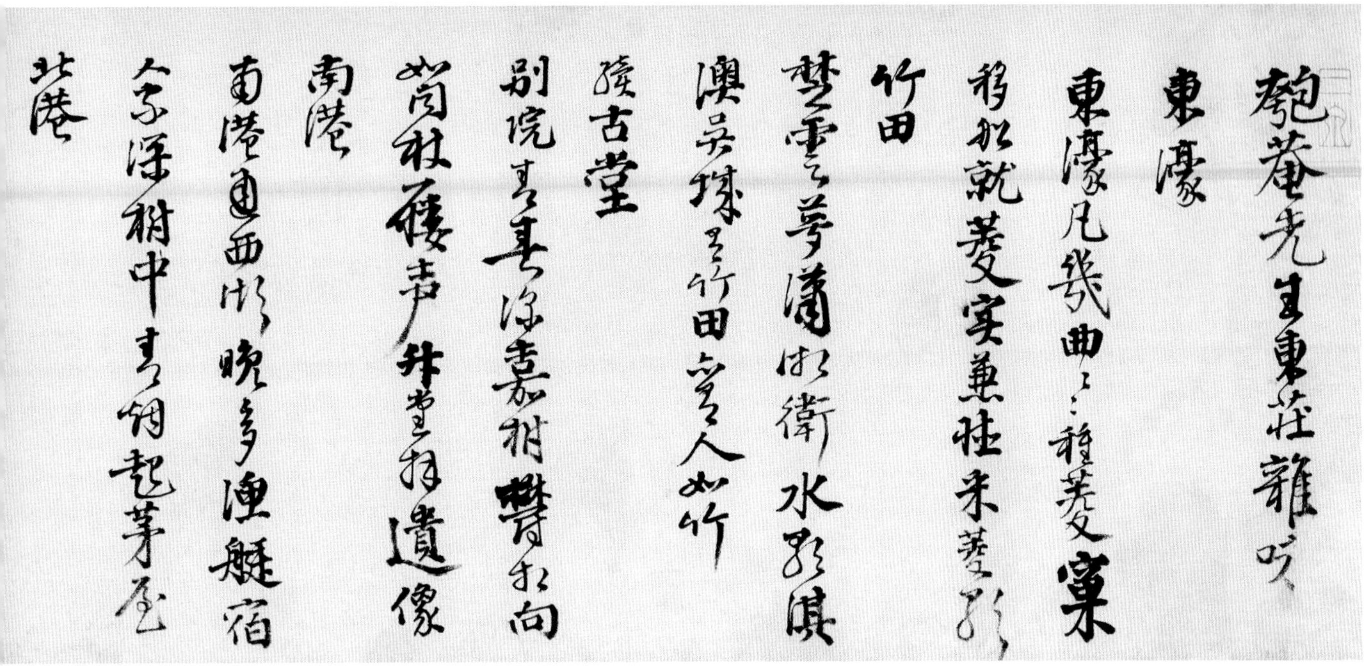

《東莊雜詠詩卷》之一

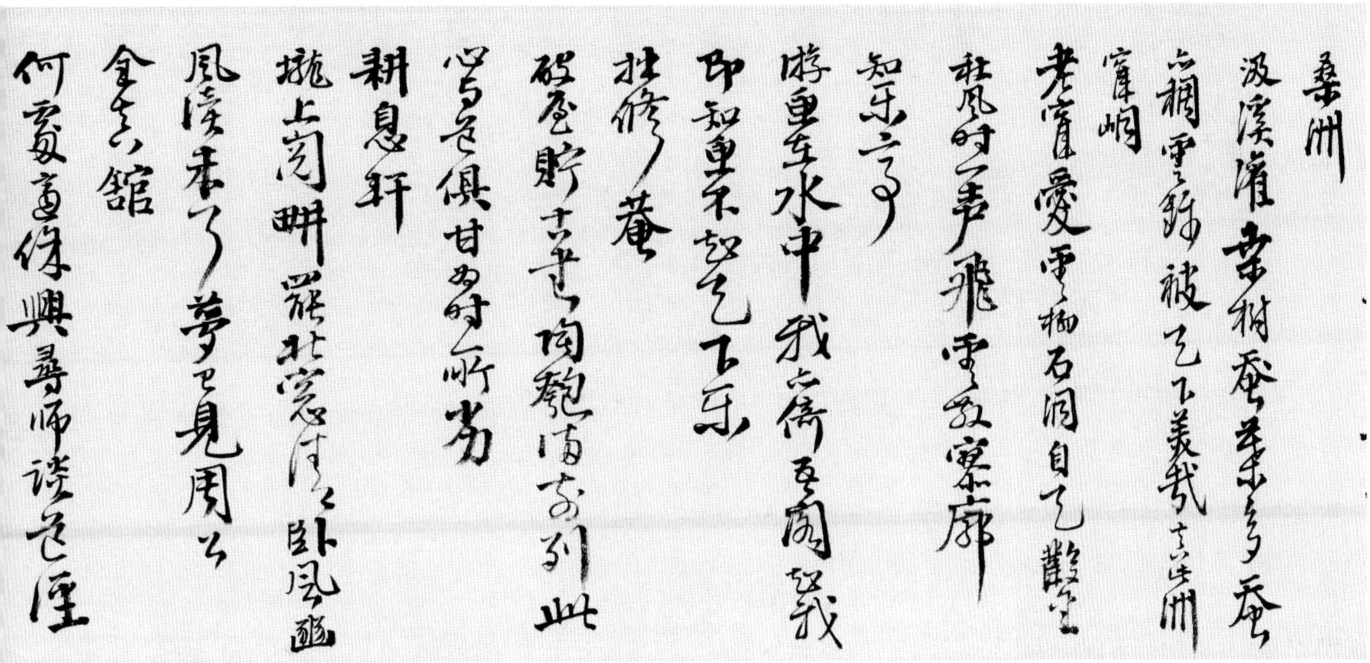

《東莊雜詠詩卷》之二

50

祝允明　小楷書燕喜亭等四記卷

紙本　小楷書
縱20.5厘米　橫201.1厘米

Yan Xi Ting Deng Si Ji (Essays of Four Masters of Tang and Song Dynasties) in small regular script
By Zhu Yunming (1460-1526)
Handscroll, ink on paper
H. 20.5cm　L. 201.1cm

祝允明(1460—1526)，字希哲，號枝山，生而右手指枝，自號枝指生，明代長洲(今江蘇蘇州)人。弘治五年(1492)舉人，授興寧令，遷應天府通制，未幾致仕。生而天資聰敏，善詩文，與徐禎卿、唐寅、文徵明並稱“吳中四才子”。尤工書法，博取前代諸家，擅楷、行、草書，與文徵明、王寵並稱“吳門三家”。

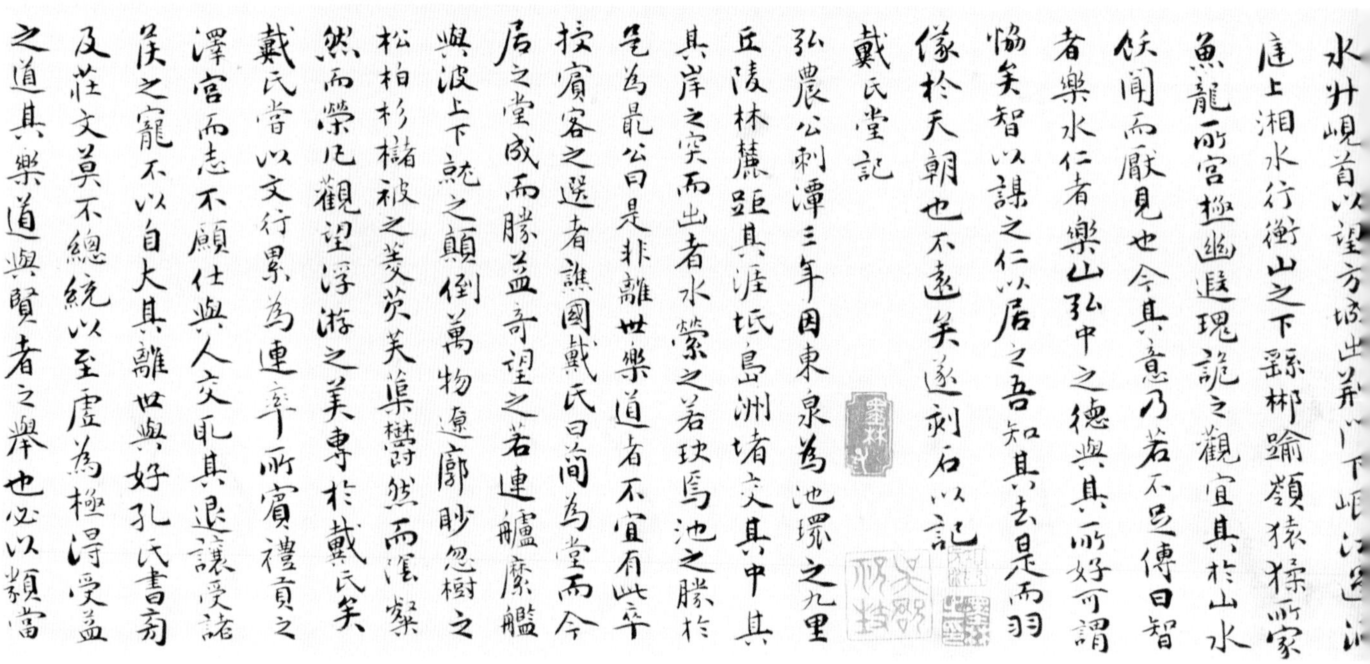

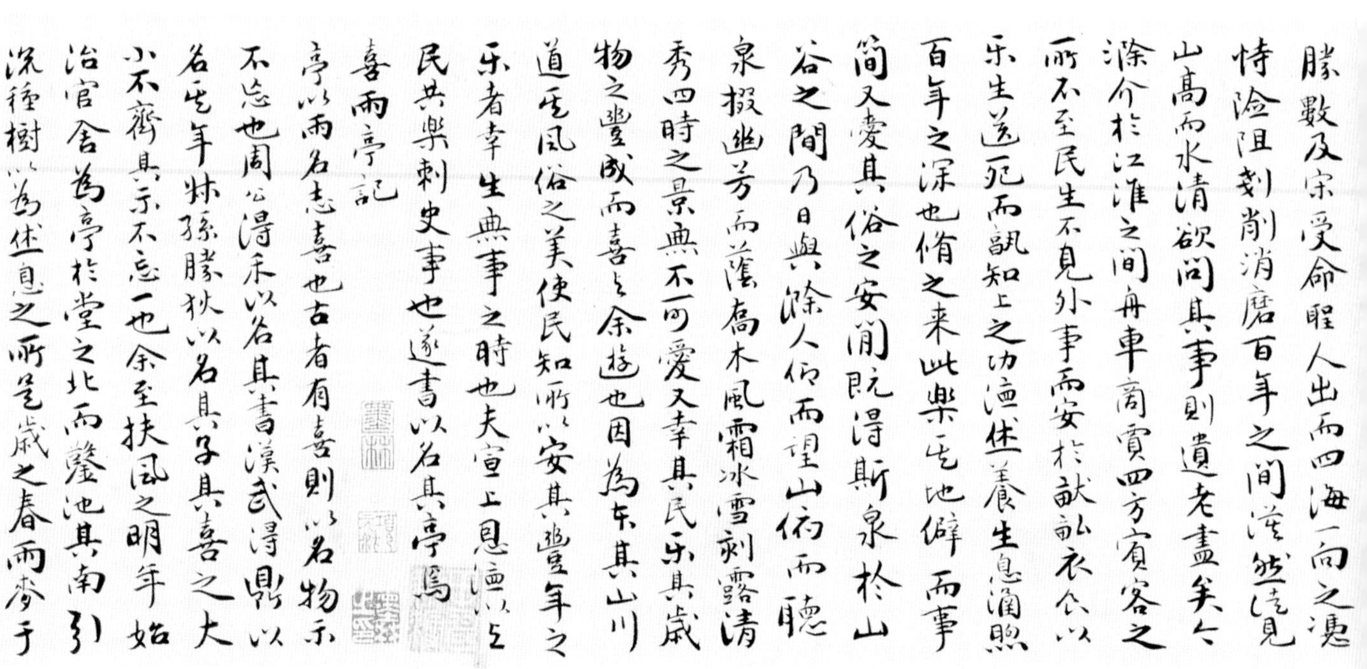

《燕喜亭等四記卷》，又名《唐宋四家文卷》，書唐韓愈《燕喜亭記》、柳宗元《戴氏堂記》，宋歐陽修《豐樂亭記》、蘇軾《喜雨亭記》。款署"成化二十三年秋七月朔日，枝指祝允明"。鈐"枝山祝氏"(白文)、"祝允明印"(白文)。明成化二十三年(1487)，祝允明時年二十八歲。卷後有明文徵明、王轂祥、周天球、陸師道、彭年、閔文逸六家跋。

此卷為祝允明早年書法代表作品。卷後明周天球跋稱："吳中書家首稱徐武功(有貞)、李范齋(應禎)，而枝山先生則於徐為甥，於李為婿，濡染有自而又加以學力。"此書已具祝氏個人風貌，不規矩於方正，筆法渾逸，筋骨

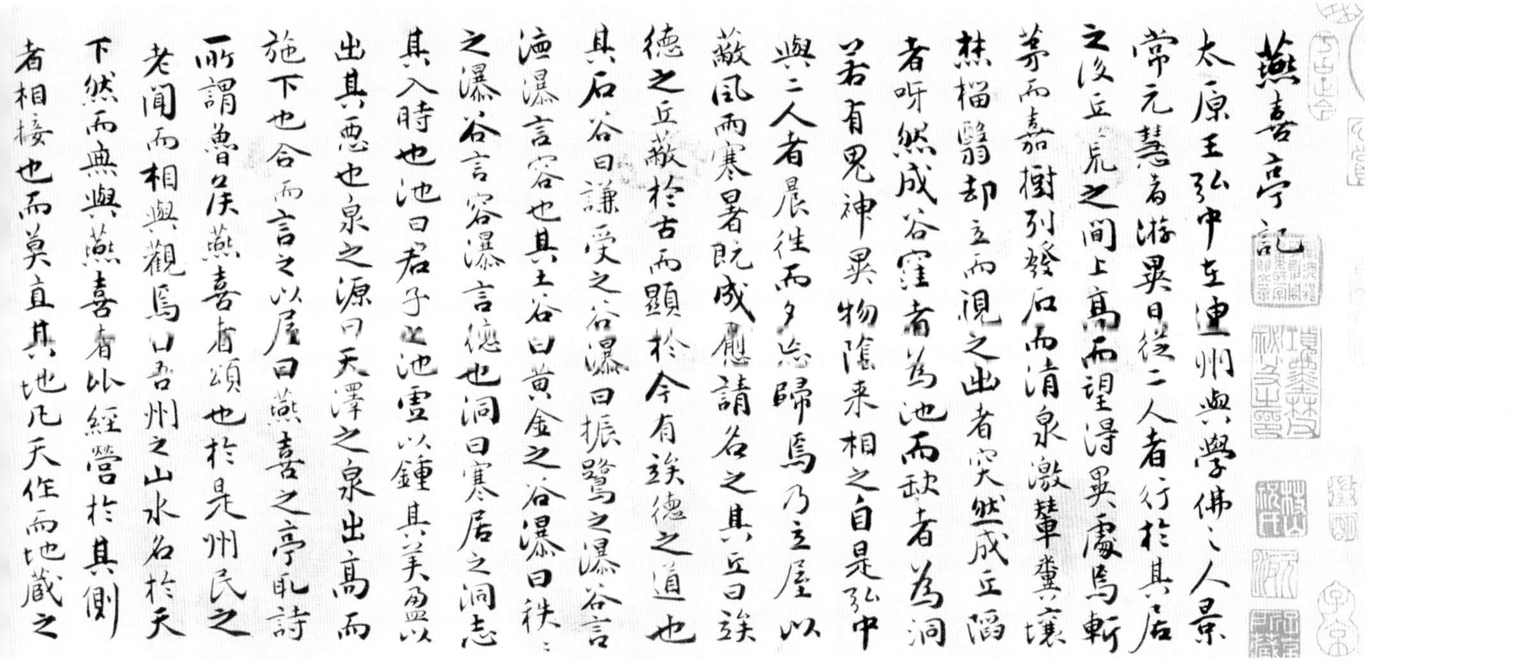

《燕喜亭等四記卷》之一

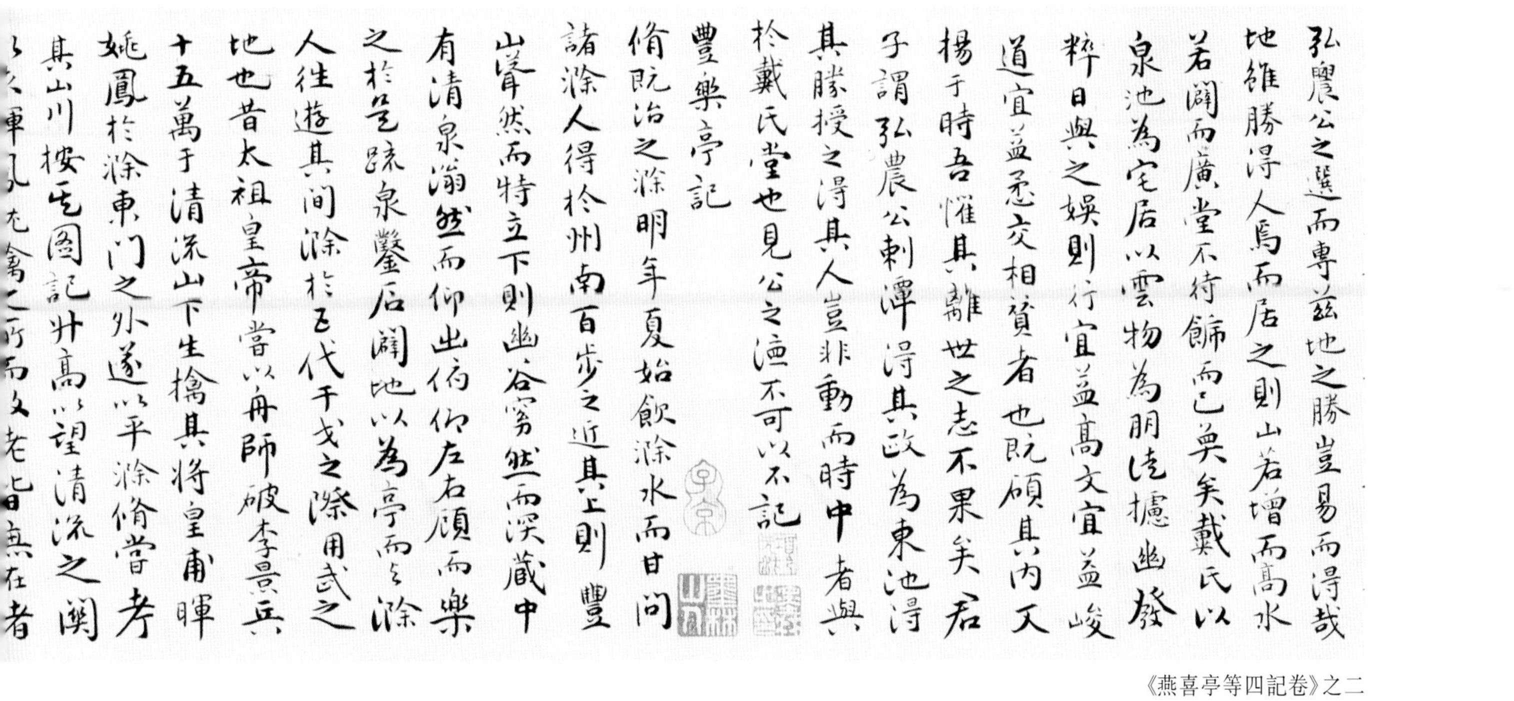

《燕喜亭等四記卷》之二

內含。文徵明跋稱：“於時專法晉唐，無一俗筆”。可見祝允明早年即已具備不凡的書法功力。此卷是研究祝氏一生書法變化的寶貴實物資料。

鑑藏印記：文徵明、項元汴等人印。

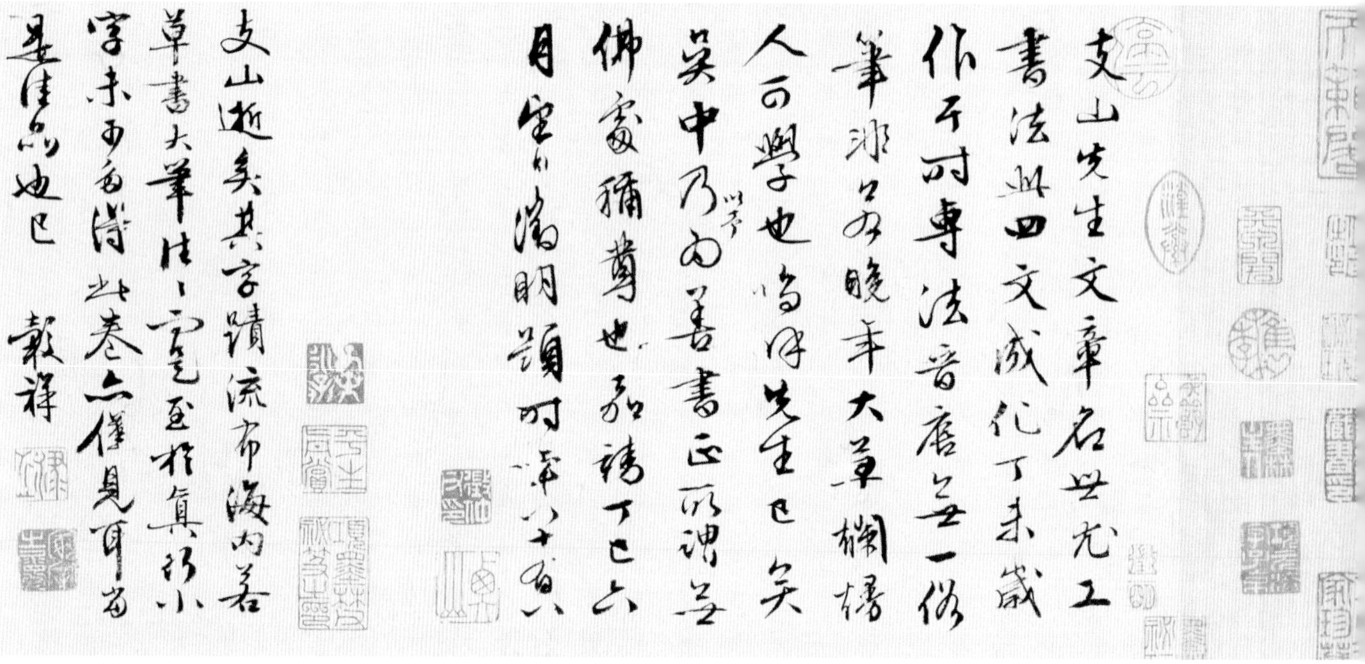

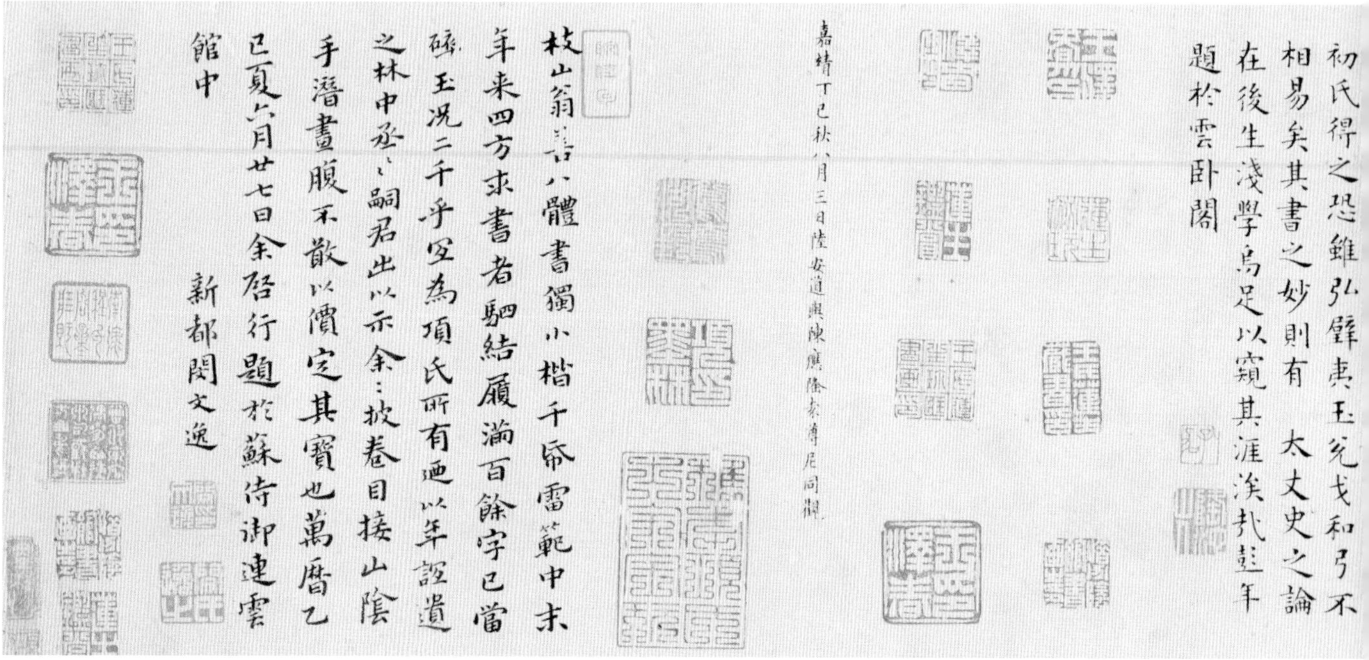

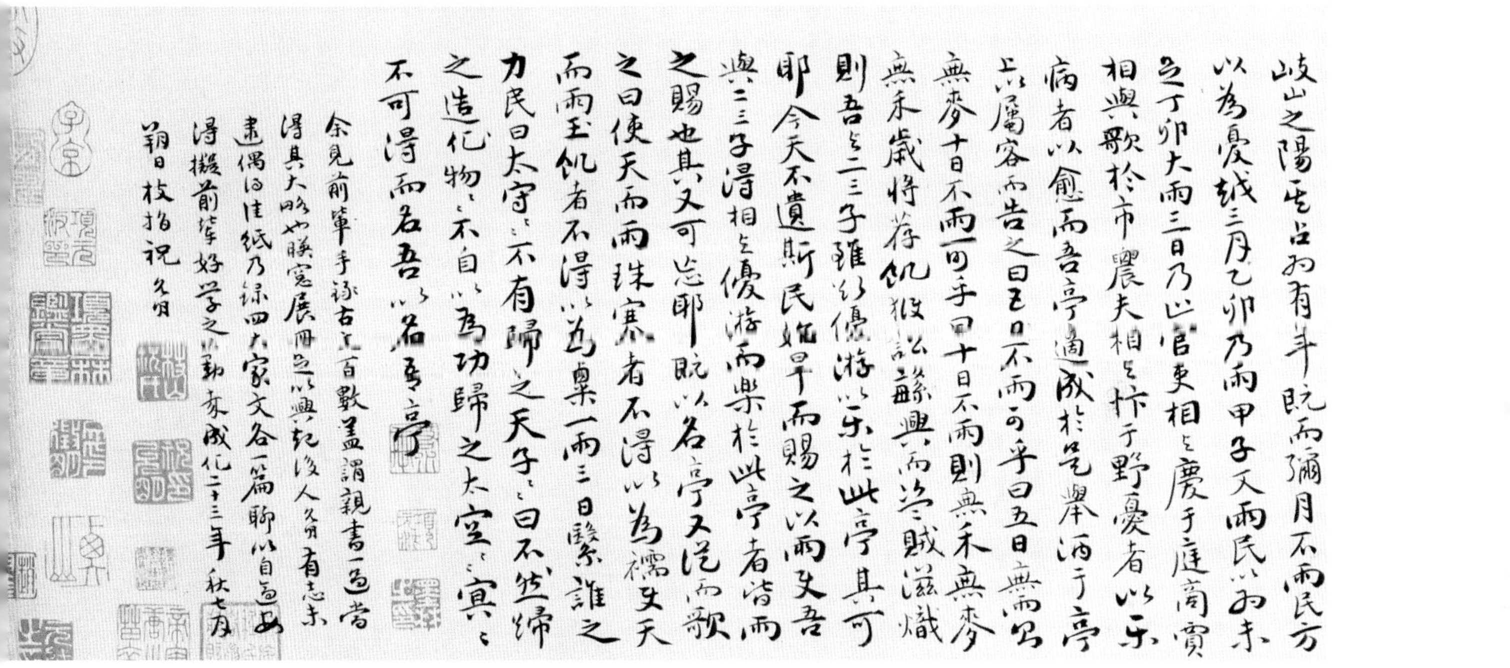

《燕喜亭等四記卷》之三

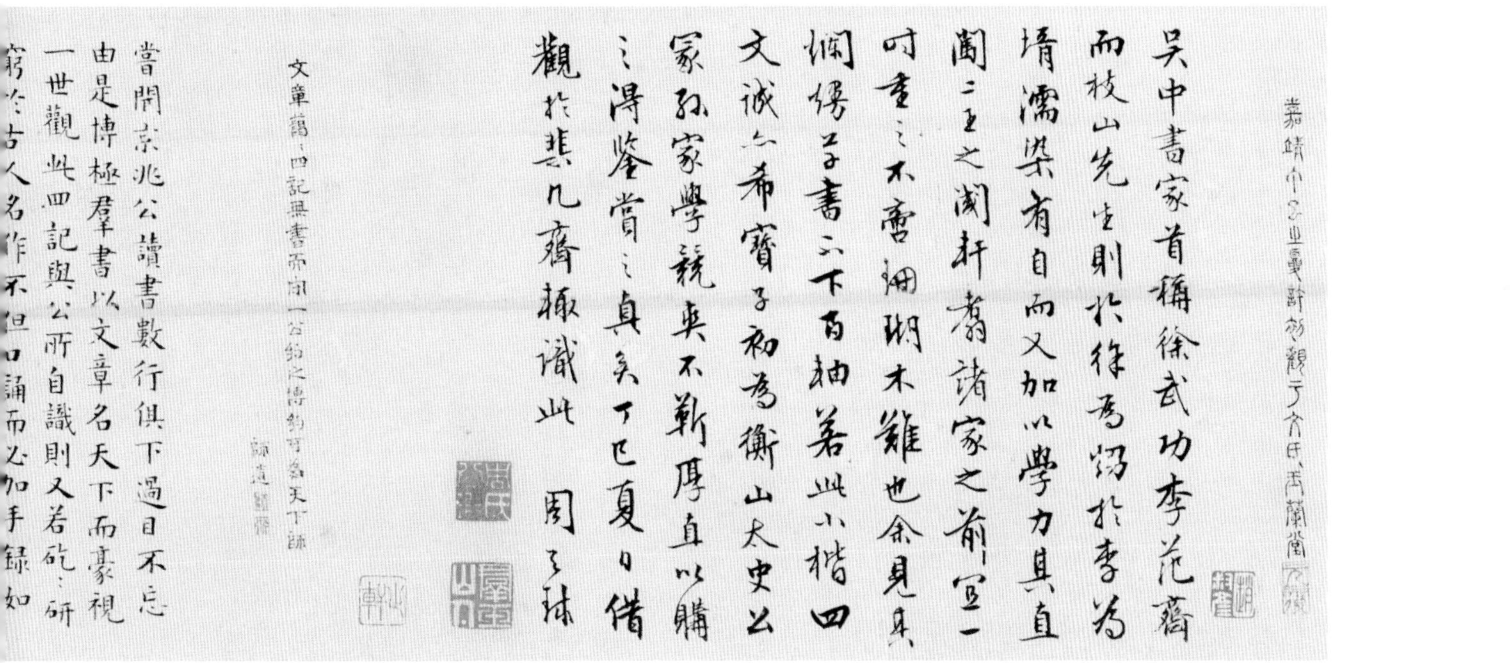

《燕喜亭等四記卷》之四

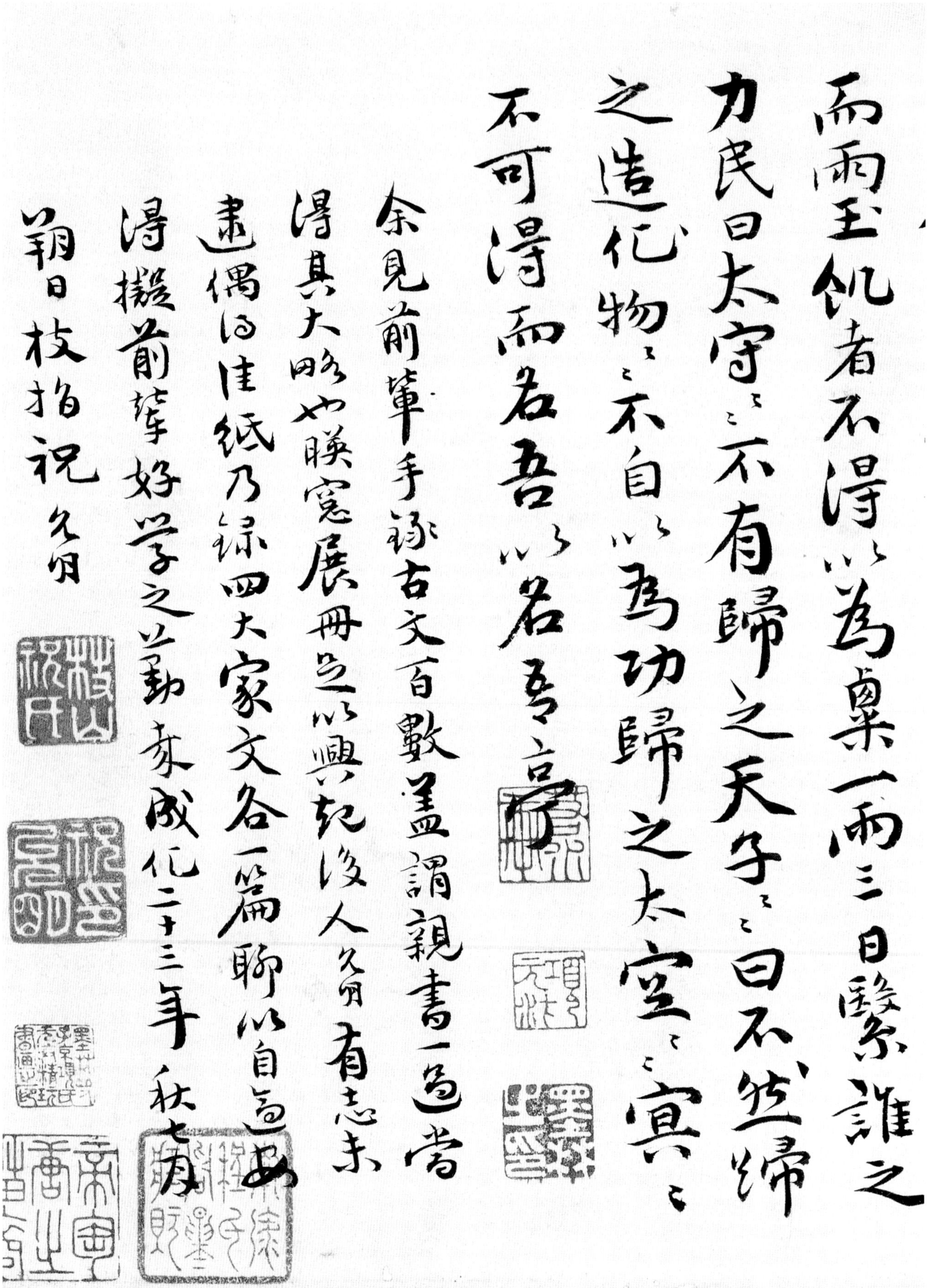

而雨玉饑者不得以為粟一雨三日繫誰之
力民曰太守太守不有歸之天子天子曰不然歸
之造物造物不自以為功歸之太空太空冥冥
不可得而名吾以名吾亭

余見前輩手錄古文百數篇謂親書一過當
得其大略也暇窓展冊之以興起後人允明有志未
逮偶得佳紙乃錄四大家文各一篇聊以自適耳
得擬前輩好學之萬一勤哉成化二十三年秋七月
朔日枝指祝允明

51

祝允明　行書飯苓賦軸

紙本　行書
縱143厘米　橫58厘米

Fan Ling Fu in running script
By Zhu Yunming
Hanging scroll, ink on paper
H. 143cm　L. 58cm

軸書《飯苓賦》文，款署"飯苓賦　為進士劉君時服作　太原祝允明"，鈐"允明"(朱文)印。

祝氏書法早期師法晉唐，中年以後博採諸家，上海博物館藏有其書於明弘治七年(1494)三十五歲時的《行楷書臨唐宋人書》中，即有臨北宋四家的書法。此軸書法學米芾，結字緊勁，筆法略作開張形態，但筆力沉穩雄健，已具自家風格。應是祝允明中年時期的得意之作。

歷代著錄：《麓雲樓書畫記略》、《吳越所見書畫錄》、《穰梨館過眼錄》等。

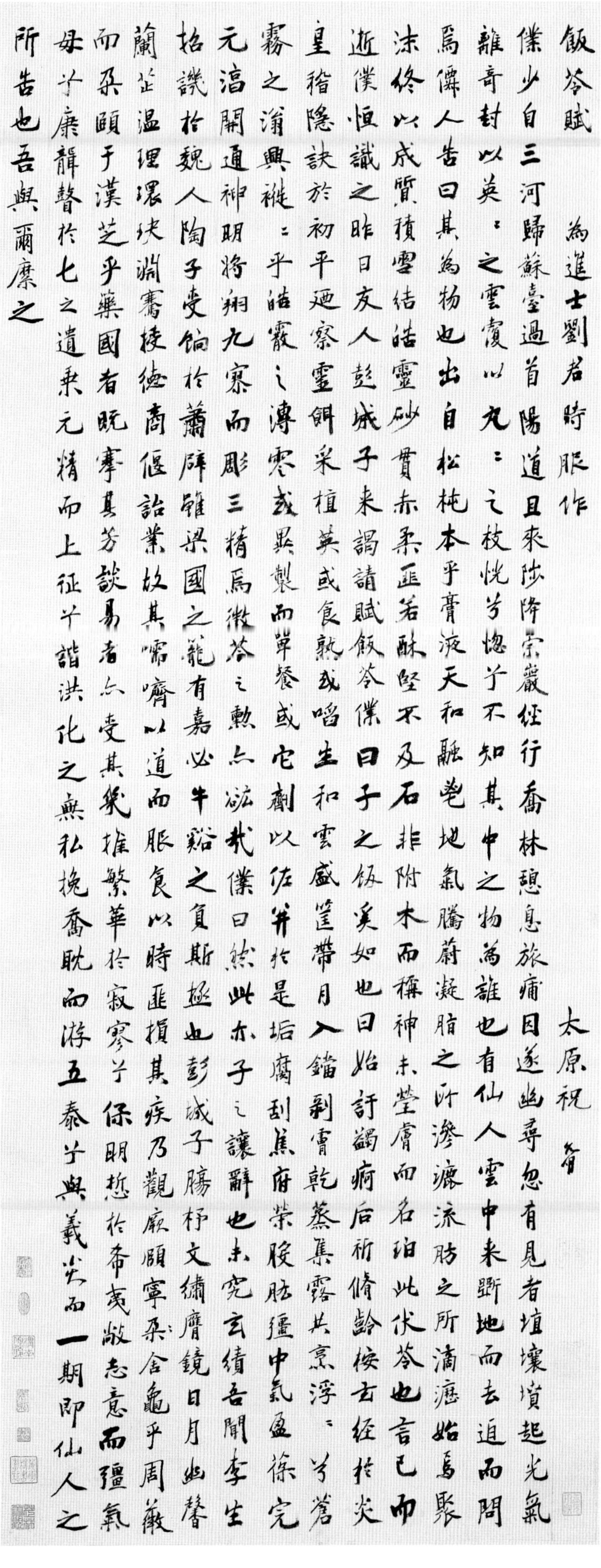

52

祝允明　小楷書關公廟碑頁

紙本　小楷書
縱26.7厘米　橫49.6厘米

Guan Gong Miao Bei (Inscriptions on the tablet of Guan Gong Temple) in small regular script
By Zhu Yunming
Leaf, ink on paper
H. 26.7cm　L. 49.6cm

《關公廟碑》全稱《蜀前將軍關公廟碑》，祝允明撰並書，收入其《懷星堂集 · 卷十四》中。款署"弘治十四年歲舍辛酉春二月朔旦　　郡人祝允明拜撰"，鈐"允明"(朱文)印。明弘治十四年(1501)，祝允明時年四十二歲。

此頁小楷書於謹嚴中富自然變化之致，與《燕喜亭等四記卷》比較，不僅有早期師法鍾繇書的古拙渾遒之意，而且兼取鍾繇、王羲之二家書，字體形態略長，筆法瘦健清潤。祝氏善於師古而化，使自家書豐富而多變化。此作為其中年小楷的代表作之一。

鑑藏印記："秦漢十印齋藏"、"日藻珍玩"等。

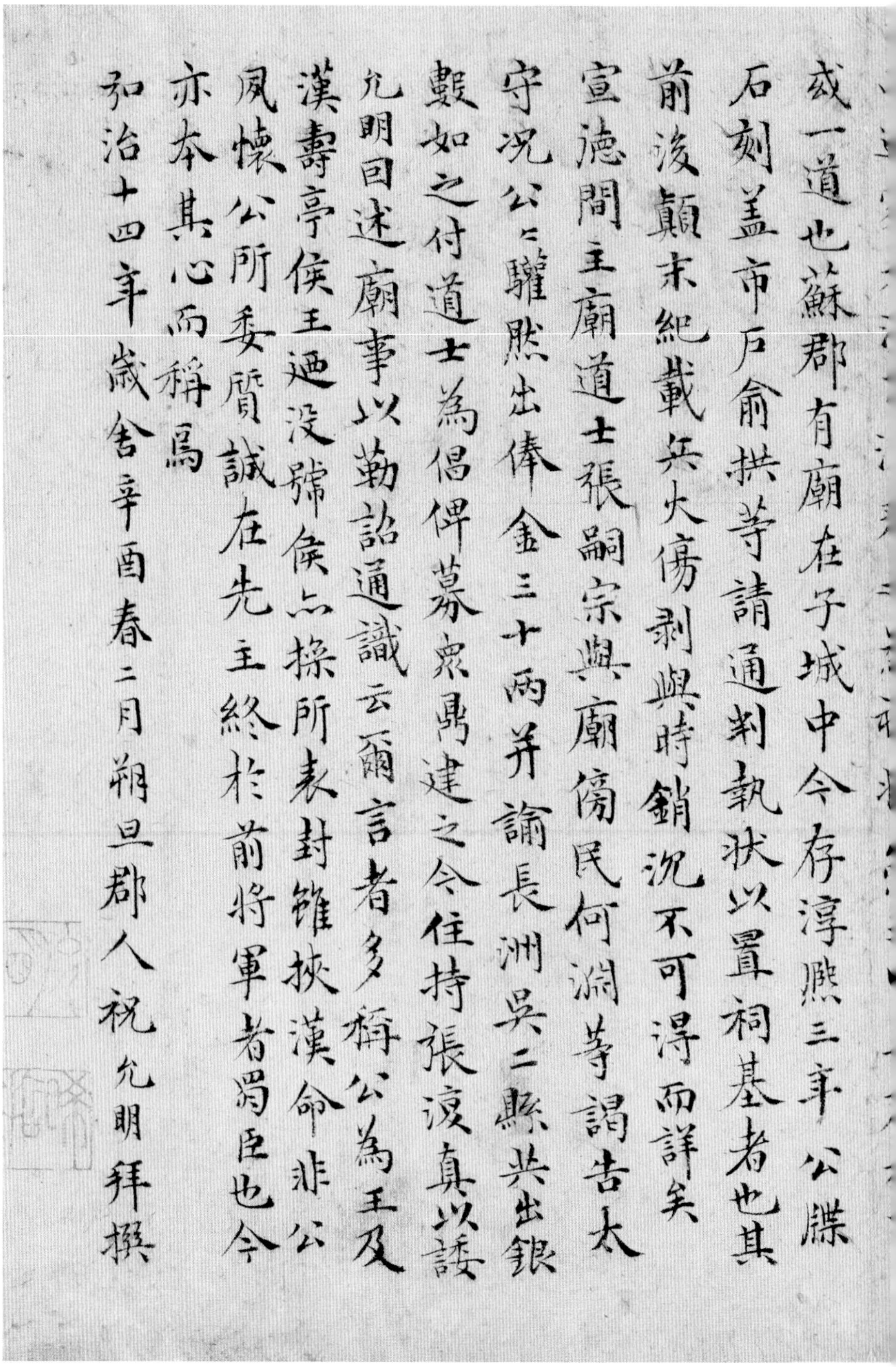

蜀前將軍關公廟碑

天下之達德三曰智仁勇三德相濟則道立而名
正矣若夫成功其天乎漢步既蹶群桀角逐英
雄擇君斯其時也關公以為曹姦孫偏未足為輔幸
而中山帝枝合徒於涿於是奔附禦侮情同昆弟
則其智亦審矣及答張遼之問以受劉厚恩誓死
不背立效而去終不可留既而竟行本心斯得則其
仁亦篤矣若夫雄壯威猛稱萬人敵為世虎臣當其沒
七軍降于禁斬龐德下羣盜操議徙避威震華夏
與夫刺人於萬衆之中割臂於笑談之頃則其絕勇
天授不假言矣故知敵愾者以武勇為骨幹而忠識為
斷裁斯不易之勢也然而事或未終蓋天曆悠在非人
所及亦世事有不幸之期玄運屬難諶之際焉矣或有
病其儀中被擒之圖為疎鹵而失智白馬顏良之識為
傷勇而失仁殊不知茍無所報則其身安得而遠引許
野之勸可以見其素心未嘗須臾而置擒也二者豈鑿
足可相明其與諸葛公不容漢賊兩立之志皦洞日月

53

祝允明　三體書雜詩卷

紙本　楷書、行書、草書
縱28.5厘米　橫738厘米

Za Shi (Poems on miscellaneous subjects) in regular, running and cursive scripts
By Zhu Yunming
Handscroll, ink on paper
H. 28.5cm　L. 738cm

卷以楷、行、草三體書祝允明自作詩。款署“雜詩數章，書似仲瞻文學聊付一笑　庚午上元日　枝山道者祝允明”，鈐“晞哲”(朱文)、“包山真意”(朱文)印。“庚午”為明正德五年(1510)，祝允明時年五十二歲。卷後有清王文治題跋一則。

此卷正值祝氏書法藝術的成熟階段，故楷法精嚴，行書爽暢，草書飛動，體現了祝允明諸體皆能的藝術造詣。其中，草書又有小草、行草二體，以小草所書的《蓮花洲辭》、《武帝傳》、《足夢中句》諸詩，行筆中略帶章草書遺意，是其以往書法作品中所罕見的。

鑑藏印記：“朱之赤鑑賞”、“商丘陳氏圖書”、“陳淮之印”等。

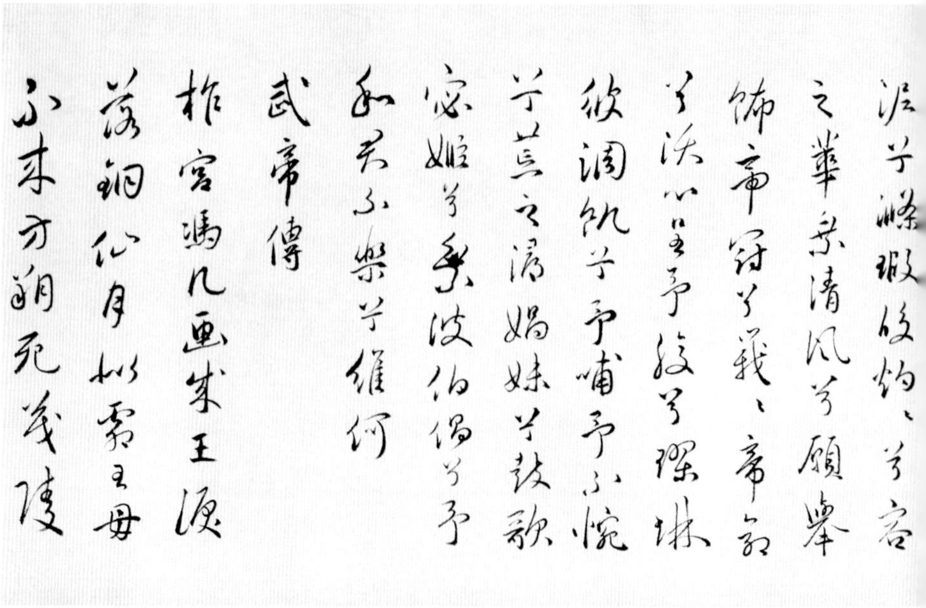

釋文(行、草書)：
蓮花洲辭
漾修陂兮遵中流，若有人兮在洲。締昭質兮又好修美，窈窕兮含靈(修)思。丹肌兮皓態，芬習習兮襲茝。風微褰兮碧裾，水鏘鳴兮玄珮。漏泥兮滌瑕，皎灼灼兮容之華。乘清風兮願舉，飾帝冠兮峨峨。帝命兮沃心，呈予腹兮璆琳。彼調飢兮予哺，予不惋兮荒之潯。媧妹兮鼓歌，宓姬兮乘波。伯倡兮予和，召不樂兮維何。
武帝傳
柞宮馮几畫成王，淚落銅仙月似霜。王母不來方朔死，茂陵

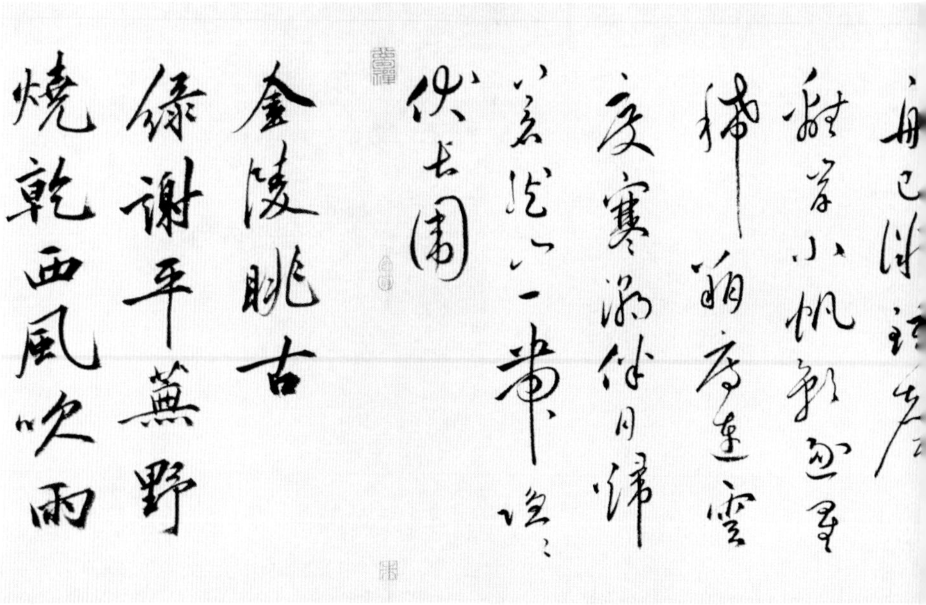

松柏自斜陽。
足夢中句
遠公蓮作社，陶令柳為門。
止酒用卿法，攢眉吾不言。
白雲時或出，黃菊想猶存。
二老皆寂寞，千秋誰共論。
丹陽連北固，千里草萋萋。
東去水逾下，北來身漸低。
漁舟長宿火，客枕厭聞雞。
風景年年是，因無妙語題。
渡口人爭發，出江舟已微。
鐘聲離岸小，帆影逐星稀。
朔雁連雲度，寒潮伴月歸。
蒼然山一帶，隱隱伏長圍。

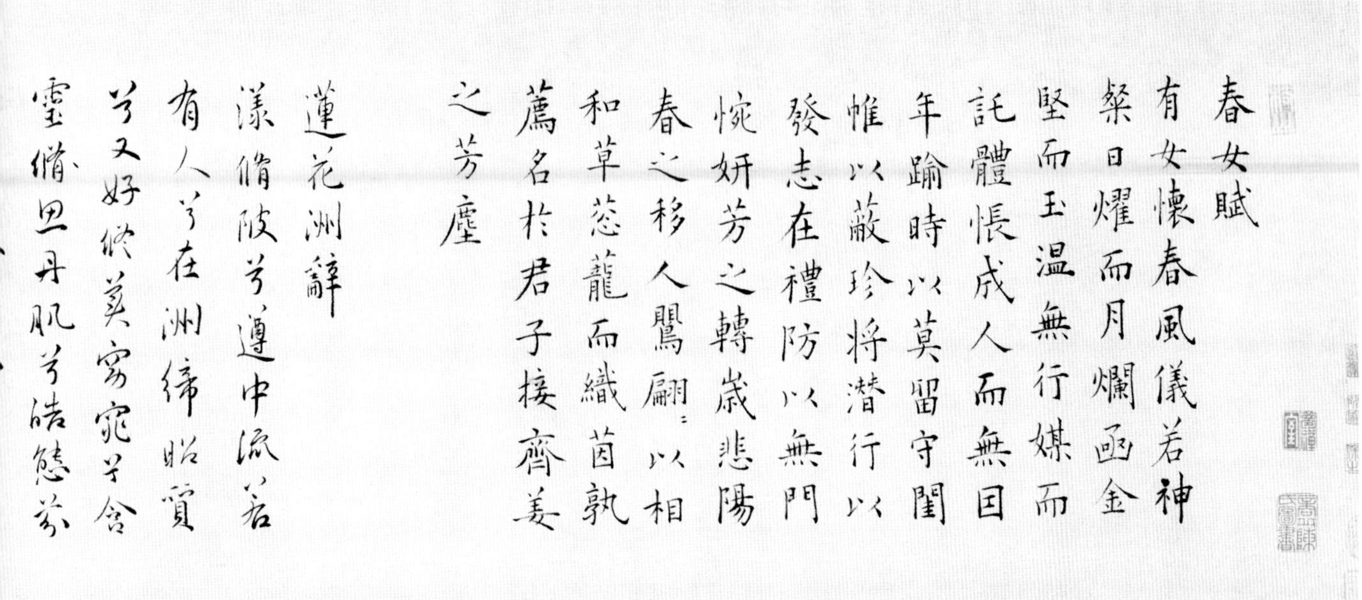
春女賦
有女懷春風儀若神
粲日燿而月爛函金
堅而玉温無行媒而
託體悵成人而無因
年踰時以莫留守閨
帷以蔽珍将潛行以
發志在禮防以無門
惋妍芳之轉歲悲陽
春之移人鷰翩翩以相
和草菍蘢而纖茵孰
薦名於君子接齊姜
之芳塵
蓮花洲辭

《三體書雜詩卷》之一

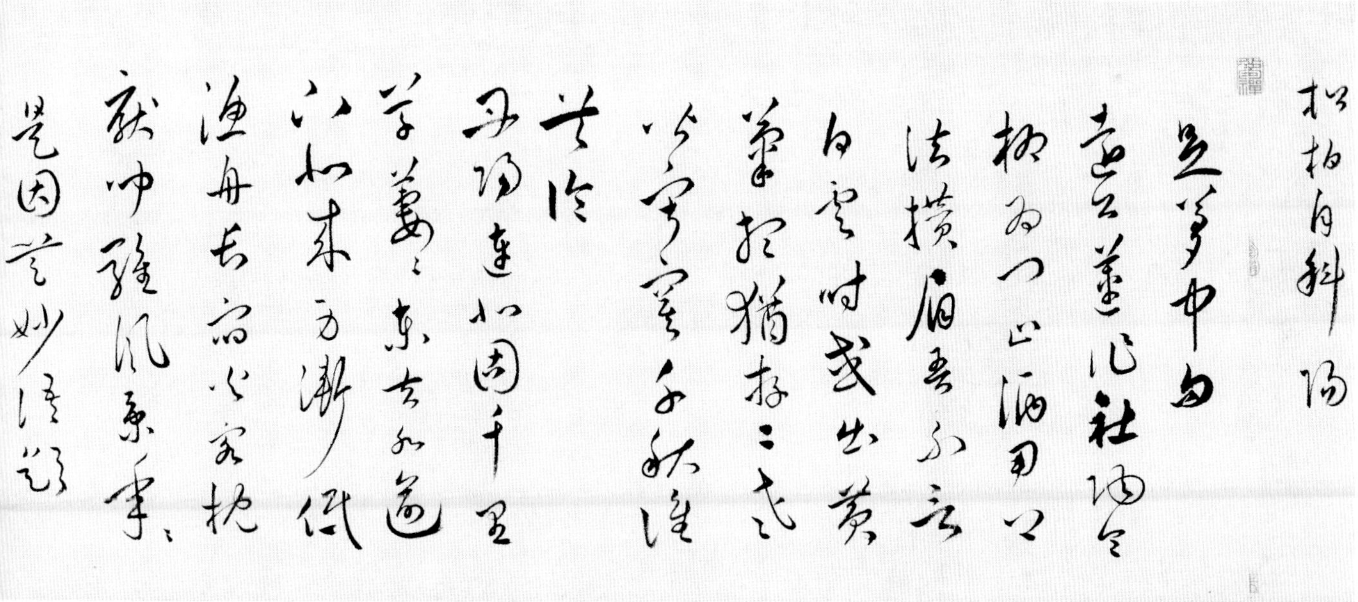

《三體書雜詩卷》之二

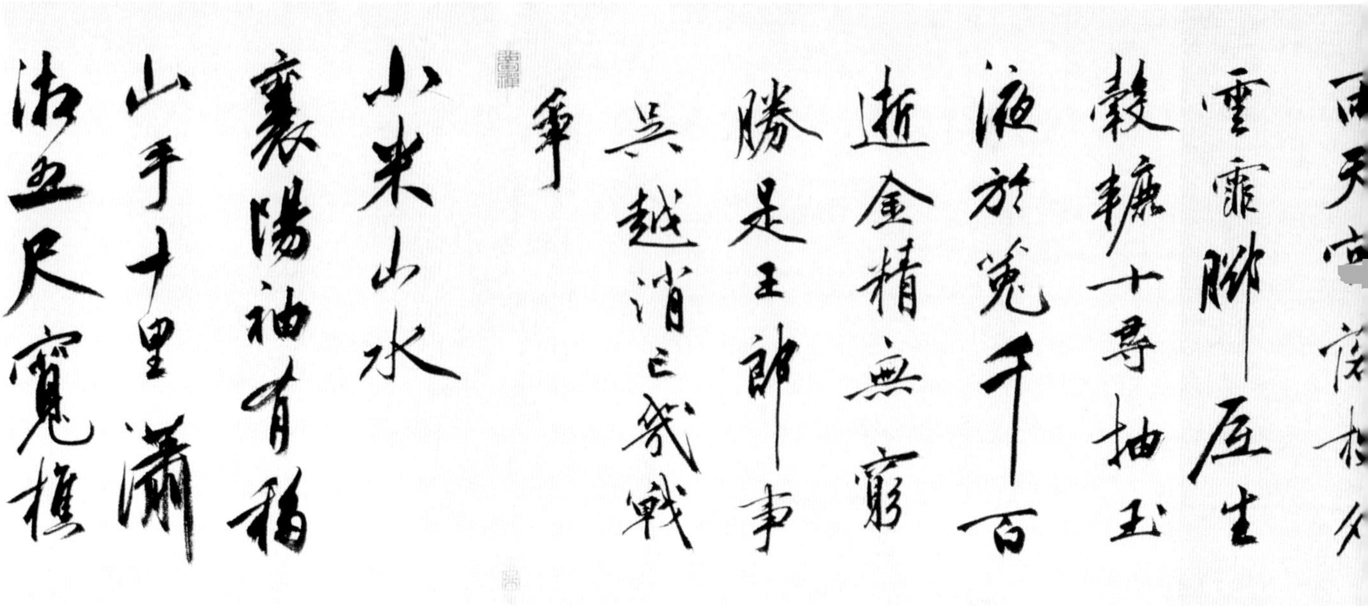

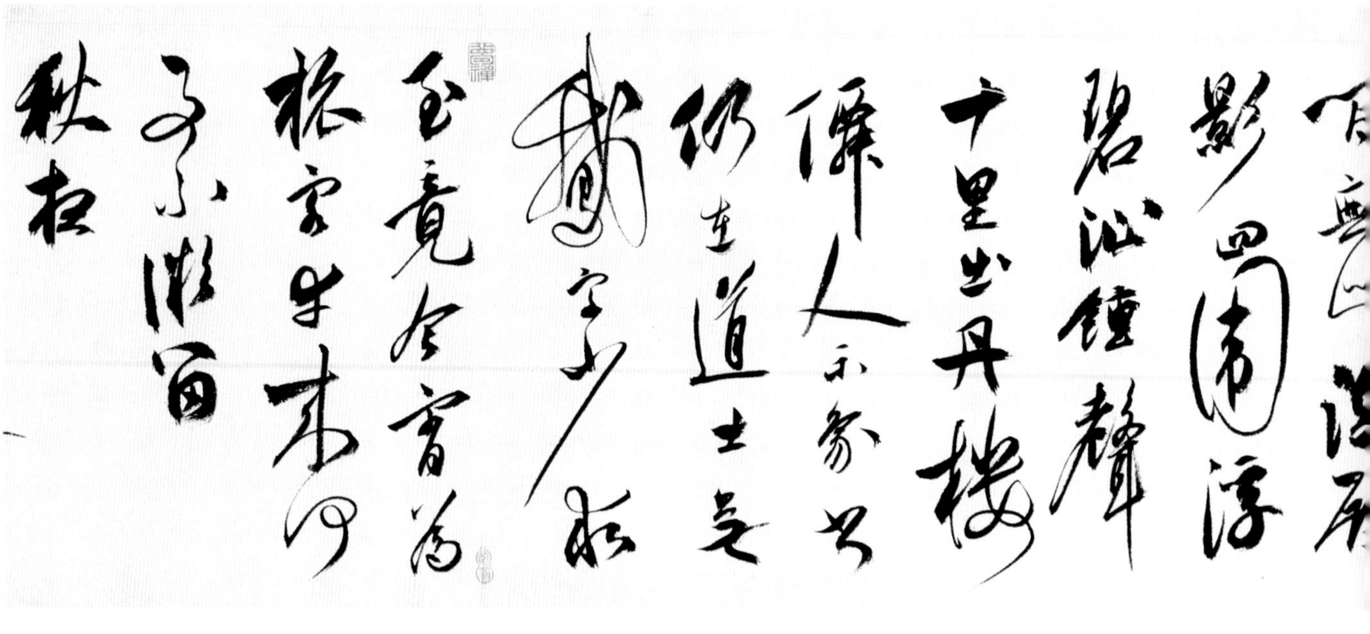

小米山水

襄陽袖有移山手，十里瀟湘五尺寬。樵徑不禁苔露滑，漁蓑長帶水雲寒。澄澄僧眼連天碧，淡淡蛾眉隔霧看。恐為醉翁當日寫，平山堂上雨中觀。

崑山清真觀

疑分疑幻海中洲，只恐人間無此謀。殿影四圍浮碧沚，鐘聲十里出丹樓。仙人示象書仍在，道士無鵝字少求。至竟今宵為旅客，幸來何事不微留。

秋夜

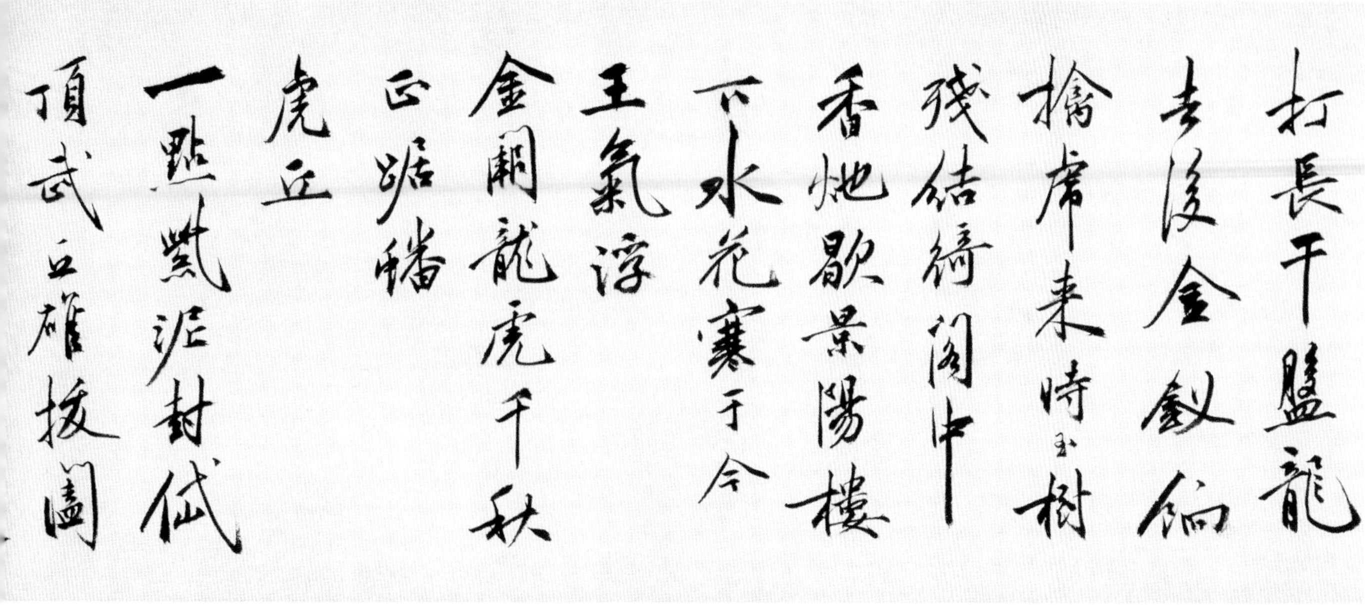

《三體書雜詩卷》之三

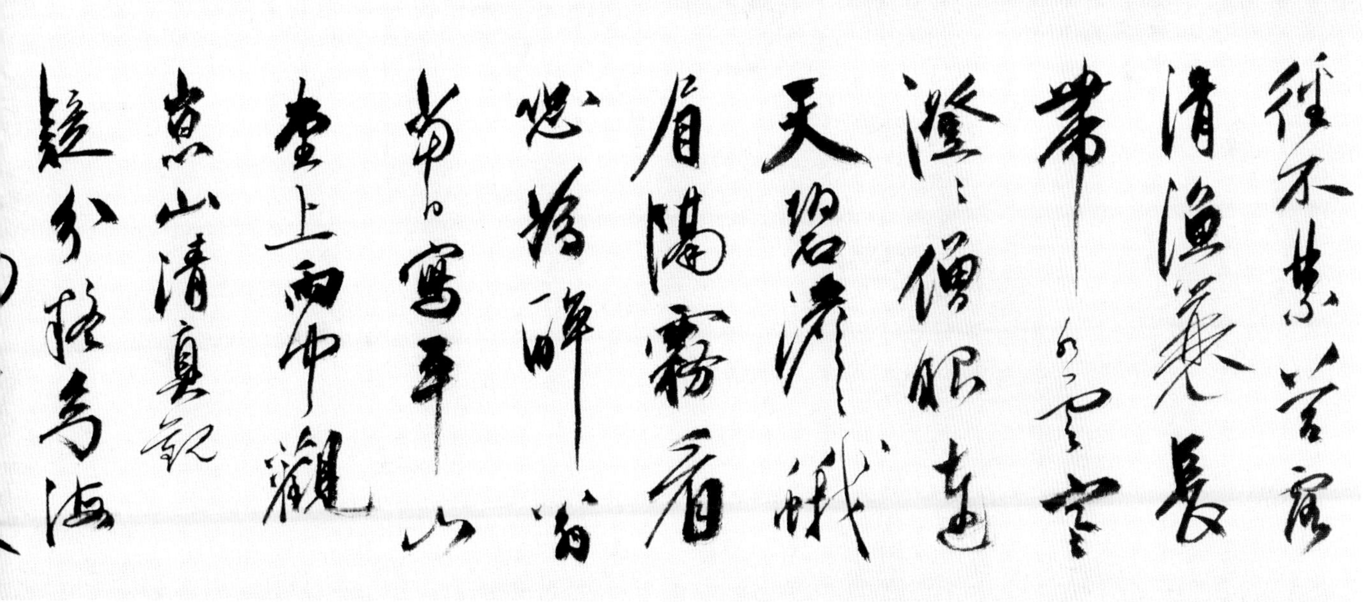

《三體書雜詩卷》之四

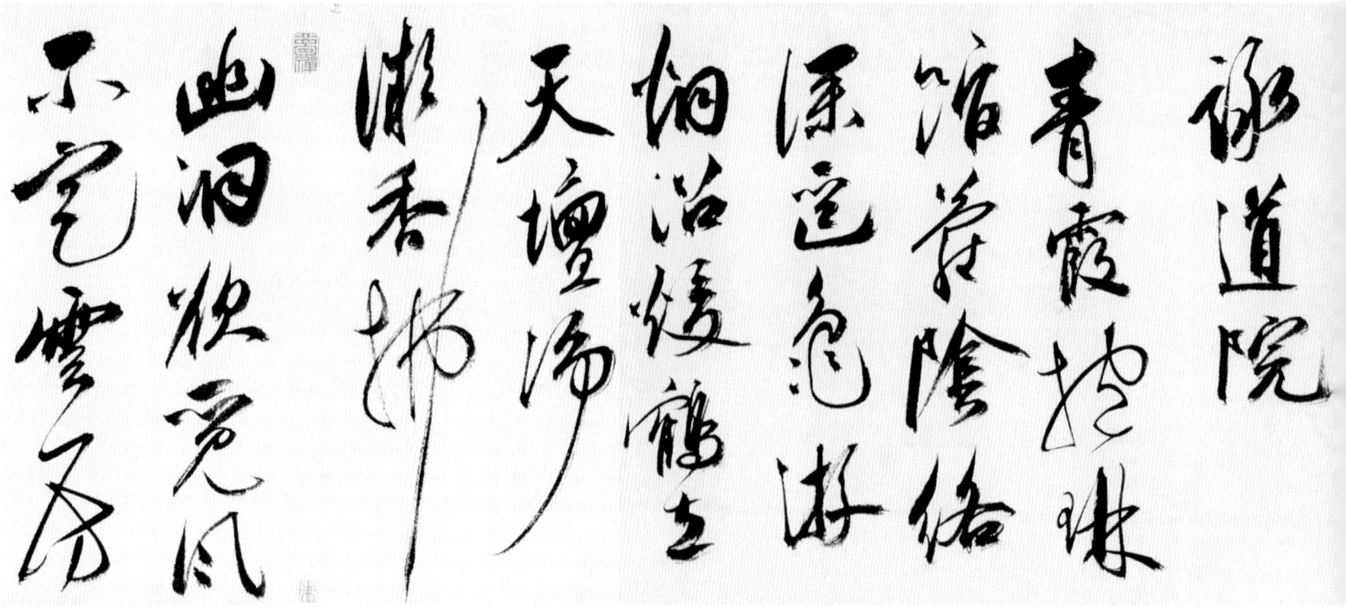
詠道院
青霞抱琳
館蘿陰絡
深逕龜游
煙沼煖鶴立
天壇淨
微香拂
幽洞欲覓風
不定雲房

白駕宵嚴肅肅征，水煙塵海
換蓬瀛。孀姬藥惡鉛霜冷，
素女絃拋玉柱橫。蘋葉響隨
飆馭迅，榆花開映泰階平。
漢家高倚通明闕，一夜天池
倒洗兵。
詠道院
青霞抱琳館，蘿陰絡深逕。
龜遊煙沼煖，鶴立天壇淨。
微香拂幽洞，欲覓風不定。
雲房

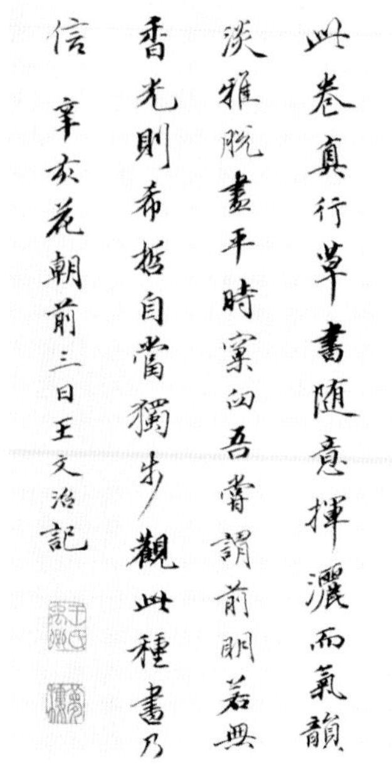
此卷真行草書隨意揮灑而氣韻
淡雅脫盡平時窠臼吾嘗謂前明若無
香光則希哲自當獨步觀此種書乃
信 辛亥花朝前三日王文治記

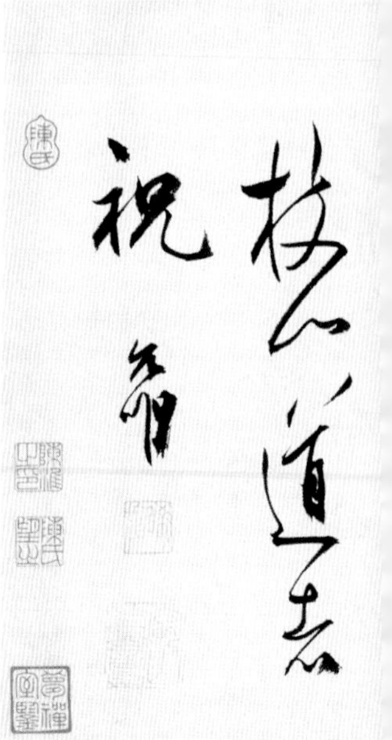

並懸簾，晝日鎖虛靜。琪殿
臨高台，時聞落瑤磬。循除
步周匝，徧扣無人應。

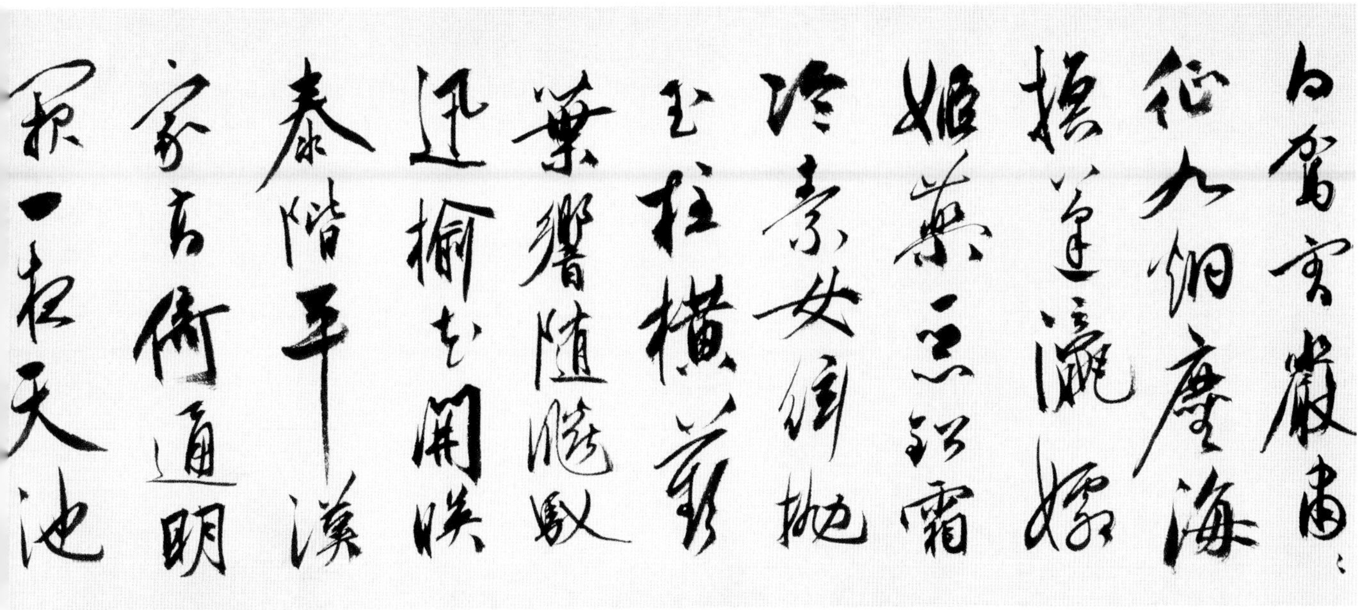

《三體書雜詩卷》之五

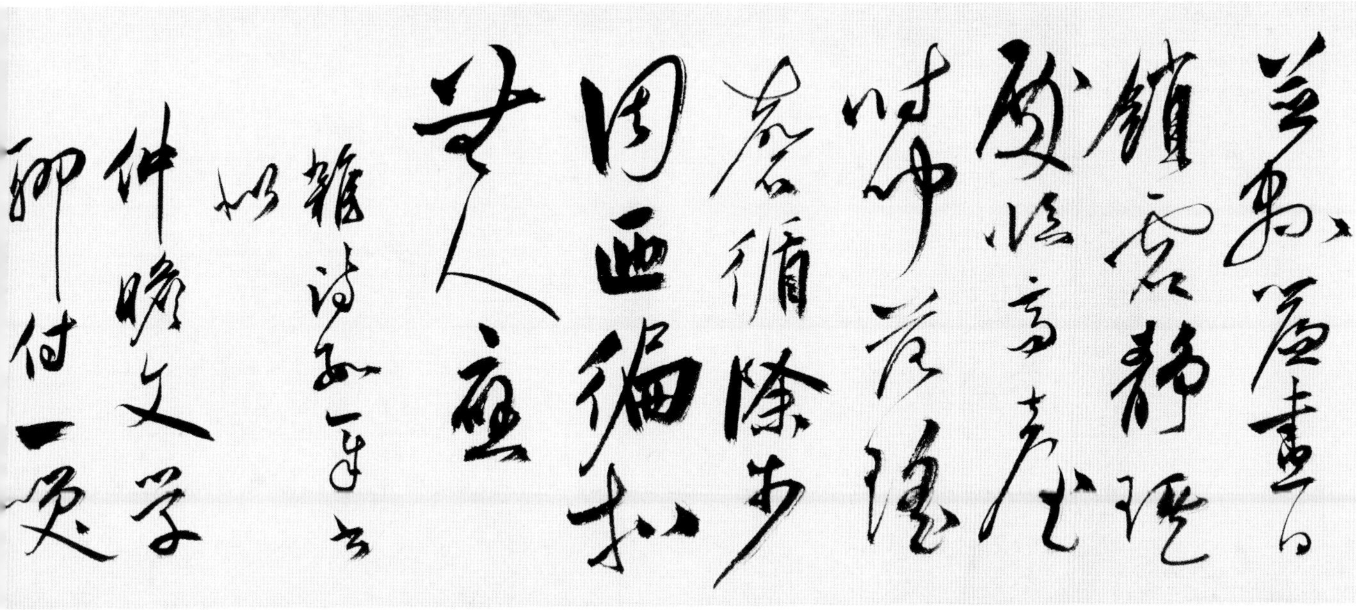

《三體書雜詩卷》之六

54

祝允明　草書琴賦卷
紙本　草書
縱25.7厘米　橫738.4厘米

Qin Fu (Ode to the Lute) in cursive script
By Zhu Yunming
Handscroll, ink on paper
H. 25.7cm　L. 738.4cm

卷書三國嵇康《琴賦》文，末識"嵇叔夜作琴賦，可謂能盡其至者也。李懷琳仿叔夜絕交書甚善，余書此賦，少假懷琳腕下佈置，慮擬古人用意所在。懷琳為唐時書法宗匠，其立意自不虛也。丁丑四月一日，暢哉居士允明"，鈐"晞哲"(朱文)、"吳下阿明"(朱文)印。"丁丑"為明正德十二年(1517)，祝允明時年五十八歲。卷後有明吳寬跋。

吳寬跋稱："若此卷琴賦，卓犖不凡，起前人於今日當不過是。"然吳寬卒於弘治十七年(1504)，不可能跋祝氏此卷，應為跋祝氏的另一《琴賦卷》，被拆配至此卷後。吳寬跋書，蒼勁樸拙，應為晚年書。

此卷書法圓勁遒媚，流暢自然，為祝允明草書長篇佳作。

鑑藏印記："邵彌之印"(白文)、"吳下阿彌"(朱文)。

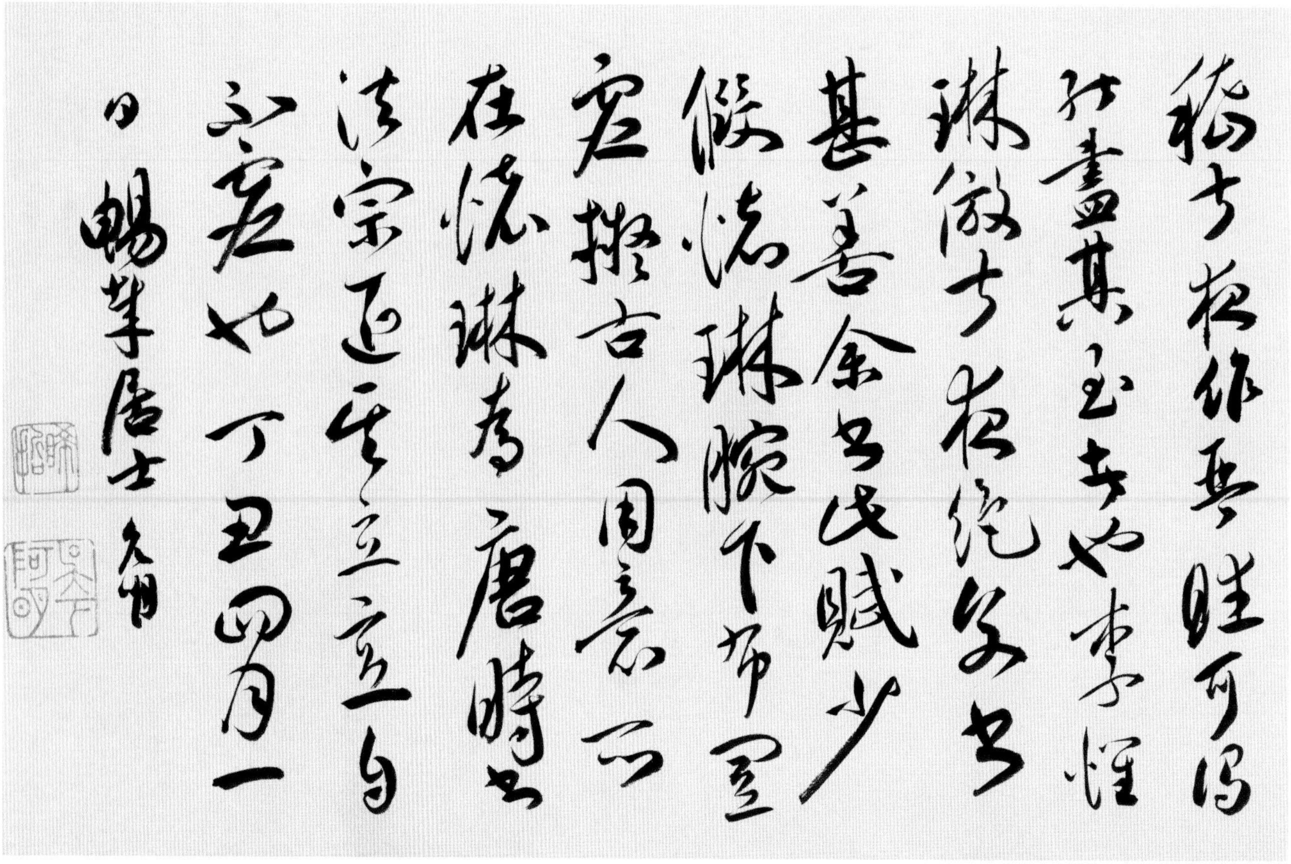

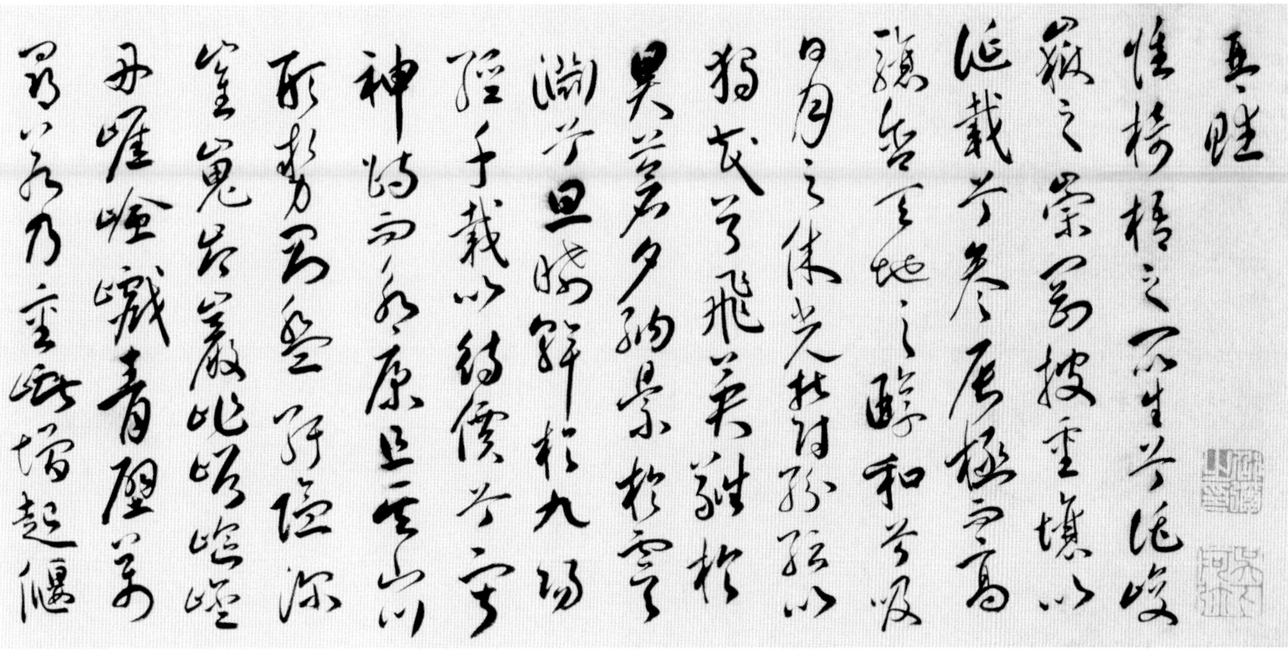

《琴賦卷》之一

釋文：

琴賦

惟椅梧之所生兮，托峻嶽之崇岡。披重壤以誕載兮，參辰極而高驤。含大地之醇和兮，吸日月之休光。鬱紛紜以獨茂兮，飛英蕤於昊倉。夕納景於虞淵兮，旦晞乾於九陽。經十載以待價兮，寂神跱而永康。且其山川形勢，則盤紆隱深。𡾊嵬岑岩，岝崿嶇崯，丹崖嶮巇，青壁萬尋。若乃重巘增起，偃

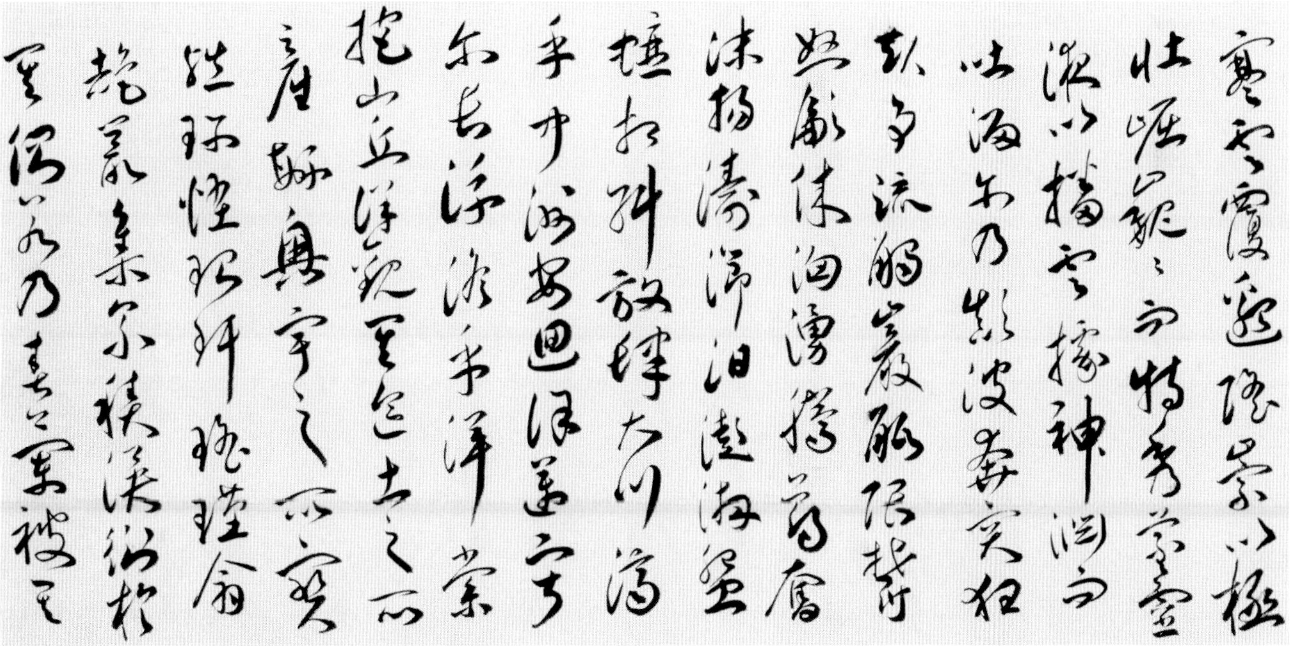

《琴賦卷》之二

蹇雲覆，邈隆崇以極壯，崛巍巍而特秀，蒸靈液以播雲，據神淵而吐溜。爾乃顛簸奔突，狂赴爭流，觸岩觝隈，鬱怒彪休；洶湧騰薄，奮沫揚濤，瀄汩澎湃，蟺相糾；放肆大川，濟乎中州，安迴徐邁，寂爾長浮，澹乎洋洋，縈抱山丘。詳觀其區土之所產毓，奧宇之所寶殖，珍怪琅玕，瑤瑾翕艴，叢集累積，奐衍於其側。若乃春蘭被其

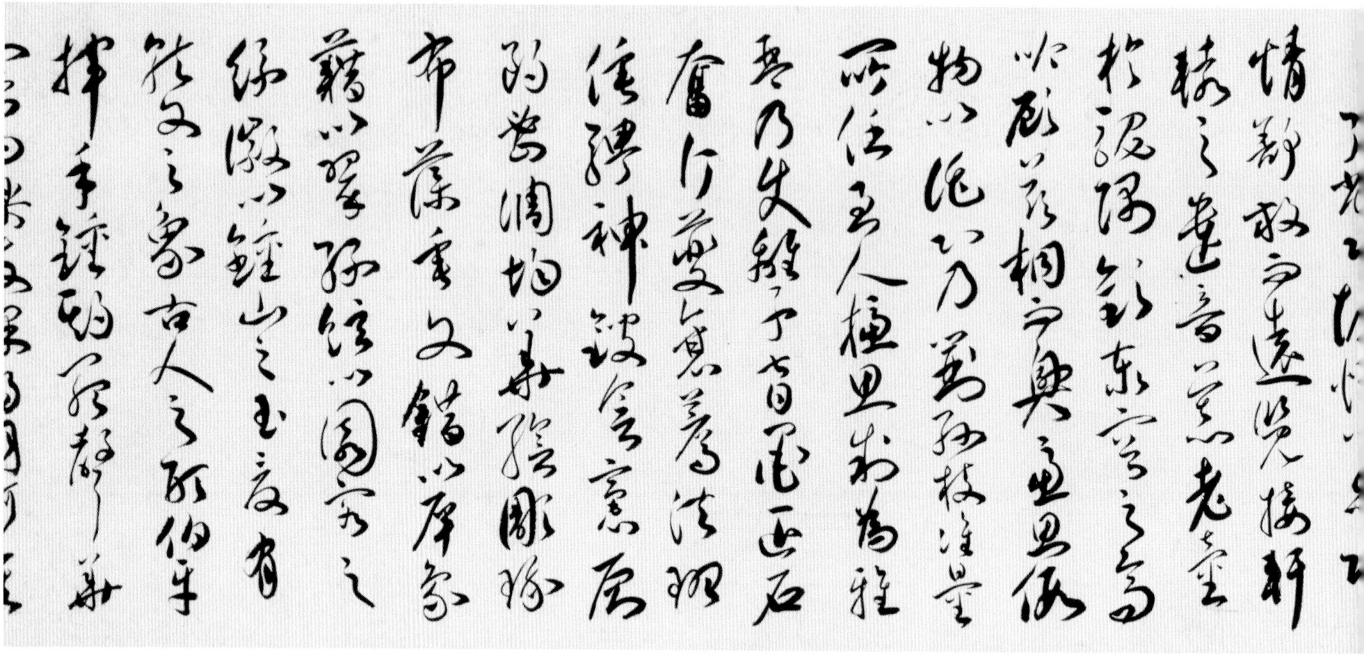

東，沙棠植其西，涓子宅其陽，玉醴湧其前，玄雲蔭其上，翔鸞集其巔，清露潤其膚，惠風流其間；竦肅肅以靜謐，密微微其清閒。夫所以經營其左右者，固以自然神麗，而足思願愛樂矣。於是遯世之士，榮期綺季之儔，乃相與登飛梁，越幽壑，援瓊枝，陟峻崿，以游乎其下。周旋永望，邈若淩飛，邪睨昆侖，俯闞海湄；指蒼梧之迢遞，臨回江之威夷，寤時俗之多纍，仰箕山之餘輝，羨斯岳之弘敞，心慷慨以忘歸！情舒放而遠覽，接軒轅之遺音，慕老童於騩隅，欽泰容之高吟，顧茲桐而興慮，思假物以託心：乃對孫枝，准量所任，至人攄思，制為雅琴。乃使離子督墨，匠石奮斤，夔襄薦法，班、倕騁神，鎪會裛厠，朗密調均，華繪雕琢，布藻垂文；錯以犀象，藉以翠綠，弦以園客之絲，徽以鍾山之玉；爰有龍鳳之象，古人之形；伯牙揮手，鍾期聽聲；華

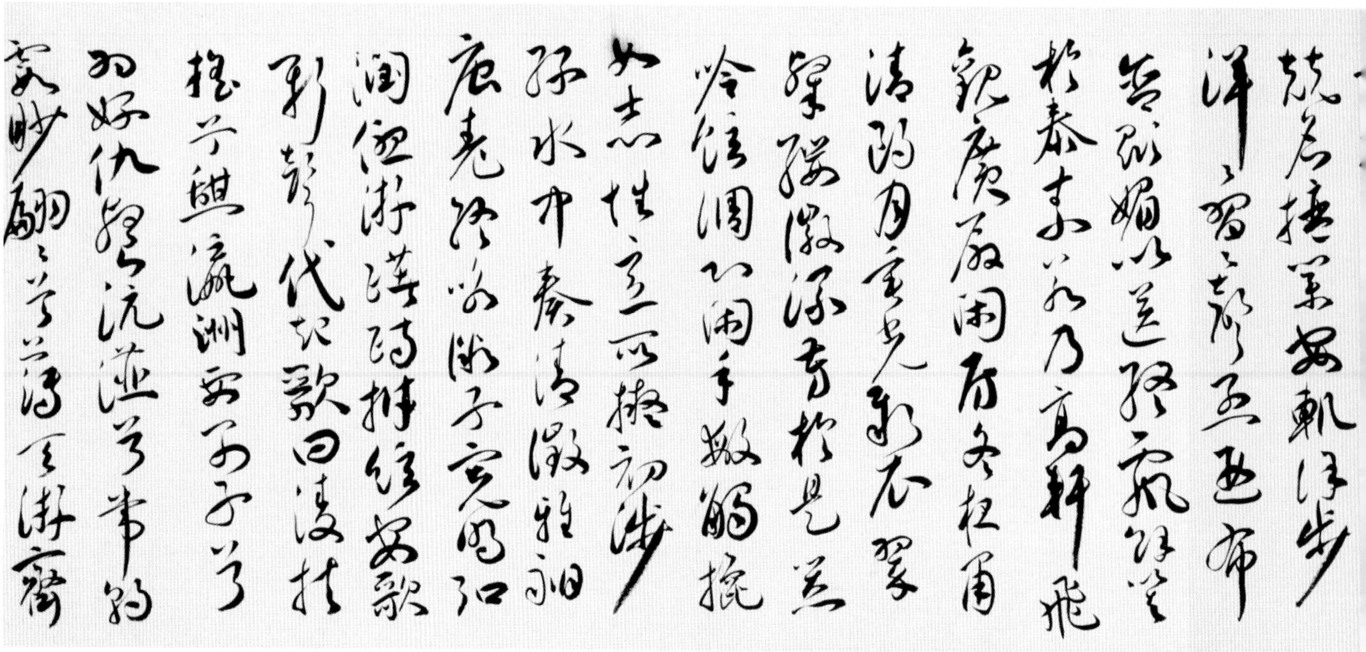

容灼爍，發綵揚明，何其麗也！伶倫比律，田連操張，進御君子，新聲嘹亮，何其偉也！及其初調，則角羽俱起，宮徵相證，參發並趣，上下累應，踸踔磥硌，美聲將興；固以和昶而足耽矣。爾乃理正聲，奏妙曲，揚《白雪》，發《清角》；紛淋浪以流離，奐淫衍而優渥，粲奕奕而高逝，馳岌岌以相屬，沛騰遻而競趣，翕韡曄而繁縟。狀若崇山，又象流波；浩兮湯湯，鬱兮峨峨。怫惘煩冤，紆餘婆娑，陵縱播逸，霍濩紛葩。檢容授節，應變合度，競名擅業，安軌徐步。洋洋習習，聲烈遐布，含顯媚以送終，飄餘響於泰素。若乃高軒飛觀，廣廈閒房，冬夜肅清，朗月垂光；新衣翠粲，纓徽流芳；於是器吟弦調，心閑手敏，觸攙如志，唯意所擬；初涉《淥水》，中奏《清徵》，雅昶唐堯，終詠微子；寬明弘潤，優遊躇跱，拊弦安歌，新聲代起。歌曰：凌扶搖兮憩瀛洲，要列子兮為好仇；餐沆瀣兮帶朝霞，眇翩翩兮薄天遊。齊

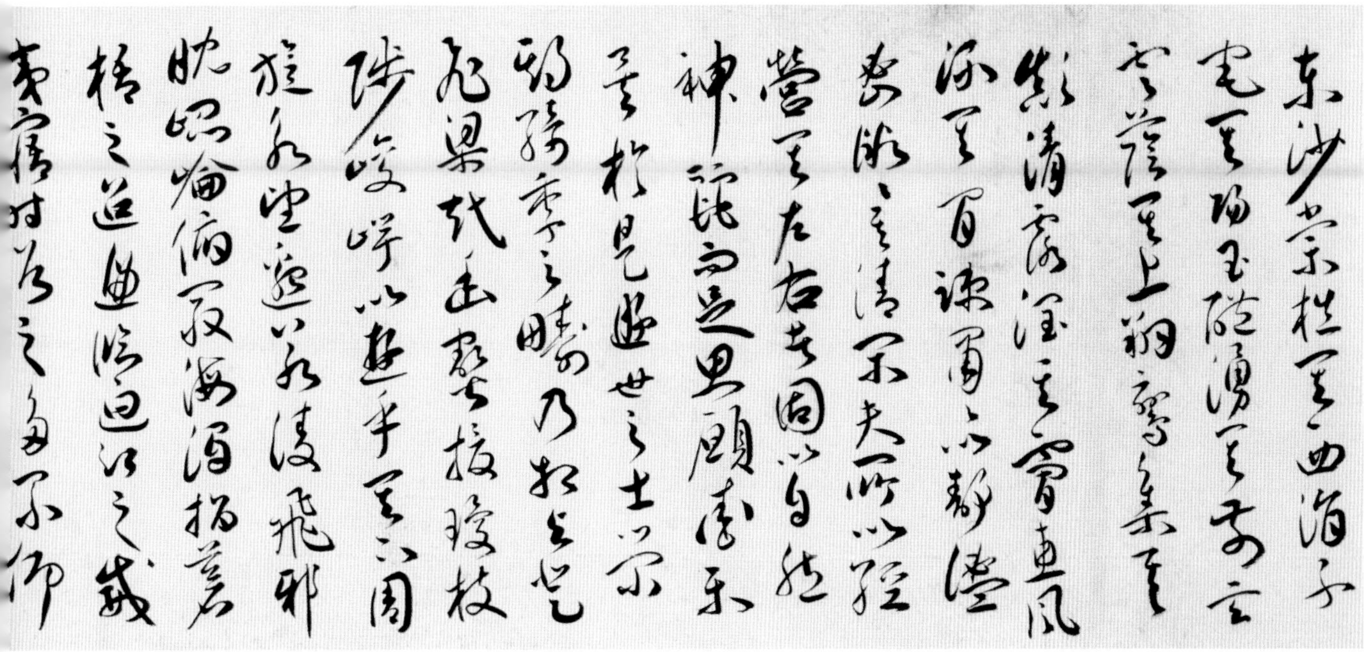

《琴賦卷》之三

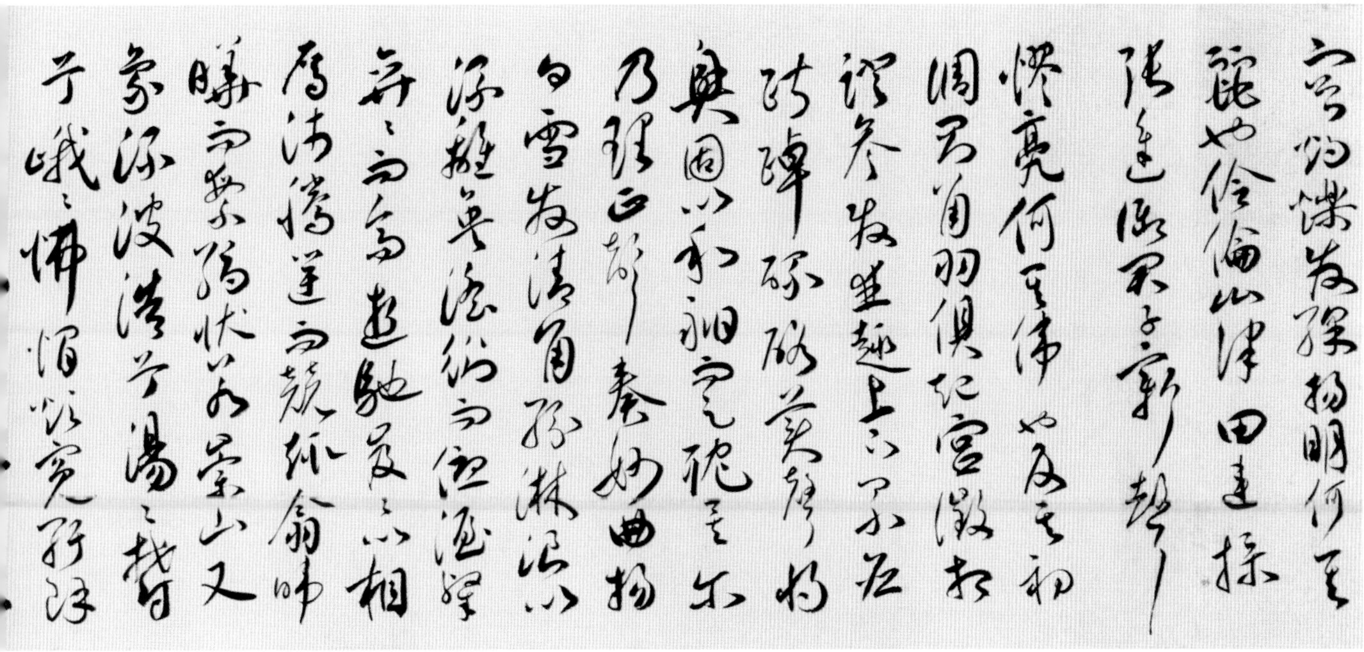

《琴賦卷》之四

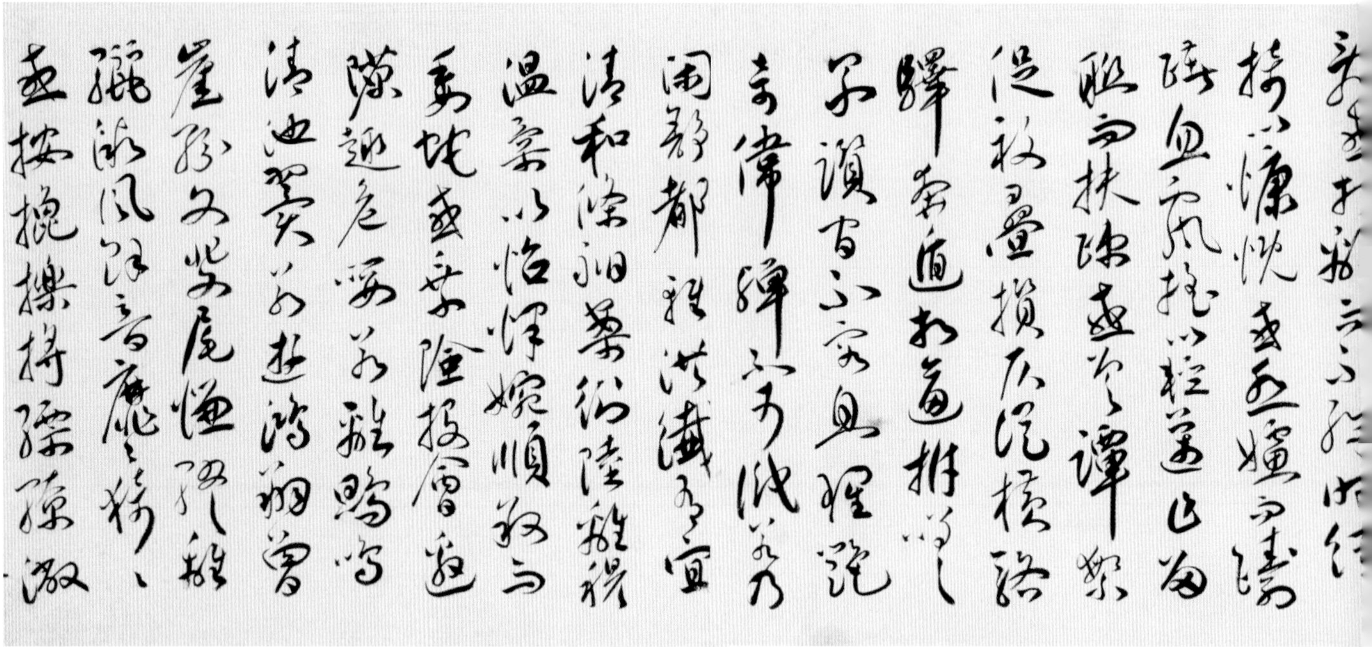

萬物兮超自得，委性命兮任去留；激情響以赴會，何絃歌之綢繆！於是曲引向闌，眾音將歇，改韻易調，奇弄乃發。揚和顏，攘皓腕，飛纖指以馳騖，紛儮譶以流漫。或徘徊顧慕，擁鬱抑按，盤桓毓養，從容祕翫；闥爾奮逸，風駭雲亂，牢落凌厲，布濩半散，豐融披離，斐韡奐爛，或間聲錯糅，狀若詭赴，雙美並進，駢馳翼驅；初若將乖，後卒同趣。或曲而不屈，或直而不倨；或相凌而不亂，或相離而不殊；時結掎以慷慨，或怨嫿而躊躇；忽飄搖以輕邁，乍留聯而扶疏；或參譚繁促，複疊攢仄，從橫駱驛，奔遯相逼，拊嗟累贊，間不容息，瓌豔奇偉，殫不可識。若乃閒舒都雅，洪纖有宜，清和永昶，案衍陸離。穆溫柔以怡懌，婉順敘而委蛇；或乘險投會，邀隙趣危，嚶若離鵾鳴清池，翼若遊鴻翔曾崖；紛文斐尾，慊縿離纚，微風餘音，靡靡猗猗。或摟批擽捋，縹繚潎

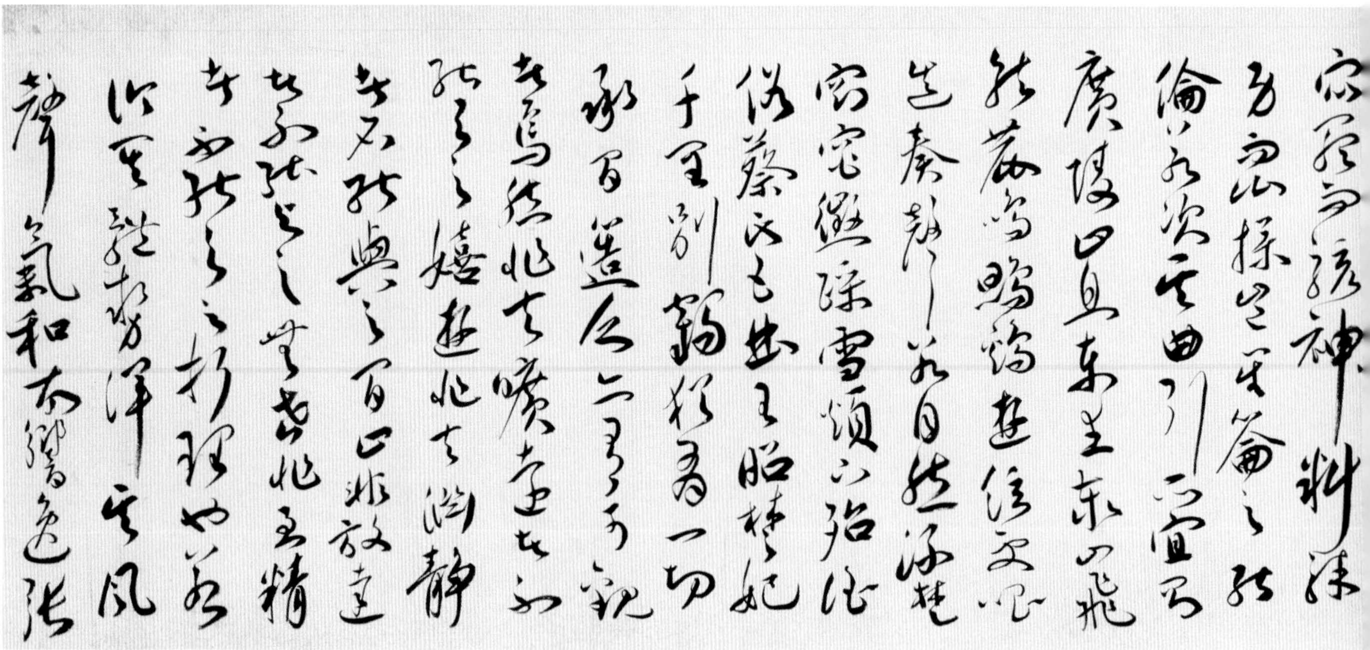

洌，輕衍浮彈，明嫿瞭慧；疾而不速，留而不滯，翩綿飄邈，微音迅逝。遠而聽之，若鸞鳳戲雲中；既丰贍以多姿，又善始而令終，嗟姣妙以弘麗，何變態之無窮！若夫三春之初，麗服以時，乃携友生，以遨以嬉。涉蘭圃，登重基，背長林，翳華芝，臨清流，賦新詩；嘉魚龍之逸豫，樂百卉之榮滋，理重華之遺操，慨遠慕而長思。若乃華堂曲宴，密友近賓，蘭肴間御，旨酒清醇；進南荊，發西秦，紹陵陽，度巴人；變用雜而並起，竦眾聽而駭神，料殊功而比操，豈笙籥之能倫？若次其曲引所宜，則《廣陵》、《止息》、《東武》、《太山》、《飛龍》、《鹿鳴》、《鵾雞》、《遊弦》，更唱迭奏，聲若自然，流楚窈窕，懲躁雪煩。下逮《謠俗》，蔡氏五曲，《王昭》、《楚妃》、《千里》、《別鶴》，猶有一切，承間簉乏，亦有可觀者焉。然非夫曠遠者，不能與之嬉遊；非夫淵靜者，不能與之閒止；非放達者，不能與之無悋；非至精者，不能與之析理也。若論其體勢，詳其風聲；氣和故響逸，張

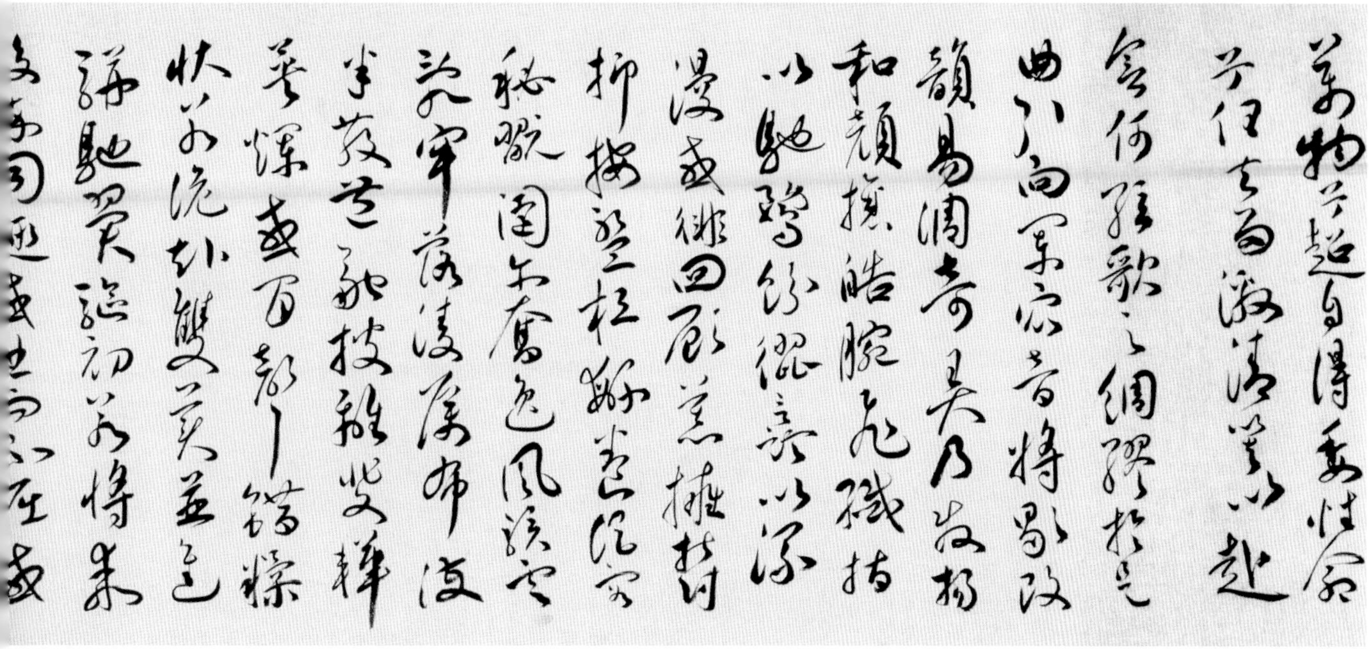

《琴賦卷》之五

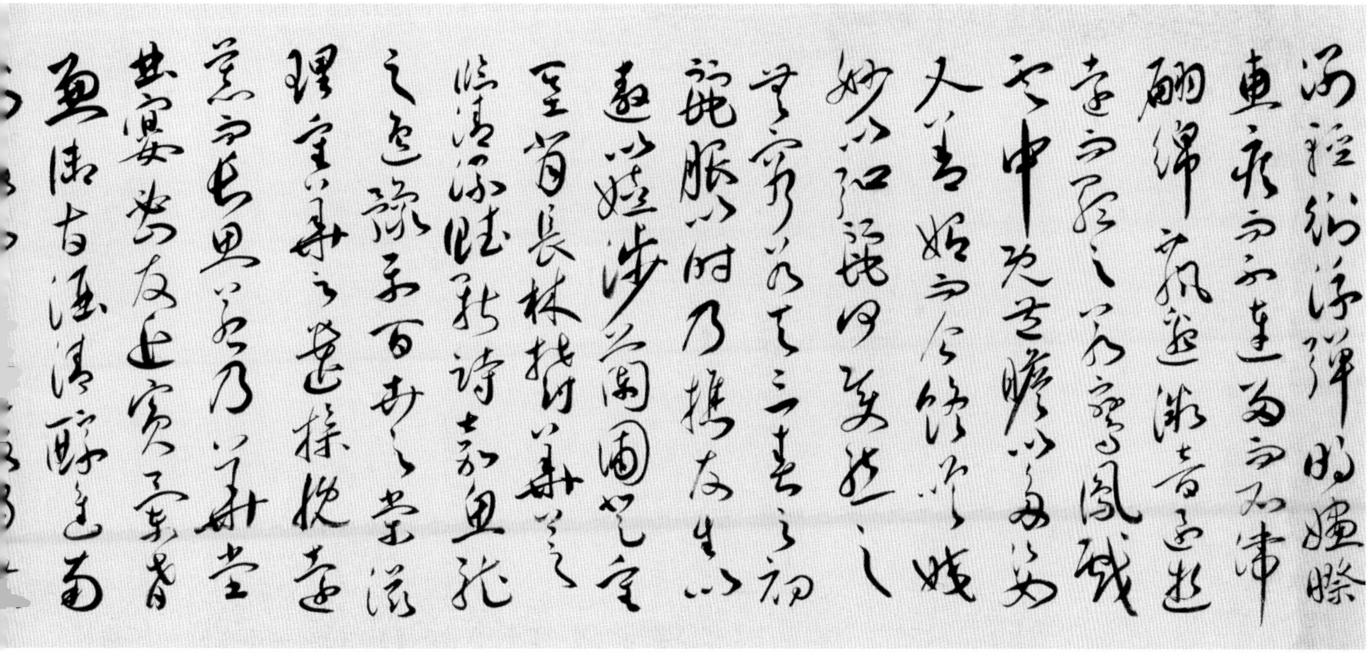

《琴賦卷》之六

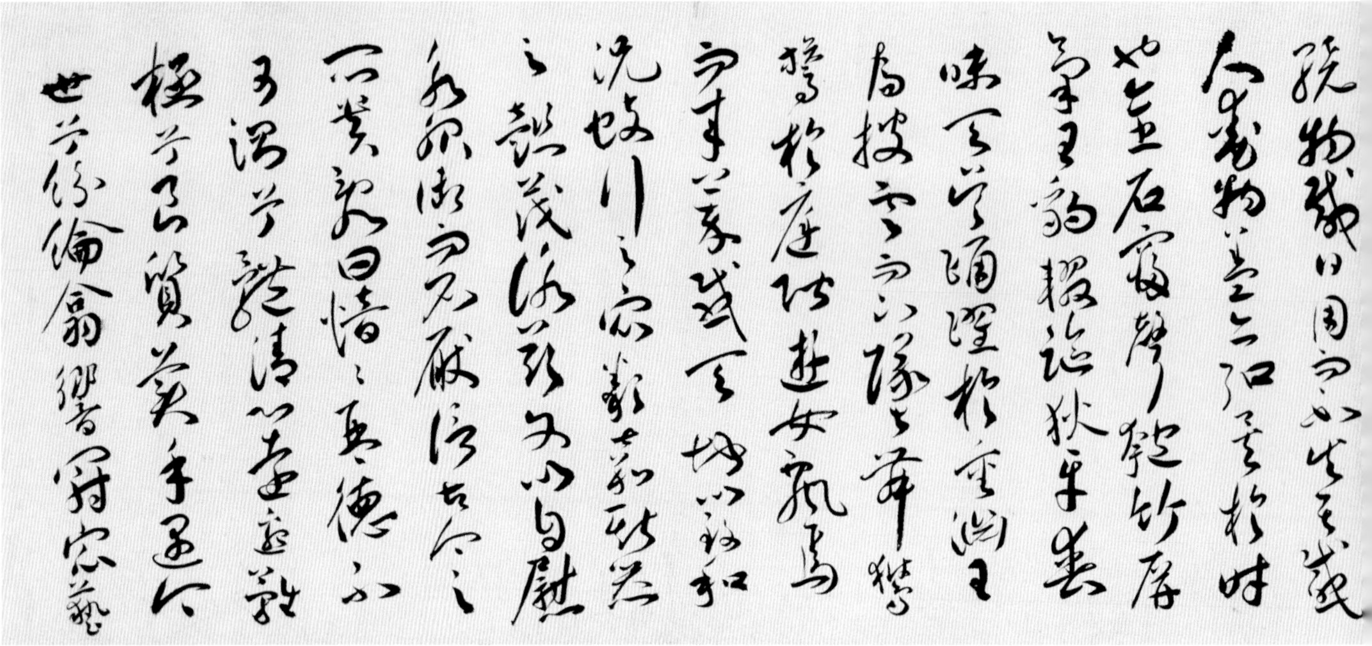

急故聲清，間遼故音痺，弦長故徽鳴。性挈靜以端理，含至德之和平。誠可以感盪心志，而發洩幽情矣。是故懷戚者聞之，莫不憯懍慘淒，愀愴傷心，含哀懊咿，不能自禁；其康樂者聞之，則欨愉歡釋，抃舞踴溢，留連爛漫；若和平者聽之，則怡養悅愉，淑穆玄真，恬虛樂古，棄事遺身。是以伯夷以之廉，顏回以之仁，比干以之忠，尾生以之信，惠施以之辯給，萬石以之訥慎。其餘觸類而長，所致非一，同歸殊途，或文或質，總中和以統物，咸日用而不失；其感人動物，蓋亦弘矣。於時也，金石寢聲，匏竹屏氣，王豹輟謳，狄牙喪味；天吳踴躍於重淵，王喬披雲而下墜，舞鸑鷟於庭階，遊女飄焉而來萃。感天地以致和，況跂行之眾類，嘉斯器之懿茂，詠茲文以自慰；永服御而不厭，信古今之所貴。亂曰：愔愔琴德，不可測兮；體清心遠，邈難極兮；良質美乎，遇今世兮；紛綸翕響，冠眾藝

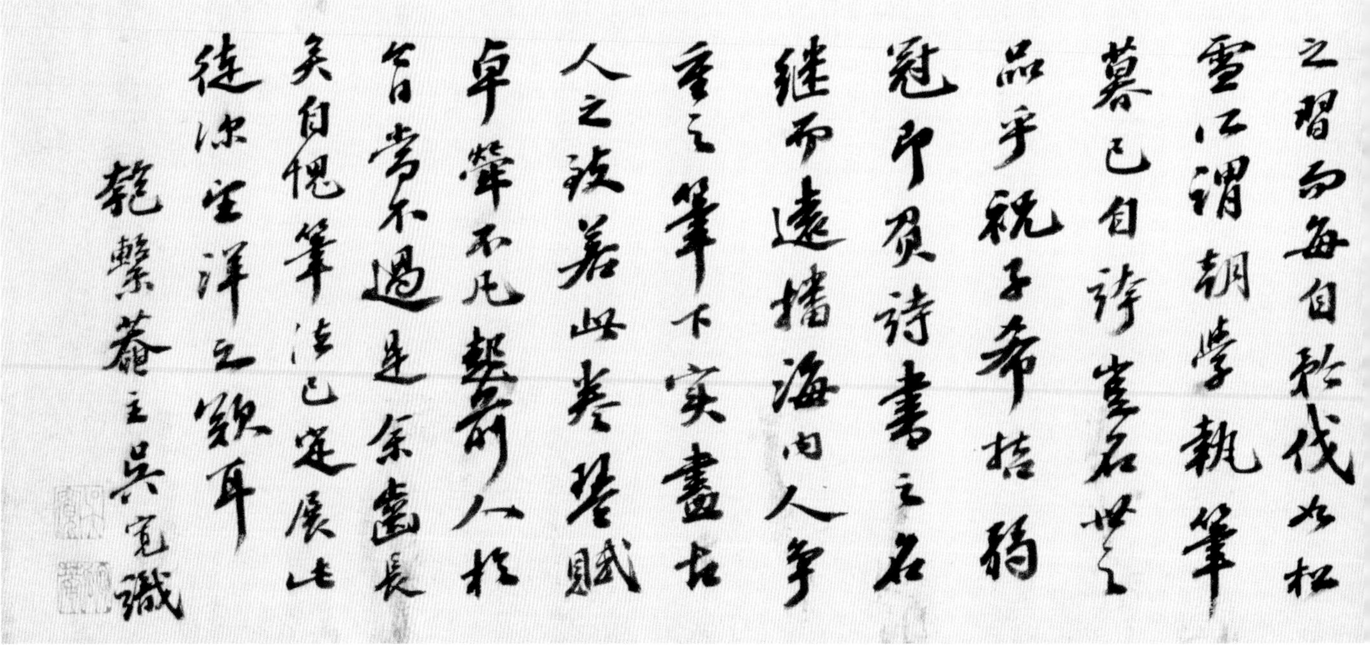

兮；識音者希，孰能珍兮？能盡雅琴，唯至人兮！

嵇叔夜作琴賦，可謂能盡其至者也。李懷琳仿叔夜絕交書甚善，余書此賦，少假懷琳腕下佈置，虛擬古人用意所在。懷琳為唐時書法宗匠，其立意自不虛也。丁丑四月一日暢哉居士允明

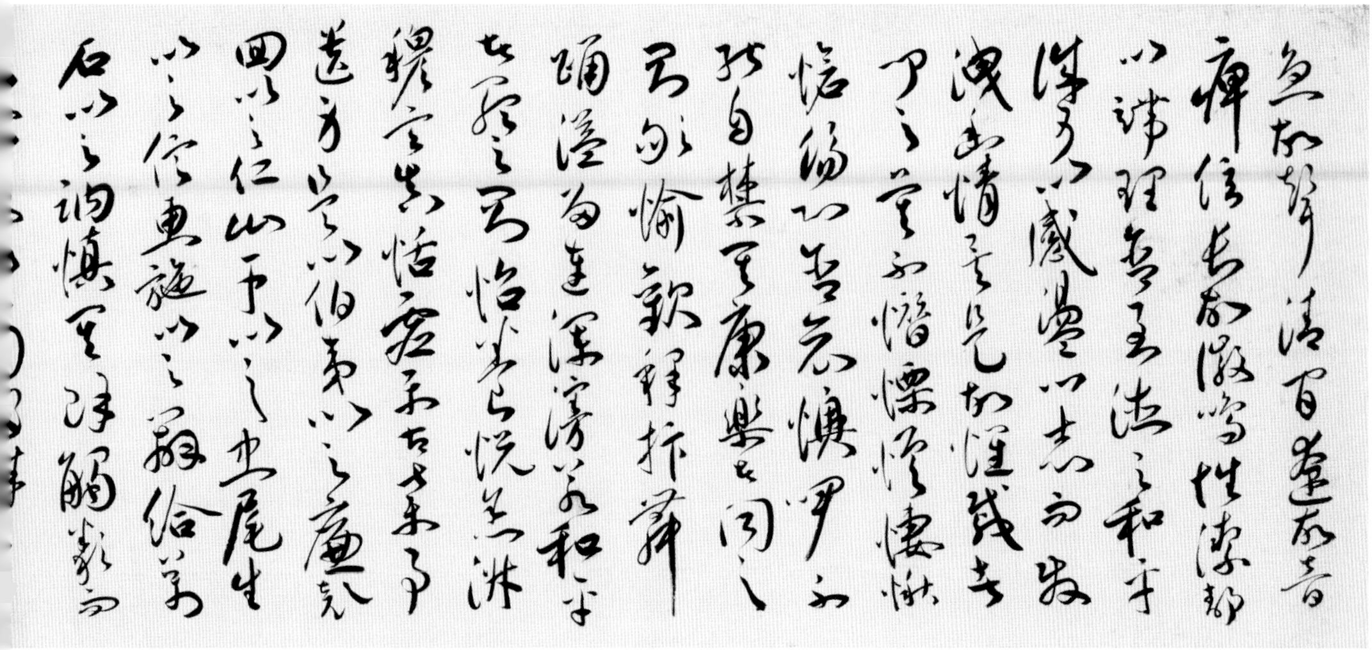

《琴賦卷》之七

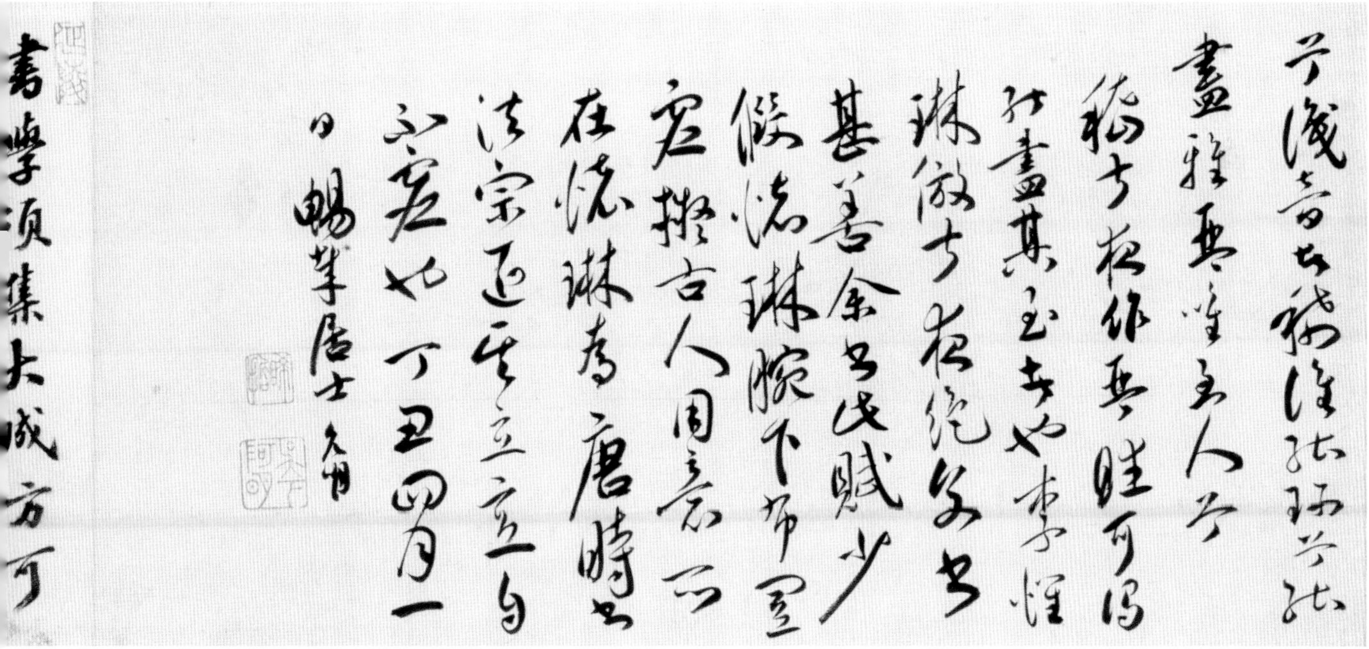

《琴賦卷》之八

55

祝允明　草書自書詩卷

紙本　草書

縱30.7厘米　橫794厘米

Zi Shu Shi (Self-transcribed poems) in cursive script

By Zhu Yunming

Handscroll, ink on paper

H. 30.7cm　L. 794cm

《自書詩卷》書自作《太湖》、《包山》、《虎丘》等詩十一首。款署"正德庚辰歲七月既望，予過夢椿世兄從一堂中，小值杯酒，談笑久之，不覺至醉，應書舊作歸之。枝山允明"，鈐"祝氏允明"(朱文)、"吳郡祝生"(朱文)印。"庚辰"為明正德十五年(１５２０)，時祝允明六十一歲。

祝允明晚年喜作草書，參用黃庭堅草法，為早、中期書法中所罕見，佳作較多。此卷書風灑脱，姿態多變，雖點畫縱橫恣肆，但多獨立成字少連屬，取古人以真作草之意。祝氏草書已為當時人推重，以為風骨爛熳，天真縱逸，地位直追趙孟頫。

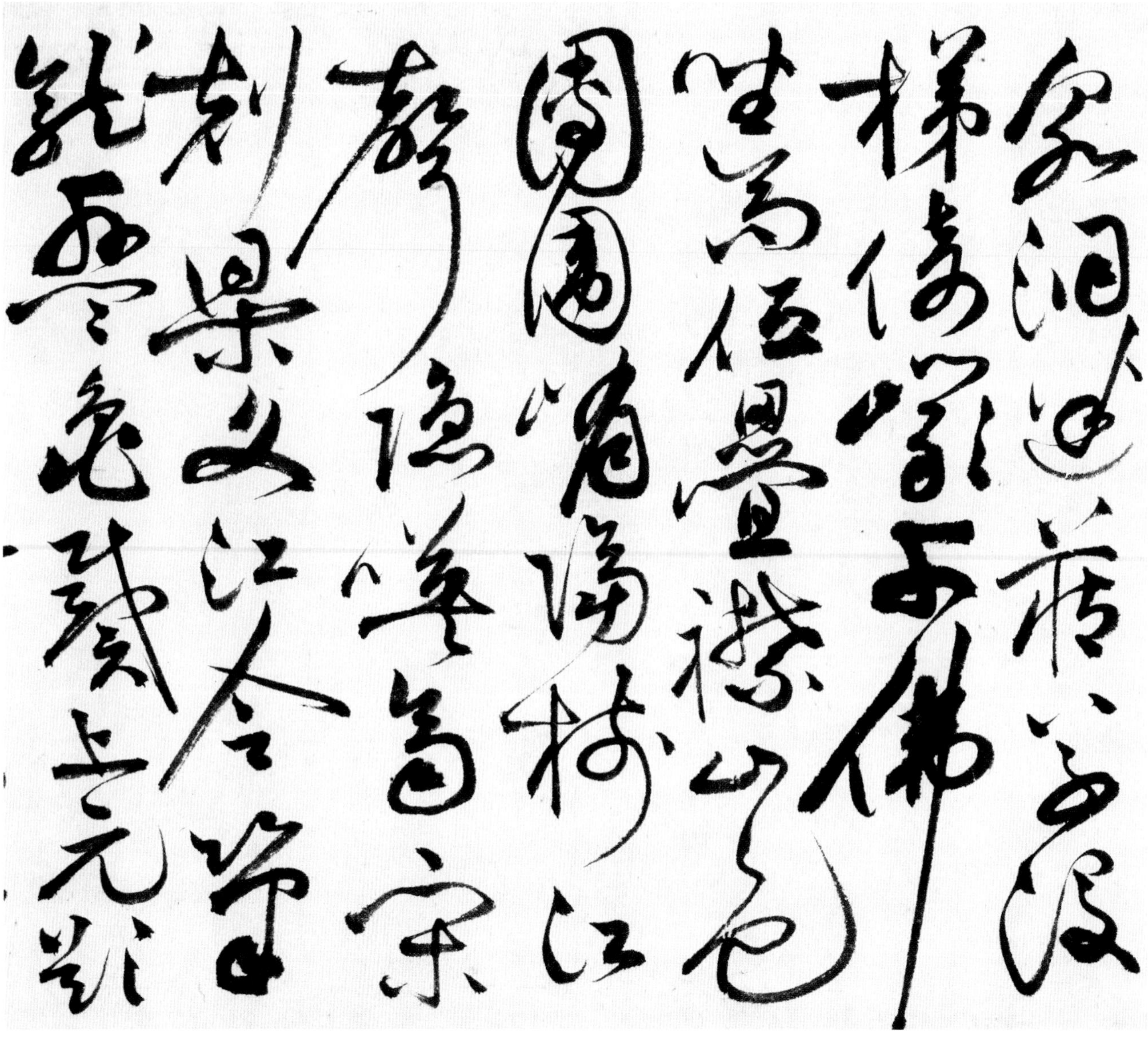

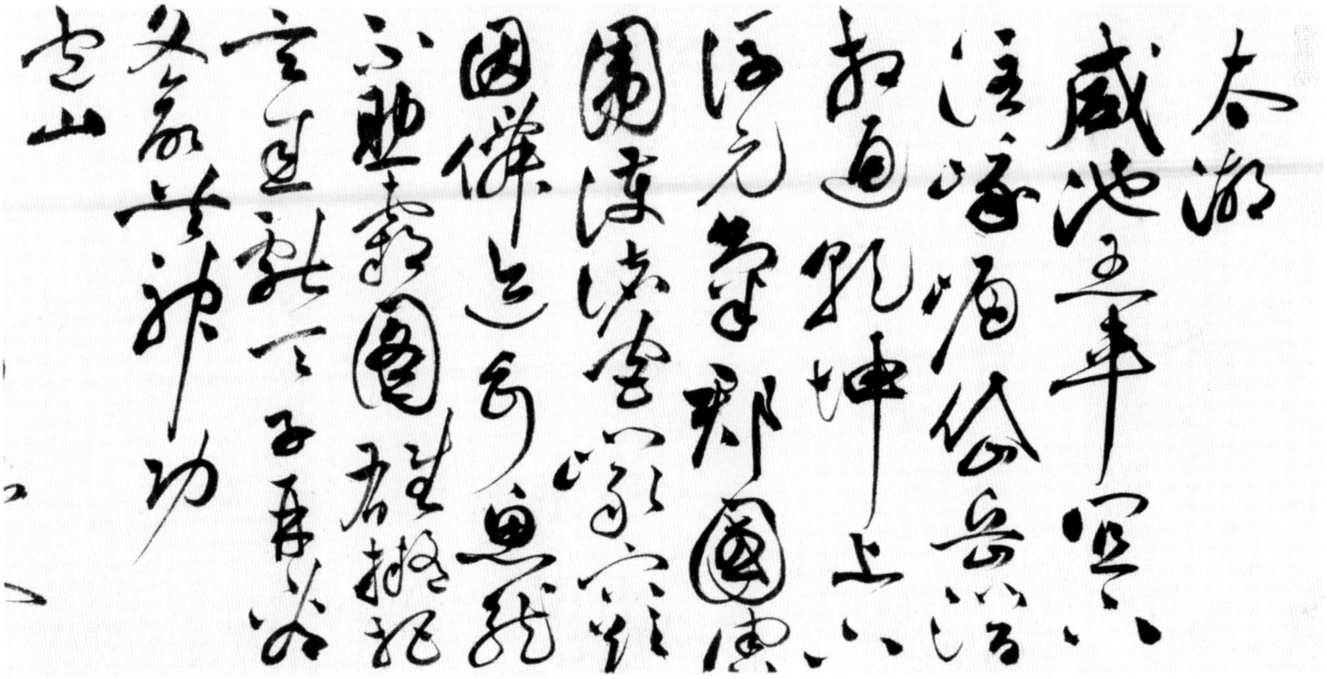

《自書詩卷》之一

釋文：
太湖
咸池五車且下注，
峨嵋岱岳淯相通。
乾坤上下浮元氣，
郡國周圍護渚宮。
岩穴欲因仙跡幻，
魚龍不助霸圖雄。
擬把玄圭獻天子，
再看文山共神功。
包山

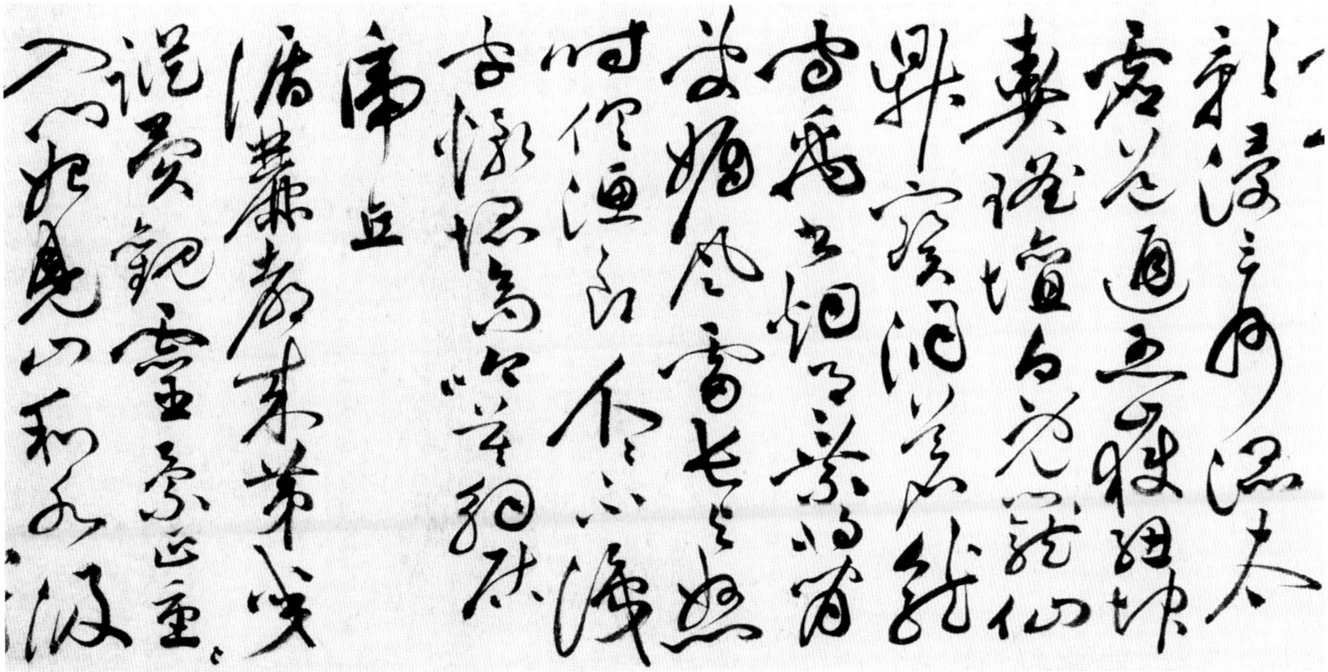

《自書詩卷》之二

影浸三州混太虛，
道通五嶽紐坤輿。
瑤壇白兔籠仙鼎，
寶澗蒼龍守禹書。
煙月乘將開處媚，
風雷常與怒時俱。
漁郎個個不識字，
慚愧高吟莫解居。
虎丘
循麓都來第幾蹤，
異觀靈景正重重。
入門始見山和水，
汲

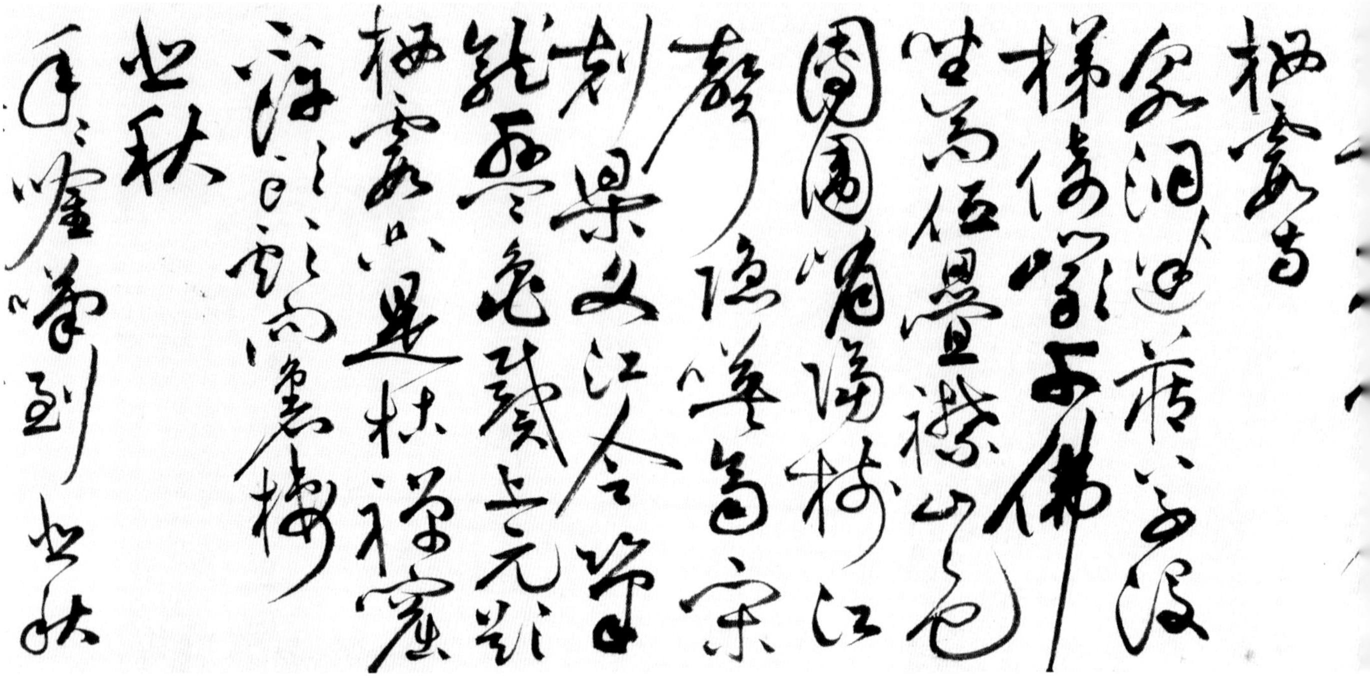

潤愁驚虎與龍。四
面更無林作伴，當
頭又着塔為峯。塵
裾皂衲紛紛滿，二
竺終無一個逢。
一點紫泥封泰岱，
武丘雄拔闔閭城。
席前花雨天宮落，
欄外煙霞腳底生。
轂轆十尋抽玉髓，
於菟三百峙金睛。
五郎勝事千年是，
吳越消亡幾戰爭。
棲霞寺
泉洞迷藏草沒梯，
倚岩千佛坐高低。
疊襟山色團圍峭，
隔樹江聲隱映齊。
宋刻梁文江令筆，
龍盤龜戴上元題。
棲霞只是枯禪窟，
不許頭顱向裏棲。
悲秋
年年吟嘆到悲秋，

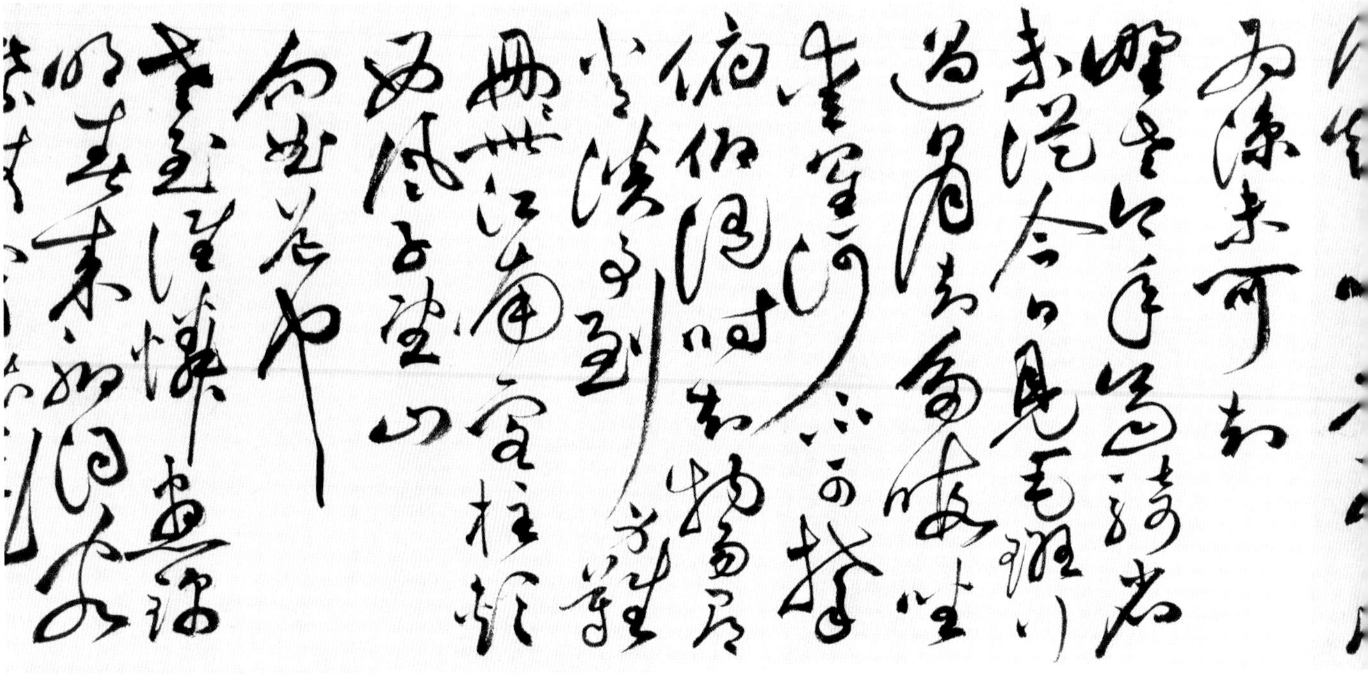

心語因循急未酬。
日似寶珠容口棄，
道如滄海等閒求。
是非滾滾風千變，
今古茫茫貉一丘。
老子自憐深興近，
誰將雙眼上南樓。
荏苒來鴻去燕期，
騷人切切有相宜。
漢宮新調初翻葉，
素女哀音半破絲。
欲賦悲懷無奈意，
強從時事未能癡。
長風短雨時時見，
為暑為涼未可知。
野老今年齊騎省，
未從今日見毛斑。
行過日月知多暇，
坐愛星河不可攀。
俯仰隨時知物易，
尋常談事到身難。
冊冊卅(登登兩屐)
江南客，杜頰西風
望子山。
句曲道中
老至誰憐晝錦明，
春來聊得客

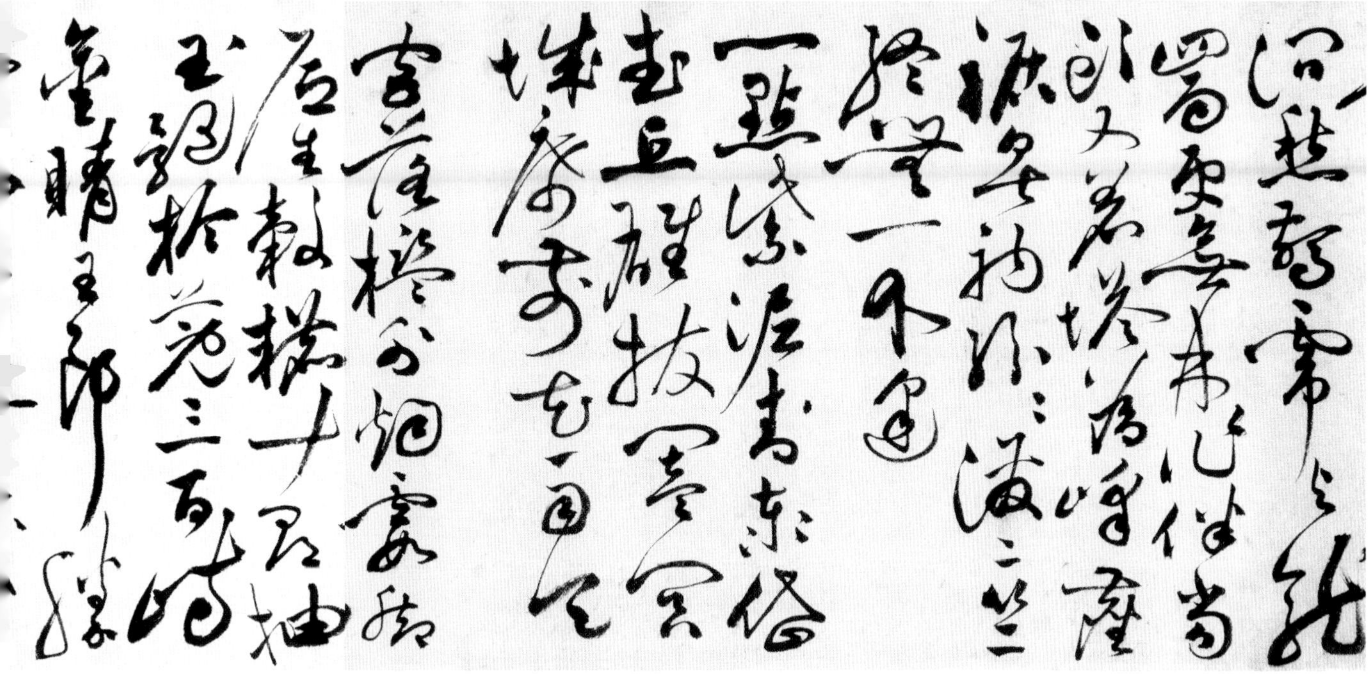

《自書詩卷》之三

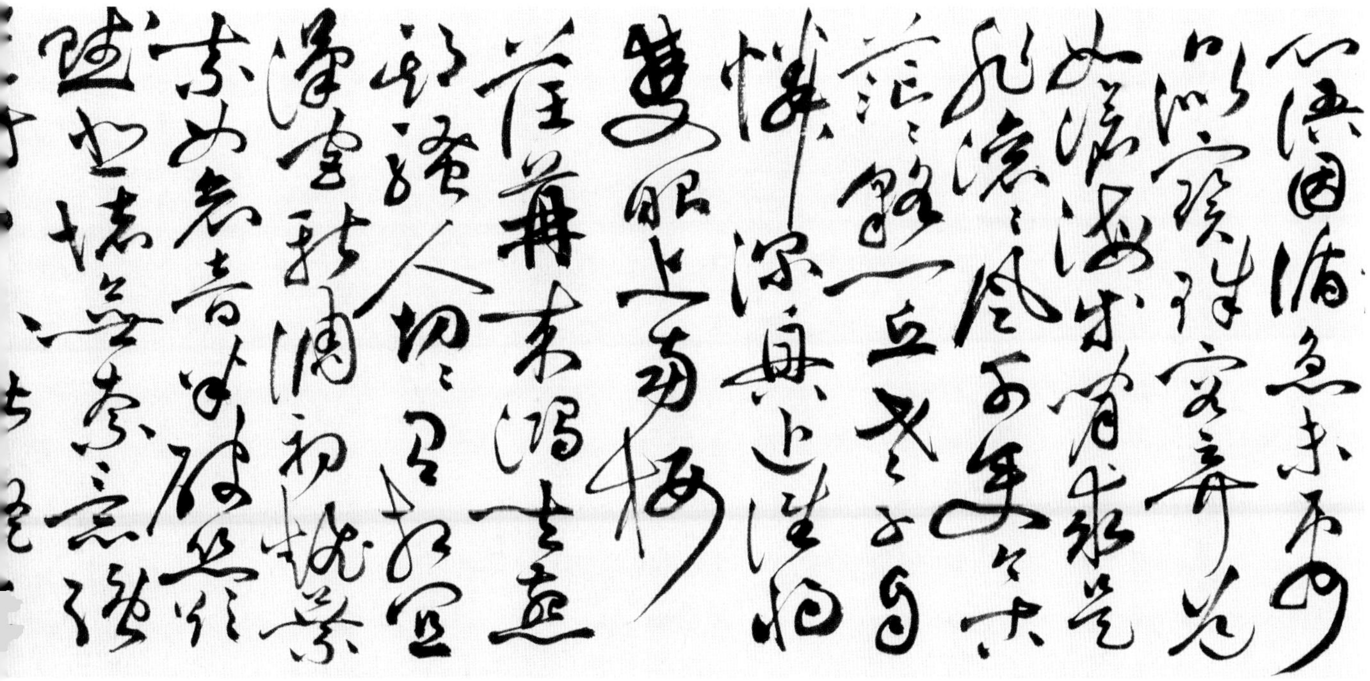

《自書詩卷》之四

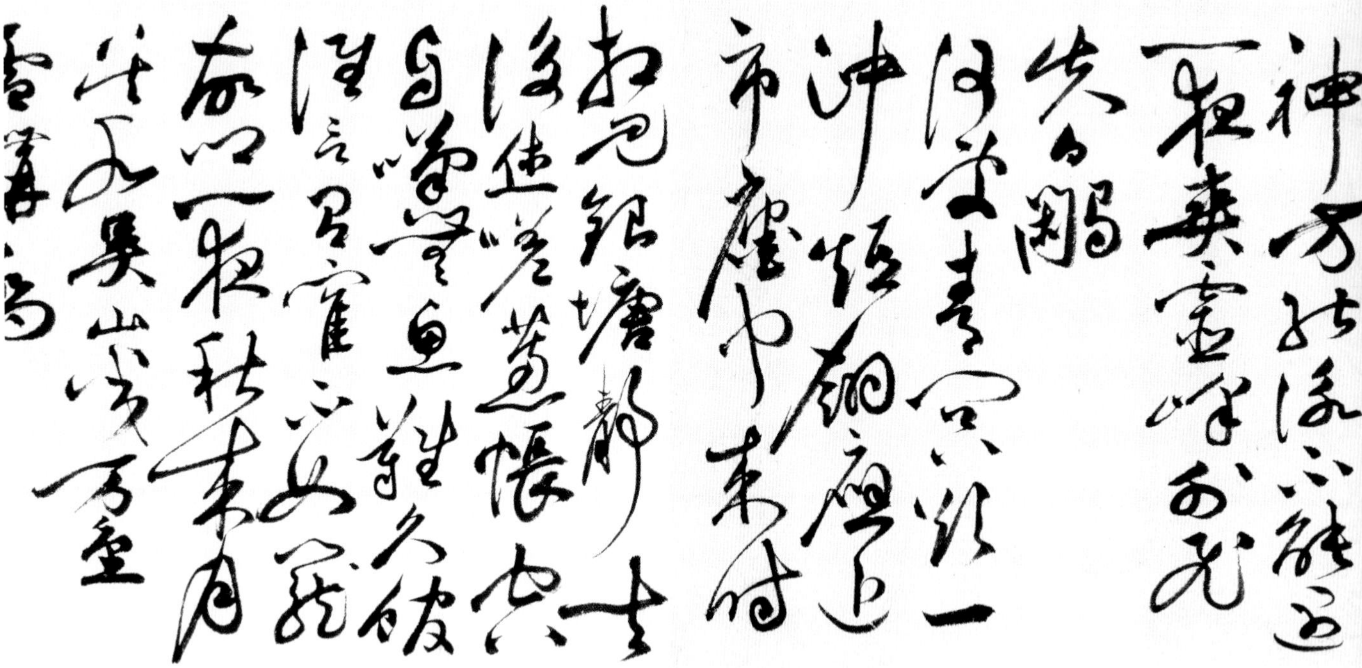

襟清。宵依星斗宮
壇臥，曉傍神仙宅
舍行。眼看山多城
郭少，肩挑詩重簿
書輕。何時總入煙
霞去，不見人間寵
辱驚。

下馬門前一振衣，
翠微高迴逼清微。
雲端洞裏神仙過，
月下山中長史歸。
金餤暈床砂氣伏，
紫雲穿竇術藥肥。
神方能詠不能遇，
一夜爽靈峯外飛。

失白鷳

何處青冥欲一衝，
短翎應近市塵中。
來時相見銀塘靜，
去後休嗟蕙帳空。
自嘆無魚難久館，
誰言有鶴不如籠。
故鄉一夜秋來月，
吳水吳山幾萬重。

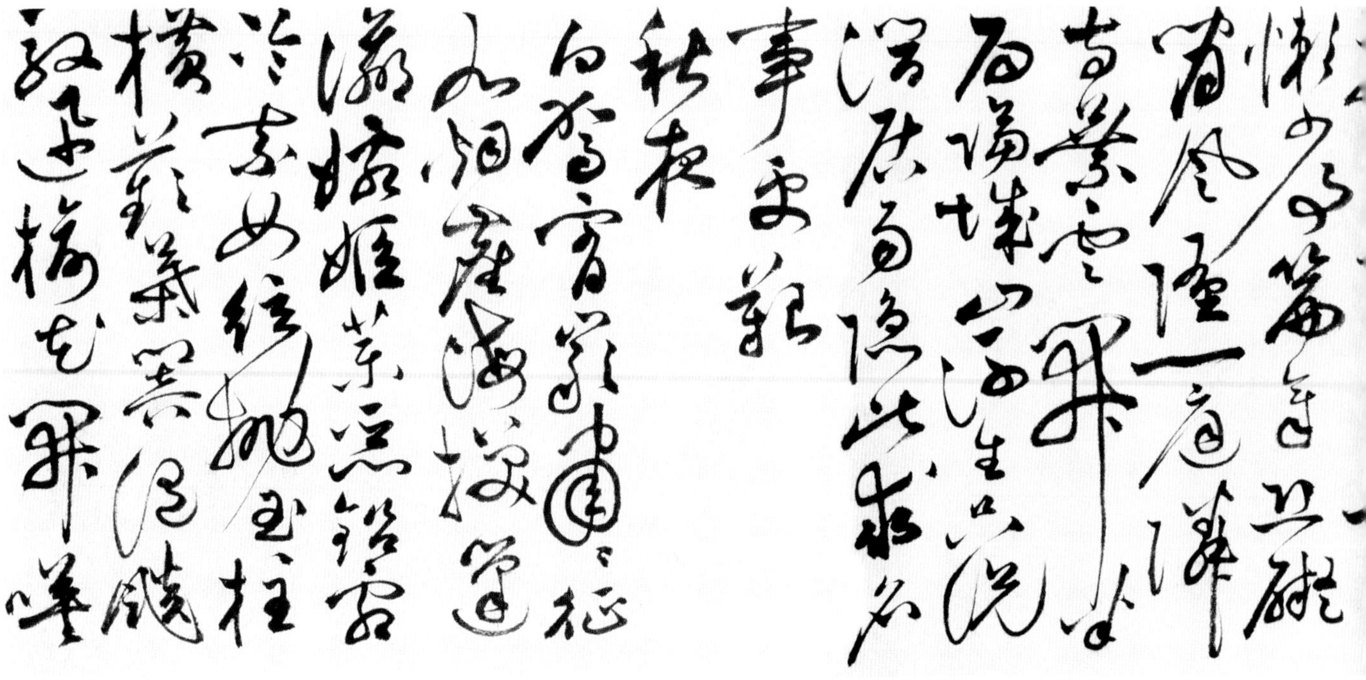

盧溝橋

四海修梁只有二，
盧溝雄冠帝城邊。
下臨窅窅疑無地，
上接茫茫恐是天。
紫蜺平分通碧落，
白龍橫臥破蒼煙。
牛車百轉春雷過，
愁壓幽燕地軸偏。

秋日閒居

逃暑應能暫閉關，
未消多把古賢攀。
並抛杯酌方為懶，
少事篇章恐礙閒。
風墜一庭鄰寺葉，
雲開半面隔城山。
浮生只說潛居易，
隱比求名事更艱。

秋夜

白駕宵岩肅肅征，
水煙塵海換蓬瀛。
孀姬藥惡鉛霜冷，
素女絃抛玉柱橫。
蘋葉闇隨飈散迅，
榆花開映

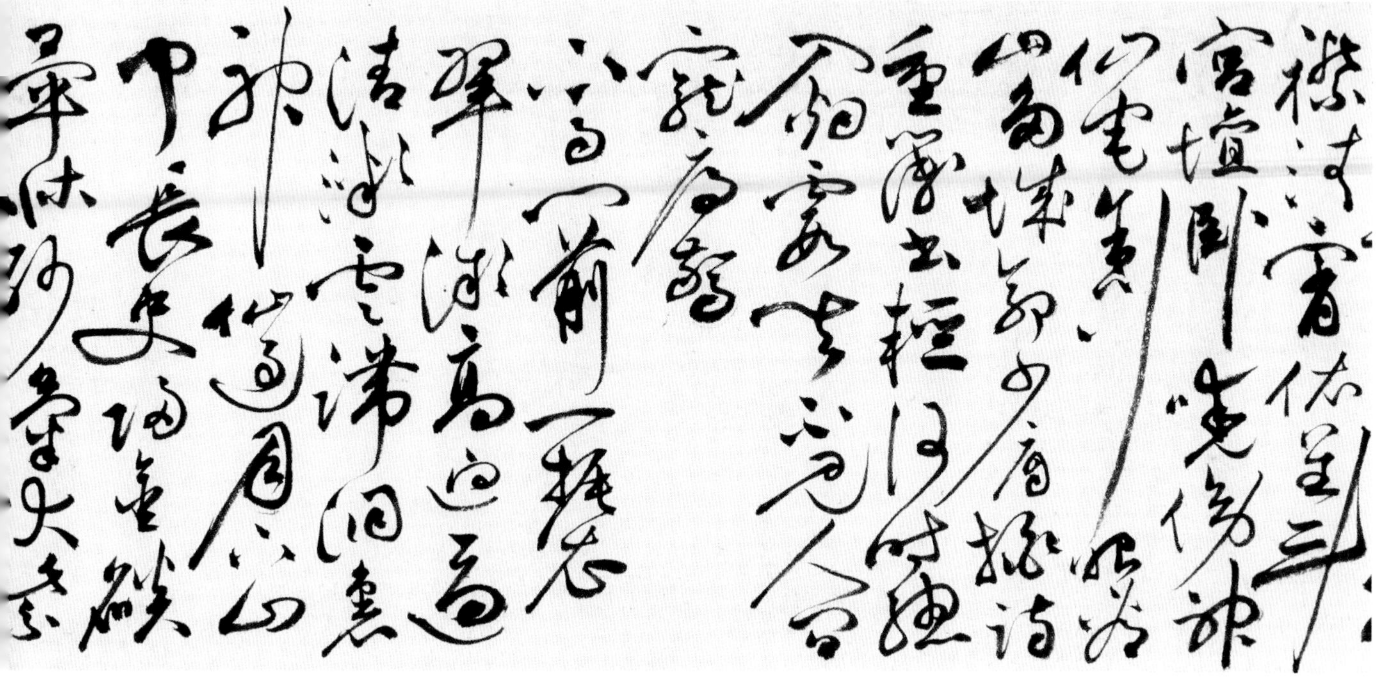

《自書詩卷》之五

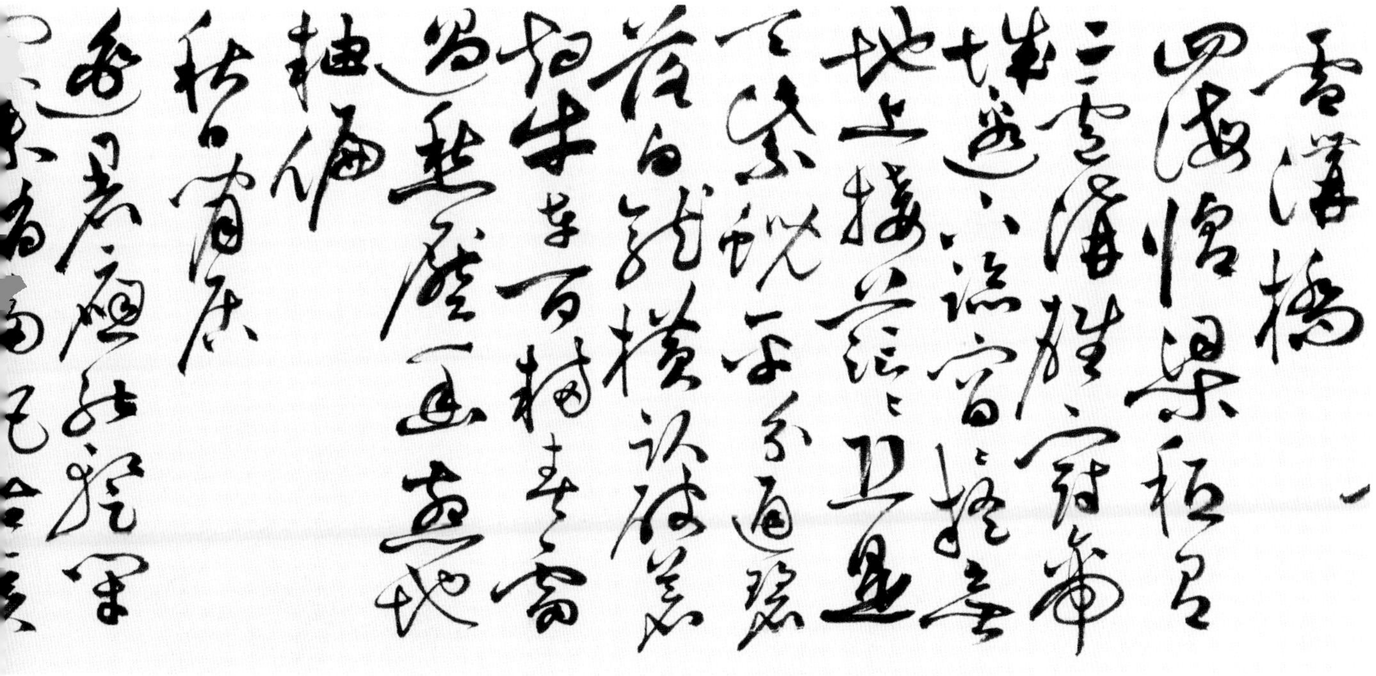

《自書詩卷》之六

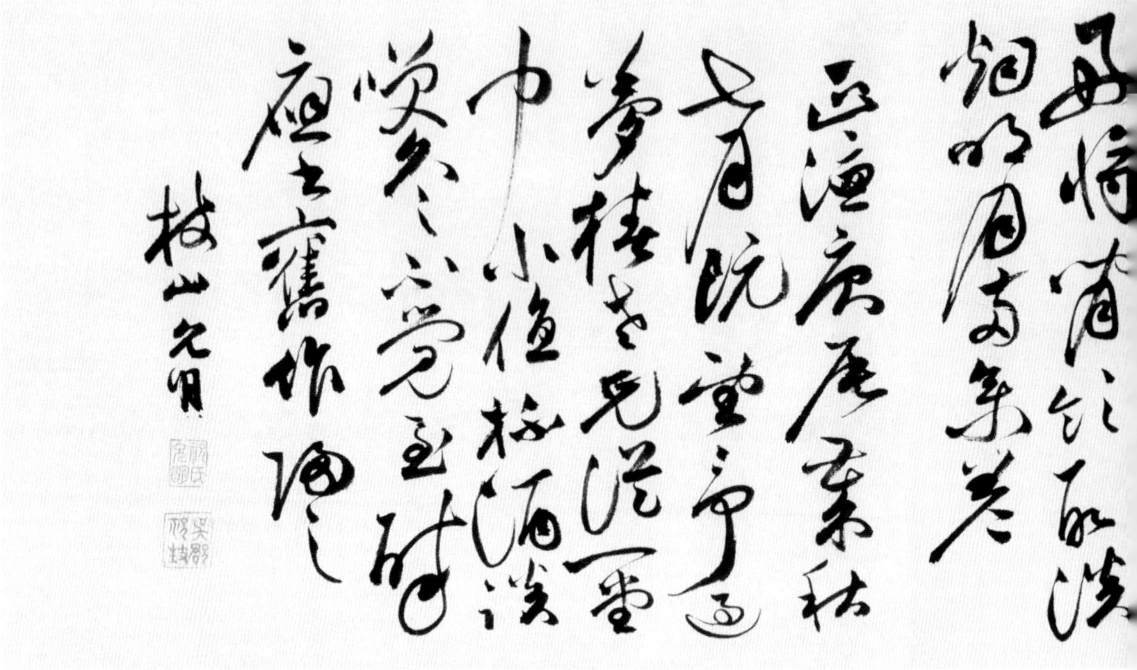

泰堵平。漢家高倚通明闕，一夜天池倒洗兵。

寫懷

忘羊何日返初岐，失馬由來未用悲。靈藥不消心底火，世情猶惡夢中棋。三年紫陌長虛屐，一鈕銅章只礙詩。好景好將閒領取，淡煙明月兩參差。

正德庚辰歲秋七月既望，予過夢椿世兄從一堂中，小值杯酒，談笑久之，不覺至醉，應書舊作歸之。枝山允明

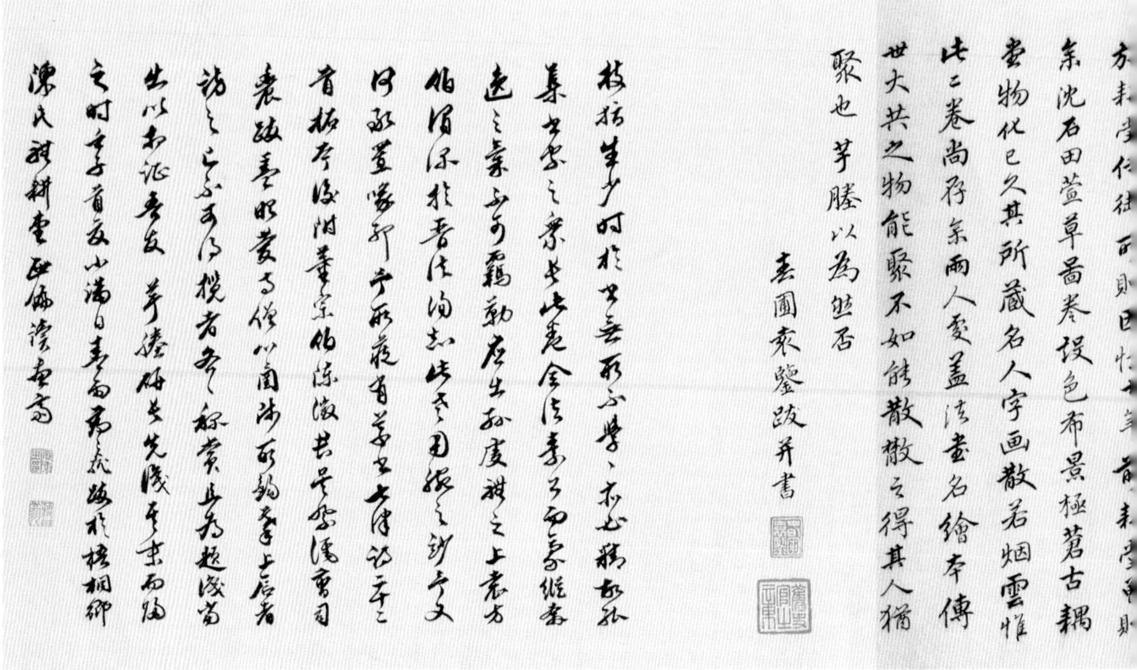

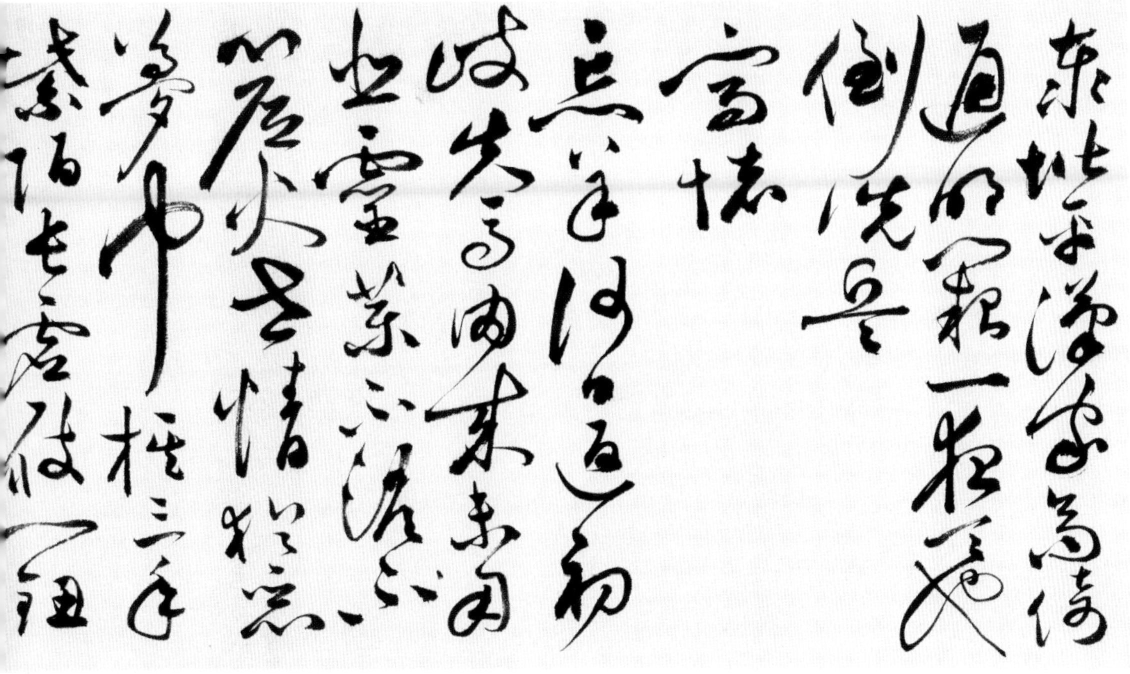

《自書詩卷》之七

《自書詩卷》之八

56

唐寅　行書自書詞卷
紙本　行書
縱23.3厘米　橫551.3厘米
清宮舊藏

Zi Shu Ci (Self-transcribed Ci, a form of poetry) in running script
By Tang Yin (1470-1523)
Handscroll, ink on paper
H. 23.3cm　L. 551.3cm
Qing Court collection

唐寅（1470—1523），字伯虎，一字子畏，號六如居士、桃花庵主、逃禪仙吏等，明代吳縣（今江蘇蘇州）人，自署“晉昌唐寅”。與祝允明、徐禎卿、文徵明並稱“吳中四才子”。弘治十一年（1498）舉應天解元（鄉試第一），會試時因牽涉考場舞弊案而被革黜。後遊歷名山大川，致力繪事，賣畫為生，任逸不羈，鐫印章“江南第一風流才子”。初學畫於沈周，後取法宋、元各家，工山水、人物、花鳥，與沈周、文徵明、仇英並稱“吳門四家”。兼善書法，取法趙孟頫。著有《六如居士集》。

卷書《集賢賓》、《錦衣公子》、《山坡羊》三組曲牌。款署“晉昌唐寅錄似從漢老兄清翫”，下鈐“學圃堂印”（白文）、“唐子畏圖書”（朱文），引首鈐“吳趨”（朱文）印。

唐寅書畫兼擅，傳世作品繪畫較多，書法甚少。其書以行楷見長，學趙孟頫並參以李北海筆意。此卷書法結構嚴謹，筆勢宛轉流暢，風格俊秀瀟灑，是其中年時期的代表作。

鑑藏印記：“嘉慶御覽之寶”（朱文）、“石渠寶笈”（朱文）、“寶笈三編”（朱文）、“宜子孫”（白文）、“嘉慶鑑賞”（白文）、“三希堂精鑑璽”（朱文）。

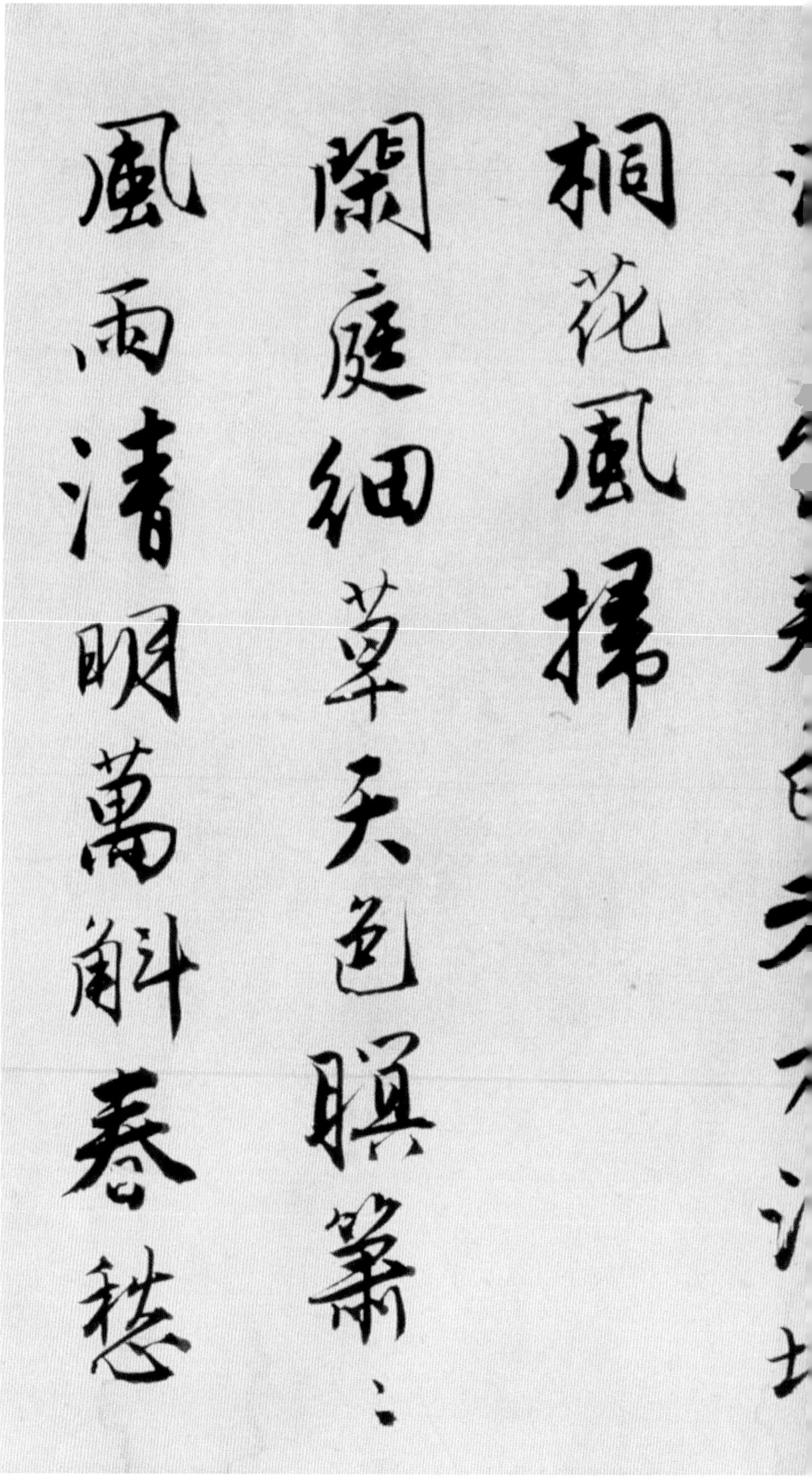

集賢賓

紅樓畫閣天仙縱玉人

乘月吹簫一曲涼州聲

裊裊到此際離愁多少

青鸞信杳魂夢斷十

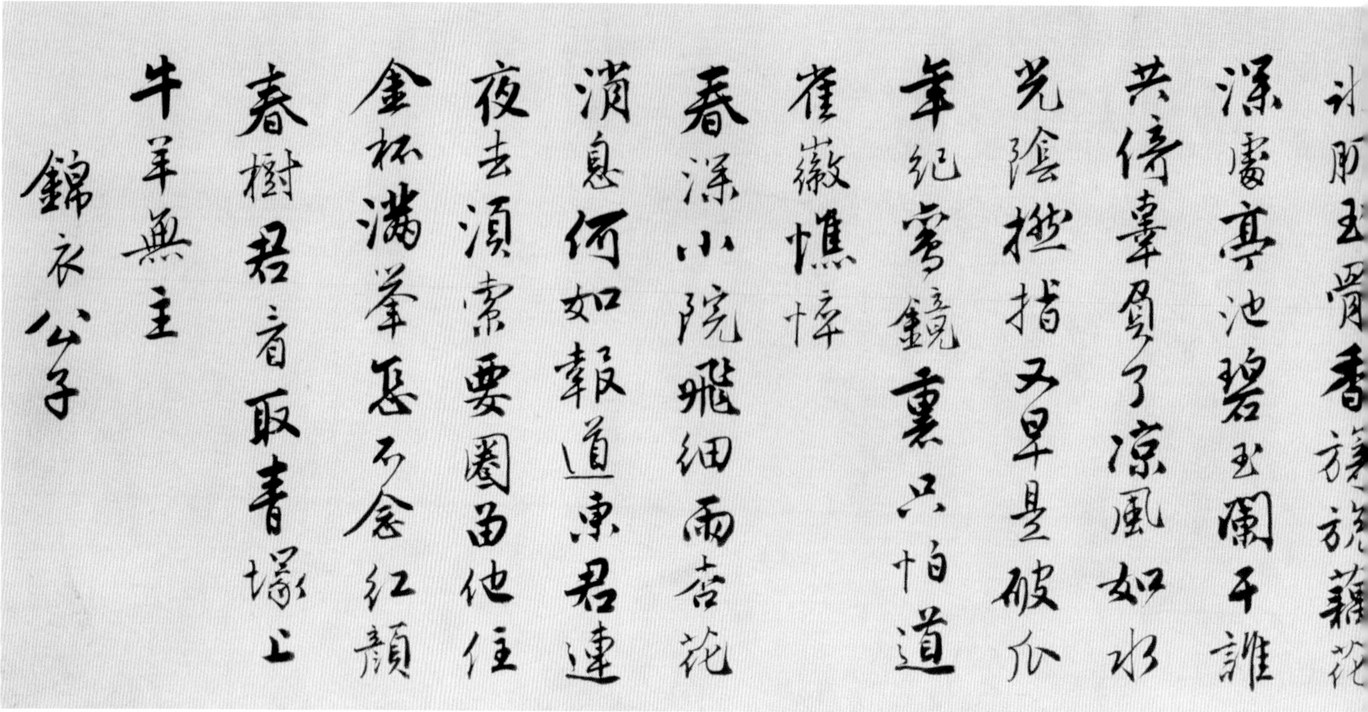

釋文：

集賢賓

紅樓畫閣天縹緲，玉人乘月吹簫。一曲涼州聲裊裊，到此際離愁多少。青鸞信杳，魂夢斷十洲三島。春色老，看滿地桐花風掃。

閒庭細草天色暝，簾簾風雨清明。萬斛春愁兼酒病，偏不肯容人甦醒。殘花弄影，明日是滿枝青杏。金釧冷，羅袖上淚沾紅粉。

冰肌玉骨香旖旎，藕花深處亭池。碧玉闌干誰共倚，辜負了涼風如水。光陰撚指，又早是破瓜年紀。鸞鏡裏，只怕道崔徽憔悴。

春深小院飛細雨，杏花消息何如。報道東君連夜去，須索要圈留他住。金杯滿舉，怎不念紅顏春樹。君看取，青塚上牛羊無主。

錦衣公子

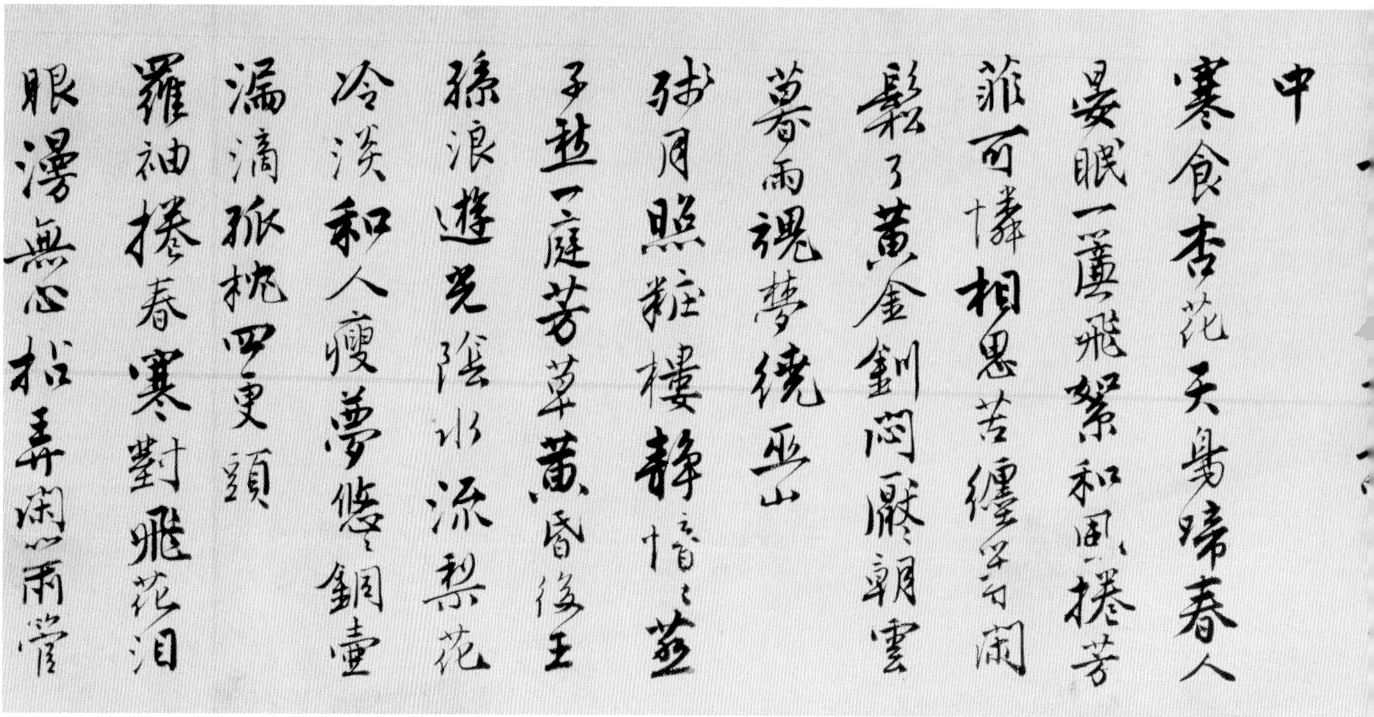

底，天涯馬蹄，燈前翠眉。馬前芳草燈前淚，夢魂飛，雲山萬里，不辨路東西。

風雨送春歸，杜鵑愁，花亂飛。青苔滿院朱門閉，燈昏翠幃，愁攢黛眉。蕭蕭孤影汪汪淚，惜芳菲，綠草遍天涯。

秋水蘸芙蓉，雁初飛，山萬重。行人道路佳人夢，朝霜漸濃，寒衣細縫。剪刀牙尺聲相送，韻丁冬，誰家砧杵，敲向月明中。

寒食杏花天，鳥啼春，人晏眠。一簾飛絮和風捲，芳菲可憐，相思苦纏。等閒鬆了黃金釧，悶厭厭，朝雲暮雨，魂夢繞巫山。

殘月照妝樓，靜愔愔，燕子愁。一庭芳草黃昏後，王孫浪遊，光陰水流。梨花冷淡和人瘦，夢悠悠，銅壺漏滴，孤枕四更頭。

羅袖捲春寒，對飛花，淚眼漫。無心拈弄閒簾管，

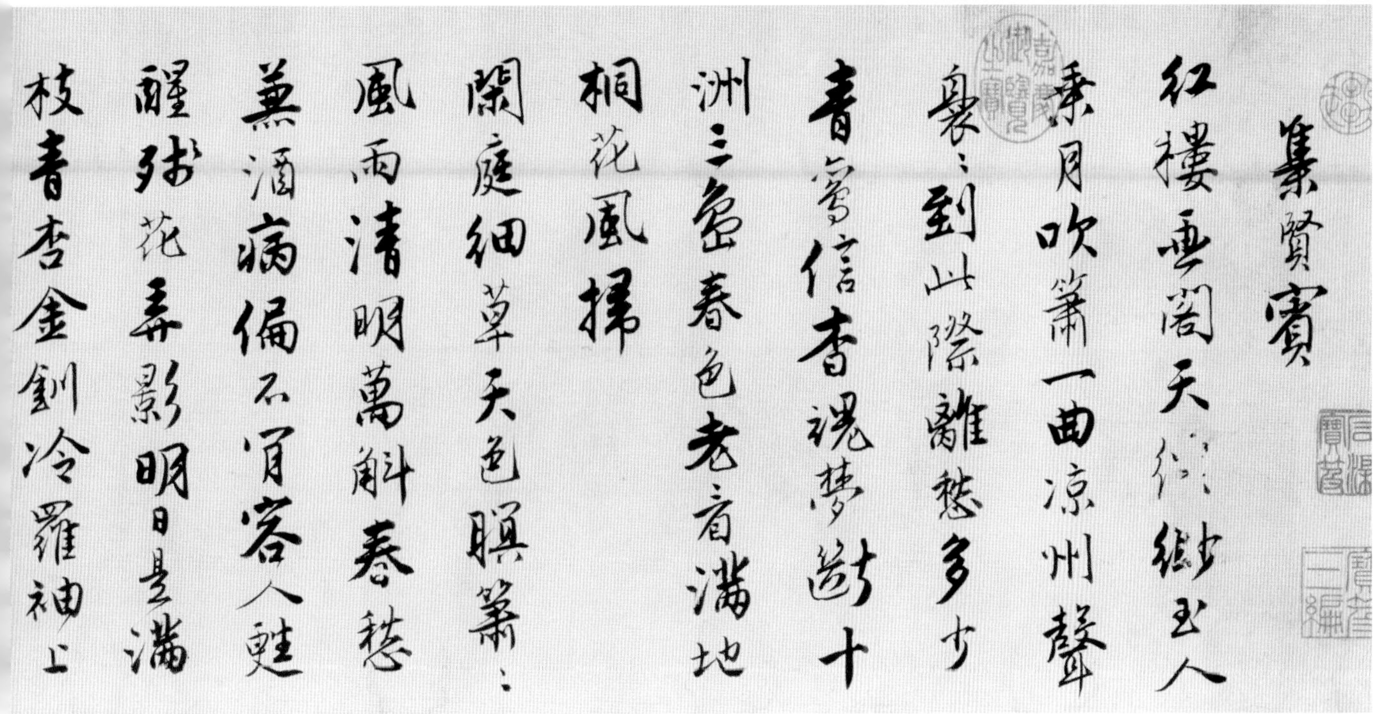

《自書詞卷》之一

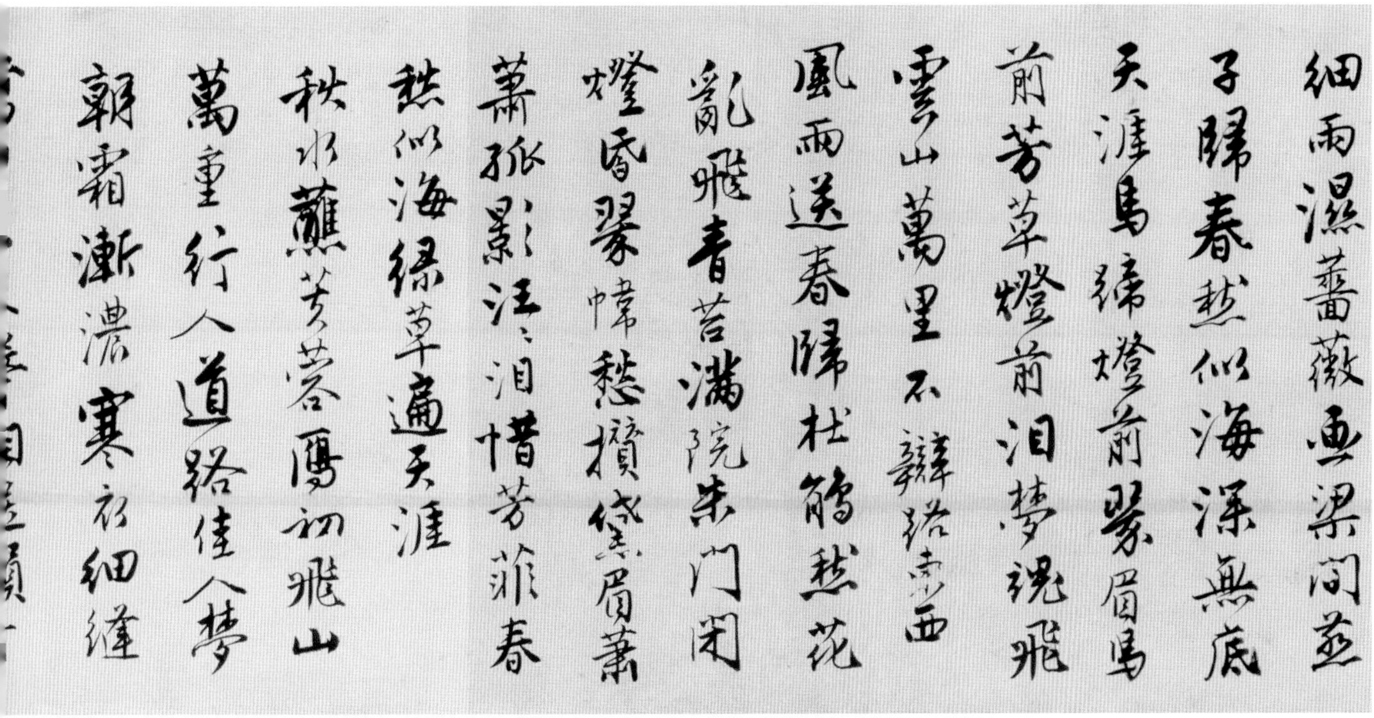

《自書詞卷》之二

細雨濕薔薇，畫
梁間，燕子歸。
春愁似海深無

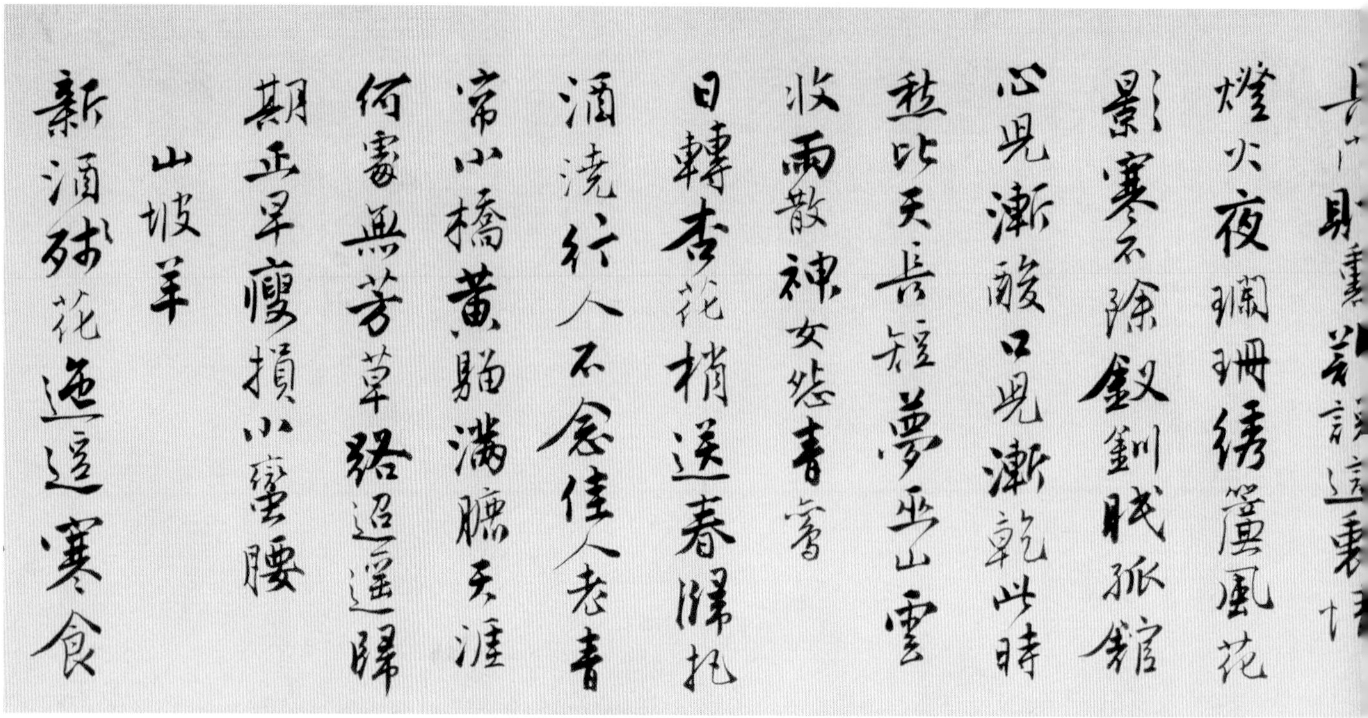

塵迷鏡鸞，愁埋枕山。蘼蕪草綠王孫遠，倚闌干，丁寧魚雁，風水路途難。蝴蝶杏園春，惜芳菲，紅袖人。東風九十愁纏病，羅衣懶薰，檀娥漫顰。煙波魚鳥無音信，夜黃昏，空庭細雨，燈影照孤身。

孤枕伴殘燈，悄無言，珠淚零。濃霜打瓦鴛鴦冷，淒冷五更，綢繆四星。愁腸早已安排定，恨才人，長門賦裏，難說這衷情。

燈火夜闌珊，繡簾風，花影寒。不除釵釧眠孤館，心兒漸酸。口兒漸乾。此時愁比天長短，夢巫山，雲收雨散，神女怨青鸞。

日轉杏花梢，送春歸，把酒澆。行人不念佳人老，青簾小橋，黃驪滿膔。天涯何處無芳草，路迢遙，歸期正早，瘦損小蠻腰。

山坡羊

新酒殘花迤逗，寒食

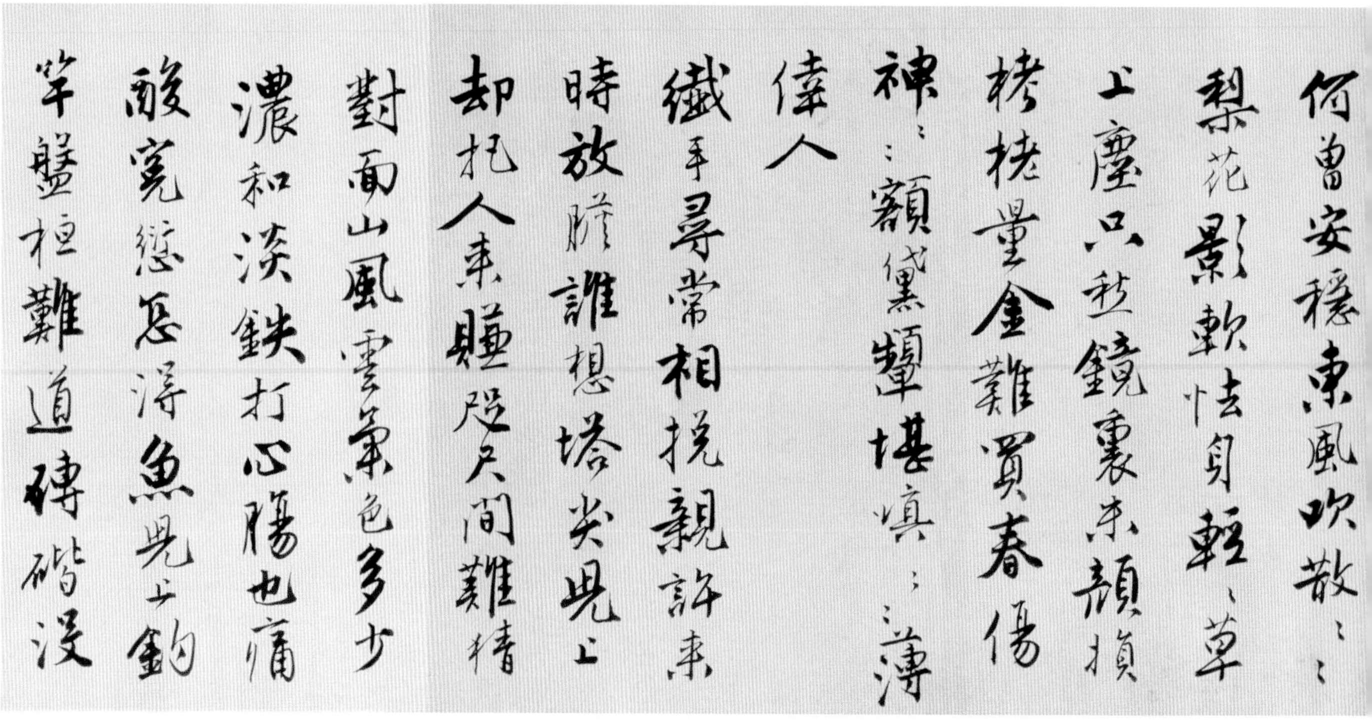

清明前後。羅衣冷落，冷落腰肢瘦。個樣愁，何時有盡頭，剛能遣撥，遣撥還依舊。芳草天涯人在否，登樓登樓望遠遊，低頭低頭淚暗流。

情和愁纏人沉醉，月和燈，明人心地。為冤家使得心都碎，骨髓情怎教人心棄毀，藍橋路阻，路阻春來水，深院黃昏珠淚垂。徘徊燈花燒做灰，荼蘼闌干邊，飛作堆。

信迢迢無些憑准，睡醒醒何曾安穩。東風吹散，吹散梨花影。軟怯身輕，身輕草上塵，只愁鏡裏，朱顏損，栲栳量金難買春。傷神傷神，額黛顰，堪嗔堪嗔，薄倖人。

纖手尋常相挽，親許來時放瞻，誰想塔尖兒上卻把人來賺，咫尺間難猜對面山。風雲氣色多少濃和淡，鐵打心腸也痛酸，冤愆怎得，魚兒上釣竿。磐桓難道，磚階沒

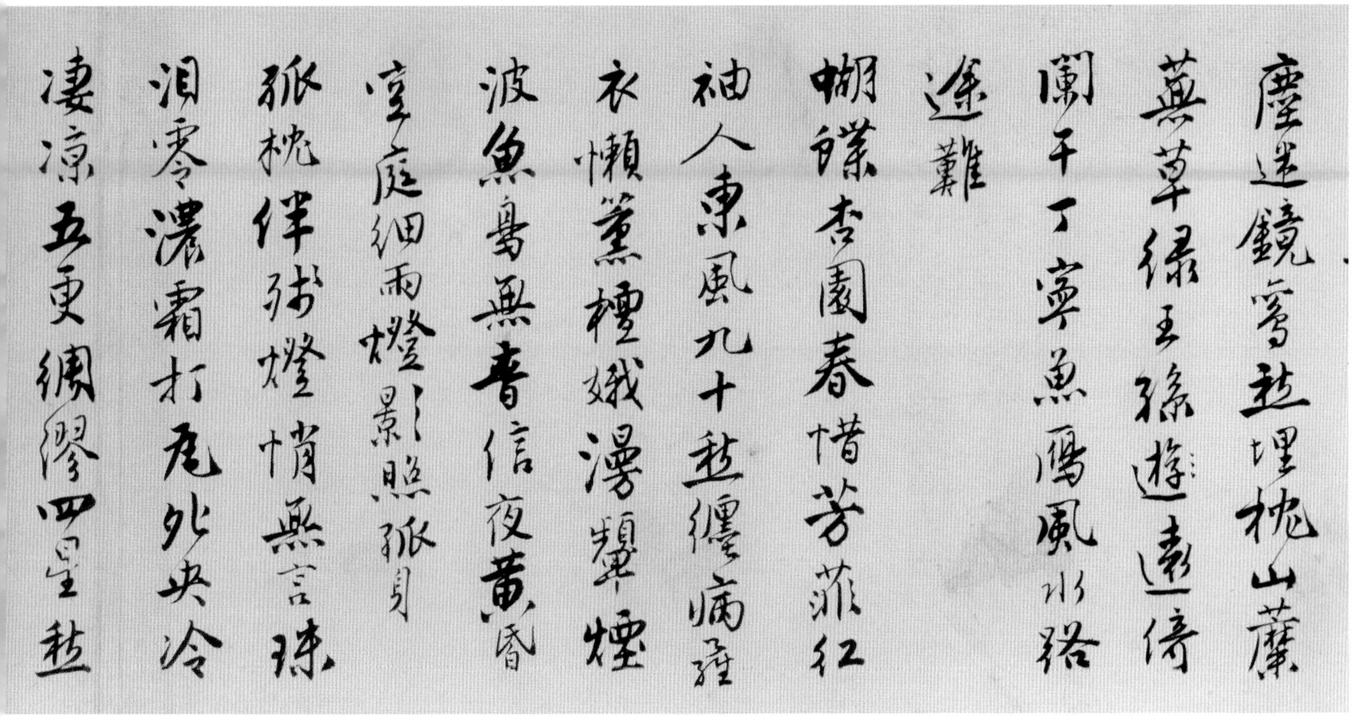

《自書詞卷》之三

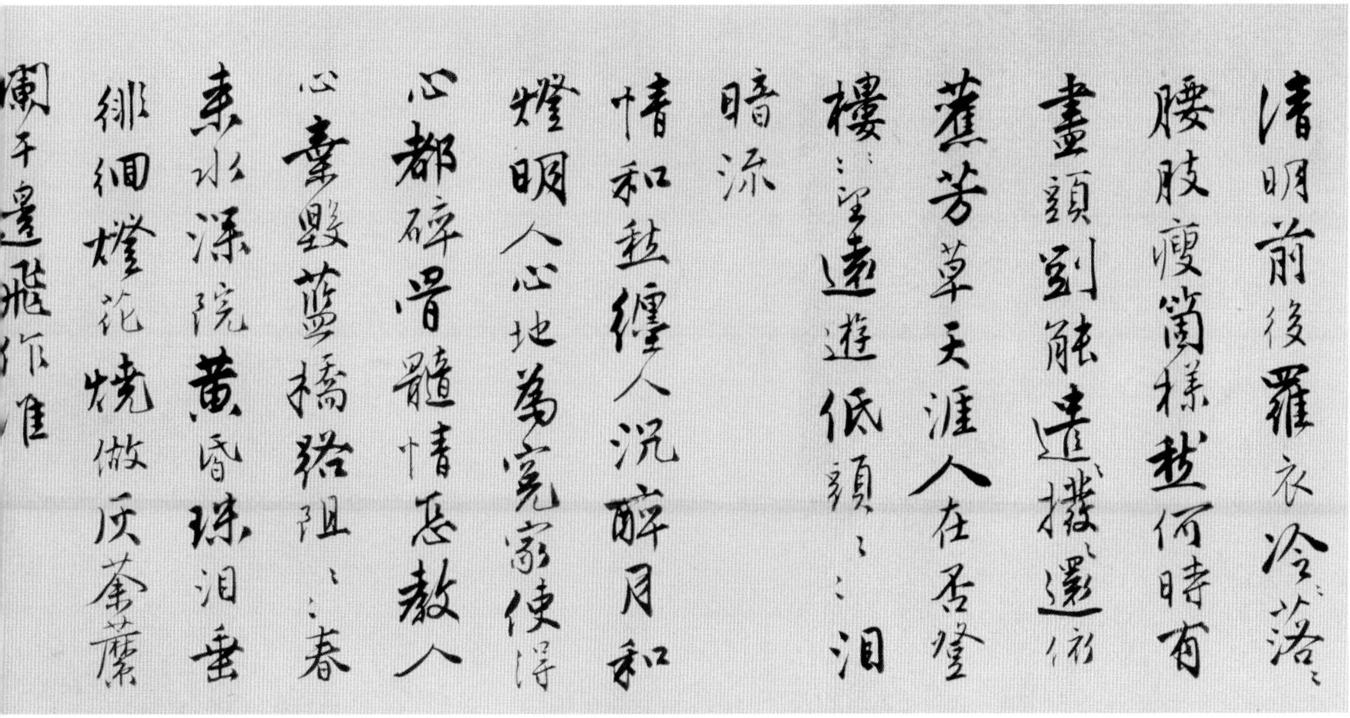

《自書詞卷》之四

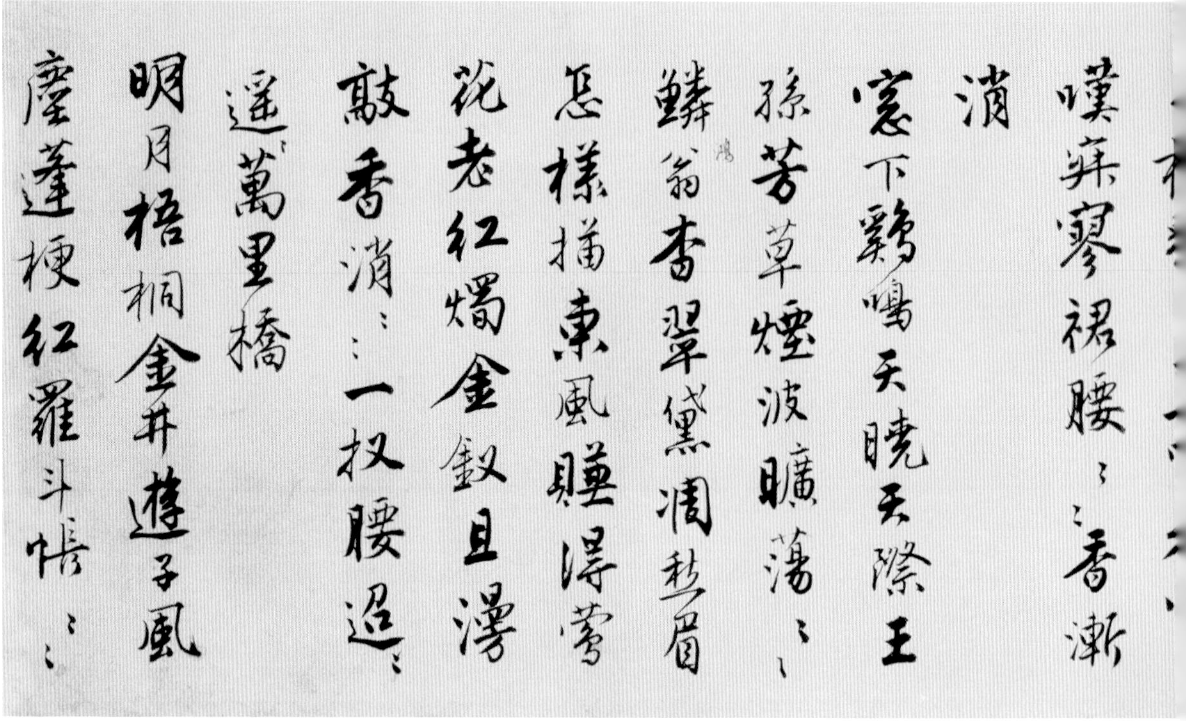

縫鑽。嫒融融溫香肌體，笑吟吟嬌羞容止，牡丹芍藥都難比。緊摟時，心頭氣一絲，魂靈飛散青霄裏，便死甘心。說甚的，釵垂釵垂，寶髻披，香脂香脂，尚有餘。

燕子妝樓春曉，箔上蠶眠春老，海棠報道，報道花開早。夜又朝，光陰信手拋，甫能炙得燈兒了，燕子樓頭月又高。春宵春宵，嘆寂寥，裙腰裙腰，香漸消。

窗下雞鳴天曉，天際王孫芳草。煙波曠蕩，曠蕩鱗（鴻）翁杳。翠黛凋，愁眉怎樣描。東風賺得，鶯花老，紅燭金釵且慢敲。香消香消，一扠腰，迢遙迢遙，萬里橋。

明月梧桐金井，遊子風塵蓬梗。紅羅斗帳，斗帳

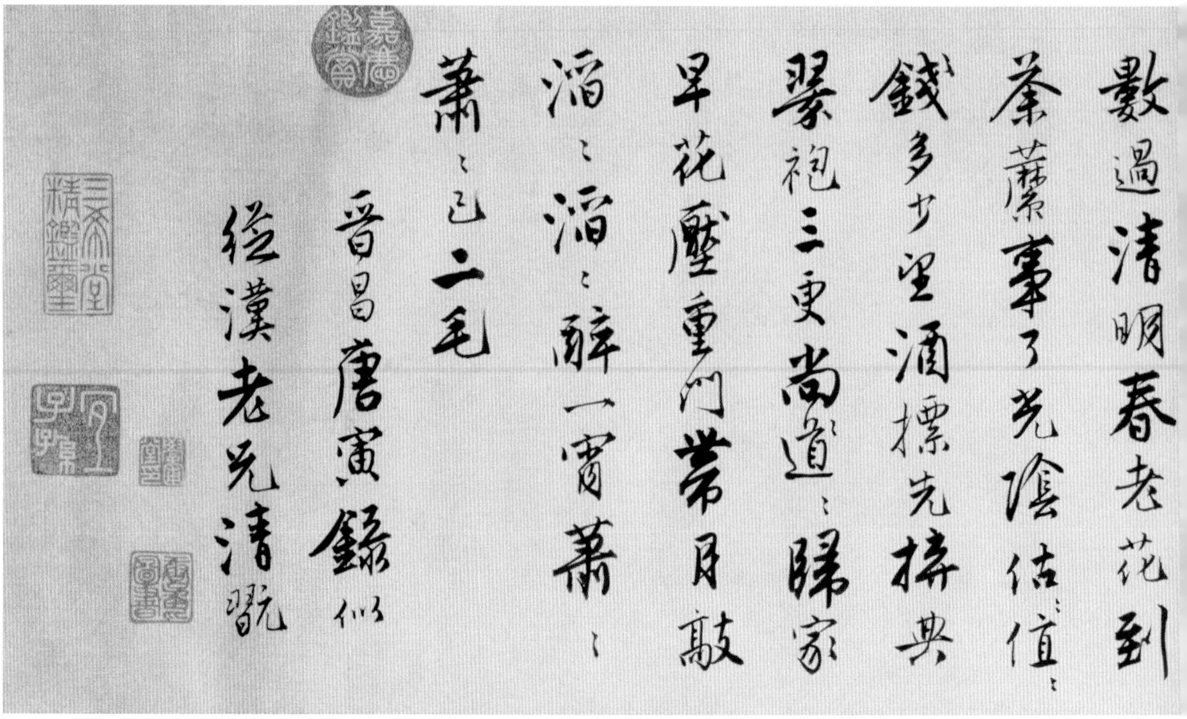

新霜冷。掩翠屏，斜身背着燈，燈前壁上，形憐影，此際如何捱到明。愁聽愁聽，雁報更，低聲低聲，數薄情。

嫩綠芭蕉庭院，新繡鴛鴦羅扇。天時乍暖，乍暖渾身倦。整步蓮，秋千畫架前，幾回欲上，欲上羞人見。走入紗幮枕淚眠，芳年芳年，正可憐，其間其間，不敢言。

數過清明春老，花到荼蘼事了。光陰估值，估值錢多少。望酒標，先撿典翠袍。三更尚道，尚道歸家早。花壓重門帶月敲。滔滔滔滔，醉一宵，蕭蕭蕭蕭，已二毛。

晉昌唐寅錄似從漢老兄清翫

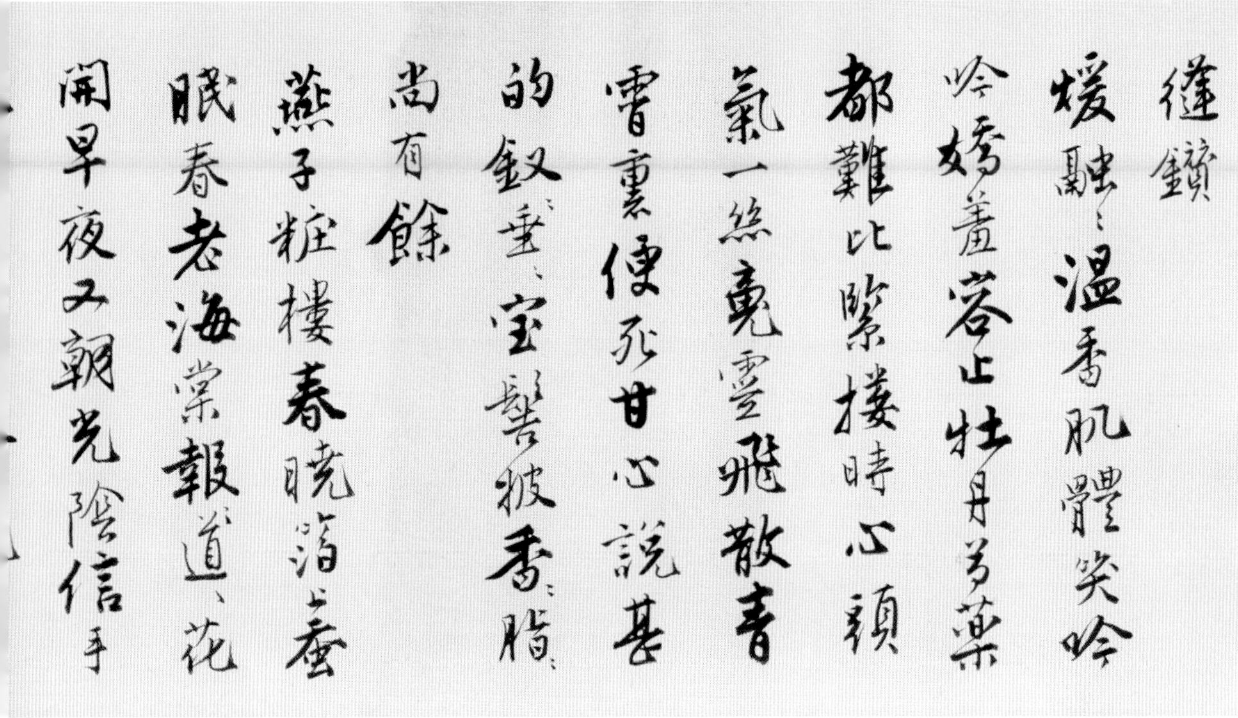

《自書詞卷》之五

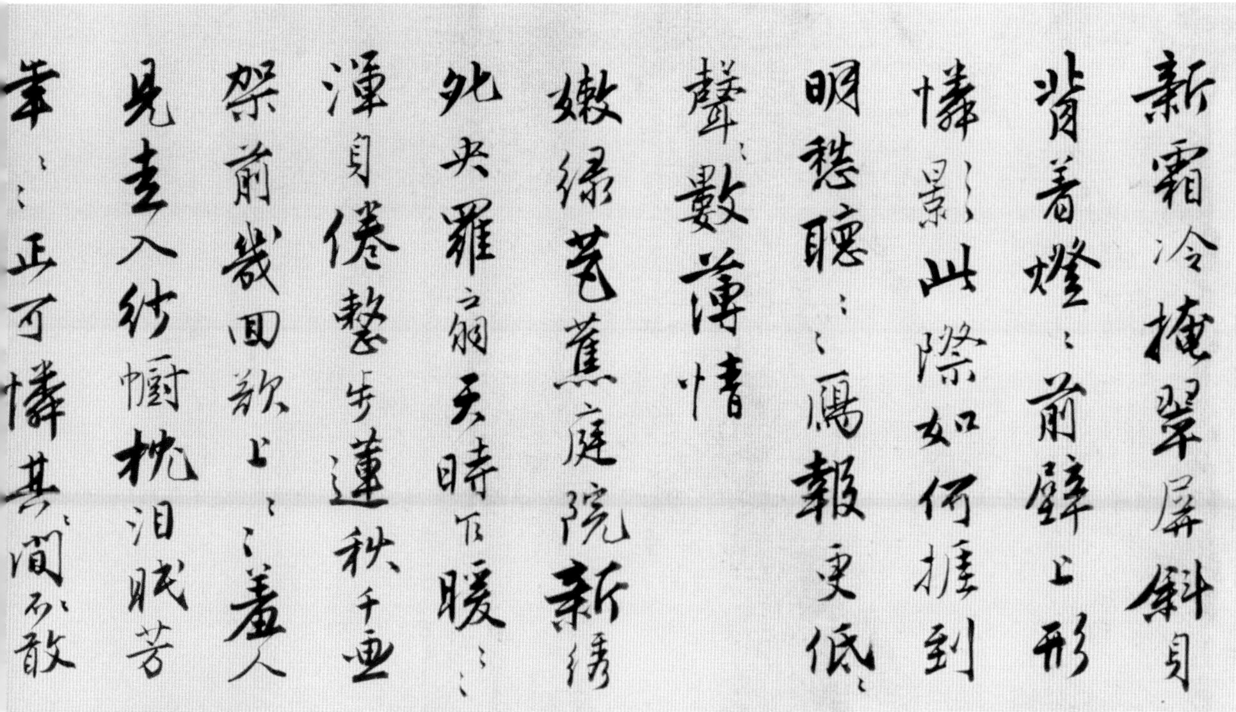

《自書詞卷》之六

57

文徵明　楷書致四叔公、五叔公札頁

紙本　楷書
縱23厘米　橫12.3厘米

Zhi Si Shu Gong, Wu Shu Gong Zha (Letters to the fourth and fifth uncles) in regular script
By Wen Zhengming (1470-1559)
Leaf, ink on paper
H. 23cm　L. 12.3cm

文徵明（1470—1559），初名壁，字徵明，後以字為名，更字徵仲，號衡山居士，明長洲（今江蘇蘇州）人。書法廣師前代諸家，重古法。小楷清俊秀雅，氣韻空靈。行草書遒勁流暢，縱逸蒼秀，對當時和後世影響較大。

頁書信札一封，應屬酬謝類。款署"侄壁頓首再拜堇上四叔公、五叔公二位尊親先生丈丈"。署名款"壁"，當為文徵明四十二歲以前所寫，《文徵明集．年表》記：明正德六年（1511）四十二歲，改名為徵明，字徵仲。

此頁書法端健挺拔，瘦勁精勻。楷書字跡工整，流露出"險勁瘦硬，崛起削成"的歐陽詢筆意，同時又含有李應禎"入筆尖峭，鋒棱外露"之意。據《文徵明集》記載，文徵明二十二歲從李應禎學書。如王世懋所評價："初名壁時，作小楷多偏鋒，太露芒穎。"此札頁是一件難得的文氏早年作品。

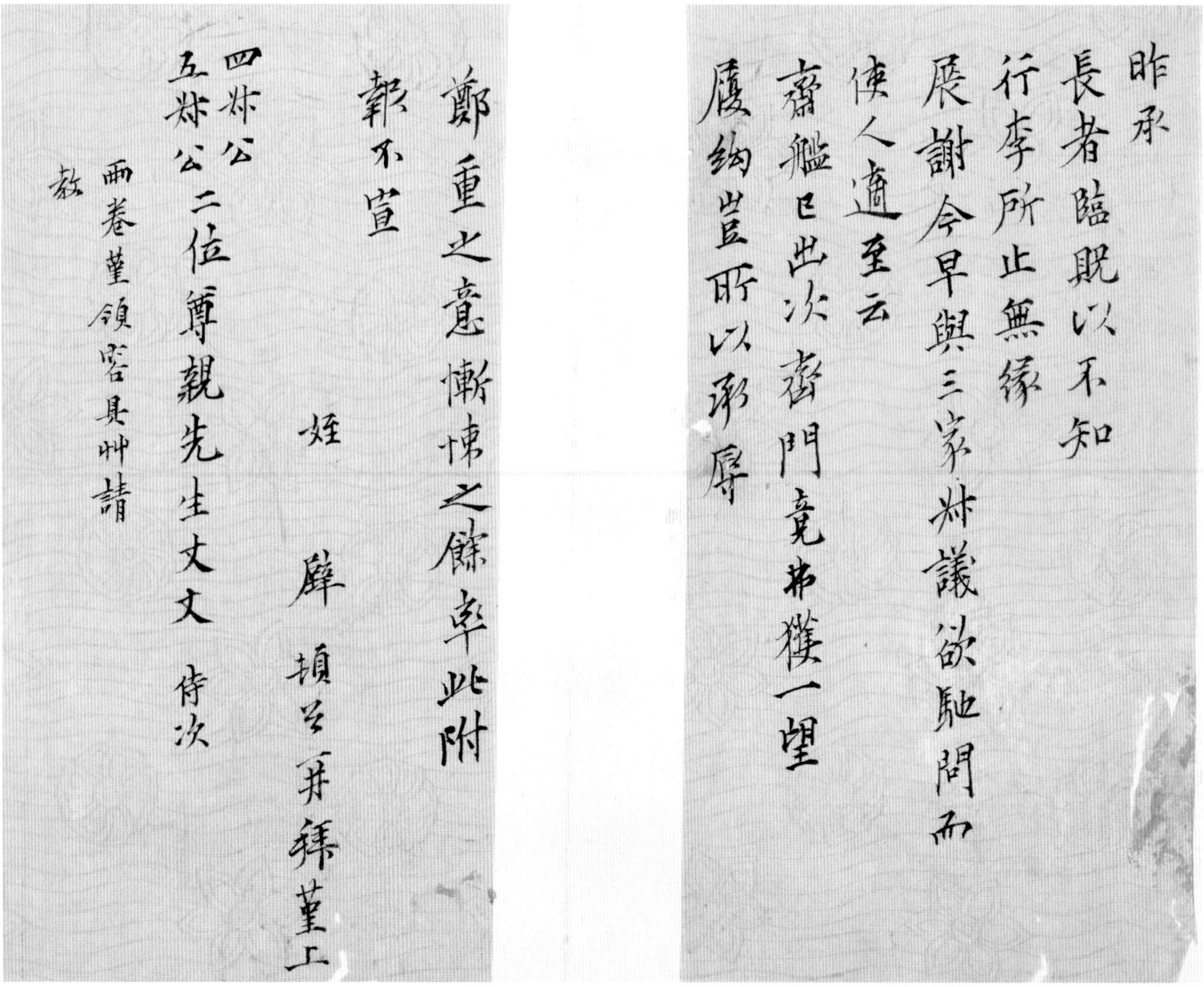

58

文徵明　小楷書致吳愈二札頁

紙本　小楷書
前札縱22.7厘米　橫26.7厘米
後札縱22.2厘米　橫27.3厘米

Zhi Wu Yu Er Zha (Two letters to Wu Yu) in small regular script
By Wen Zhengming
Leaf, ink on paper
The first leaf: H. 22.7cm　L. 26.7cm
The second leaf: H. 22.2cm　L. 27.3cm

《致吳愈二札頁》選自文徵明致其岳父吳愈的《十札冊》。前札末款"三月晦日　子婿璧頓首再拜上"，後札末款"小婿徵明頓首上　外舅大人先生侍次　六月七日"。札本幅左下鈐藏印半方。冊後有明代王穉登、張鳳翼，清代黃易、錢泳等人題跋、題名，曾經清代梁清標等收藏。

前札中有句"此月二十八日寅時生一男子"，徐邦達先生考證為文氏次子文嘉，故此札為文徵明於明弘治十二年己未(1499)，三十歲時所書。後札已改署"徵明"，即在四十二歲後。札中言"自考試後"云云，據文氏《謝李宮保書》言其"自弘治乙卯，抵今嘉靖壬午，凡十試有司，每試輒斥"。明嘉靖壬午(1522)，時文氏五十三歲。由此可知，此札應為文氏以字行後至五十歲前後所書。

兩札均為小楷書，前札結體緊勁，字形修長，是習歐陽詢楷法而未脱盡的一種形態；後札書法已趨方正嚴謹，有參學傳為王羲之書《黃庭經》、《樂毅論》的成分，故二札分別代表了文氏早、中期小楷書的不同風貌。

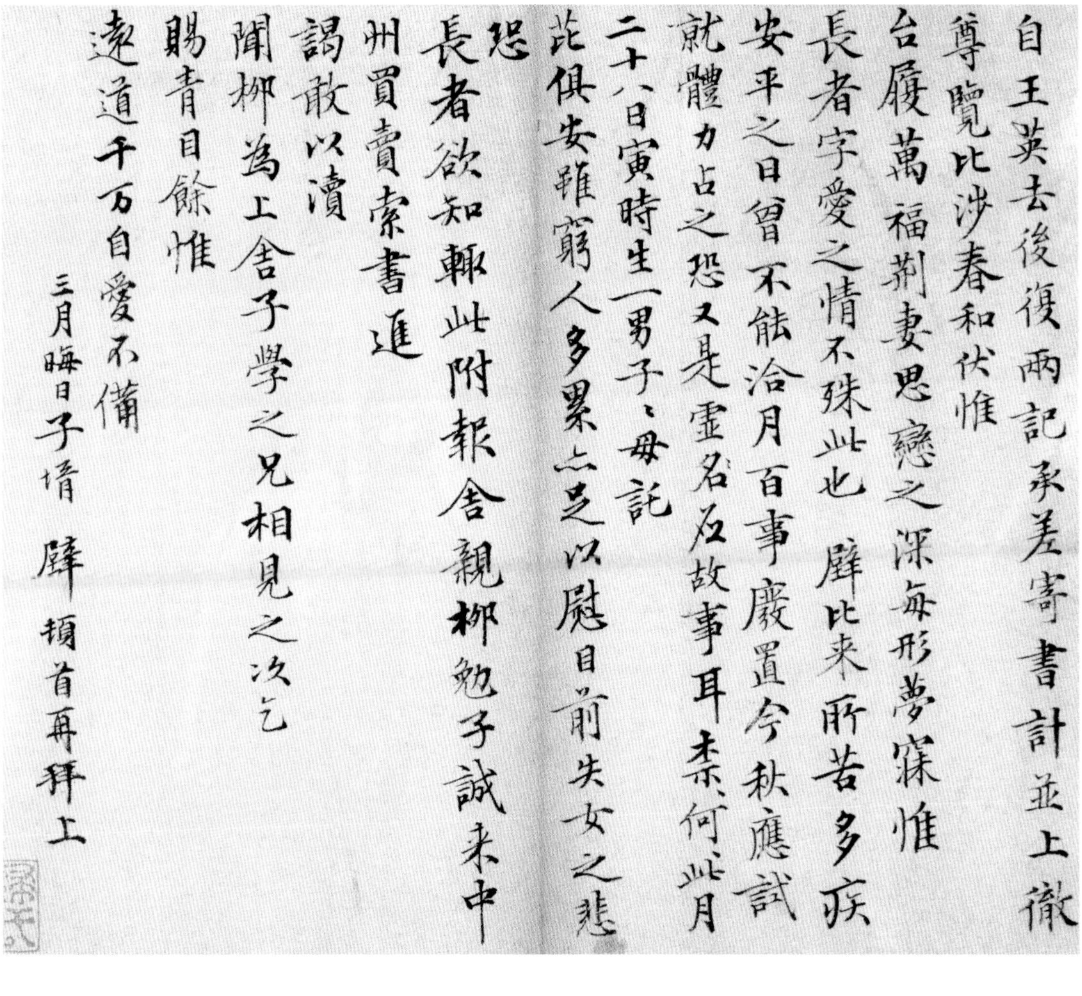
自王英去後復兩記承差寄書計並上徹
尊覽比涉春和伏惟
台履萬福荆妻思戀之深每形夢寐惟
長者字愛之情不殊此也　璧比來所苦多疾
安平之日曾不能洽月百事廢置今秋應試
就體力占之恐又是虛名故事耳柰何此月
二十八日寅時生一男子母託
芘俱安雖窮人多累亦足以慰目前失女之悲
恐
長者欲知輙此附報舍親柳勉子誠來中
州買賣索書進
謁敢以瀆
聞柳為上舍子學之兄相見之次乞
賜青目餘惟
遠道千万自愛不備
三月晦日子壻　璧　頓首再拜上

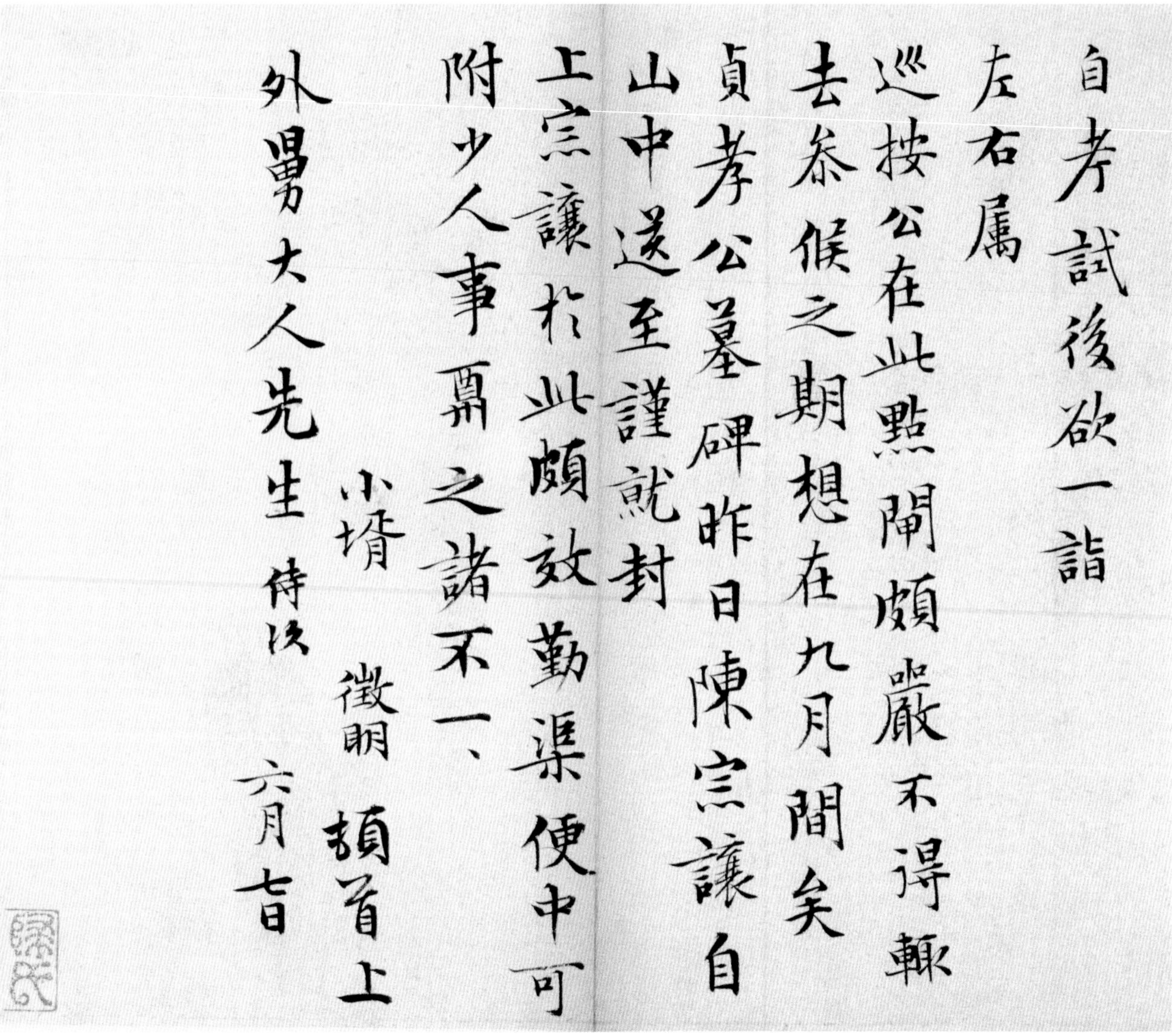
自孝試後欲一詣
左右屬
巡按公在此點閘頗嚴不得輙
去叅候之期想在九月間矣
貞孝公墓碑昨日陳宗讓自
山中送至謹就封
上宗讓於此頗效勤渠便中可
附少人事冪之諸不一一
小婿　徵明　頓首上
外舅大人先生　侍次　六月七日

59

文徵明　小楷書歸去來兮辭頁

紙本　小楷書
縱13.7厘米　橫16.1厘米

Gui Qu Lai Xi Ci in small regular script
By Wen Zhengming
Leaf, ink on paper
H. 13.7cm　L. 16.1cm

《歸去來兮辭頁》為《元明人書冊》之一。款署"辛亥九月十一日，橫塘舟中書　徵明時年八十又二"，鈐"徵"(朱文)、"明"(朱文)印。"辛亥"為明嘉靖三十年(1551)，時文徵明八十二歲。

文徵明小楷書大體有兩種體格：一是出自《黃庭經》、《樂毅論》等書中，屬方整清健一路；二是師法歐陽詢，字體修長，筆法緊勁。文氏一生的小楷書主要取法的就是這兩種筆法。此作是文氏晚年師法歐書的佳作。

鑑藏印記："儀周珍藏"(朱文)、"寶蘊樓藏"(朱文)、"盤生"(朱文)。

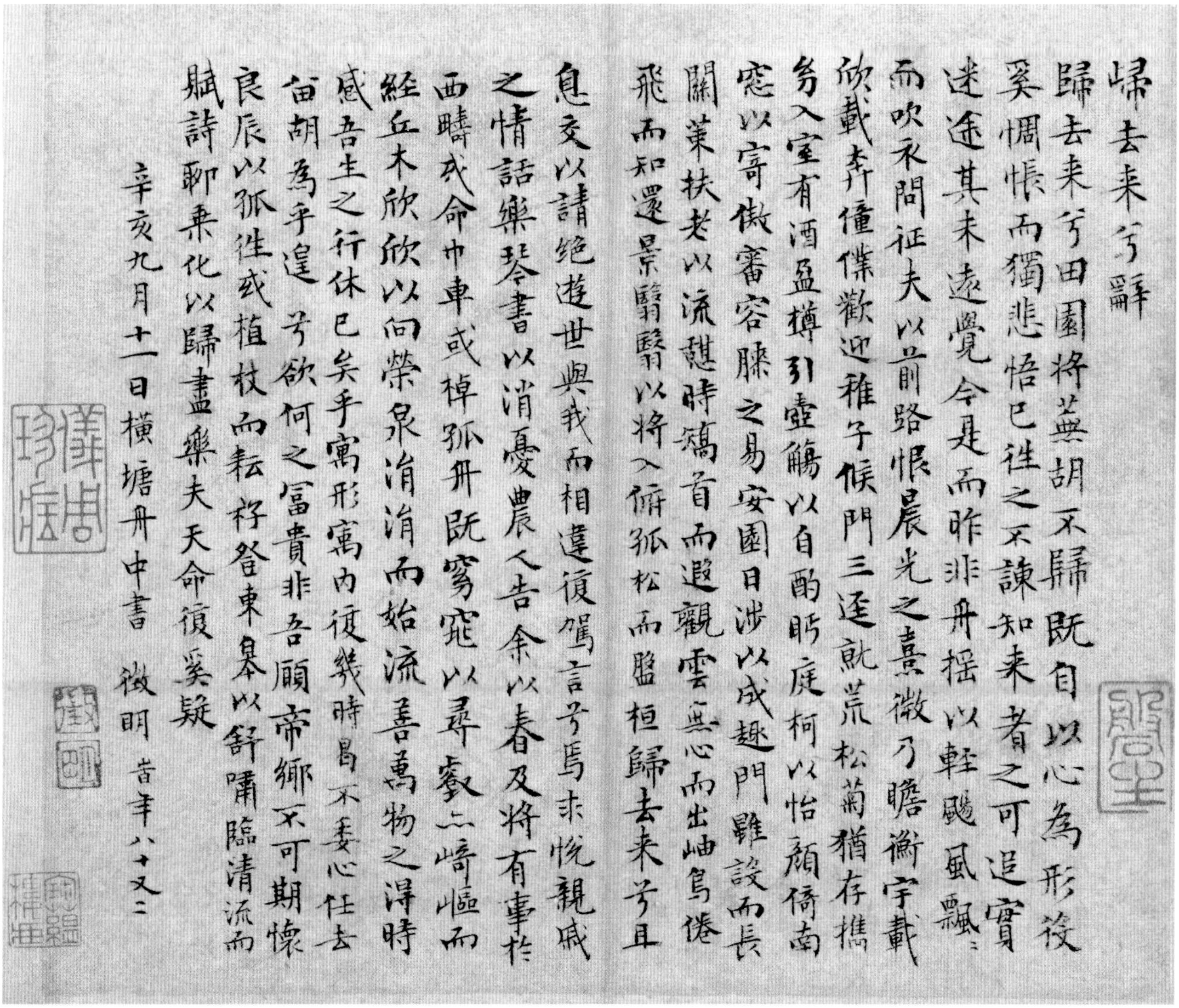

60

文徵明　行書西苑詩卷
紙本　行書
縱28.4厘米　橫447.4厘米

Xi Yuan Shi (Poems on Western Imperial Garden) in running script
By Wen Zhengming
Handscroll, ink on paper
H. 28.4cm　L. 447.4cm

《西苑詩》為文徵明五十六歲在京任翰林院待詔時所作七言律詩十首，描述以太液池(今北京中南海、北海)為中心的御苑景色。文氏晚年喜書此詩，其《停雲館帖》亦刻有壬子年(嘉靖三十一年，公元1552年)所書的一卷。本幅首書“西苑詩十首”，末識“右詩作於嘉靖乙酉春三月，甲寅六月十日重書，於是三十年，余年八十有五矣徵明識”，鈐“文徵明印”(白文)、“停雲”(朱文)印。“甲寅”為明嘉靖三十三年(1554)，時文徵明八十五歲。卷後有清王澍題跋。

世傳文氏《西苑詩卷》中頗有仿書者，而此卷為真跡。用宋藏經紙，以烏絲欄界行，書法蒼勁婉暢，有集王羲之書《聖教序》遺意，是文徵明晚年行書的代表作。

鑑藏印記：“鹿村鑑賞書畫之章”(朱文)、“栩園所得金石書畫”(朱文)等。

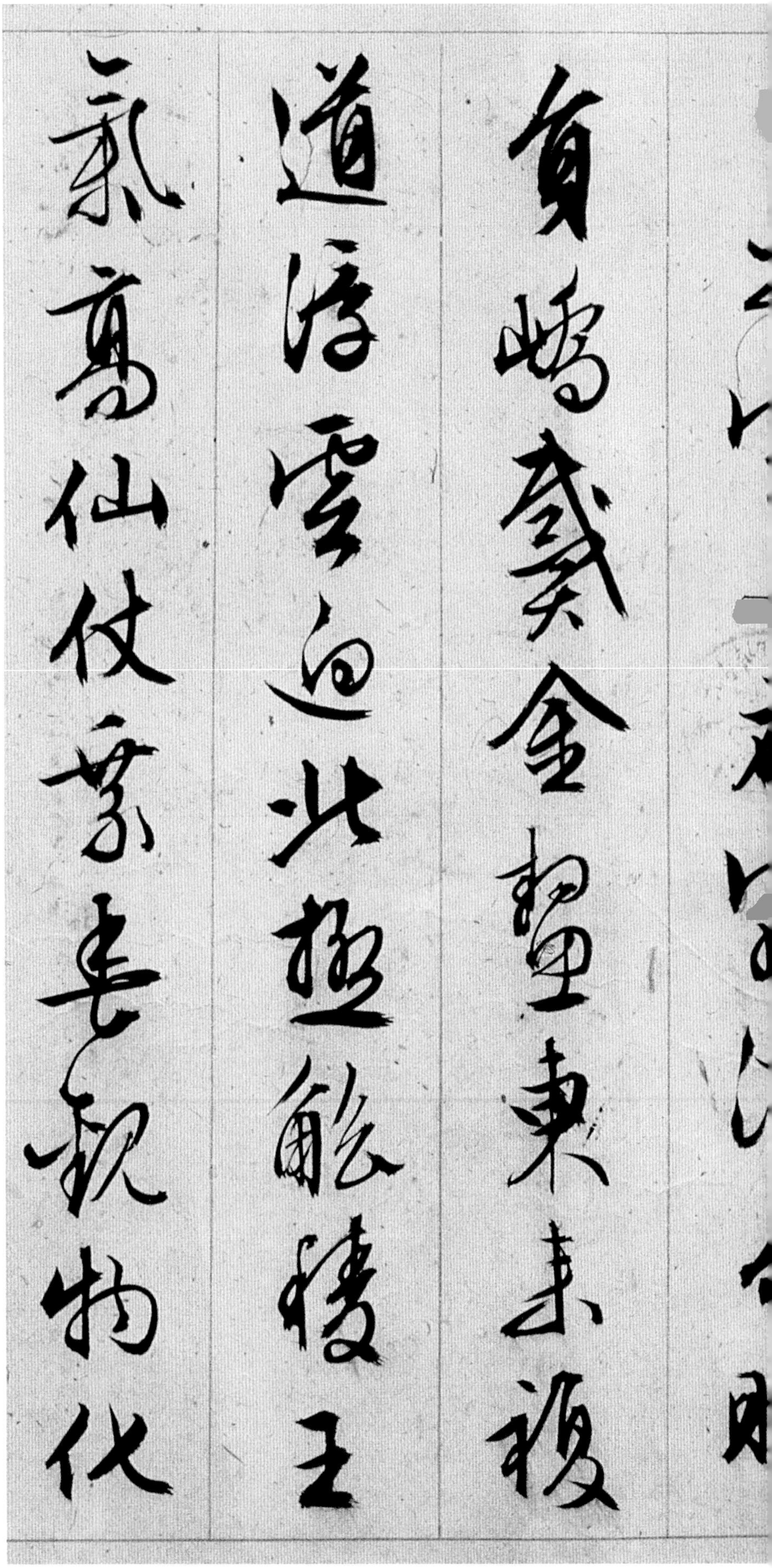

西苑詩十首

萬歲山在子城東北

大内之鎮山也其上林

木陰翳尤多珍果一

名百果園

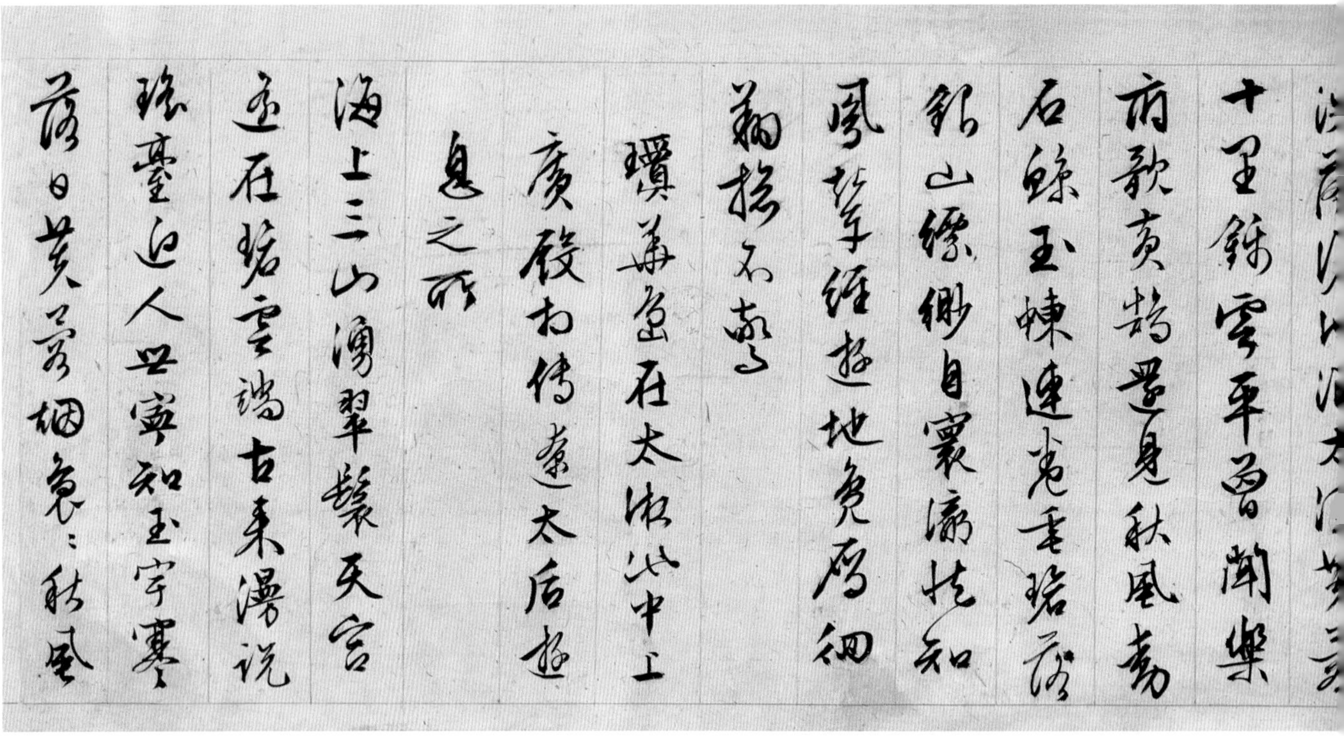

釋文：

西苑詩十首

萬歲山在子城東北，大內之鎮山也。其上林木陰翳，尤多珍果，一名百果園。

日出靈山花霧消，分明員嶠戴金鰲。東來複道浮雲迥，北極觚稜王氣高。仙仗乘春觀物化，寢園常歲薦櫻桃。青林翠葆深於沐，摠是天家雨露膏。

太液池在子城西乾明門外，周凡數里，環以林木，跨以石梁，瓊華島在其中。

泱漭滄池混太清，芙蓉十里錦雲平。曾聞樂府歌黃鵠，還見秋風動石鯨。玉蝀連卷垂碧落，銀山縹緲自寰瀛。徒知鳳輦經遊地，梟雁徊翔摠不驚。

瓊華島在太液池中，上廣殿，相傳遼太后遊息之所。

海上三山湧翠鬟，天宮遙在碧雲端。古來漫說瑤台迥，人世寧知玉宇寒。落日芙蓉煙裊裊，秋風

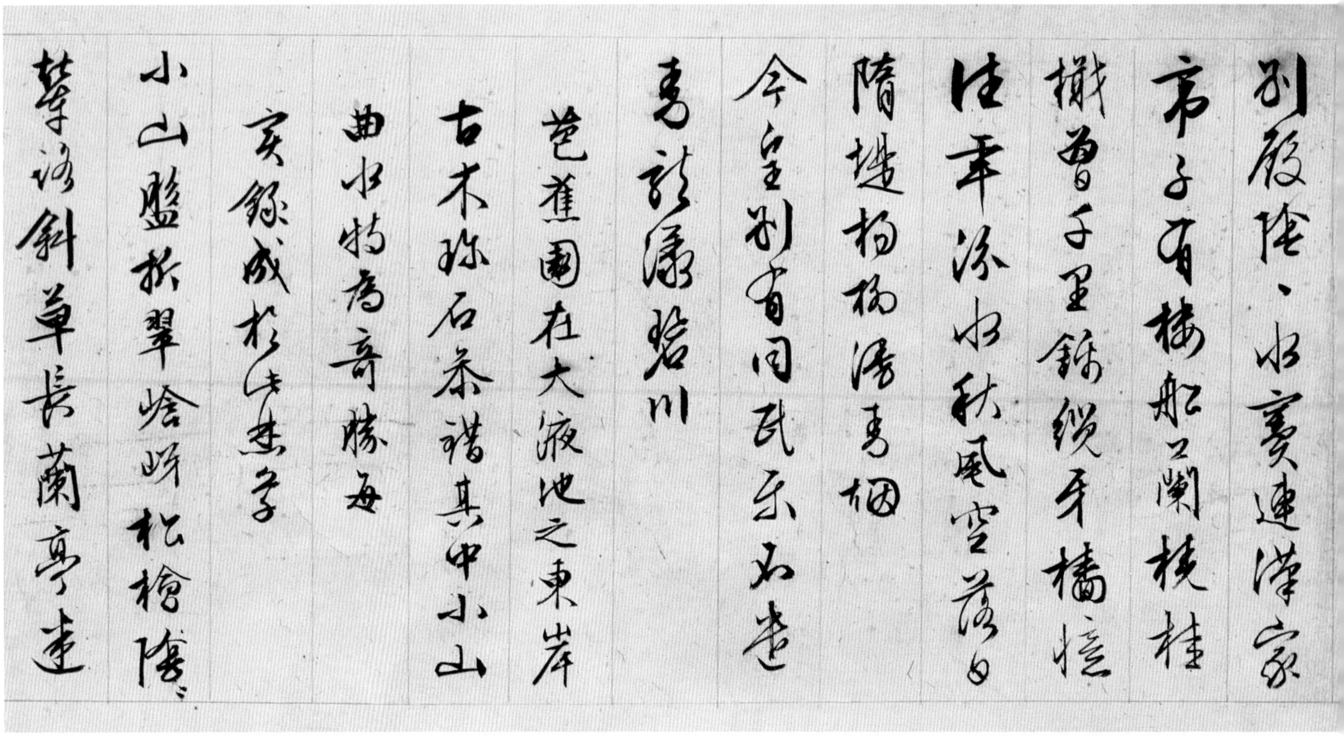

桂樹露溥溥。勝遊寂寞前朝事，誰見吹簫架綵鸞。

承光殿在太液池上，圜以甕城，殿構圜轉如蓋，一名圓殿，中有古栝，甚奇。

小苑平臨太液池，金補約戶鎖蟠螭。雲中帝坐飛華蓋，城上鉤陳繞翠旗。紫氣曾回雙鳳輦，青松猶有萬年枝。從來清蹕深嚴地，開盡碧桃人未知。

龍舟浦在瓊華島東北，有水殿二，中泊御舟。

別殿陰陰水寶連，漢家帝子有樓船。蘭橈桂楫曾千里，錦纜牙檣憶往年。汾水秋風空落日，隋堤楊柳漫青煙。今皇別有同民樂，不遣青龍漾碧川。

芭蕉園在太液池之東岸，古木珍石參錯其中，小山曲水特為奇勝，每實錄成，於此焚草。

小山盤折翠嵢岈，松檜陰陰輦路斜。草長蘭亭迷

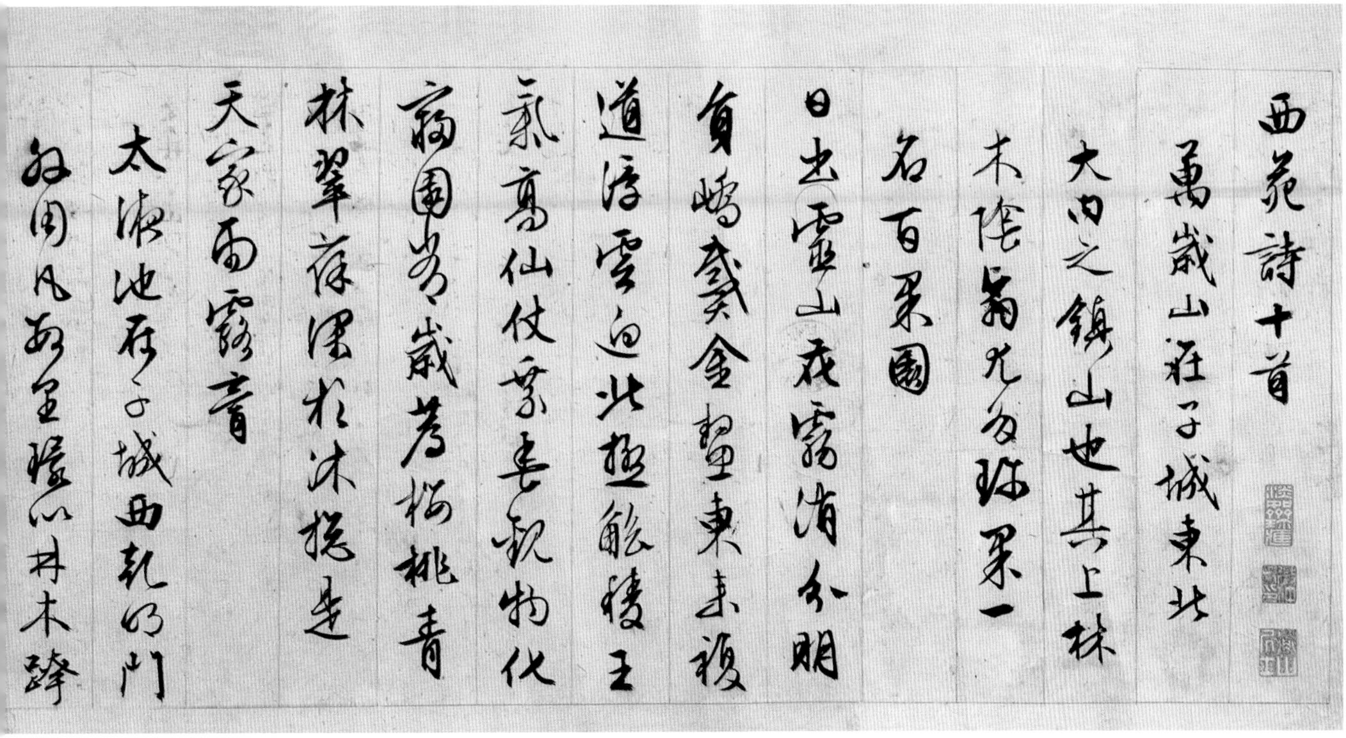

《西苑詩卷》之一

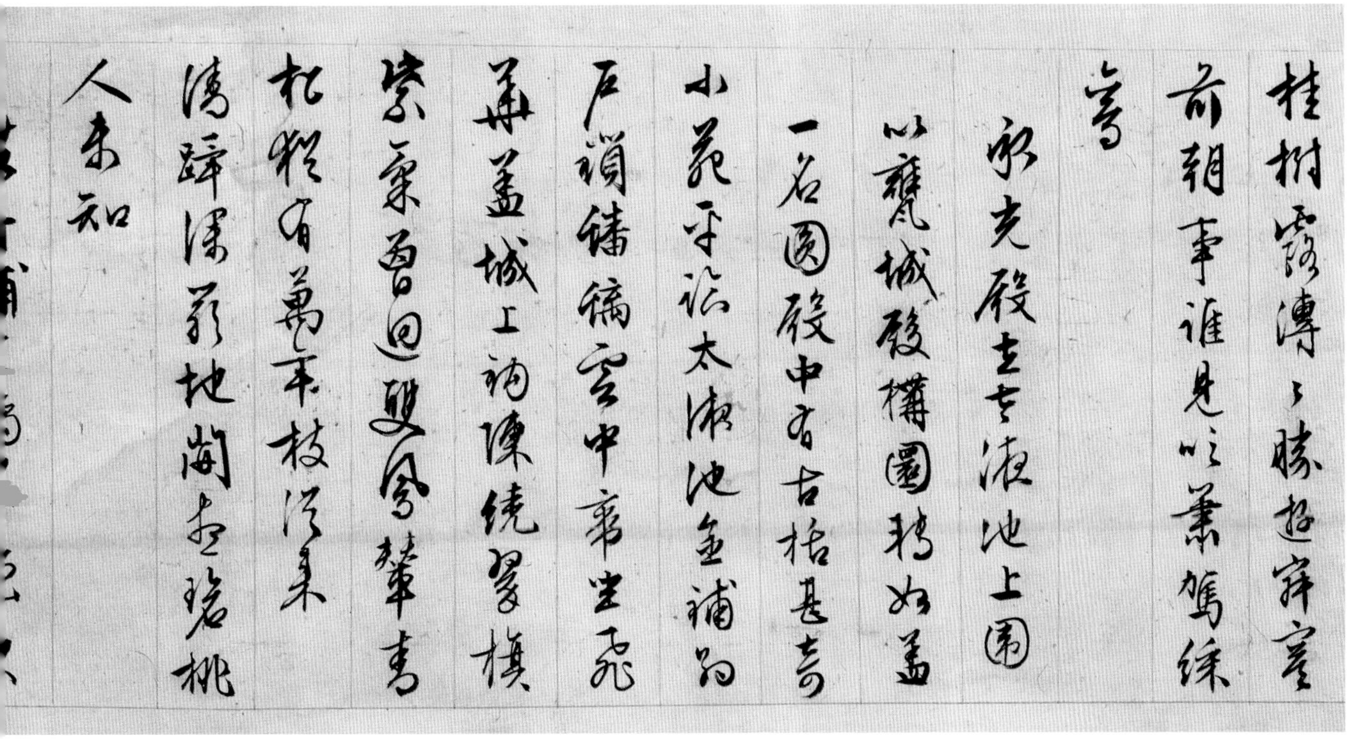

《西苑詩卷》之二

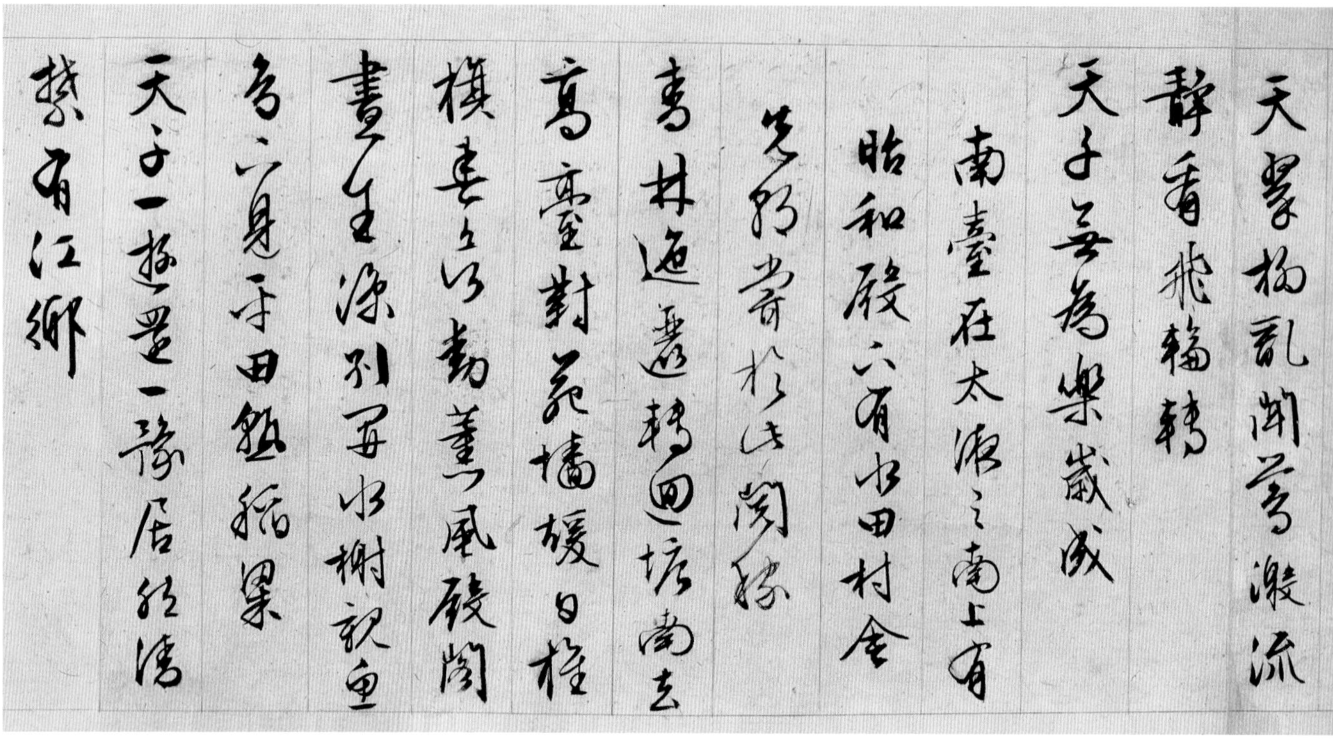

曲水，雨深桃洞自飄花。紫雲依舊圍黃屋，青鳥還應識翠華。知是史臣焚香第，文光隱隱結紅霞。

樂成殿在芭蕉園之有石池，池中三亭，架朱梁以通。亭左右小山九，曰九島。其東別殿，鑿澗激水以轉碓磨，南田穀成於此春治，故曰樂成。

太液東來錦浪平，芙蓉小殿瞰虛明。赤欄蘸影雙龍臥，綠水浮渠九島輕。漾日金鱗堪引釣，拂天翠柳亂聞鶯。激流靜看飛輪轉，天子無為樂歲成。

南台在太液之南，上有昭和殿，下有水田村舍，先朝嘗於此閱稼。

青林迤邐轉回塘，南去高台對苑牆。暖日旌旗春欲動，薰風殿閣晝生涼。別開水榭親魚鳥，下見平田熟稻粱。天子一遊還一豫，居然清禁有江鄉。

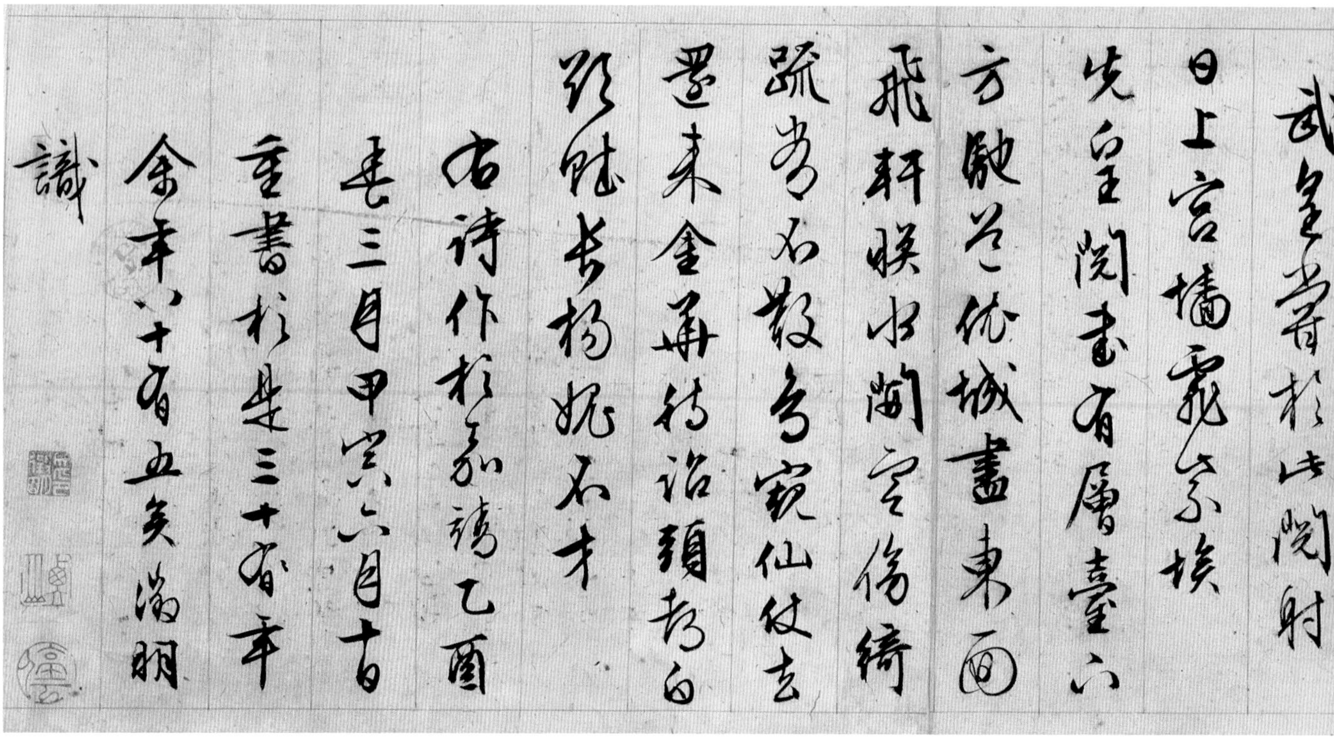

兔園在太液之西，崇山複殿，林木蔽虧，山下池象龍激水，自地中轉出龍吻。

漢王遊息有離宮，瑣闥朱扉迤邐通。別殿春風巢紫鳳，小山飛澗架晴虹。團雲芝蓋翔林表，噴壑龍泉轉地中。簡樸由來堯舜事，故應梁苑不相同。

平台在兔園之北，東臨太液，西面苑牆，台下馳道，可以走馬，武皇嘗於此閱射。

日上宮牆霽紫埃，先皇閱武有層台。下方馳道依城盡，東面飛軒映水開。雲傍綺疏常不散，鳥窺仙仗去還來。金華待詔頭都白，欲賦長楊愧不才。

右詩作於嘉靖乙酉春三月，甲寅六月十日重書，於是三十年，余年八十有五矣。徵明識。

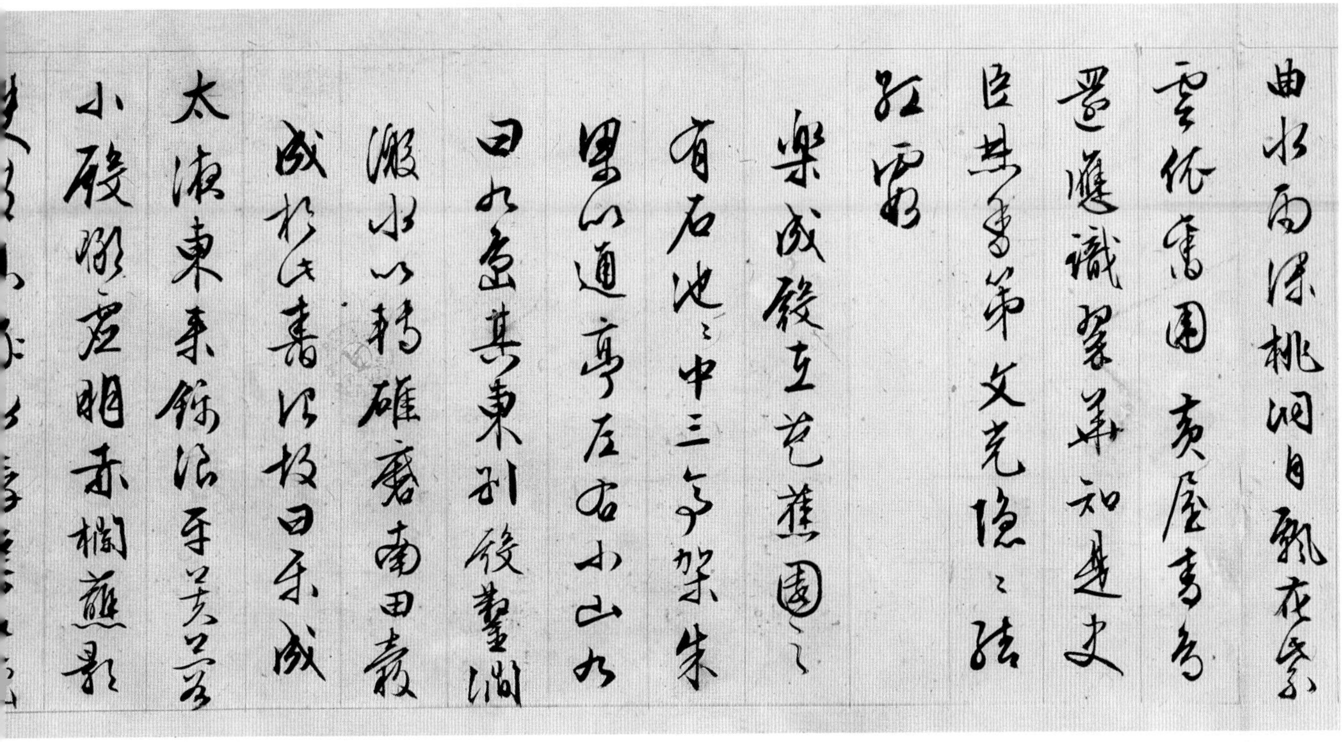

《西苑詩卷》之三

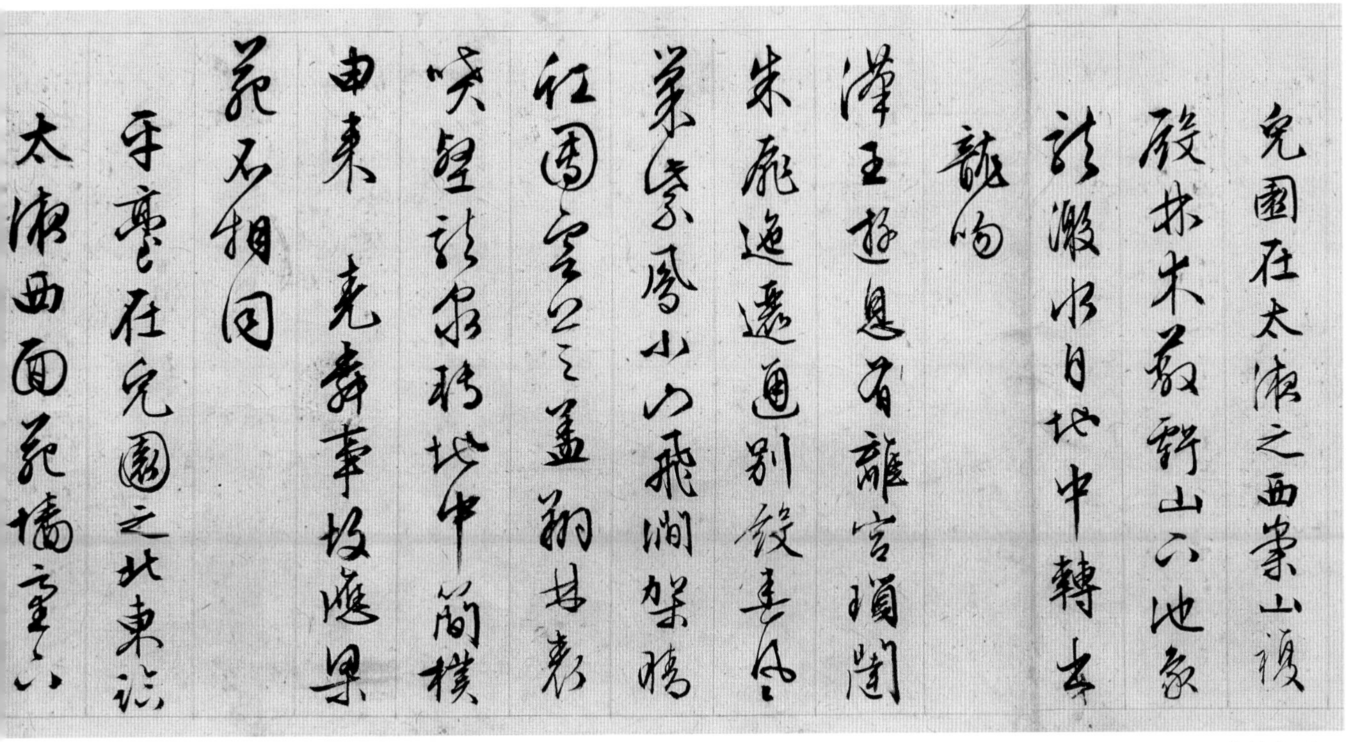

《西苑詩卷》之四

61

文徵明　小楷書前後赤壁賦頁

紙本　小楷書
前頁縱24.9厘米　橫18.8厘米
後頁縱24.9厘米　橫18.7厘米

Qian Hou Chi Bi Fu (Odes to the Red Cliff) in small regular script
By Wen Zhengming
Leaves, ink on paper
The first leaf: H. 24.9cm　L. 18.8cm
The second leaf: H. 24.9cm　L. 18.7cm

本幅為對開兩頁，前頁書宋代蘇軾《赤壁賦》，款署“嘉靖庚寅六月六日甲子　徵明識”，鈐“徵”、“明”（連珠朱文）印。“庚寅”為嘉靖九年（1530），時文氏六十一歲。後頁書蘇軾《後赤壁賦》，款署“前賦余庚寅歲書，拒今甲寅二十有五年矣，筆滯而弱。今雖稍知用筆，而聰明已不逮，勉強書此，以副芝室之意，不直一笑也。是歲二月十日徵明記　時年八十有六”，鈐“徵明”（白文）、“停雲”（白文）印。

《赤壁賦》與《後赤壁賦》是中國古典文學名篇，也是古今書法家所喜書的題材。此二頁小楷書，為文徵明相距二十五年間所書，書法清勁蒼潤，一筆不苟，既體現了其藝術功力，又可見其間筆法之變化。前頁小楷遒勁秀拔，後頁則已見瘦勁蒼老，但無衰敗之氣。文氏書法以深厚功力見稱，史載其九十歲尚能書蠅頭小楷。此二作取法《黃庭經》、《樂毅論》，方整中有溫純精絕之古意，是文氏小楷書的代表作。

鑑藏印記：“張吉熊”（白文）、“曰”（朱文）、“藻”（朱文）等。

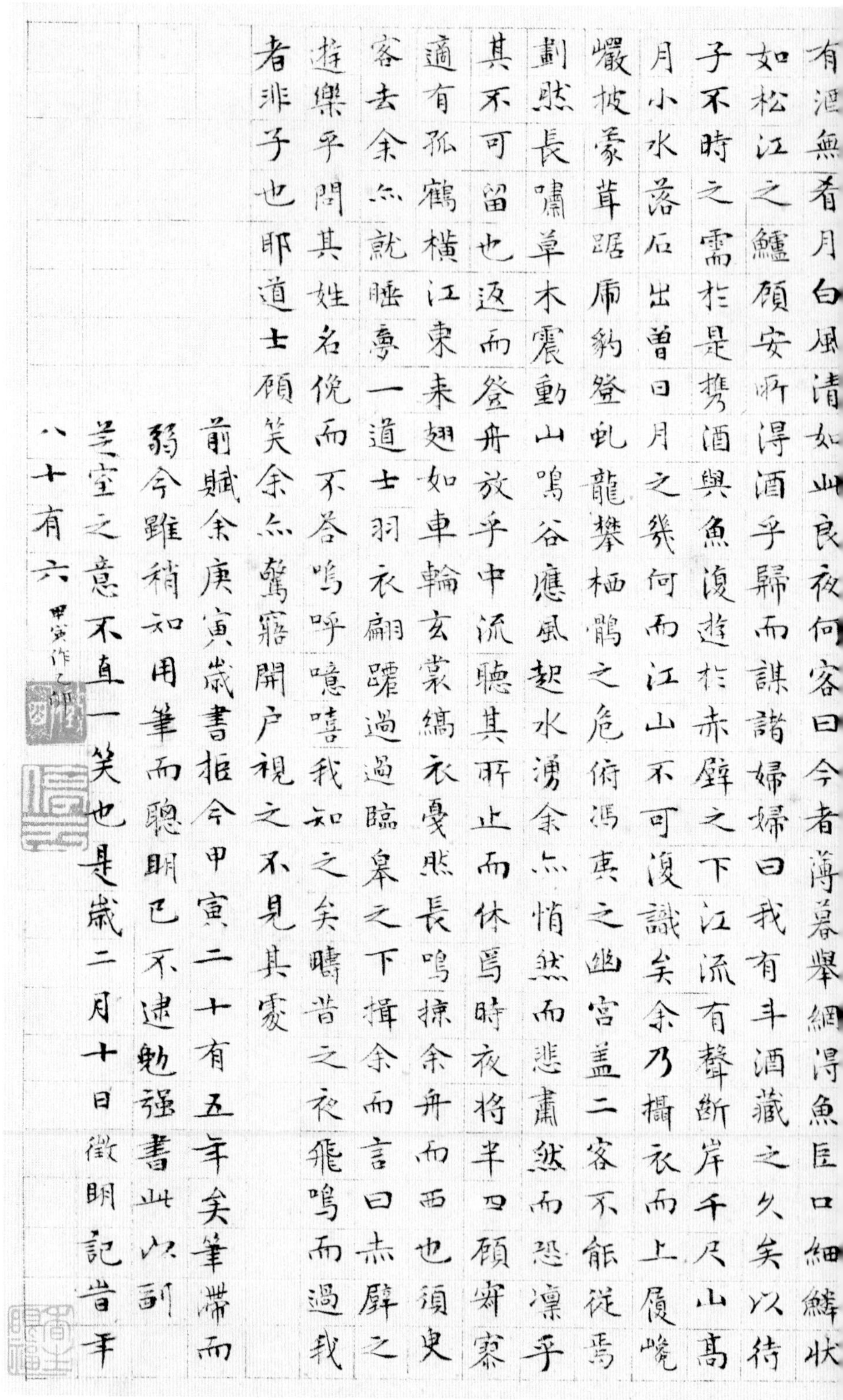

赤壁賦

壬戌之秋七月既望蘇子與客泛舟游於赤壁之下清風徐來水波不興舉酒屬客
誦明月之詩歌窈窕之章少焉月出於東山之上裴徊於斗牛之間白露橫江水光
接天縱一葦之所如凌萬頃之茫然浩浩乎如馮虛御風而不知所止飄飄乎如
遺世獨立羽化而登僊於是飲酒樂甚扣舷而歌之歌曰桂棹兮蘭槳擊空明兮泝
流光渺渺兮余懷望美人兮天一方客有吹洞簫者倚歌而和之其聲嗚嗚然如
怨如慕如泣如訴餘音嫋嫋不絕如縷舞幽壑之潛蛟泣孤舟之嫠婦蘇子愀然正
襟危坐而問客曰何為其然也客曰月明星稀烏鵲南飛此非曹孟德之詩乎西望
夏口東望武昌山川相繆鬱乎蒼蒼此非孟德之困於周郎者乎方其破荊州下江
陵順流而東也舳艫千里旌旗蔽空釃酒臨江橫槊賦詩固一世之雄也而今安在
哉況吾與子漁樵於江渚之上侶魚蝦而友麋鹿駕一葉之扁舟舉匏樽以相屬寄
蜉蝣於天地眇滄海之一粟哀吾生之須臾羨長江之無窮挾飛僊以遨遊抱明月而
長終知不可乎驟得托遺響於悲風蘇子曰客亦知夫水與月乎逝者如斯而未嘗
往也蓋自其變者而觀之則天地曾不能以一瞬自其不變者而觀之則物與我皆
無盡也而又何羨乎且夫天地之間物各有主苟非吾之所有雖一毫而莫取惟江
上之清風與山間之明月耳得之而為聲目遇之而成色取之無禁用之不竭是造物
者之無盡藏也而吾與子之所共適客喜而笑洗盞更酌肴核既盡杯盤狼籍相與
枕藉乎舟中不知東方之既白

連日毒暑慵近筆研今雨稍涼戲寫此篇既老眼昏眵而楮穎適
皆不精殊益醜劣也嘉靖庚寅六月六日甲子徵明識

後赤壁賦

62

文徵明　行書五律詩軸

紙本　行書
縱131.5厘米　橫63.5厘米

Wu Lu Shi (five-syllable regulated verse) in running script
By Wen Zhengming
Hanging scroll, ink on paper
H. 131.5cm　L. 63.5cm

軸書五言律詩一首，款署“徵明”，鈐“文徵明印”（白文）、“衡山”（朱文）印。

此軸書法工穩遒勁，筆法於揮灑自然中顯蒼遒之氣，應是文徵明晚年所書。

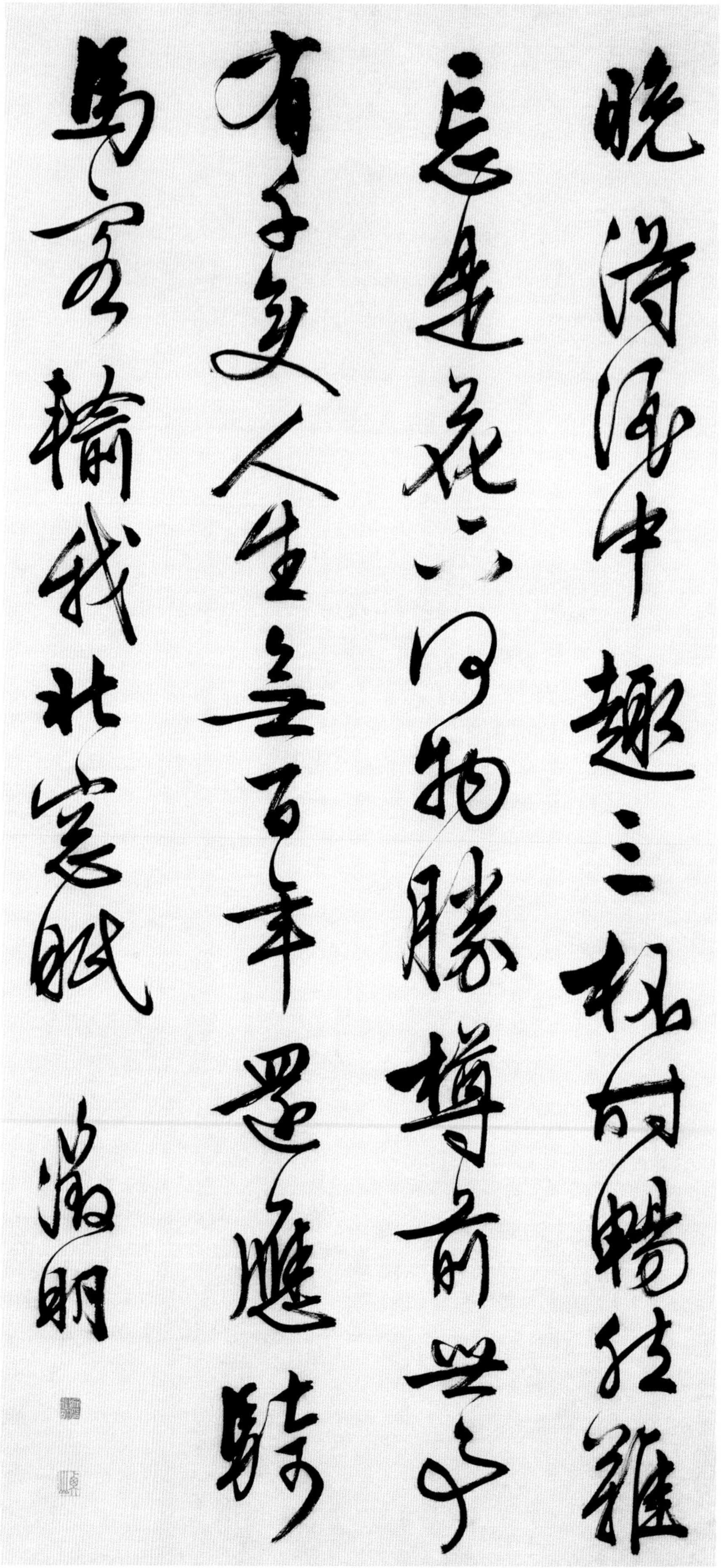

釋文：
晚得酒中趣，三杯時暢然。難忘是花
下，何物勝樽前。世事有千變，人生
無百年。還應騎馬客，輸我北窗眠。
徵明

63

王守仁　行書銅陵觀鐵船歌卷

紙本 行書
縱31.5厘米 橫771.8厘米

Tongling Guan Tie Chuan Ge (Thoughts on Seeing Iron Ship at Tongling) in running script
By Wang Shouren (1472-1528)
Handscroll, ink on paper
H. 31.5cm　L. 771.8cm

王守仁(1472—1528)，初名雲，更名守仁，字伯安，浙江餘姚人。明代哲學家、教育家。弘治十二年(1499)進士，授刑部主事，起兵部主事。正德中迕太監劉瑾，廷杖謫貴州，築室修文陽明洞講學，創立書院，世稱"陽明先生"。至劉瑾被誅，復官，封新建伯，世稱"新建先生"。官南京兵部尚書。卒謚文成。工文章，善書法，師法王羲之。著有《王文成全書》。

《銅陵觀鐵船歌卷》是王守仁在銅陵獻俘回到南都時所作。款署"陽明山人書於銅陵舟次，時正德庚辰春分獻俘還自南都"，鈐"陽明山人王伯安印"(朱文)印。"庚辰"為明正德十五年(1520)，王守仁時年四十九歲。

此卷以每行三字居多，行間疏朗，字間互不連屬，但每個單字卻牽絲不斷，如"觀"、"潔"、"難"等。通篇字體修長，行筆迅疾，有米芾書"沉着飛翥"的神韻。徐渭曾云："古人論右軍以書掩其人，新建乃不然，以人掩其書。"

鑑藏印記："林□周印"(白文)、"道魯真賞"(白文)、"杜是鑑藏書畫之印"(朱文)、"杜是收藏書畫"(白文)、"星衍"(朱文)、"伯淵審定真跡"(朱文)。

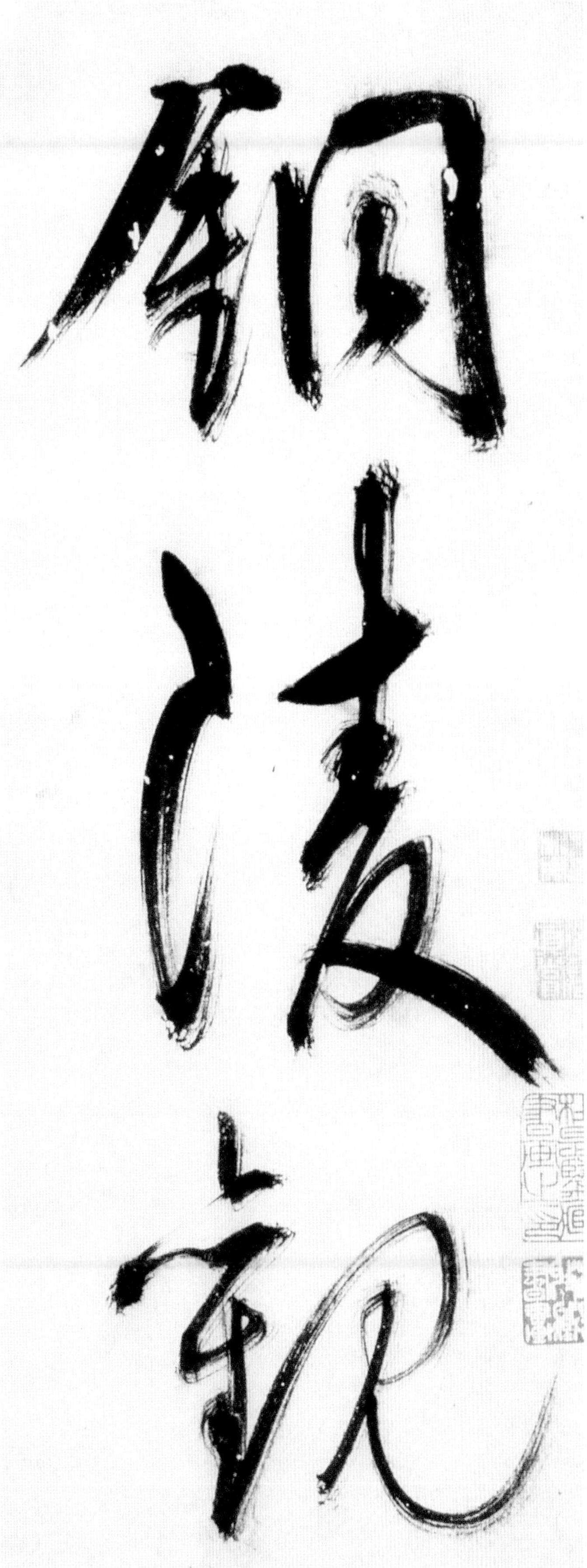

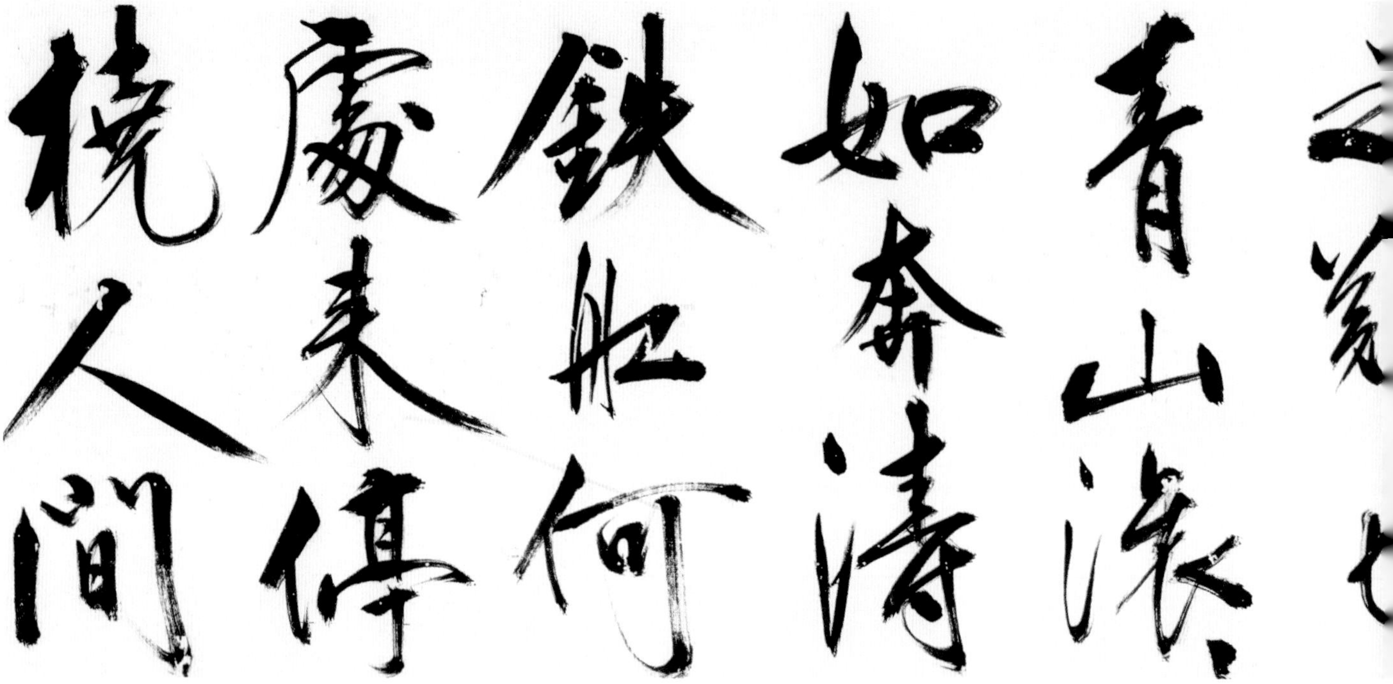

釋文：銅陵觀鐵船，錄寄士潔侍御道，契見行路之難也。青山滾滾如奔濤，鐵船何處來停橈。人間

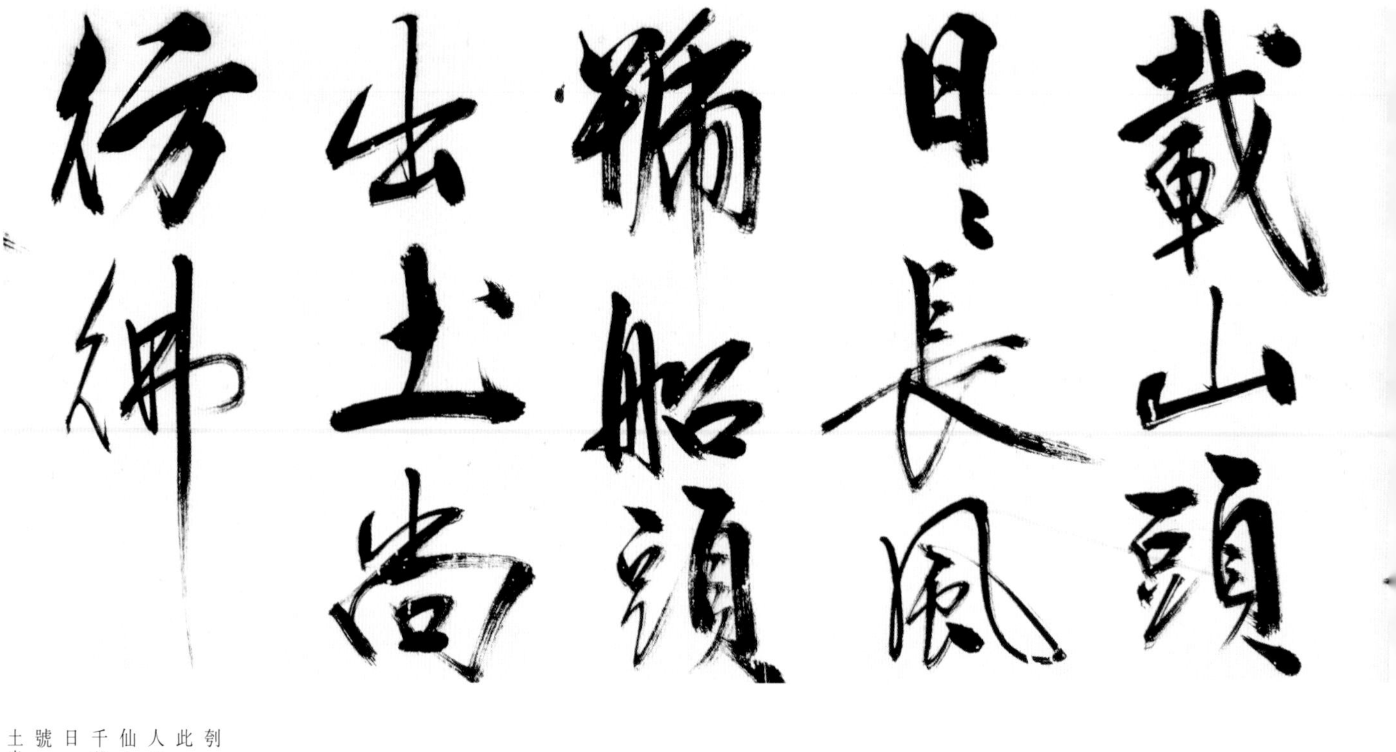

刳木寧有此，疑是仙人之所操。仙人一去已千載，山頭日日長風號。船頭出土尚仿佛，

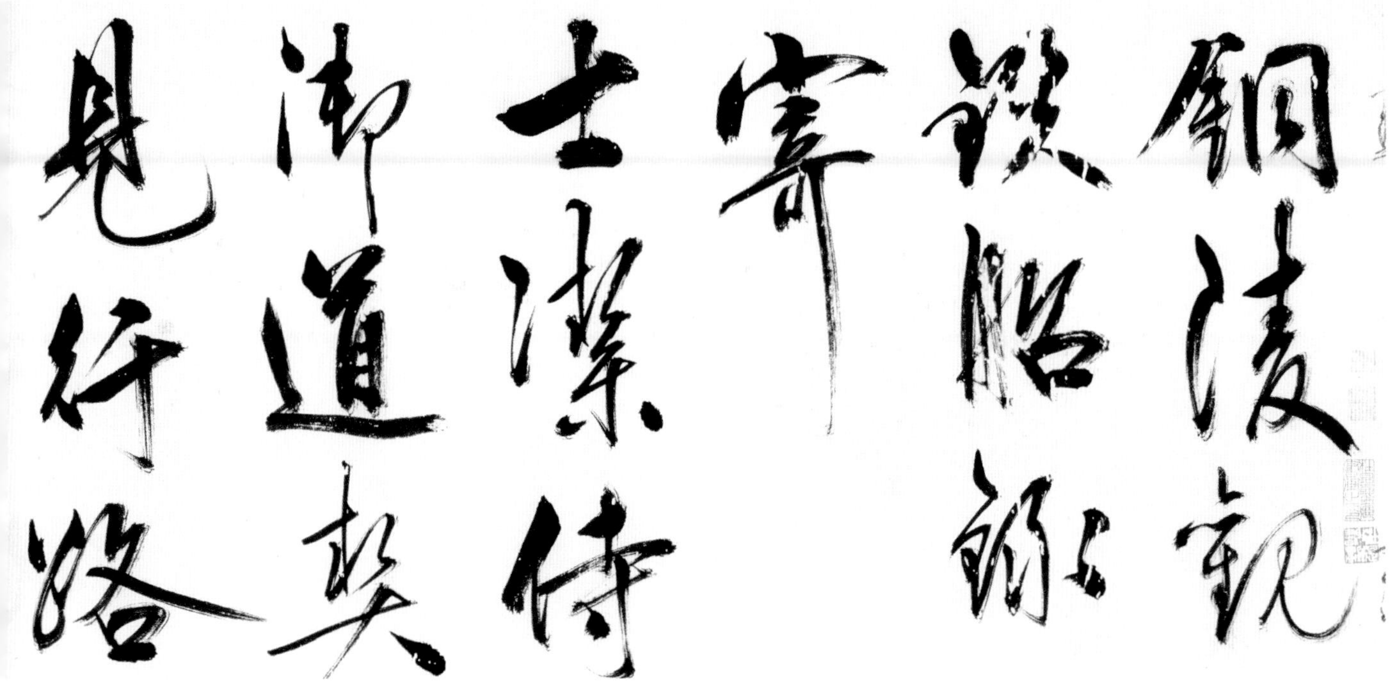

《銅陵觀鐵船歌卷》之一

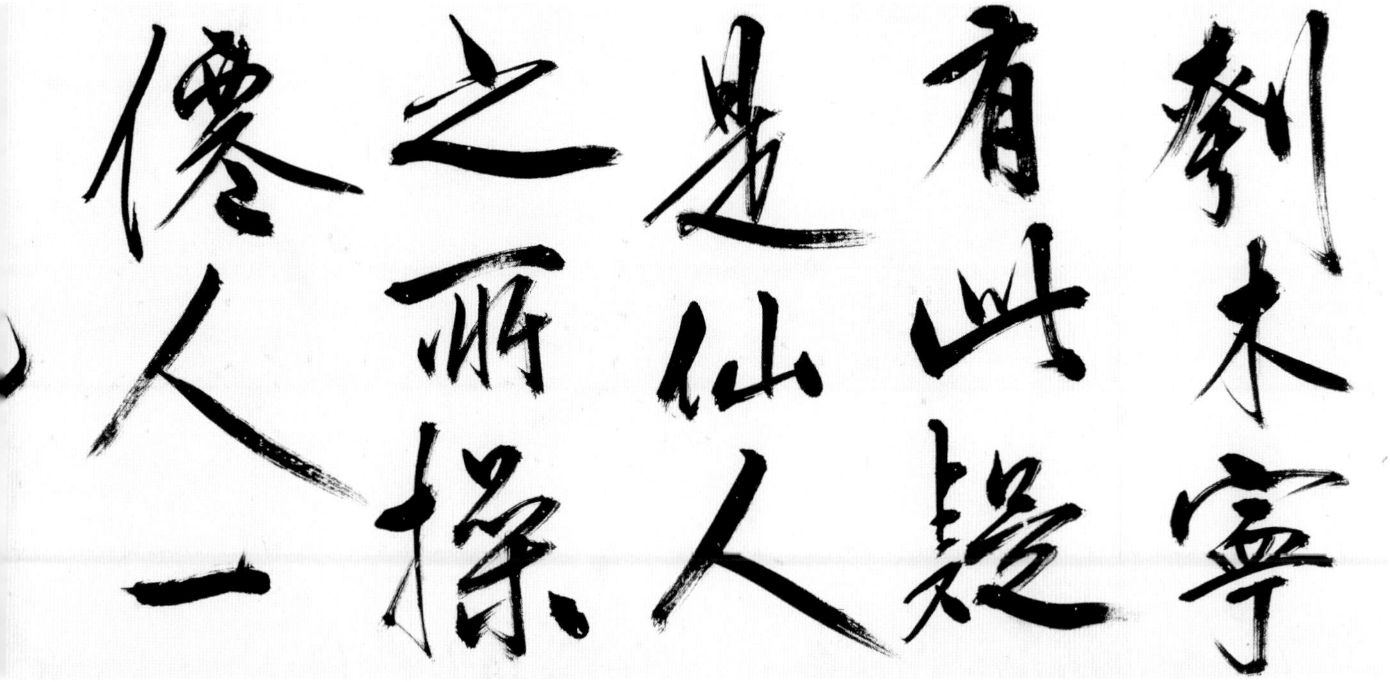

《銅陵觀鐵船歌卷》之二

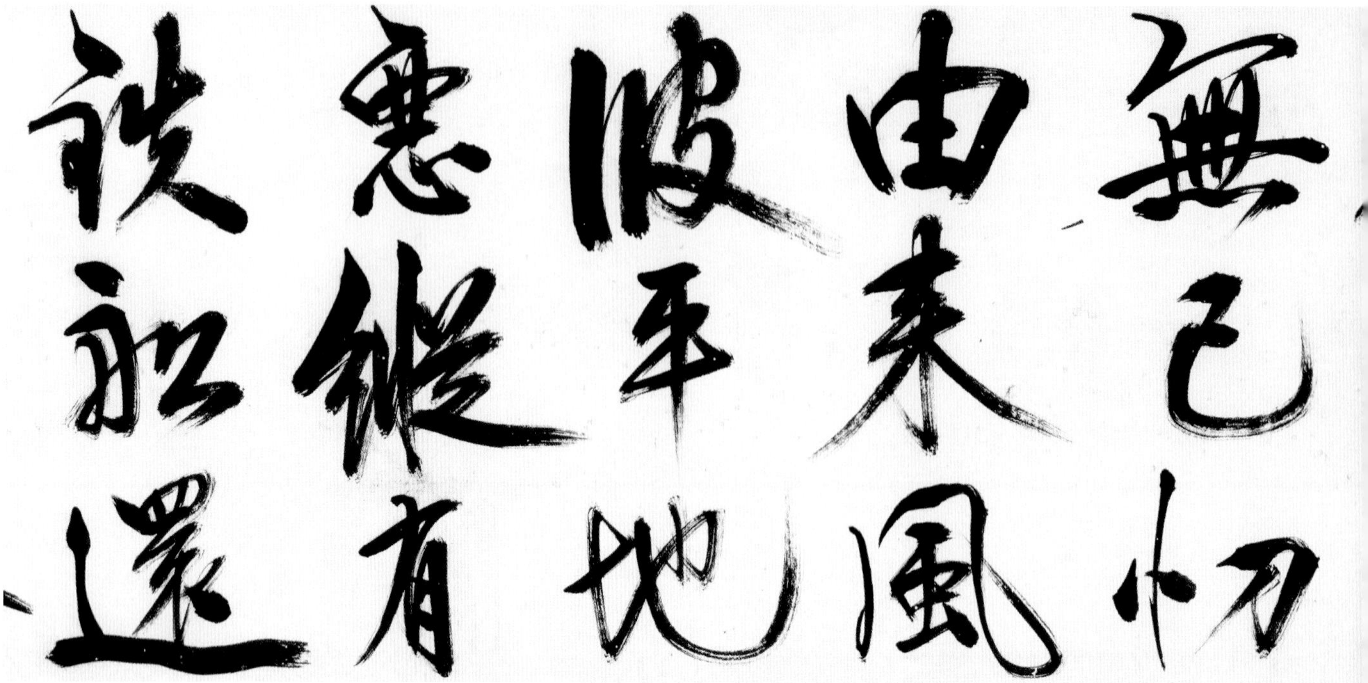

後岡有石云船稍。我行過此費忖度，昔人用心無己忉。由來風波平地惡，縱有鐵船還

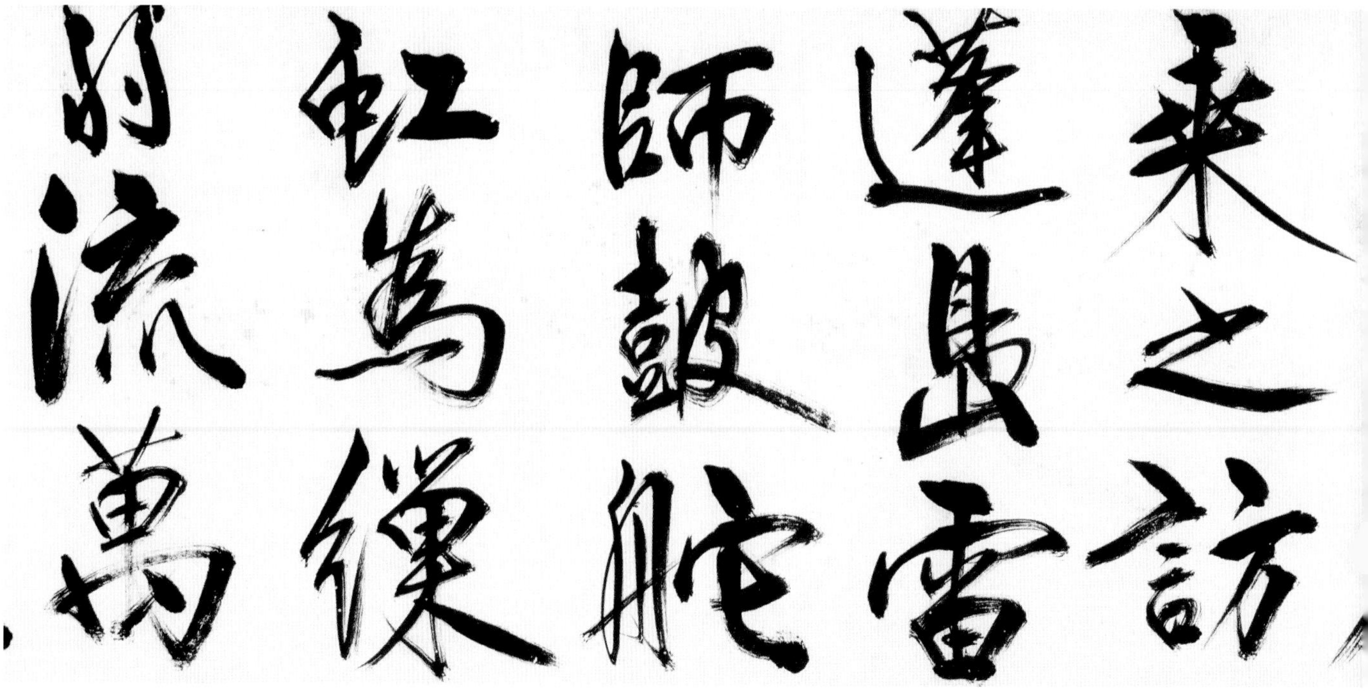

未牢。秦鞭驅之不能動，奡力何所施其篙。我欲乘之訪蓬島，雷師皷舵虹為纜。弱流萬

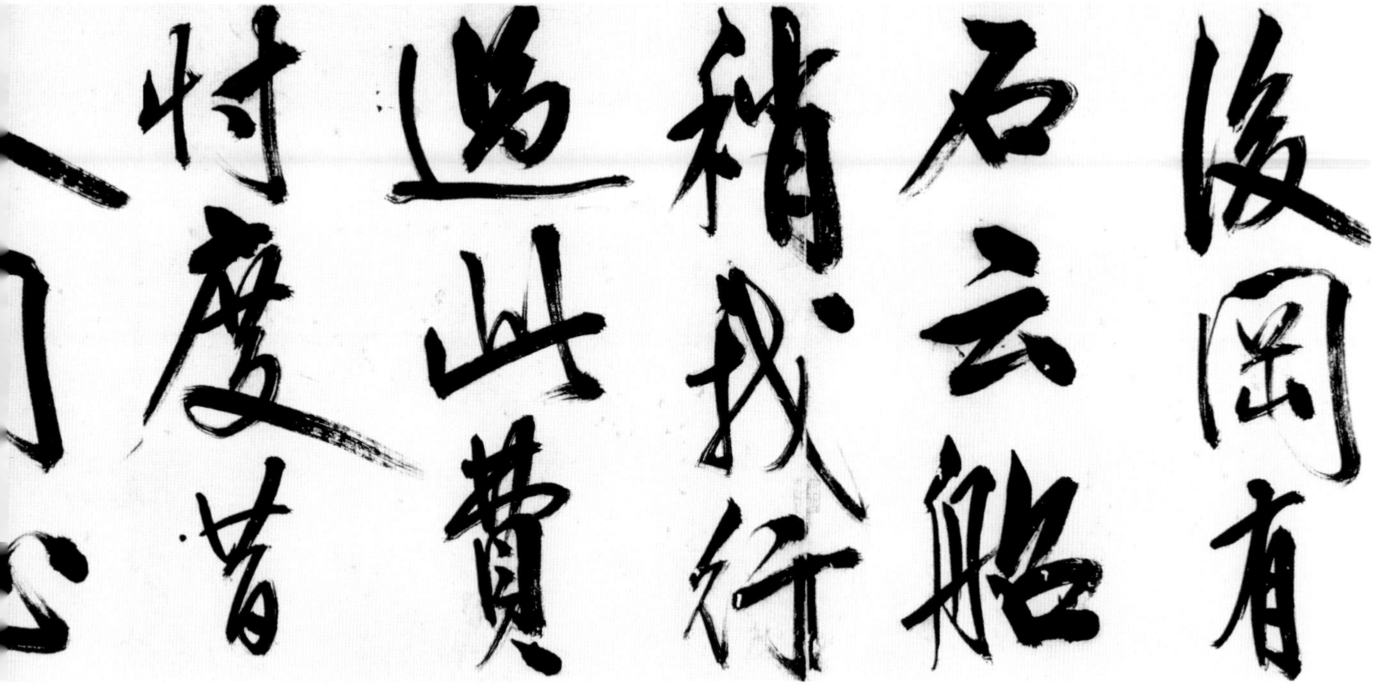

《銅陵觀鐵船歌卷》之三

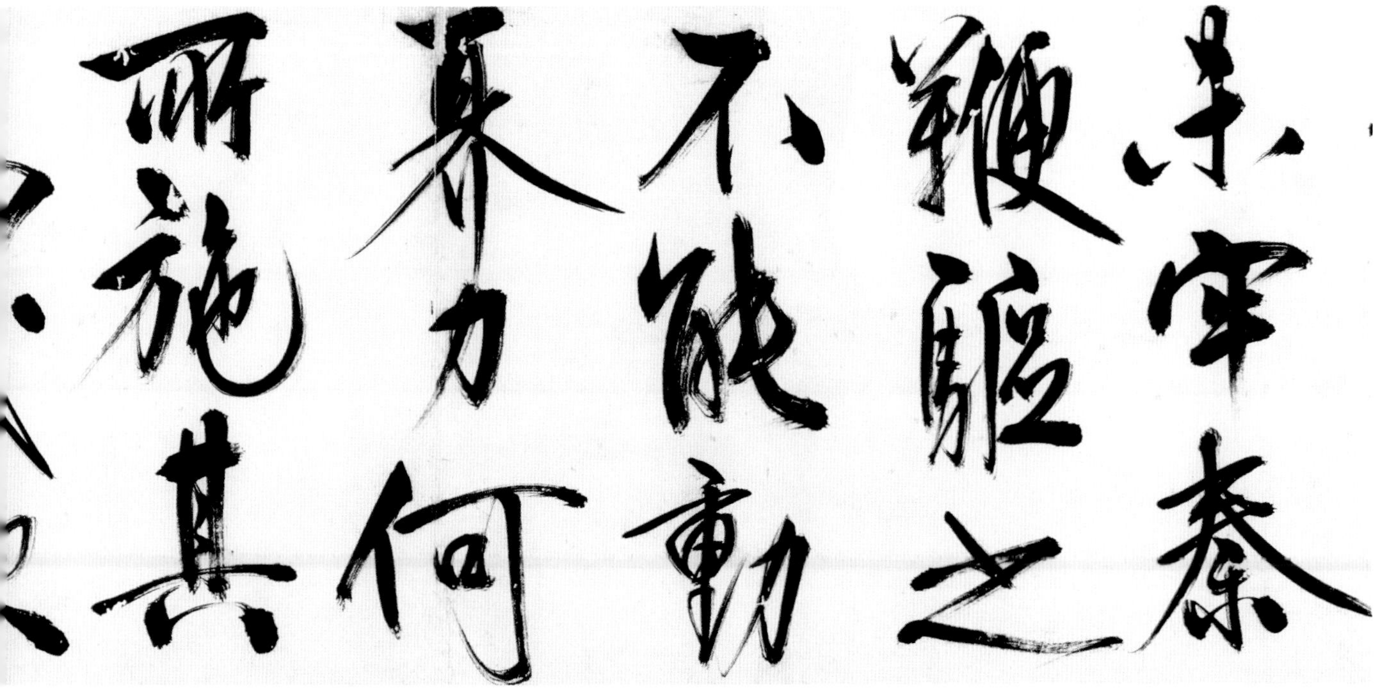

《銅陵觀鐵船歌卷》之四

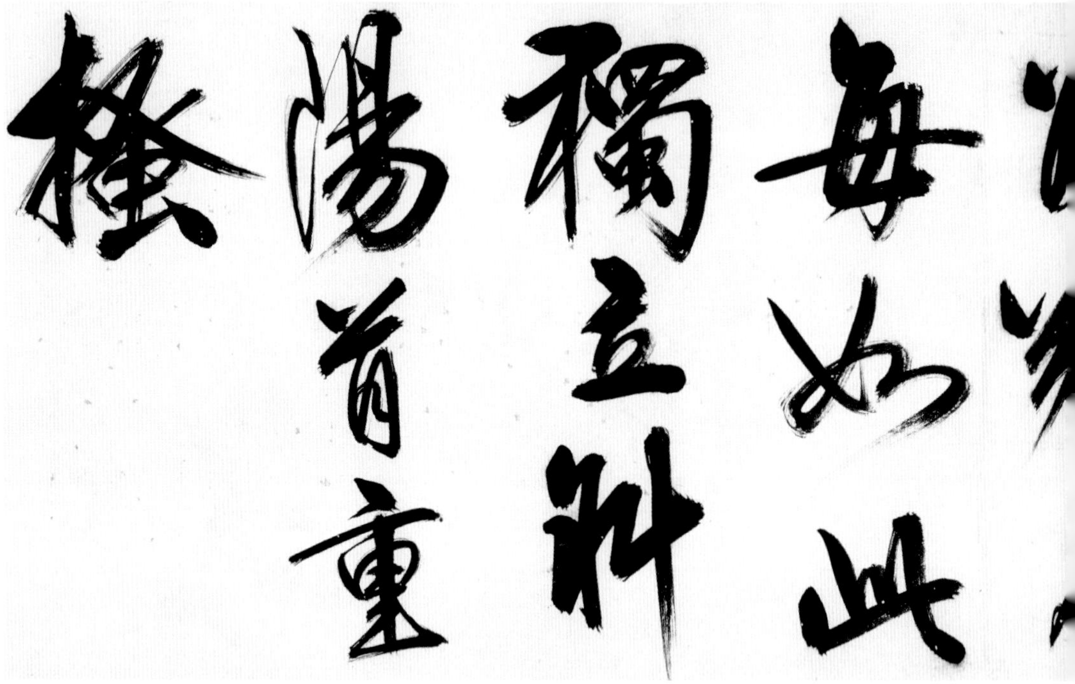

里不勝芥，復恐駕此成徒勞。世路難行每如此，獨立斜陽首重搔。

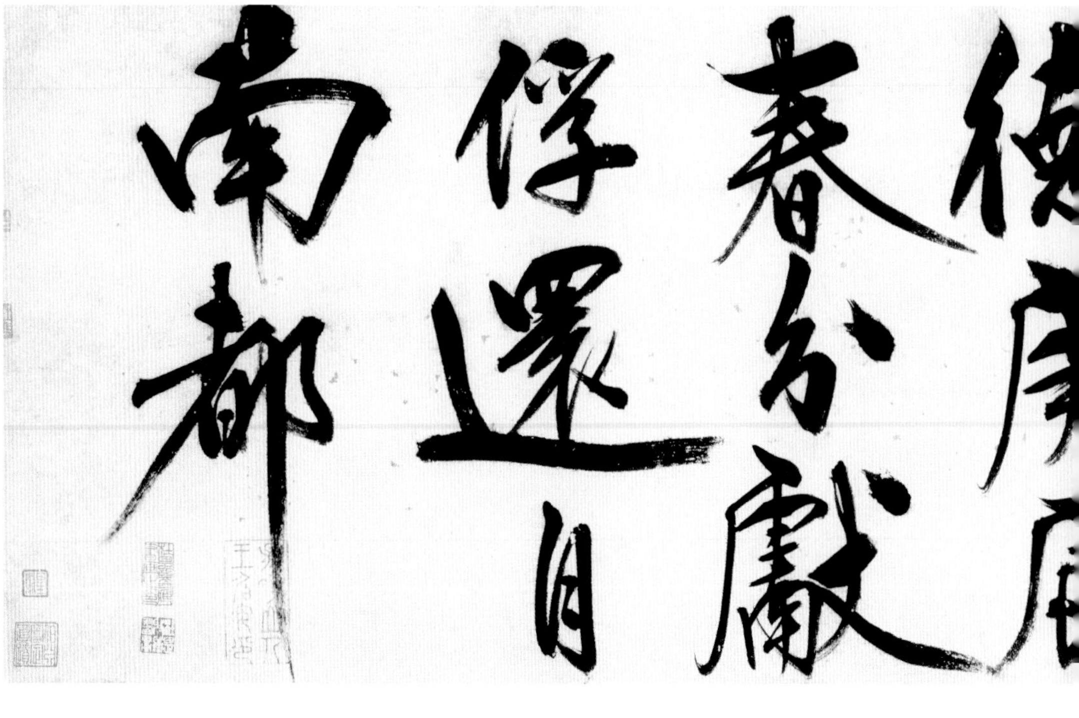

陽明山人書於銅陵舟次，時正德庚辰春分獻俘還自南都

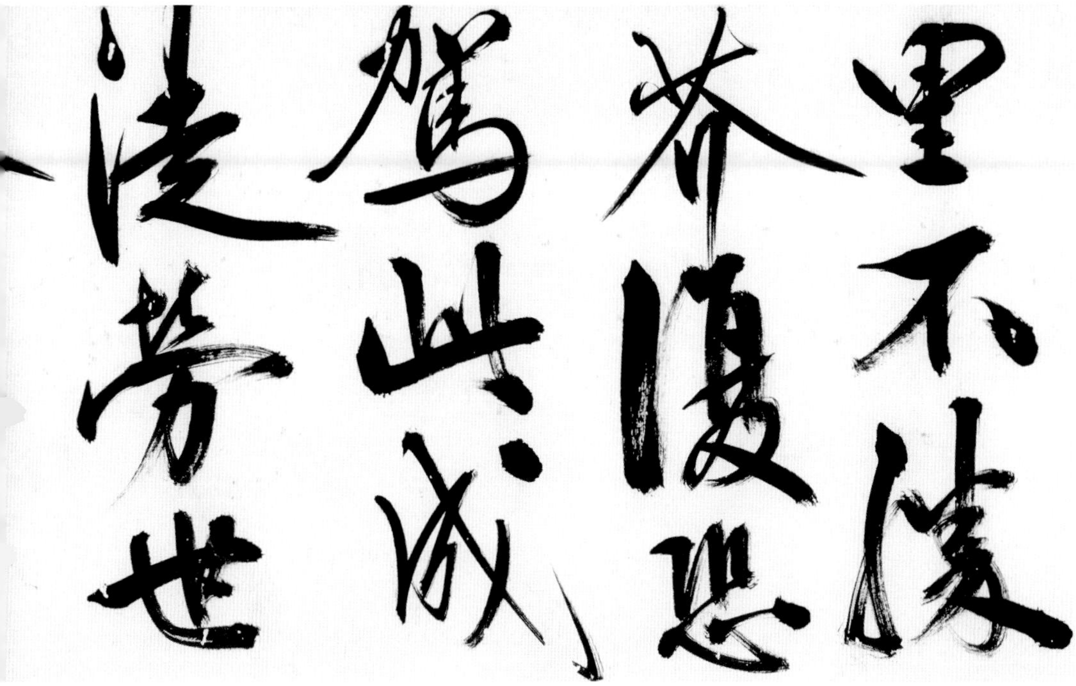

《銅陵觀鐵船歌卷》之五

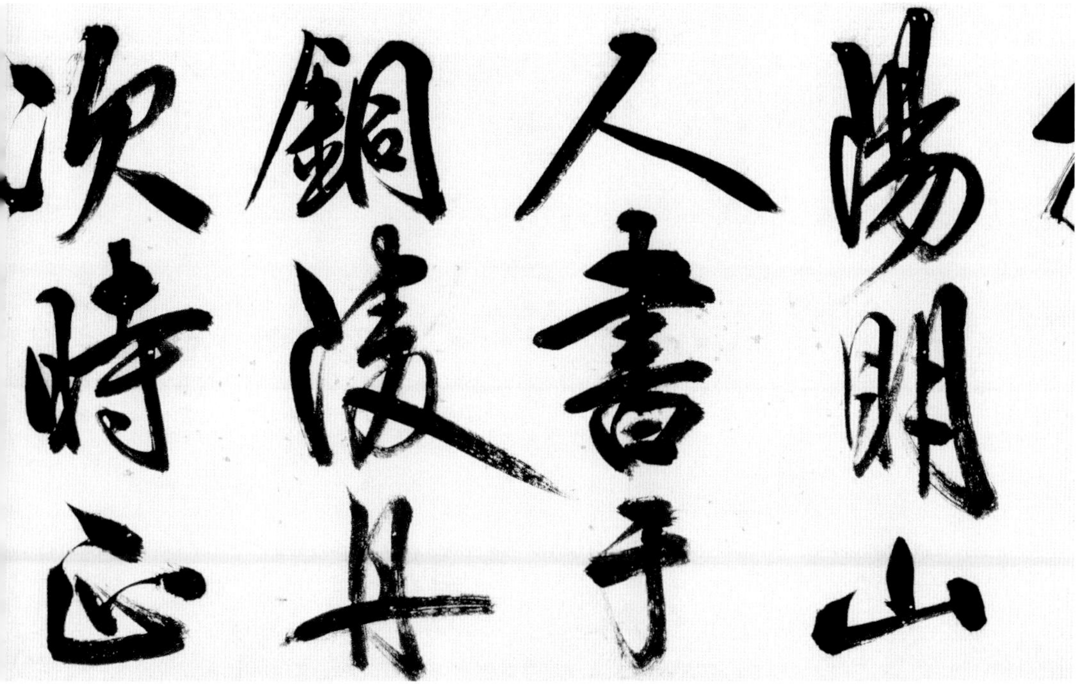

《銅陵觀鐵船歌卷》之六

64

徐霖　篆書四言詩卷

紙本　篆書
縱29.5厘米　橫628厘米

Si Yan Shi (A poem with four characters to each line) in seal script
By Xu Lin (1473-1549)
Handscroll, ink on paper
H. 29.5cm　L. 628cm

徐霖(1473—1549)，字子仁，號九峯道人，又號快園叟、髯仙等，明代長洲(今江蘇蘇州)人，徙居金陵。解音律、精篆法，善書。九歲能作大書，操筆成體，正書出入歐、顏，大書初法朱熹，幾亂其真，後喜趙孟頫，筆力遒勁，佈構端飭，自成一家。篆書，始尚雄麗，晚益樸古。著有《麗藻堂文集》、《快園詩文集》等。

卷書四言詩一首，款署“吳郡徐霖書”，鈐“徐氏子仁”(白文)，“九峯道人”(朱文)印。卷後有翁同龢跋一則。

此卷篆法稱為“玉筋篆”，筋，一作“箸”。清陳澧《摹印述》云：“篆書筆畫兩頭肥瘦均勻，末不出鋒者，名曰‘玉筋’，篆書正宗也。”即指線條無粗細變化，豎筆無垂腳，且結體圓長者。此書出秦李斯《泰山刻石》，點畫嚴謹，字體修長，字形大小一律，章法縱橫有序，別具姿態。徐霖傳世作品篆書甚少，贋品甚多。

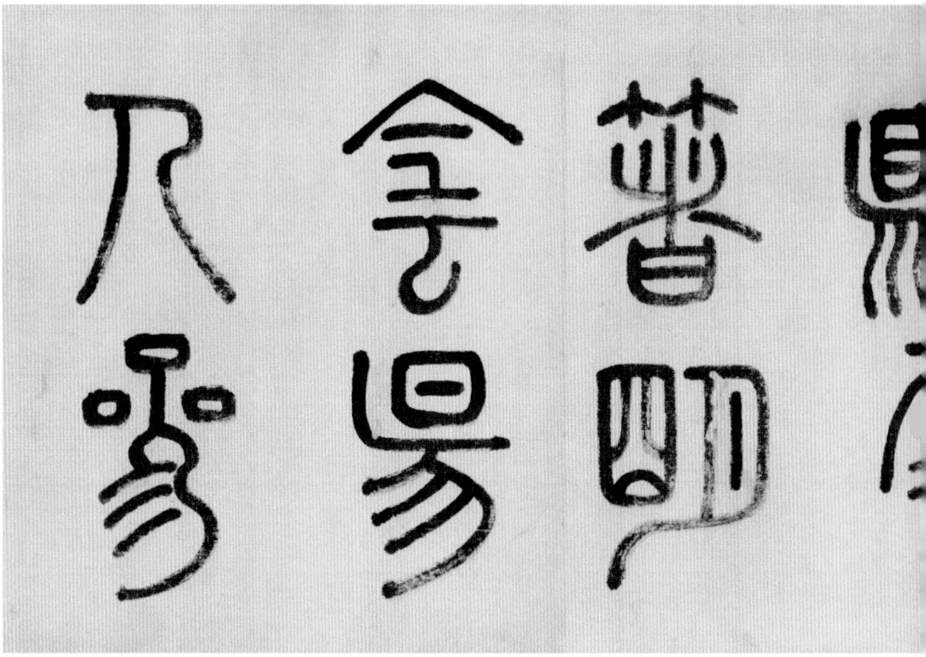

釋文：
衡從圜方，剖分玄黃。日月懸象，著明陰陽。人參

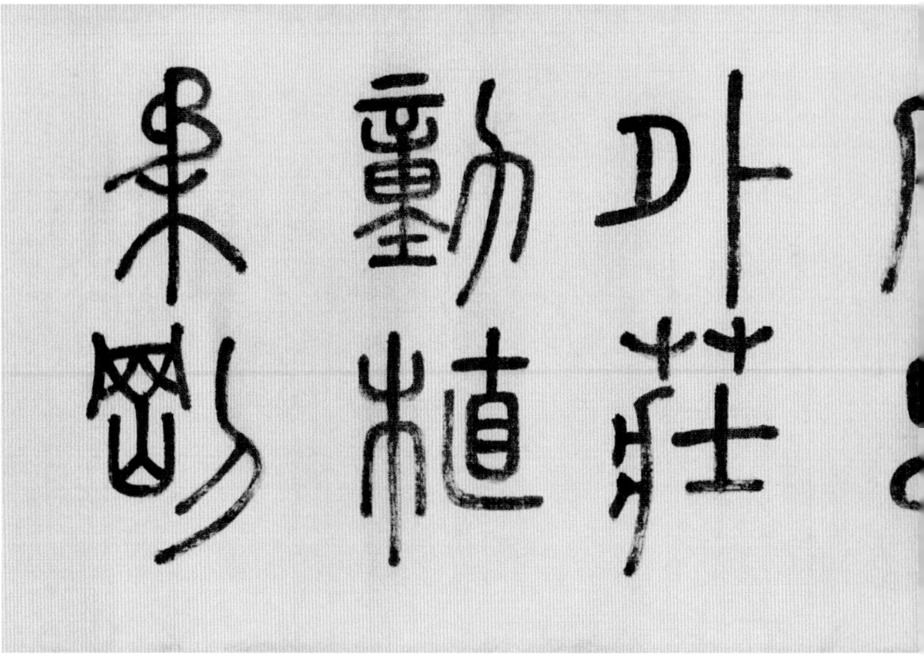

兩儀，身為己岡。貌言視聽，內思外莊。動植柔剛，

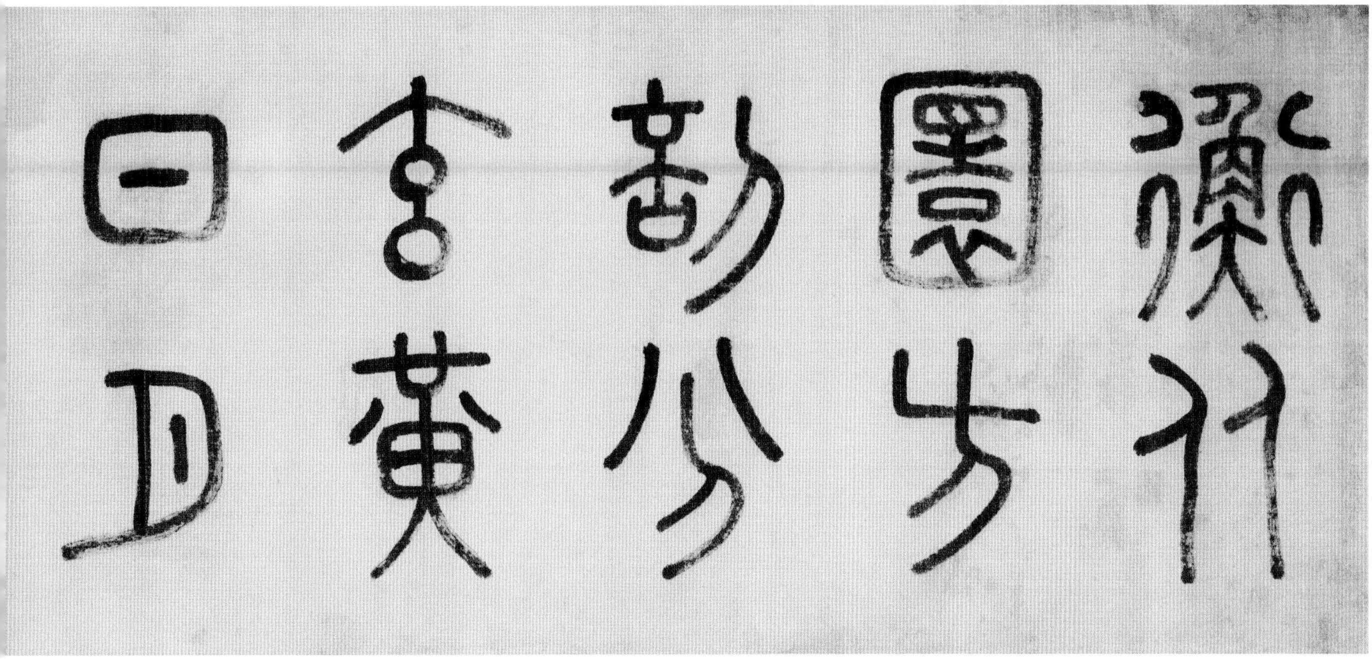

《四言詩卷》之一

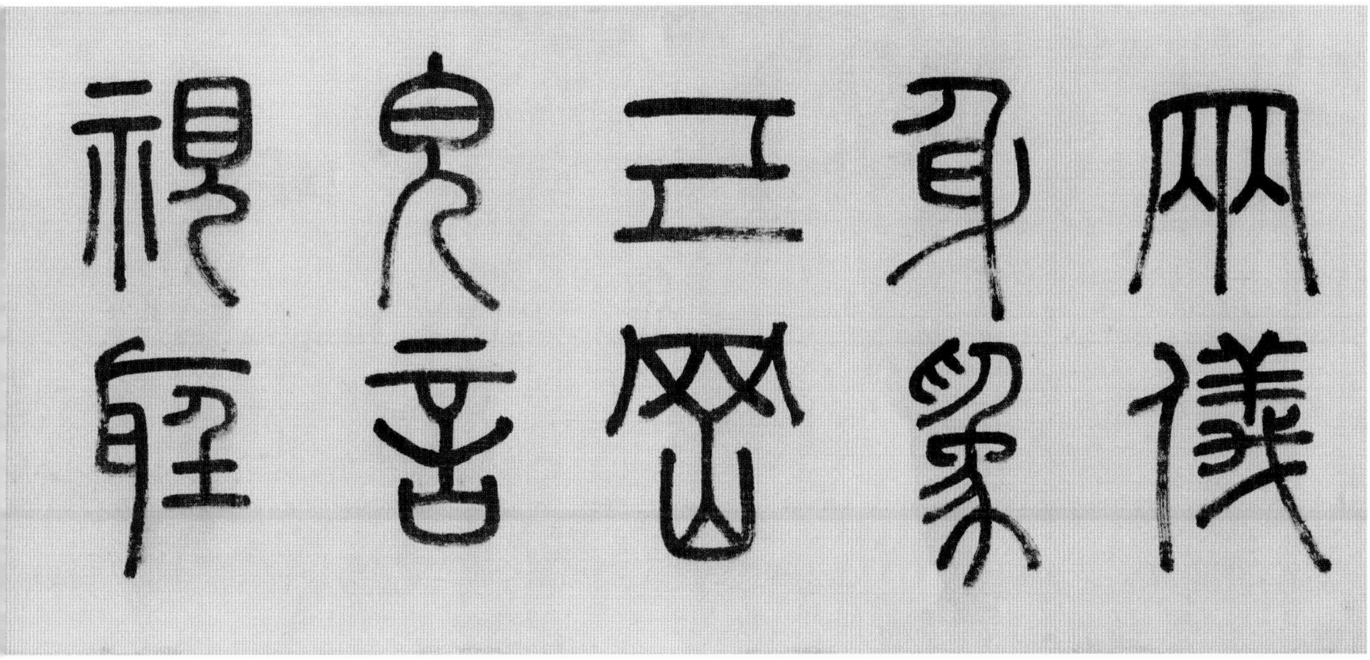

《四言詩卷》之二

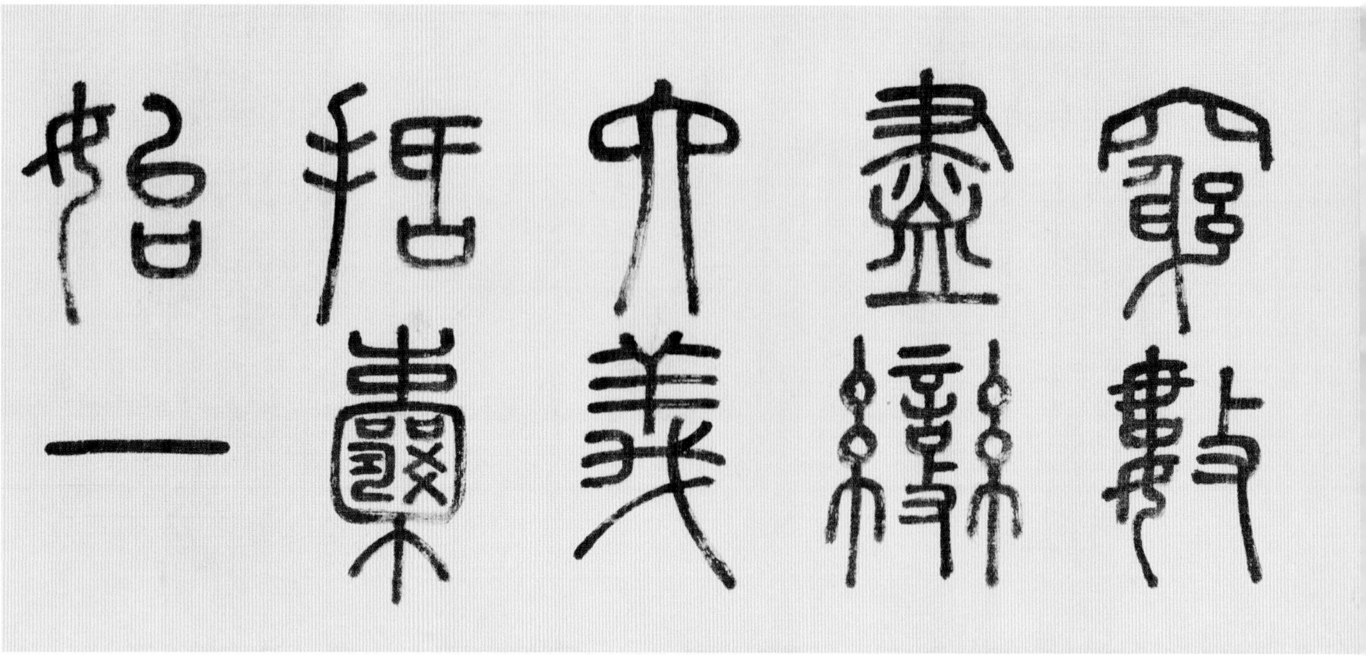

品德林形。開物成敉，器用有常。窮數盡變，六義括囊。始一

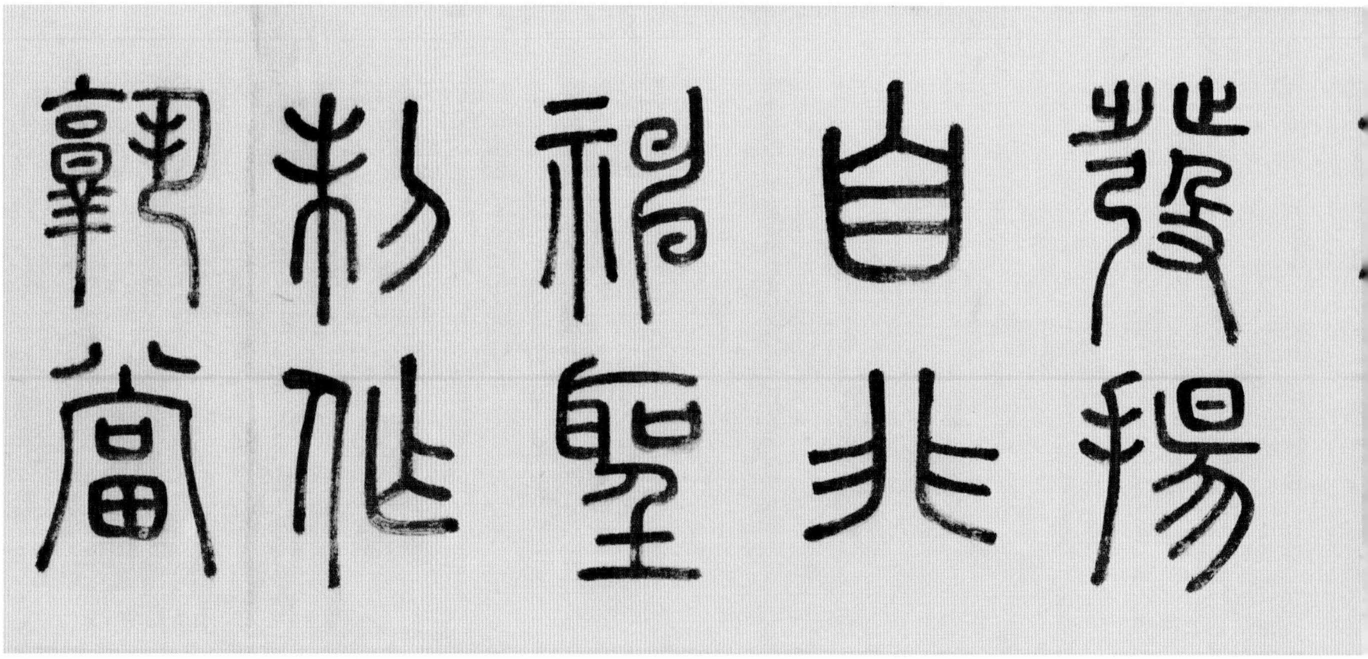

終亥，敹旨寔宏。圖書卦畫，表裏發揚。自非神聖，製作熟當。

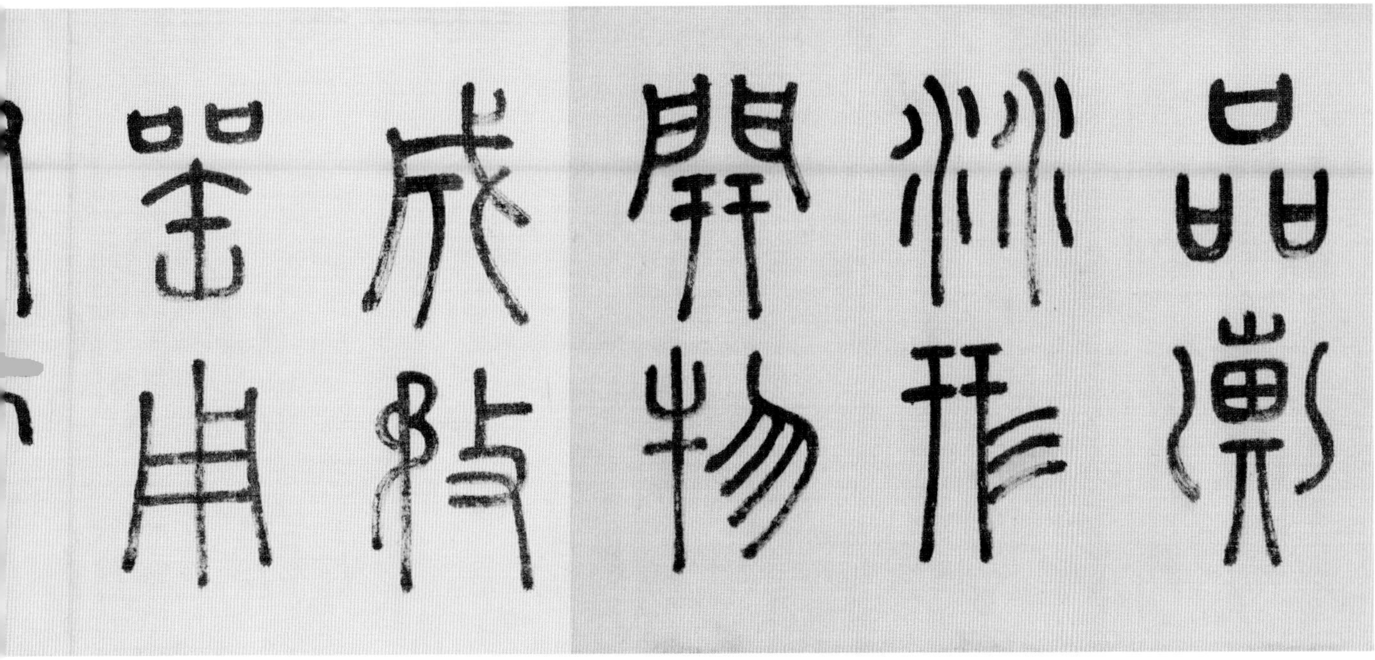

《四言詩卷》之三

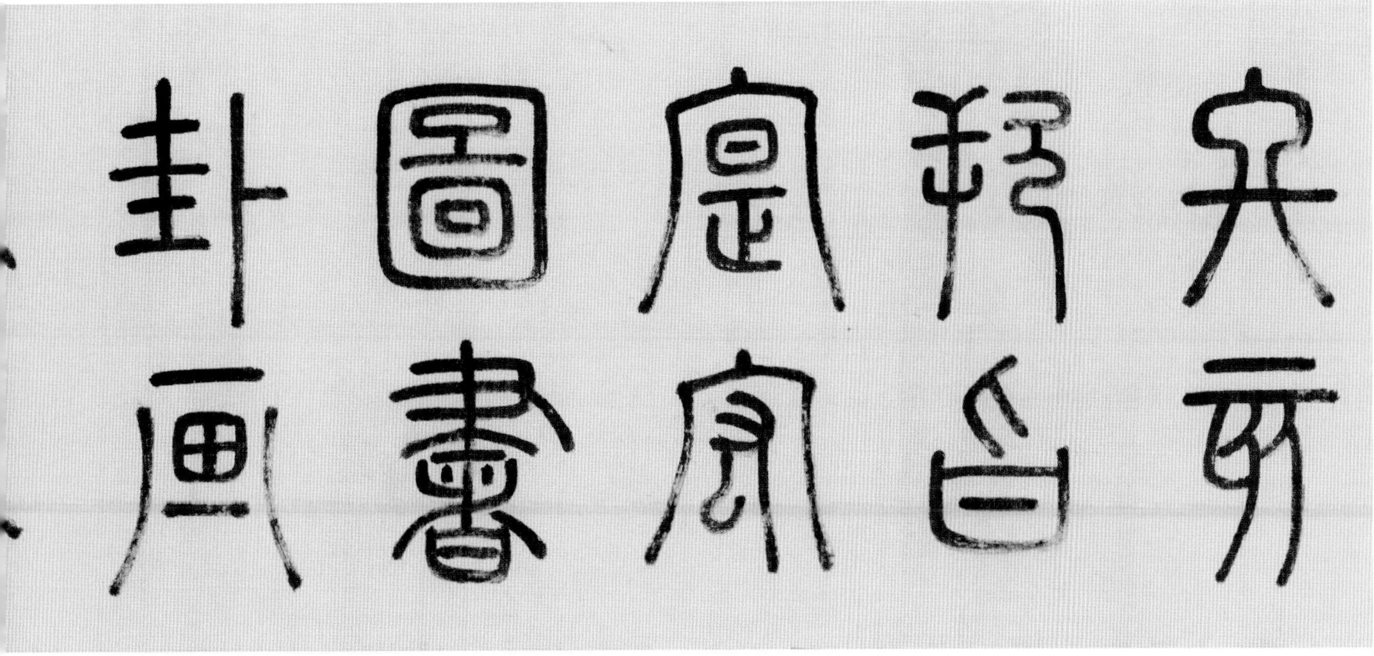

《四言詩卷》之四

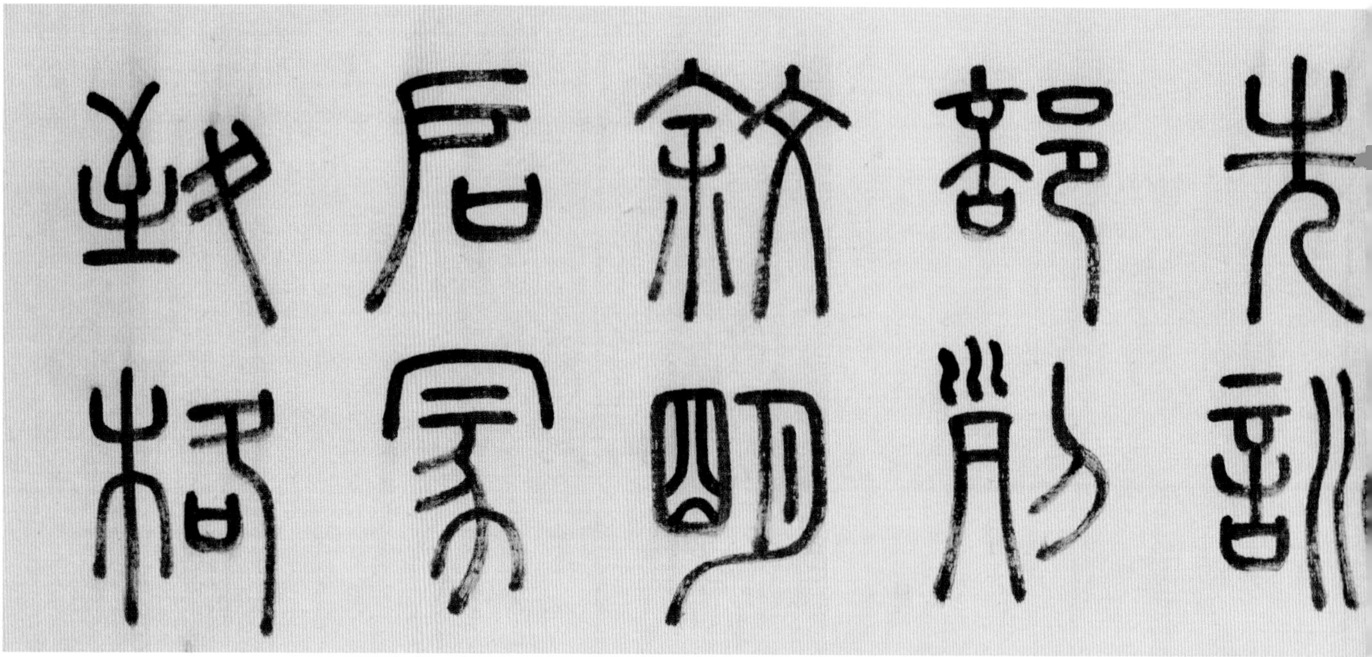

編繼簡系，踵襲面牆。岌繹先訓，部列敘明。啟蒙致格，

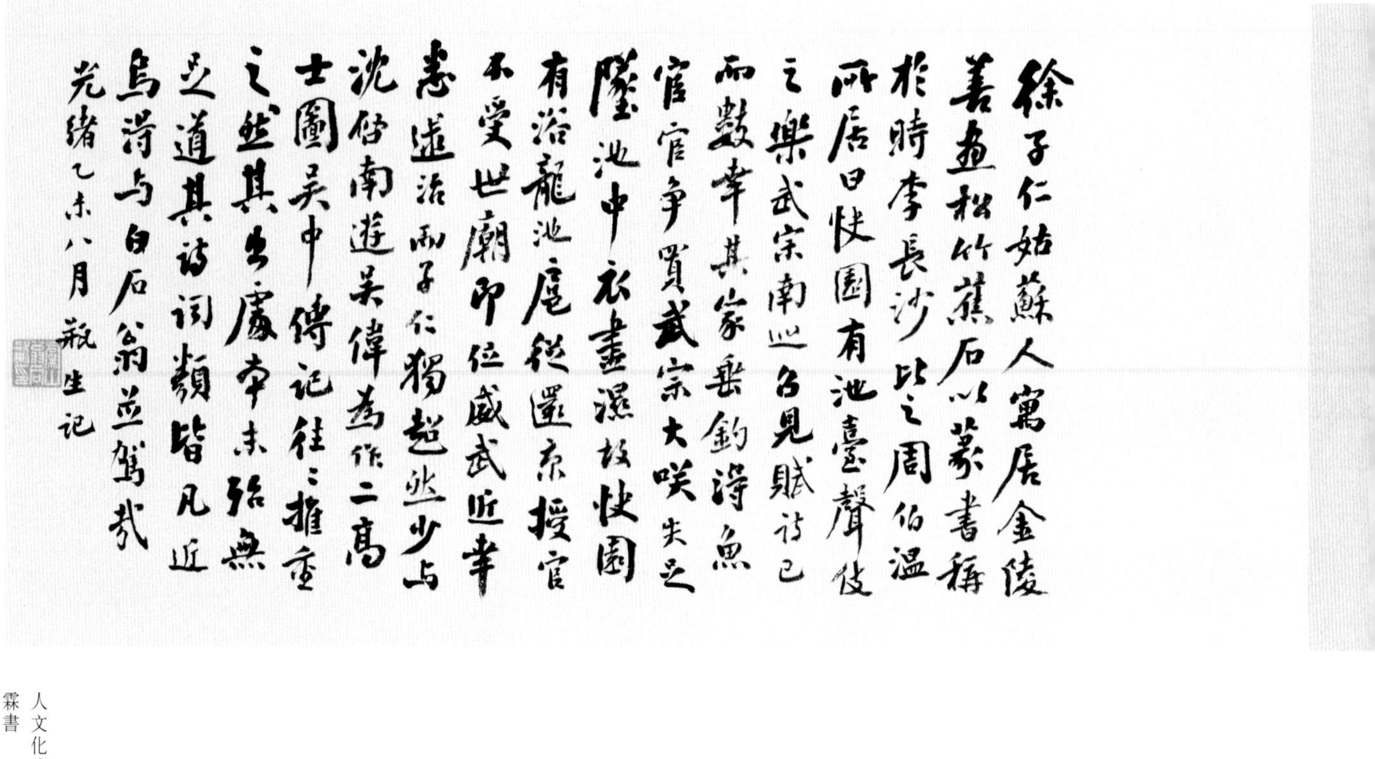

人文化成。吳郡徐霖書

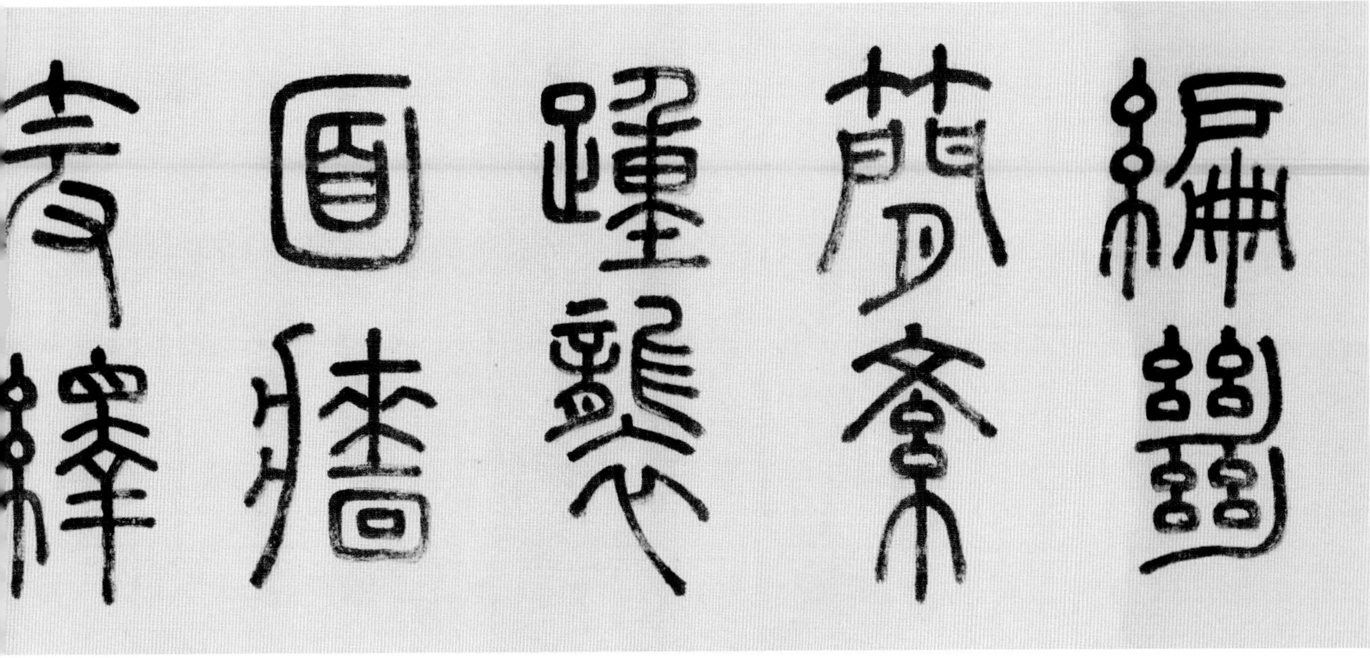

《四言詩卷》之五

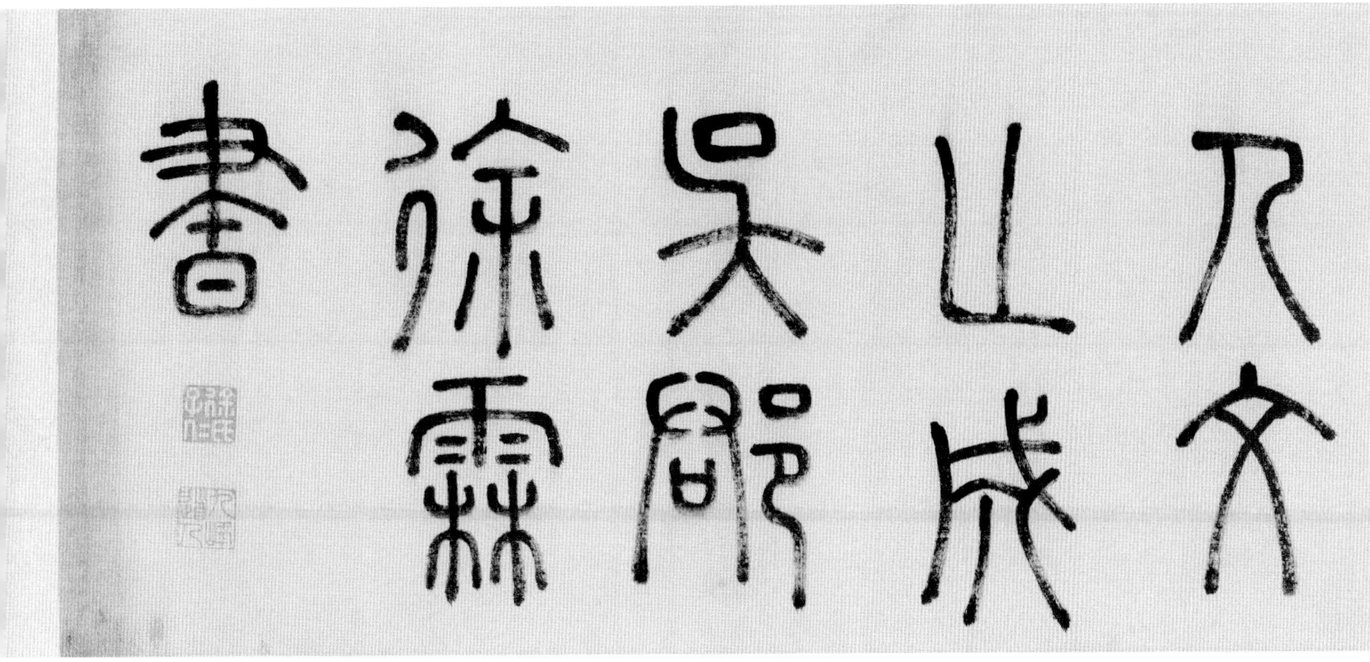

《四言詩卷》之六

65

徐霖　行書雨中獨酌詩頁

紙本　行書

縱23.7厘米　橫36.7厘米

Yu Zhong Du Zhuo Shi (A poem on Drinking Alone in a Rainy Day) in running script

By Xu Lin

Leaf, ink on paper

H. 23.7cm　L. 36.7cm

頁書自作七言律詩《雨中獨酌》一首，表露了老年人的傷感情懷。款署“老弟徐霖再拜”，鈐“徐氏子仁”（白文）、“快園叟”（朱文）印。

此帖書法用筆骨力遒勁，內含柔美，結體流美秀麗，線條粗細均勻，無明顯的波磔變化，仍保留着某些篆書筆法。

鑑藏印記：“潘厚審定”（白文）。

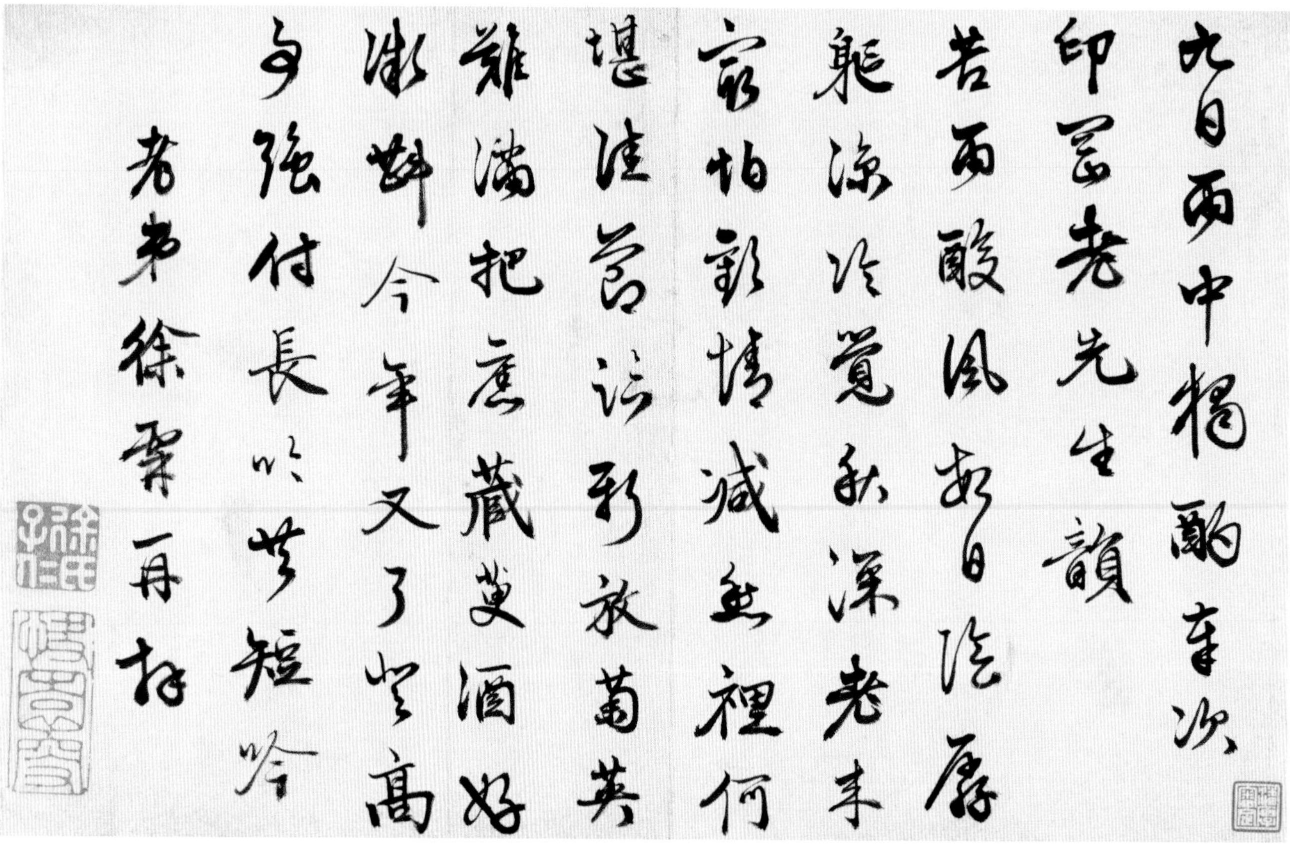

釋文：

九日雨中獨酌，奉

次印岡老先生韻

苦雨酸風數日陰，

孱軀涼冷覺秋深。

老來最怕歡情減，

愁裡何堪佳節臨。

新放菊英難滿把，

應藏萸酒好微斟。

今年又了登高事，

強付長吟共短吟。

老弟徐霖再拜

66

蔡羽　小楷書詩扇
灑金箋紙本　小楷書
縱15.3厘米 橫43.6厘米

Shi Shan (poems) in small regular script
By Cai Yu (?-1541)
Fan leaf, ink on gold-flecked paper
H. 15.3cm　L. 43.6cm

蔡羽（？—1541），字九逵，自號林屋山人，明代吳縣（今江蘇蘇州）人。諸生，與文徵明齊名。貢入太學，由國子生授南京翰林院孔目。好古文辭，自負甚高，詩文求出魏晉之上。著有《林屋》、《南館》二集。

扇書七言詩四首，款署"第一峯山人蔡羽"。自題"正德辛未"為明正德六年（1511）。"門人王履約"，即王守，字履約，號涵峯，吳縣人，王寵兄。"胥門"即吳縣城西南門。

蔡羽在質地硬而滑的灑金箋紙上書寫精麗小楷，功力精深。此扇書法結字古質，筆法精練。線條提頓之勁健及捺筆收鋒殊類鍾繇，呈端嚴古樸、勁健遒美之意韻。

鑑藏印記："章氏珍藏書畫"（朱文）。

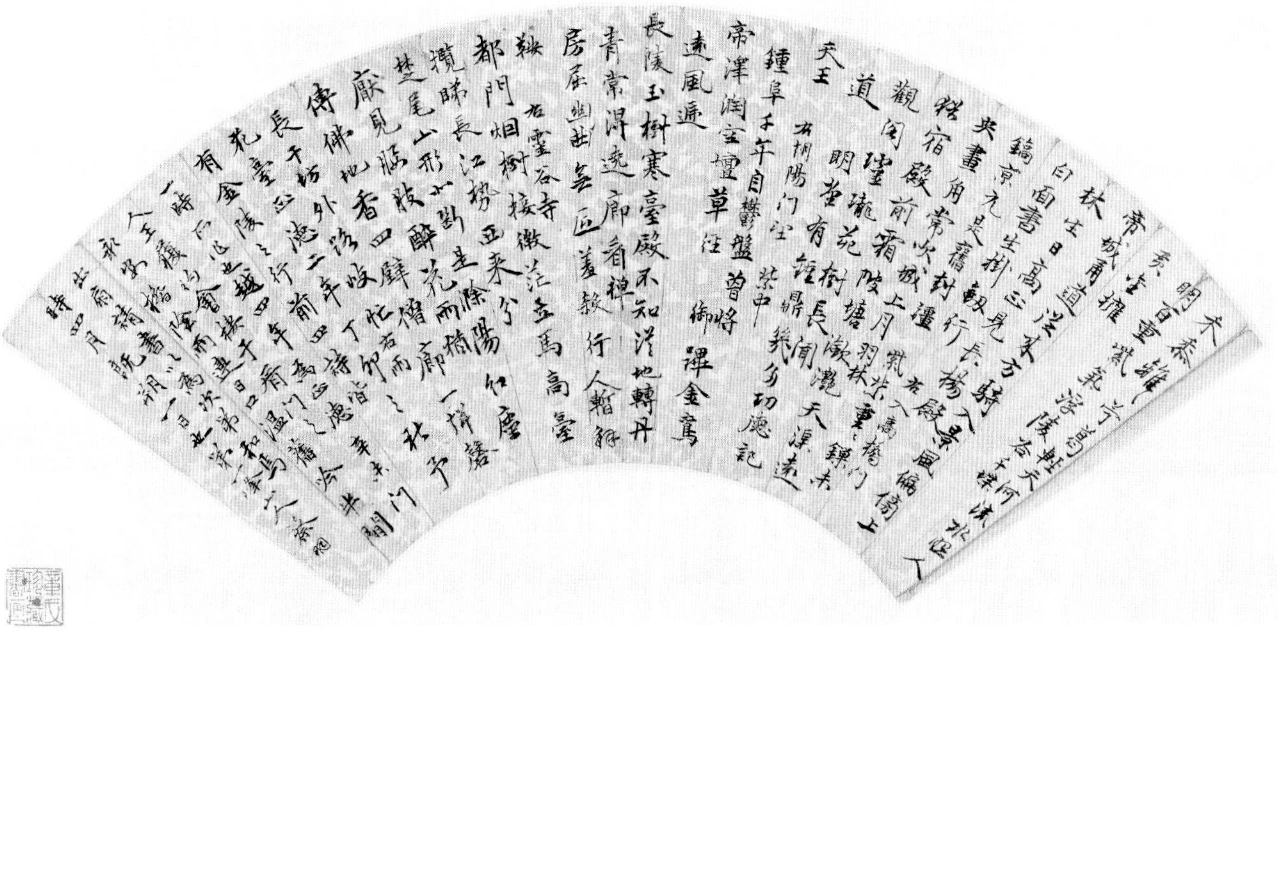

67

蔡羽　行書臨解縉詩卷

紙本　行書

縱29厘米　橫822.2厘米

Lin Xie Jin Shi (After the calligraphy of Xie Jin's poems) in running script

By Cai Yu

Handscroll, ink on paper

H. 29cm　L. 822.2cm

卷臨解縉書詩卷，款署"嘉靖丙申九月廿一日林屋山人蔡羽九逵頓首書"，鈐"九逵"(朱文)印。"嘉靖丙申"為明嘉靖十五年(1536)。

蔡羽書法深得王羲之筆意，尤其得力於"聖教"、"蘭亭"二帖。此卷書法筆勢遒逸俊美，流媚多姿，婉轉得勢。李日華《六研齋筆記》云："蔡林屋行押書，遒美有逸韻。"

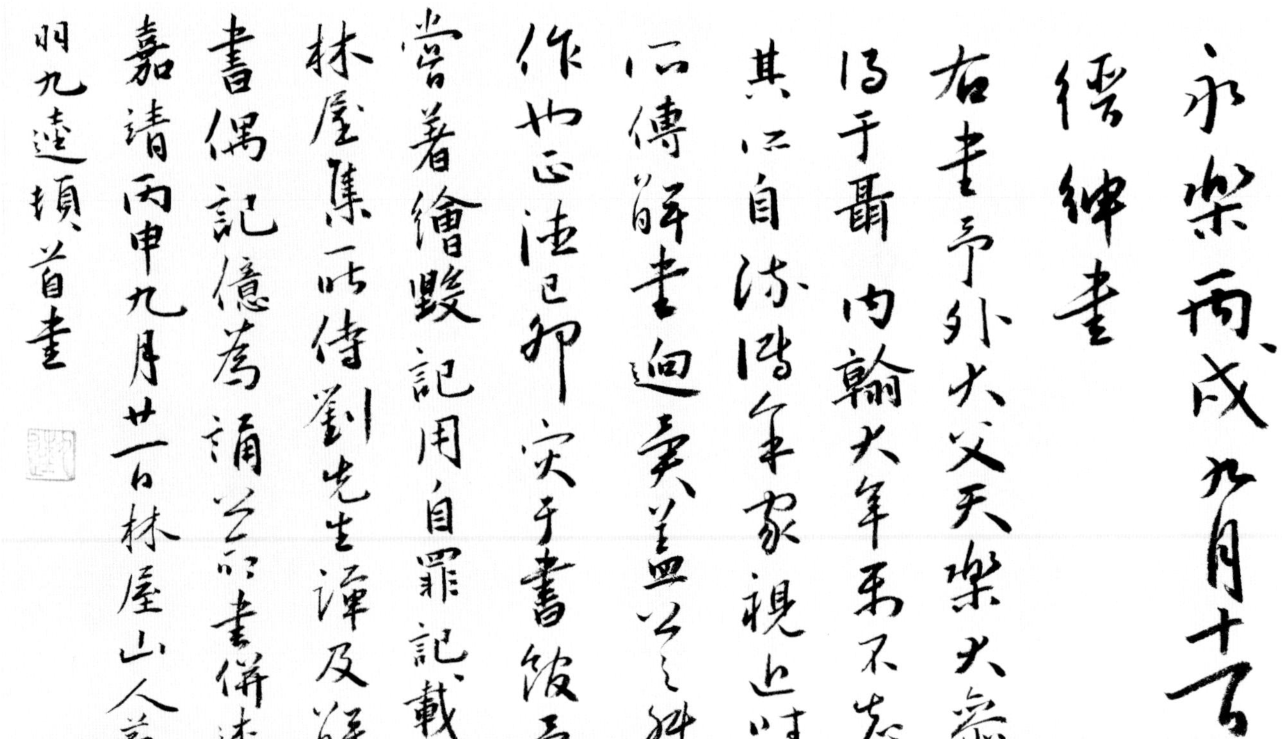

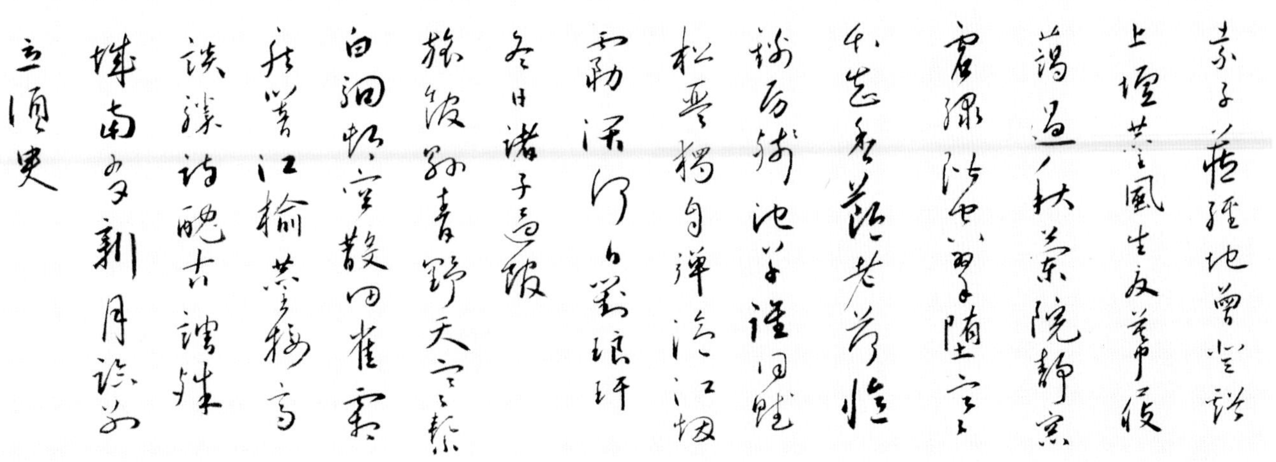

《臨解縉詩卷》之一

釋文：

赤子藏經地，曾登溪上壇。塵風生夏幕，屐藹過秋蘭。院靜窗虛綠，階空翠墮寒。竹知香節老，荷憶錦房殘。池草誰同賦，松琴獨自彈。臨江煙霧闊，何日對琅玕。

冬日諸子過館

旅館縣青野，天寒縶白駒。村空散田雀，霜疾響江榆。塵接高談勝，詩耽古調殊。城南有新月，臨別立須臾。

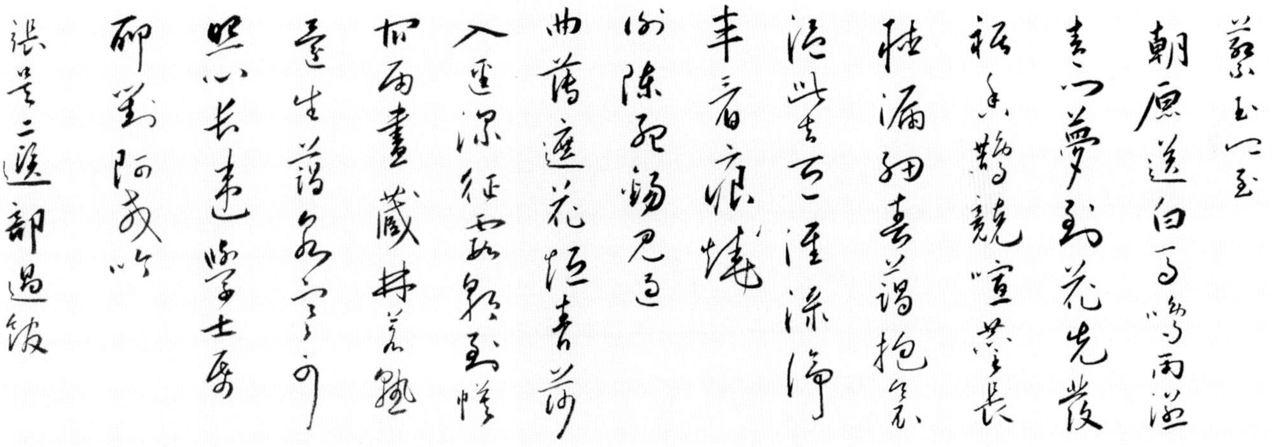

《臨解縉詩卷》之二

蔡玉卿至

朝原送白馬，鳴雨濕青門。夢到花先發，裾香鵲競喧。塵長聽漏細，春藹抱衾溫。此去天涯淥，停車看痕燒。

謝陳孟錫見過

曲薄遮花烜，青莎入逕深。征霞朝到幙，宿雨盡藏林。苔熟還生藹，泉寒可照心。長違學士席，聊對阿戎吟。

張吳二選部過館

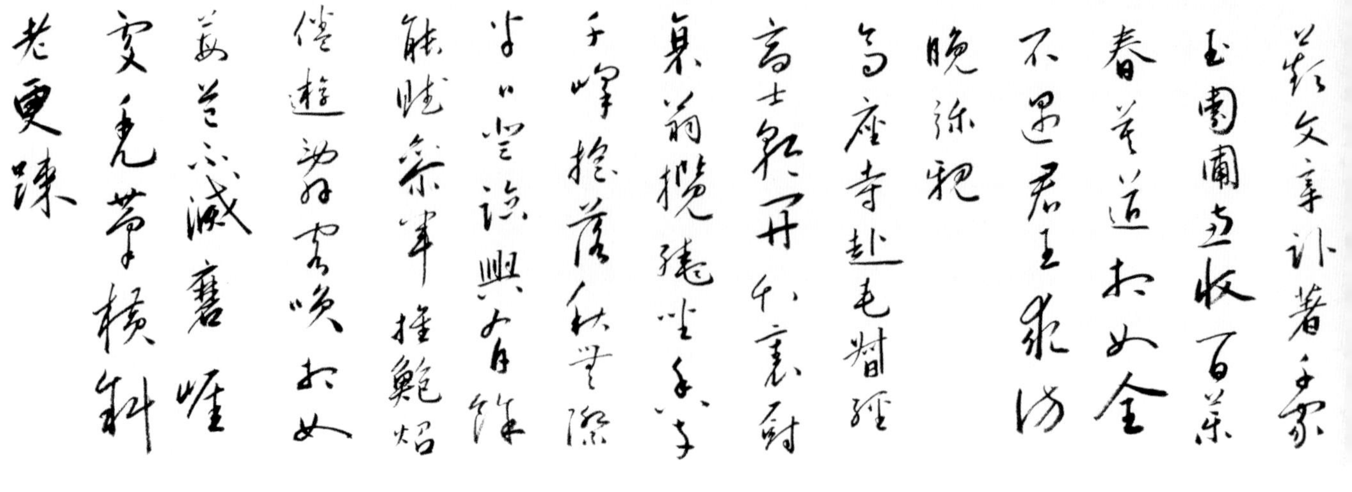

馬掣長巷柳，風急上林鶯。朝雨到門歇，春莎委珮輕。策敲別院杵，酌動越鄉情。客發江煙冷，青山只對城。海雲常作雨，二月見花稀。夜換鵁鶄舌，朝乾翡翠衣。軒回川動綠，裾過石流輝。官舍鍾山下，休嫌草護扉。

寄吳惟新

十年不見草玄客，高秋忽夢山中人。
鶴書天青發海嶠，鷺渚霜白開江蘋。
文章臥著千家玉，園圃兼收百藥春。
莫道相如全不遇，君王求訪晚彌親。

高座寺赴毛督經

高士朝開竹裏廚，衰翁攬繞坐香草。
千峯搖落秋無際，半日登臨興有餘。
能斌參軍推鮑炤，倦遊辭客笑相如。
莓苔不滅磨崖處，禿筆橫斜老更疏。

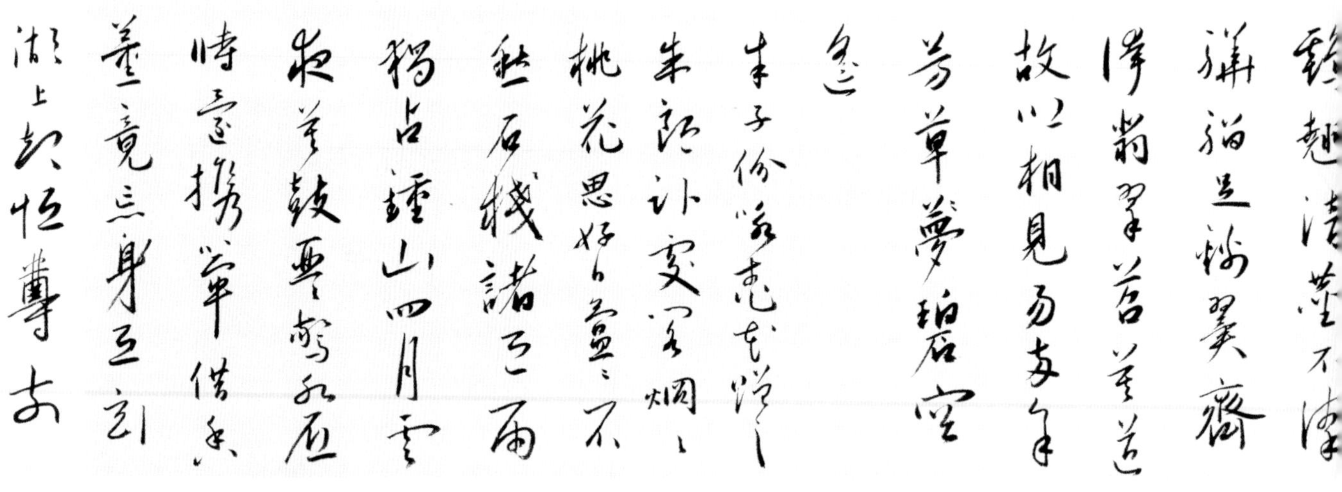

答皇甫百泉

使君病裏多吟思，候館東頭有紫鶯。
紈扇舊歌憐漢月，芙蓉秋色滿都城。
馬仰未倦休嫌渴，謝客耽遊且寄情。
莫怪少年辭藻盛，柏梁新體動西京。

懷蔡子木王惟禎

南冠我客燕台久，二妙乘春發使軺。
雪後岱宗開桂觀，花邊候館插鶴翹。
清塵不染驊騮足，錦翼齊誇翡翠苕。
莫道故鄉相見易，兩年芳草碧空遙。

朱子份詠桃花贈之

朱郎臥處閣炯炯，桃花思好日氤氳。
不愁石棧諸天雨，獨佔鍾山四月雲。
夜莫鼓琴驚水底，時還攜簟借香薰。
竟忘身天玄湖上，卻恆尊前

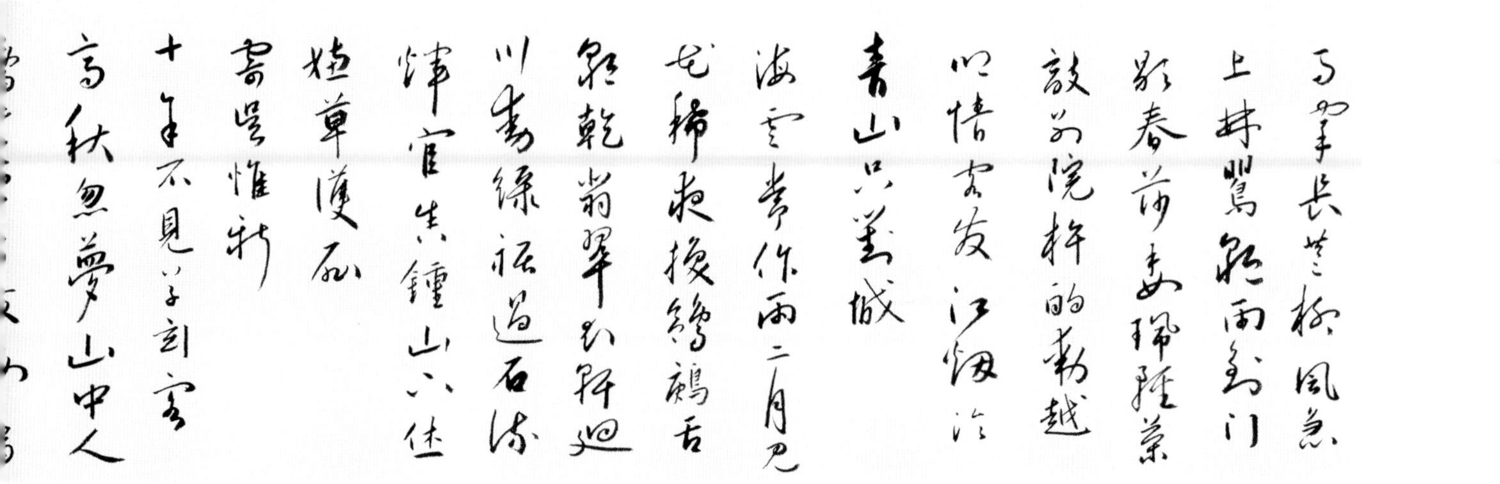

《臨解縉詩卷》之三

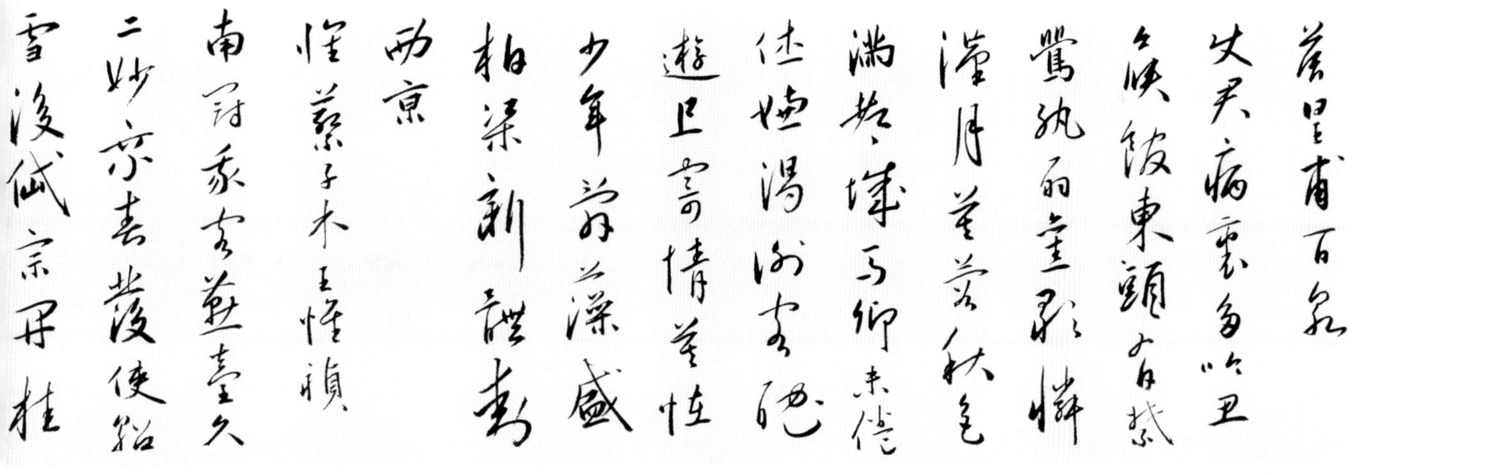

《臨解縉詩卷》之四

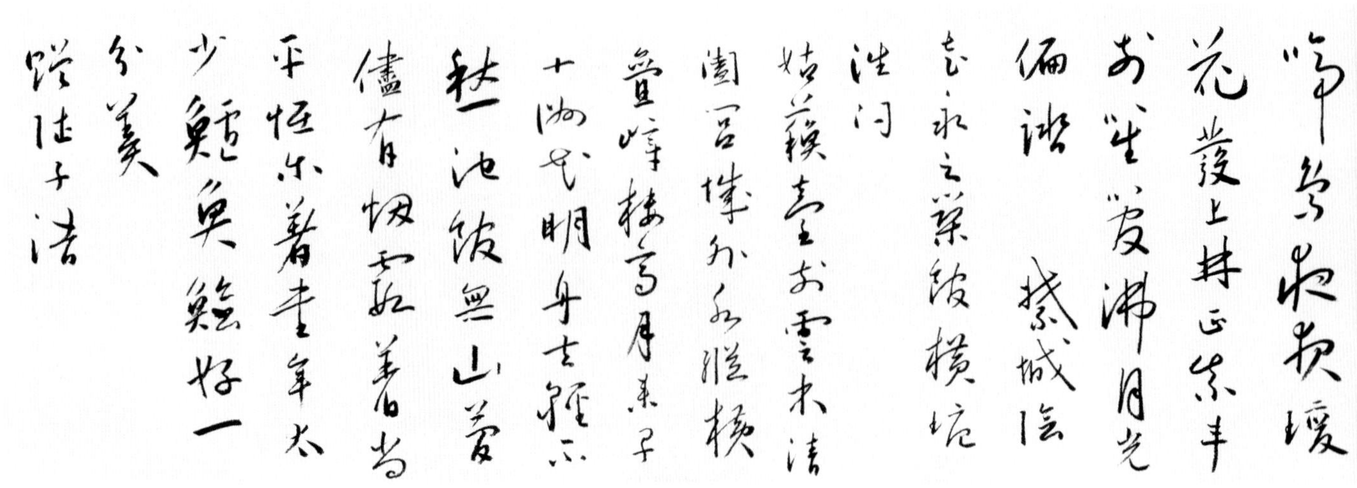

白鳥羣。
石亭大參見贈奉答
都門精舍勝韋莊，依舊清江對草堂。
石室文章傳禁體，碧山花鳥得詩忙。
煙蘿鬱牛杯行綠，芝術經秋客過香。
可愛諸郎聯桂手，竇家魚袋莫深藏。
元夕東橋有約不赴
無端不赴中丞約，紫陌遲回負賞心。
春草漫追池畔興，藥欄空憶酒醒吟。
寒疑綺樹藏啼鳥，夜報瓊花發上林。
正乘車前笙管沸，月光偏踏禁城陰。
口永之築館橫塘往問
姑蘇台前雲木清，闔閭城外水縱橫。
疊嶂樓高月來早，十洲花明舟去輕。
不愁池館無山夢，儘有煙霞着尚平。
怪爾著書年太少，鱸魚鱠好一分羹。
贈陸子浩

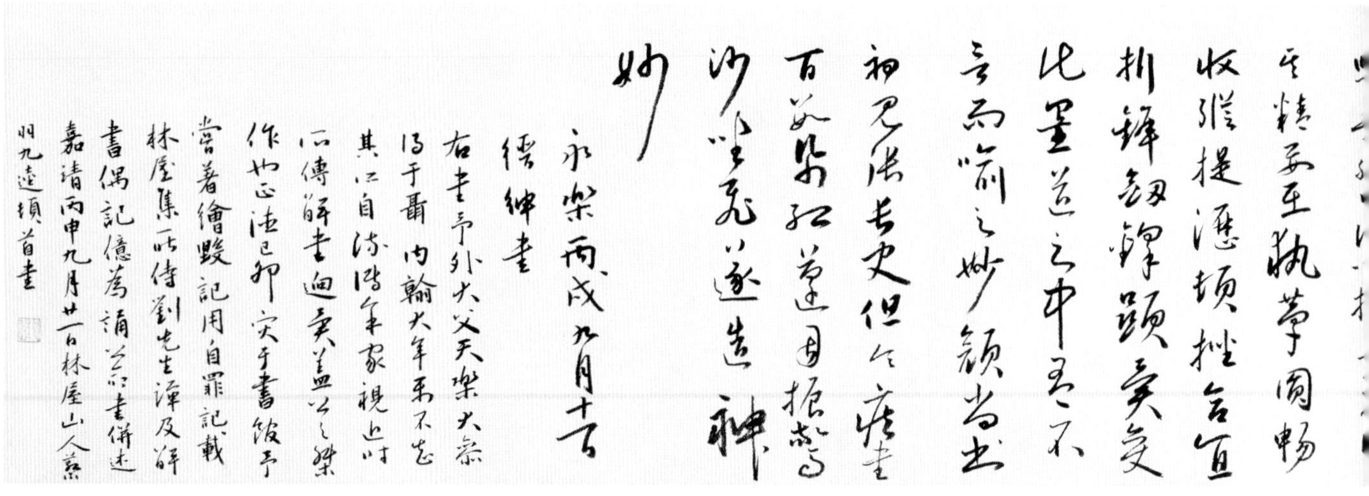

陸子騎驢白門晚，垂鞭花下一相逢。
碧山自得春遊趣，黃鳥休疑野客蹤。
枕上海濤經幾宿，雲中湯谷阻千峯。
長楊掃地乘欲發，明日吟筇安所從。
舊宗主范東先生責余惡詩醜字一卷，
蓋將示教益也。予方草草承命，它日
相見，又云：子所聞解學士書評，因
以卒業，且毋令虛白也。遂續書書評
一段，並別作於末。學書非口傳心
受，不得其精要，在執筆圓暢，收
縱、提瀝、頓挫合宜，折鋒劍鋒，顯
異變化，墨道之中有不言而喻之妙。
顏尚書初見張長史，但令疾書百數
紙，孤蓬因振，驚沙坐飛，遂造神
妙。
永樂丙戌九月十一日縉紳書
右書予外大父天樂，大參得於聶內翰
大年，樂不知其所自，流傳余家，視
近時所傳解書迴異，蓋公之桀作也。
正德己卯災於書館，予嘗著繪毀記，
用自罪記載林屋集，所侍劉先生譚，
及解書偶記億為誦公命書並述。嘉靖
丙申九月廿一日，林屋山人蔡羽九逵
頓首書

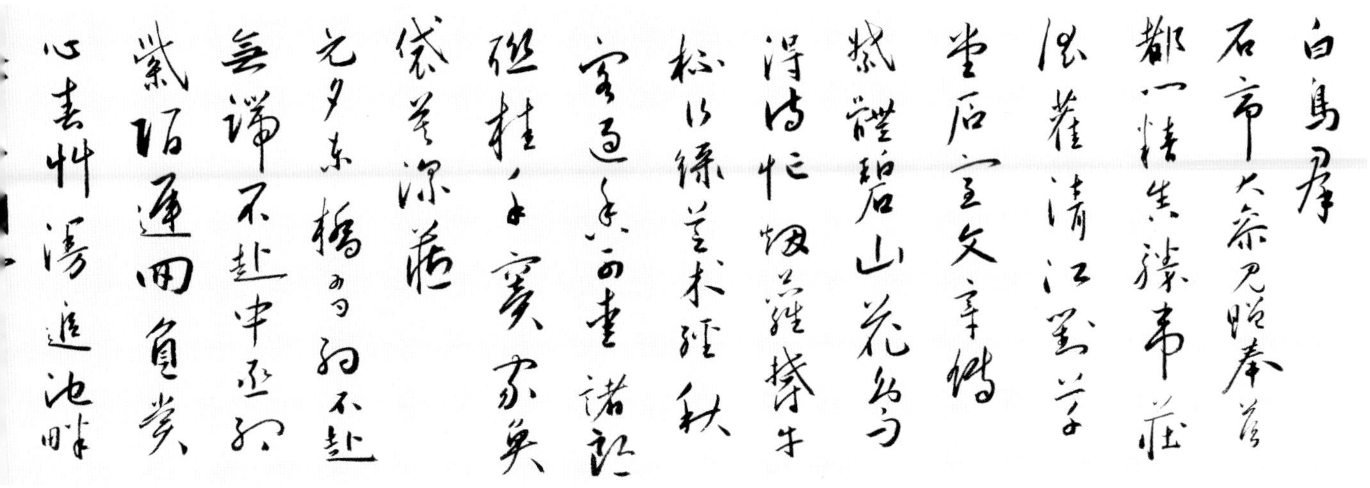

《臨解縉詩卷》之五

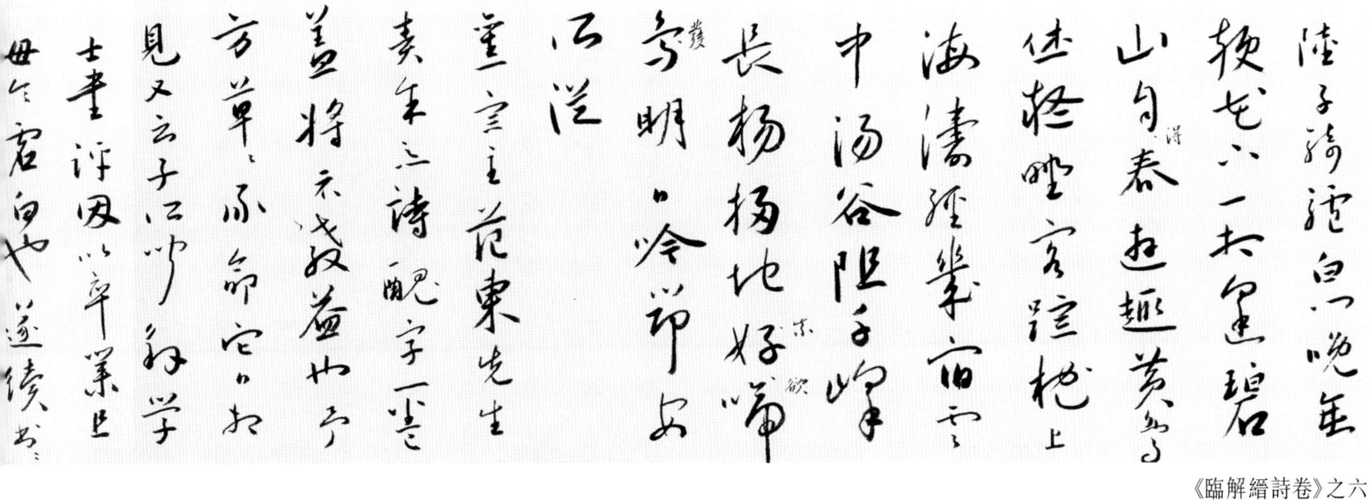

《臨解縉詩卷》之六

68

陳道復　草書古詩十九首卷

金粟箋紙本　草書
縱30.5厘米　橫711.7厘米

Gu Shi Shi Jiu Shou (19 ancient poems) in cursive script
By Chen Daofu (1483-1544)
Handscroll, ink on paper
H. 30.5cm　L. 711.7cm

陳道復(1483—1544)，原名淳，字道復，後以字行，別字復甫，自號白陽山人，明代長洲(今江蘇蘇州)人。曾從文徵明學書畫，後不拘師法，自成一派。善畫寫意花卉，後人將他與徐渭並稱"青藤、白陽"。楷書初學文徵明，瀟灑清雅，行書出入楊凝式、米芾，草書老筆縱橫，天真爛熳。

《古詩十九首》作者佚名，為東漢人所作，最早著錄於梁昭明太子蕭統的《文選》，是中國文學史上現存年代較早的五言古詩。款署"道復識"，鈐"陳氏道復"(白文)、"大姚"(朱文)印。卷前項元汴隸書"陳道復古詩帖"一行，及"謂"字編號，卷後項元汴、飄叟(顏世清)題跋。

此卷書法結字方長疏朗，用筆厚重圓潤，舒展自然，字、行之間雖牽絲連綴不多，但筆意連貫，行氣貫通，一氣呵成，是陳道復草書的代表作。

鑑藏印記："項子京家珍藏"(朱文)、"項墨林鑑賞章"(白文)、"乾隆御覽之寶"(朱文)、"石渠寶笈"(朱文)、"陶梁"(朱文)、"梟薌鑑定"(朱文)、"義興陳氏孫繩鑑藏"(朱文)、"朗庵秘玩"(朱文)、"張珩私印"(白文)等。

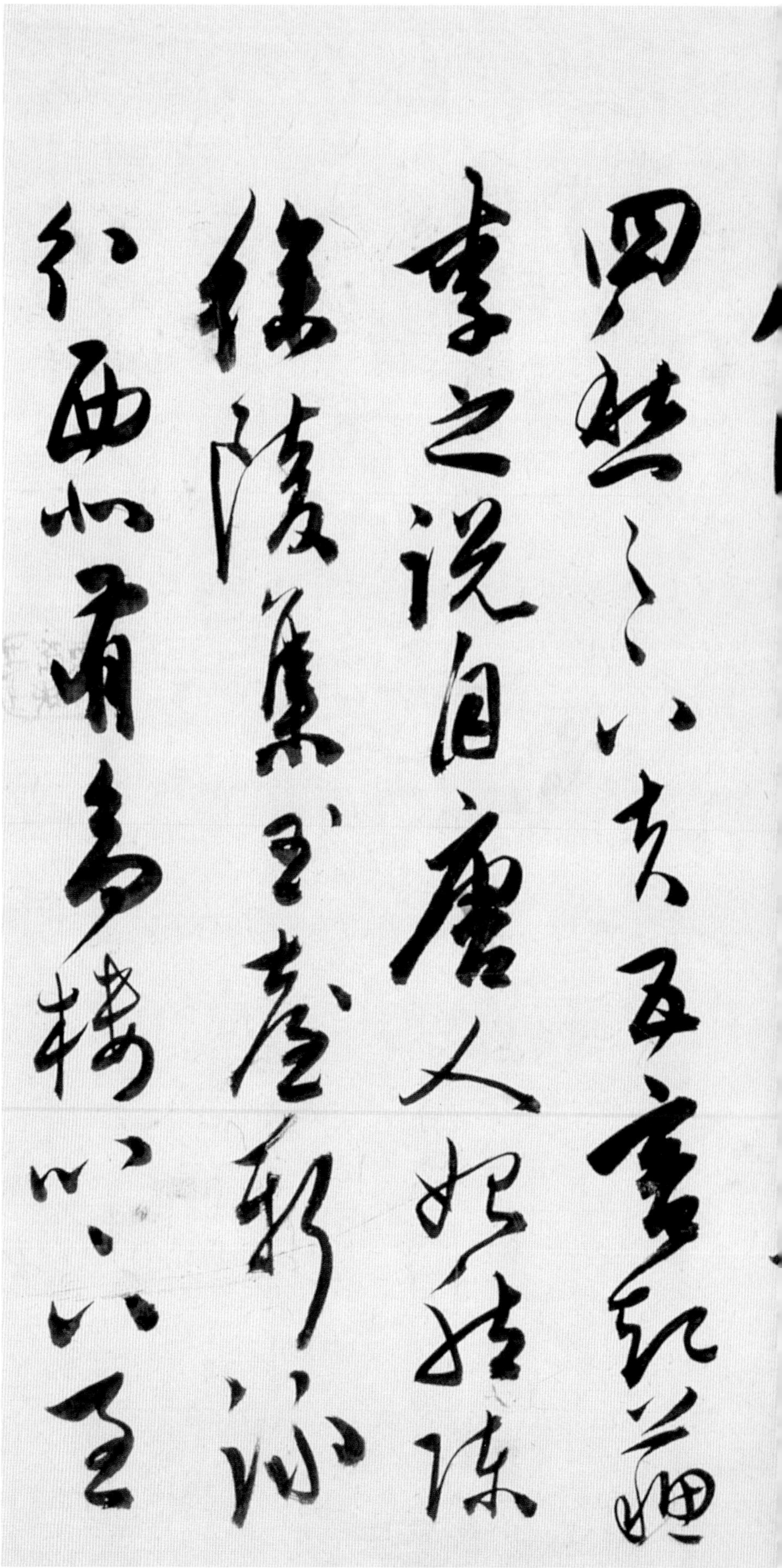

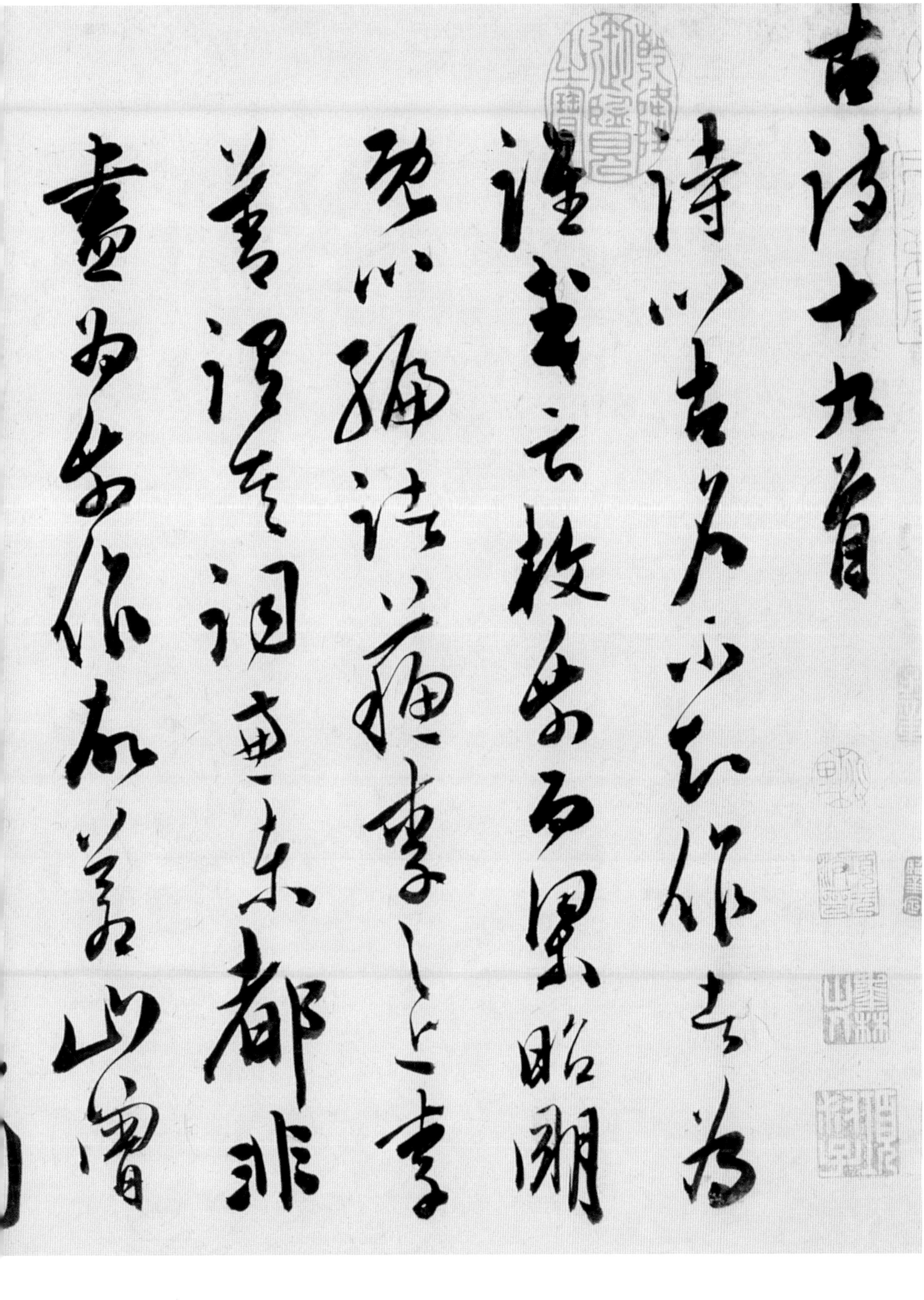
古詩十九首
詩以古人所作者為
詳或云枚乘而昭明
題以雜詩以雜稱之李
善謂其詞兼東都非
盡為乘作故蒙以曾

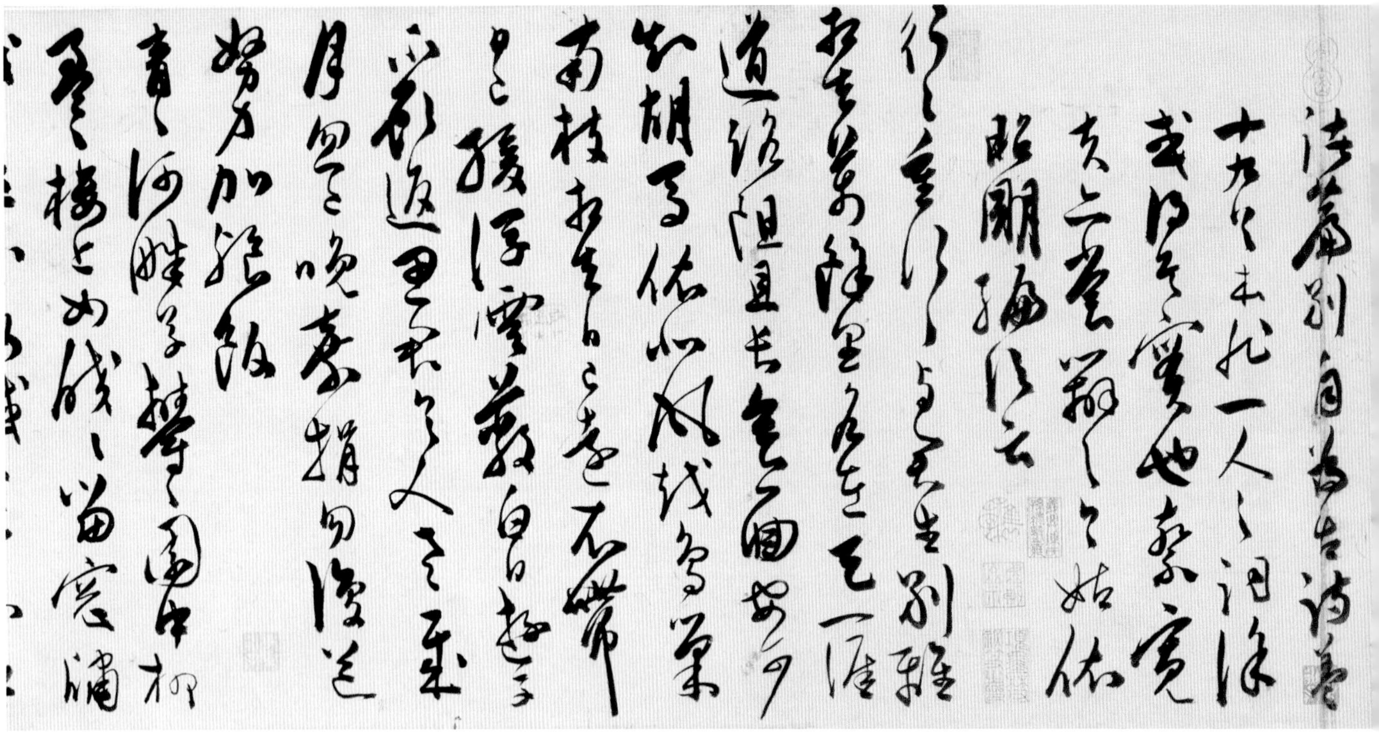

為乘作，故蒼山曾原演義特列之張衡《四愁》之下。夫五言起，蘇、李之說自唐人始，然陳徐陵集《玉台新詠》分『西北有高樓』以下至『生年不滿百』，凡九首為乘作，而『上東門宛洛』等語皆不在其中，仍以『冉冉孤生竹』及前後諸篇，別自為古詩。蓋十九首，本非一人之詞，餘或得其實也。蔡寬夫亦嘗辨之，今姑依昭明編次云。

行行重行行，與君生別離。相去萬餘里，各在天一涯。道路阻且長，會面安可知。胡馬依北風，越鳥巢南枝。相去日已遠，衣帶日已緩。浮雲蔽白日，遊子不顧返。思君令人老，歲月忽已晚。棄捐勿復道，努力加餐飯。

青青河畔草，鬱鬱園中柳。盈盈樓上女，皎皎當窗牖。

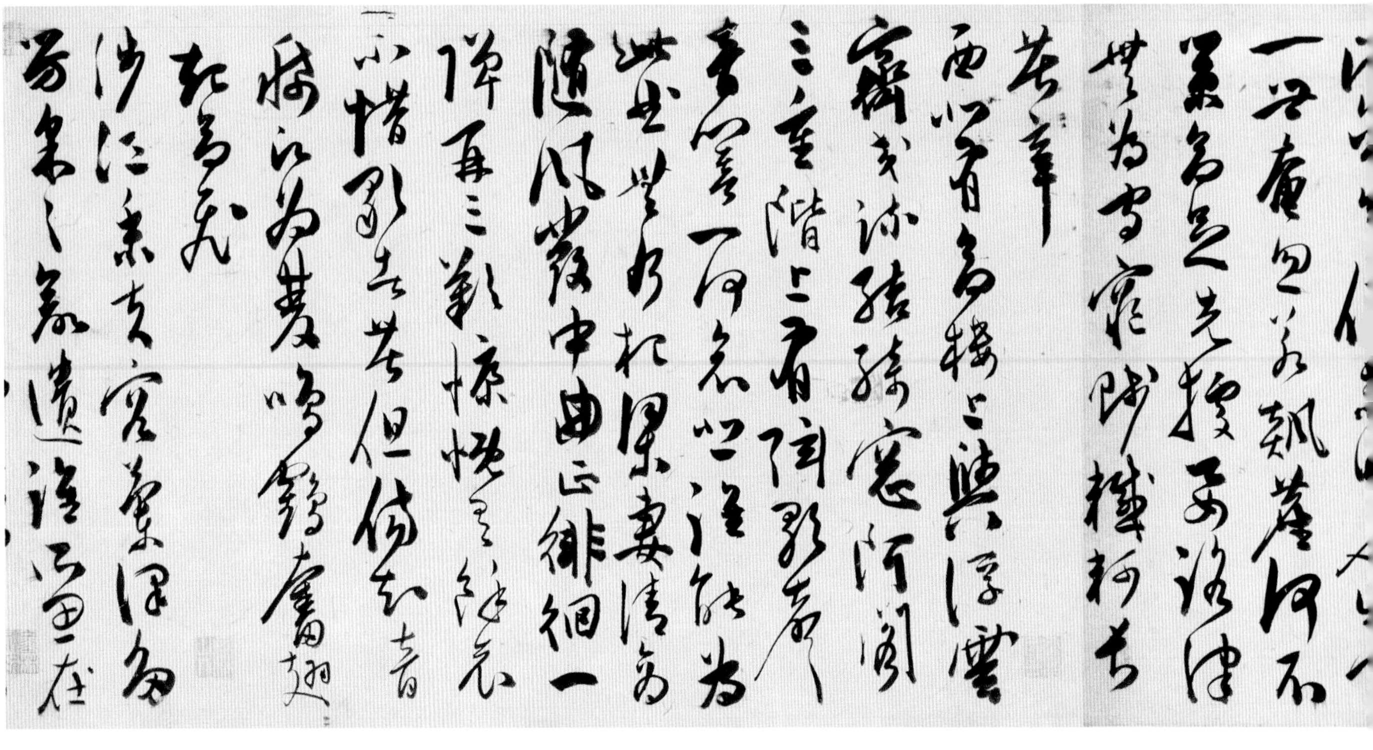

薄。驅車策駑馬，遊戲宛與洛。洛中何鬱鬱，冠帶自相索。長衢羅夾巷，王侯多第宅。兩宮遙相望，雙闕百餘尺。極宴娛心意，戚戚何所迫。

今日長宴會，歡樂難具陳。彈箏奮逸響，新聲妙入神。令德唱高言，識曲聽其真。齊心同所願，含意俱未申。人生寄一世，奄忽若飆塵。何不策高足，先據要路津。無為守窮賤，轗軻長苦辛。

西北有高樓，上與浮雲齊。交疏結綺窗，阿閣三重階。上有絃歌聲，音響一何(哀)悲。誰能為此曲，無乃杞梁妻。清商隨風發，中曲正徘徊。一彈再三嘆，慷慨有餘哀。不惜歌者苦，但傷知音稀。願為雙鳴鶴，奮翅起高飛。

涉江採芙容，蘭澤多芳(草)。採之欲遺誰，所思在

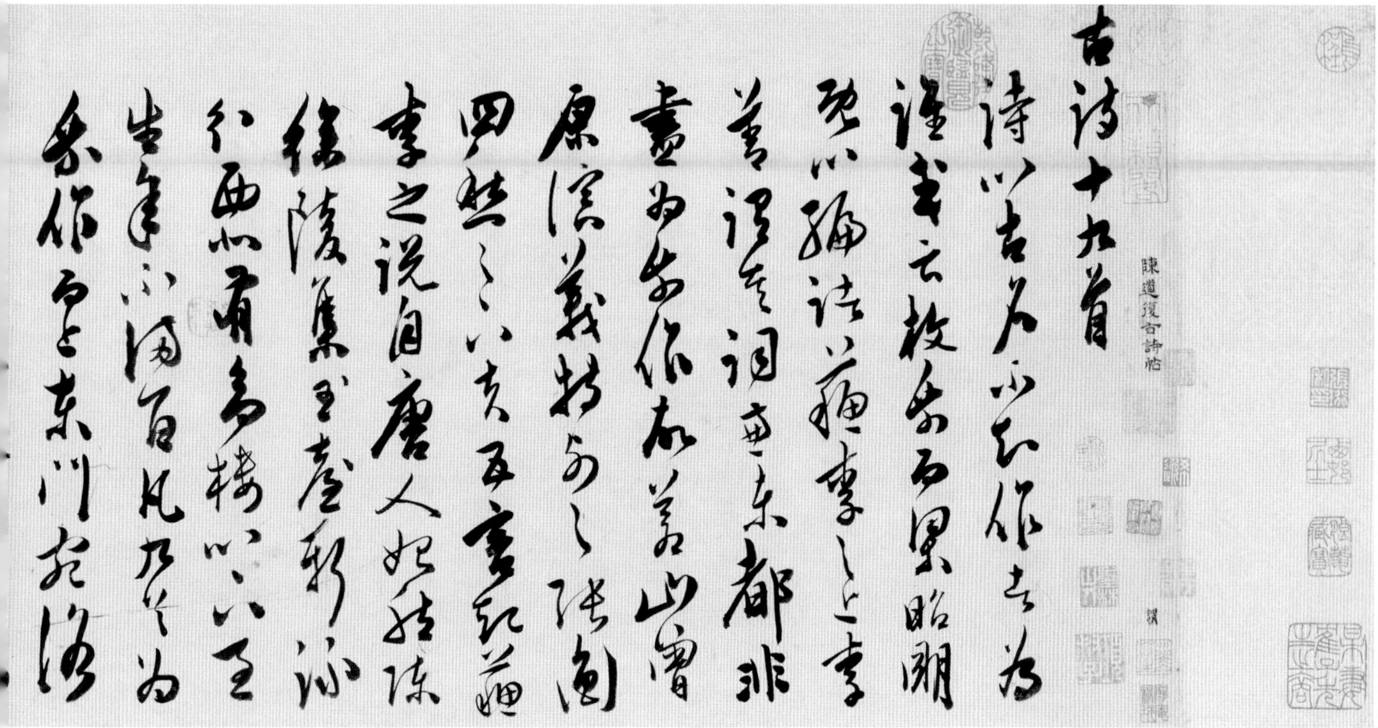

《古詩十九首卷》之一

釋文：
古詩十九首
詩以古名，不
知作者為誰，
或云枚乘而梁
昭明，既以編
諸蘇、李之
上。李善謂其
詞兼東都非盡

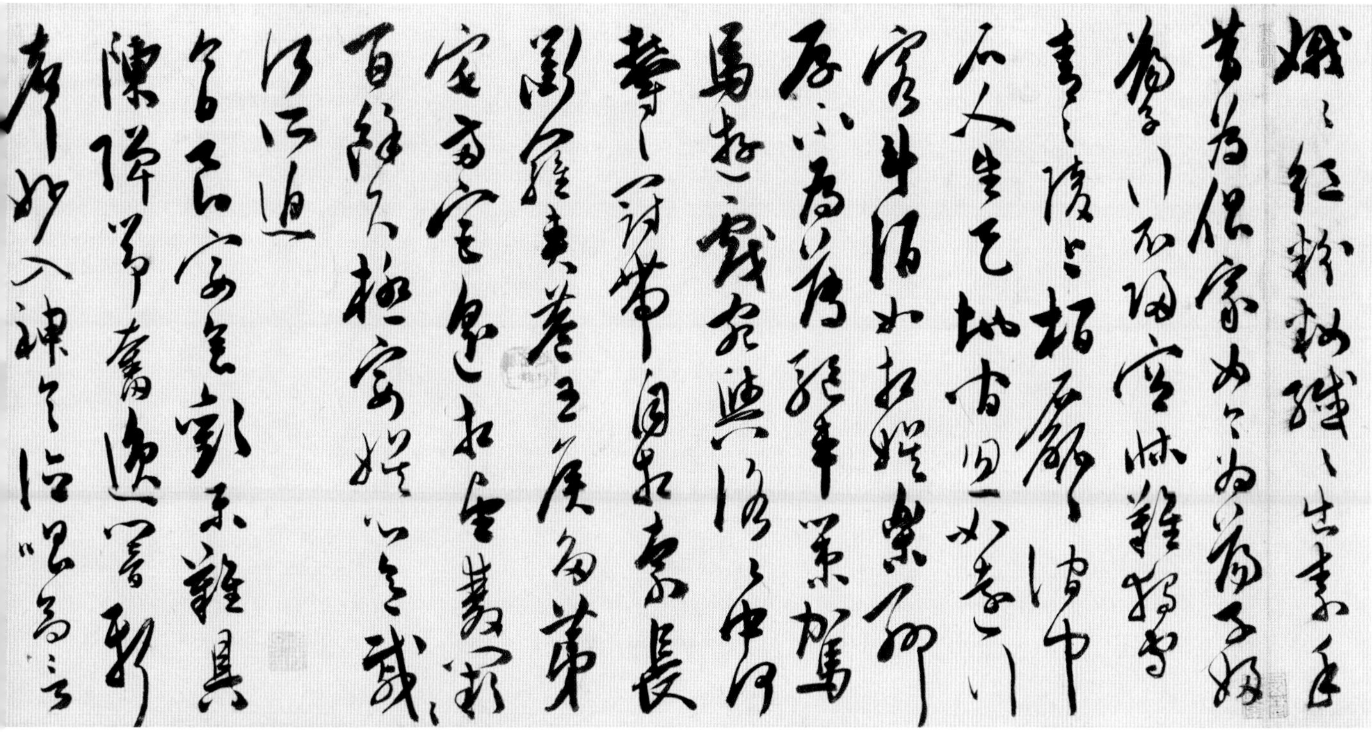

《古詩十九首卷》之二

娥娥紅粉妝，
纖纖出素手。
昔為倡家女，
今為蕩子婦。
蕩子行不歸，
空床難獨守。
青青陵上柏，
磊磊澗中石。
人生天地間，
忽如遠行客。
斗酒（如）相娛
樂，聊厚不為

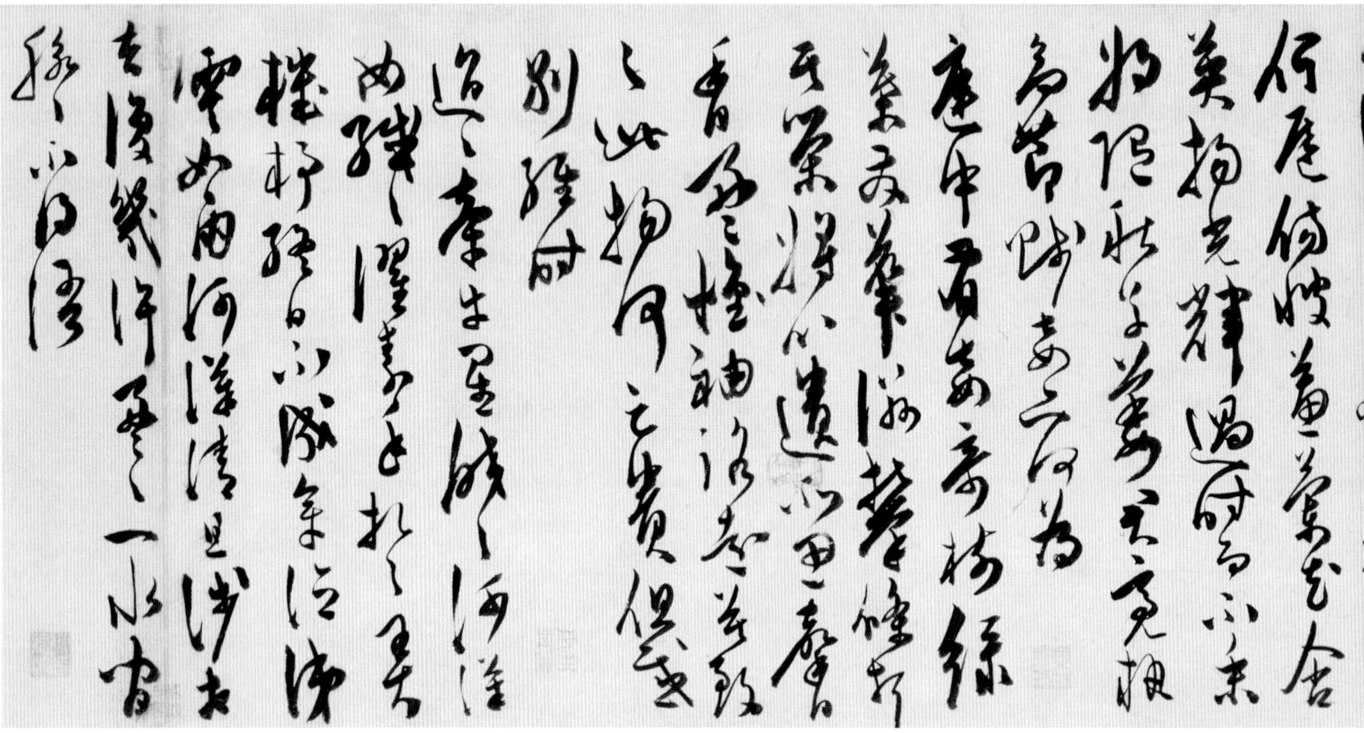

白露霑野草，
時節忽復易。
秋蟬鳴樹間，
玄鳥逝安適。
昔我同門友，
高舉振六翮。
不念攜手好，
棄我如遺跡。
南箕北有斗，
牽牛不負軛。
良無磐石固，
虛名復何益。
冉冉孤生竹，
結根泰山阿。
與君為新婚，
兔絲附女羅。
兔絲生有時，
夫婦會有宜。
千里遠結婚，
悠悠隔山陂。
思君令人老，
軒車來何遲。
傷彼蕙蘭花，
含英揚光輝。
過時而不採，
將隨秋草萎。
君亮執高節，
賤妾亦何為。
庭中有奇樹，
綠葉發華滋。
攀條折其榮，
將以遺所思。
馨香盈懷袖，
路遠莫致之。
此物何足貴，
但感別經時。
迢迢牽牛星，
皎皎河漢女。
纖纖擢素手，
扎扎弄機杼。
終日不成章，
泣涕零如雨。
河漢清且淺，
相去復幾許。
盈盈一水間，
脈脈不得語。

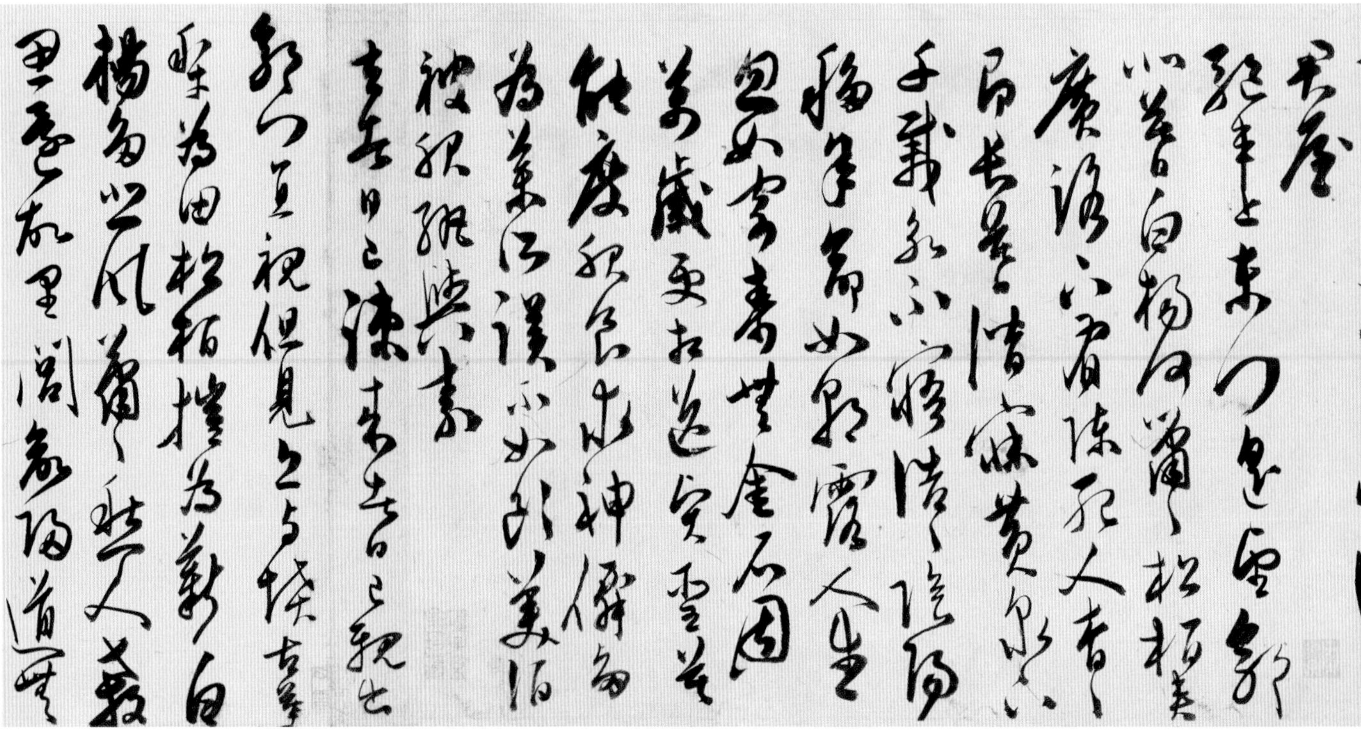

秋草淒已綠。
四時更變化，
歲暮一何速。
晨風懷古
(心)，蟋(蟀)
傷侷促。盪滌
放情志，何為
自結束。燕趙
多佳人，美者
顏如玉。被服
羅裳衣，當戶
理清曲。音響
一何悲，弦急
知柱促。馳情
整巾帶，沉吟
聊躑躅。思為
雙飛燕，銜泥
巢君屋。
驅車上東門，
遙望郭北暮。
白楊何蕭蕭，
松柏夾廣路。
下有陳死人，
杳杳即長暮。
潛寐黃泉下，
千載永不寤。
浩浩陰陽移，
年命如朝露。
人生忽如寄，
壽無金石固。
萬歲更相送，
賢聖莫能度。
服食求神仙，
多為藥所誤。
不如飲美酒，
被服紈與素。
去者日已疏，
來者日已親。
出郭門直視，
但見丘與墳。
古墓犁為田，
松柏摧為薪。
白楊多悲風，
蕭蕭愁人殺。
思還故里閭，
欲歸道無

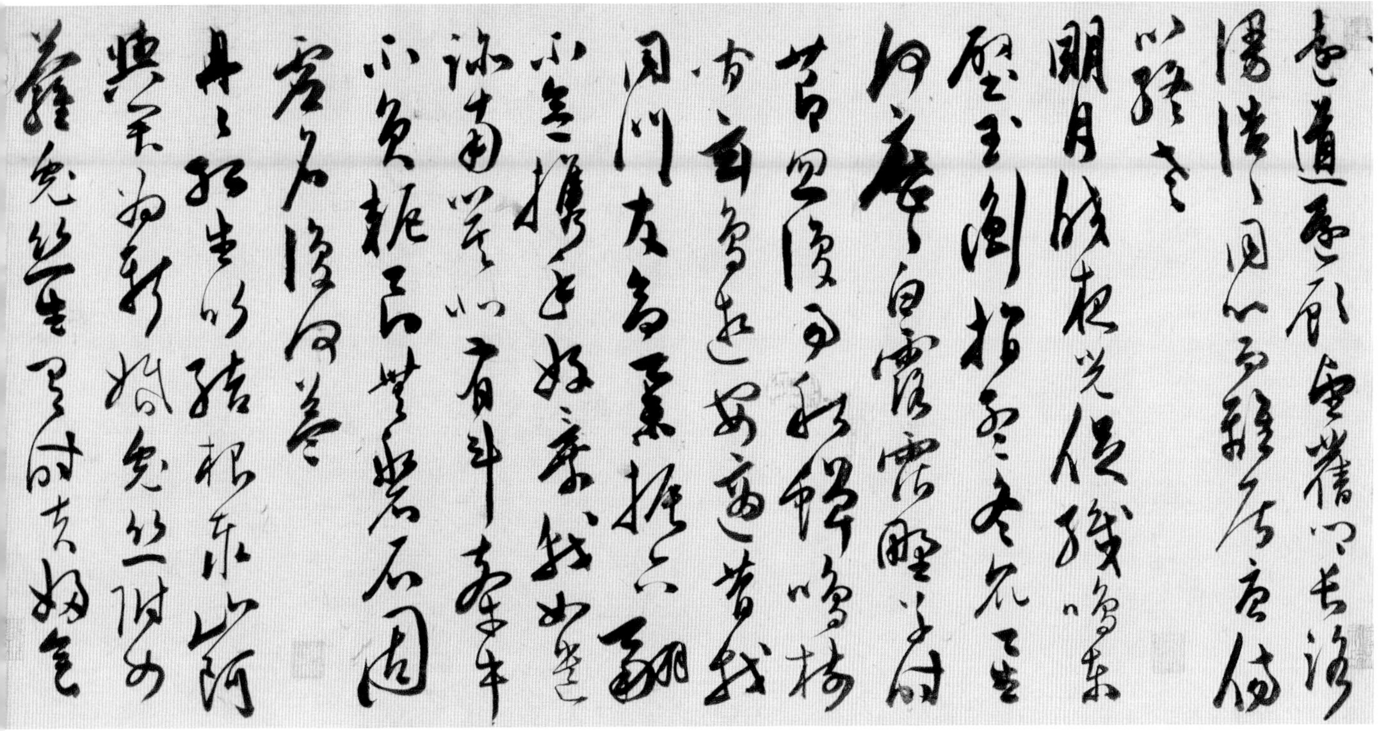

《古詩十九首卷》之三

遠道。還顧望
舊鄉，長路漫
浩浩。同心而
離居，憂傷以
終老。
明月皎夜光，
促織鳴東壁。
玉衡指孟冬，
眾星何歷歷。

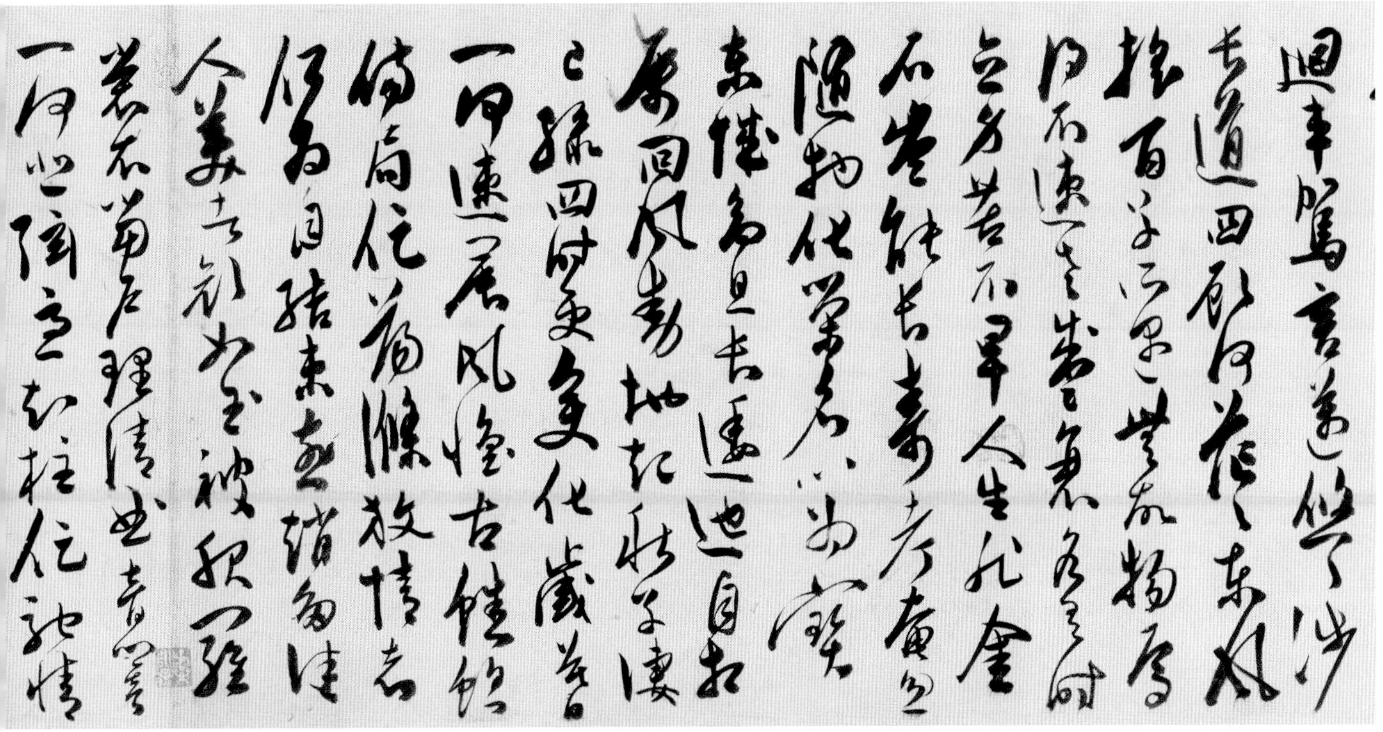

《古詩十九首卷》之四

迴車駕言邁，
悠悠涉長道。
四顧何茫茫，
東風搖百草。
所遇無故物，
焉得不速老。
盛衰各有時，
立身苦不早。
人生非金石，
豈能長壽考。
奄忽隨物化，
榮名以為寶。
東城高且長，
逶迤自相屬。
回風動地起，

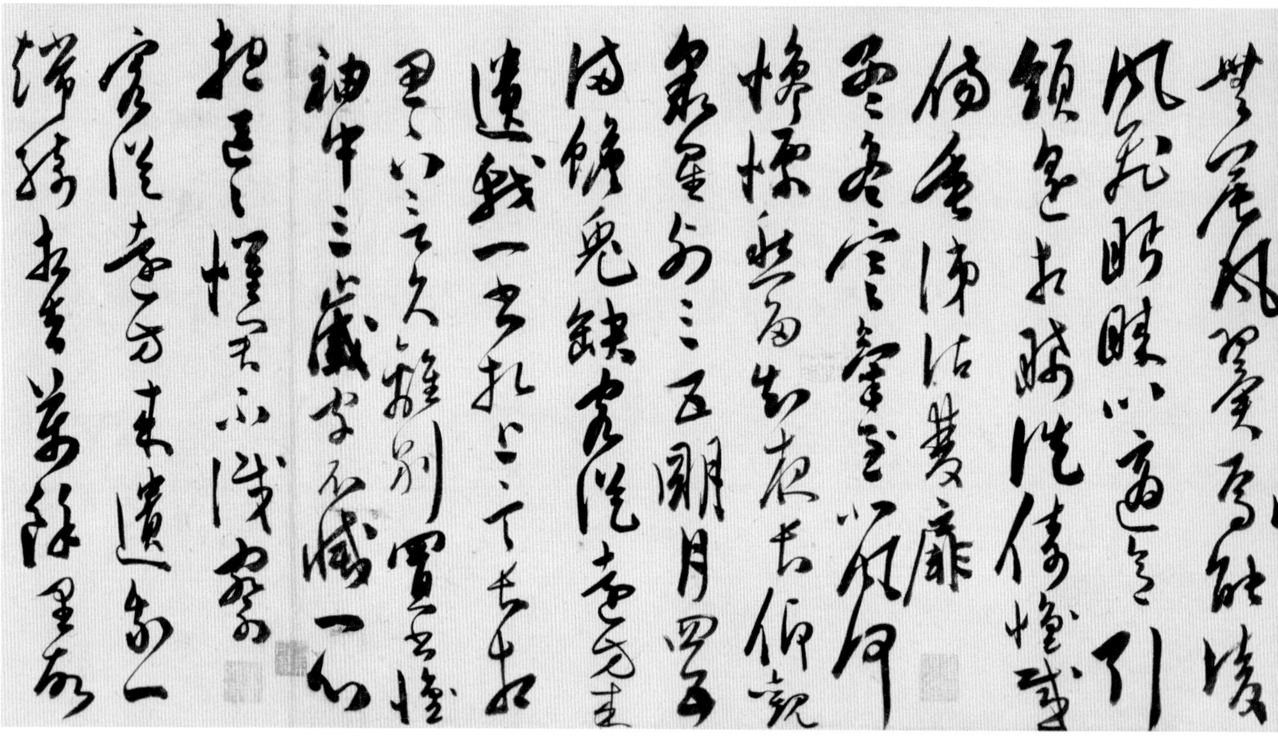

但為後人嗤。仙人王子喬，難可與等期。凜凜歲云暮，螻蛄夕鳴悲。涼風率已厲，遊子寒無衣。錦衾遺洛浦，同(飽)袍與我違。獨宿累長夜，夢想見容輝。良人惟古歡，枉駕惠前綏。願得常巧笑，攜手同車歸。既來不須臾，又不處重幃。亮無晨風翼，焉能淩風飛。眄睞以適意，引領遙相晞。徙倚懷感傷，垂涕沾雙扉。

孟冬寒氣至，北風何慘慄。愁多知夜長，仰觀眾星列。三五明月(滿)，四五(滿)蟾兔缺。客從遠方來，遺我一書札。上言長相思，下言久離別。置書懷袖中，三歲字不滅。一心抱區區，懼君不識察。

客從遠方來，遺我一端綺。相去萬餘里，故

人心尚爾。文彩雙鴛鴦，裁為合歡被。著以常相思，緣以結不解。以膠投漆中，誰能別離此。

明月何皎皎，照我羅床幃。憂愁不能寐，攬衣起徘徊。客行雖云樂，不如早旋歸。出戶獨彷徨，愁思當告誰。引領還入房，淚下霑裳衣。

金粟紙來吳中數十年為余塗抹者多矣，是卷其可少罪過乎。道復識

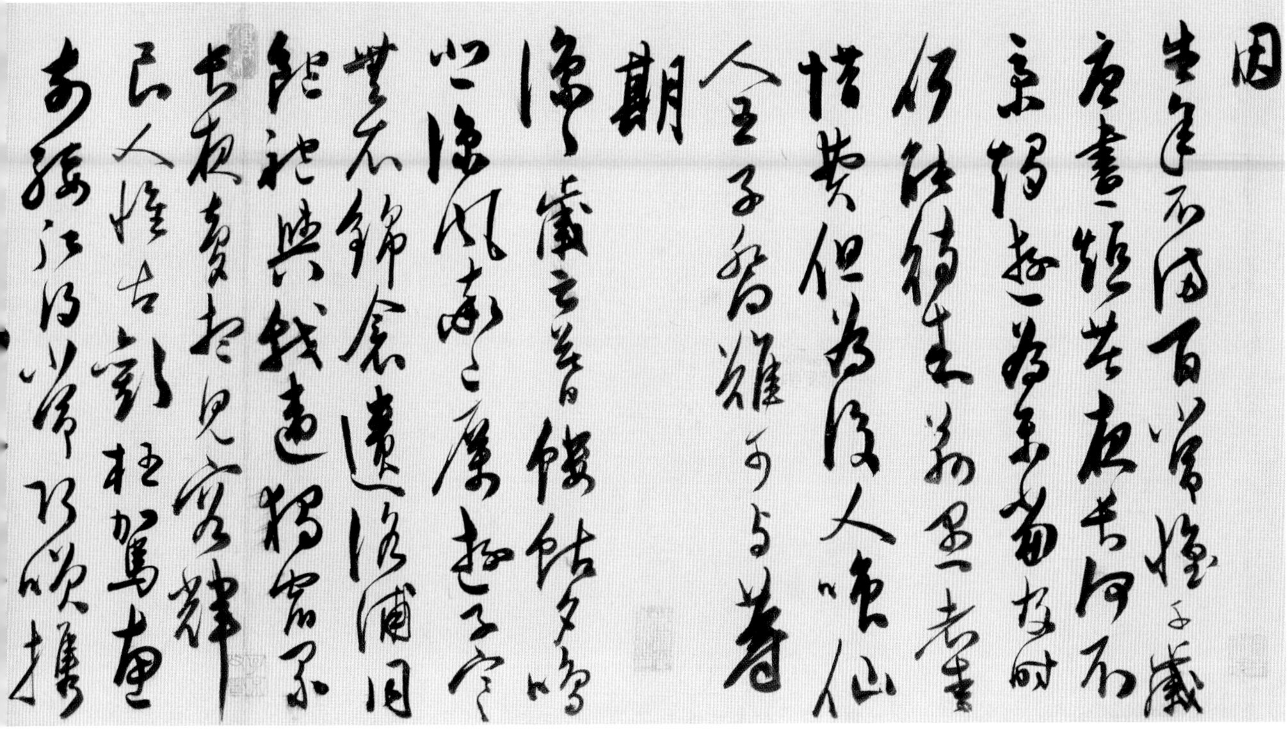

《古詩十九首卷》之五

因。
生年不滿百，
常懷千歲憂。
晝短苦夜長，
何不秉燭遊。
為樂當及時，
何能待來茲。
愚者愛惜費，

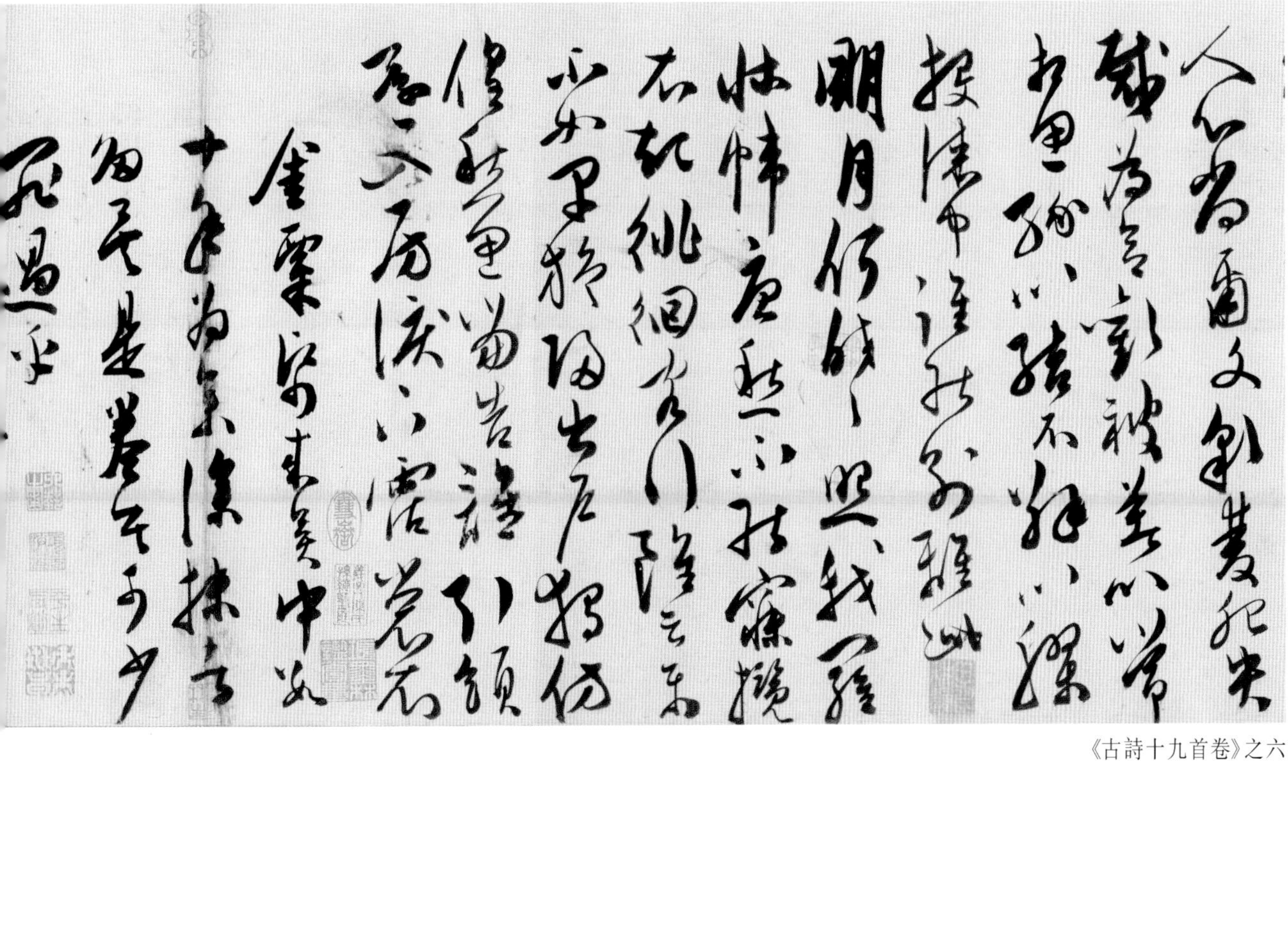

《古詩十九首卷》之六

69

陳道復　草書七絕詩軸

紙本　草書

縱154.6厘米　橫64.5厘米

Qi Jue Shi (seven-syllable quatrain) in cursive script

By Chen Daofu

Hanging scroll, ink on paper

H. 154.6cm　L. 64.5cm

軸書七言絕句一首，款署“春日田舍有懷石湖之勝　道復”，鈐“白陽山中人”(白文)印。

此軸書法點畫渾厚，筆力老練勁挺，起收之筆以及轉折之處沉着有力。整篇佈局與氣勢，深得祝允明草書神韻。徐渭曾云：“道復花卉豪一世，草書飛動似之”。

鑑藏印記：“屺瞻墨緣”(朱文)，“曾在朱屺瞻家”(朱文)。

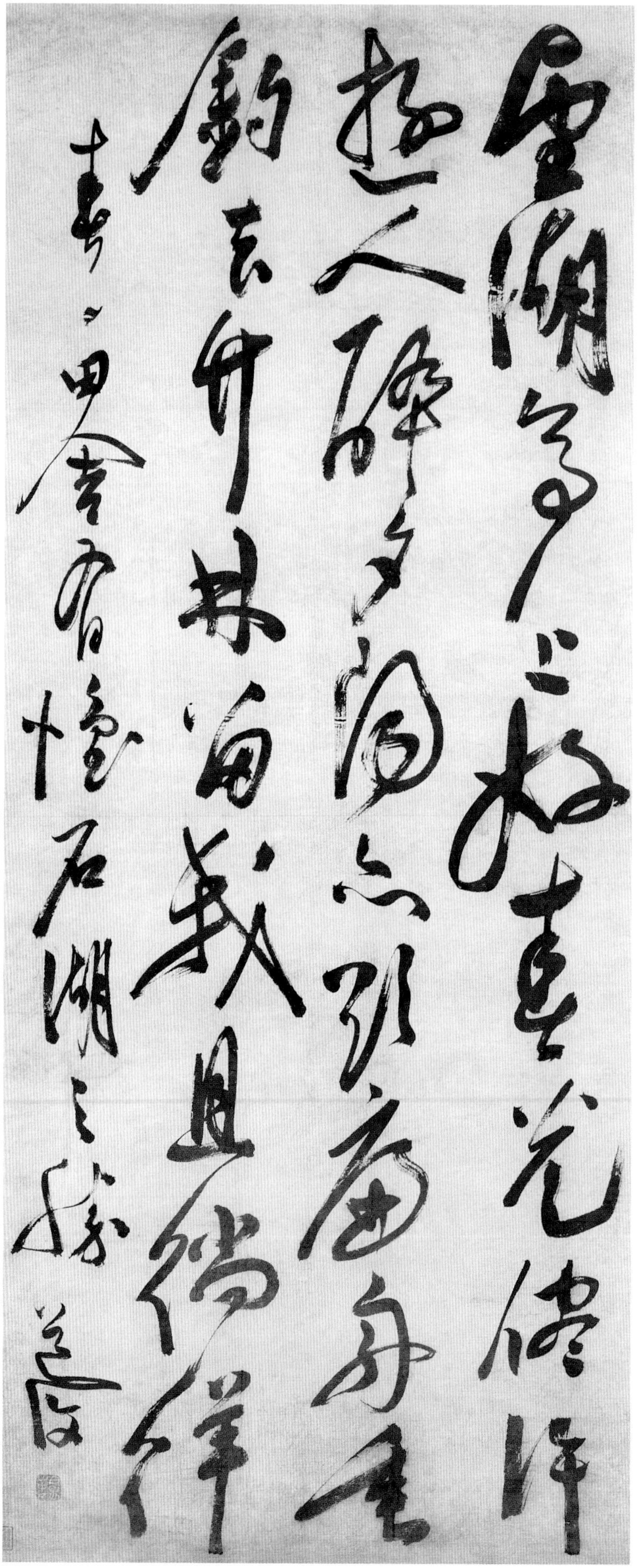

釋文：

望湖亭上好春光，儘許遊人醉夕陽。亦欲扁舟垂釣去，竹林留我且倘佯。　春日田舍有懷石湖之勝　道復

70

豐坊 草書詩卷
紙本 草書
縱33.4厘米 橫772.5厘米

Shi (a poem) in cursive script
By Feng Fang (1492-1563)
Handscroll, ink on paper
H. 33.4cm L. 772.5cm

豐坊（1492—1563），初名坊，字人叔，一字存禮，更名道生，字人翁，號南禺外史，明代鄞縣（今浙江寧波）人。舉鄉試第一，嘉靖二年進士，官禮部主事。博學工文，而性狂誕。通書法，擅諸體，尤長於草書。家藏古碑帖甚富，臨摹幾可亂真。兼工篆刻。著有《書訣》。

卷書長詩一首，款署"丁未二月十四日　道生"，鈐"豐氏人翁"（白文）、"南隅越客"（白文）、"晉雲郡開國侯裔"（白文）、"丹山赤水"（白文）等印。"丁未"為明嘉靖二十六年（1547），豐坊時年五十六歲。卷後有清范永祺題記。

此卷書法得二王筆法，多用枯澀筆，腕力沉着，然稍乏韻致。明詹景鳳評豐坊書云："道生書學極博，五體並能，諸家自魏晉以及國朝，靡不兼通，規矩盡從手出，蓋工於執筆者也，以故其書大有腕力，特神韻稍不足。"

鑑藏印記："竹初寓目"（朱文）、"□□珍藏"（白文）。

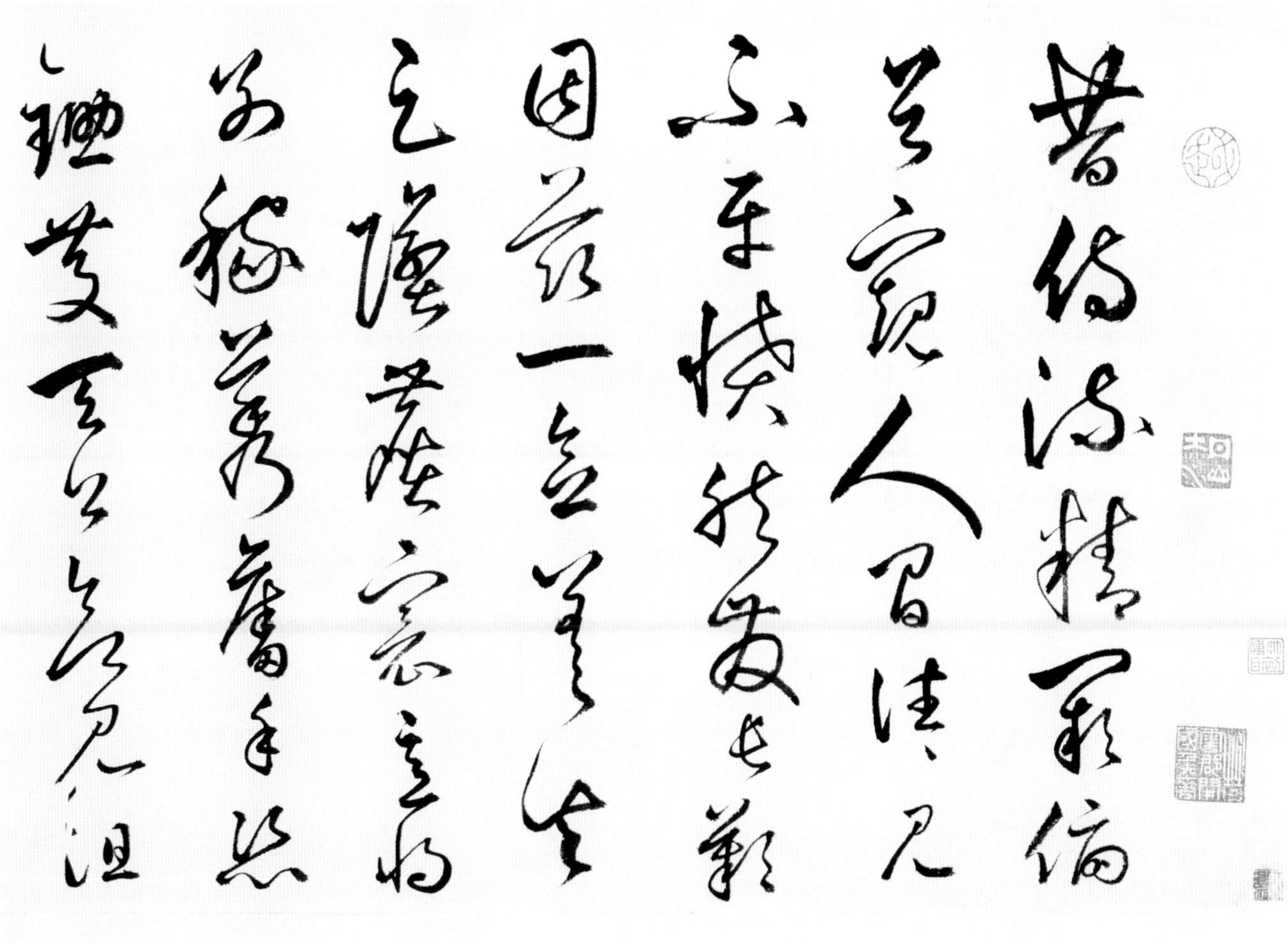

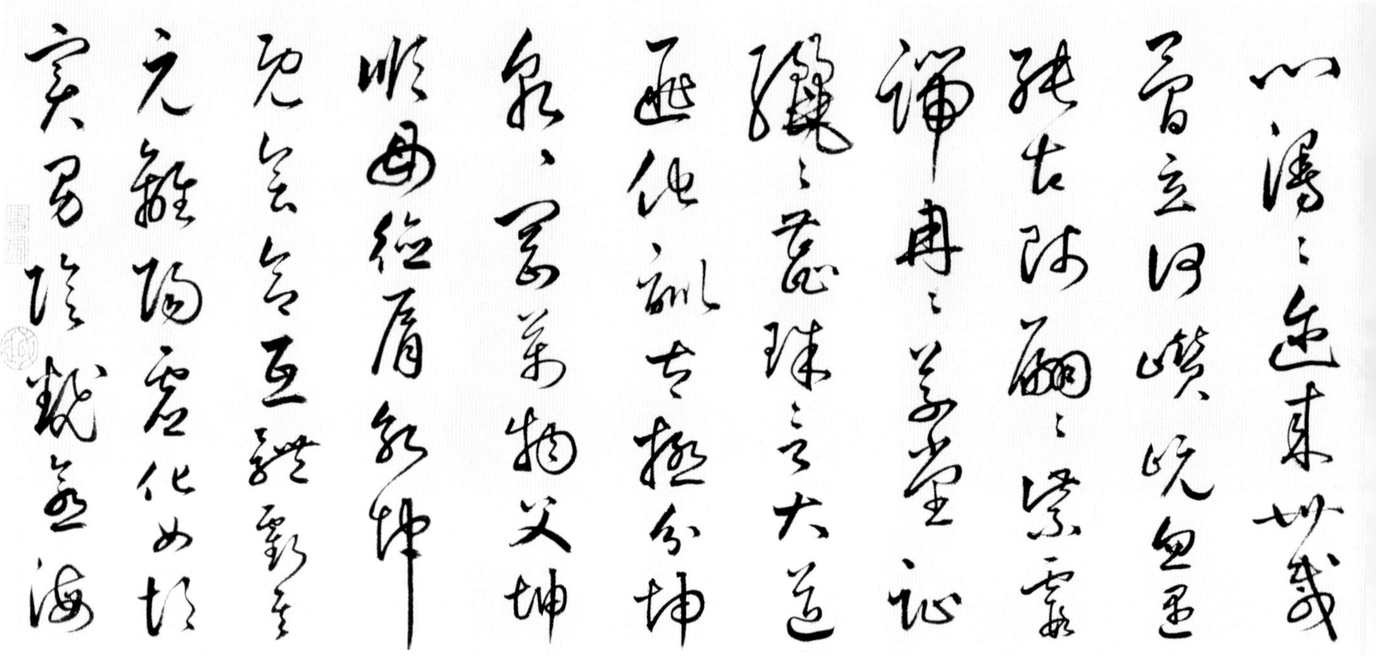

釋文：

昔侍流精闕，
俯首窺人間。
往往見不平，
憤然發長嘆。
因茲一念差，
失足墜塵寰。
意將別稼莠，
奮手恣鋤芟。
天公欲見沮，
疾患故相干。
怛焉卻悔悟，
仍思煉金丹。
但宗攢日功，
便可騎雲還。
垂髫誦莊老，
口熟心漫漫。
邇來卅載骨，
口立何巑岏。
忽遇張古師，
翩翩紫霞端。
冉冉草堂趾，
驪驪蕊珠言。
大道匪他訓，
太極分坤乾。
乾剛萬物父，
坤順母德肩。
乾坤既會合，
互體虧其元。
離陽虛化女，
胡實男陰翻。
愈海

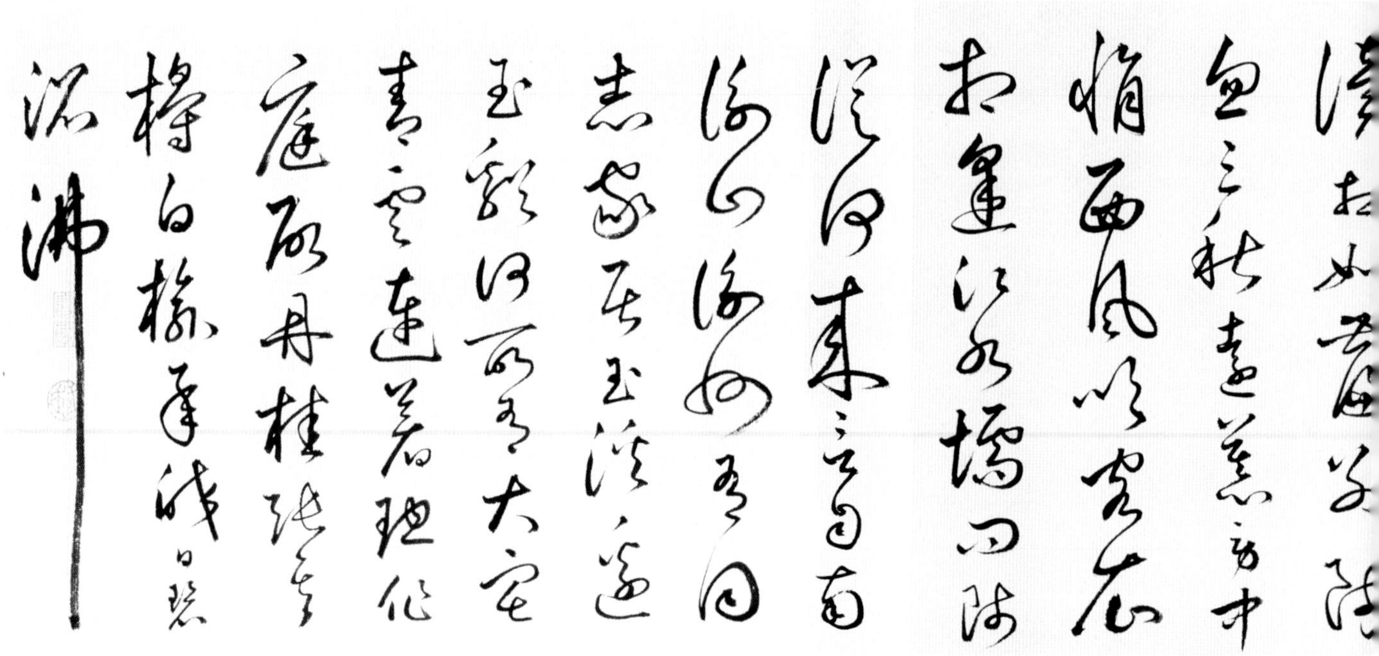

相出沒，生死
無停轅。神仙
握其機，取胡
離乃填。亥息
時開闔，蔚火
勤靡愆。溶溶
八渠水，流轉
匯靈源。玉液
凝綠體，金華
發朱顏。二物
通一氣，三陽
生地天。漫遊
超六合，修齒
邁千年。聞斯
豁吾慮，似讀
相如篇。別師
忽三秋，遠慕
勞中悁。西風
吹客衣，相逢
江水壖。問師
從何來，言自
南衡山。衡州
有同志，家居
玉溪邊。玉溪
何所有，大宅
青雲連。着璁
作庭啟，丹桂
張其榜。白榆
承皎日，碧沼
沸

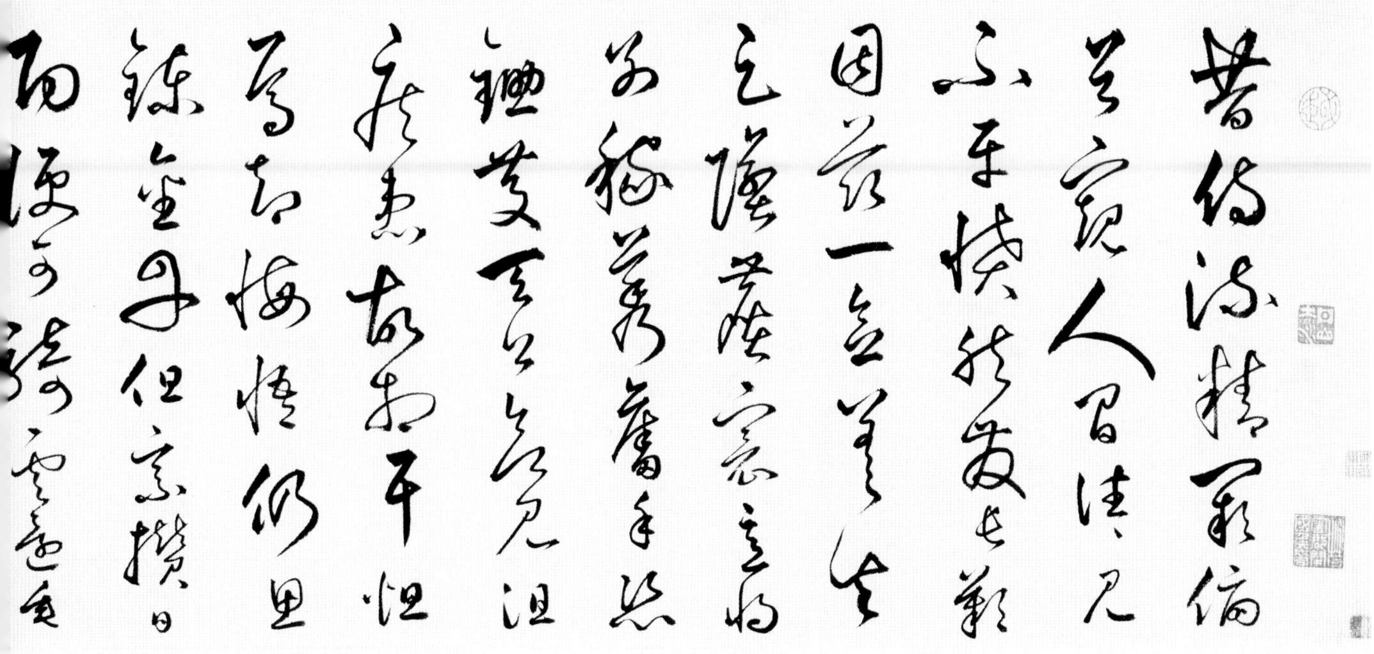

《草書詩卷》之一

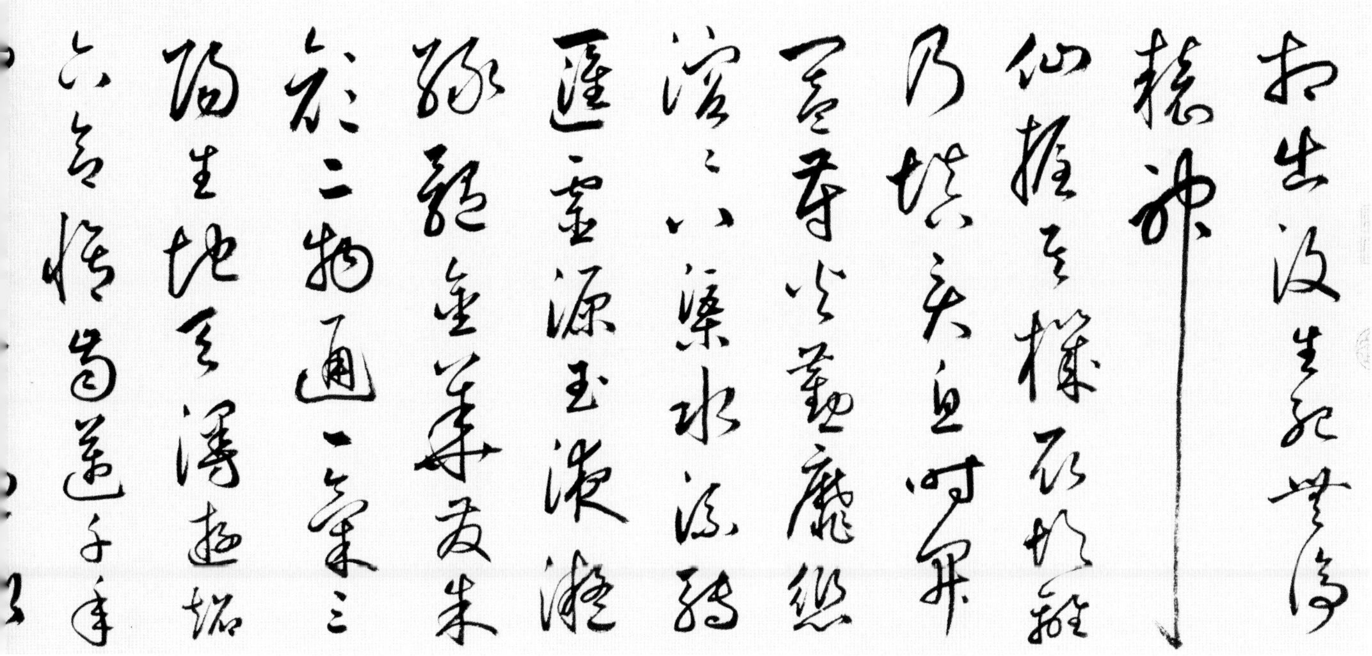

《草書詩卷》之二

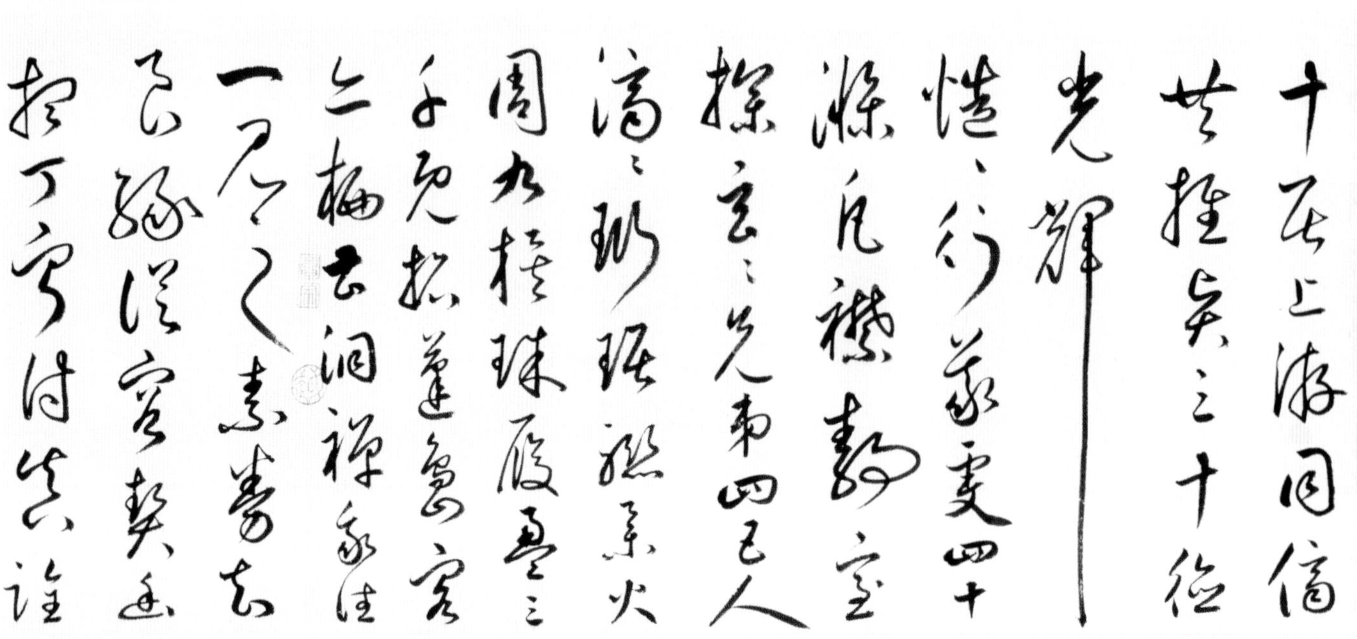

春泉。雙鶴鳴青桐，鴛鴦戲朱蓮。駿馬舞康莊，嘉魚躍漪漣。金童何婉孌，玉女皆嬋媛。雕几羅酒漿，華堂嘈管弦。若人名公子，聲華擅八埏。鳳姿寧藻飾，鵠志方騰騫。匈中述庫列，筆下天河懸。十五角藝圃，早度驊騮前。二十居上游，同儕共推賢。三十德光輝，慥慥行義虔。四十滌凡襟，靜室探玄玄。兄弟四五人，濟濟珩琚聯。舉火周九族，珠履盈三千。既招蓬島客，亦棲曹洞禪。我往一見之，素券知良緣。從容契幽想，丁寧付真詮。

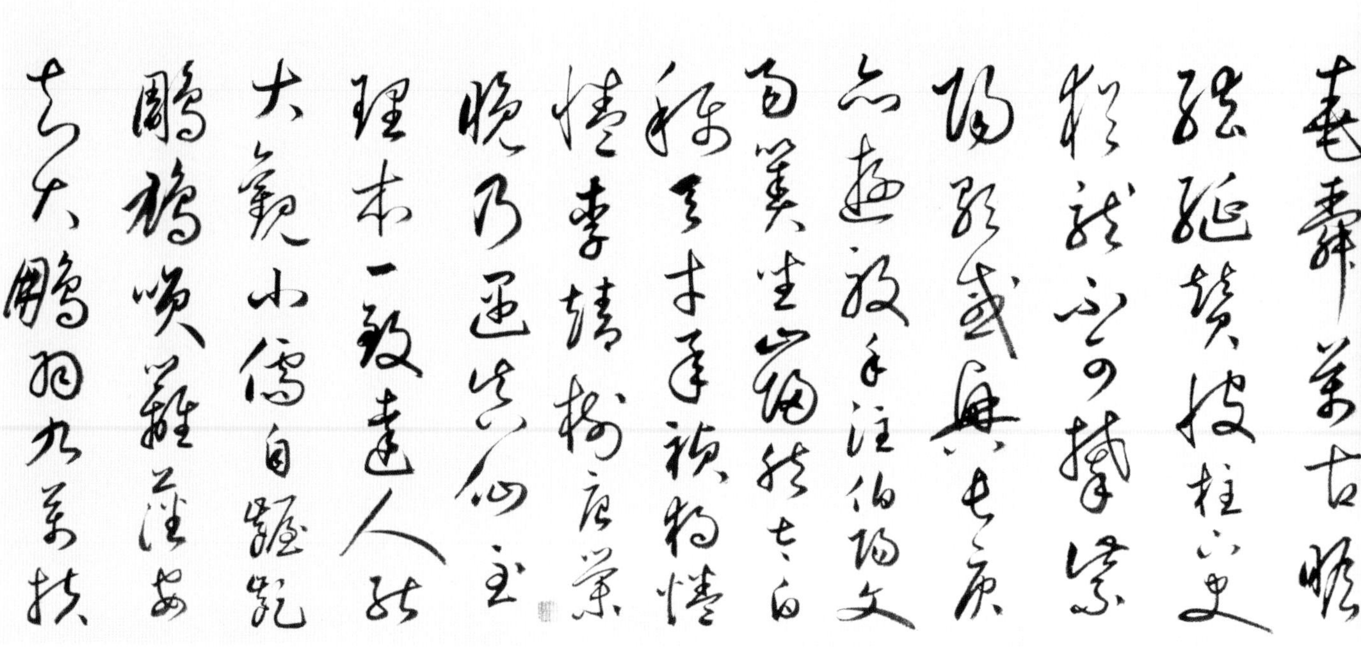

入耳思勤行，秉心唯塞淵。所患寡儔侶，獨立惧躋顛。子能脫屣去，可以長周旋。伊余聆師語，如渴臨長川。恨無縮地術，一蹴登君筵。惟昔廣成子，高臥迎軒轅。帝皇重斯道，崇高頓忘栫。宣尼述堯舜，萬古瞻紘綖。贊彼柱下史，猶龍不可攀。紫陽歌感興，長庚亦遊放。手注伯陽文，易簣坐歸然。太白稱天才，承禎獨惓惓。李靖樹唐業，晚乃遇真仙。至理本一致，達人能大觀。小儒自齷齪，雕鳩笑籬藩。安知大鵬羽，九萬扶

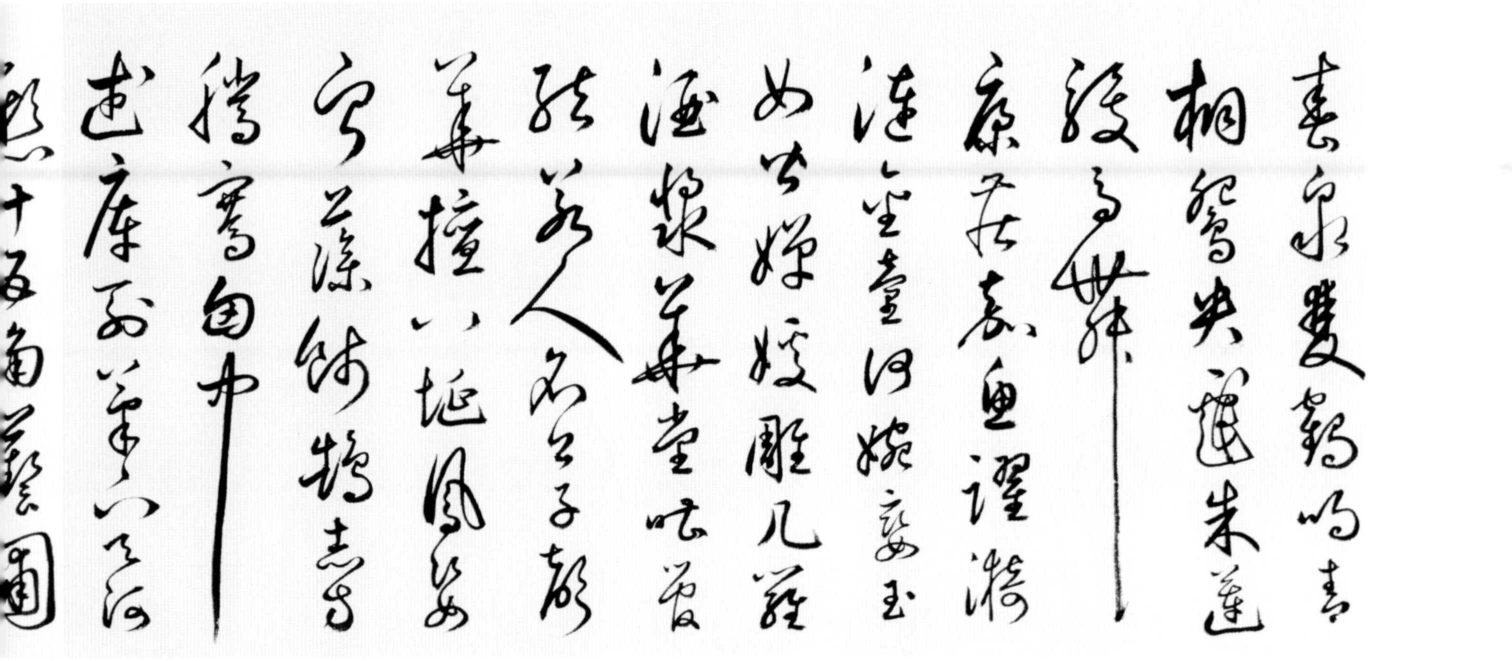

《草書詩卷》之三

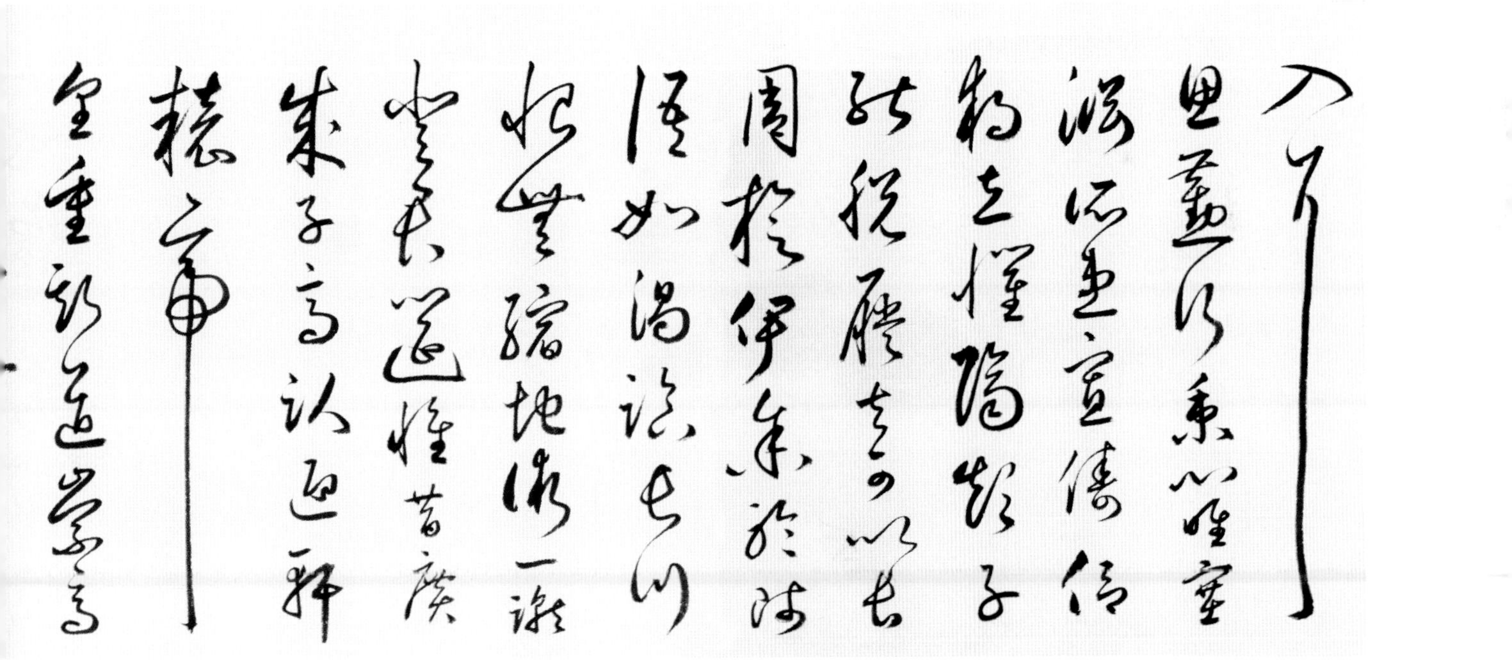

《草書詩卷》之四

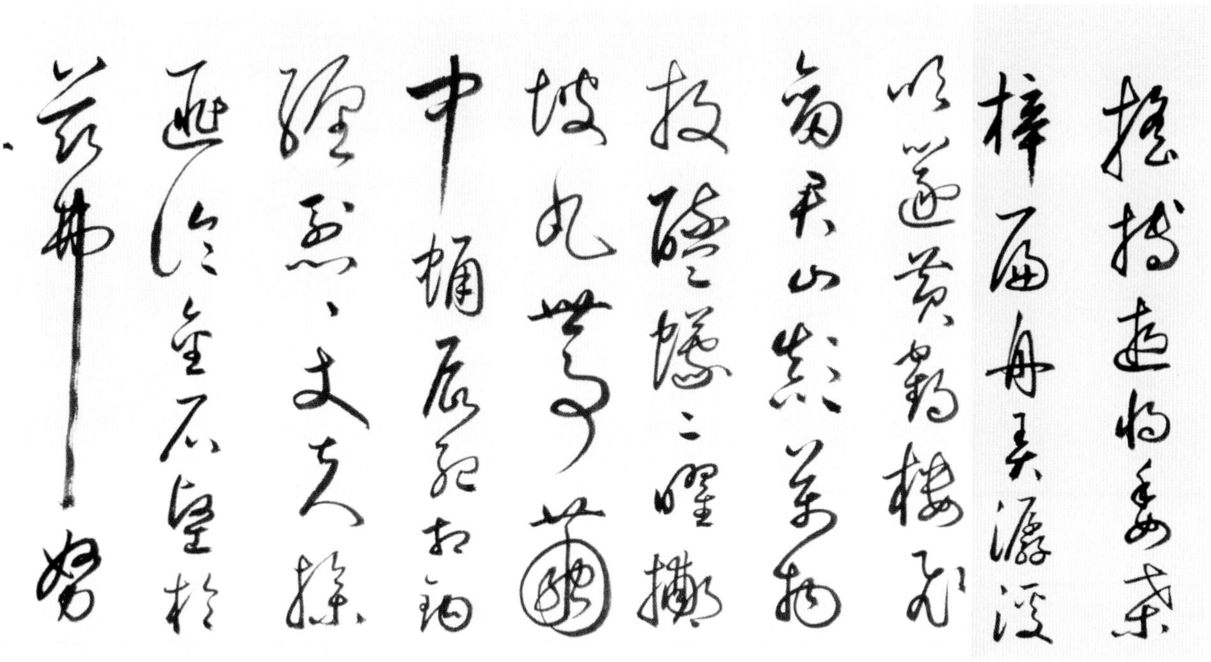

《草書詩卷》之五

搖摶，逝將委桑梓，扁舟弄潺湲。吹篴黃鶴樓，飛劍君山顛。萬物投醯蠓，二曜擲坡丸。世事藺中蛹，辰紀相鈎纏。烈烈丈夫操，匪論金石堅。於茲弗努

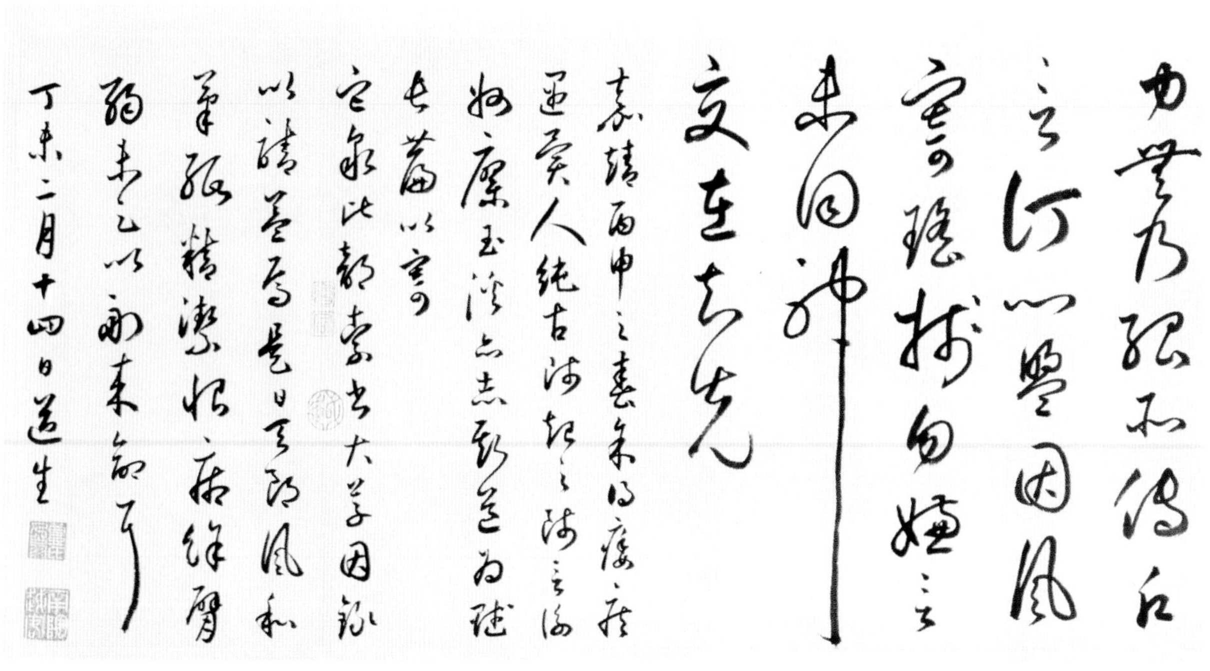

《草書詩卷》之六

力，無乃孤所傳。願言訂心盟，因風寄瑤樹。勿嫌言未同，神交在知先。

嘉靖丙申之春，余得痿疾，遇異人純古師起之，師言衡州廖玉溪亦志斯道，為賦長篇以寄它泉。比部索書大草，因錄以請益焉。是日天朗風和，筆紙精潔，恨病余臂弱，未足以副來命耳。丁未二月十四日道生

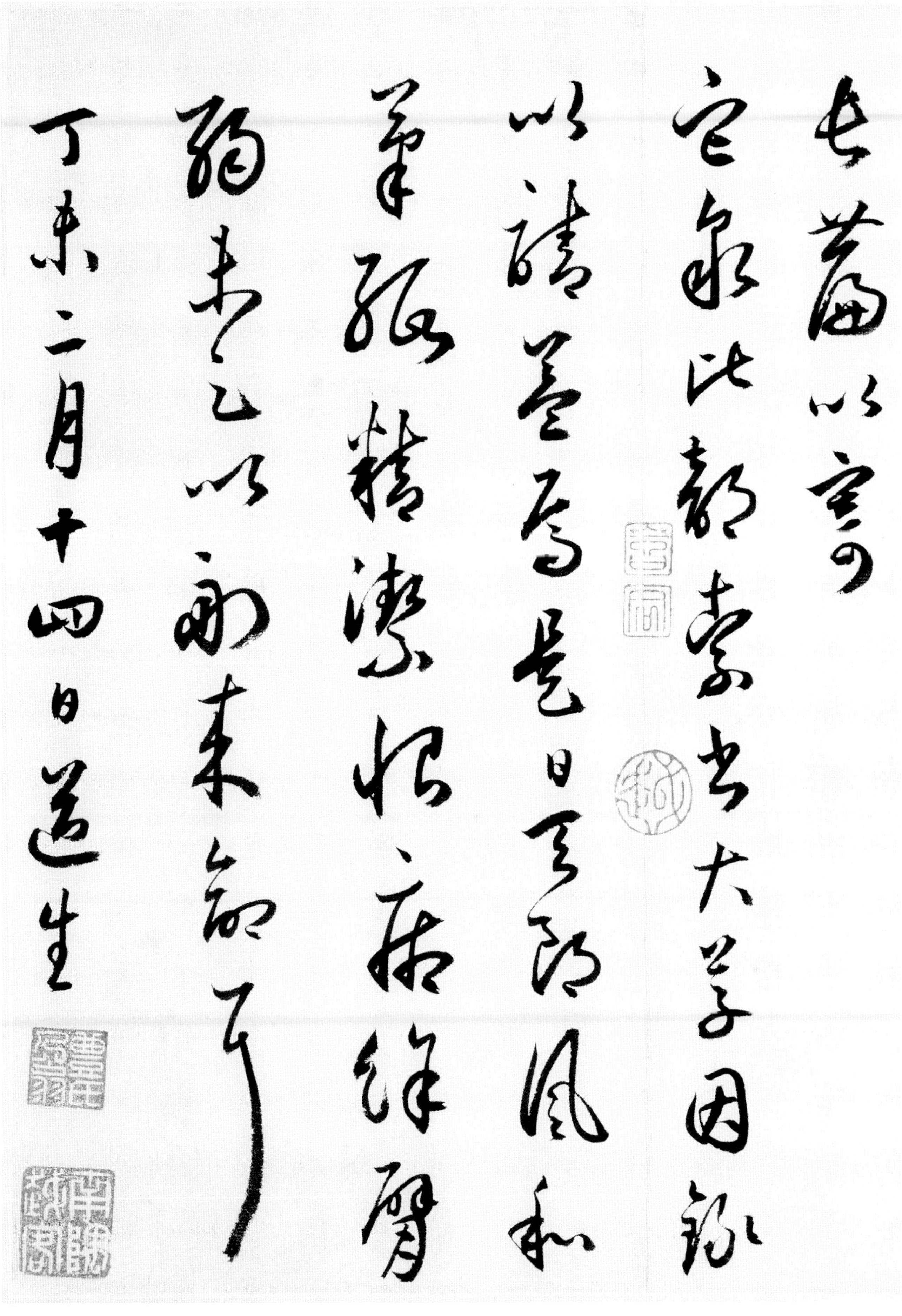
丁未二月十四日道生

71

王寵　草書詩軸

紙本　草書
縱82厘米　橫28.8厘米

Shi (a poem) in cursive script
By Wang Chong (1494-1533)
Hanging scroll, ink on paper
H. 82cm　L. 28.8cm

王寵（1494—1533），字履行，後字履吉，號雅宜山人，明代吳縣（今江蘇蘇州）人。為邑諸生，累試不利，以諸生貢太學。曾從學於蔡羽，在石湖攻讀不懈。擅長行、楷、草書，師王獻之、虞世南，晚年創出己意。與祝允明、文徵明齊名，為"吳中三家"之一。著《雅宜山人集》。

軸書詩一首，款署"丙戌九月廿三日，與子齡、元賓燕坐書閣，弄筆書此，時從弘之飲歸大醉，不計筆墨，殊愧潦草。 王寵履吉甫"，鈐"王履吉印"（白文）、"韡韡齋"（朱文），引首鈐"大雅堂"（朱文）印。"丙戌"為明嘉靖五年（1526），王寵時年三十三歲。"子齡"即陳子齡，王寵門人。"元賓"即金用，字元賓，江蘇彭城人，王寵門人。

王寵書法受王獻之影響較深，用筆多內斂。而此書奔放縱逸，酣暢飄忽，如"獨行"二字，淋漓暢快，鋒芒外露，是為其"大醉，不計筆墨"之緣故。但總體看仍不失獻之蕭散俊逸、筆墨內斂、筋骨內含、遒勁疏爽的書藝格調。亦如明代邢侗《來禽館集》所評："履吉書原自獻之出，疏拓秀媚，亭亭天拔"。

鑑藏印記："清華閣印"（白文）、"貞朗"（朱文）、"語石氏"（白文）。

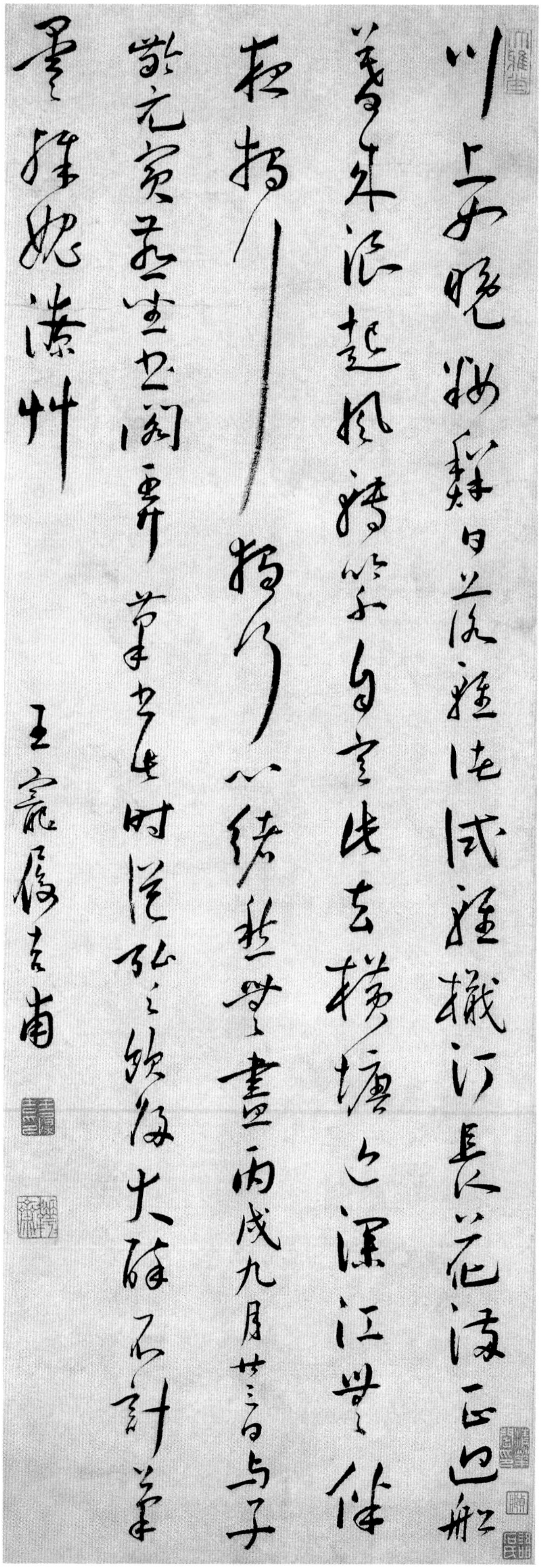

釋文：
川上女，晚妝鮮。日落輕渚試輕檝，汀長花滿正迎船。暮來浪起風轉竿，自言此去橫塘近。深江無伴夜獨行，獨行心緒愁無盡。　丙戌九月廿三日，與子齡、元賓燕坐書閣，弄筆書此，時從弘之飲歸大醉，不計筆墨，殊愧潦草。　王寵履吉甫

72

王寵　行書張十二子饒山亭詩軸

紙本　行書
縱144.4厘米　橫33.5厘米

Zhang Shi Er Zi Rao Shan Ting Shi (five-syllable regulated verse) in running script
By Wang Chong
Hanging scroll, ink on paper
H. 144.4cm　L. 33.5cm

軸書《張十二子饒山亭詩》，詩見《雅宜山人集》，題名"張十二子饒山亭二首"。此詩為之一。款署"雅宜山人王寵書"，鈐"王履吉印"（白文）、"韡韡齋"（朱文）印。

此軸書法與其醉後所書的《草書詩軸》（圖71）不同，風格近於平鋪直敍，點畫線條清新剛健，有追逐斧斲之痕跡。更接近蔡羽書法的婉轉得勢、結字清勁、氣骨爽健一類。

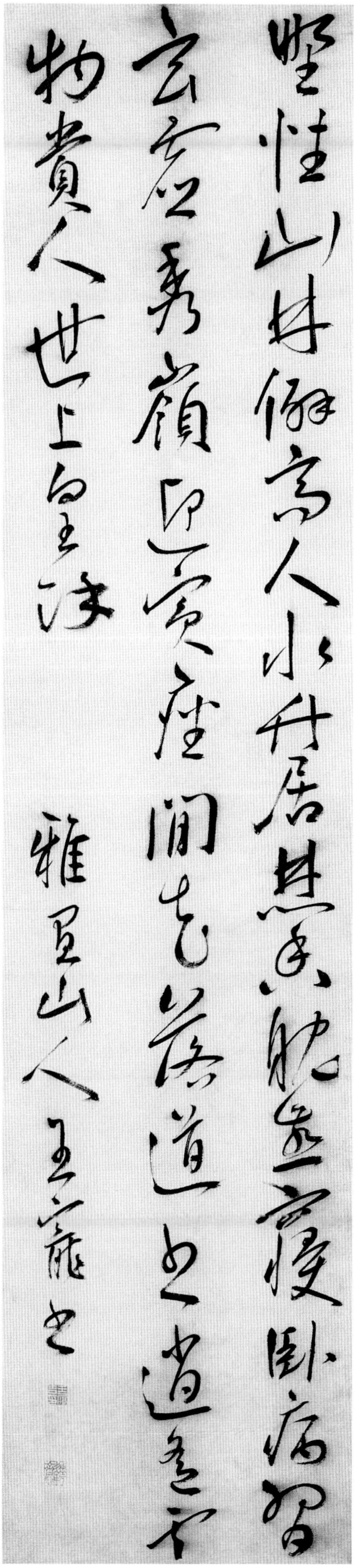

釋文：
野性山林僻，高人水竹居。焚香耽燕寢，臥病習玄虛。秀嶺迎賓座，閒花落道書。逍遙雲物賞，人世上皇餘。
雅宜山人王寵書

73

王寵　楷書送陳子齡會試詩頁

紙本 楷書
縱23.2厘 橫36.3厘米

Song Chen Ziling Hui Shi Shi (A poem on seeing Chen Ziling off to go to take the Metropolitan Examination) in regular script
By Wang Chong
Leaf, ink on paper
H. 23.2cm L. 36.3cm

頁書《送陳子齡會試》詩三首，款署"雅宜山人王寵書似□湖尊兄先生求正"，鈐"太原王寵"(白文)、"王履吉印"(白文)印。陳子齡，王寵門人。

此頁書法劉九庵先生斷為王寵晚年所書。用筆極盡澀拙之態，每一筆畫均似在牽掣中進行，絕無流動率意之

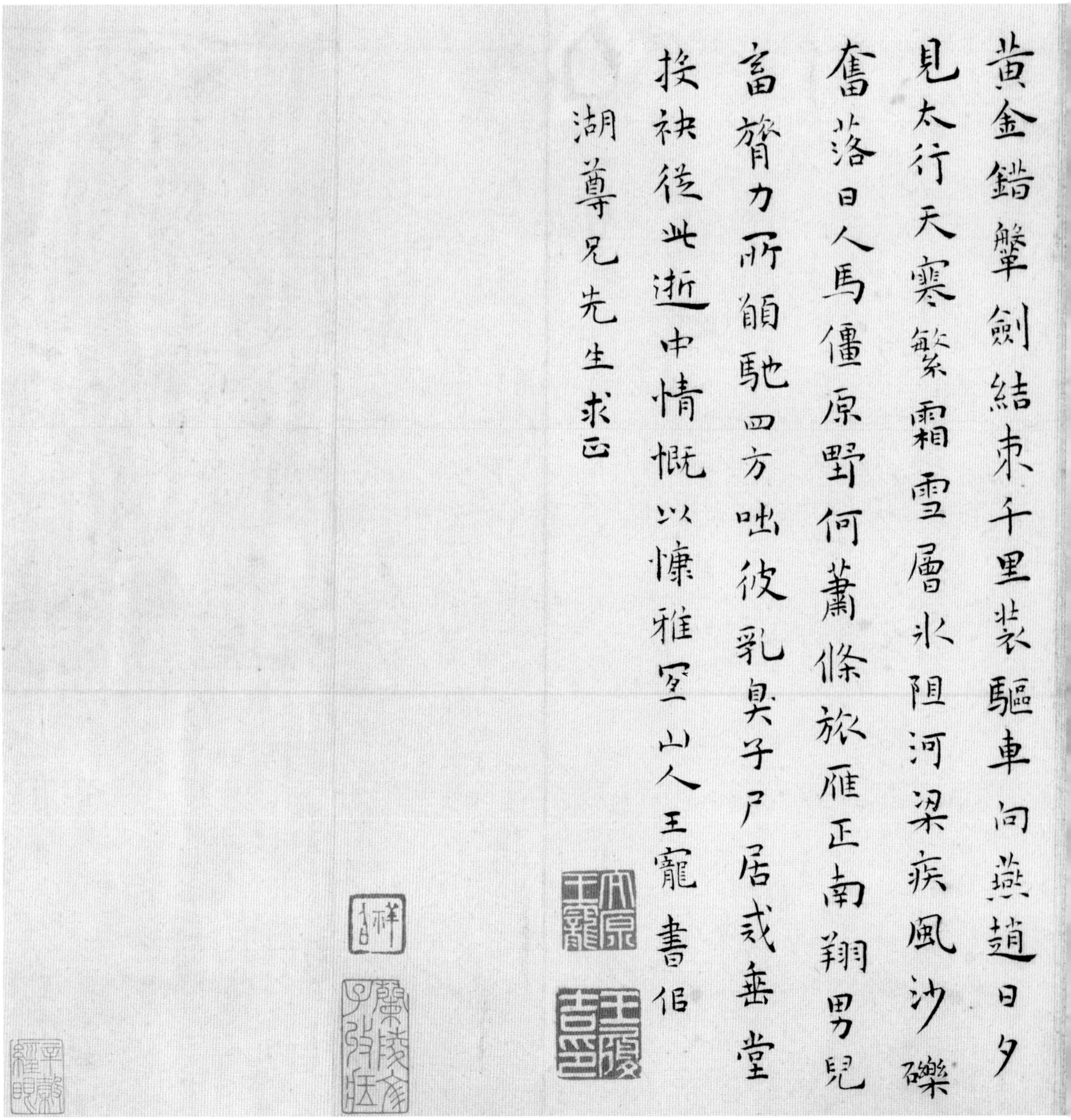

痕。結構不求平整，多似散漫不經，實則寓含險絕之勢，而又略帶行書筆法。

鑑藏印記："秦漢十印齋藏"（朱文）、"蘭陵文子收藏"（朱文）、"祥伯"（朱文）、"辛谷經眼"（朱文）。

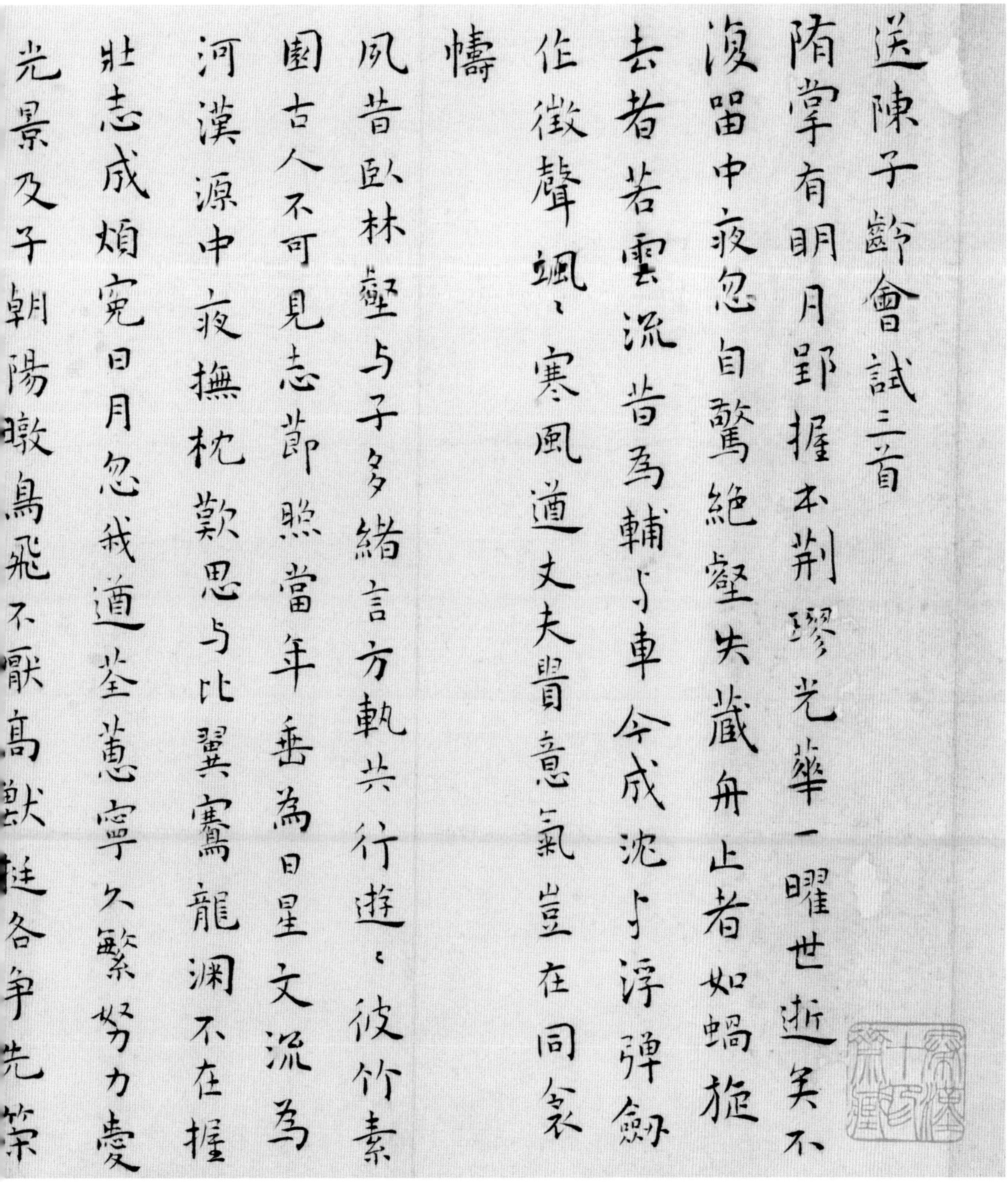
送陳子齡會試三首
隋掌有明月郢握本荊璆光華一曜世逝矣不
復留中夜忽自驚絕壑失藏舟止者如蝸旋
去者若雲流昔為輔與車今成沈與浮彈劍
作徵聲颯颯寒風遒丈夫貴意氣豈在同衾
幬
夙昔臥林壑與子多緒言方執共行遊遊彼竹素
園古人不可見志節照當年垂為日星文流為
河漢源中夜撫枕歎思與比翼鶱龍淵不在握
壯志成煩冤日月忽我遒荃蕙寧久繁努力愛
光景及子朝陽暾鳥飛不厭高獸挺各爭先榮

74

王寵　草書李白詩卷

金粟山藏經紙本　草書

縱26.8厘米　橫771厘米

Li Bai Shi (Li Bai's poems) in cursive script

By Wang Chong

Handscroll, ink on paper

H. 26.8cm　L. 771cm

卷書唐李白古風詩九首，款署"雅宜山人王寵書"，鈐"王履吉印"(白文)、"韡韡齋"(朱文)，引首鈐"大雅堂"(朱文)印。卷後清代裘日修、現代侯寶璋題跋。

此卷以金粟山藏經紙書之，紙質硬而光滑，故筆墨線條清晰可辨，用筆轉折歷歷在目。書法體勢寬博疏拓，筆法豐沉圓遒，字形婉轉，姿態奇特。王世貞曾評王寵書："雖結法小疏，而天骨爛然，姿態橫出，有威風千仞之勢。"卷後裘日修言："雅宜山人書法大令，天骨秀拔，風神疏朗，名重一時。"

鑑藏印記："侯寶璋心賞"(朱文)、"玉華堂絕品"(白文)、"玉華堂紫蕭客"(白文)、"青蘿山館"(白文)、"披肝瀝膽"(朱文)。

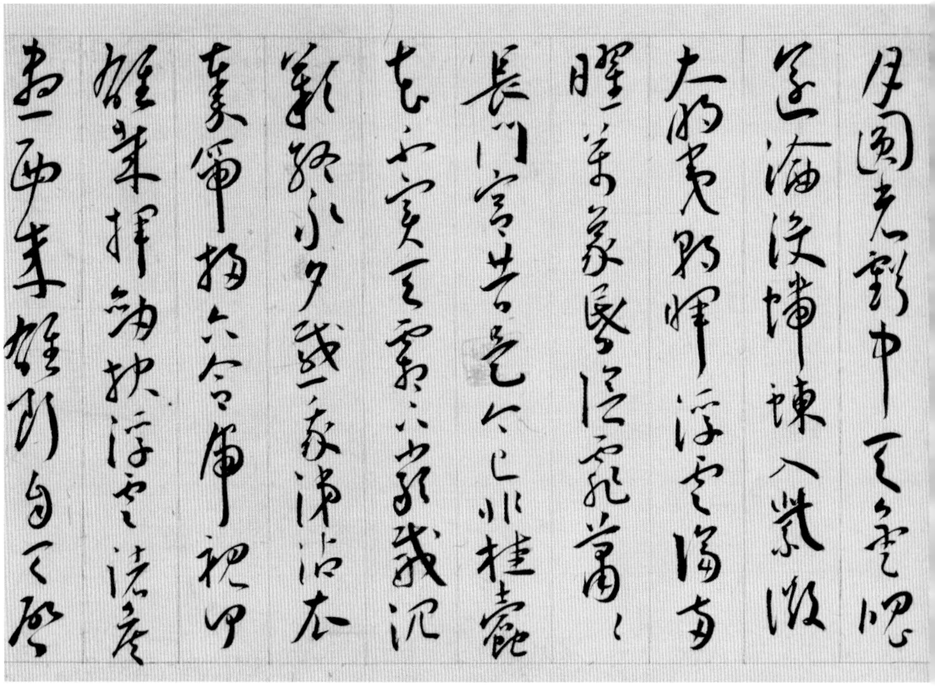

釋文：
大雅久不作，吾衰
竟誰陳。王風委蔓
草，戰國多荊榛。
龍虎相啖食，兵戈
逮狂秦。正聲何微
茫，哀怨起騷人。
揚馬激頹波，開流
蕩無垠。廢興雖萬
變，憲章亦已淪。
自從建安來，綺麗
不足珍。聖代復元
古，垂衣貴清真。
羣才屬休明，乘運
共躍鱗。文質相炳
煥，眾星羅秋旻。
我志在刪述，垂輝
映千春。希聖如有
立，絕筆於獲麟。
蟾蜍薄太清，蝕此
瑤台月。圓光虧中
天，金魄遂淪沒。
螮蝀入紫薇，大明
夷朝暉。浮雲隔兩
曜，萬象昏陰霏。
蕭蕭長門宮，昔是
今已非。桂蠹花不
實，天霜下嚴威。
沉嘆終永夕，感我
涕沾衣。
秦帝掃六合，虎視
何雄哉。揮劍抉浮
雲，諸侯

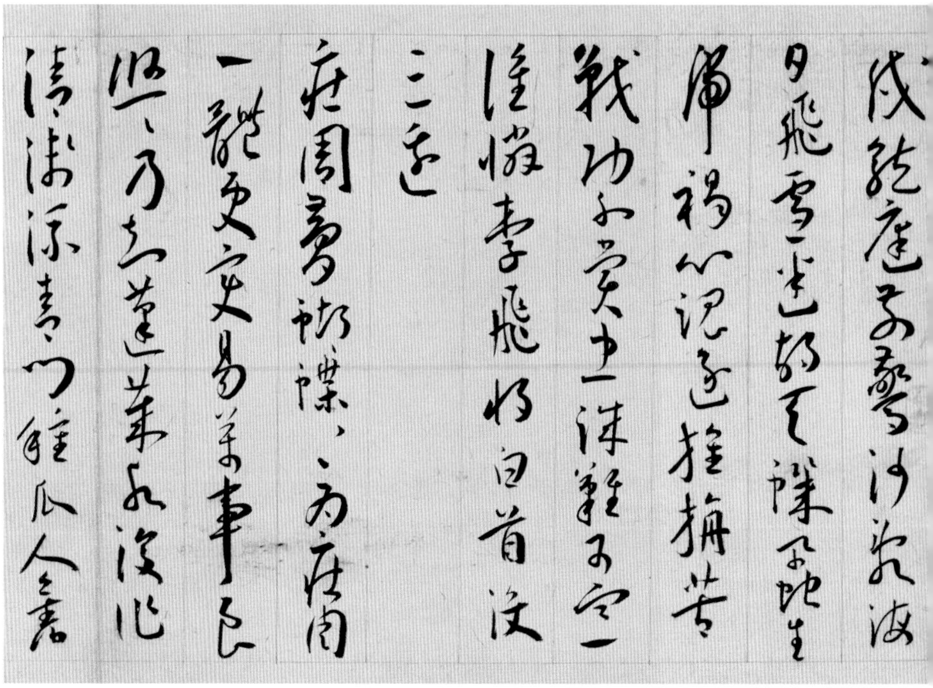

盡西來。雄斷自天
啟，大略駕羣才。
收兵鑄金人，函谷
正東開。銘功會稽
嶺，騁望瑯琊台。
刑徒七十萬，起土
驪山隈。尚採不死
藥，茫然使心哀。
連弩射海魚，長鯨
正崔嵬。額鼻象五
嶽，揚波噴雲雷。
鬐鬣蔽青天，何由
覩蓬萊。徐氏載秦
女，樓船幾時回。
但見三泉下，金槨
葬寒灰。
代馬不思越，越禽
不戀燕。情性有所
習，風土固其然。
昔別雁門關，今戍
龍庭前。驚沙亂海
日，飛雪迷胡天。
虮虱生虎褐，心魂
逐旌旃。苦戰功不
賞，忠誠難可宣。
誰憐李飛將，白首
沒三邊。
莊周夢蝴蝶，蝴蝶
為莊周。一體更變
易，萬事良悠悠。
乃知蓬萊水，復作
清淺流。青門種瓜
人，舊

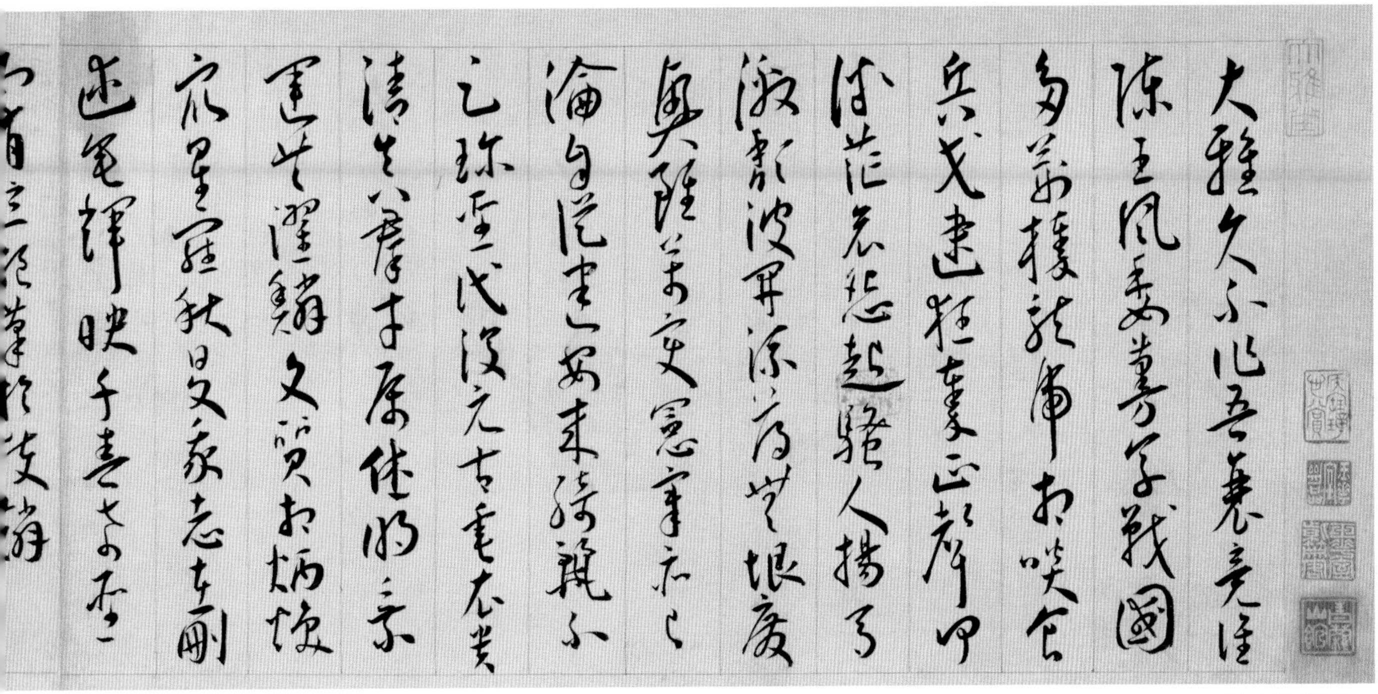

大雅久不作，吾衰竟誰陳。王風委蔓草，戰國多荊榛。龍虎相啖食，兵戈逮狂秦。正聲何微茫，哀怨起騷人。揚馬激頹波，開流蕩無垠。廢興雖萬變，憲章亦已淪。自從建安來，綺麗不足珍。聖代復元古，垂衣貴清真。群才屬休明，乘運共躍鱗。文質相炳煥，眾星羅秋旻。我志在刪述，垂輝映千春。希聖

《李白詩卷》之一

如有立，絕筆於獲麟。

秦王掃六合，虎視何雄哉。揮劍決浮雲，諸侯盡西來。明斷自天啟，大略駕群才。收兵鑄金人，函谷正東開。銘功會稽嶺，騁望琅琊臺。刑徒七十萬，起土驪山隈。尚採不死藥，茫然使心哀。連弩射海魚，長鯨正崔嵬。額鼻象五嶽，揚波噴雲雷。鬐鬣蔽青天，何由睹蓬萊。徐市載秦女，樓船幾時回。但見三泉下，金棺葬寒灰。

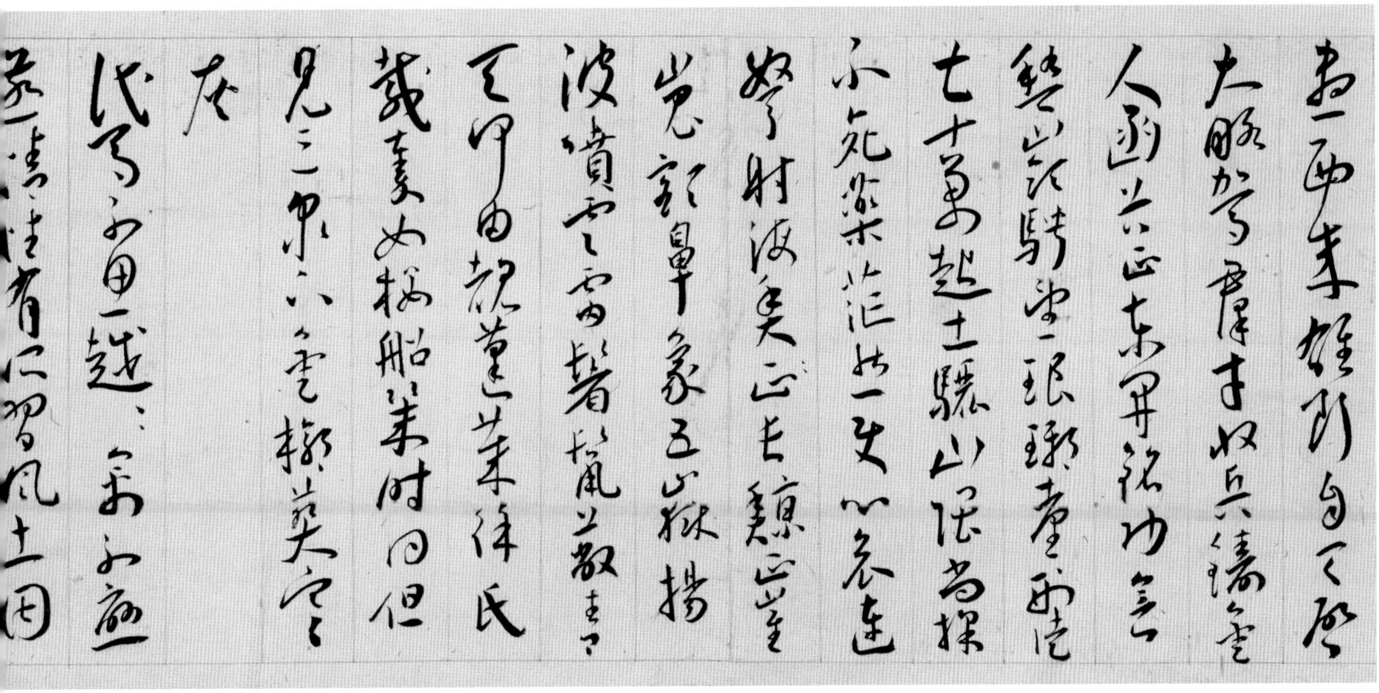

《李白詩卷》之二

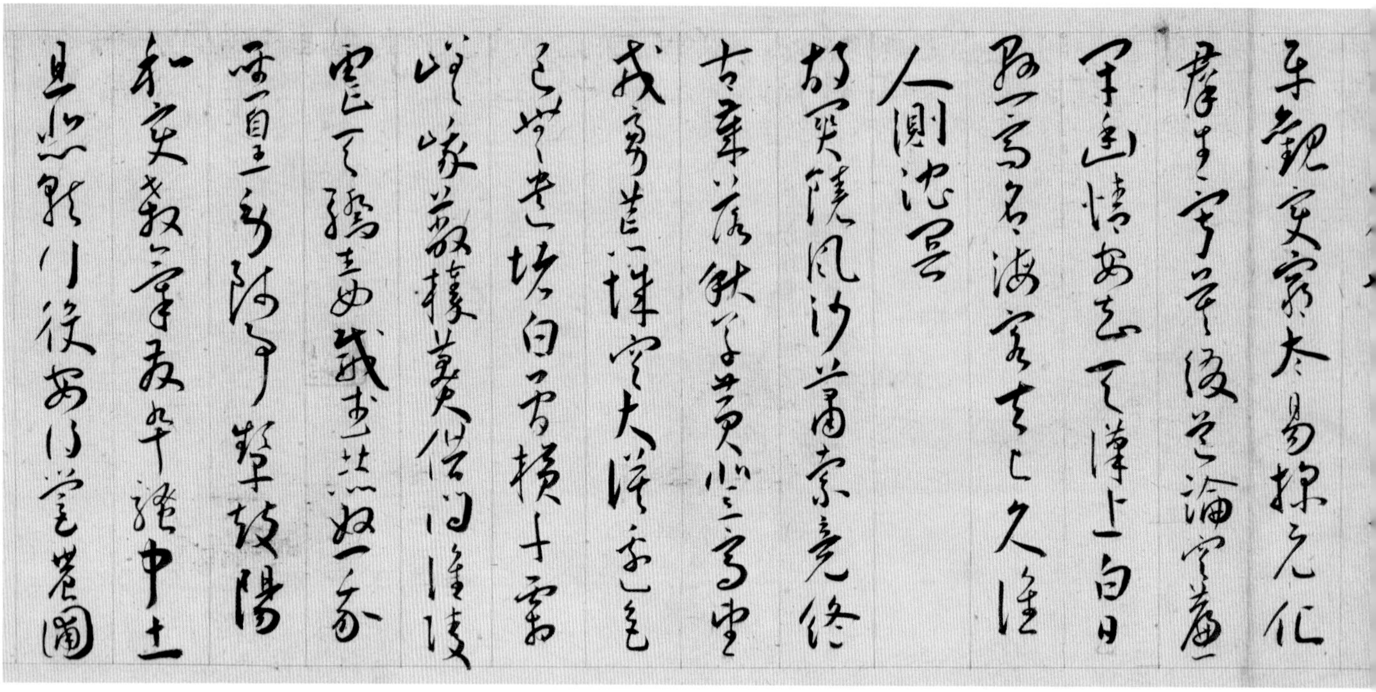

日東陵侯。富貴固如此，營營何所求。
齊有倜儻生，魯連特高妙。明月出海底，一朝開光曜。卻秦振英聲，後世仰末照。意輕千金贈，顧向平原笑。吾亦澹蕩人，拂衣可同調。
松柏本孤直，難為桃李顏。昭昭嚴子陵，垂釣滄波間。身將客星隱，心與浮雲閒。長揖萬乘君，還歸富春山。清風灑六合，邈然不可攀。使我長嘆息，冥棲岩石間。
君平既棄世，世亦棄君平。觀變窮太易，探元化羣生。寂寞綴道論，空簾閉幽情。（騶虞不虛來，鸑鷟有時鳴。）安知天漢上，白日懸高名。海客去已久，誰人測沉冥。
胡關饒風沙，蕭索竟終古。歲落秋草黃，登高望戎虜。荒城空大漠，邊邑無遺堵。白骨橫千霜，嵯峨蔽榛莽。借問誰陵虐，天驕毒威武。赫怒我聖皇，勞師事鼙鼓。陽和變殺氣，發卒騷中土。（三十六萬人，哀哀淚如雨。）且悲就行役，安得營農圃。

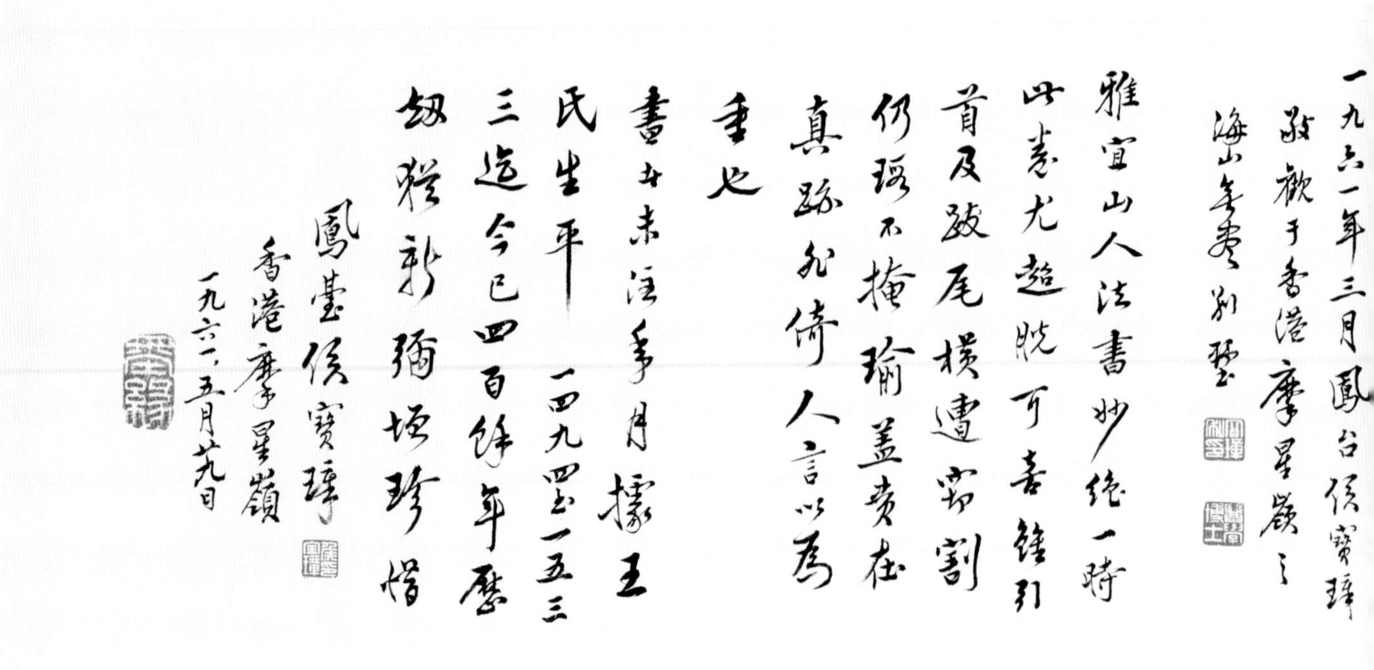

不見征戍兒，豈知關山苦。李牧今不在，邊人飼豺虎。
雅宜山人王寵書

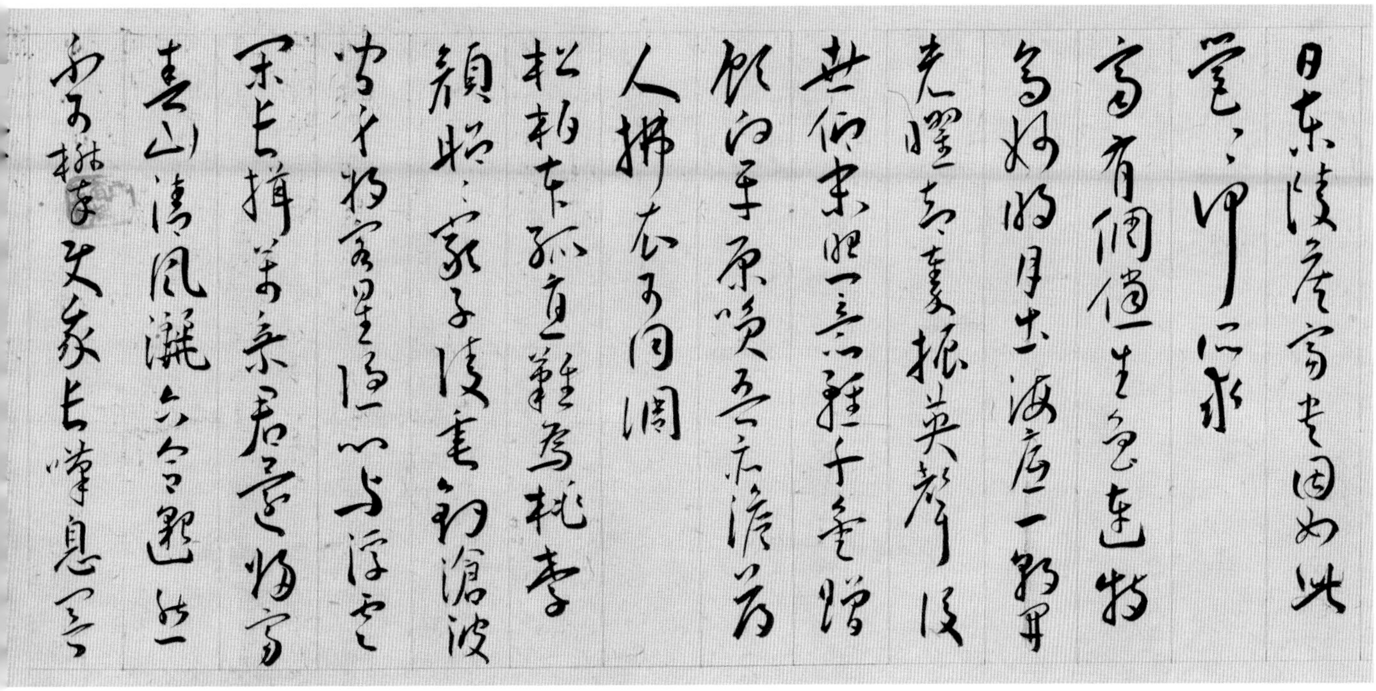

《李白詩卷》之三

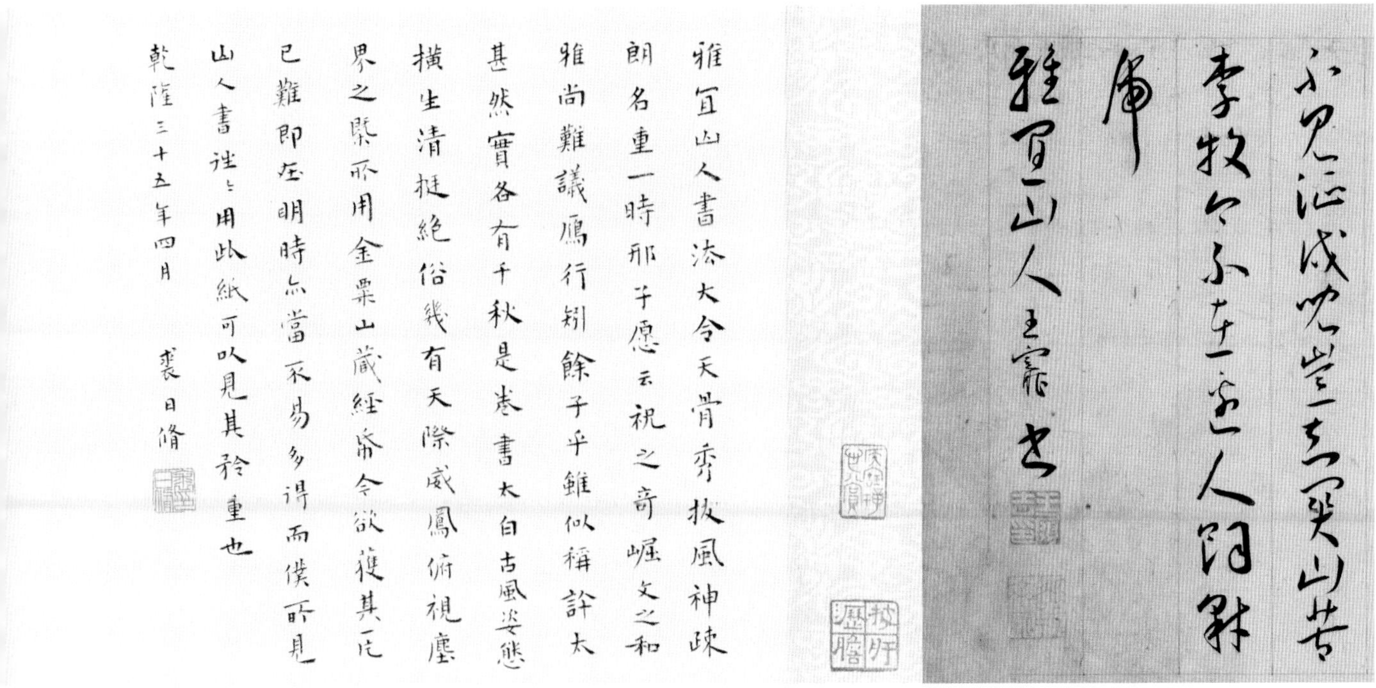
雅宜山人書法大令天骨秀拔風神疎
朗名重一時邢子愿云祝之奇崛文之和
雅尚難議鳳行翔餘子平雖似稱許太
甚然實各有千秋是卷書太白古風姿態
橫生清挺絕俗幾有天際威鳳俯視塵
界之槩所用金粟山藏經紙令欲獲其尺
已難即在明時亦當不易多得而僕所見
山人書往往用此紙可以見其矜重也
乾隆三十五年四月 裘日修

《李白詩卷》之四

75

文彭　行書五律詩軸
紙本 行書
縱148.4厘米 橫66厘米

Wu Lu Shi (five-syllable regulated verse) in running script
By Wen Peng (1498-1573)
Hanging scroll, ink on paper
H. 148.4cm　L. 66cm

文彭（1498—1573），字壽承，號三橋，明代長洲（今江蘇蘇州）人。文徵明長子。少承家學，以諸生授秀水訓導，擢國子監助教於南京。善真、行、草書，尤工草書，體體有法。初學鍾、王，後學懷素、孫過庭，自成一家。工刻印，後人奉為“金科玉律”。《明史》有傳。

軸書五言律詩一首，款署“文彭”，鈐“文彭之印”（白文）、“壽承氏”（白文）印。

此軸書法用筆沉着靈動，着處不滯，放處不滑，筆法謹嚴，點畫結構呈圓融之勢。既有其父用筆精到、筆力勁爽之風，又不失自家用筆灑脱、流暢婉轉之韻。

鑑藏印記：“頤杬廬秦通理藏書畫印”（朱文）。

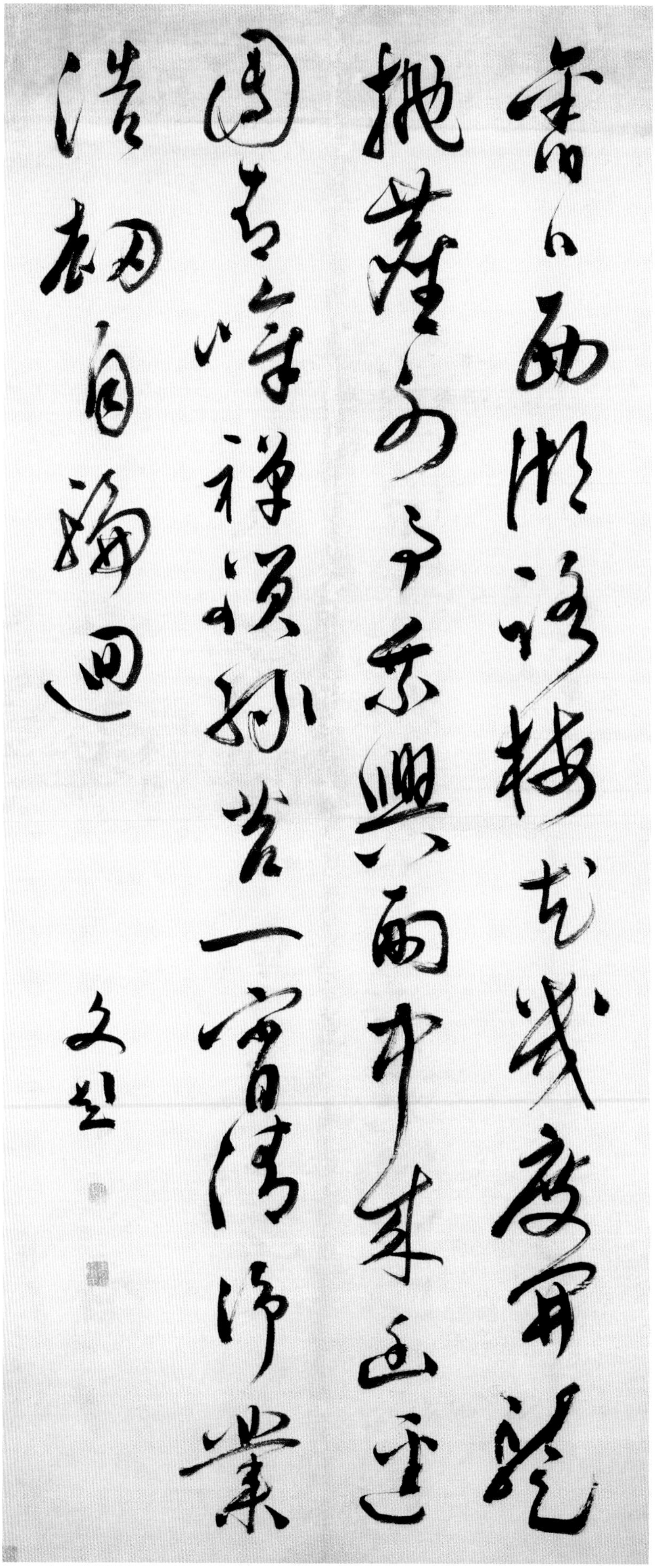

釋文：
舊日西湖路，梅花幾度開。暫拋塵外事，乘興雨中來。幽逕團青嶂，禪口鎖綠苔。一宵清淨業，浩刼自輪迴　文彭

76

文嘉　行書七絕詩軸

紙本　行書
縱121.3厘米　橫25.3厘米

Qi Jue Shi (three poems, each being a seven-syllable quatrain) in running script
By Wen Jia (1501-1583)
Hanging scroll, ink on paper
H. 121.3cm　L. 25.3cm

文嘉(1501—1583)，字休承，號文水，明代長洲(今江蘇蘇州)人。文徵明二子，文彭弟。以諸生久次貢，授烏程訓導，擢和州學正。擅繪畫，山水學乃父。工篆刻，能詩，亦能鑑古。書法傳其家風。

軸書自撰七言絕句詩三首，款署“己卯秋日茂苑文嘉”，鈐“休承”(白文)、“文水道人”(朱文)印。“己卯”為明萬曆七年(1579)，文嘉時年七十八歲。

此軸書法清麗秀潤，簡淨勁爽。通篇筆畫圓曲、細長，運筆正斜、曲直、連斷、輕重、虛實表現自然得當。體勢疏密相間，多取斜勢。書風受其父影響，又有所變化。

鑑藏印記：“頤椿廬通理藏”(白文)。

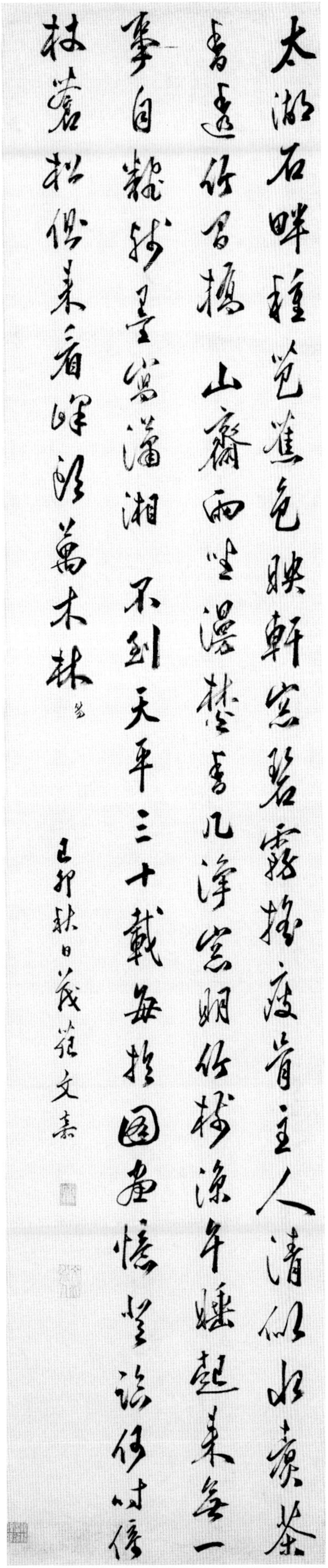

釋文：
太湖石畔種芭蕉，色映軒窗碧霧搖。瘦骨主人清似水，煮茶香透竹間橋。
山齋雨坐漫焚香，几淨窗明竹樹涼。午睡起來無一事，自翻殘墨寫瀟湘。
不到天平三十載，每於圖畫憶登臨。何時倚仗蒼松側，來看峯頭萬笏林。
己卯秋日茂苑文嘉

77

彭年 行書詩翰冊

紙本 行書 七開
開縱26厘米 橫33.5厘米

Shi Han (poems) in running script
By Peng Nian (1505-1566)
Album of 7 leaves, ink on paper
H. 26cm L. 33.5cm

彭年(1505—1566)，字孔嘉，號隆池山樵，明代長洲(今江蘇蘇州)人。少與文徵明遊，以詞翰名世，人稱長者。著有《隆池山樵集》。

《詩翰冊》款署“年頓首具草”，鈐“孔嘉”(白文)、“隆池山人”(白文)印。

此冊書法欹峭微側，有蘇軾書法意韻。王世貞《吳中往哲像贊》云：彭年“書初法晉人，已為楷，其小者信本(歐陽詢)，大者清臣(顏真卿)，行、草則子瞻(蘇軾)。”但彭年捨蘇軾豐腴、偏肥、臥筆，而以清勁爽健的筆鋒，使其筆法更為開放活脫。因此，王世貞又說：“行、草眉山若遠耳。”

鑑藏印記：“又書氏藏”(白文)、“破研齋”(白文)。

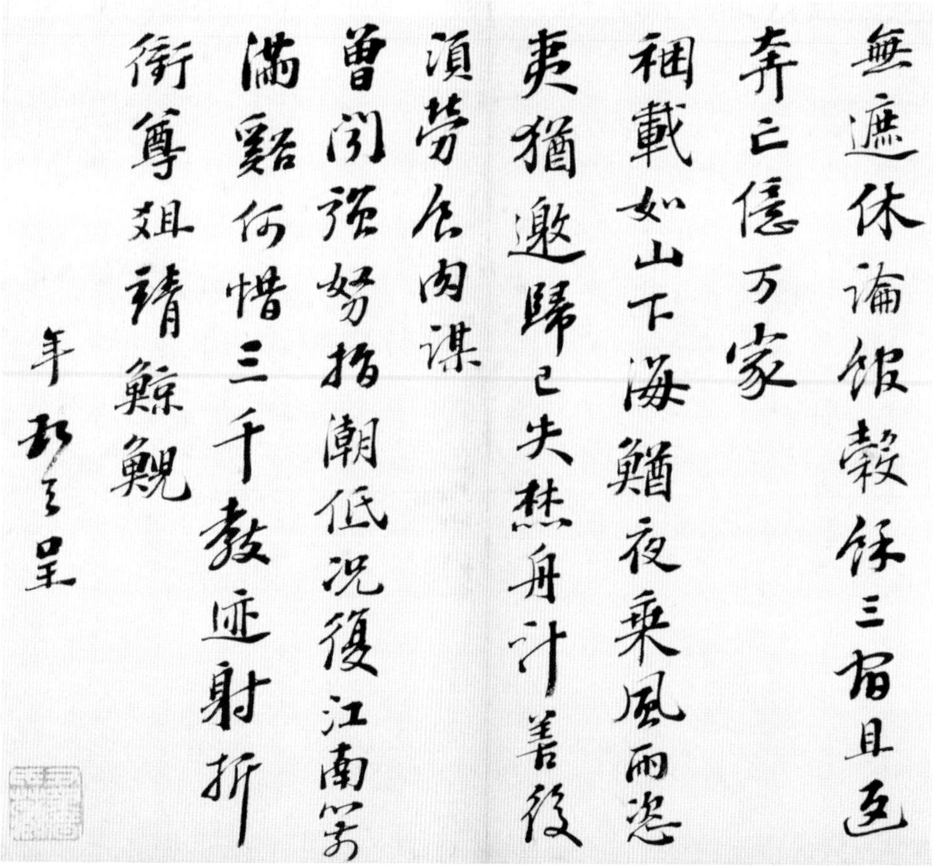

無遮。休論館穀餘三宿，且返奔亡億萬家。
裲載如山下海鰌，夜乘風雨恣夷猶。邀歸已失焚舟計，
善後須勞食肉謀。
曾聞強努指潮低，況復江南箭滿溪。何惜三千教跡射，
折衝尊俎靖鯨鯢。 年頓首呈

第三開

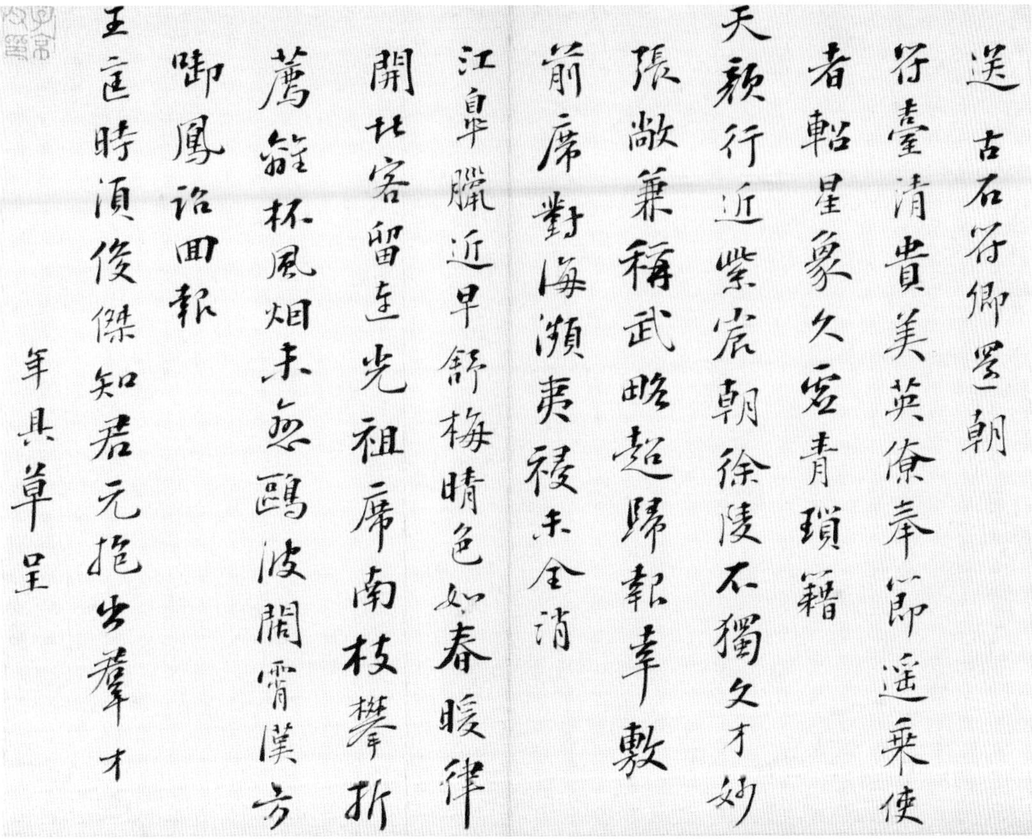

第一開

釋文：
送古石符卿還朝
符台清貴美英僚，奉節遙乘使者軺。星象久虛清瑣籍，
天顏行近紫宸朝。徐陵不獨文才妙，張敞兼稱武略超。
歸報幸敷前席對，海瀕夷祲未全消。
江皋臘近早舒梅，晴色如春暖律開。北客留連光祖席，
南枝攀折薦離杯。風煙未戀鷗波闊，霄漢方啣鳳詔回。
報王匡時須俊傑，知君元抱出羣才。　年具草呈

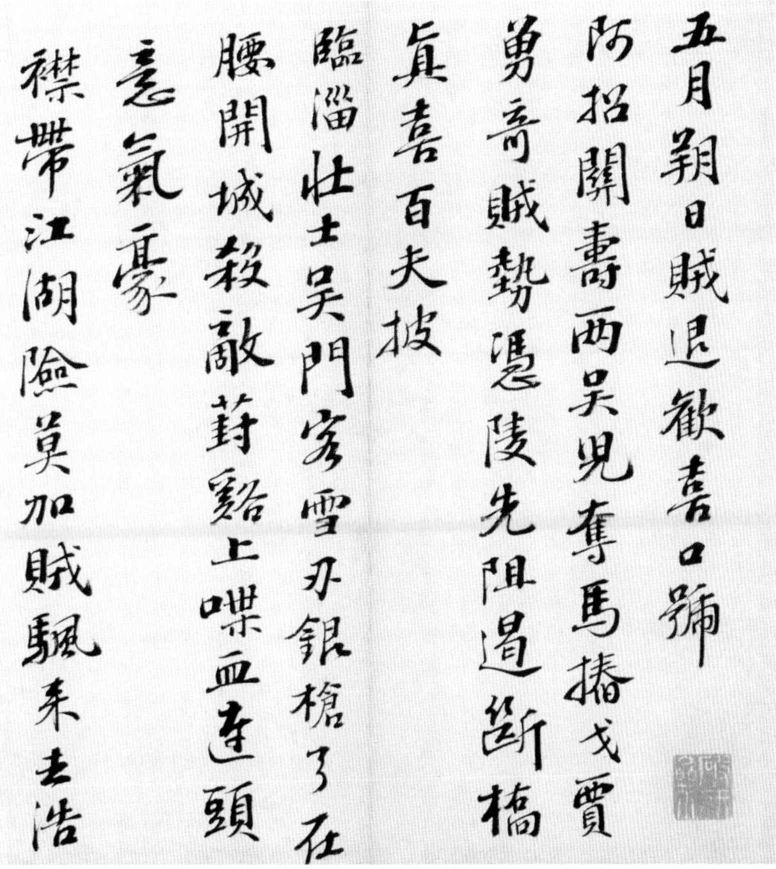

第二開

五月朔日賊退歡喜口號
阿招關壽兩吳兒，奪馬揸戈賈勇奇。賊勢憑陵先阻遏，
斷橋真喜百夫披。
臨淄壯士吳門客，雪刃銀槍弓在腰。開城殺敵葑溪上，
喋血連頭意氣豪。
襟帶江湖險莫加，賊飆來去浩

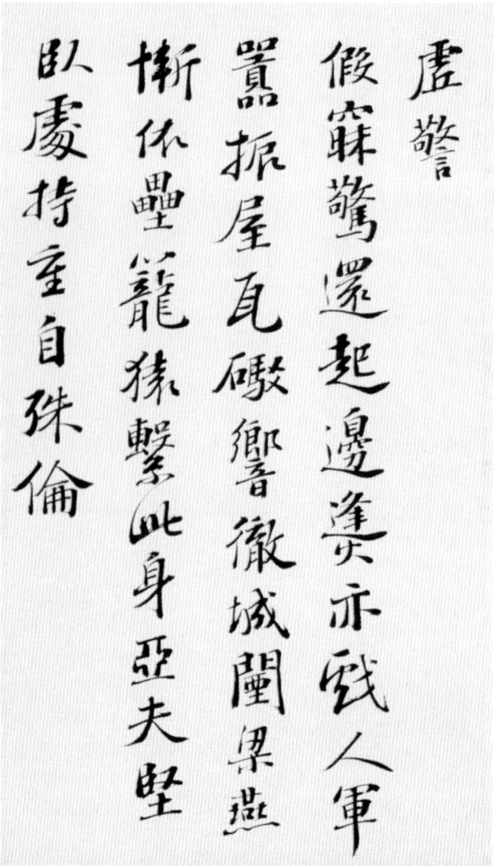
虛警
假寐驚還起邊烽亦戲人軍
囂振屋瓦礟響徹城闉梁燕
慚依壘籠猿繫此身亞夫堅
臥處持重自殊倫

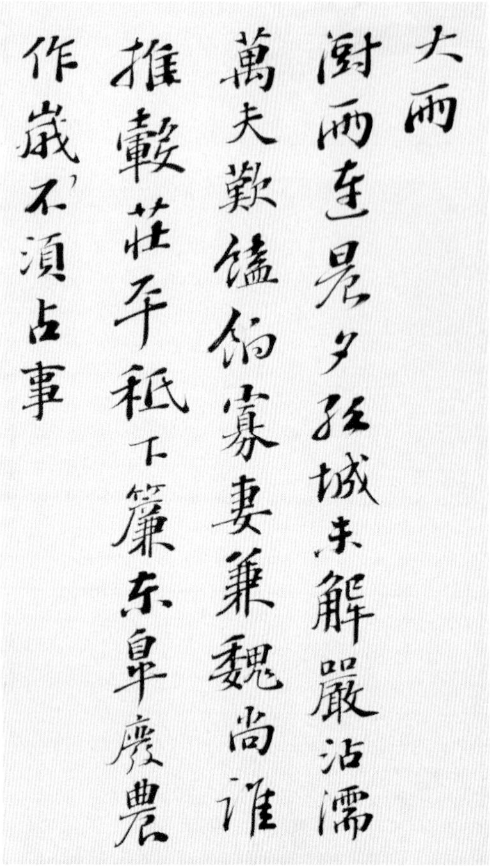
大雨
澍雨連晨夕孤城未解嚴沾濡
萬夫歎饁餉寡妻兼魏尚誰
推轂莊平秖下簾東皋廢農
作歲不須占事

第五開

虛警

假寐驚還起，邊烽亦戲人。軍囂振屋瓦，礟響徹城闉。梁燕慚依壘，籠猿系此身。亞夫堅臥處，持重自殊倫。

大雨

澍雨連晨夕，孤城未解嚴。沾濡萬夫嘆，饁餉寡妻兼。魏尚誰推轂，莊平秖下簾。東皋廢農作，歲不須占事。

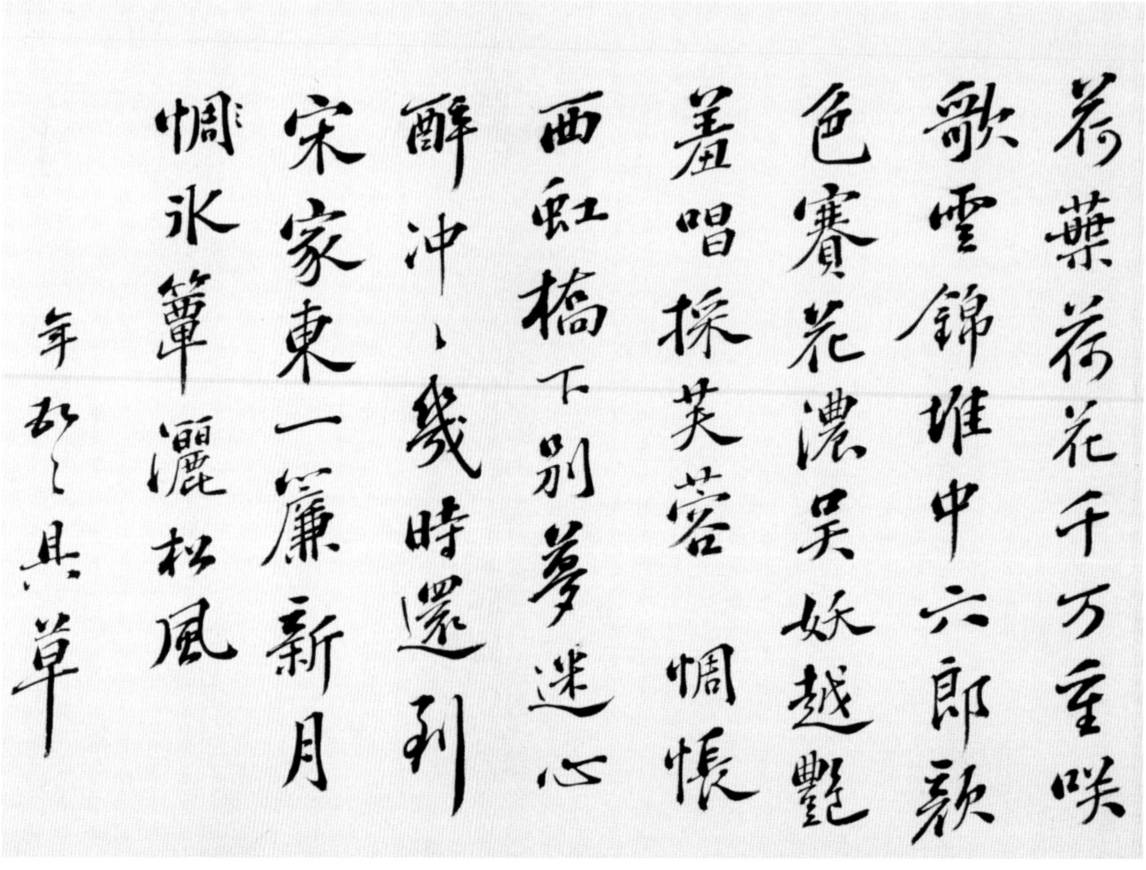
荷葉荷花千万重笑
歌雲錦堆中六郎顏
色賽花濃吳妖越豔
羞唱採芙蓉惆悵
西虹橋下別夢迷心
醉沖沖幾時還到
宋家東一簾新月
惆冰簟灑松風
年頓首具草

第七開

荷葉荷花千萬重，笑歌雲錦堆中。六郎顏色賽花濃，吳妖越豔，羞唱採芙蓉。　惆悵西虹橋下別，夢迷心醉沖沖。幾時還到宋家東，一簾新月（惆），冰簟灑松風。

年頓首具草

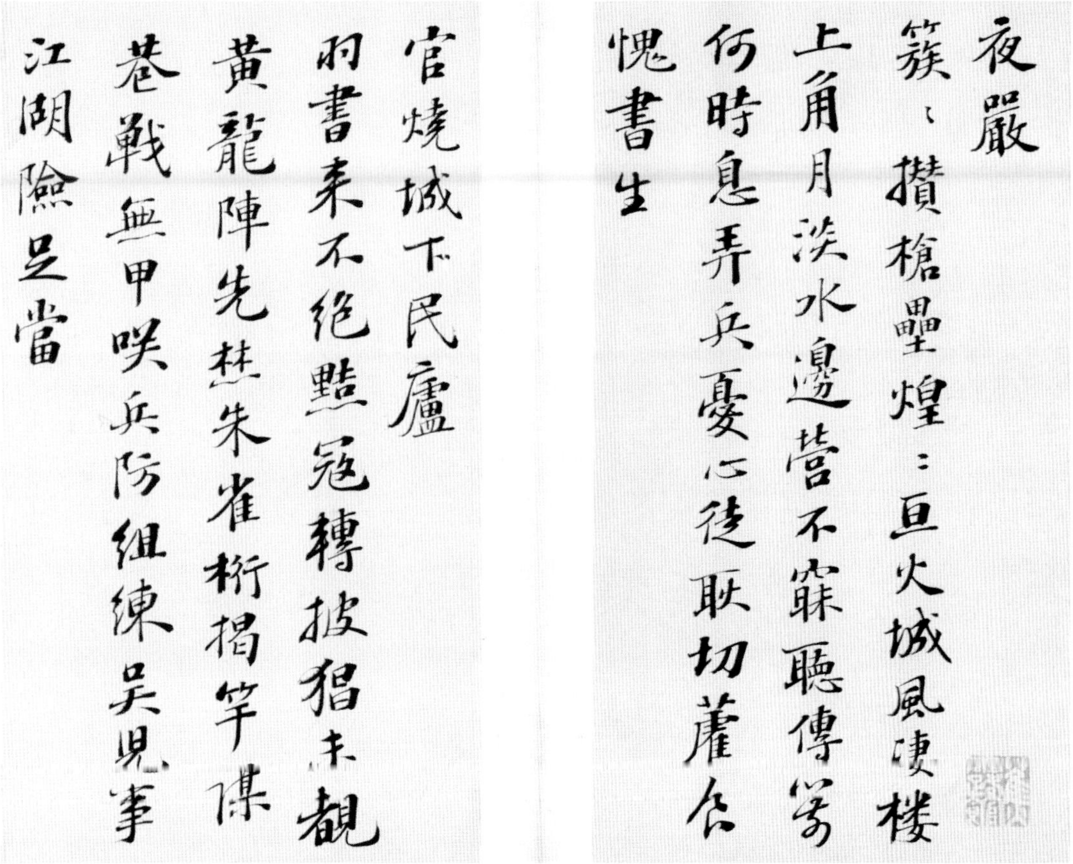

第四開

夜嚴

簇簇攢槍壘，煌煌亙火城。風淒樓上角，月淡水邊營。不寐聽傳箭，何時息弄兵。憂心徒耿切，藿食愧書生。

官燒城下民廬

羽書來不絕，黠寇轉披猖。未睹黃龍陣，先焚朱雀桁。揭竿謀巷戰，無甲笑兵防。組練吳兒事，江湖險足當。

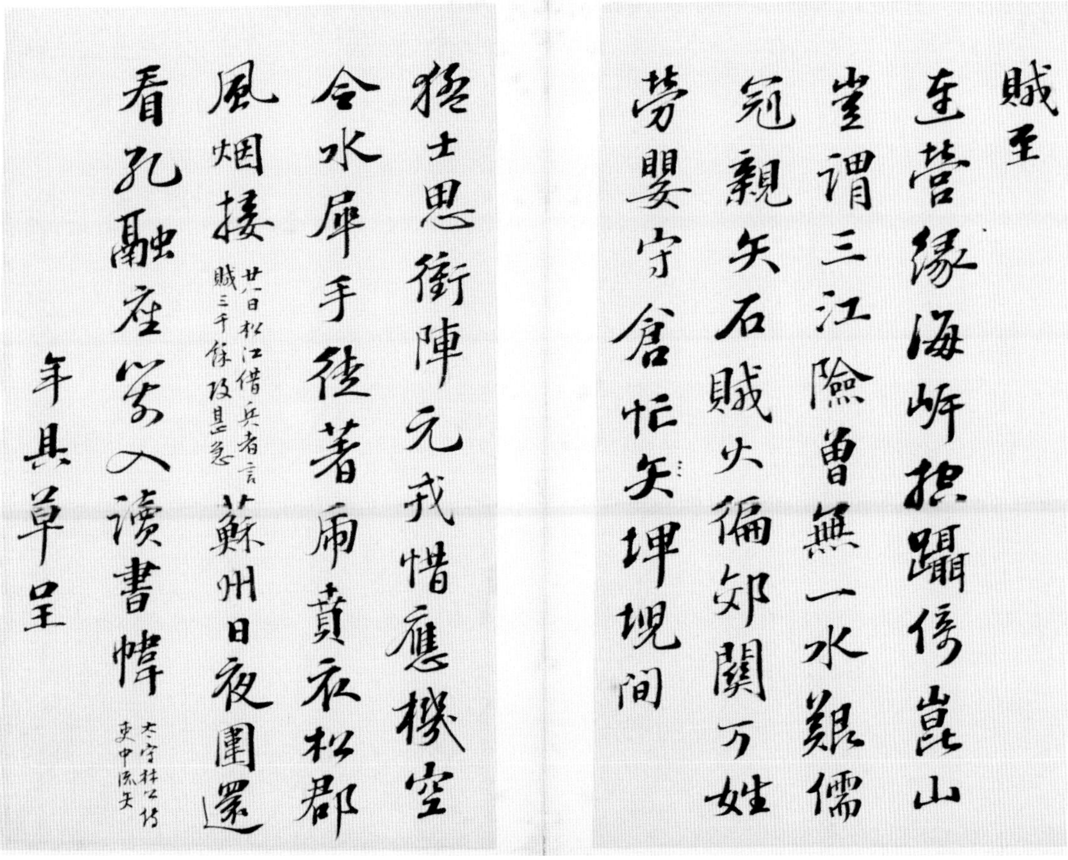

第六開

賊至

連營緣海岸，控躡倚崑山。豈謂三江險，曾無一水艱。儒冠親矢石，賊火徧郊關。萬姓勞嬰守，倉忙（矢）埤埧間。

猛士思衝陣，元戎惜應機。空令水犀手，徒著虎賁衣。松郡風煙接（廿八日松江借兵者言，賊三千餘攻甚急），蘇州日夜圍。還看孔融座，箭入讀書幃（太守林公侍史中流矢）。　年具草呈

78

周天球 行書七律詩軸

紙本 行書

縱127厘米 橫65.7厘米

Qi Lu Shi (seven-syllable regulated verse) in running script

By Zhou Tianqiu (1514-1595)

Hanging scroll, ink on paper

H. 127cm L. 65.7cm

周天球(1514—1595)，字公瑕，號幼海，又號六止居士，明代長洲(今江蘇蘇州)人。諸生，少遊文徵明門下，學習書法，文徵明稱贊他：“他日得吾筆者，周生也。”善篆、隸、行楷，晚年能自闢蹊徑，一時豐碑大碣，無不出其手。亦工畫蘭。

軸書七言律詩，款署“周天球”，鈐“周天球印”(白文)、“羣玉山人”(白文)印。

此軸書法古健遒偉，圓勁幽雅，有爽快磊落之姿。行筆朗朗，流暢精熟，理法超妙，渾然天成。故有“模範文太史，晚能自得蹊徑”之稱。

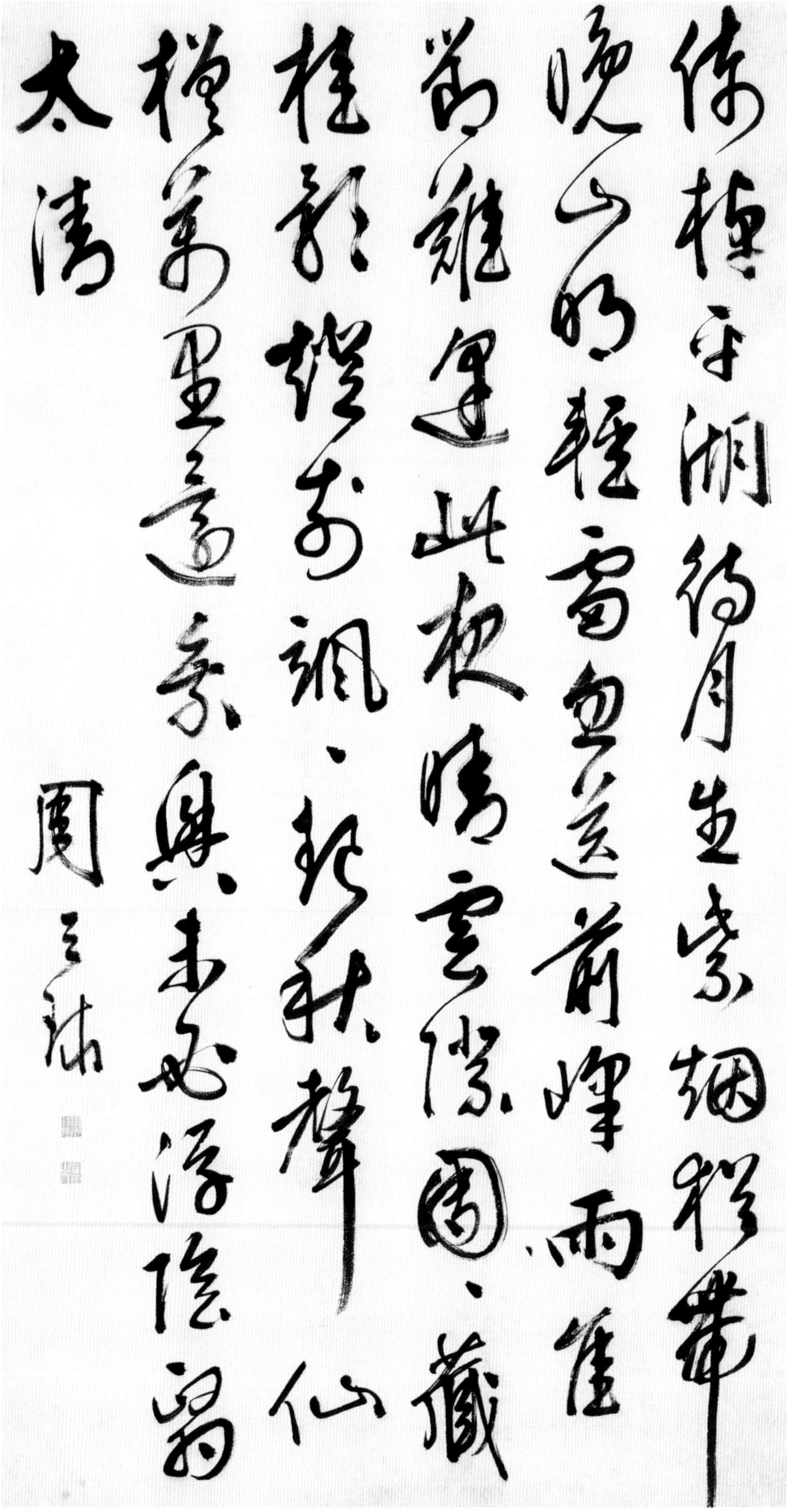

釋文：倚棹平湖待月生，紫煙猶帶晚山明。輕雷忽送前峯雨，佳節難逢此夜晴。雲際團團藏桂影，燈前颯颯起秋聲。仙槎萬里還乘興，未必浮陰翳太清。 周天球

79

徐渭　草書論書法卷

紙本　草書
縱32.1厘米　橫736.5厘米

Lun Shu Fa Juan (Quotations from masters' comments on calligraphy) in cursive script
By Xu Wei (1521-1593)
Handscroll, ink on paper
H. 32.1cm　L. 736.5cm

徐渭(1521—1593)，字文清，更字文長，號天池山人、田水月、天池生、青藤道士等，明代山陰(今浙江紹興)人。年十二為諸生，屢應鄉試不中，曾為閩浙總督胡宗憲幕客，為其策劃抗倭。性不羈，提倡獨創，反對摹擬，詩文、書畫奇姿縱肆，風格鮮明。書法學米芾，奔放蒼勁中見姿媚，自評：“吾書第一，詩第二，文三，畫四。”著有《會稽縣誌》、《筆玄要旨》、《徐文長全集》。

卷書梁武帝、米芾、黃庭堅、蘇軾等論書語。款署“萬曆壬辰春季月青藤道士徐渭書於梅花館”，鈐“徐渭私印”(朱文)、“天池山人”(白文)、“湘管齋”(朱文)，引首鈐“公孫大娘”(白文)印。“萬曆壬辰”為明萬曆二十年(1592)，徐渭時年七十二歲。

徐渭書法精於運筆，線條縈帶飄逸，盤紆繚繞，字與字之間緊密相依；提頓節奏變化豐富，並參用隸法，使字體古雅有情致。此卷書法用筆精到，姿態奇偉，姿媚其間。

鑑藏印記：“約齋鑑賞”(白文)、“聞納之印”(朱文)、“張篤行印”(白文)等。

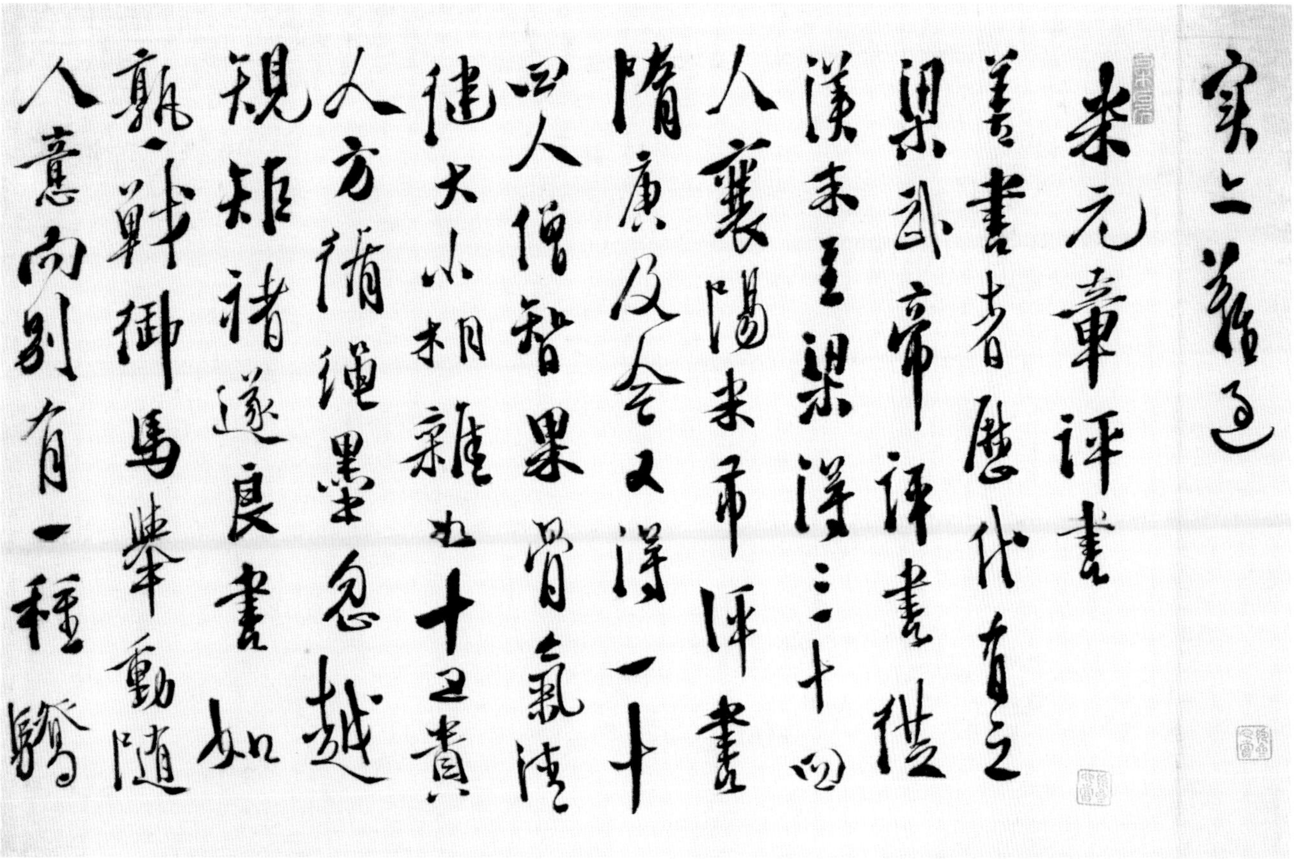

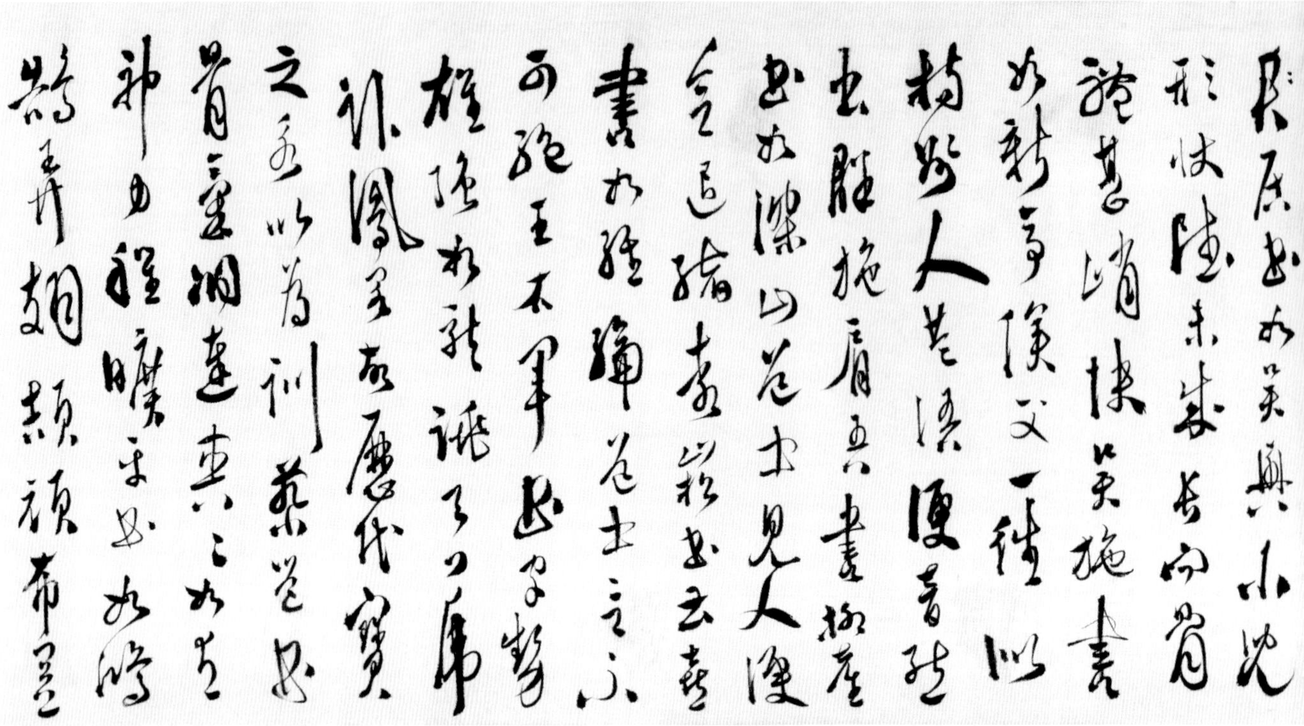

似婢作夫人，不堪正位置，舉止羞澀，終不似真。阮研書如貴胄失品次，不復排斥英賢。王儀同書如晉安常，非不處尊位而都無神明。殷均如高麗人，抗浪乃不有意氣，而姿顏自足精彩。徐淮南書如南岡士大夫，徒尚風軌，不免寒氣。陶隱（君）居書如吳興小兒，形狀雖未成長，而骨體甚峭快。吳施書如新亭傖父，一往似揚州人，共語便音態出羣。施肩吾書、柳書，如深山道士，見人便欲退縮。袁崧書、曹喜書如經綸道士，言不可絕。王右軍書字勢雄強，如龍跳天門，虎臥鳳闕，故歷代寶之，永以為訓。蔡邕書骨氣洞達，爽爽如有神力。程曠平書如鴻鵠弄翅，頡頏佈置，

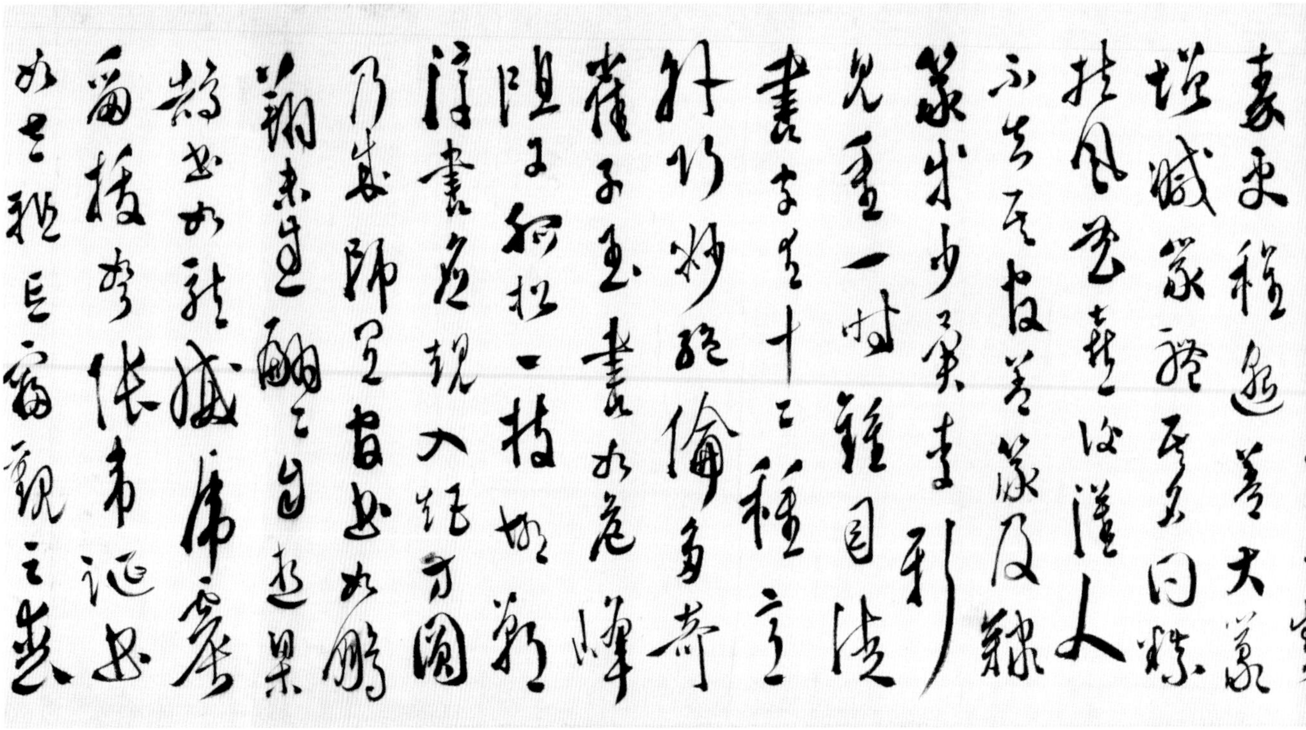

金。桓玄書如快馬入陣，隨人屈曲，豈須文譜。范懷約真書有功，草書無功，故知簡牘非易。皇象書如音韻繞梁，孤飛獨舞。孔琳之如散花空中，流徽自得。李岩之書如鏤金素月，屈玉自照。薄紹之書如龍遊在霄，繾綣可愛，字勢蹉跎，有疾閃飛動之勢。秦更、程邈善大篆，增減篆體，其名曰精扶風曲，喜復漢人，不知其官，善篆及隸，篆等少異。李斯見重一時，鍾司徒書字有十二種，意外巧妙，絕倫多奇。崔子玉書如危峯阻日，孤松一枝。邯鄲淳書應規入矩，方圓乃成。師宜官書如鵬翔未息，翩翩自逝。梁鵠書如龍威虎震，劍拔弩張。韋誕書如太祖忘寢，觀之喪

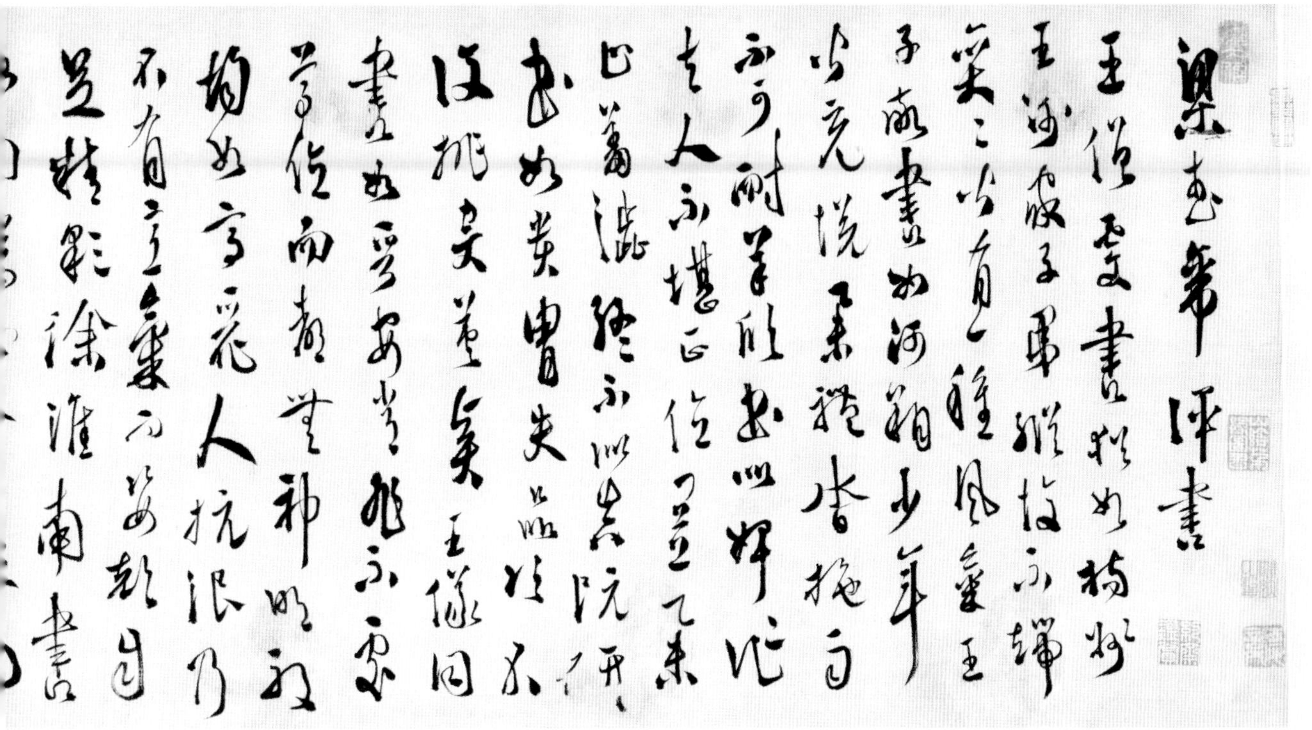

《論書法卷》之一

釋文：
梁武帝評書
工僧虔書猶如揚州王謝家子弟，縱復不端，奕奕皆有 種風氣。王了敬書如河朔少年皆充悅，舉體沓拖而不可耐。羊欣書

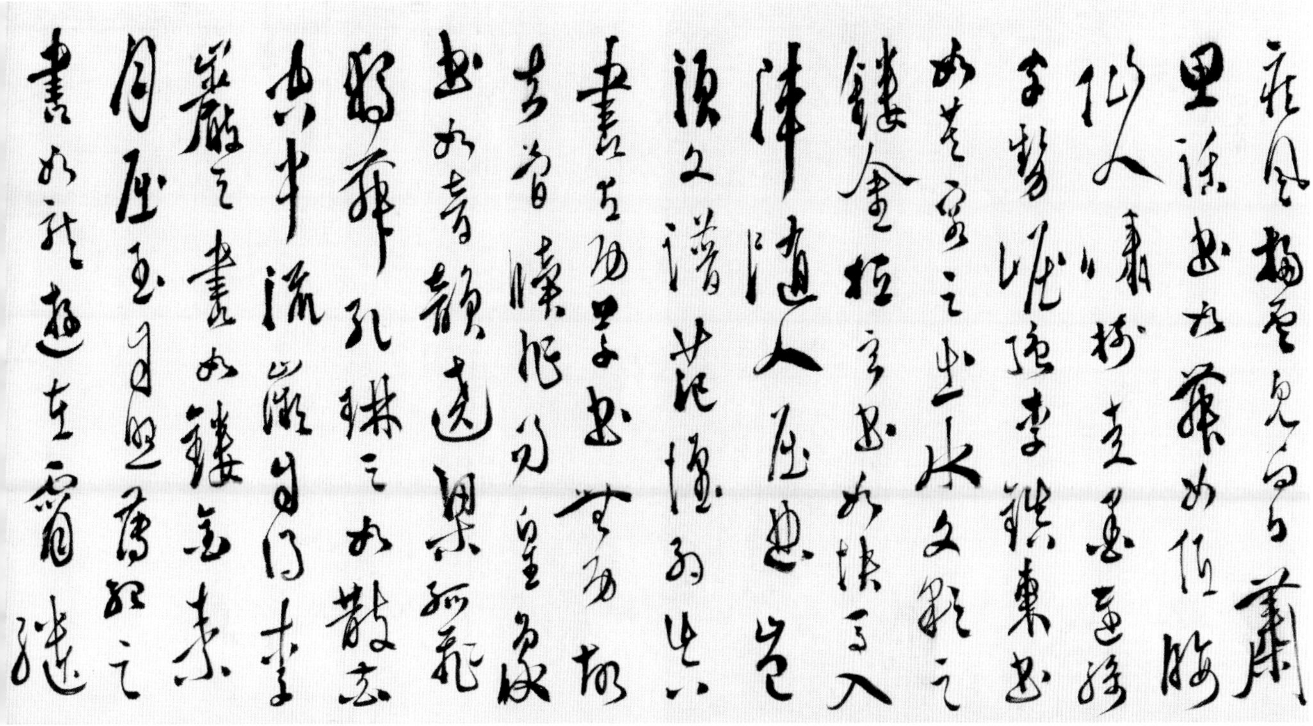

《論書法卷》之二

疾風掃雲見白日。蕭思話書如舞女低腰，仙人嘯樹，走墨遲騎，字勢崛強。李鎮東書如芙蓉之出水，文彩之鏤

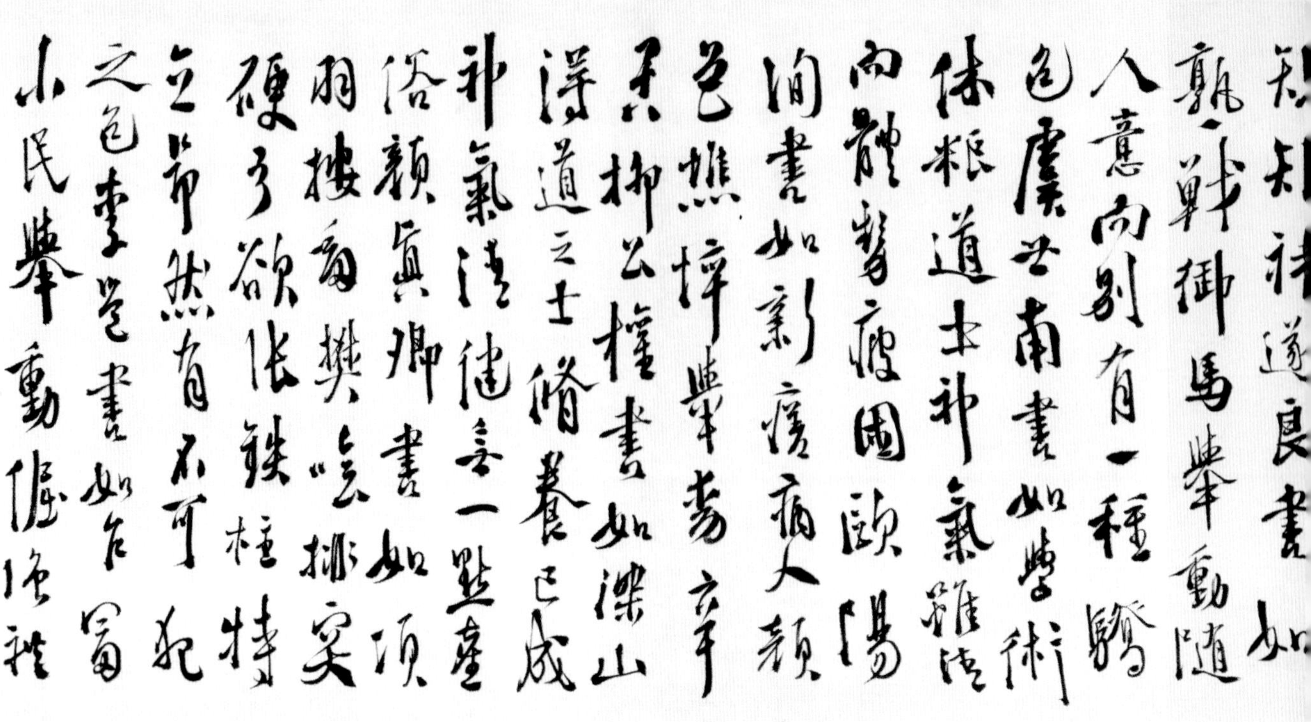

春。索靖書如飄風忽舉，鷙鳥乍飛。鍾繇書如雲鶴遊天，羣鴻戲海，行間茂實亦難過。

米元章評書

善書者，歷代有之，梁武帝評書，從漢末至梁，得三十四人。襄陽米芾評書，隋唐及今又得一十四人。僧智果骨氣清健，大小相雜，如十五貴人，方循繩墨，忽越規矩。褚遂良書如熟戰御馬，舉動隨人意，向別有一種驕色。虞世南書如學術休糧道士，神氣雖清，而體勢疲困。歐陽詢書如新瘥病人，顏色憔悴，舉動辛苦。柳公權書如深山得道之士，修養已成，神氣清健，無一點塵俗。顏真卿書如項羽按劍，樊噲排突，硬弓欲張，鐵柱特立，昂然有不可犯之色。李邕書如乍富小民，舉動倔強，禮

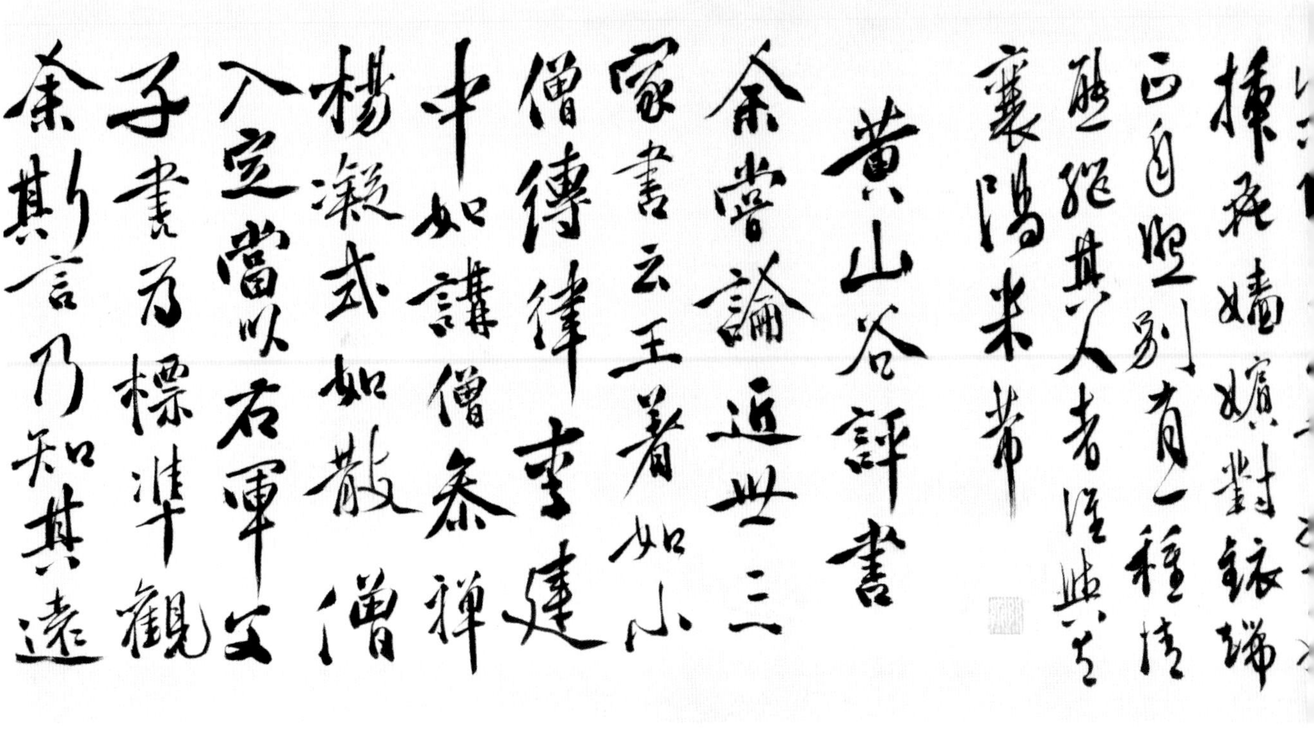

節生疏。徐浩書如蘊德之士，動容溫厚，舉止端莊，熟尚名節，體氣純白。沈傳師書如龍遊天表，虎距溪傍，神精自若，骨法清虛。周越書如輕薄少年，舞劍氣勢雄健而鋒刃交加。錢易書如美人肌體，充悅而神氣清秀。蔡襄書如少年女子，訪雲尋雨，體態妖嬈，行步緩慢，多飾銀華。蘇舜欽書如五陵少年，駿馬青衫，醉臥芳草，狂歌玩樂。張直友書如宮女插花，嬪嬙對鏡，端正自照，別有一種情態。繼其人者誰與有。襄陽米芾。

黃山谷評書

余嘗論近世三家書云，王著如小僧傳律，李建中如講僧參禪，楊凝式如散僧入定，當以右軍父子書為標準。觀余斯言，乃知其遠

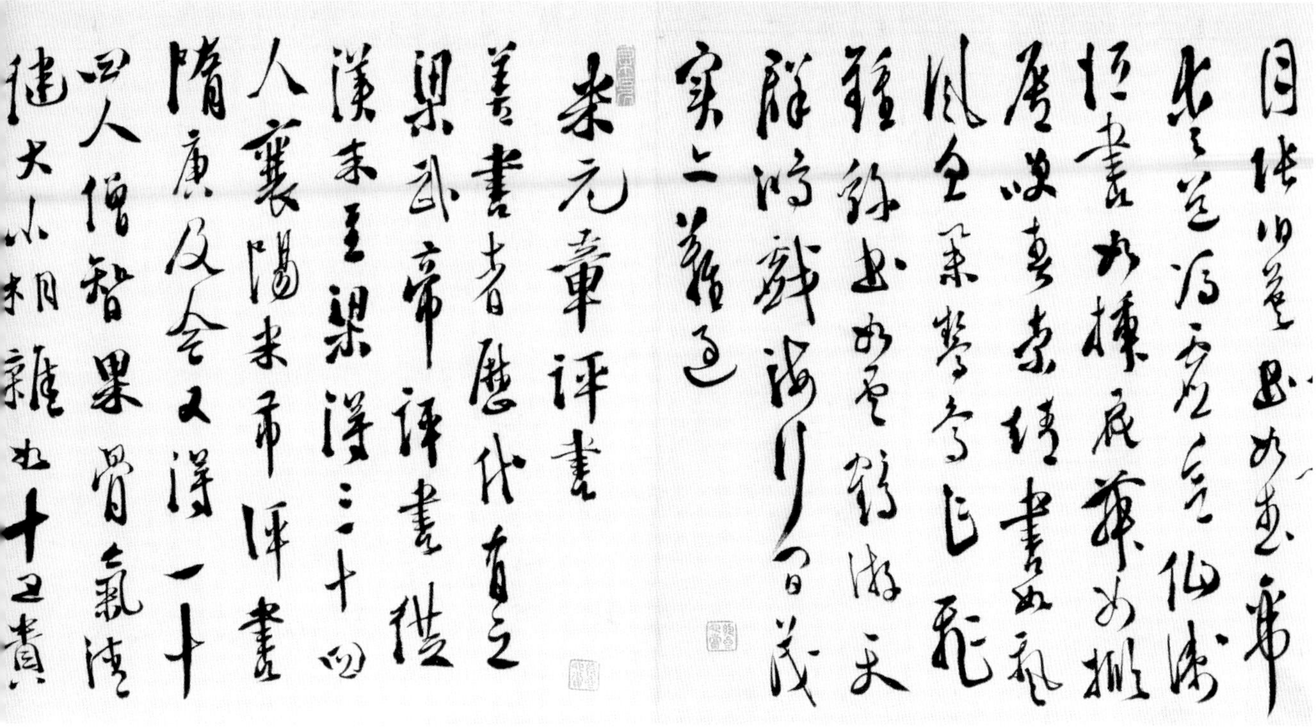

《論書法卷》之二

曰。張伯英書如武帝愛道，憑虛欲仙。衛恆書如插花舞女，掀脣笑

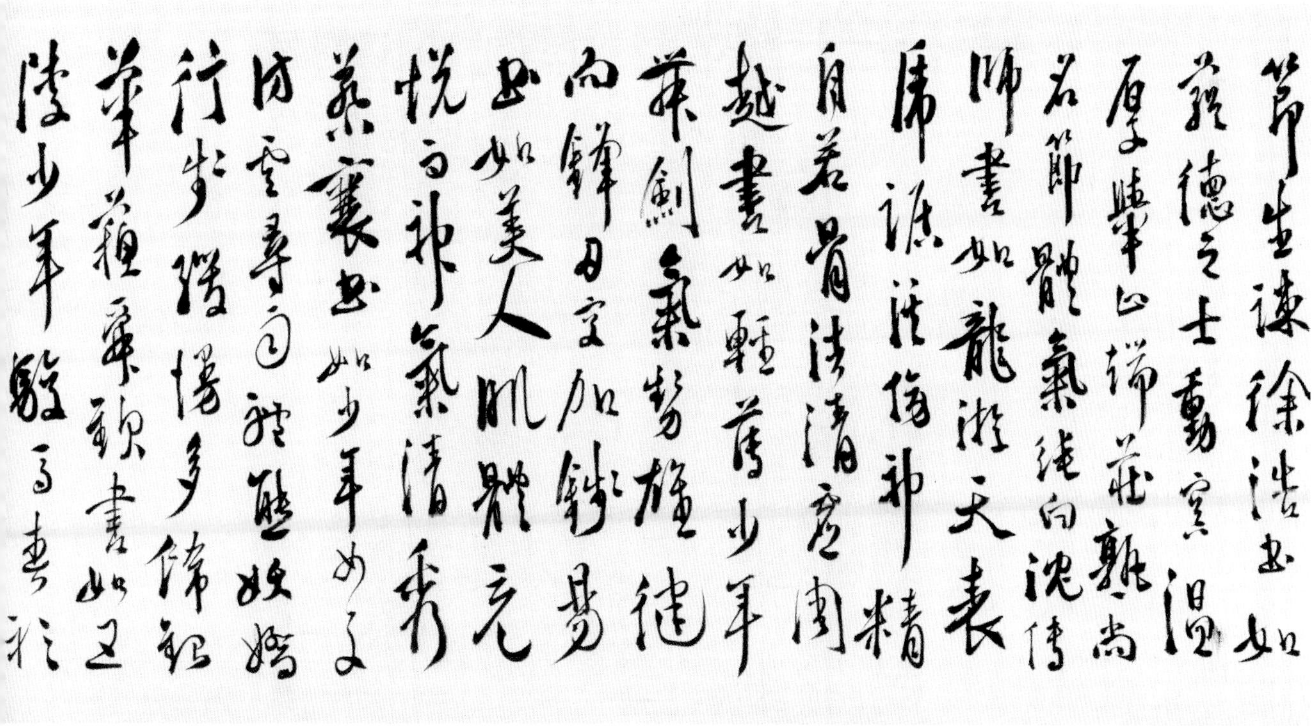

《論書法卷》之四

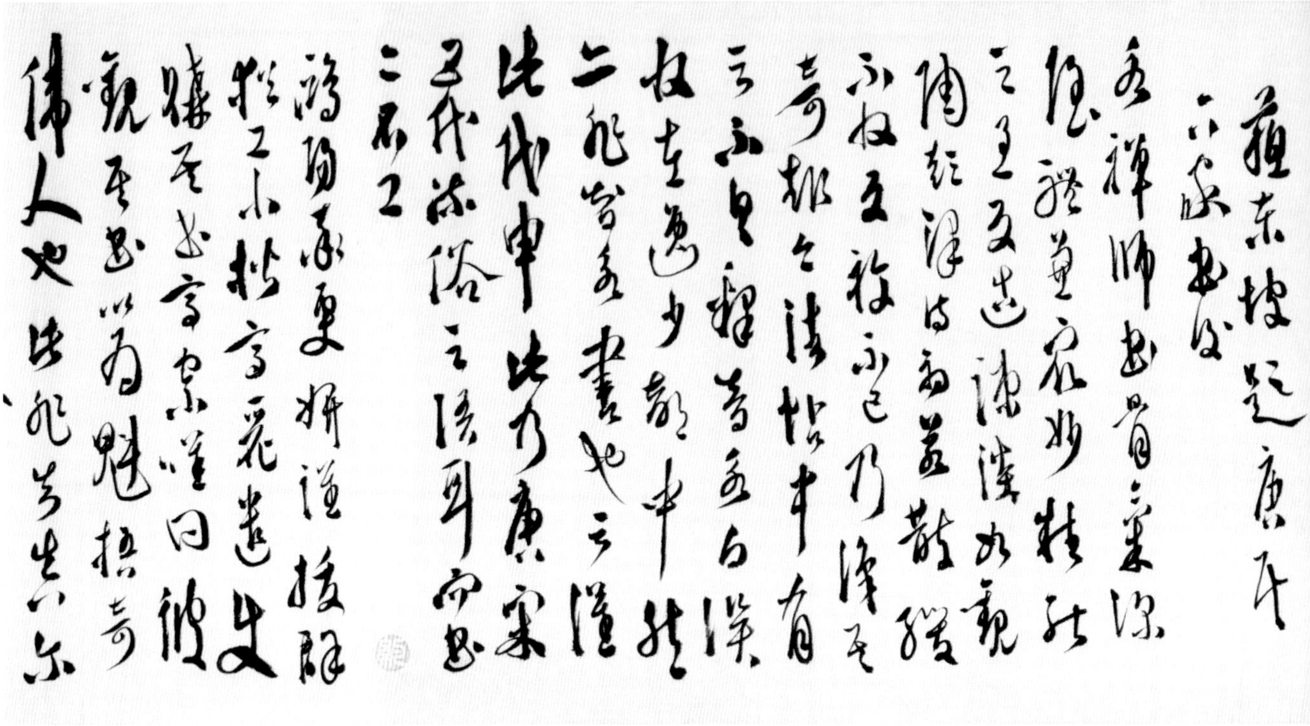

近。米元章書如快劍斫陣，強弩射千里，所當穿徹，書家筆勢亦窮於此，然似仲由未見孔子時氣風耳。蘇子美似古人筆勁，蔡君謨似古人筆圓，雖得一體，皆自到也。蔡君謨書如蔡琰胡笳十八拍，雖清氣頓挫，有閨房態度。

蘇東坡題唐代六家書後

永禪師書骨氣深隱，體兼眾妙，精能之至，反造疏淡，如觀陶彭澤詩，初若散緩不收，反複不已，乃識其奇趣。今法帖中有云，不具釋智永白，誤收在逸少部中，然亦非智永書也。云謹此代申。此乃唐宋五代流俗之語耳，而書亦不工。

歐陽率更妍謹拔羣，尤工小楷。高麗遣使購其書，高宗嘆曰，彼觀其書，以為魁梧奇偉人也，此非知真爾

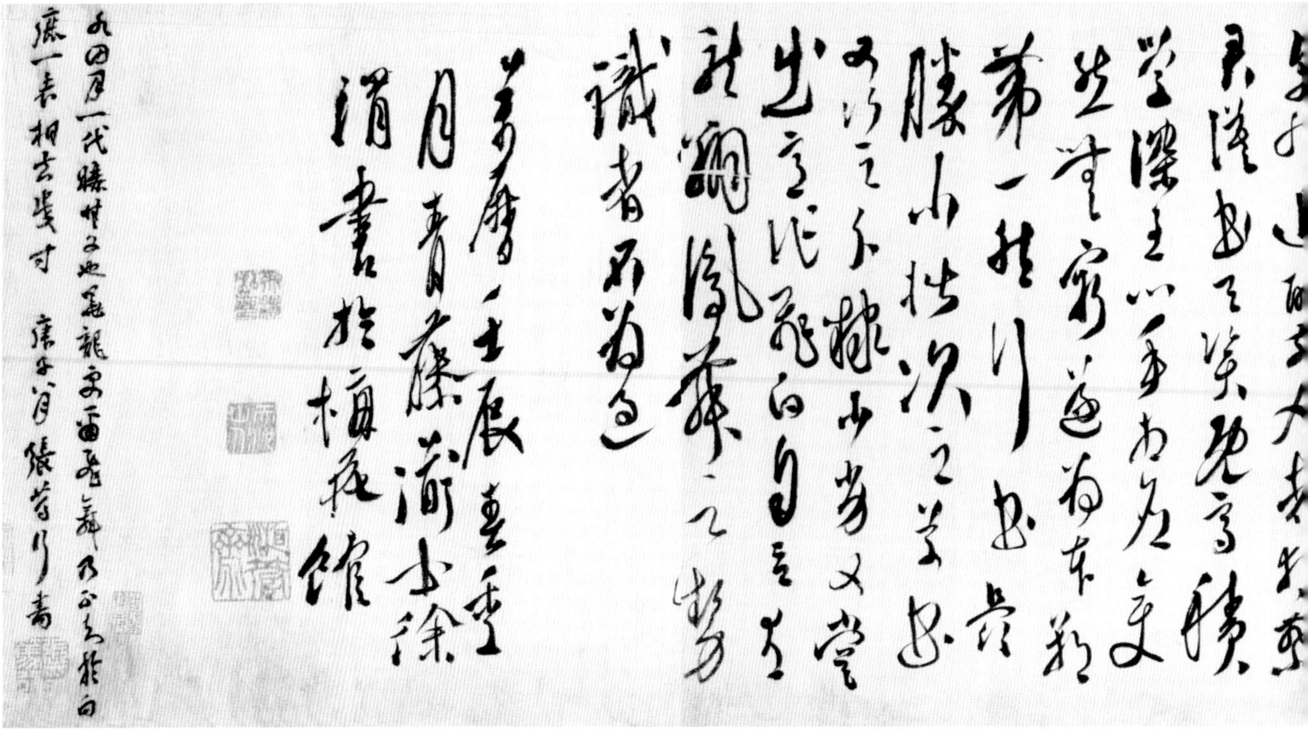

自湖口以書遺余，云吾家有此六人書，子為略評之而書後。唐林夫之書過我遠矣，而反求余評此。則未可曉也。

自顏柳氏沒，筆法衰絕，加以唐末喪亂，人物凋落磨滅，五代文采風流掃地盡矣。獨楊凝式筆跡雄傑，與二王顏柳之餘，此真可謂書之豪傑，不為時勢所汨沒者。國初李建中號為能書，然格韻早弱，猶有唐末以來喪陋之氣，其餘未見有卓然追配前人者。獨蔡君謨書天資既高，積學深至，心手相應，變態無窮，遂為本朝第一。然行書最勝，小楷次之，草書又次之，分隸少劣。又嘗出意作飛白，自言有龍翔鳳舞之勢，識者不為過。

萬曆壬辰春季月青藤道士徐渭書於梅花館

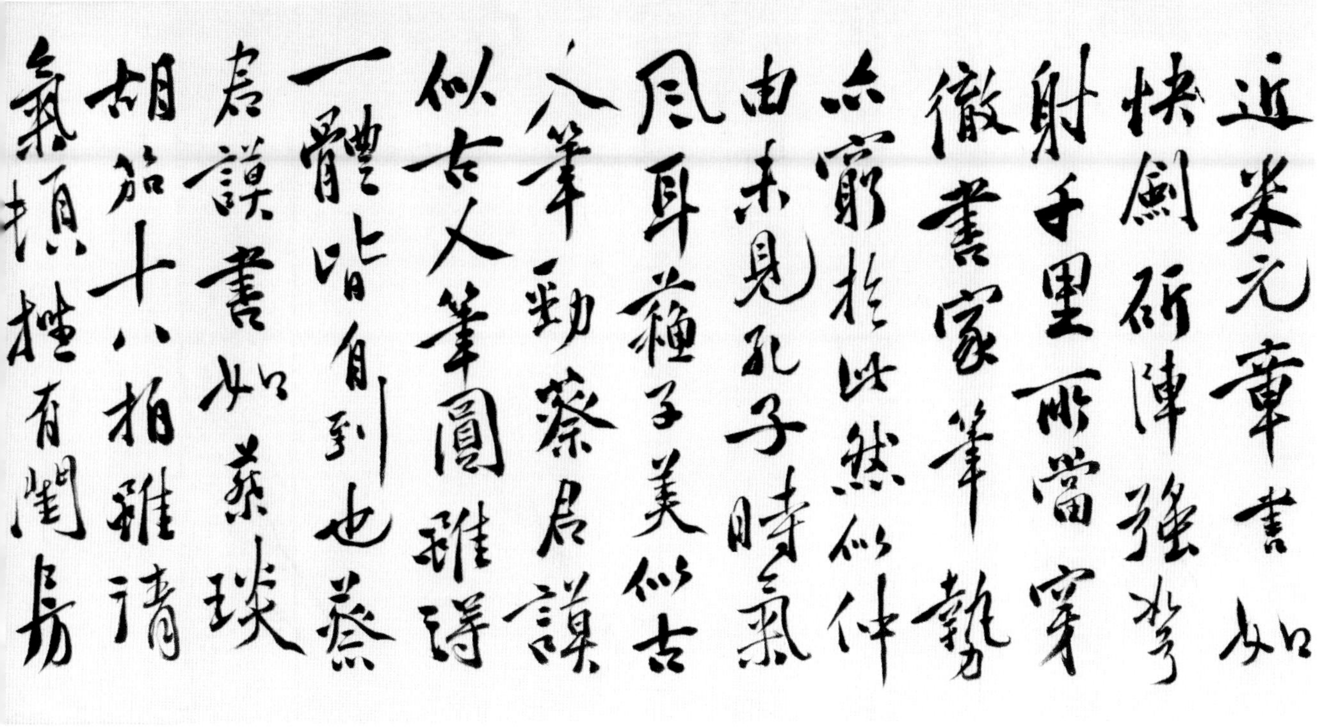

《論書法卷》之五

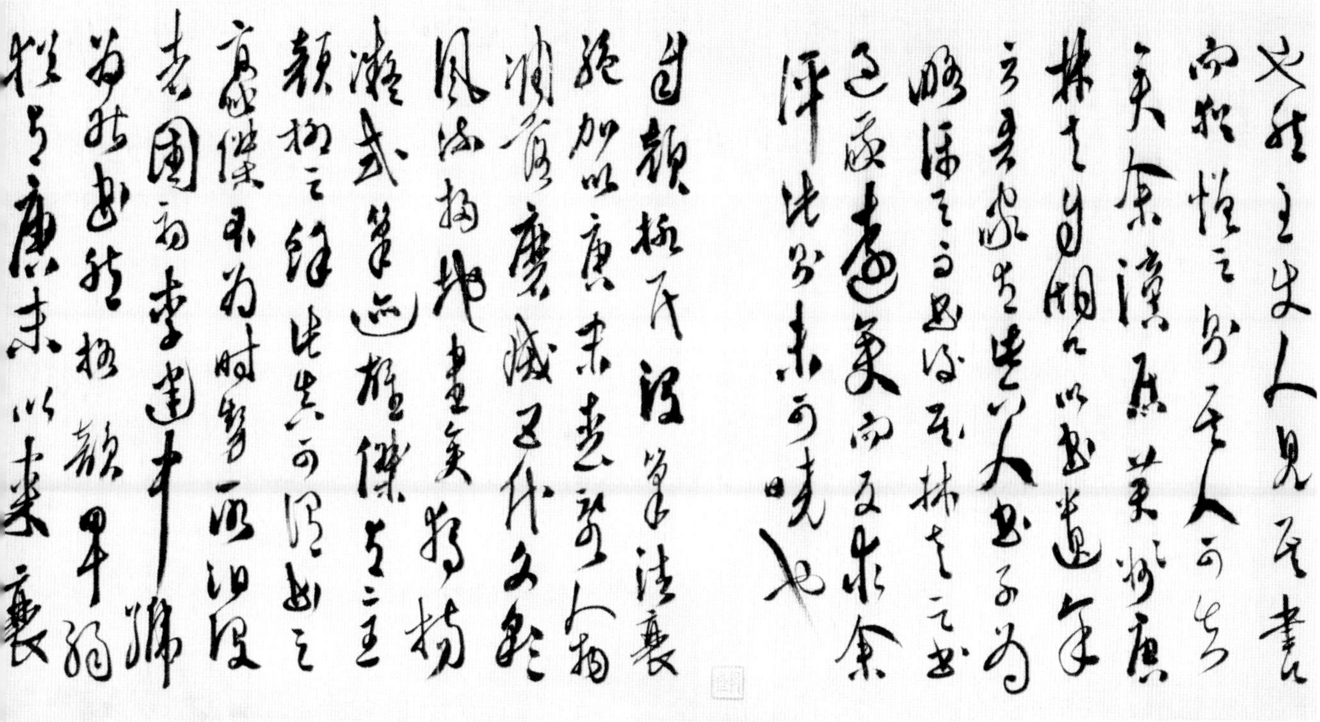

《論書法卷》之六

也。然至使人見其書而猶憎之，則其人可知矣。余謫居黃州，唐林夫

黃山谷評書
余嘗論近世三
家書云王著如小
僧縛律李建
中如講僧參禪

80

徐渭　草書七律詩軸

紙本 草書
縱209.2厘米 橫64.4厘米

Qi Lu Shi (seven-syllable regulated verse) in cursive script
By Xu Wei
Hanging scroll, ink on paper
H. 209.2cm　L. 64.4cm

軸書七言律詩一首，詩見《徐渭集》，題為“過陳守經，留飯海棠樹下，賦得夜雨剪春韭”。款署“醉寫經海棠樹下，時夜禁所答　　天池山人渭”，鈐“天池山人”（白文）、“青藤道士”（白文），引首鈐“公孫大娘”（白文）印。

此軸書法縱橫恣肆，詭異奇偉，滿紙龍蛇。然細品之，則筆畫沉勁，欹中取正，字字分明，可謂是藝高膽大。故袁宏道稱徐渭為“字林之俠客”。

鑑藏印記：“虞山張蓉鏡鑑藏”（朱文）、“夢禪”（朱文）、“澍”（白文）等。

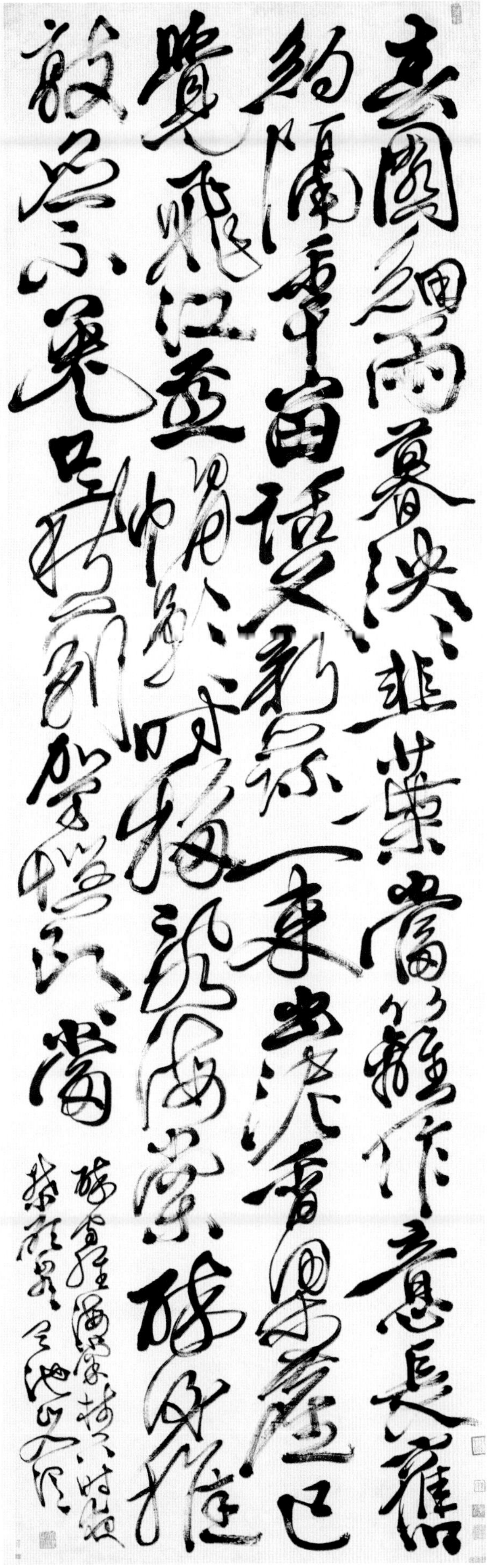

釋文：
春園細雨暮泱泱，韭葉當籬作意長。舊約隔年留話久，新蔬一束出泥香。梁塵已覺飛江燕，帽影時移亂海棠。醉後推敲應不免，只愁別駕惱郎當。　醉守經海棠樹下，時夜禁欲盡　天池山人渭

81

徐渭　草書七律詩軸

紙本 草書
縱163.7厘米 橫43厘米

Qi Lu Shi (seven-syllable regulated verse) in cursive script
By Xu Wei
Hanging scroll, ink on paper
H. 163.7cm　L. 43cm

軸書七言律詩一首，詩見《徐渭集》。款署“子遂父以尊人墓表故抵燕，至臘始歸，賦此送之。　天池山人徐渭”，鈐“山陰布衣”（白文）、“漱仙”（白文）、“金壘山人”（白文）、“八□裏□□□人”（白文），引首鈐“公孫大娘”（白文）印。

此軸書法筆勢酣暢，銳氣十足，佈局茂密遒勁，用筆放縱淋漓，放浪開張，似奔蛇走虺，戈戟森然，滿紙雲煙，攝人心魄。

鑑藏印記：“慎生珍賞”（朱文）、“李”（朱文）。

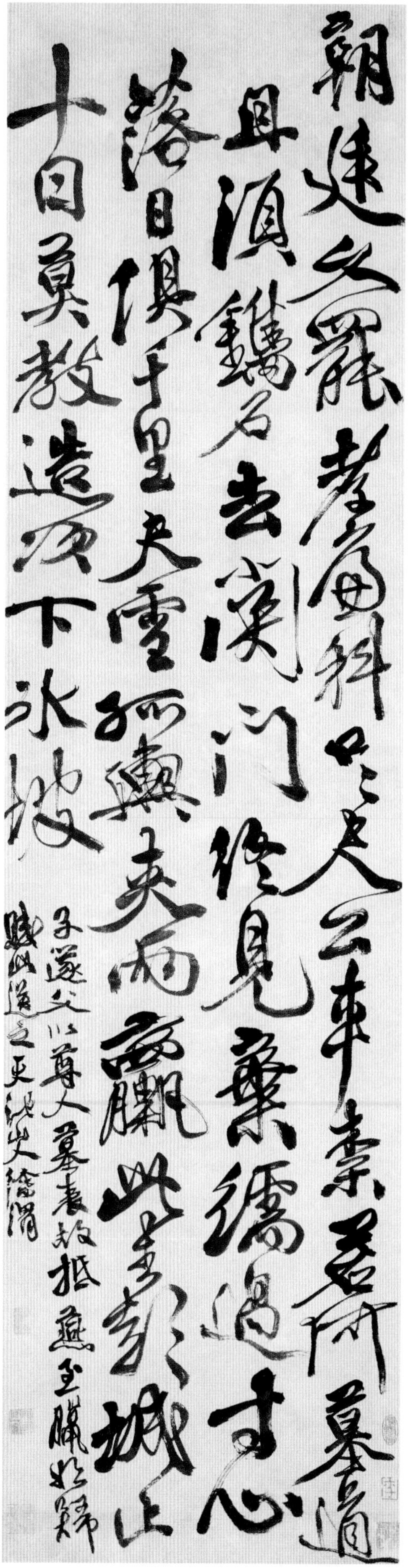

釋文：
朝廷久罷孝廉科，只尺公車奈若何。墓道且須鐫石去，關門終見棄儒過。寸心落日俱千里，尺雪孤輿夾兩贏。此生彭城止十日，莫教造次下冰坡。
子遂父以尊人墓表故抵燕，至臘始歸，賦此送之　天池山人徐渭

82

王穉登　行書錄宋人語軸

紙本　行書

縱117.3厘米　橫44.5厘米

Lu Song Ren Yu (Quotations from a person of Song Dynasty) in running script

By Wang Zhideng (1535-1612)

Hanging scroll, ink on paper

H. 117.3cm　L. 44.5cm

王穉登(1535—1612)，字百谷，江蘇江陰人，後移居吳門(今蘇州)。十歲能詩，嘉靖末入太學，萬曆時曾召修國史。工書法，擅篆、隸、行、草書，行草書受周天球、黃姬水等人影響。著有《吳郡丹青誌》。

軸書宋羅大經《鶴林玉露》文，款署"萬曆丁亥三月上巳後三日　尊生齋燭下書　　王穉登"，鈐"王穉登印"(白文)、"王百谷"(白文)、"王百谷氏"(白文)印。年款"萬曆丁亥"，為明萬曆十五年(1587)，王穉登時年五十三歲。

此軸書法間架結構及用筆師文徵明，線條婉轉尖峭，運筆疾徐曲折，體勢長縱，連綴多有變化，凝練有古風。

鑑藏印記："小雪浪齋主人六十八後審定真跡"(朱文)、"顏氏韻伯審定之章"(白文)。

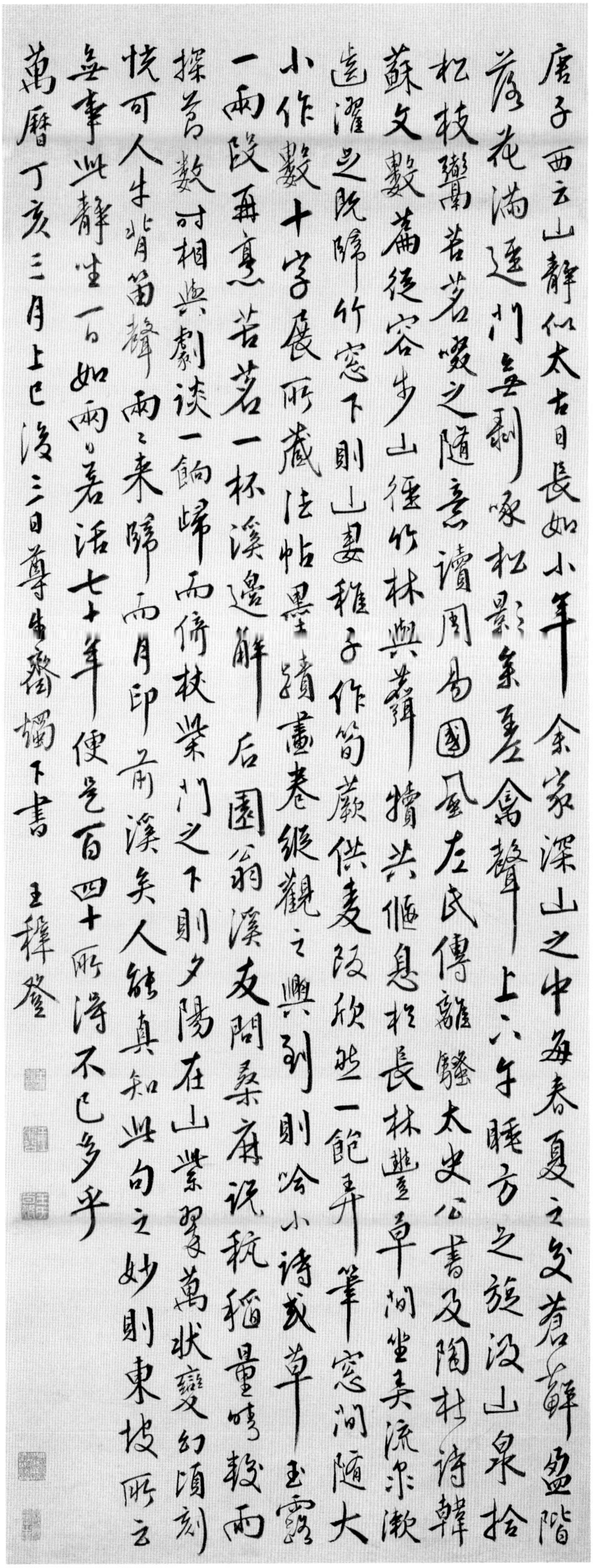

釋文：

唐子西云：山靜似太古，日長如小年。余家深山之中，每春夏之交，蒼蘚盈階，落花滿逕，門無剝啄，松影參差，禽聲上下。午睡方足，旋汲山泉，拾松枝，鬻苦茗，啜之隨意。讀周易、國風、左氏傳、離騷、太史公書，及陶、杜詩，韓、蘇文數篇。從容步山徑，竹林與麛犢共偃息於長廿豐草間，坐弄流泉，漱齒濯足。既歸竹窗下，則山妻稚子，作筍蕨，供麥飯，欣然一飽。弄筆窗間，隨大小作數十字，展所藏法帖、墨跡、畫卷，縱觀之，興到則吟小詩或草玉露一兩段，再烹苦茗一杯。溪邊邂逅園翁溪友，問桑麻，說秔稻，量晴較雨，探節數時，相與劇談一餉。歸而倚仗柴門之下，則夕陽在山，紫翠萬狀，變幻頃刻，恍可人(目)，牛背笛聲，兩兩來歸，而月印前溪矣。人能真知此句之妙，則東坡所云，無事此靜坐，一日如兩日，若活七十年，便是百四十，所得不已多乎。

萬曆丁亥三月上巳後三日　尊生齋燭下書　王穉登

83

王世貞　行書贈王十嶽詩卷

紙本　行書
縱25.8厘米　橫135厘米

Zeng Wang Shiyue Shi (A poem presented to Wang Shiyue) in running script
By Wang Shizhen (1526-1590)
Handscroll, ink on paper
H. 25.8cm　L. 135cm

王世貞（1526—1590），字元美，號鳳洲，又號弇州山人，明代太倉（今屬江蘇）人。嘉靖二十六年進士，官至南京刑部尚書。善古詩文，與李攀龍同為“後七子”首領，李氏歿，獨主文壇二十年。主張文必秦漢，詩必盛唐，倡導復古摹擬，在當時影響極大。著有《王氏書苑》、《畫苑》。

卷書《贈王十嶽》詩一首，款署“天弢居士王世貞病中書”，鈐“王元美氏”（白文）、“天弢居士”（白文）印。

此卷書法閒雅秀麗，古樸清新，運筆凝練，骨力內涵，方圓並見，豪放中見沉着，遒勁中見婉秀。明朱謀垔《書史會要續編》言：“世貞書學雖非當家，而議論翩翩，筆法古雅。”其結字、佈局似出自趙孟頫書法。

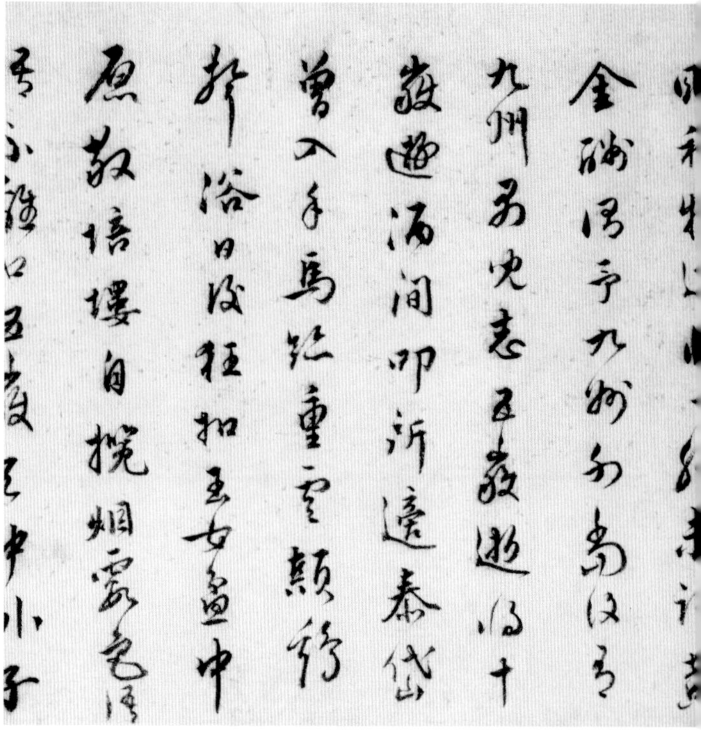

顛，雞聲浴日後。狂扣玉女盆，中原敬培塿。自攬煙霞色，語

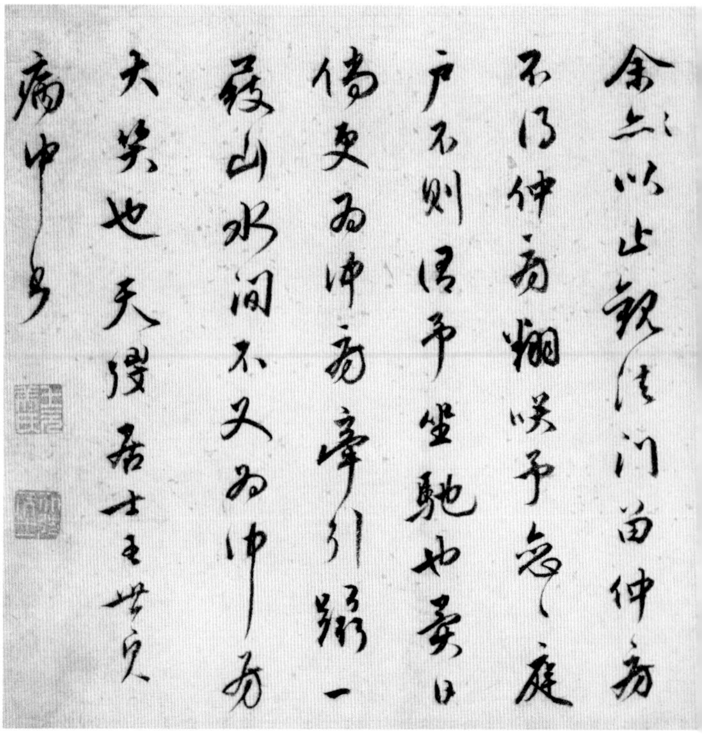

弢居士王世貞病中書

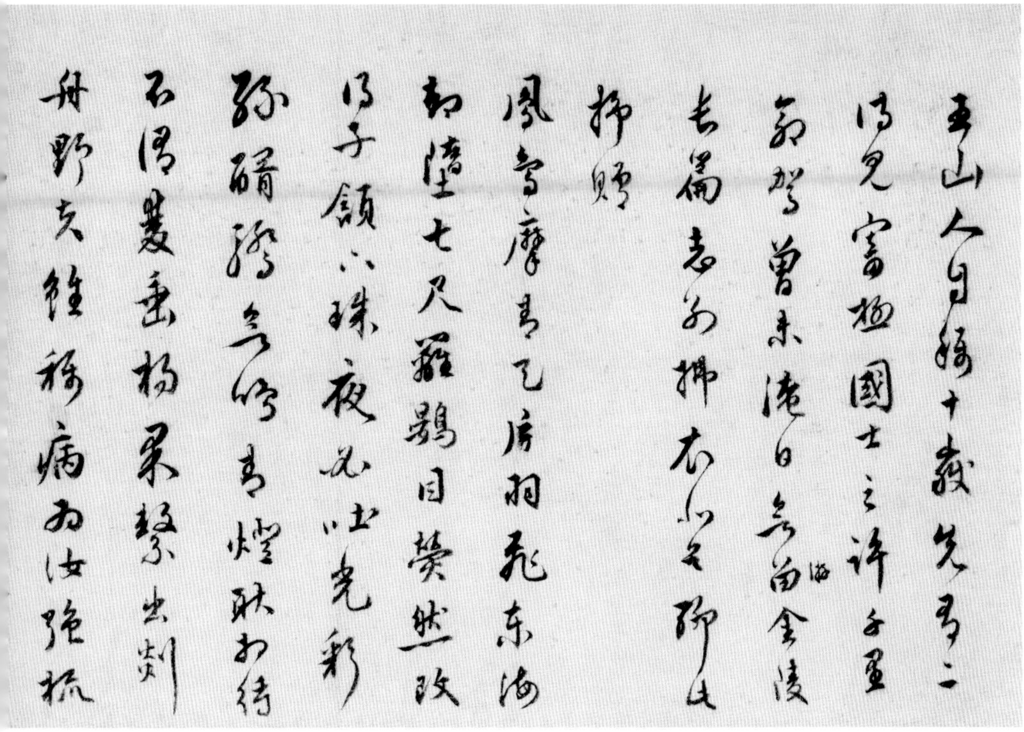

《贈王十嶽詩卷》之一

釋文：
王山人自稱十
嶽，先有二詩
見寄，極國士
之許，千里命
駕，曾未淹
日，欲遊金
陵，長篇志
別，拂衣似呈
聊此抒贈
鳳鳥摩青天，
片羽飛東海。
卻墜七尺籬，
鶡目焚然改。
得了頷下珠，
夜必吐光彩。
探酬驕欲鳴，
青燈耿相待。
不謂雙垂楊，
果系出剡舟。
對夫雖稱病，
為汝強梳頭。
沉沉薛色夏，
忽起(雙)商飆
秋。特達壯士
遊，未許黃金
酬。謂予九州
小，當復有九
州。禹兒志五
嶽，逝將十嶽
遊。酒間叩沂
濱，泰岱曾入
千。馬跡重雲

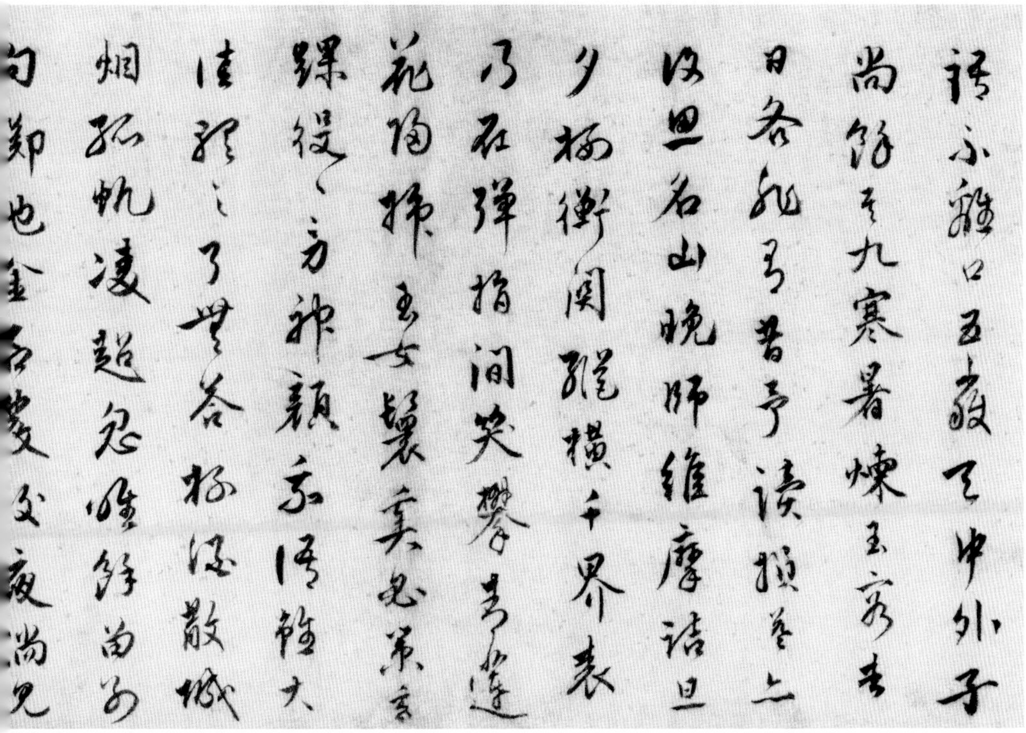

《贈王十嶽詩卷》之二

語不離口。五
嶽天中外，子
尚餘其九。寒
暑煉玉容，去
日各非有。昔
予讀損益，亦
復思名山。晚
師維摩詰，旦
夕棲衡關。縱
橫千界表，乃
在彈指間。笑
攀青蓮花，歸
插玉女鬟。奚
必策玄踝，役
役勞神顏。我
語雖大佳，聽
之了無答。杯
酒散城煙，孤
帆淩超忽。唯
餘留別句，擲
地金石發。後
夜倘見懷，長
江弄秋月。
余(亦)以止觀
法門留仲房不
得，仲房翻笑
予戀戀庭戶，
不則謂予坐馳
也。翼日倘更
為仲房牽引，
躡一屐山水
間，不又為仲
房大笑也。天

84

邢侗　草書臨袁生帖軸

綾本　草書

縱175.5厘米　橫25.4厘米

Lin Yuan Sheng Tie (After a model calligraphy) in cursive script

By Xing Tong (1551-1612)

Hanging scroll, ink on silk

H. 175.5cm　L. 25.4cm

邢侗（1551—1612），字子愿，號來禽生，明代臨邑（今山東臨清）人。萬曆二年進士，授南宮知縣，歷御史參議，官至陝西行太僕卿。年三十餘歲，即辭職還鄉，在古犁丘上築來禽館，以待四方賓客。善畫蘭竹，七歲即能作擘窠書，後學王寵楷書。考進士時因殿試策書法精妙，倍受評卷官讚嘆。與董其昌、米萬鍾、張瑞圖合稱"明末四家"，與董其昌並稱"北邢南董"。家藏甚富，自刻《來禽館帖》行世，其中以王羲之《十七帖》最為著名。著有《來禽館集》。

軸臨王羲之《袁生帖》，款署"邢侗臨"，鈐"邢侗之印"（白文）、"子愿氏"（白文）印。

此軸筆法縱橫雄渾，飄逸峻爽。形體寬博豐茂，風格質樸，受二王書法影響很深，正如周之士所言："近代邢子愿書，研精二王，筆法恒彷佛十七帖意，即其卷素所書，跡多述王帖，可謂極意臨摹者矣。"

鑑藏印記："石雪齋祕笈印"（朱文）、"宗浩長壽"（白文）、"石雪鑑藏"（朱文）、"存精寓賞"（朱文）。

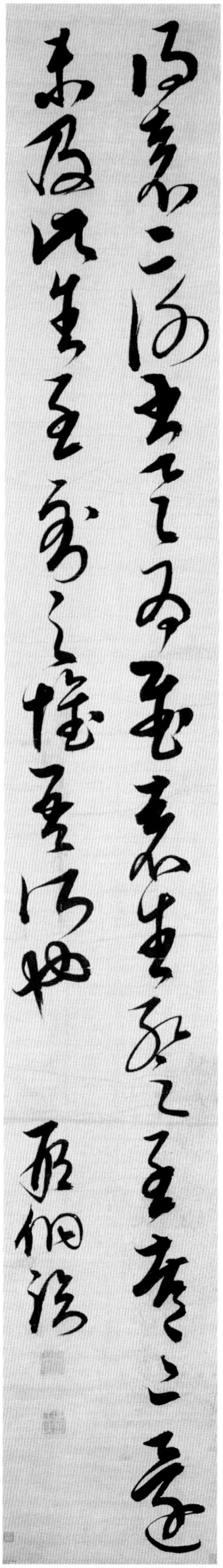

釋文：得袁二謝書，一一為慰。袁生暫至都。已還未及。此生至到之懷吾所也。邢侗臨

85

邢侗　行書五律詩軸

紙本 行書

縱142厘米 橫33.2厘米

Wu Lu Shi (five-syllable regulated verses) in running script

By Xing Tong

Hanging scroll, ink on paper

H. 142cm　L. 33.2cm

軸書五言律詩三首，款署"濟南邢侗"，鈐"子願父"(白文)、"濟南生"(白文)印。

邢侗書法受王羲之影響至深，他認為王羲之"卓然為千古書家之冠"，而極意追摹，因而在其存世法書中，臨王帖的作品佔了很大一部分。此軸書法質樸自然，率意清真，得王羲之書法秀活之體，具有臨帖之意。

鑑藏印記："南皮張氏珍藏真跡"(朱文)、"同壽藏"(朱文)、"項士傑印"(白文)、"長萬氏"(朱文)。

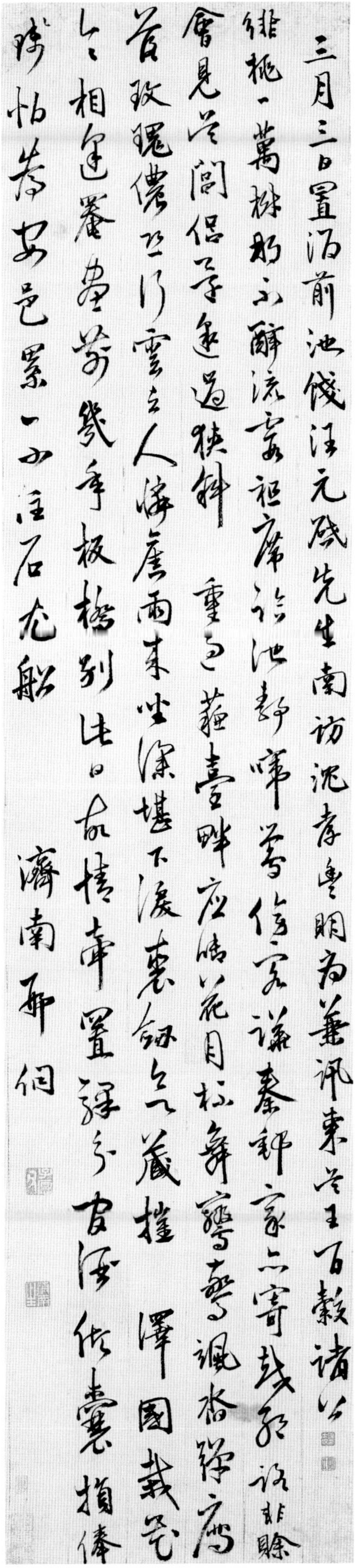

釋文：

三月三日置酒前池，餞汪元啟先生南訪沈孝豐明府，兼訊東吳王百谷諸公

徘桃一萬樹，那不醉流霞。祖席臨池靜，啼鶯傍客譁。秦鄆家亦寄，越郭路非賒。會見吳閶侶，還途過狹斜。　重過蘇台畔，應啣花月杯。舞鸞驚颯沓，彈鷹落玫瑰。儂恐行雲去，人憐舊雨來。坐深堪下淚，裘劍欲藏摧。　澤園栽花令，相逢罨畫前。幾年板橋別，此日故情牽。置驛分官酒，傾囊損俸錢。怕薦安邑累，不注石尤船。　濟南邢侗

86

董其昌　楷書臨東方朔畫像贊卷

紙本　楷書
縱24.1厘米　橫558.6厘米

Lin Dongfang Shuo Hua Xiang Zan (After the inscription eulogizing the portrait of Dongfang Shuo) in regular script
By Dong Qichang (1555-1637)
Handscroll, ink on paper
H. 24.1cm　L. 558.6cm

董其昌（1555—1637），字玄宰，號思白、香光居士，明代華亭（今上海松江）人。官至南京禮部尚書，謚文敏。為明代最負盛名的書畫家，對後世產生很大影響。富收藏，精鑑定及書畫理論。能詩善文，著有《容台集》、《容台別集》、《畫禪室隨筆》等。

卷臨唐顏真卿《東方朔畫像贊碑》，卷末識："顏尚書此碑，蘇學士書所自出。世謂蘇學徐浩者，乃行楷一種耳。予蚤年臨《多寶塔碑》，今仿《畫像贊》，猶似伽葉起舞。丙午除夕前一夕燭下識　董其昌"。"丙午"為明萬曆三十四年（1606），時董其昌五十二歲。卷前引首書有"參指頭禪"四小字，卷後有近人宋伯魯、裴景福等題跋。清裴景福《壯陶閣書畫錄》一書著錄，稱為《明董香光臨畫贊大字卷》。

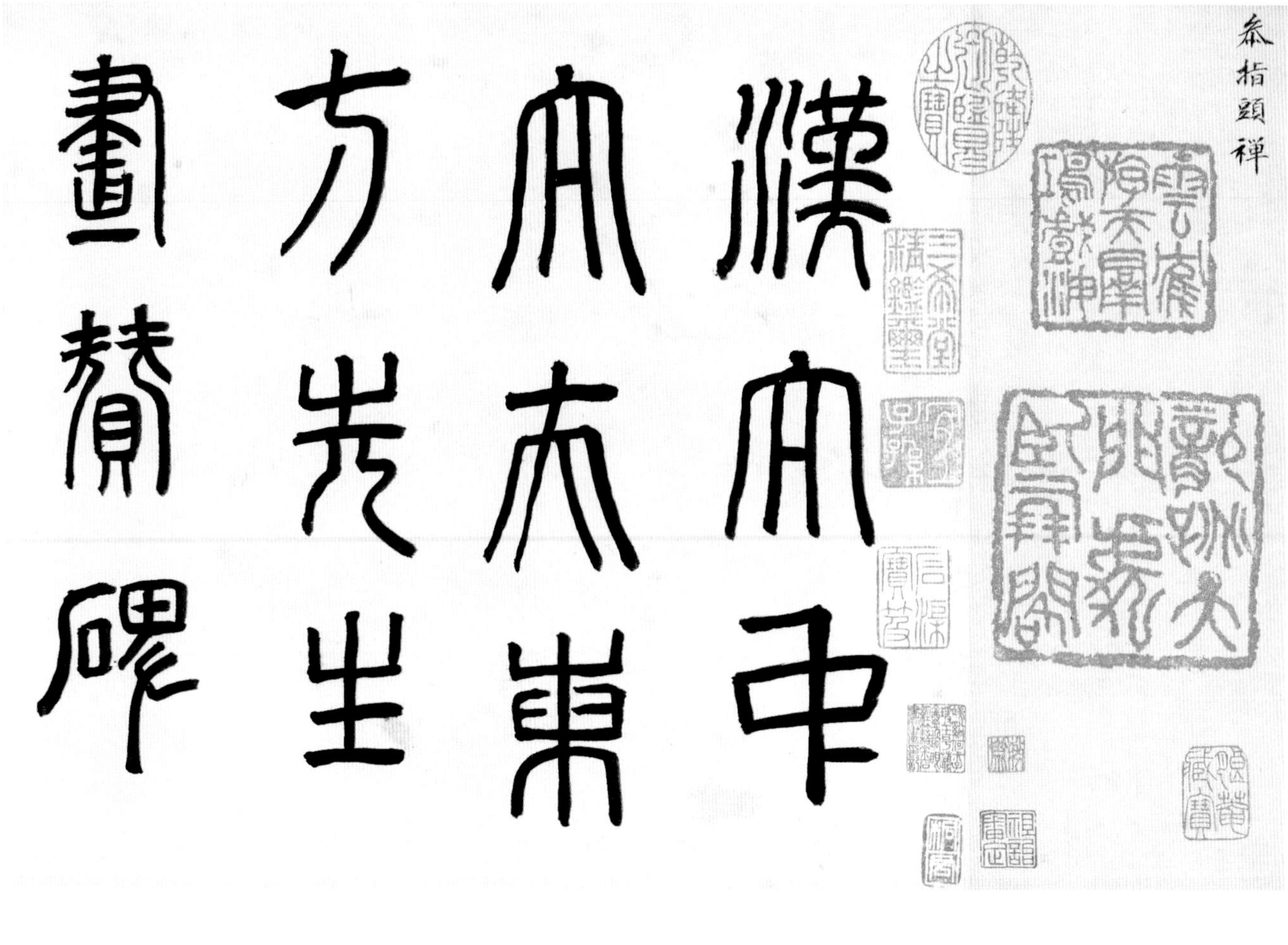

董其昌書法藝術的淵源之一即唐顏真卿書法，其自青少年時起直至晚年，始終臨習顏書不輟，並以顏書的樸拙來避免筆法圓熟的所謂“俗態”。此卷為董其昌臨顏書的代表作之一，他亦對此書很是自得，所謂“猶似伽葉起舞”。董氏存世書僅見楷、行、草諸體，而卷首臨書的碑額，為其罕見的篆書作品。

鑑藏印記：“乾隆御覽之寶”(朱文)、“雲鶴遊天，羣鴻戲海”(朱文)、“龍跳天門，虎臥鳳閣”(朱文)等。

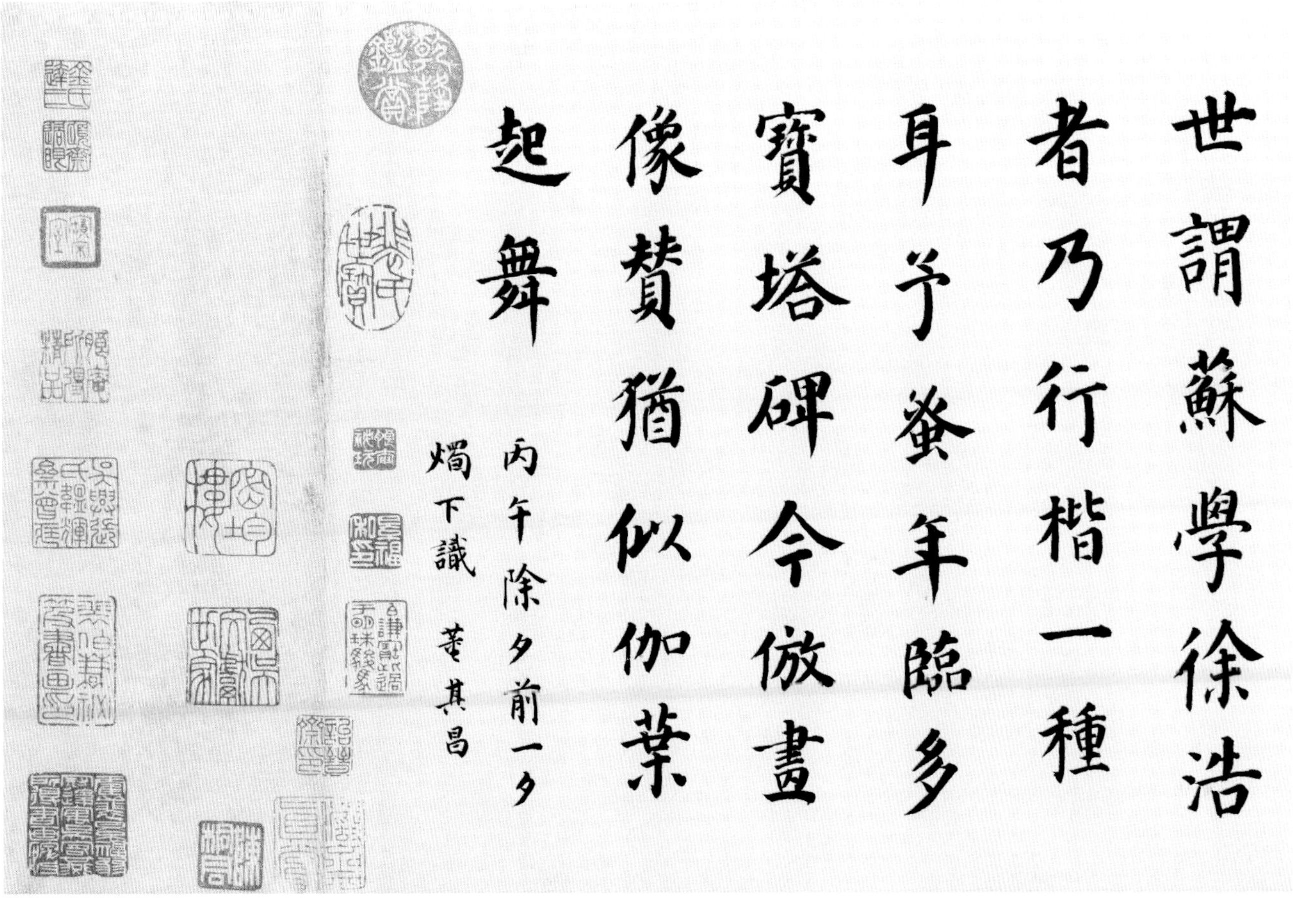
世謂蘇學徐浩
者乃行楷一種
耳予蚤年臨多
寶塔碑今倣書
像贊猶似伽葉
起舞
丙午除夕前一夕
燭下識 董其昌

可以富貴也
故薄遊以取
位苟出不可
以直道也故
頡頏以傲世
傲世不可以
垂訓也故正
諫以明節明
不可以久安
也故詼諧以
取容潔其道
而穢其跡清
其質而濁其
文弛張而不
為邪進退而
不離羣若乃
遠心曠度贍
智宏材倜儻
博物觸類多

可謂拔乎其
華遊方之外
者也談者又
以先生噓吸
沖和吐故納
新蟬蛻龍變
棄世登仙神
友造化靈為
星辰此又奇
怪恍惚不可
備論者也大
人来守此國
僕自京都言
歸定省覲先
生之縣邑想
先生之高風
徘徊路寢見
先生之遺像
逍遥城郭觀
先生之祠宇

東言適茲邑
敬問墟墳企
佇原隰墟墓
徒存精靈永
戢民思其軌
祠宇斯立徘
徊寺寢遺像
在圖周旋祠
宇庭序荒蕪
榛棟傾落草
萊弗除肅肅
先生豈焉是
居是居弗形
悠悠我情昔
在有德罔不
遺靈天秩有
禮神鑒孔明
髣髴風塵用
垂頌聲
顏尚書此碑蘇

取勢蕢畫像贊則全以蹲筆挫鋒以鋪
攝墨華亭仍以偃筆臨之意欲更以右
軍變魯公故每作一鉤必迴腕高縣斂墨
入豪淨潔如玉此非深於書學者莫能
知也
伯謙先生收藏甲東南評論古今書
法無不入微幸有以
教之 壬子十一月朔日
玉梅華盦道士清

魯公正書東方畫贊與他書略異
或以為臨右軍書此實無從證
明然書一事可推想得之即當
其作此書時心意中必未嘗忘
卻右軍曾書此文如黃山谷稱
右軍東方畫贊寬綽而有餘
魯公書頗得其趣今觀與其所
臨定從同之點為可悅窺見
唯米元章謂顏楷不可學其
他如石漢子瞻山谷諸公則皆
從顏出同筆法字自以為
見近顏行書經五代楊少師
為能紹述雄秀深穩其氣度
正不讓魯公也與翁季生之書
學顏書而不刻意求似但自寫
其胸中所會得者而已此卷之
此頗如鏡面碑光滑與橋牒
差相似用新磨淨墨寫之下
筆濃淡處自然分明凡能
鋪豪作字使筆鋒由畫中行
者其結局必如此正不必與翁始
然與翁翁墨妙處即在是讀
濮君書者於其雄壯瀟灑處亦若
僅執用筆左垂右輕為雅然
非正是不與處耶 錫之
頭伯老兄方家以為然否 中華
民國廿五年十二月 黃曾 中熙

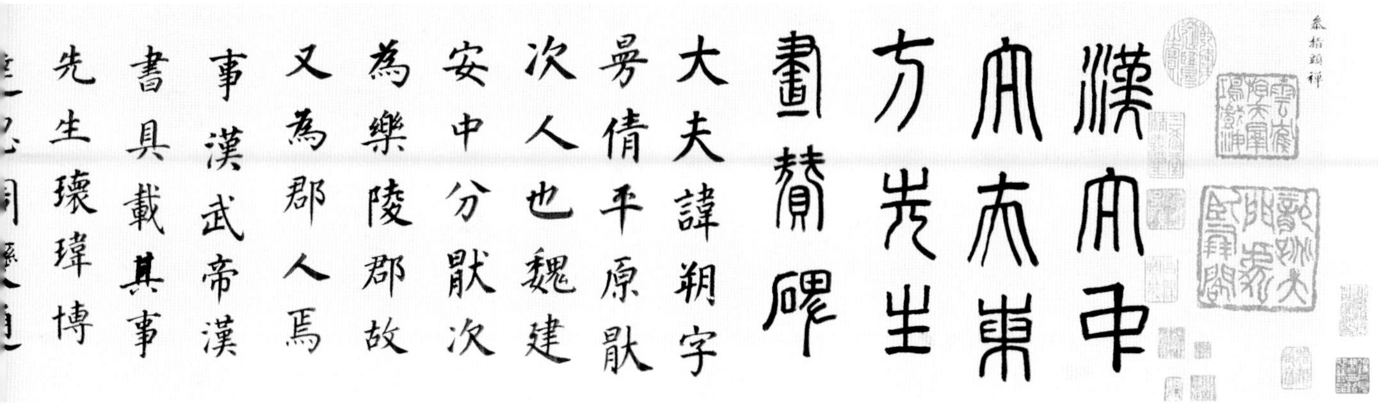

《臨東方朔畫像贊卷》之一

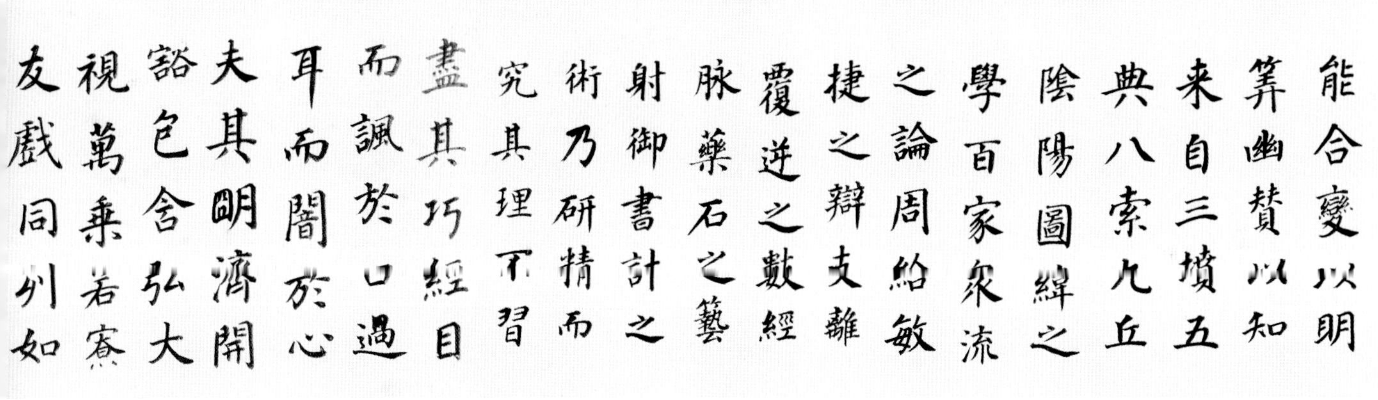

《臨東方朔畫像贊卷》之二

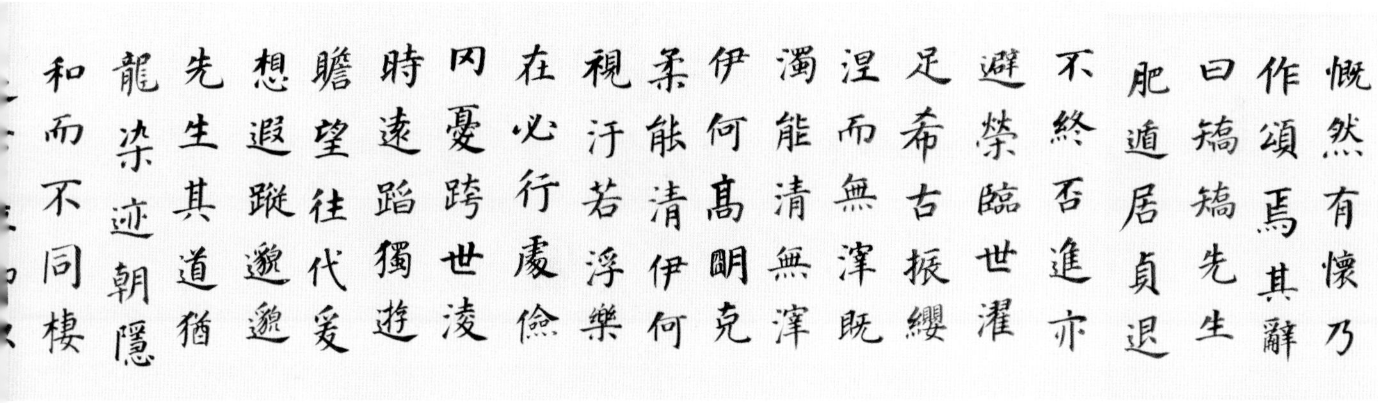

《臨東方朔畫像贊卷》之三

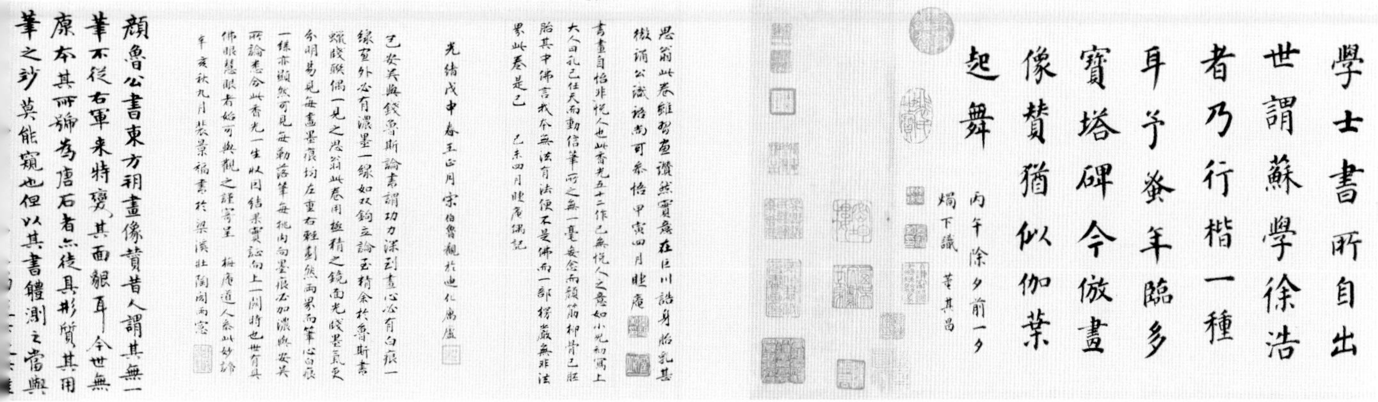

《臨東方朔畫像贊卷》之四

87

董其昌　行書岳陽樓記卷
紙本　行書
縱37.6厘米　橫1499.5厘米

Yue Yang Lou Ji (Notes on Yue Yang Tower) in running script
By Dong Qichang
Handscroll, ink on paper
H. 37.6cm　L. 1499.5cm

卷書宋范仲淹《岳陽樓記》，卷末自識："范希文岳陽記，宋人猶以為傳奇。文如東坡醉白堂記，壹似韓白論耳。文章家之重體如此。若夫希文之先憂，則不愧其自許矣。宋之古文實由范公推尹師魯開之，又以公書法絕類《樂毅論》，雖文與書非所以重公，公在此道中，未嘗可稱當行名家也。己酉七月廿七日　董其昌書"，鈐"董玄

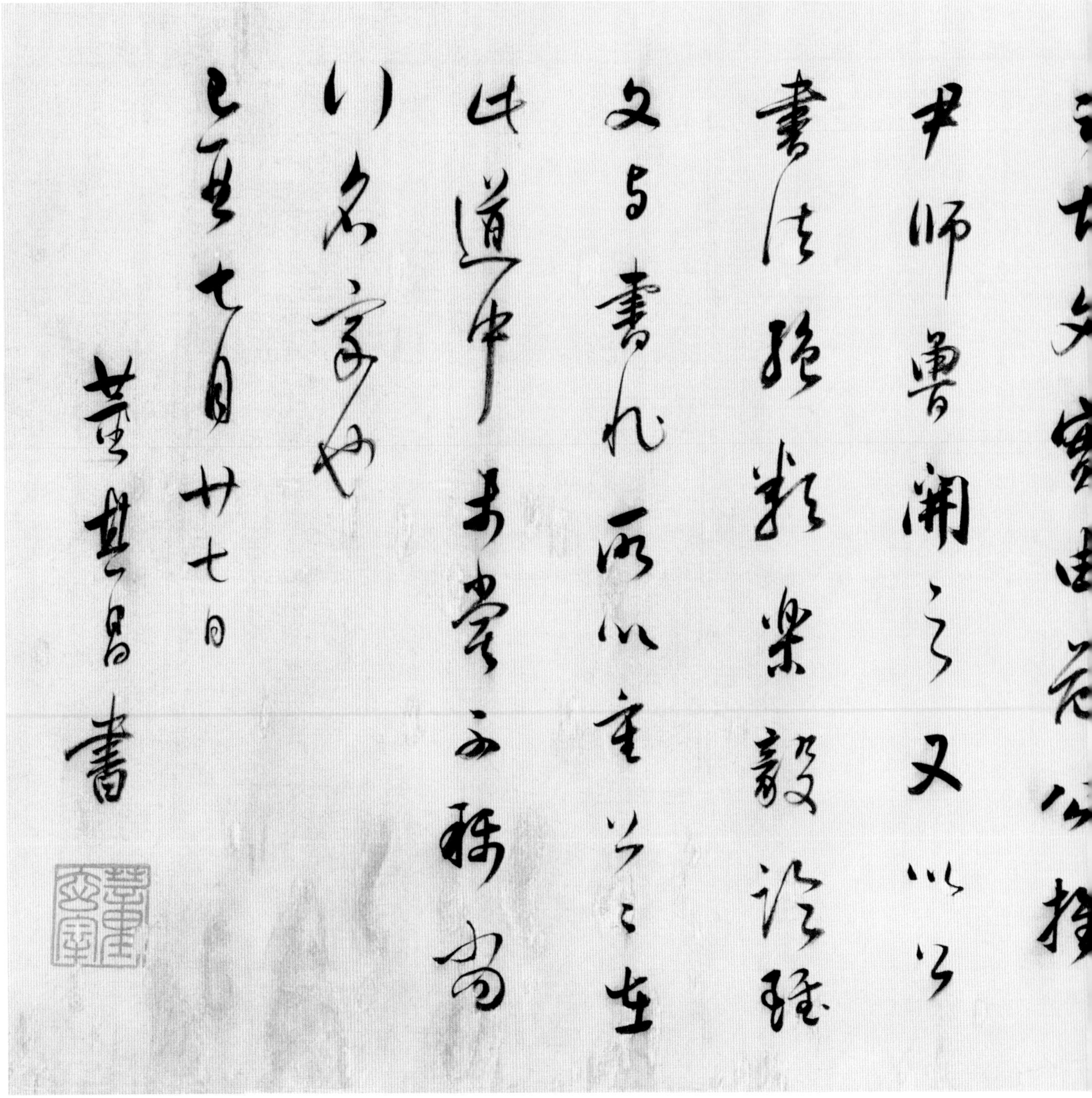

宰”(朱文)印。“己酉”為明萬曆三十七年(1609)，董其昌時年五十五歲。

此卷書法師米芾，字大如拳，流暢勁健，雖卷長十餘米，一氣呵成，是董其昌書法已臻佳境時的鉅製。《石渠寶笈》卷二十八所載董氏《詩詞手稿冊》內其自言：“己酉已後詩詞，皆以米南宮(米芾)行楷書之。”此卷雖非自作詩文，亦以米書體為之，說明董其昌對米芾書法的欽羨，因之形成了董其昌書法的一種體格。

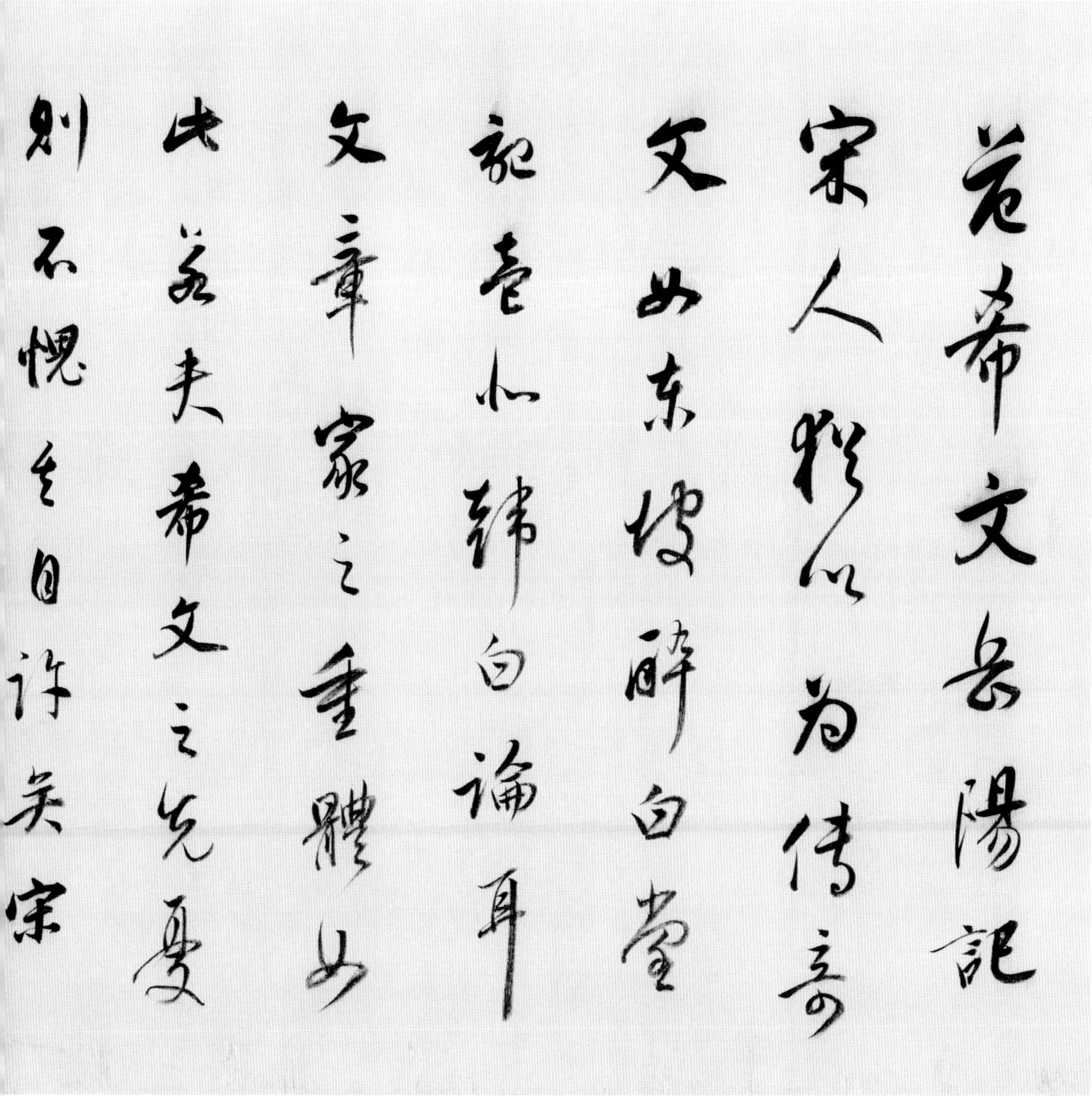

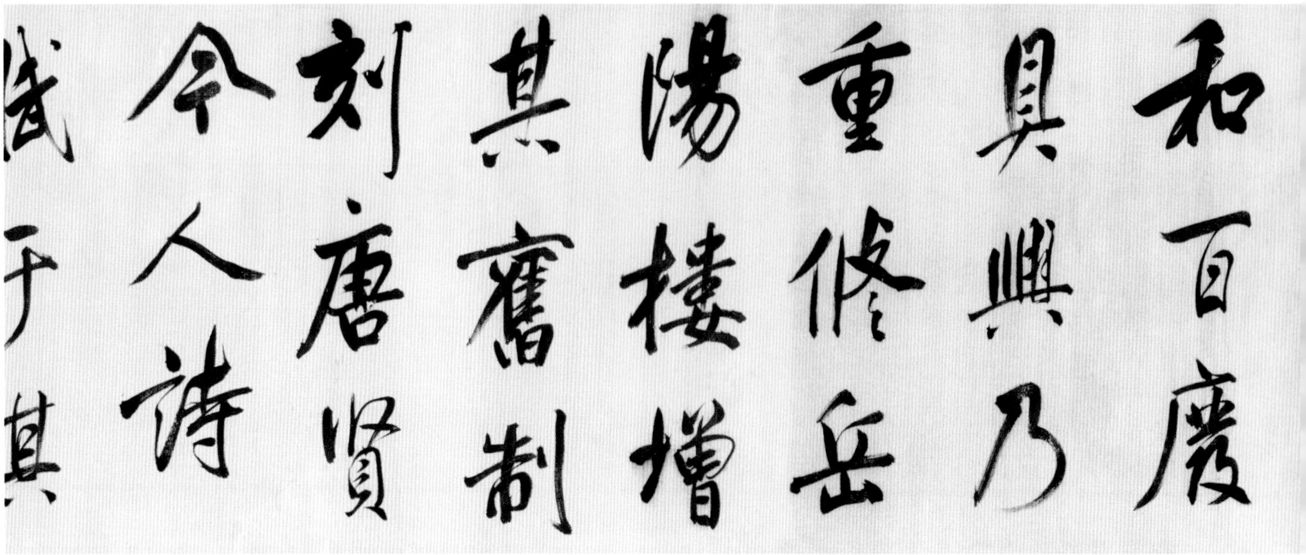
和百廢具興乃重修岳陽樓增其舊制刻唐賢今人詩賦于其

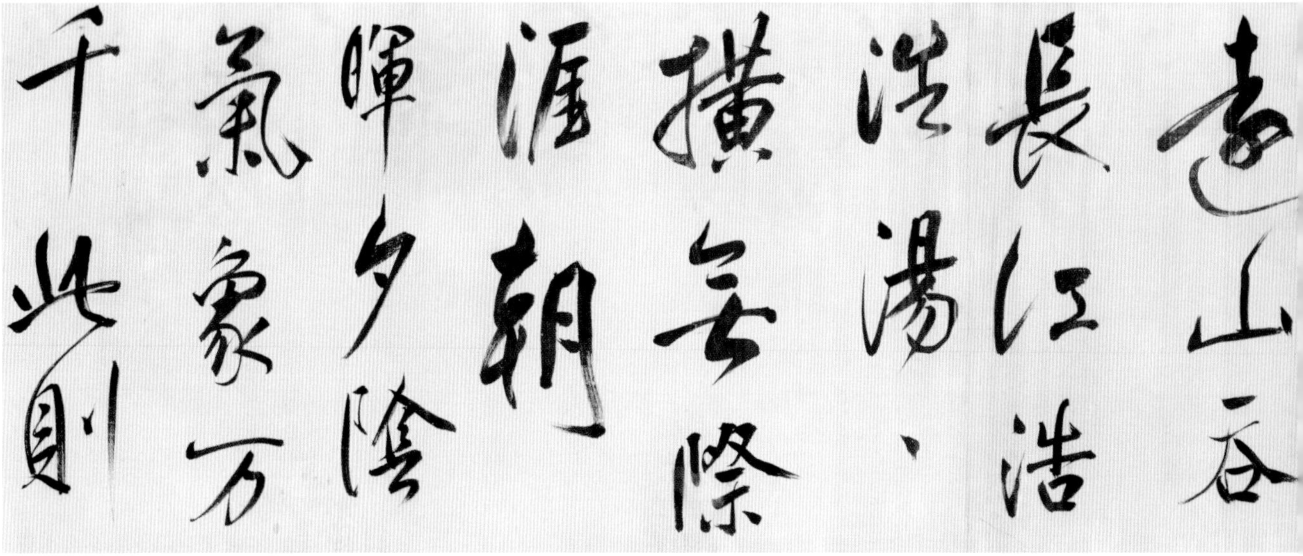
遠山吞長江浩浩湯、橫無際涯朝暉夕陰氣象万千此則

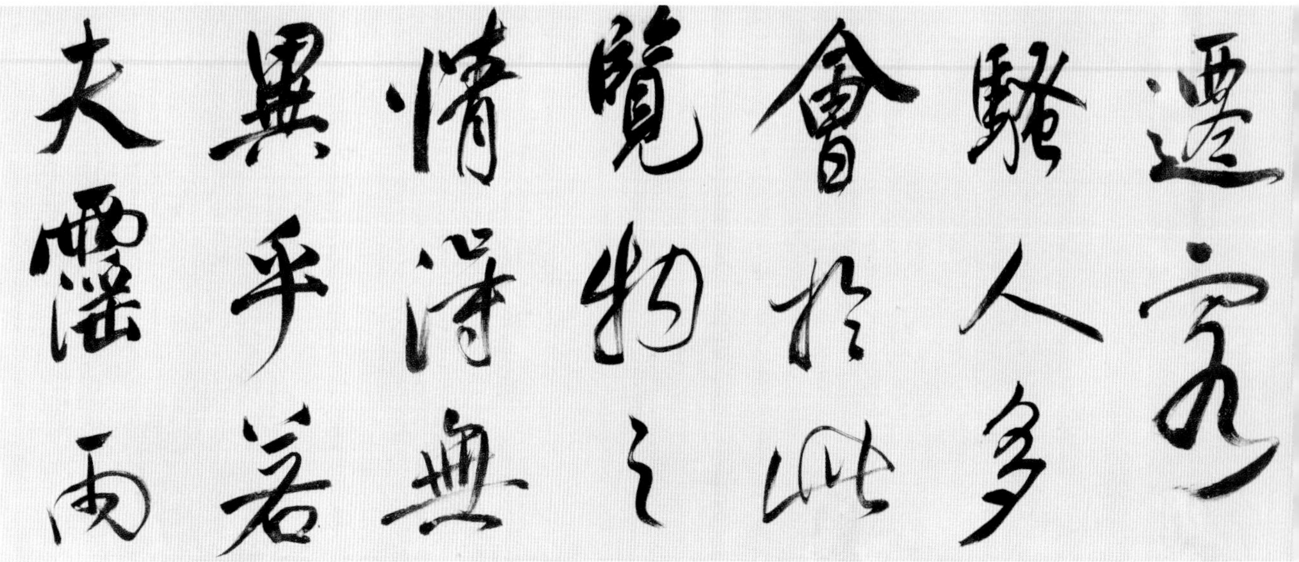
遷客騷人多會於此覽物之情得無異乎若夫霪雨

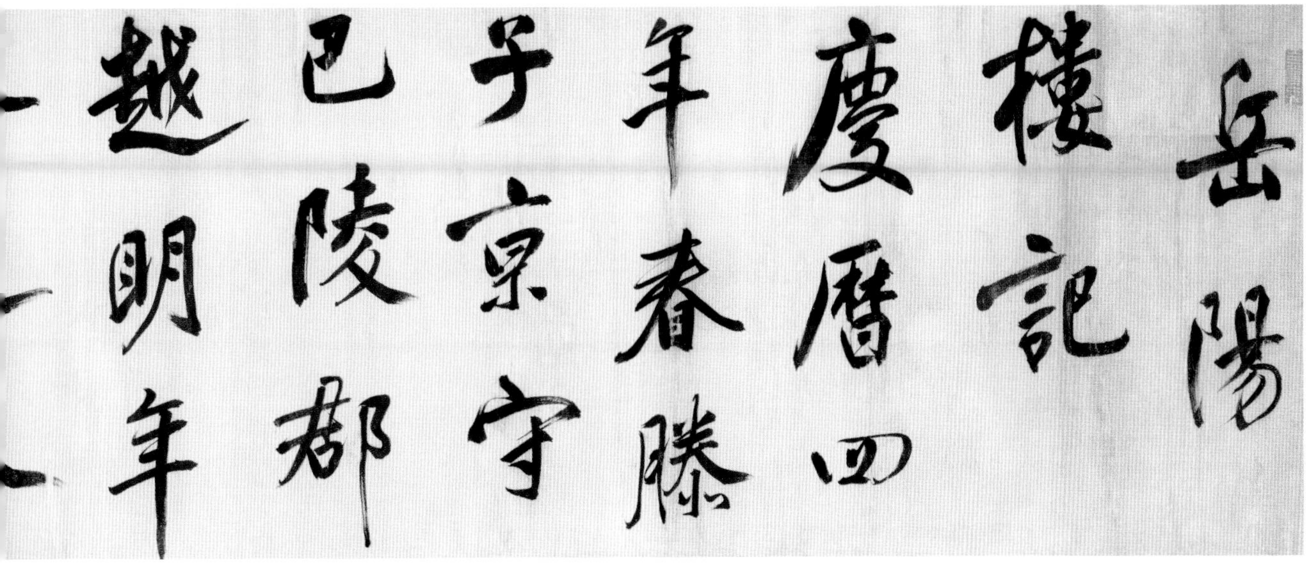
岳陽
樓記
慶曆四
年春滕
子京守
巴陵郡
越明年

《岳陽樓記卷》之一

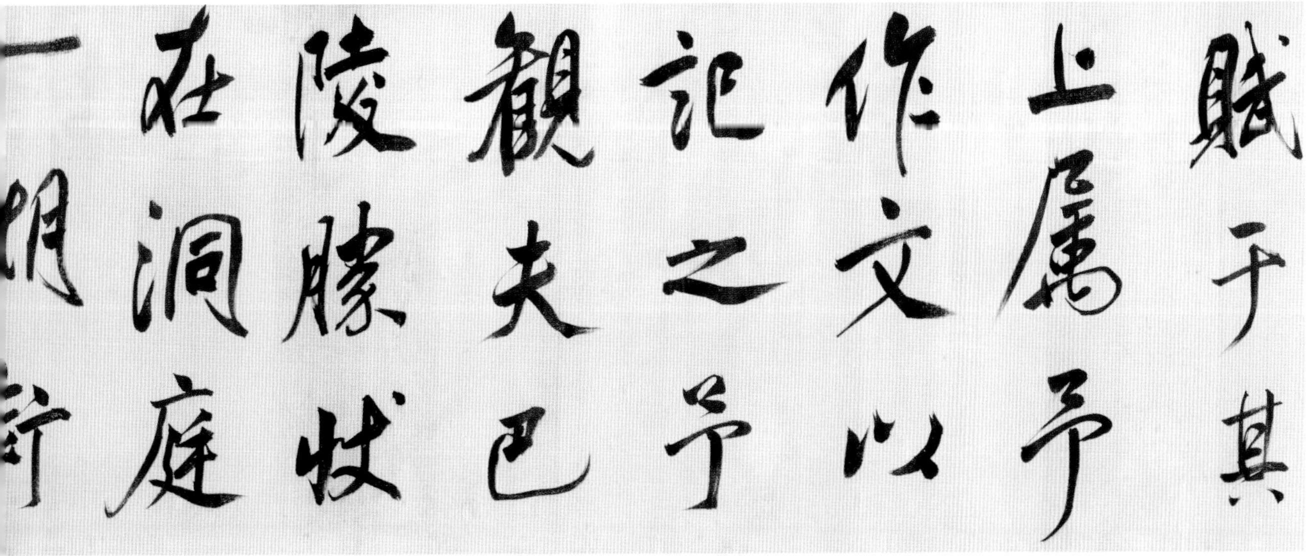
賦于其
上屬予
作文以
記之予
觀夫巴
陵勝狀
在洞庭

《岳陽樓記卷》之二

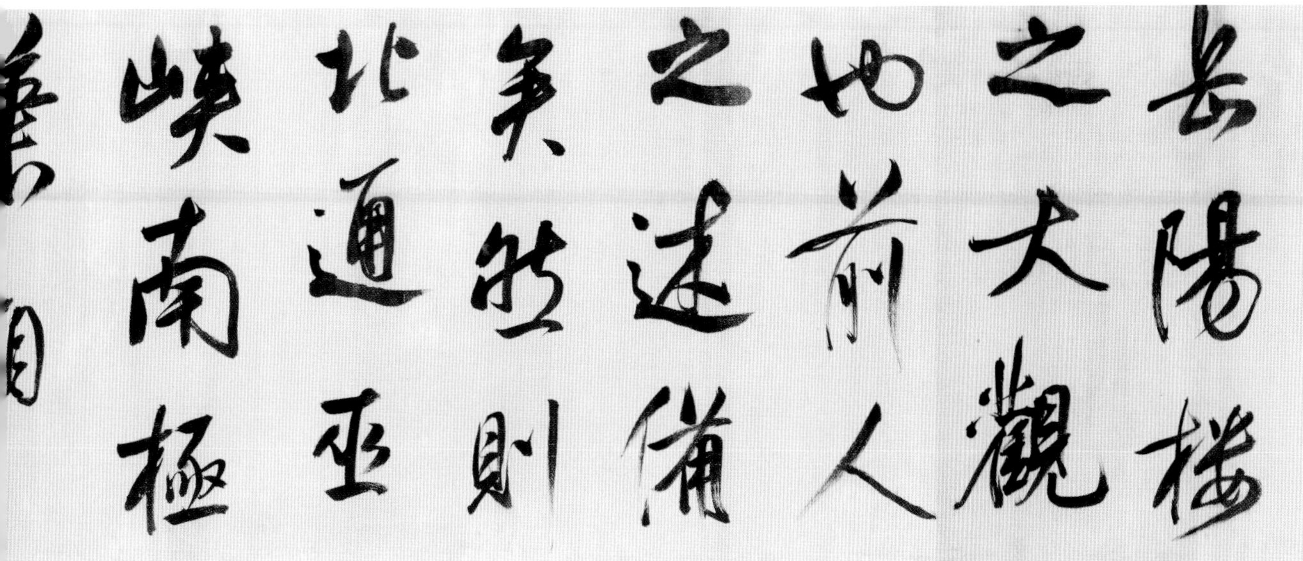
岳陽樓
之大觀
也前人
之述備
矣然則
北通巫
峽南極

《岳陽樓記卷》之三

商旅不行檣傾楫摧薄暮冥虎嘯猿啼登斯樓也則有去國

下天光一碧萬頃沙鷗翔集錦鱗游泳岸芷汀蘭郁郁青青而或

則有心曠神怡寵辱皆忘把酒臨風其喜洋洋者矣嗟夫余嘗求古仁

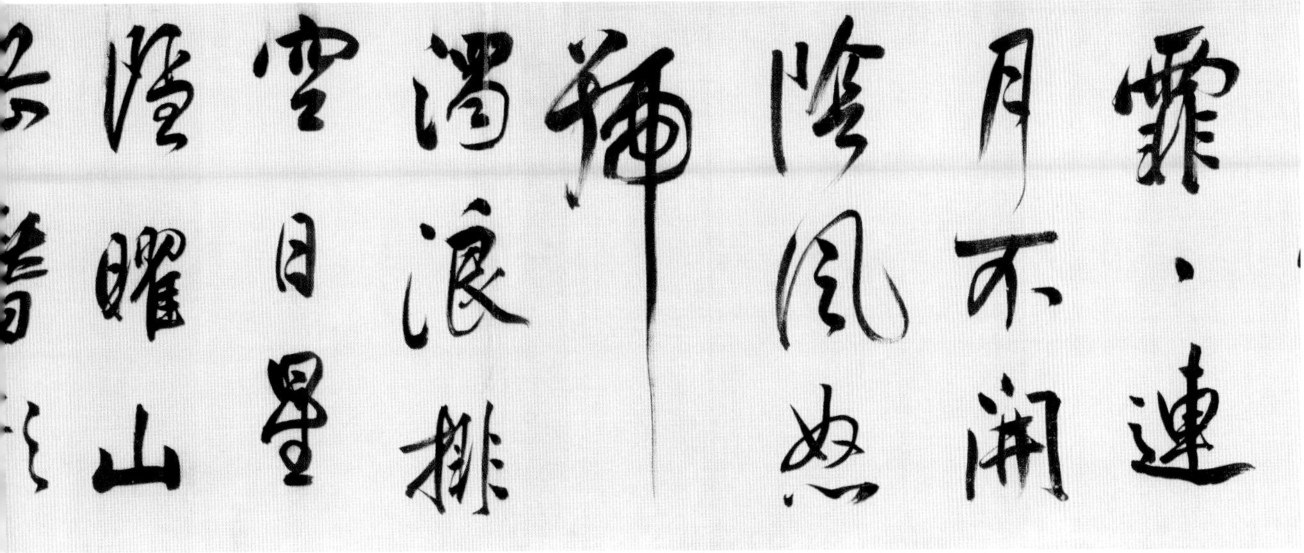

《岳陽樓記卷》之四

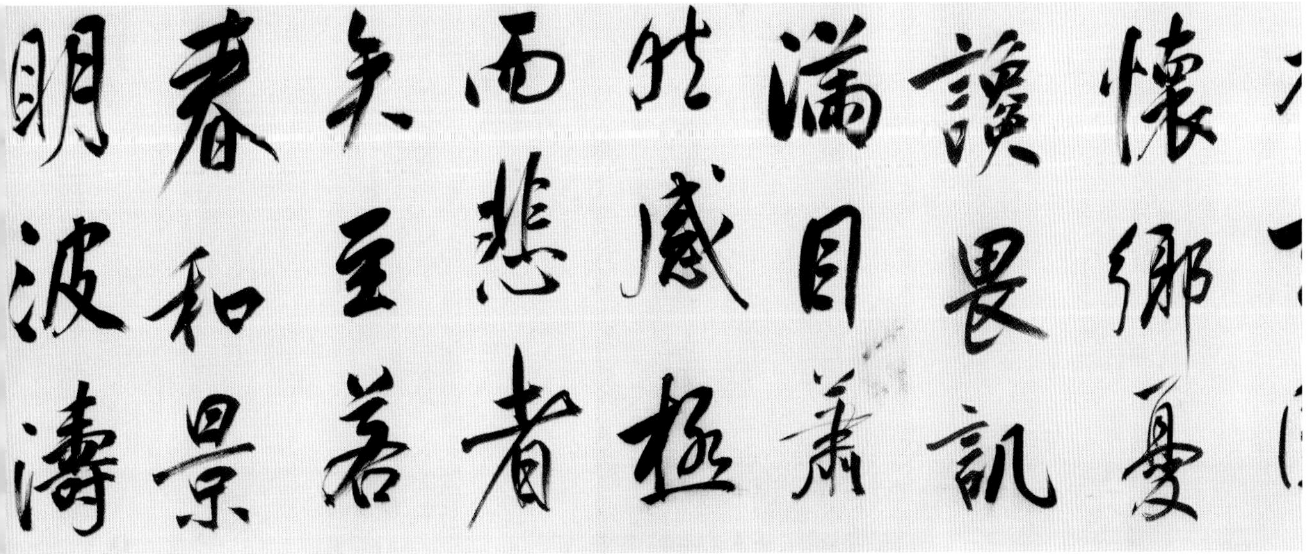

《岳陽樓記卷》之五

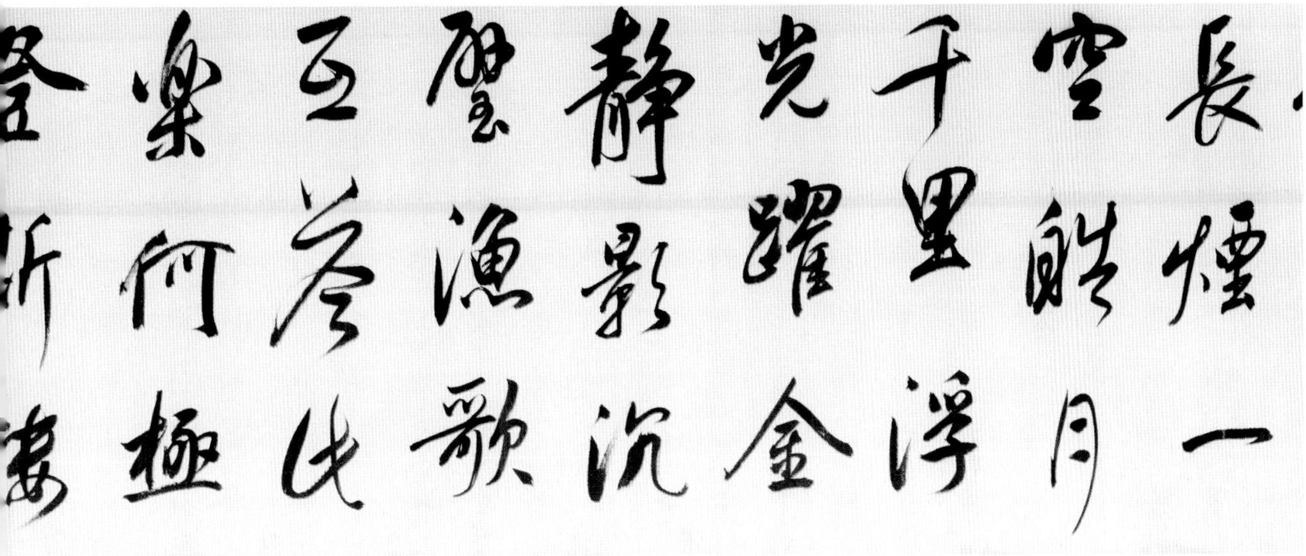

《岳陽樓記卷》之六

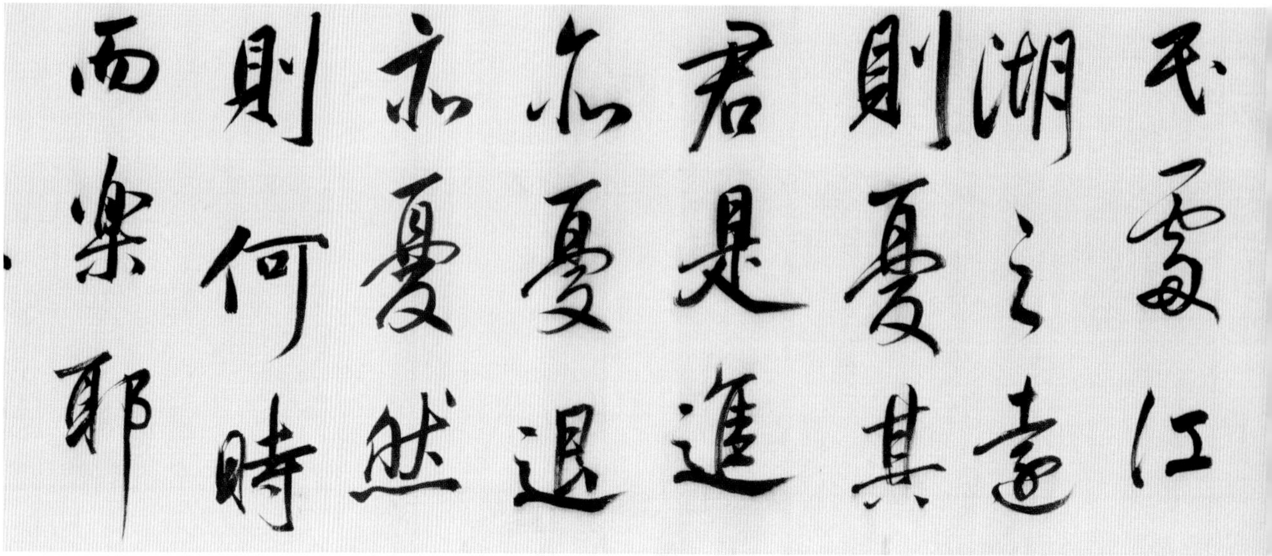
民憂江湖之遠則憂其君是進亦憂退亦憂然則何時而樂耶

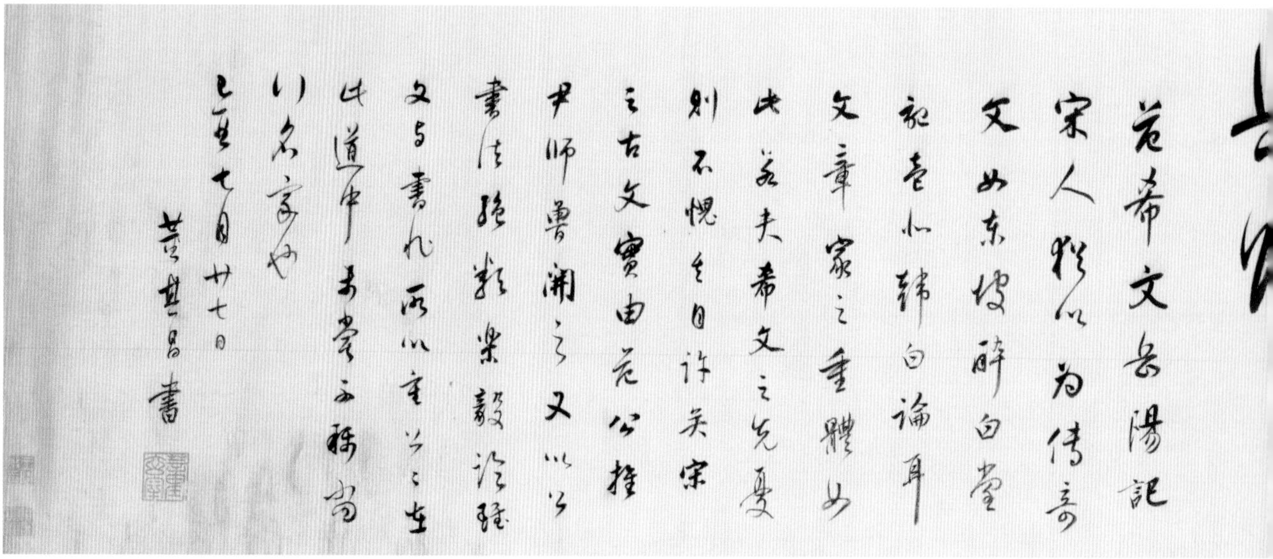
董其昌書

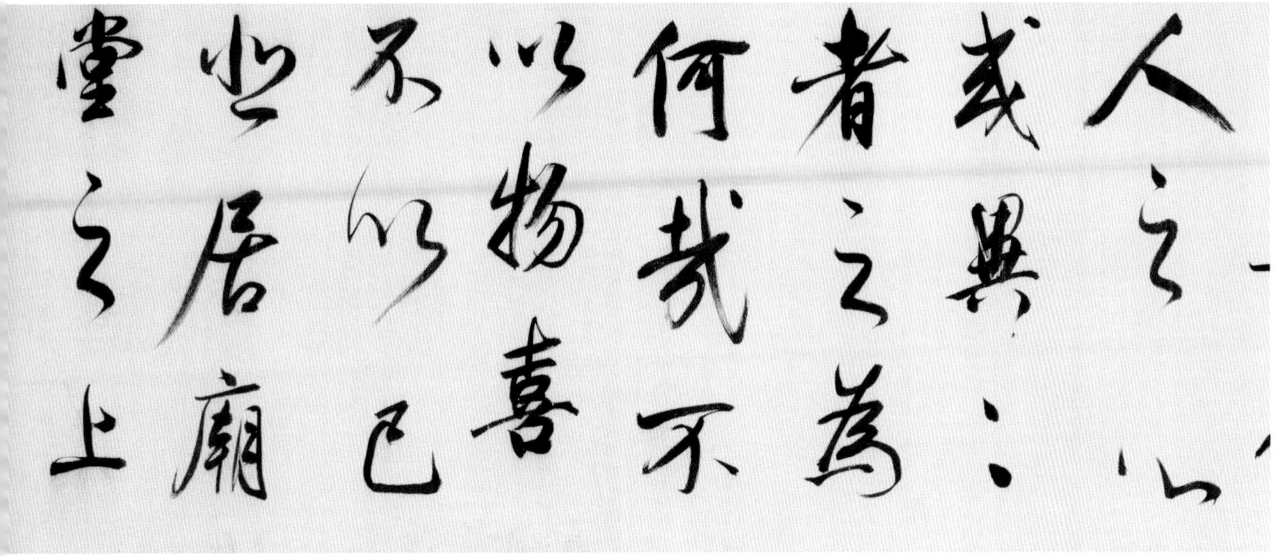

《岳陽樓記卷》之七

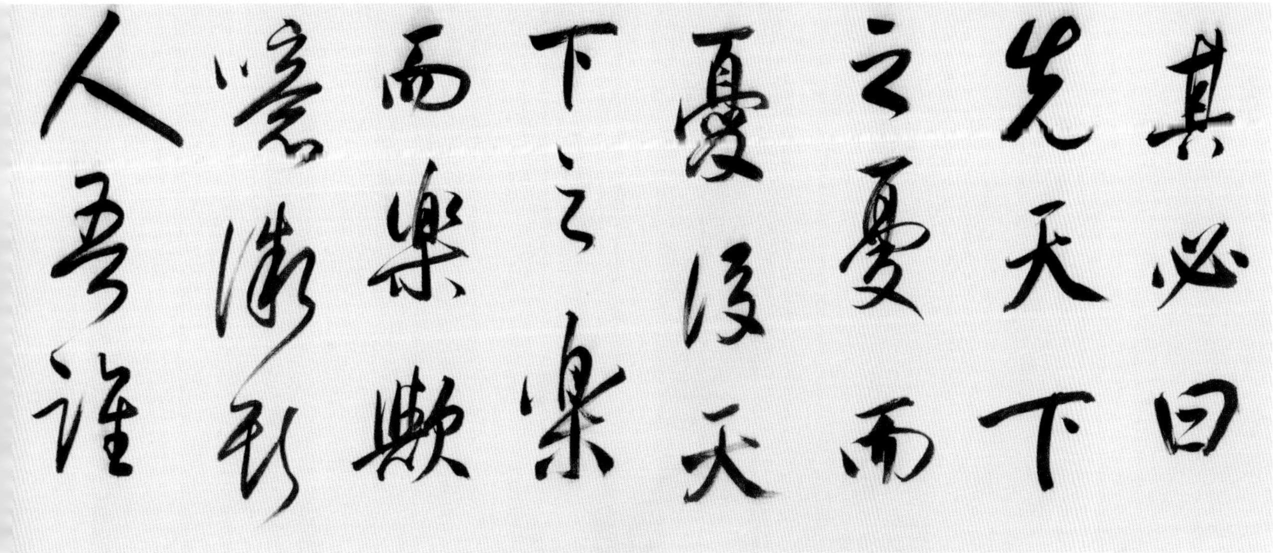

《岳陽樓記卷》之八

88

董其昌　行書臨柳公權蘭亭詩卷

紙本 行書
縱27.2厘米 橫1070.5厘米

Lin Liu Gongquan Lan Ting Shi (After a poem on the Orchid Pavilion written by Liu Gongquan) in running script
By Dong Qichang
Handscroll, ink on paper
H. 27.2cm　L. 1070.5cm

卷臨傳為唐柳公權書《蘭亭詩》，首書："王獻之四言詩並序。四言詩，王羲之為序，序行於代，故不錄。其詩文多，不可全載，今各載其佳句而題之，亦古人斷章之義也。"以下書王羲之、謝安諸人詩，卷末有自識二則。款屬"戊午正月廿二日董其昌自題"，鈐"太史氏"(白文)、"董其昌"(朱文)印。"戊午"為明萬曆四十六年(1618)，董其昌時年六十四歲。卷前引首及前隔水處有清乾隆帝跋三則，卷後有明鷗天老漁，清高士奇、陳元龍、張照、乾隆諸跋。據清乾隆帝跋，可知此卷入乾隆內府之前曾被分割成兩卷，後來兩卷先後入內府，又裝成一卷，恢復舊觀。

《蘭亭詩卷》(見《故宮博物院藏文物珍品全集·晉唐五代書法》)為唐人寫本，被偽加宋蔡襄、黃伯思的題名、跋文，偽記為唐柳公權書。該卷曾刻入董其昌《戲鴻堂法帖》，故董氏亦有此臨本。此卷書法雖云臨仿，但大抵以書家己意為之。董其昌曾言，學柳公權書法為取其"古淡"，因之此卷以蒼勁秀逸為主體風格，是董氏晚年書法的佳作。在入藏清內府後，於乾隆年間與《蘭亭詩卷》一併刻入"蘭亭八柱"，迄今保存於北京中山公園內。

鑑藏印記：乾隆內府鑑藏印記，及高士奇、張照等人印記。

歷代著錄：《江村書畫目》、《天瓶齋書畫題跋》、《石渠寶笈·續編》。

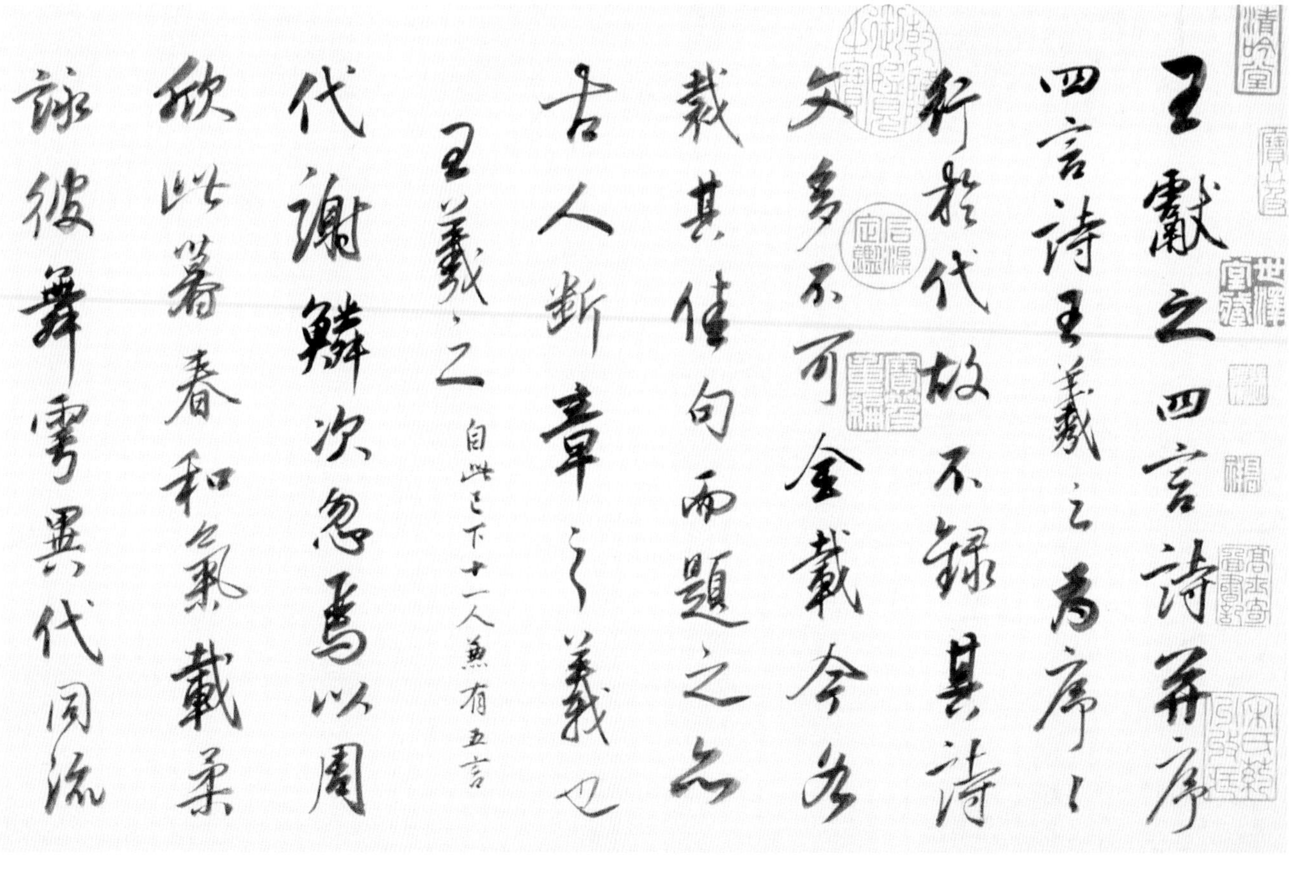
王獻之四言詩并序
四言詩王羲之為序
行於代故不錄其詩
文多不可全載今各
載其佳句而題之亦
古人斷章之義也
王羲之
自此已下十一人無有五言
代謝鱗次忽焉以周
欣此暮春和氣載柔
詠彼舞雩異代同流

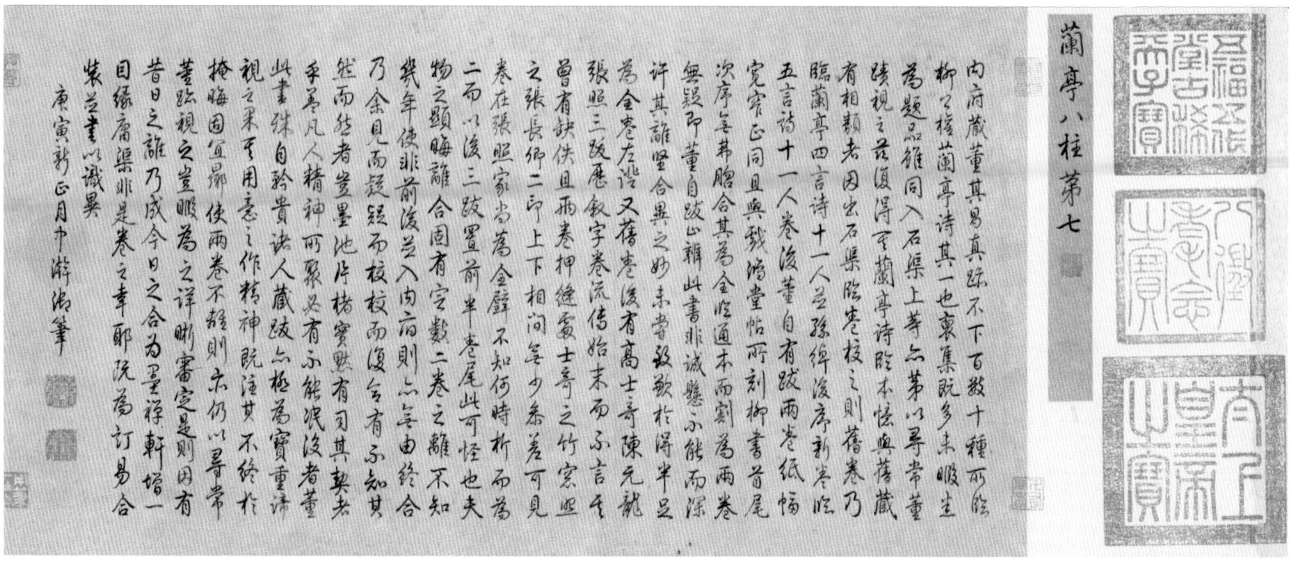

《臨柳公權蘭亭詩卷》之一

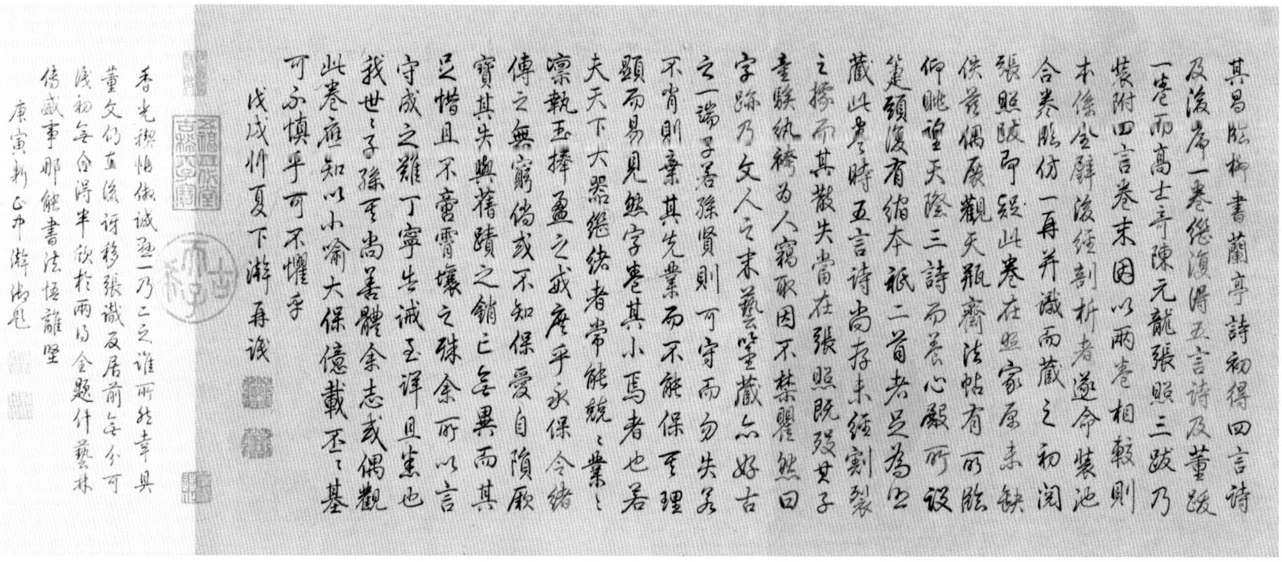

《臨柳公權蘭亭詩卷》之二

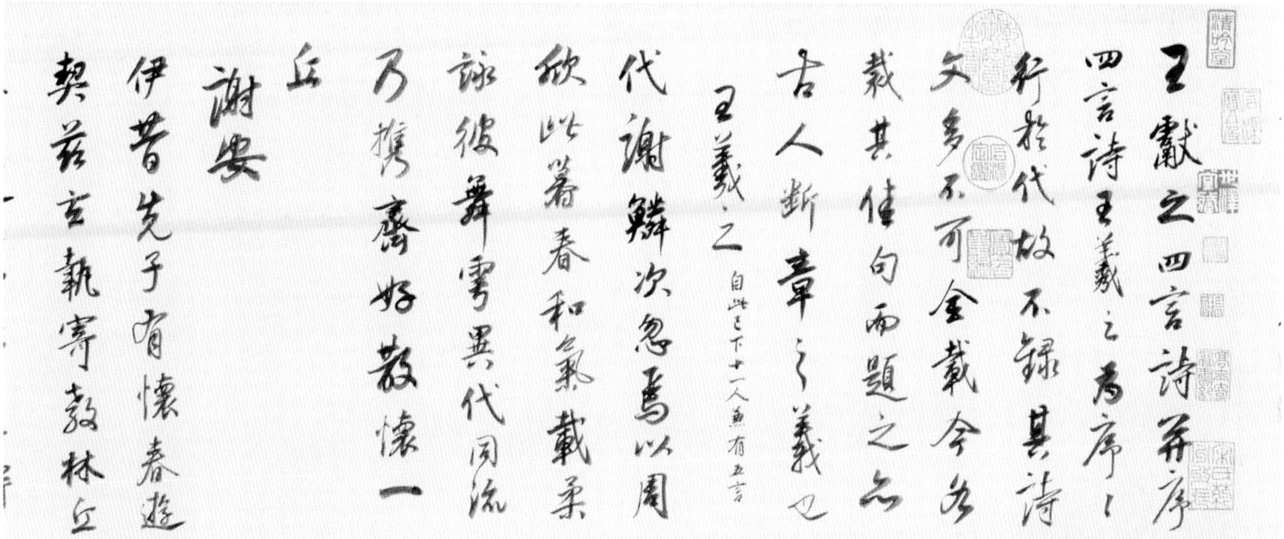

《臨柳公權蘭亭詩卷》之三

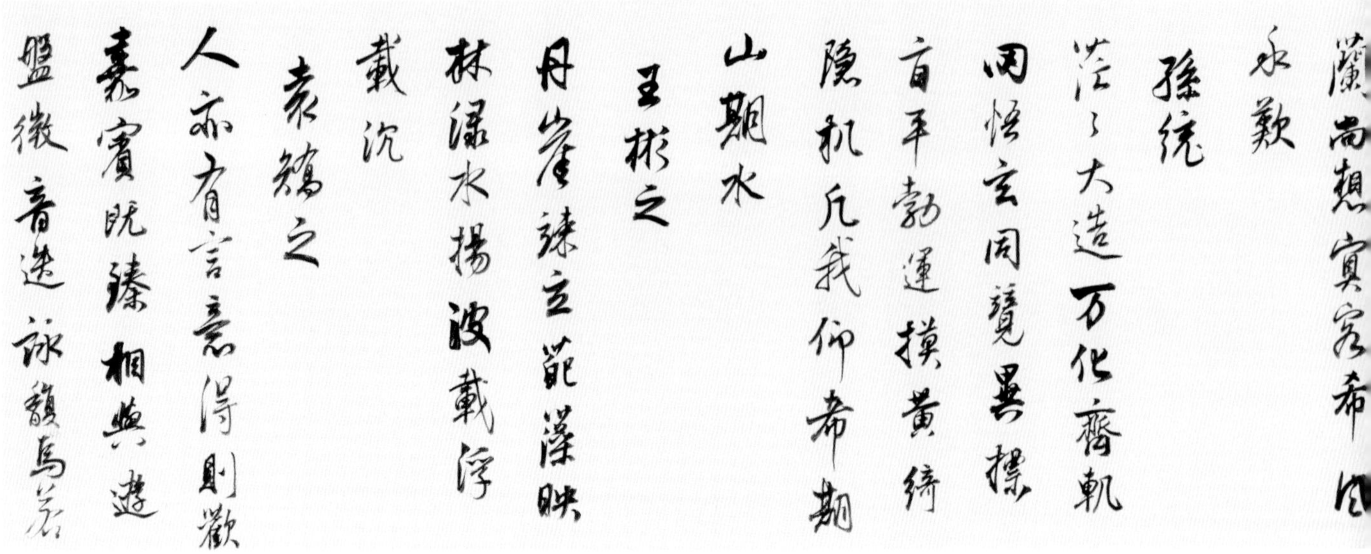
蘭尚想冥客希風
永歎
孫統
茫茫大造萬化齊軌
罔悟玄同競異標
旨平勃運謀黃綺
隱几凡我仰希期
山期水
王彬之
丹崖竦立葩藻映
林淥水揚波載浮
載沉
袁嶠之
人亦有言意得則歡
嘉賓既臻相與遊
盤微音迭詠馥焉若

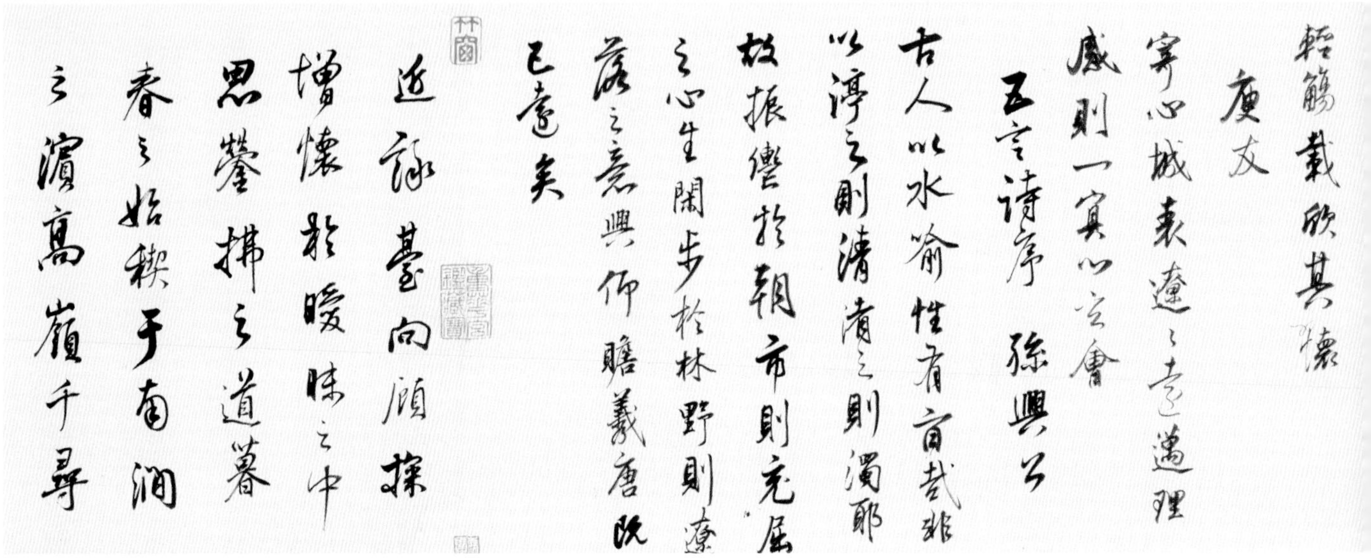
輕觴載欣其懷
庾友
寄心城表遼遼邁理
感則一冥以玄會
五言詩序 孫興公
古人以水喻性有旨哉斯
以渟之則清淆之則濁耶
故振轡於朝市則充屈
之心生閑步於林野則遼
落之志興仰瞻羲唐邈
已遠矣
近詠臺閣顧探
增懷於暧昧之中
思縈拂之道暮
春之始禊于南澗
之濱高嶺千尋

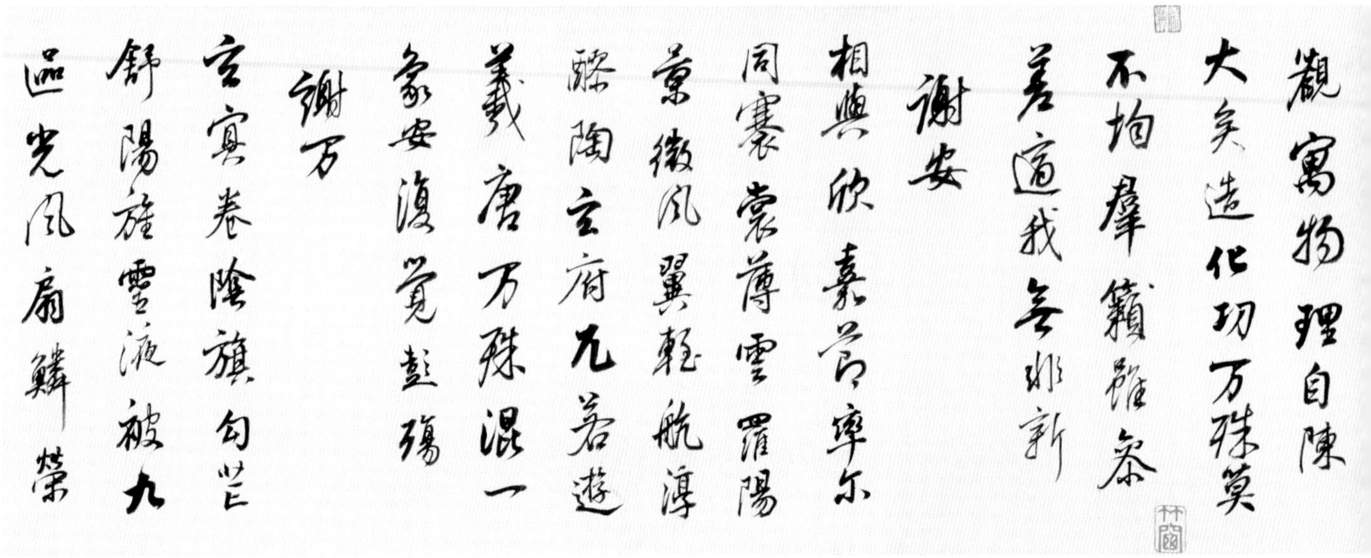
觀寓目理自陳
大矣造化功萬殊莫
不均群籟雖參
差適我無非新
謝安
相與欣嘉節率尔
同褰裳薄雲羅陽
景微風翼輕航醇
醪陶玄府兀若遊
羲唐萬殊混一
象安復覺彭殤
謝萬
玄冥卷陰旗句芒
舒陽旌靈液被九
區光風扇鮮榮

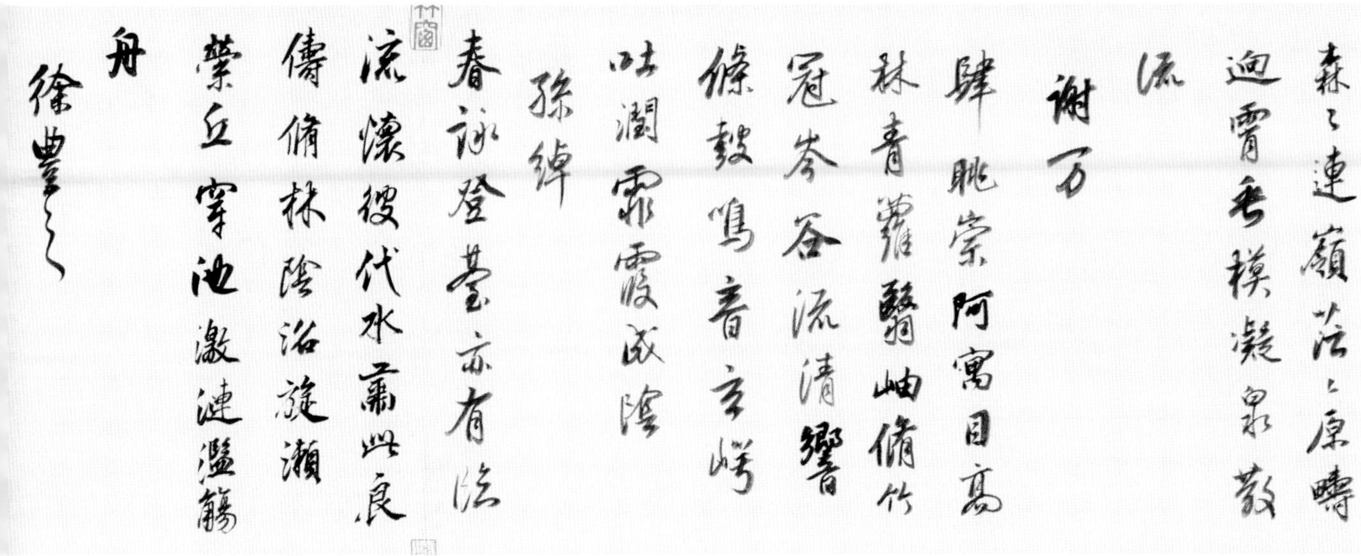
《臨柳公權蘭亭詩卷》之四

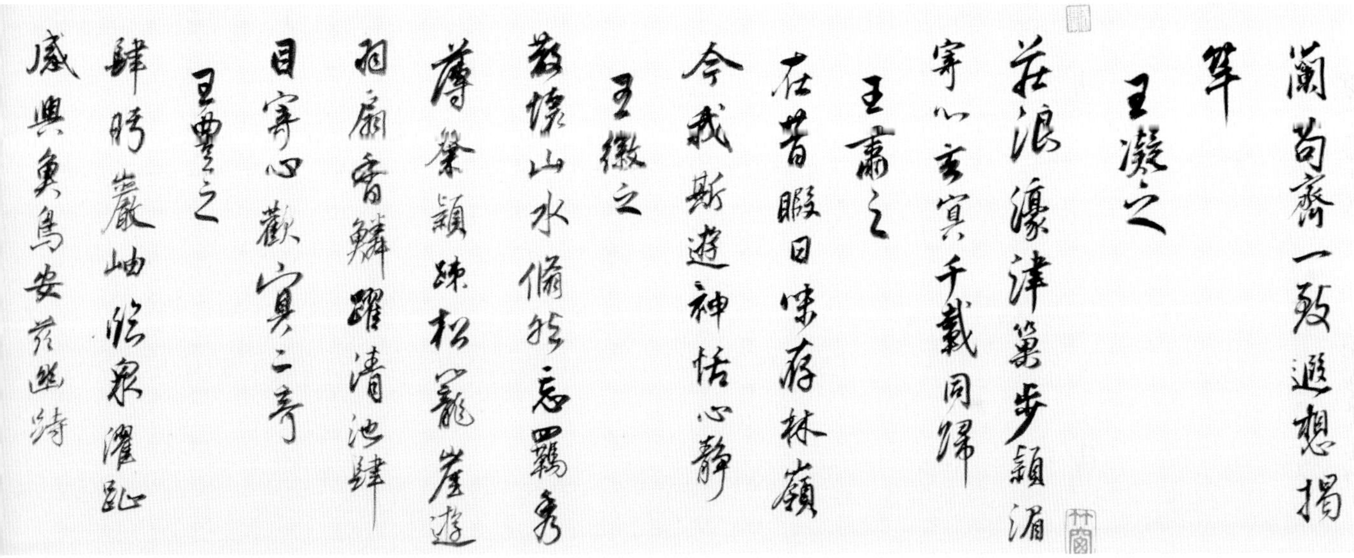
《臨柳公權蘭亭詩卷》之五

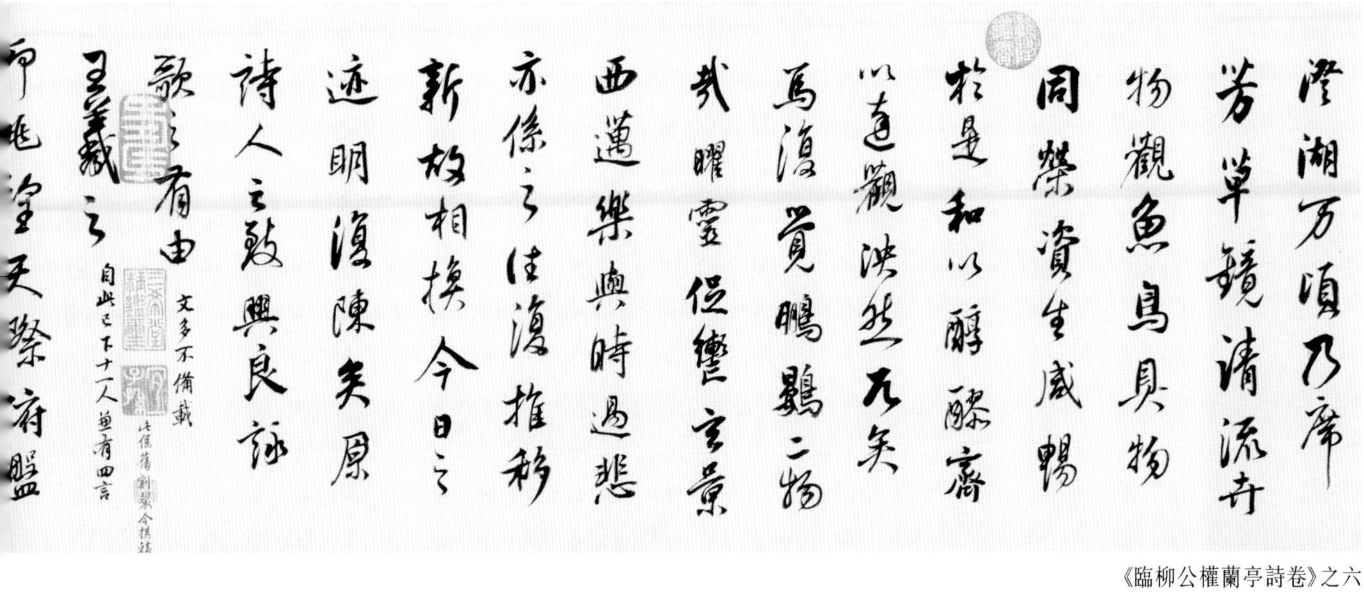
《臨柳公權蘭亭詩卷》之六

孫統
地主觀山水仰
尋幽人蹤迴沼激
中逵竹柏間脩
桐因流轉輕觴
泠風飄落松時
禽吟長澗萬
籟吹連峯
王彬之
鮮葩映林薄遊
鱗戲清渠臨
川欣投釣得意
豈在魚

嘉會欣時遊豁
朗暢心神吟詠
曲瀨綠波轉素
鱗
王徽之
先師有冥藏安
用羈世羅猶來
誰不懷寄散山水
間尚想方外賓超
二有餘閑
華平
願異逢人遊解結
遨濠梁獨狂任不

云集夕靜理自因
桓偉
應物寄有尚宣
尼遨沂津蕭然
神心王數子各言
志曾生發奇唱
今我歡斯遊慍
情亦蹔暢
王玄之
松竹挺云崖幽澗
激清流蕭散肆
情志酣觴豁滯
憂
王蘊之

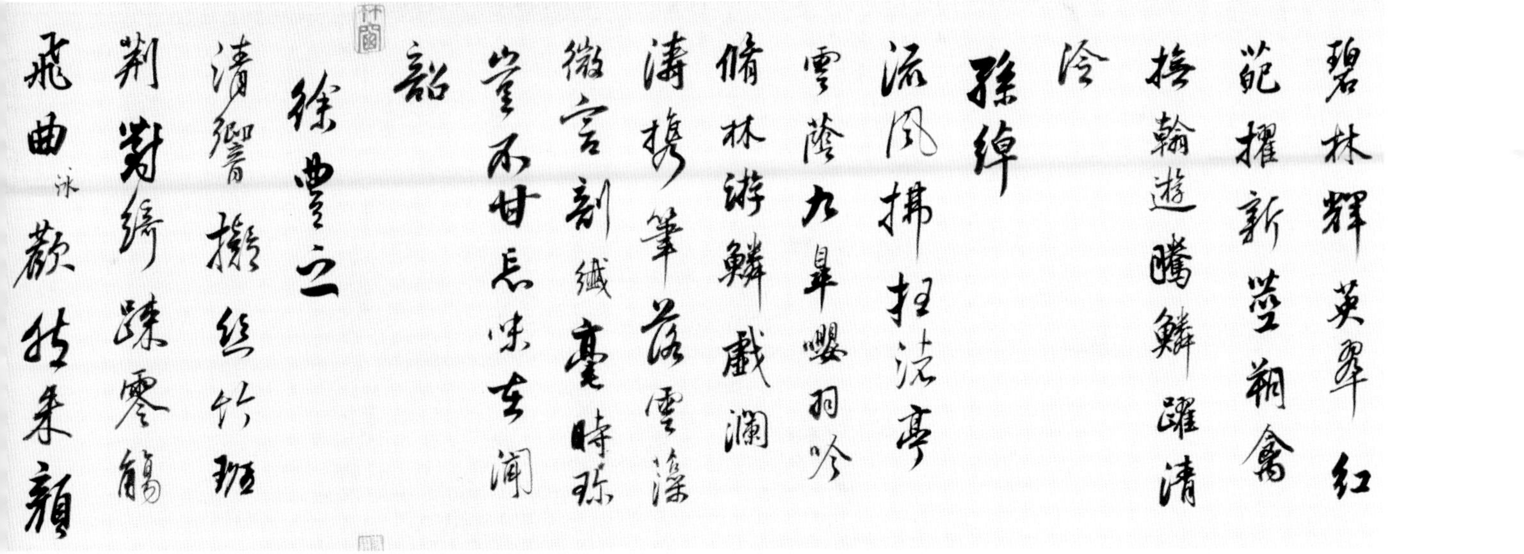

《臨柳公權蘭亭詩卷》之七

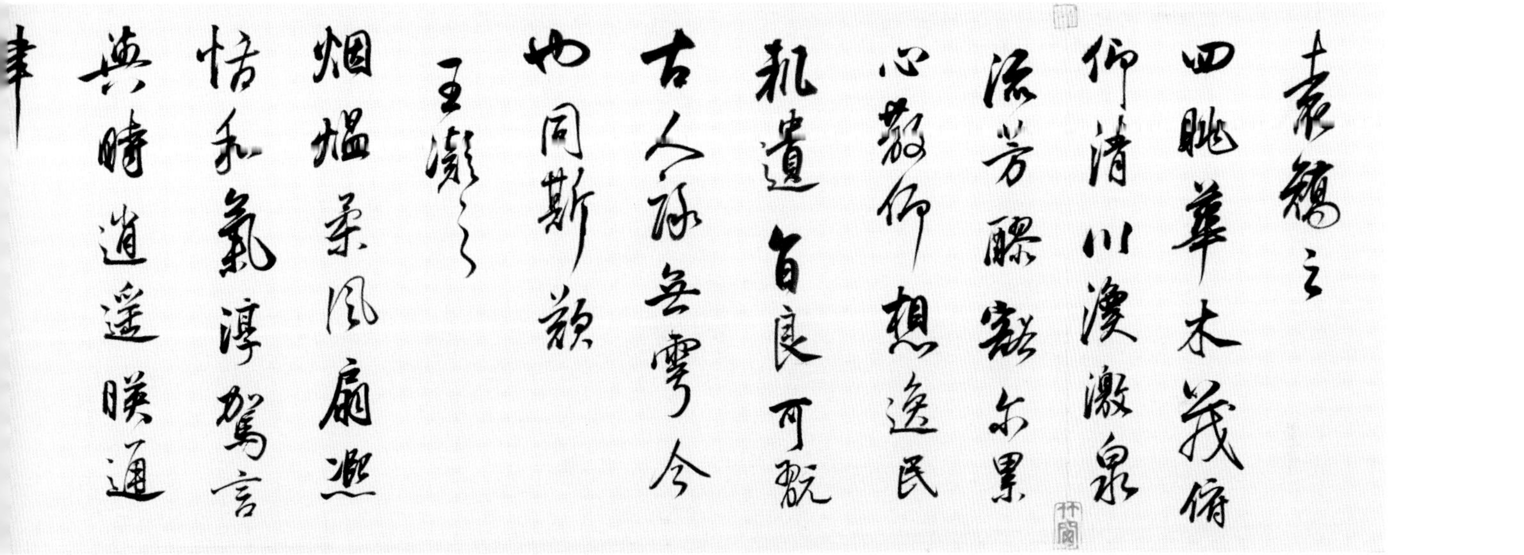

《臨柳公權蘭亭詩卷》之八

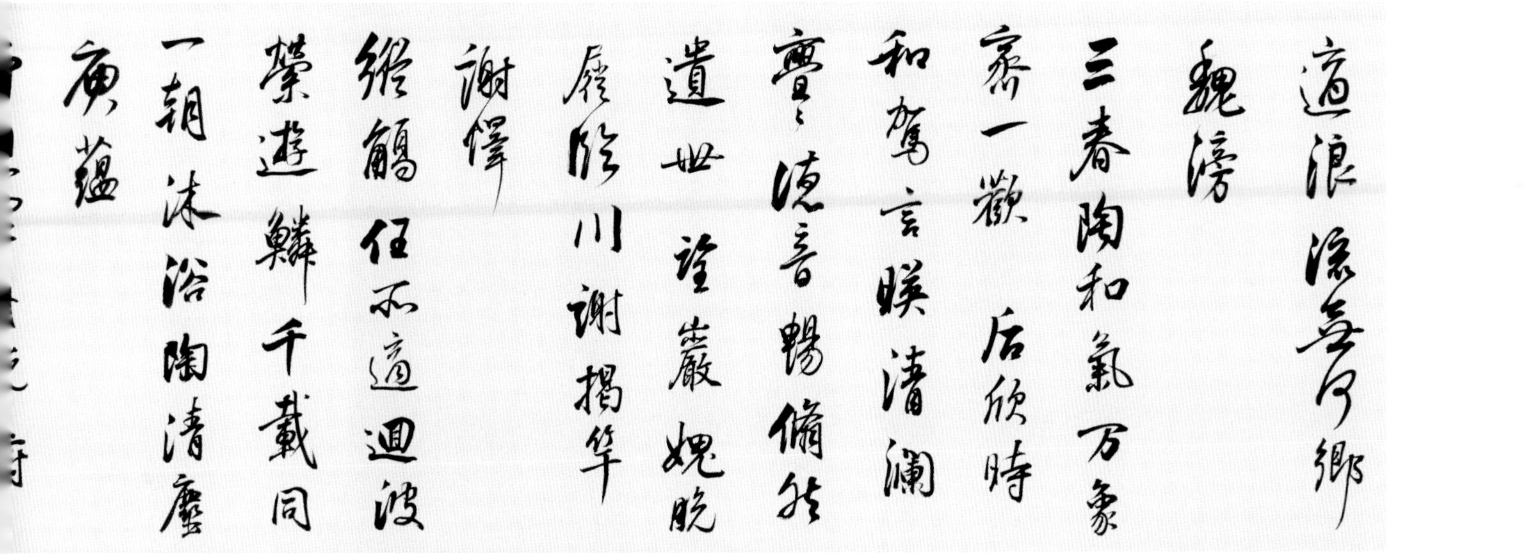

《臨柳公權蘭亭詩卷》之九

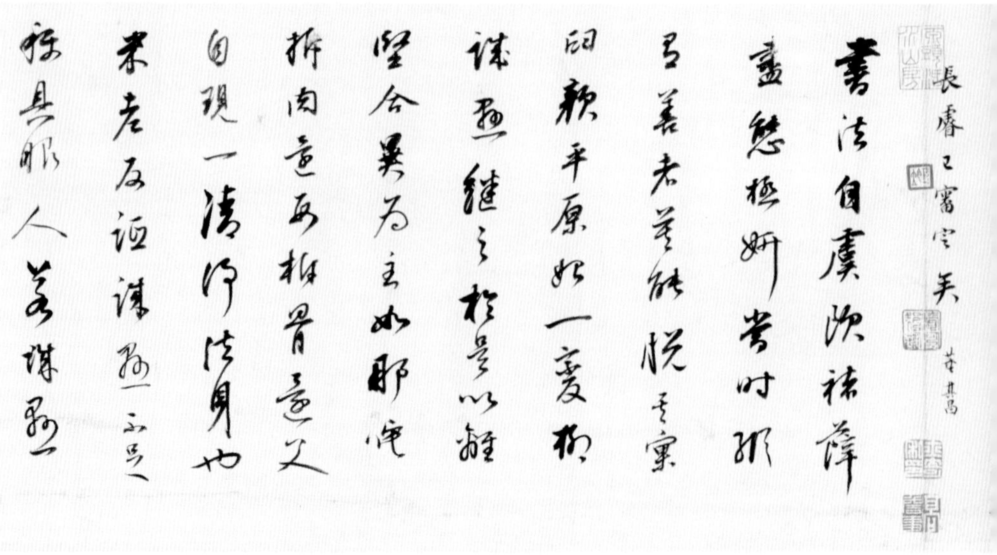
長睿已審定矣
董其昌

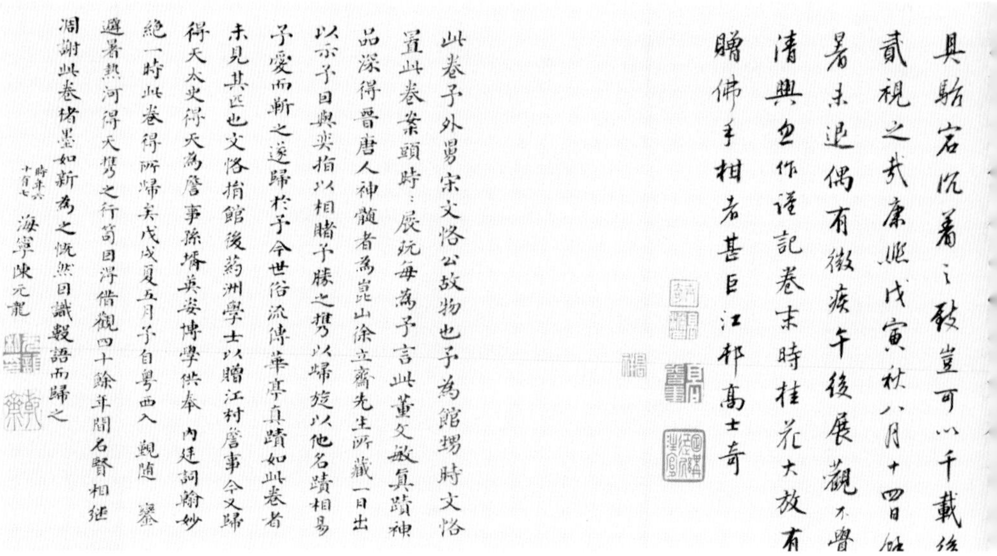
具駭宕沉著之致豈可以千載後
貳視之哉康熙戊寅秋八月十四日始
暑未退偶有微疾午後展觀不覺
清興勃作謹記卷末時桂花大放有
贈佛手柑者甚巨江邨高士奇
此卷予外舅宋文恪公故物也予為館甥時文恪
置此卷案頭時時展玩每為予言此董文敏真蹟神
品深得晉唐人神髓者為崑山徐立齋先生所藏一日出
以示予因與奕指以相賭予勝之携以歸旋以他名蹟相易
予愛而靳之遂歸於予今世俗流傳華亭真蹟如此卷者
未見其匹也文恪捐館後葯洲學士以贈江村詹事今又歸
得天太史得天為詹事孫婿英姿博學供奉內廷詞翰妙
絕一時此卷得所歸矣戊戌夏五月予自粵西入覲隨鑾
避暑熱河得天携之行笥因得借觀四十餘年間名賢相繼
凋謝此卷楮墨如新為之慨然因識數語而歸之
時年六十有七 海寧陳元龍

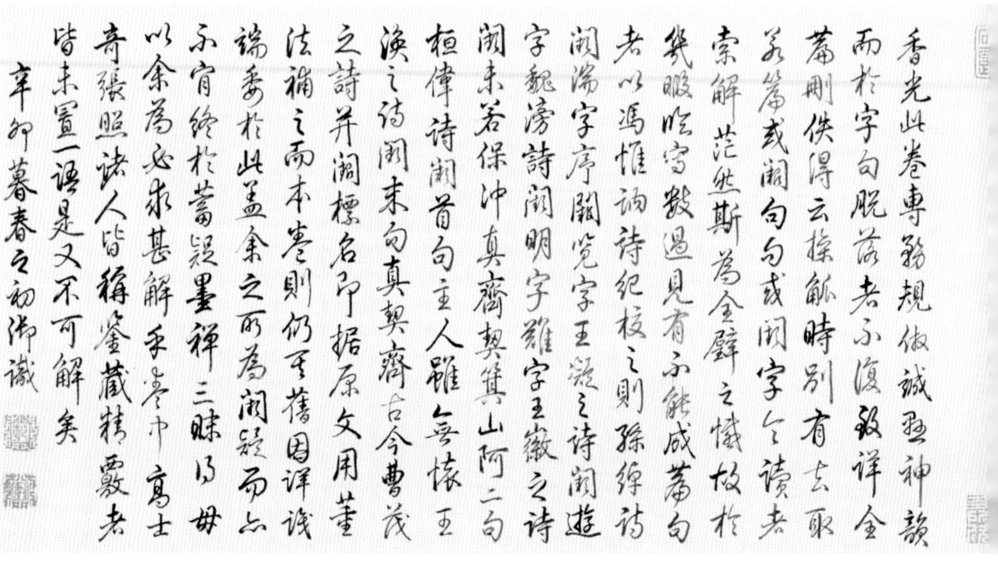
香光此卷專務規仿臟理神韻
而於字句脫落者不復致詳全
篇刪佚得云操觚時別有去取
若篇或闕句句或闕字今讀者
索解茫然斯為全璧之憾故於
幾暇臨寫數過見有不能成篇句
者以馮惟訥詩紀校之則孫綽詩
闕滿字序闕覧字王凝之詩闕遊
字魏滂詩闕明字離字王徽之詩
闕未若保沖真齋契箕山阿二句
桓偉詩闕首句主人雖無懷王
渙之詩闕末句真契齊古今曹茂
之詩并闕標名即據原文用董
法補之而本卷則仍其舊因詳識
端委於此蓋余之所為闕疑而亦
不宥終於蓄疑墨禪三昧乃毋
以余為必求甚解乎江邨高士
奇張照諸人皆稱鑒藏精覈者
皆未置一語是又不可解矣
辛卯暮春之初御識

釋文（自識二則）：

右柳公權書蘭亭詩，書法與右軍禊帖絕異，自開戶牖，不倚他人廡下作重台，此所謂善學柳惠者也。或曰陶谷書，恐谷未能特創乃爾，且君謨、長睿已審定矣。 董其昌

書法自虞、歐、褚、薛盡態極妍，當時縱有善者，莫能脫其窠臼。顏平原始一變，柳誠懸繼之，於是以離堅合異為主，如那吒拆肉還母，拆骨還父，自現一清淨法身也。米老反詆誠懸，不足稱具眼人。若誠懸所書蘭亭，更須無一筆似右軍蘭亭始快，恨予不能無一筆不似誠懸耳 止生過余墨禪軒論書，因一拈之。 戊午正月廿二日 董其昌自題

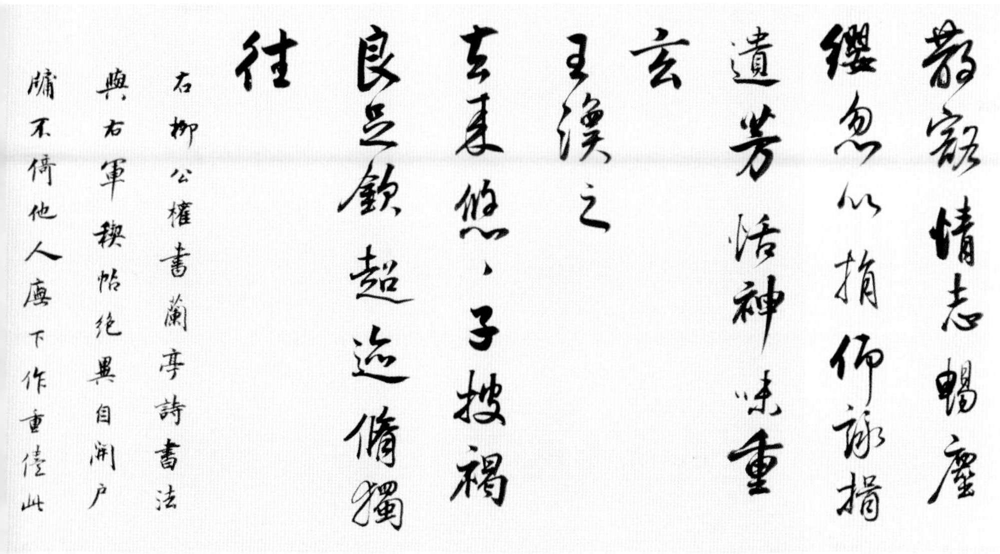

《臨柳公權蘭亭詩卷》之十

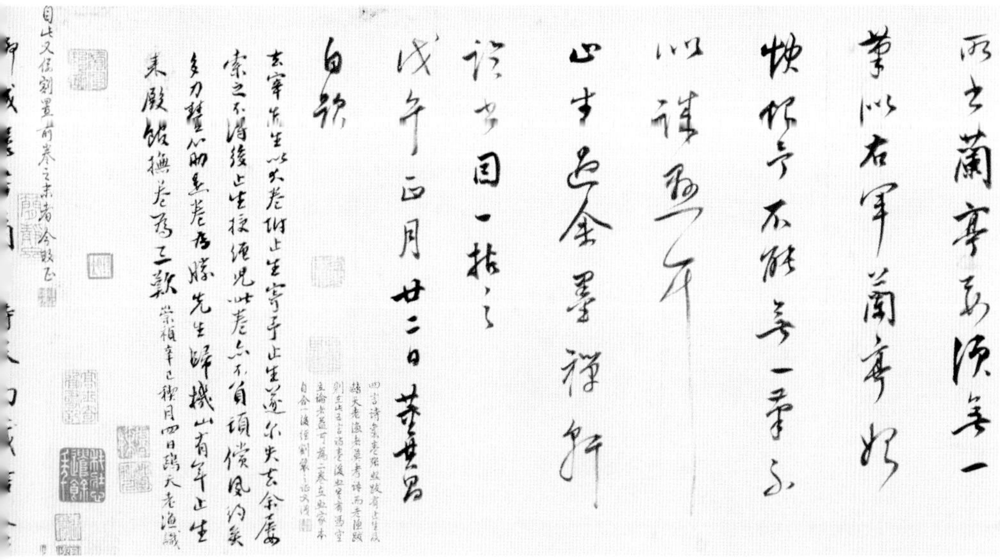

《臨柳公權蘭亭詩卷》之十一

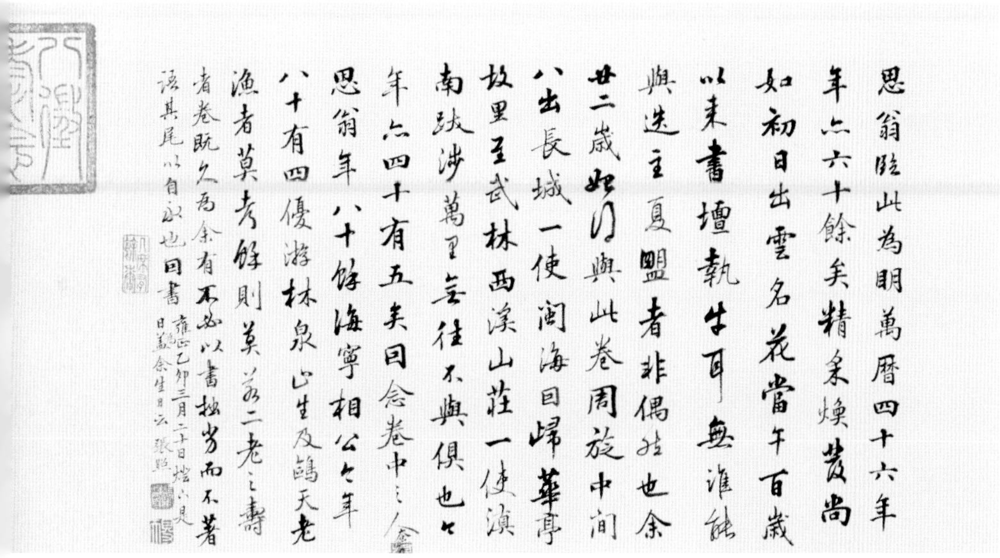

《臨柳公權蘭亭詩卷》之十二

89

董其昌　行書正陽門關侯廟碑卷

紙本 行書
前縱33.3厘米 橫412.7厘米
後縱28.8厘米 橫175.3厘米

Zheng Yang Men Guan Hou Miao Bei (Inscriptions on the stele in the Temple of Marquis Guan within Zheng Yang Men Gate) in running script

By Dong Qichang
Handscroll, ink on paper
The first section: H. 33.3cm L. 412.7cm
The second section: H. 28.8cm L. 175.3cm

卷分碑文和自識兩部分，碑全稱《漢前將軍關侯正陽門廟碑》，焦竑撰文，董其昌萬曆二十年(1592)春返京時書，時年三十八歲。自識為三十年後重題，款屬"觀舊書有感題 其昌 壬戌六月之朔 苑西畫禪室識"，鈐"知制誥日講官"(白文)、"董其昌"(白文)印。董氏自萬曆二十七年離

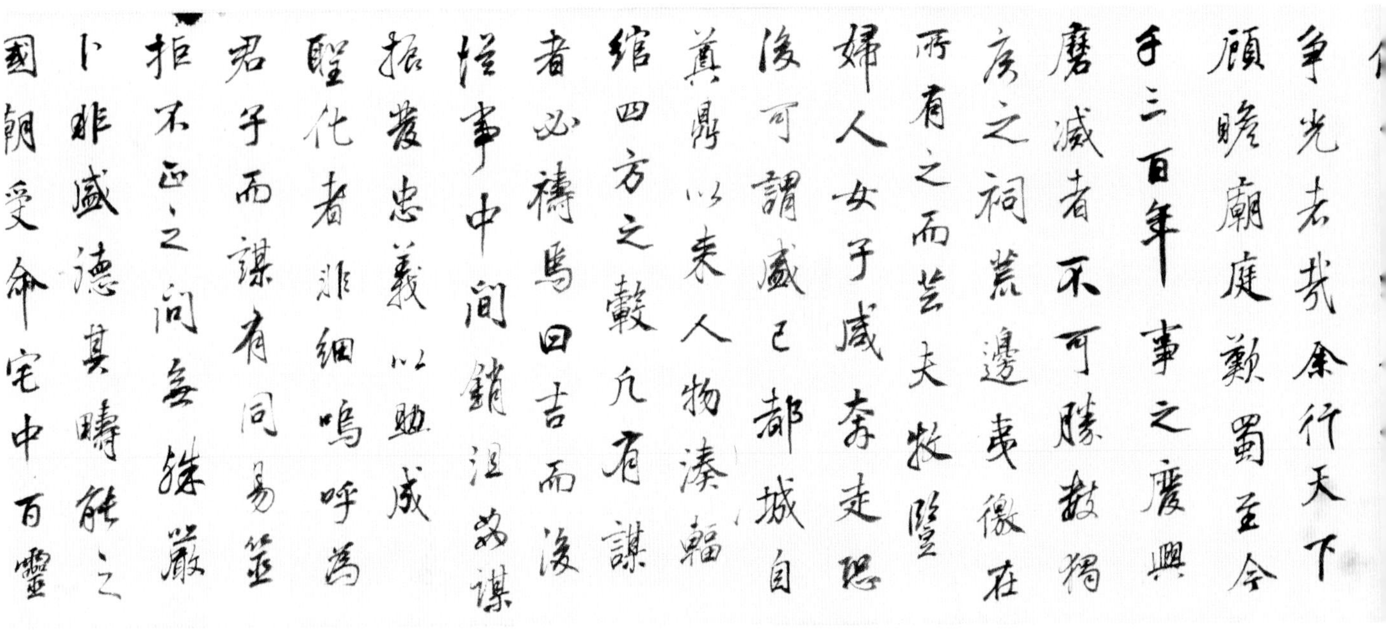

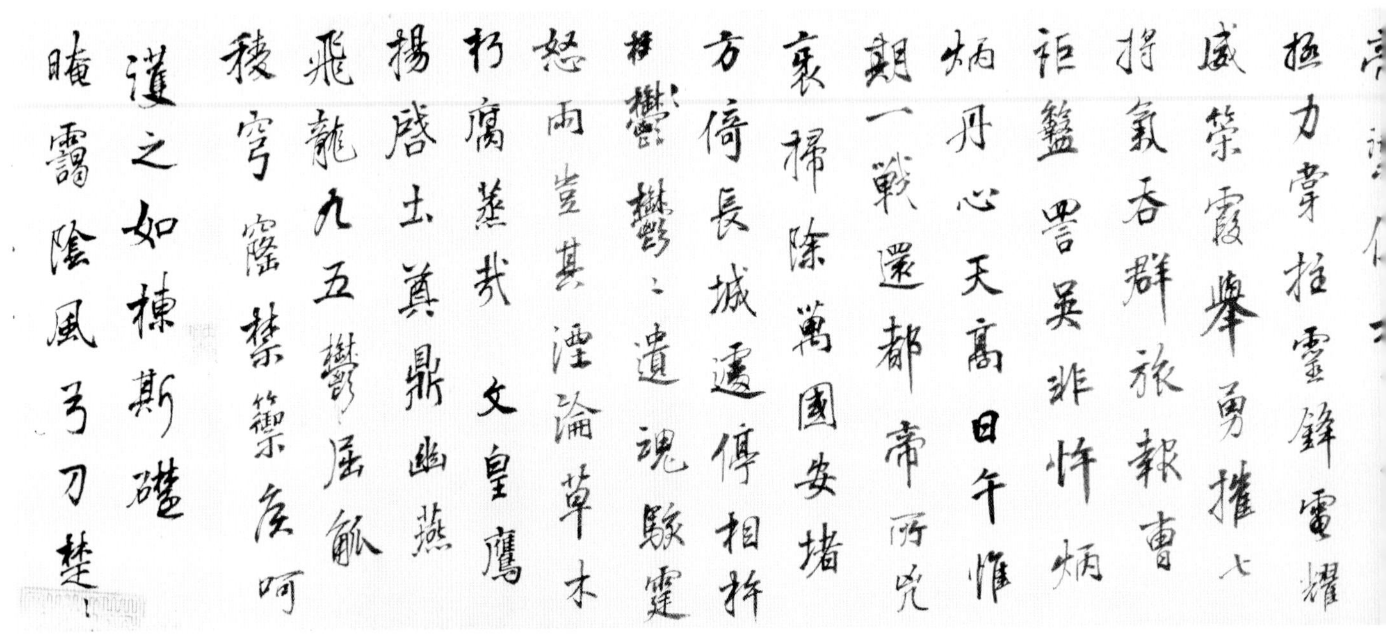

京，至天啟二年還京，恰值二十四年，故題中有“出春明二十四年再召還朝”句。“壬戌”為明天啟二年（1622），董其昌時年六十八歲。

此卷前段為書碑字體，端穩工整。此時正值董其昌研習歷代書法的階段，表現為用筆重實、澀拙，鋒棱峭拔、外露，顏、米書筆意明顯。後段自識已為晚年書，字勢精巧明快，爽朗秀媚，姿致平和，已形成自家風格。此卷反映了董其昌書法藝術發展的脈絡。

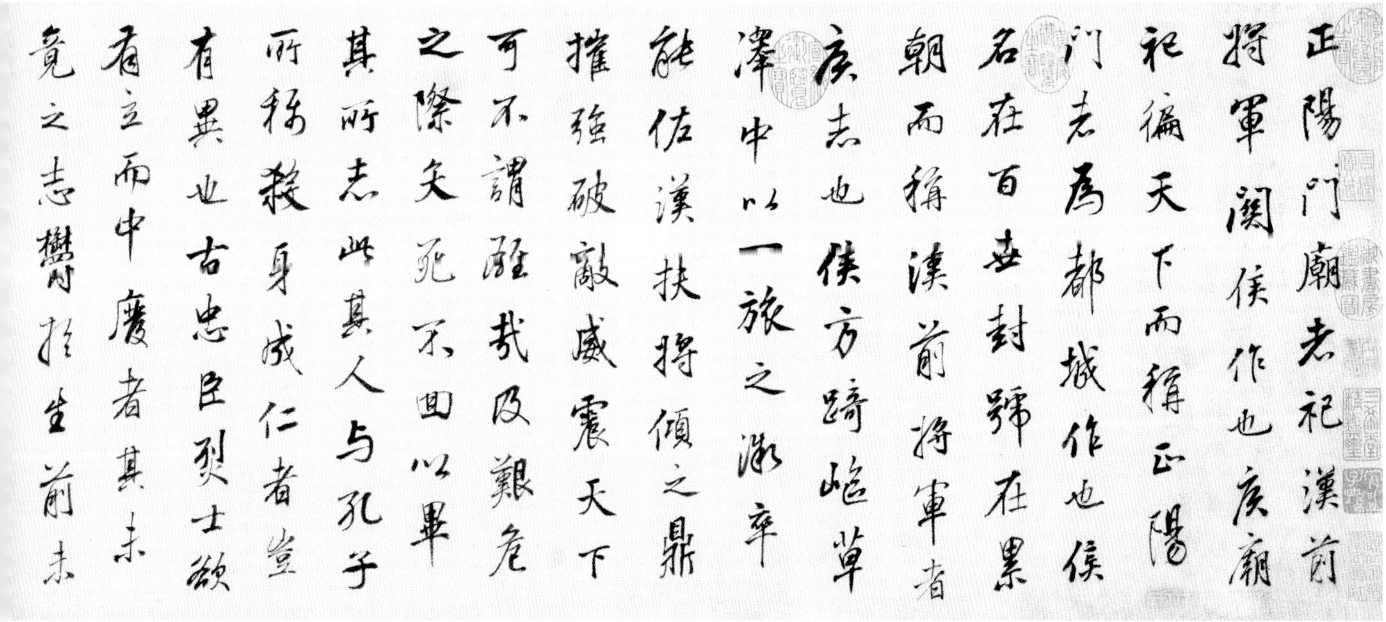

《正陽門關侯廟碑卷》之一

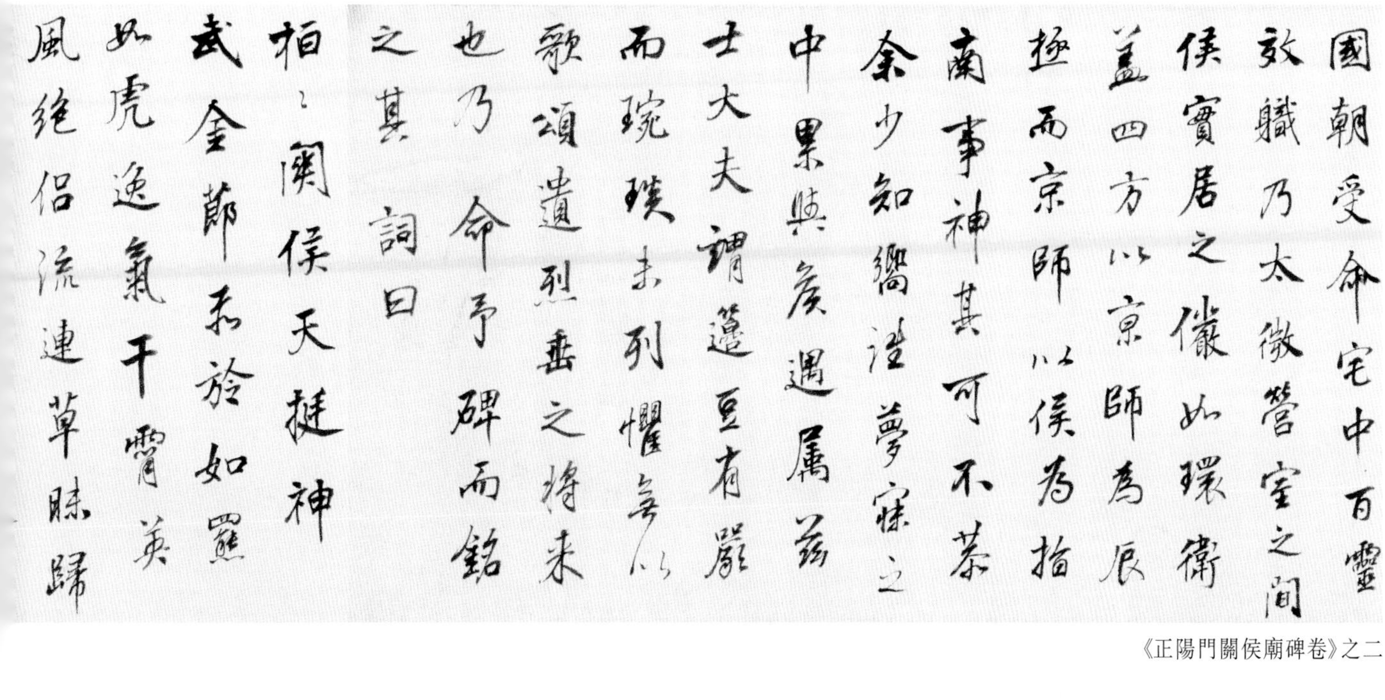

《正陽門關侯廟碑卷》之二

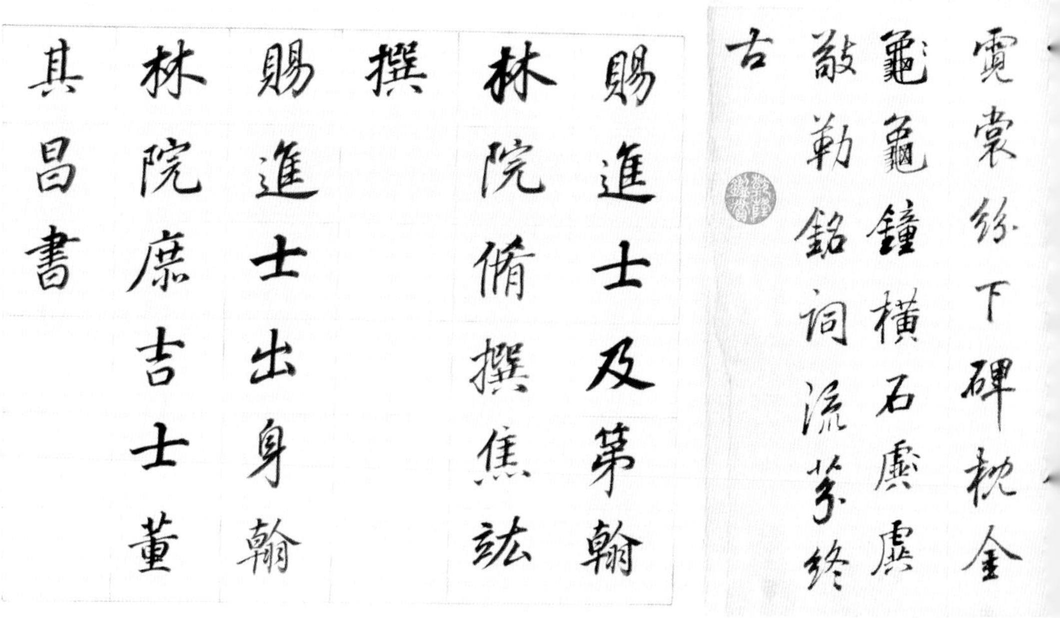
霓裳絲下碑枕金
鐘橫石
敬勒銘詞流芳終
古
賜進士及第翰
林院脩撰焦竑
撰
賜進士出身翰
林院庶吉士董
其昌書
此余為庶常時所書
也出春明二十四年再

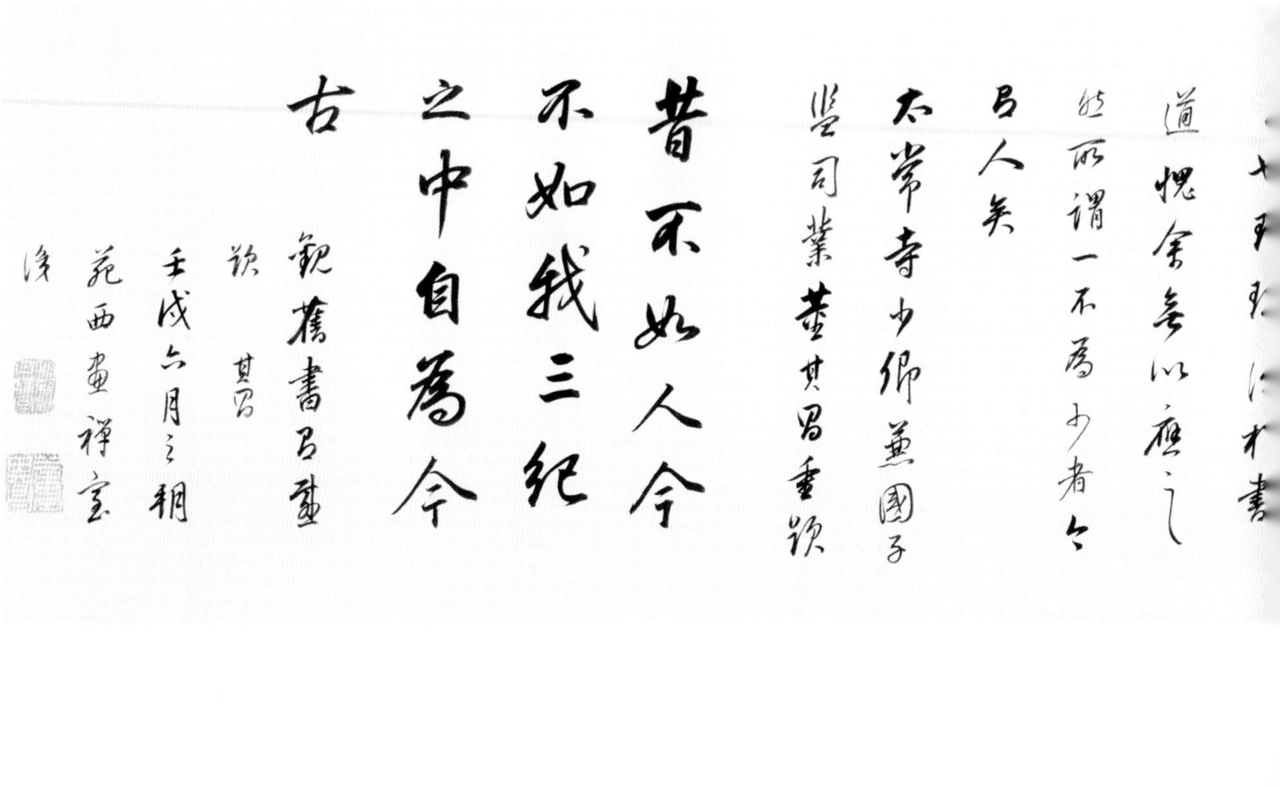
道愧余無以應之
然所謂一不為少者今
見人矣
太常寺少卿兼國子
監司業董其昌重題
昔不如人今
不如我三紀
之中自為今
古
觀舊書見題
識 其昌
壬戌六月之朔
苑西畫禪室

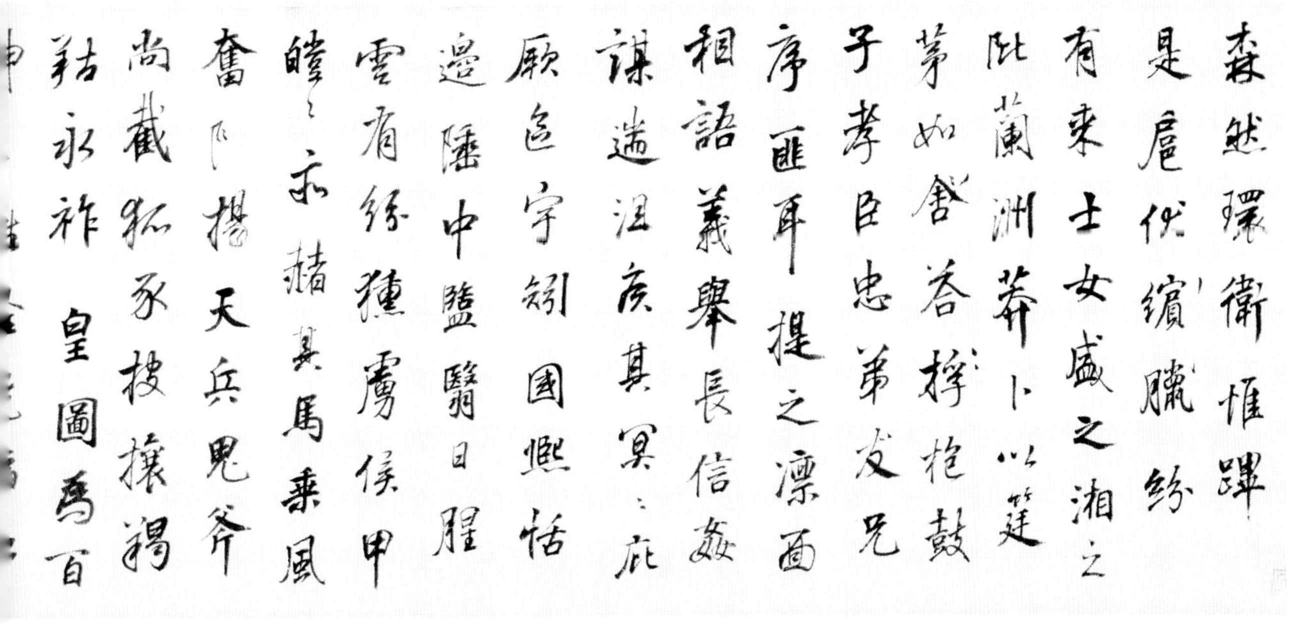

《正陽門關侯廟碑卷》之三

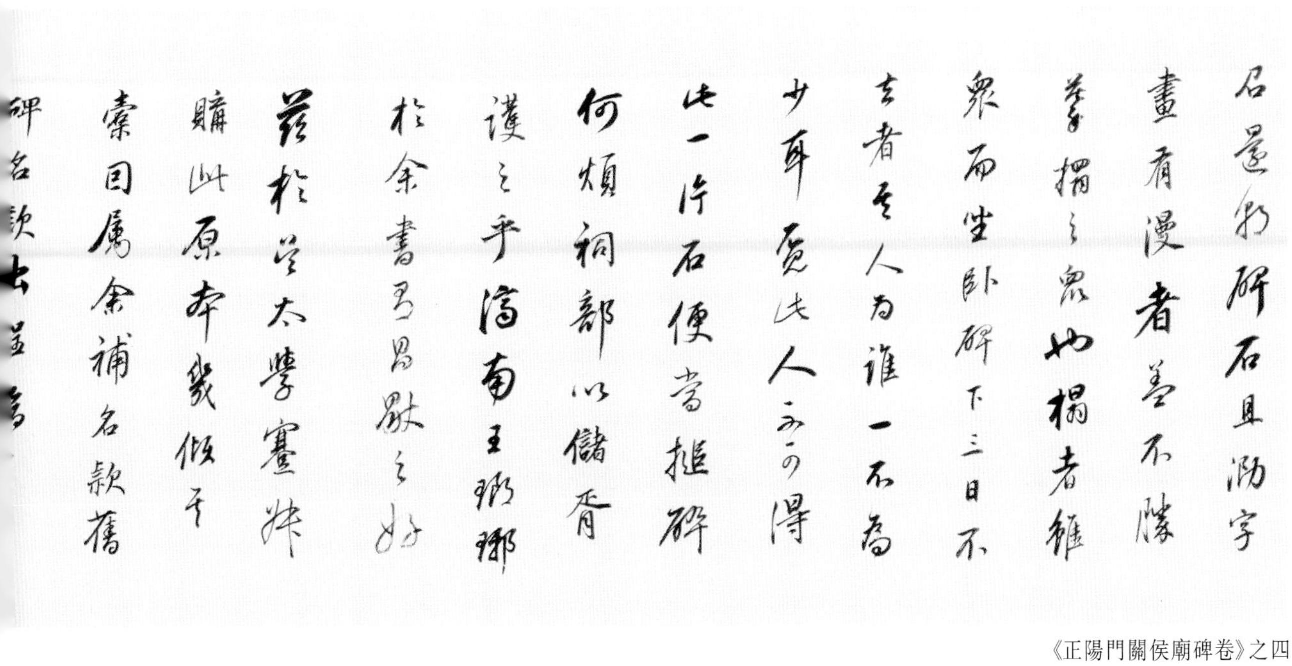

《正陽門關侯廟碑卷》之四

90

董其昌　草書七絕詩軸

紙本　草書

縱143.5厘米　橫35厘米

Qi Jue Shi (seven-syllable quatrain) in cursive script

By Dong Qichang

Hanging scroll, ink on paper

H. 143.5cm　L. 35cm

軸書七言絕句詩一首，款屬“其昌”，鈐“董氏玄宰”(白文)、“大宗伯印”(白文)印。董其昌於明崇禎四年(1631)，以南京禮部尚書，掌詹事府事，時年七十七歲，此後於書畫作品上用“宗伯學士”、“大宗伯印”等印記，故此書為董其昌極晚年的作品。

現藏遼寧省博物館的舊題為南朝宋謝靈運的《王子晉贊》卷，曾被董其昌考訂為唐張旭書，即《草書四帖詩卷》，董氏並屢有臨習。此卷即師其筆法，流暢自然，風格灑脫，為董氏草書佳作之一。

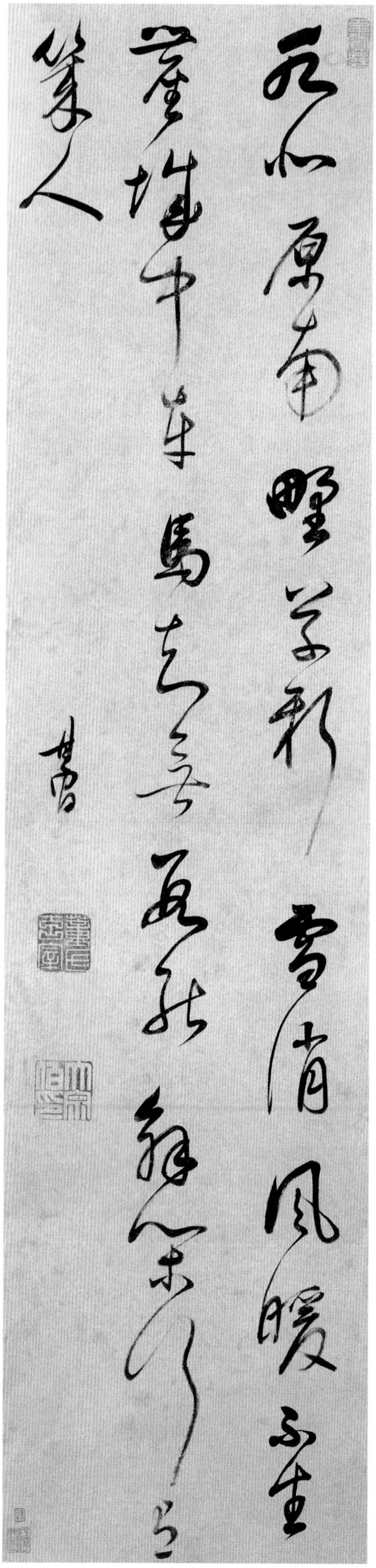

釋文：

水北原南野草新，雪消風暖不生塵。城中車馬知無數，能解閒行有幾人。　其昌

91

陳繼儒　行書七律詩軸

紙本　行書
縱237.5厘米　橫54厘米

Qi Lu Shi (seven-syllable regulated verse) in running script
By Chen Jiru (1558-1639)
Hanging scroll, ink on paper
H. 237.5cm　L. 54cm

陳繼儒(1558—1639)，字仲醇，號眉公，又號麋公，明代華亭(今上海松江)人。終生不仕。自幼穎悟，博學，工詩文，短翰小詞皆有風致。擅繪畫，與董其昌齊名。書法師蘇、米。尤好東坡字，遇蘇氏手跡、碑拓必刻意蒐求，集於《晚香堂帖》和《來儀堂帖》。編纂《松江府誌》，著有《眉公祕籍》、《妮古錄》、《皇明書畫史》。

軸書七言律詩，款署"十月十日有載菊送至山居者，練川後長丈也，賦此謝之並博笑正　陳繼儒"，鈐"麋公"(白文)、"雪堂"(白文)印。

此軸書法風姿綽約，飄逸瀟灑，運筆輕快、簡約，筆鋒起伏變化，頓挫轉折，姿態生動俊秀，韻味幽淡自然，頗類風雅的短翰小詞，有文人雅士之風采。

鑑藏印記："季平珍藏"(朱文)。

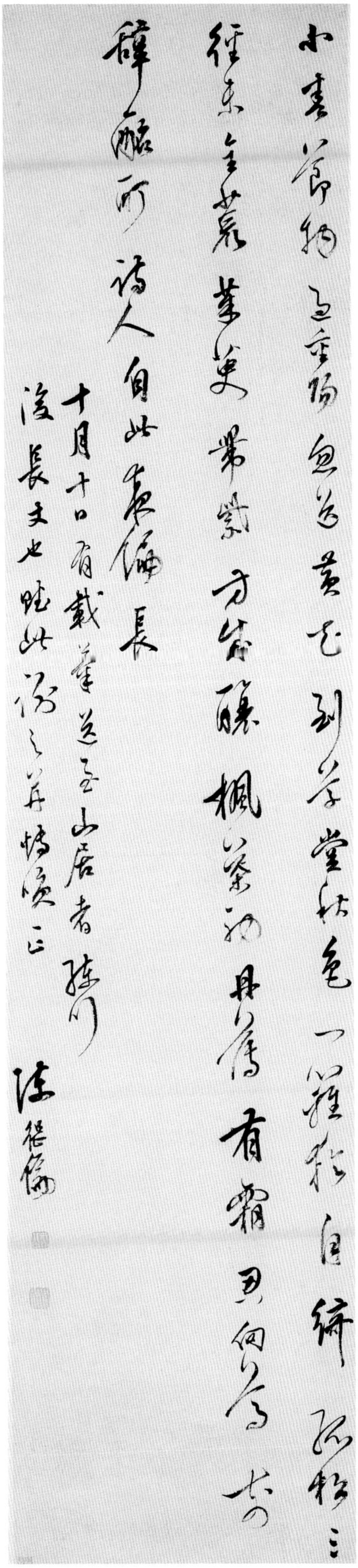

釋文：
小春節物過重陽，忽送黃花到草堂。秋色門籬猶自綺，孤松三徑未全荒。茱萸帶紫方成釀，楓葉初丹薄有霜。思向尊前辭酩酊，詩人自此夜偏長。　十月十日有載菊送至山居者，練川後長丈也，賦此謝之並博笑正　陳繼儒

92

趙宧光　篆書七言詩句軸

紙本　篆書
縱141厘米　橫31.6厘米

Qi Yan Shi Ju (verses with seven characters to each line) in seal script
By Zhao Yiguang (1559-1625)
Hanging scroll, ink on paper
H. 141cm　L. 31.6cm

趙宧光(1559—1625)，字凡夫，一字水臣，號廣平，又號寒山子，江蘇太倉人。與妻陸卿子(陸師道女)寓居吳縣寒山，足不至城市。夫婦皆有名於時。宧光讀書稽古，精於篆書，新創以草書筆法寫篆字，世稱“草篆”。著有《說文長箋》。

軸書七言詩句，款署“趙宧光書”，鈐“趙宧光印”(白文)、“凡夫”(白文)印。

此軸書法古樸奇異，形體怪誕。按明朱謀垔《書史會要續編》所言：“宧光篤意倉史之學，創作草篆，蓋原《天璽碑》而小變焉。”《天璽碑》即《天發神讖碑》，結體篆法，字形方正，筆畫方折，垂筆尖俏修長，多雜隸書體勢。趙宧光篆書體勢上接近此碑，不同的是又揉進了小篆柔韌的線條，並以草書筆法寫篆書，形成明代絕無僅有的“草篆”風格。

鑑藏印記：“秦穉枚家珍藏”(朱文)。

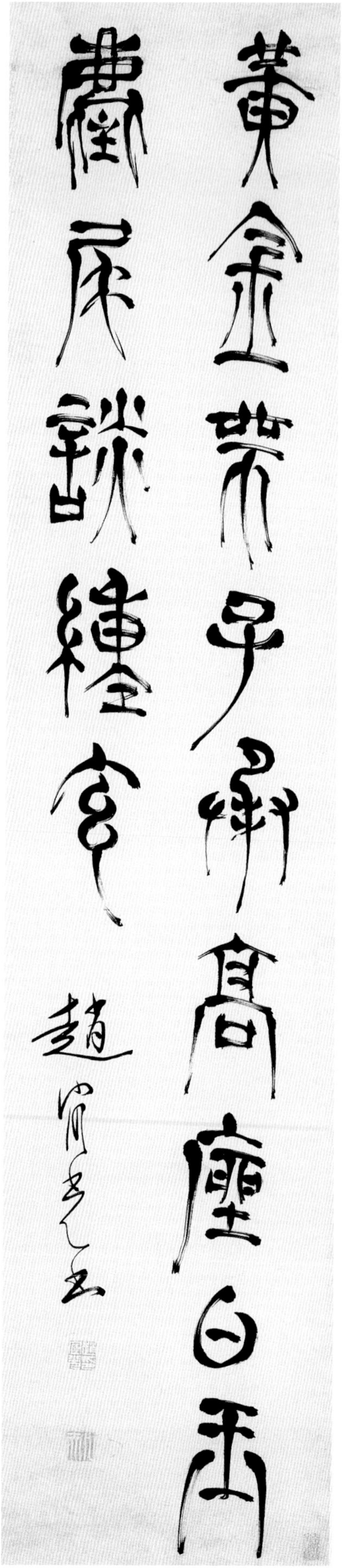

釋文：
黃金獅子承高座，白玉麈尾談緟玄。
趙宧光書

93

米萬鍾　行書七言詩句軸

紙本　行書
縱166.8厘米　橫42.8厘米

Qi Yan Shi Ju (verses with seven characters to each line) in running script
By Mi Wanzhong (1570-1628)
Hanging scroll, ink on paper
H. 166.8cm　L. 42.8cm

米萬鍾(1570—1628)，字仲詔，號友石，又號海澱漁長、石隱庵居士，原籍陝西安化，後當錦衣衛，居北京。米芾後裔。萬曆二十三年進士，歷官江西按察使、太僕少卿，卒於官。有好石之癖，善畫山水、花竹。書法行、草得家法，與董其昌齊名，稱“南董北米”。著有《篆隸考譌》。

軸書七言詩句，款署“米萬鍾書”，鈐“米萬鍾字仲詔”(白文)、“家在西山北海間”(白文)，引首鈐“書畫船”(朱文)印。

朱謀垔《書史會要續編》記：“萬鍾行草得南宮家法。”此軸書法即有米芾書意，而盤曲紆環，沉着飛翥，以縱取勢的筆態，有自己的風格。其用筆勁健豐潤，提按輕重分明，“中物大”三字連貫而成，筆法精熟，頗有意韻。

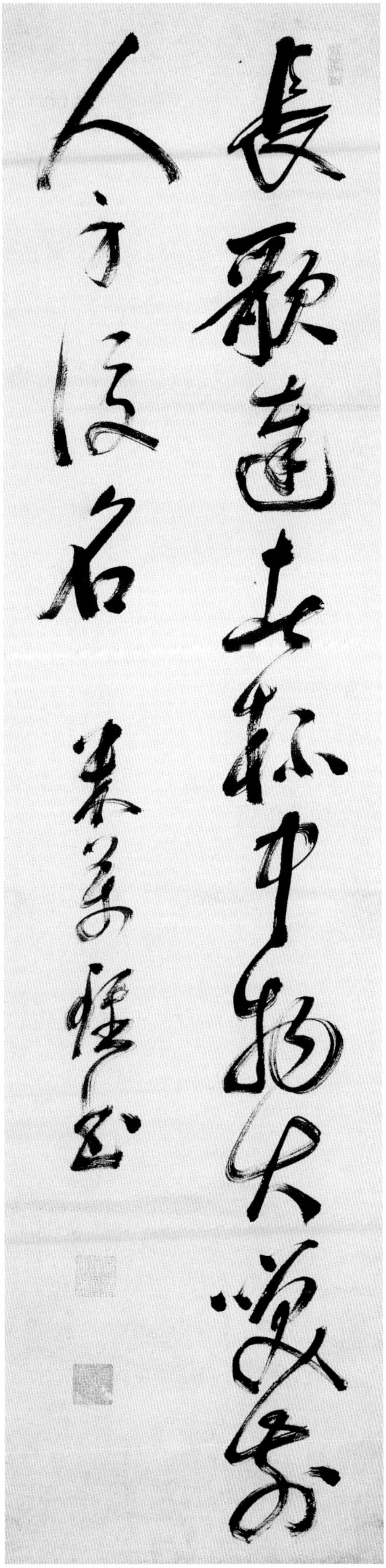

釋文：
長歌達者杯中物，大笑前人身後名。
米萬鍾書

94

米萬鍾　行書七言詩句軸

紙本　行書

縱166.2厘米　橫42厘米

Qi Yan Shi Ju (verses with seven characters to each line) in running script

By Mi Wanzhong

Hanging scroll, ink on paper

H. 166.2cm　L. 42cm

軸書七言詩句，款署“米萬鍾”，鈐“米萬鍾字仲詔”（白文）、“海澱漁長”（白文），引首鈐“書畫船”（朱文）印。

此軸書法奇縱放逸，閒散平實。行筆迅疾瀟灑，線條牽縈連屬，顧盼呼應，俯仰向背，和諧有致。結體寬博豐勁。米萬鍾是晚明長於大字書法並具獨特風格的書法家之一。

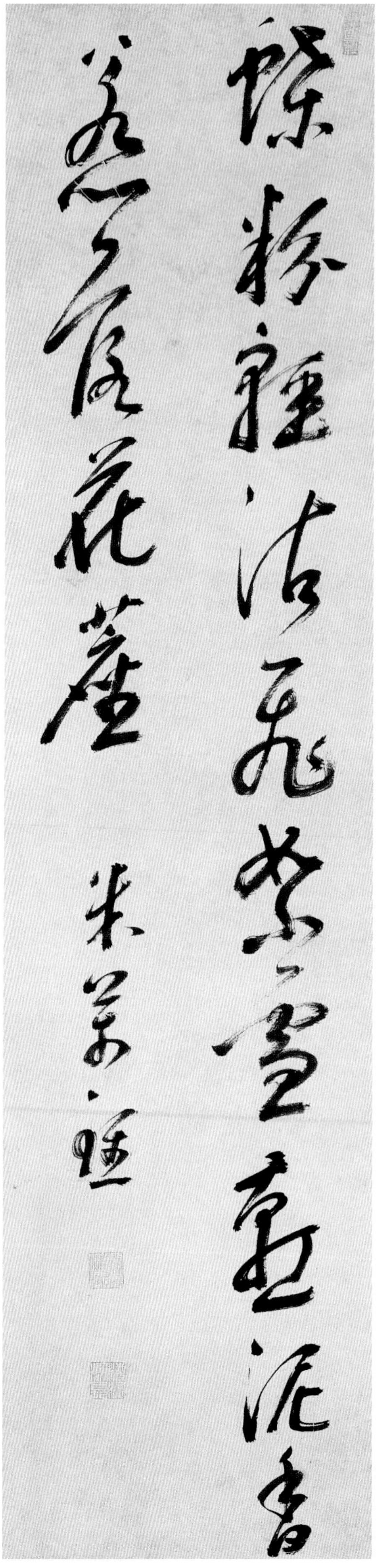

釋文：

蝶粉輕沾飛絮雪，燕泥香惹落花塵。

米萬鍾

95

張瑞圖　行楷書詩翰冊

金箋紙本　行楷書　七開
開縱20.4厘米　橫13厘米

Shi Han (poems) in running-regular script
By Zhang Ruitu (1570-1641)
Album of 7 leaves, ink on gold-flecked paper
Each leaf: H. 20.4cm　L. 13cm

張瑞圖(1570—1641)，字長公，號二水、果亭山人等，福建晉江人。萬曆三十五年(1607)探花。天啟七年(1627)召入內閣，為魏忠賢撰生祠碑，士林恥之。擅長行草書，書法奇逸學鍾、王，與董其昌、邢侗、米萬鍾並稱"明末四家"。山水畫學黃公望，蒼勁有骨。

冊書五言詩七首，款署"崇禎戊寅冬孟錄寄康侯於長安中白毫老人圖書"，鈐"瑞圖"(朱文)、"白毫庵主"(白文)，引首鈐"此翁"(白文)印。"戊寅"為明崇禎十一年(1638)，張瑞圖時年六十九歲。文中"康侯"，即楊玄錫，張瑞圖外孫，此詩為送其赴京任職所賦。

張瑞圖書法取自鍾繇小楷，晚年獨出新意，其善用筆鋒，落筆矯健，奇倔勁利，為晚明的獨特書風。此冊書法用筆多為側鋒，銳利方硬，大小錯雜，奇姿百態，為張氏晚年精心之作。

鑑藏印記："希齋審定"(朱文)、"得思齋藏"(白文)、"詒晉齋印"(白文)、"潭谿"(朱文)等。

釋文：和陶淵明擬古送康侯楊外孫北上七篇
畏壘老庚桑，閉門師洩柳。生平禮數絕，惰嬾良以久。賢孫將北征，祖餞盛賓友。我亦巾柴車，側載一壺酒。桑弧蓬矢六，之子信無負。去矣行路難，懷哉國恩厚。努力樹芳名，榮施

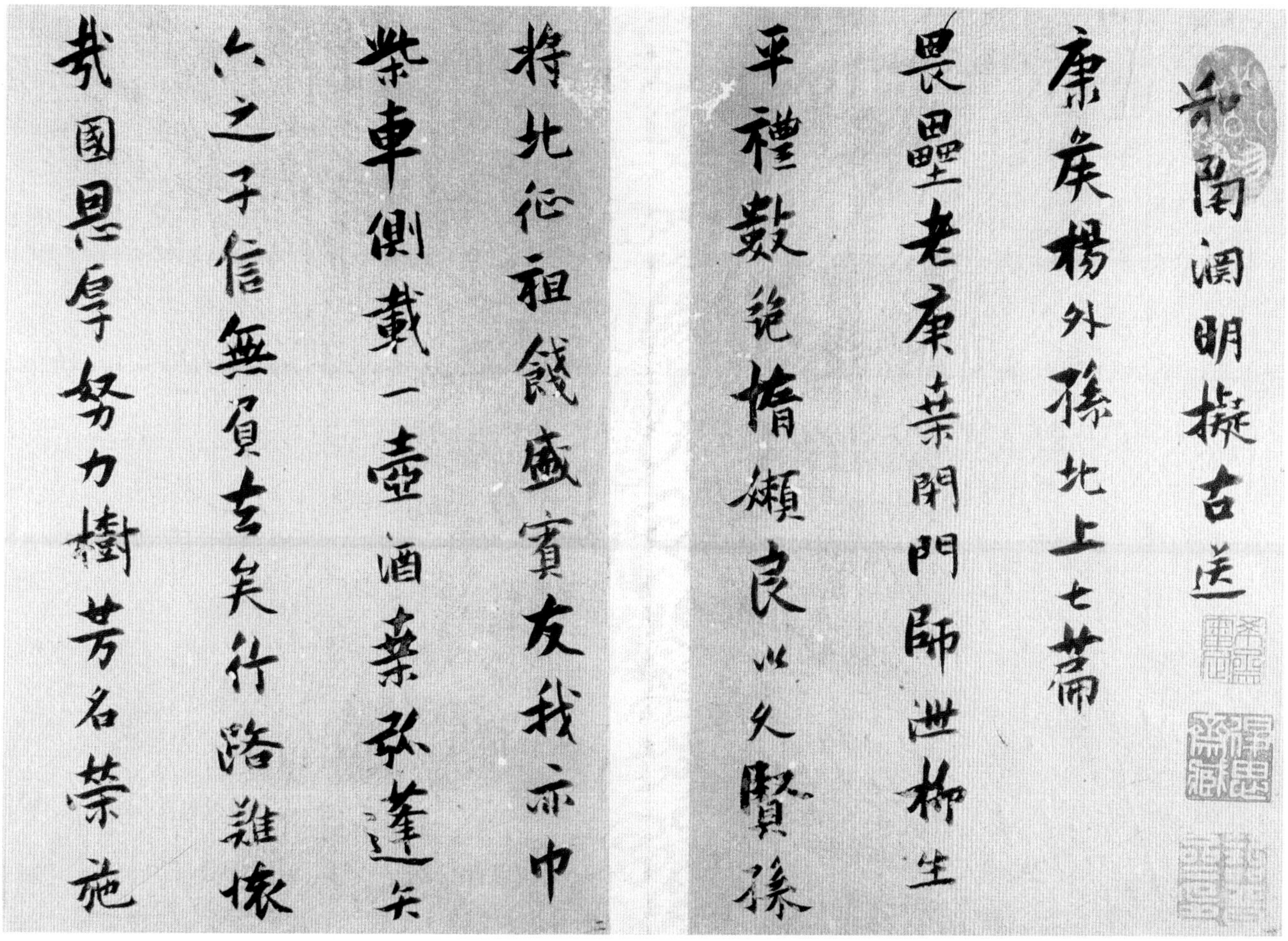

第一開

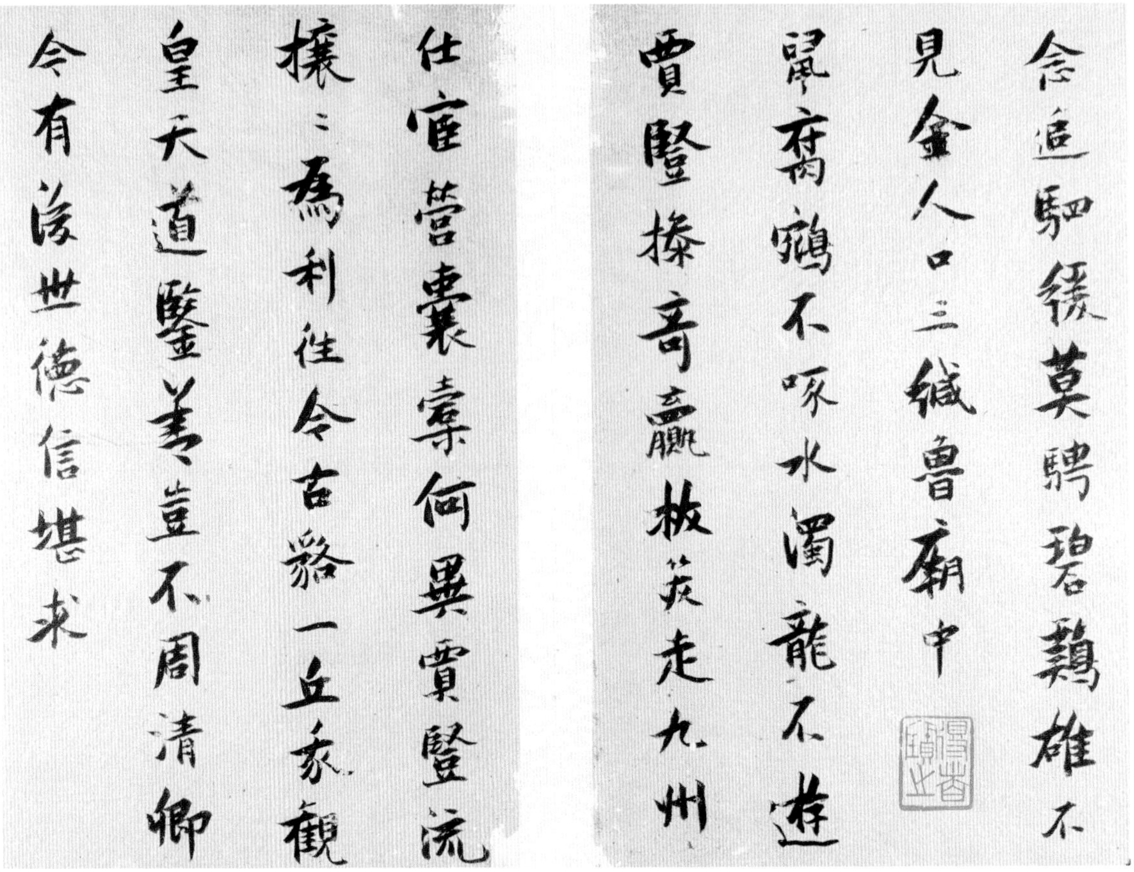

第三開

念追駟緩，莫騁碧雞雄。不見金人口，三緘魯廟中。鼠腐鴟不啄，水濁龍不遊。賈豎摻奇贏，挾筴走九州。仕宦營囊橐，何異賈豎流。攘攘為利往，今古貉一丘。我觀皇天道，鑑善豈不周。清卿今有後，世德信堪求。

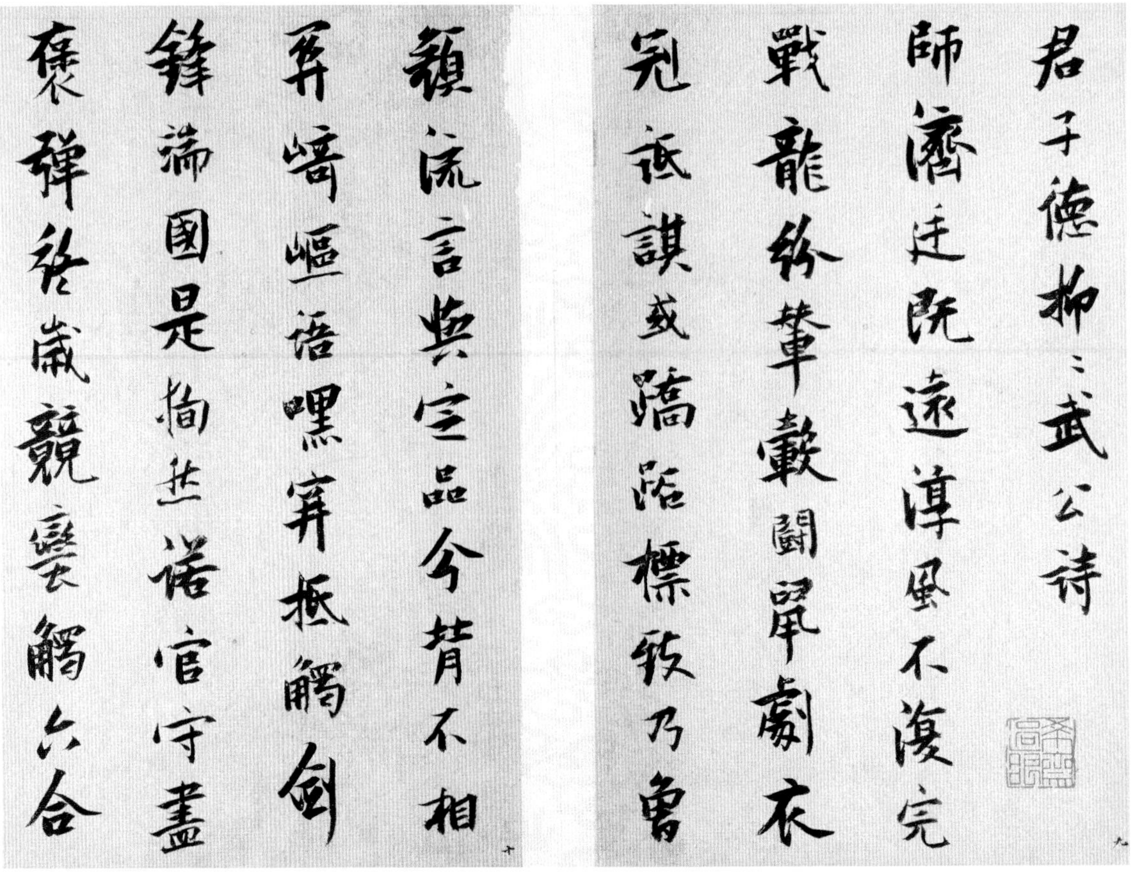

第五開

君子德，抑抑武公詩。師濟廷既遠，淳風不復完。戰龍紛輦轂，鬪鼠劇衣冠。詆諆或蹻跖，標致乃曾顏。流言與定品，分背不相關。崎嶇語嘿穽，抵觸劍鋒端。國是狗然諾，官守盡褒彈。終歲竟蠻觸，六合我與有。
春華何足戀，秋實乃堪採。資葛冰猶沍，資裘火未改。黃鵠無六翮，何繇橫四海。前定乃
不窮，年華豈相待。後生誠可畏，多暇空自悔。
哲人慎其始，君子慮所終。譚笑藏奇釁，有似莽伏戎。應

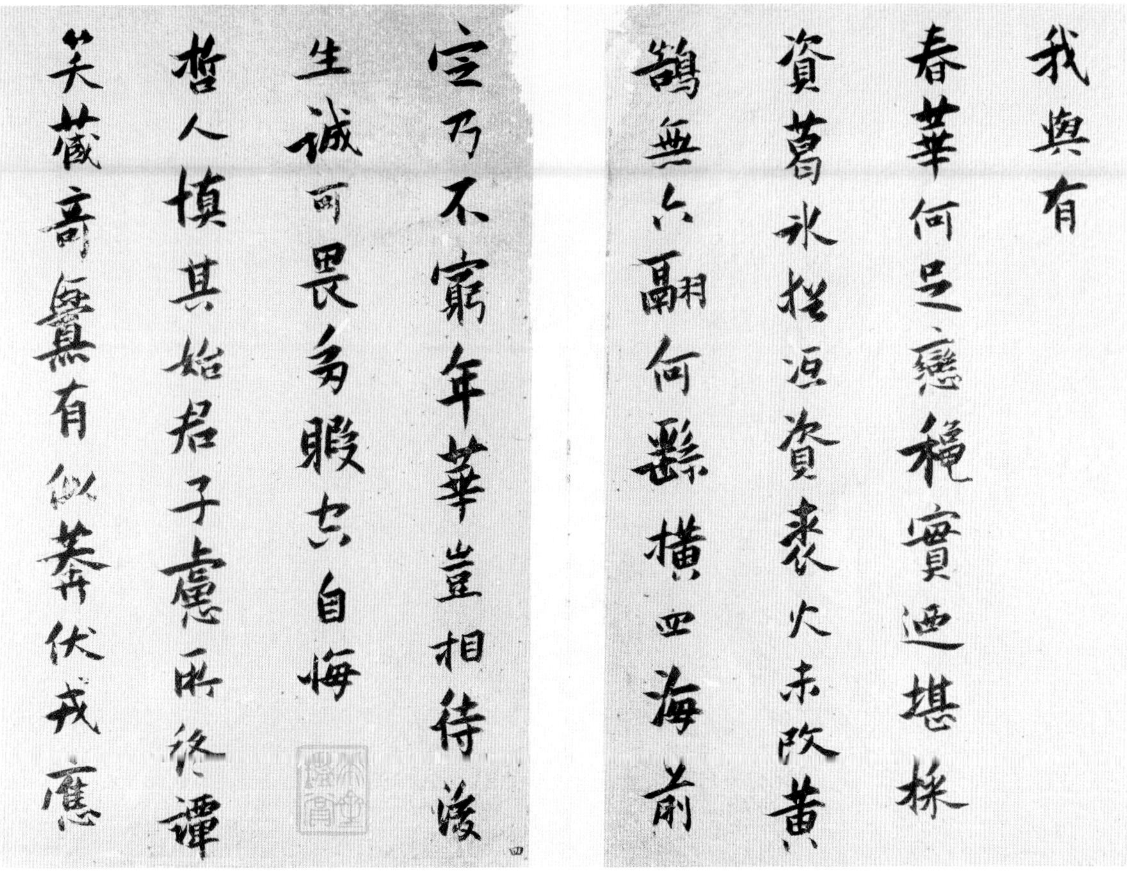

第二開

之子獲我心，非在有今茲。喜爾今已貴，不異未貴時。齒未識則老，素風無磷淄。盈虛事
可券，乘除理何疑。福澤天所畀，時至不可辭。厚與而嗇取，持盈在深思。釜鼓滿見概，
茲理不吾欺。虛已以遊世，其孰能害之。謙謙

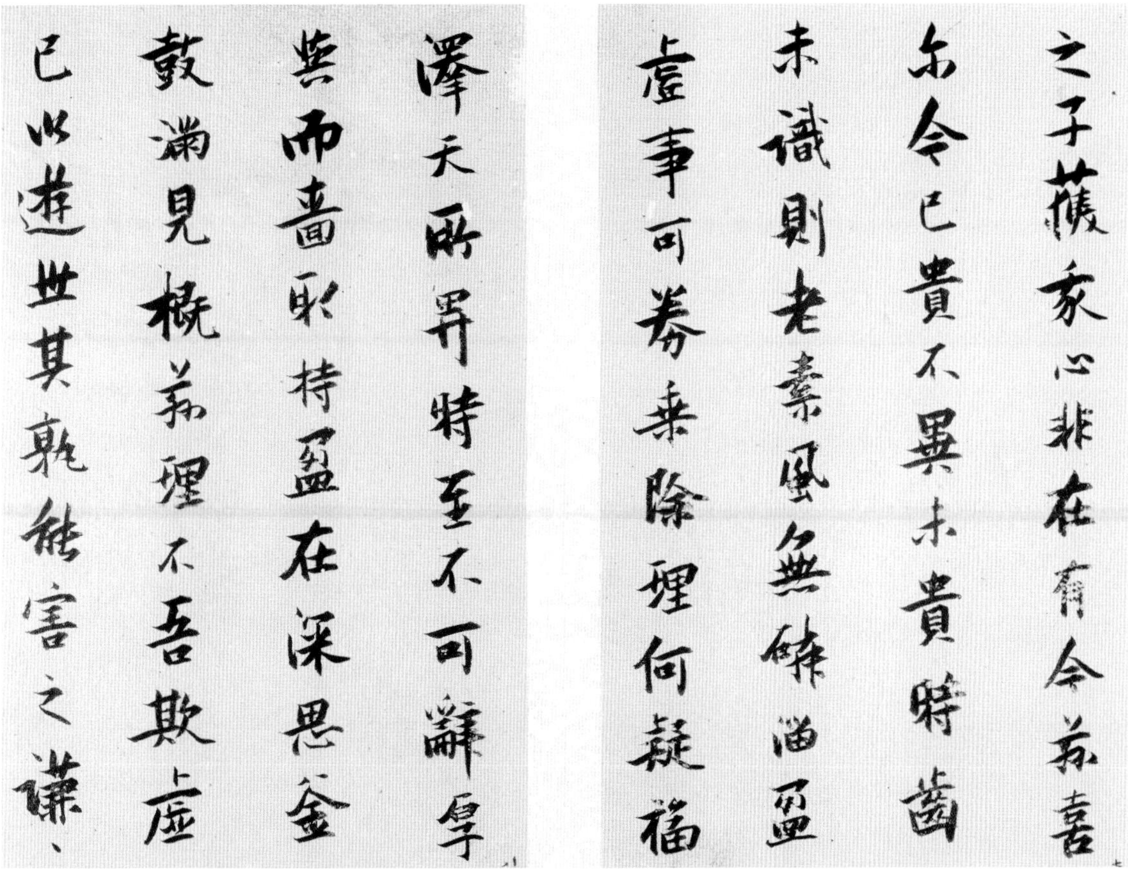

第四開

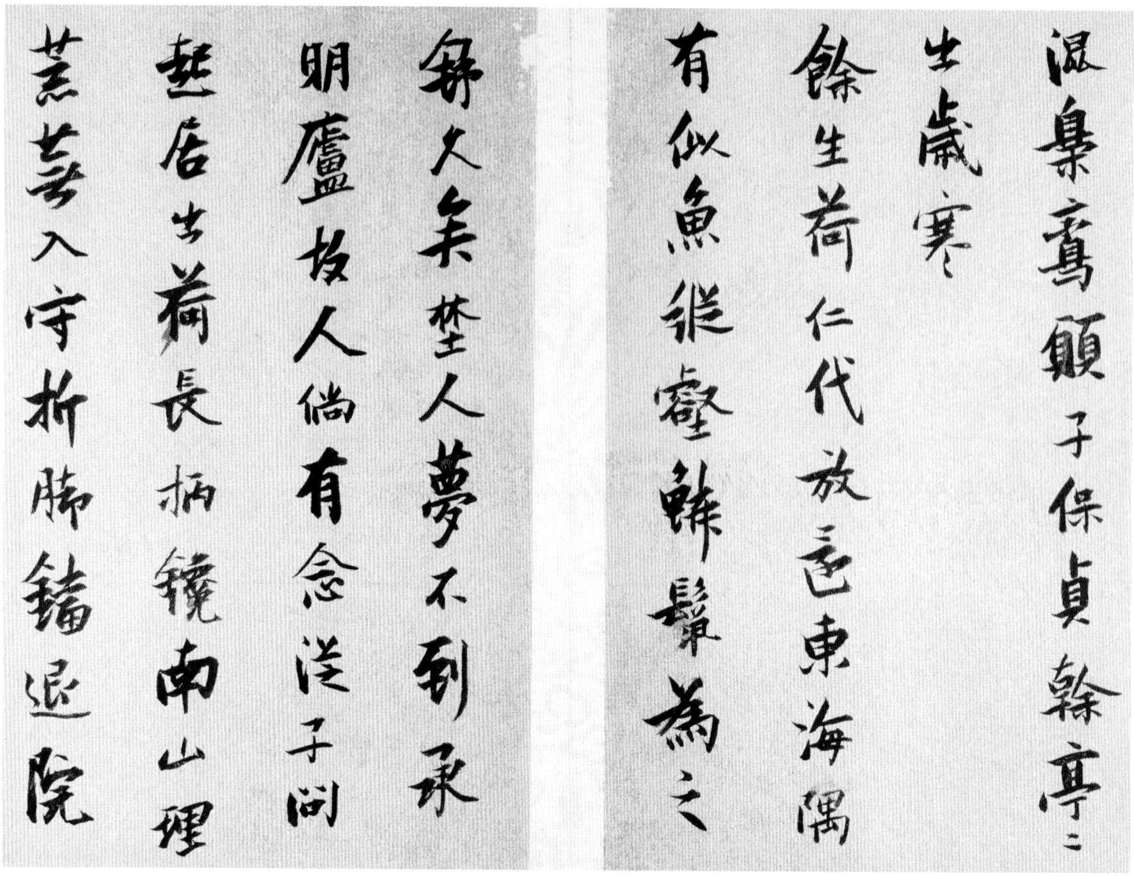

第六開

混梟鸞。願子保貞幹，亭亭出歲寒。
餘生荷仁代，放還東海隅。有似魚縱壑，鱗鬣為之舒。久矣野人夢，不到承明廬。故人倘
有念，從子問起居。出荷長柄鑊，南山理荒蕪。入守折腳鐺，退院

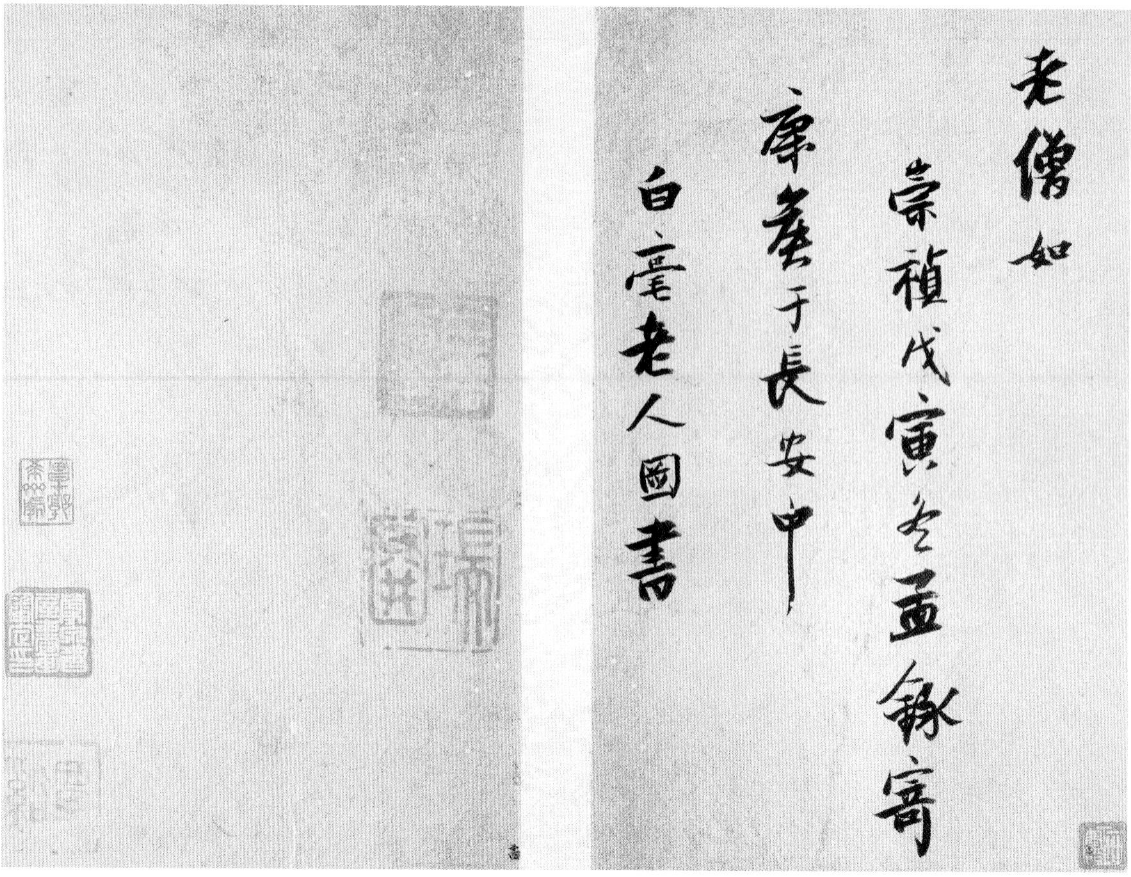

第七開

老僧如。
崇禎戊寅冬孟錄寄康侯於長安中
白毫老人圖書

96

張瑞圖　行書五絕詩軸

紙本　行書
縱172.7厘米　橫43.5厘米

Wu Jue Shi (five-syllable quatrain) in running script
By Zhang Ruitu
Hanging scroll, ink on paper
H. 172.7cm　L. 43.5cm

軸書五言絕句一首，款署“瑞圖”，鈐“張長公”(白文)、“瑞圖”(朱文)，引首鈐“文學侍從之臣”(朱文)印。

此軸書法從鍾、王入手，筆勢生辣，點畫縱橫，堅實勁挺。雖為行書而折筆側入，形體尖銳，起止轉折倔強方折，力量飽滿，氣力充沛，筆墨酣暢。清秦祖永《桐陰論畫》說：“瑞圖書法奇逸，鍾王之外，另闢蹊徑。”

鑑藏印記：“固始張氏鏡菡榭嗣主瑋審定續考”(朱文)、“志仁歷史文物館藏”(朱文)。

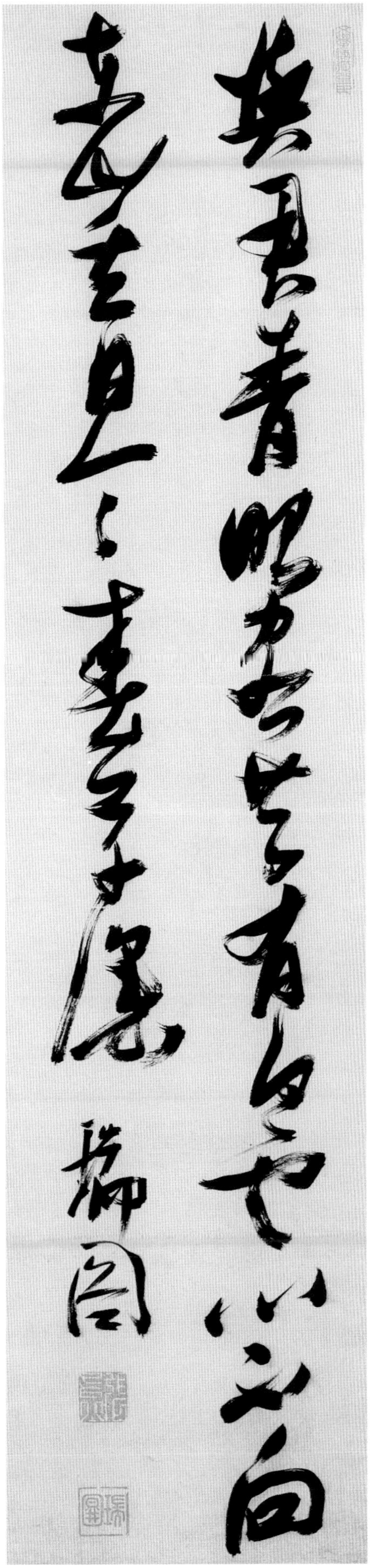

釋文：
與君青眼盡，
共有白雲心。
不向東山去，
旦旦春草深。
瑞圖

97

陸士仁　四體千字文卷

紙本　四體書
縱26.6厘米　橫230厘米

Si Ti Qian Zi Wen (The Thousand-Charater Classic) in seal, official, cursive and regular scripts
By Lu Shiren (Dates unknown)
Handscroll, ink on paper
H. 26.6cm　L. 230cm

陸士仁（生卒年不詳），字文近，號承湖，明代長洲（今江蘇蘇州）人。陸師道子。補博士弟子員，屢試不第。遊歷隱居。

卷以篆、隸、草、楷四體書《千字文》。篆書款署“萬曆甲寅秋七月十有二日　陸士仁篆書”，鈐“承湖”（朱文）、“文近”（白文）印。隸書款署“萬曆乙卯歲夏四月二十有五日　陸士仁書”，鈐“文近”（朱文）、“吳郡陸生”（朱文）印。草書款署“萬曆乙卯歲冬十有一月十又一日　陸士仁書”，鈐“陸士仁印”（白文）、“河南中子”（白文）印。楷書款署“萬曆丙辰歲夏五月之望　吳郡陸士仁書”，鈐“文近”（朱文）、“士仁”（朱文）印。始書於明萬曆四十二年甲寅（1614），歷經三年，至萬曆四十四年丙辰（1616）完成。

鑑藏印記：“孫氏家藏”（朱文）、“廣明之印”（白文）、“龍章”（白文）、“顧岑之印”（白文）等。

此卷書法工整穩健，圓勁古雅。結字運筆因體取勢，篆書溫純古拙，隸書沉着質樸，草、楷書起筆尖微精健，似文徵明用筆之法。卷後其子廣明題識：“先君子幼習太史公書，片楮隻字無不臨摹，幾於入室。”

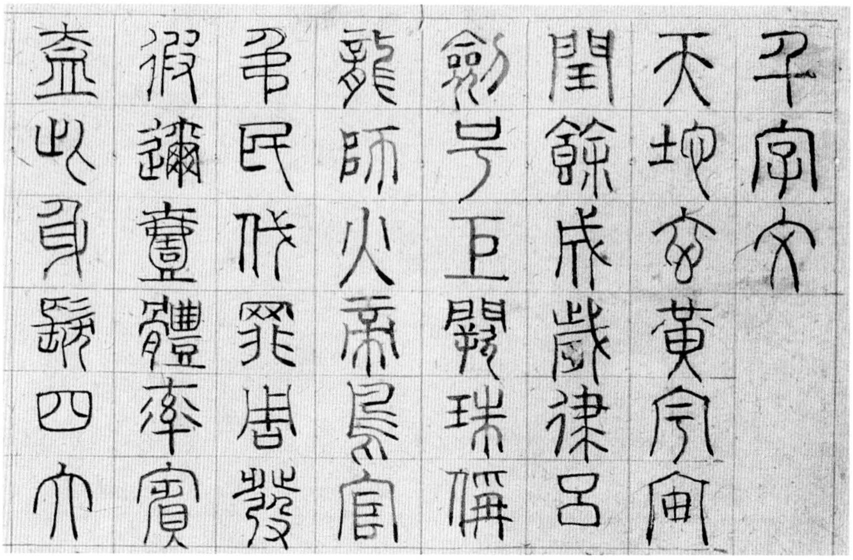

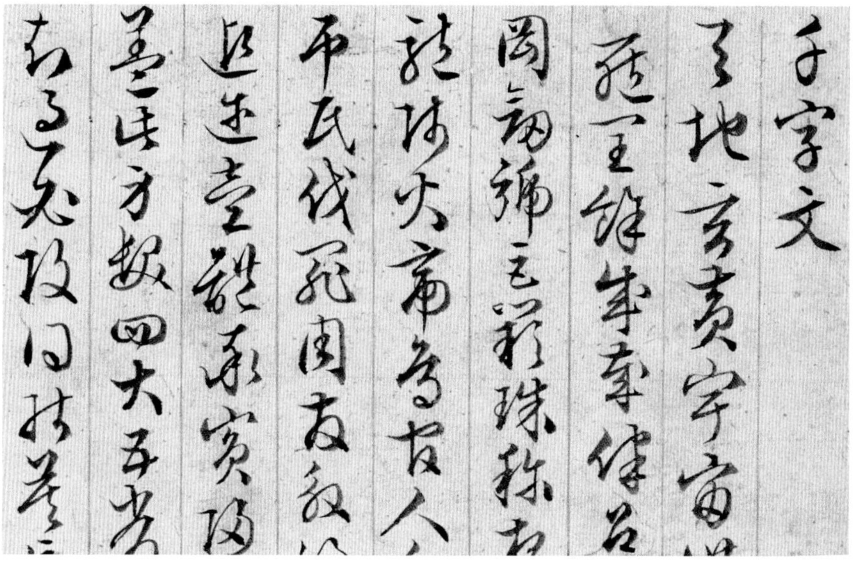

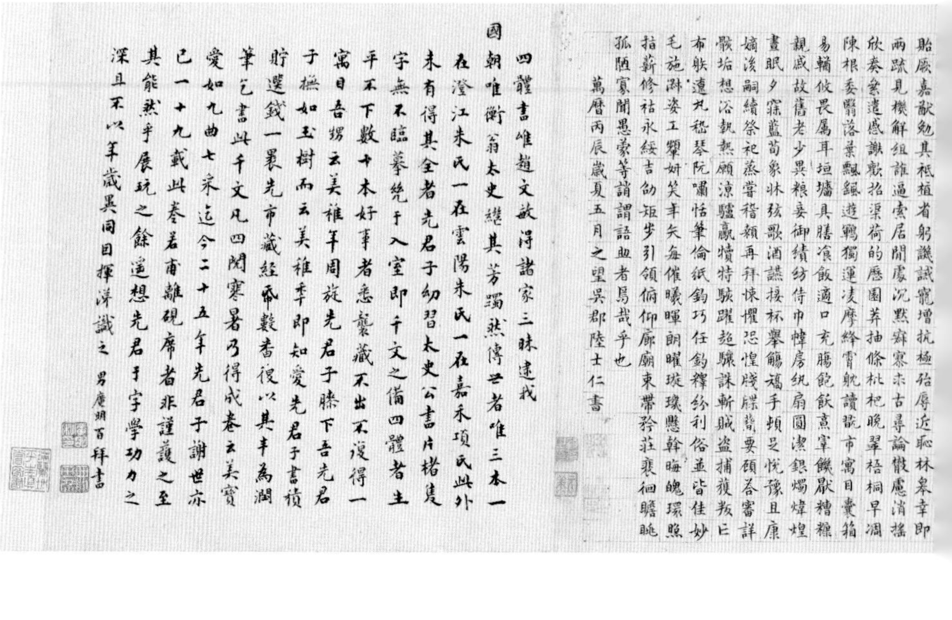

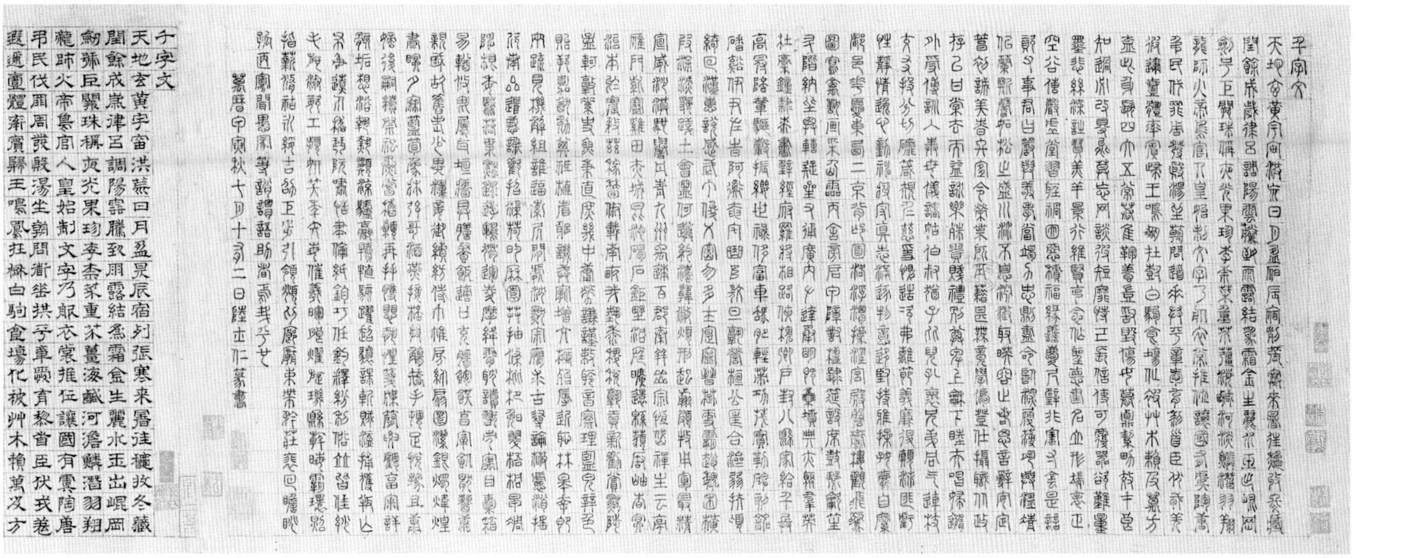

《四體千字文卷》之一

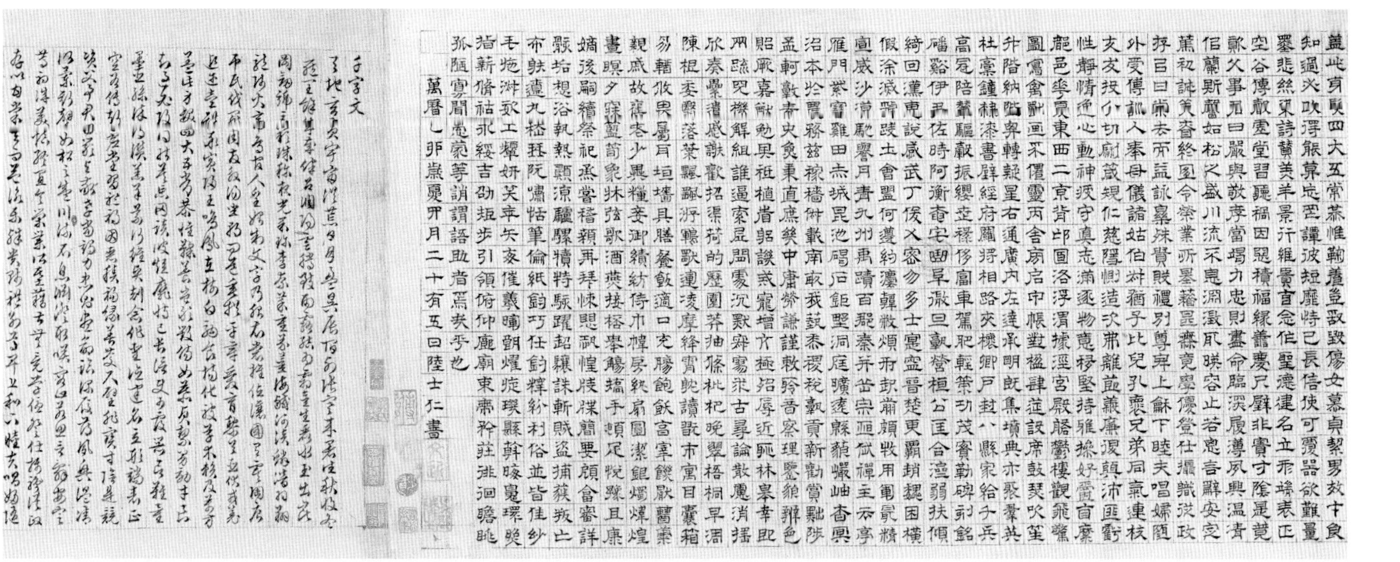

《四體千字文卷》之二

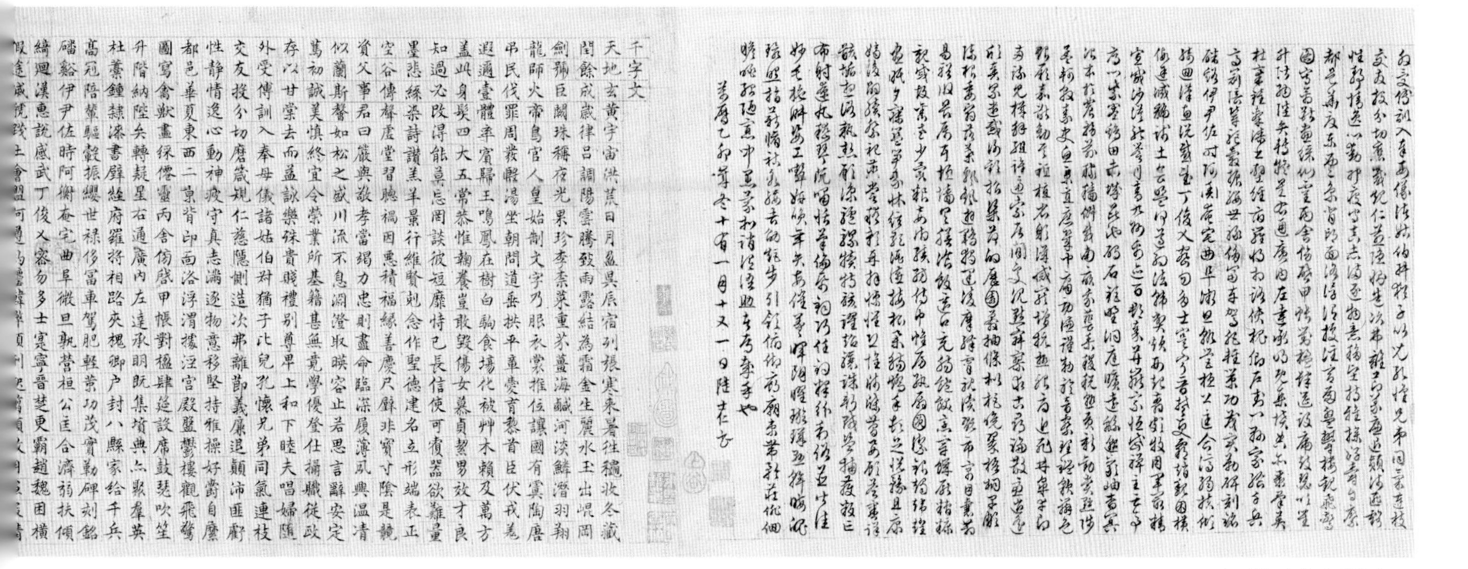

《四體千字文卷》之三

98

宋珏　隸書七律詩軸

紙本　隸書
縱132.5厘米　橫63.5厘米

Qi Lu Shi (seven-syllable regulated verse) in official script
By Song Jue (1576-1632)
Hanging scroll, ink on paper
H. 132.5cm　L. 63.5cm

宋珏（1576—1632），字比玉，號荔枝仙、莆陽老人，福建莆田人，流寓金陵（今南京）。國子監生。擅畫，山水出入二米、吳鎮及黃公望。兼刻印，後人稱“莆田派”。工書，尤長於隸書，師法《夏承碑》。

軸書七言律詩一首，款署“莆陽宋珏書”，鈐“宋珏之印”（白文）、“比玉父”（朱文）印。

此軸書法字形方整，結體縱橫有度，運筆提按頓挫、藏露有勢，筆兼方圓，古意盎然。從整體看明顯受漢代《夏承碑》書法影響，顯示作者對古字體的刻意追摹。但在一些筆畫上如波勢上挑，不如《夏承碑》穩重，而略顯飄逸輕佻。

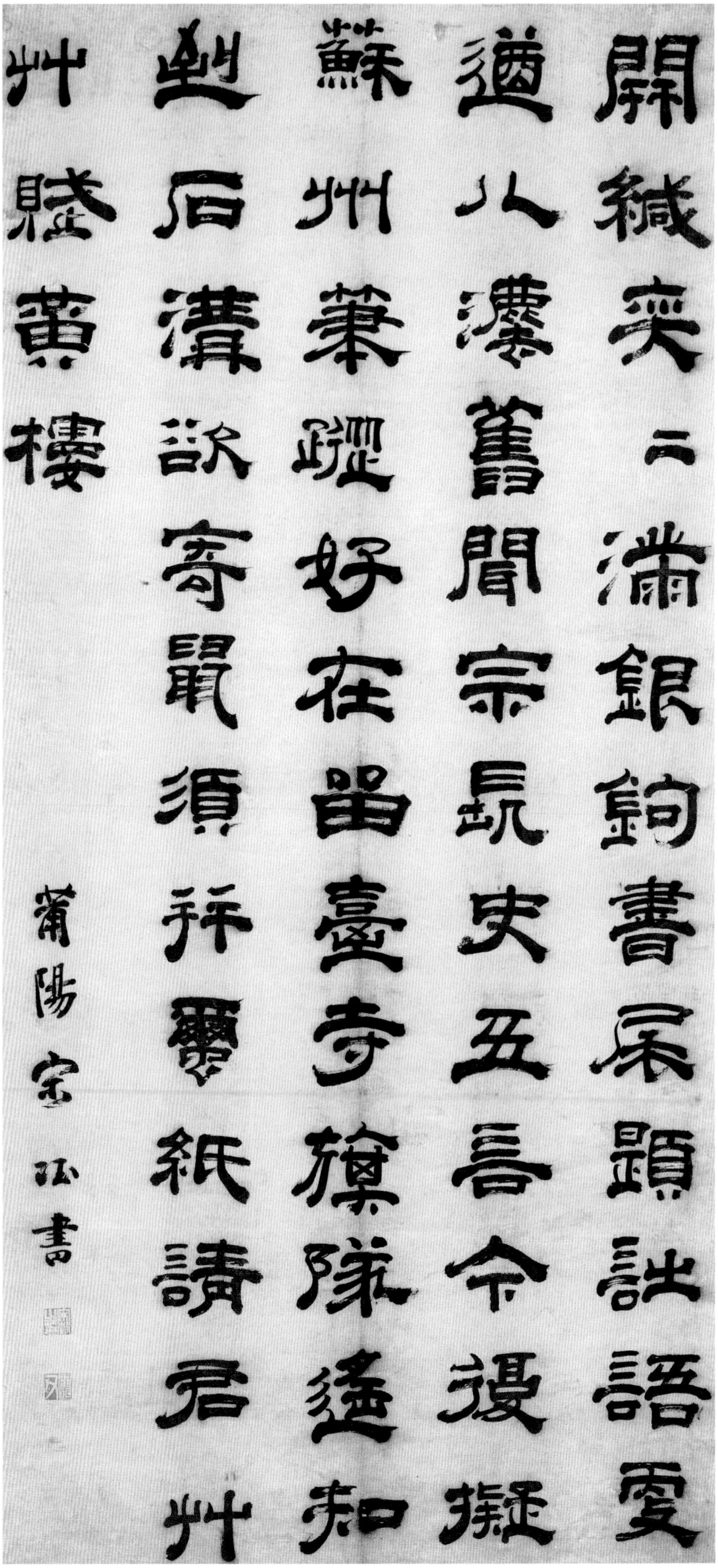

99

黃道周　楷書張溥墓誌銘卷

紙本　楷書
縱28.7厘米　橫193.8厘米

Zhang Pu Mu Zhi Ming (Epitaph for Zhang Pu) in regular script
By Huang Daozhou (1585-1646)
Handscroll, ink on paper
H. 28.7cm　L. 193.8cm

黃道周(1585—1646)，字幼玄，一字螭若，別號石齋，福建漳州人。天啟二年進士，選庶吉士，授編修，歷官禮部尚書。學貫古今，尤以文章風節名天下。性格嚴冷方剛，不諧流俗，明亡被俘，至死不降。工書，真、草、隸各體自成一家。著有《黃漳莆集》。

《張溥墓誌銘》，黃道周撰文並書。款署“弘光元年龍飛春三月朔日　賜進士出身，光祿大夫、太子太保協理、詹事府事、禮部尚書兼翰林院學士、前吏部左右侍郎，正詹事兼翰林院侍讀學士、充經筵日講官、纂修實錄玉牒、通家侍生漳海黃道周頓首撰識”，鈐“黃道周印”(白文)、“石齋”(朱文)、“亦號赤松子”(朱文)、“何如黃石公”(朱文)，引首鈐“明誠堂”(朱文)印。南明“弘光元年”為清順治二年(1645)，黃道周時年六十一歲。張溥，字天如，江蘇太倉人。崇禎間進士，與黃道周交善，後受謗憂憤卒。卷前有清何紹基楷書引首：“石齋先生譔書張天如墓誌銘”。卷後有周永年、梁章鉅、何紹基題跋。

此卷書法類鍾繇，風格清勁，結體綿密，用筆挺拔勁力，時雜方折筆，有北碑筆意。在柔媚的帖學書風流行之際，黃道周突破時俗，創出一種清新剛健的書法風貌。為黃道周晚年書法傑作。

鑑藏印記：高士奇、梁章鉅、錢大昕、羅振玉等印。

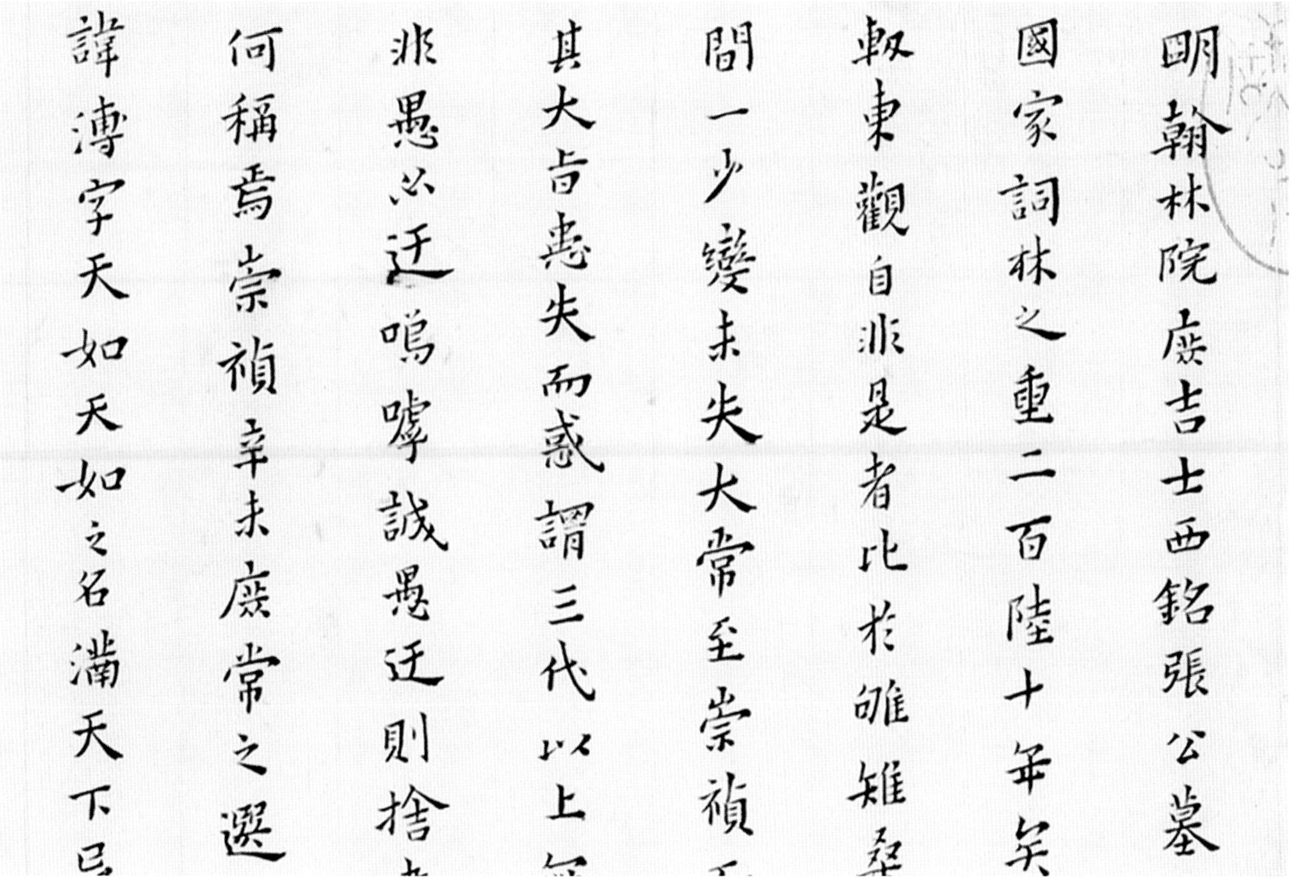

何紹基題

明翰林院庶吉士西銘張公墓誌銘
國家詞林之重二百陸十年矣承明起草淬綏
叔東觀自非是者比於雊雉桑穀正嘉之際
閒一少變未失大常至崇禎而後揆守它寄
其大旨患失而咸謂三代以上無書好讀書者
非愚必迂嗚嘑誠愚迂則捨書而可六蔽之說
何稱焉崇禎辛未庶常之選有張西銘先生
諱溥字天如天如之名滿天下忌其名者至藉以
入告嗚嘑士大夫不讀書又罪天下之讀書者
不脩名又以名為厲於天下將使渾沌為衲釋充
祝之凱章邪而凶歐蘇則傳巖學古之為胥
靡有以也予性頑且鄙寡所見書即數見不
復記憶然且以直言賈罪九折幾死天如既口吶
沈默不喜持論予謂是一先生終當以文據於
鼎耳而亦且遲受疑謗嗟如以死嗚嘑天之將
喪斯文也恒落雨隕春穠所嗟蓋自公之始

上覽之惻然乃用劉御史熙祚姜給事埰言徵
公遺書事為白公所著有七錄齋二集史論二編
論略春秋三書十三經註疏合纂歷代文典文乘
所刪正標置行世者不可勝舉曾祖鯨祖仲皆以伯
子輔之官贈資政大夫工部尚書公父翼之未贈官
有子十八公次居八世為蘇之太倉人嗣子永錫字
式似以崇禎十五年葬於婁江之西館南圩又三年
受先乃命予為之銘銘曰哲人所託亦各有在峙
為義山渟為理海渟峙既翻乾坤顛沛念我
哲人喟然發嘅西無華峨東無泰岱人無天如
精藥晝晦澆明河酒灣北斗酹嗚呼千穠視
此函蓋
弘光元年龍飛春三月朔日
賜進士出身光祿大夫太子太保協理詹事府
事禮部尚書兼翰林院學士前吏部左右
侍郎正詹事兼翰林院侍讀學士充
經筵日講官纂脩
實錄玉牒通家侍生漳海黃道周頓首撰識

其母曰兒有何恨連呼曰可惜黃石齋至死而目不瞑此文所
云天如之退退而死則亦惟余之故蓋信而有徵矣至所云
出從宜興歸遂鬱鬱病者方公削籍時周延儒為政後亦內愧
公被逮時值名周將復入相天如遂走宜興慫恿周曰救石齋
是為朝廷存一直臣非救石齋也今國家事莫有重於此者
顧公任之因是延儒頗參用公議為公地得復官而天如不及
見矣篇末言烈皇用劉熙祚姜埰言徵天如遺書後劉死於賊
姜以廷杖謫戍死二人在思陵時最號敢言故天如之事得藉以
白陳臥子先生謂天如死存遺腹故余詩云若從此日論天道定
有傳經鄭小同乃生一女海內傷之此所云嗣子永錫者後亦無
可考云此卷得自吳門舊家篇中所叙多史傳所未載文既沈
鬱字復精嚴允稱墨寶余在吳中曾為人題公楷書文文肅
墓銘長卷與此卷相仿蓋當時皆以墨本鈎勒上石留此原
紙令搨本轉不可得而原紙完好如新文肅與天如皆前明偉
人得公之文與字可稱三絕宜其精光浩氣長留天壤終不隨
劫火同銷也夫　按獲此卷在道光己丑之秋後數月即具此跋
稿而因循未寫忽忽者十有六年今此卷已付恭兒檢舊稿求書
卷後因漫應之目昏腕弱粗具字模而已甲辰重陽退養居士
識於北東園之池上艸堂時年政七十

周延儒之對懷宗以天如與石齋先生並稱
謂兩人皆偏止因善讀書人多惜之天
如之讀書豈能與先生等論耶蓋當日名
亦重矣明末諸君濫得嘉譽者甚多即先
生疏陳七不如者其人固不皆賢士天如得與
石齋並稱尚未為偽冒也且天如於先生為
後進而有生死金石之誼又年未足以副所
學宜其報以銘幽推重隆至耳書意於
古勁中濵有錯落之妙信為先生傑蹟
敬姊太守盍再覩貞石永之道州何紹基敬
觀於杭州淨慈寺之西隱精舍因記

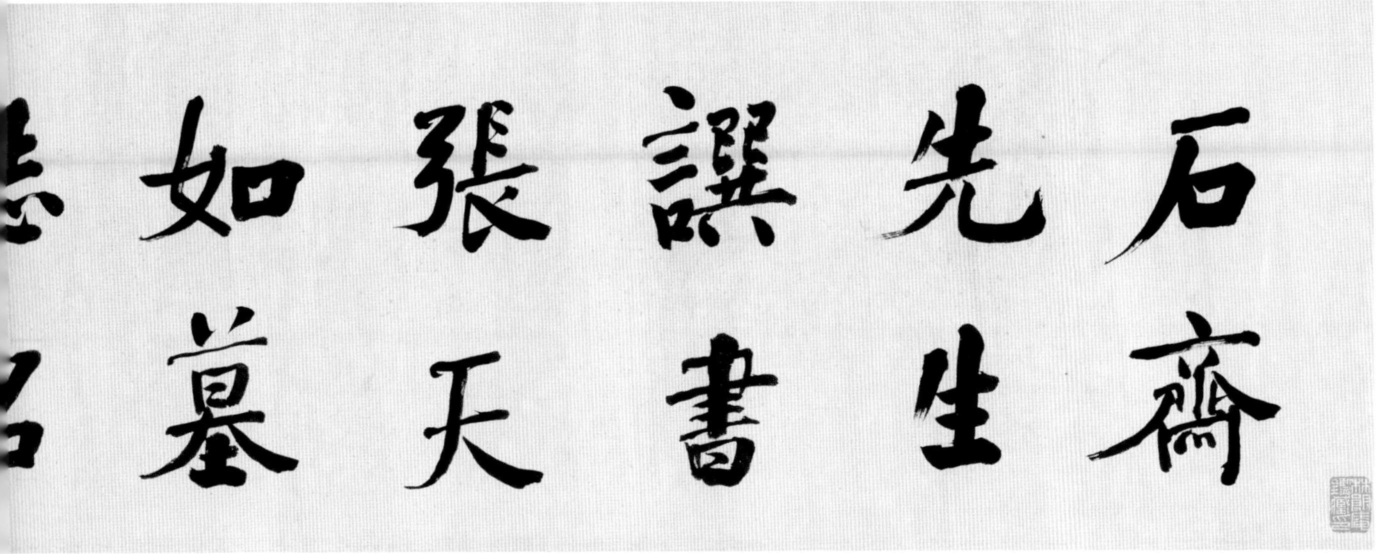

《張溥墓誌銘卷》之一

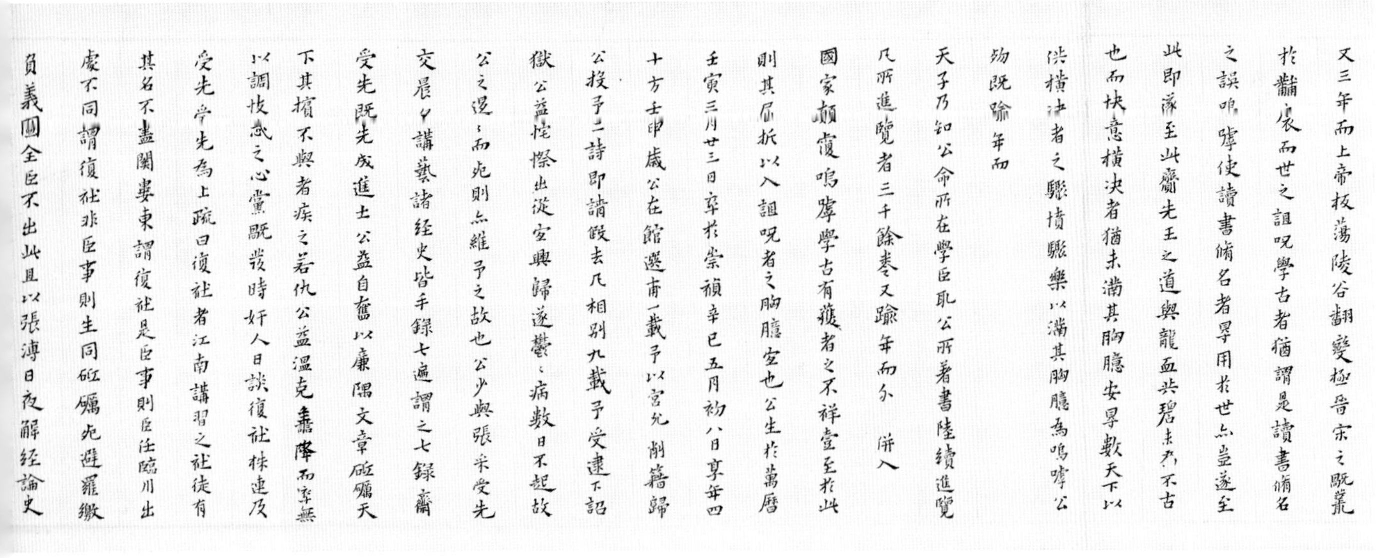

《張溥墓誌銘卷》之二

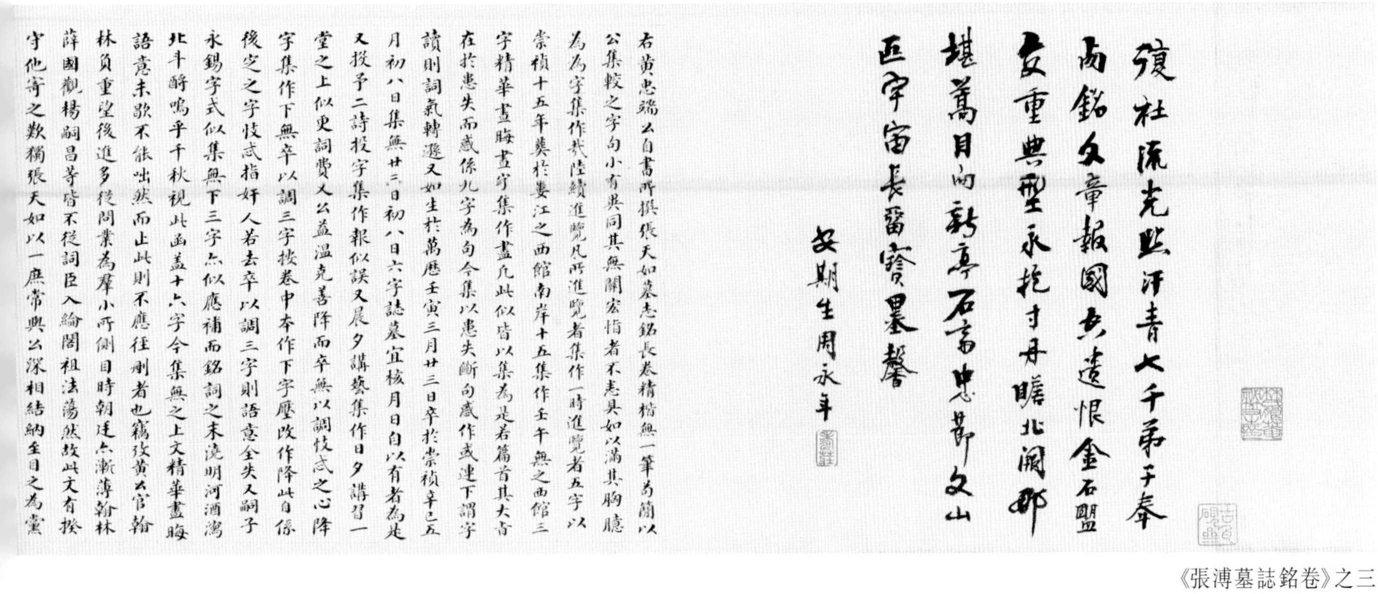

《張溥墓誌銘卷》之三

100

黃道周　行書途中見懷詩軸

紙本　行書
縱141厘米　橫32厘米

Tu Zhong Jian Huai Shi (A poem on Thoughts about Journey) in running script
By Huang Daozhou
Hanging scroll, ink on paper
H. 141cm　L. 32cm

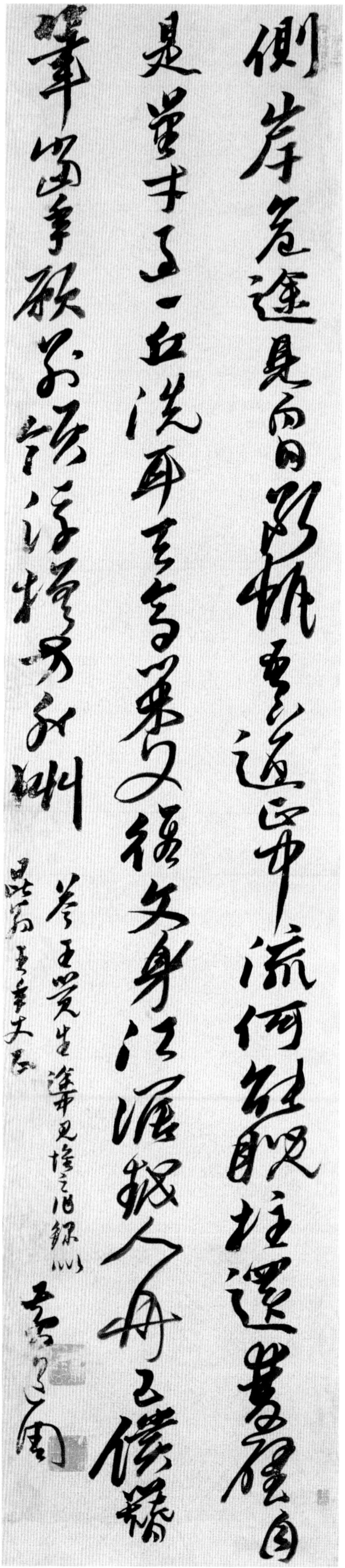

軸書七言詩一首，款署“答子覺生途中見懷之作，錄似昆翁王年丈正　黃道周”，鈐“黃幼玄”(白文)、“道周”(白文)，引首鈐“五伐三洗亢復來”(朱文)印。

此軸書法用筆摻和鍾繇筆勢，方拓峻峭，險勁倔強。結體呈俯仰、欹側之勢。章法緊密，陣勢森羅，頗有“嚴冷方剛，不諧流俗”之性格。

鑑藏印記：“伍怡堂書畫記”(朱文)。

釋文：
側岸危途見白日，斷帆吾道正中流。何能睨柱還雙璧，自是量才過一丘。洗耳天高巢父徑，文身江闊越人舟。已償簪筆當年願，別領浮槎方外州。　答子覺生途中見懷之作，錄似昆翁王年丈正　黃道周

101

倪元璐　行書杜牧詩軸

紙本　行書
縱128.5厘米　橫93.1厘米

Du Mu Shi (Du Mu's poem) in running script
By Ni Yuanlu (1593-1644)
Hanging scroll, ink on paper
H. 128.5cm　L. 93.1cm

倪元璐(1593—1644)，字玉汝，號鴻寶，浙江上虞人。天啟二年進士。崇禎初抗疏魏忠賢黨楊維垣，雅負人望，遷國子祭酒。後起兵部侍郎，戶部尚書兼翰林院學士。崇禎末年，李自成攻陷京師時自縊死，清謚文貞。能詩文，工書畫，書法筆致剛毅勁拔，鬱勃有氣概。著有《倪文貞集》。

軸書唐杜牧詩《贈李秀才是上公孫子》。款署"元璐似千岩辭丈"，鈐"倪元璐印"(白文)、"鴻寶氏"(朱文)印。

倪元璐的書法與黃道周一樣，在明末書壇上具有鮮明的特色。在結構上傾斜交錯，險峻而恣肆，有多姿奇偉之感。在行筆流轉、頓挫中融入了更多的沉鬱和澀拙，線條支離怪異，頗感風骨凌厲。康有為說："倪鴻寶新理異態尤多。"

鑑藏印記："師守玉印"(朱文)、"蒯壽樞家珍藏"(朱文)、"師氏春德堂藏"(朱文)。

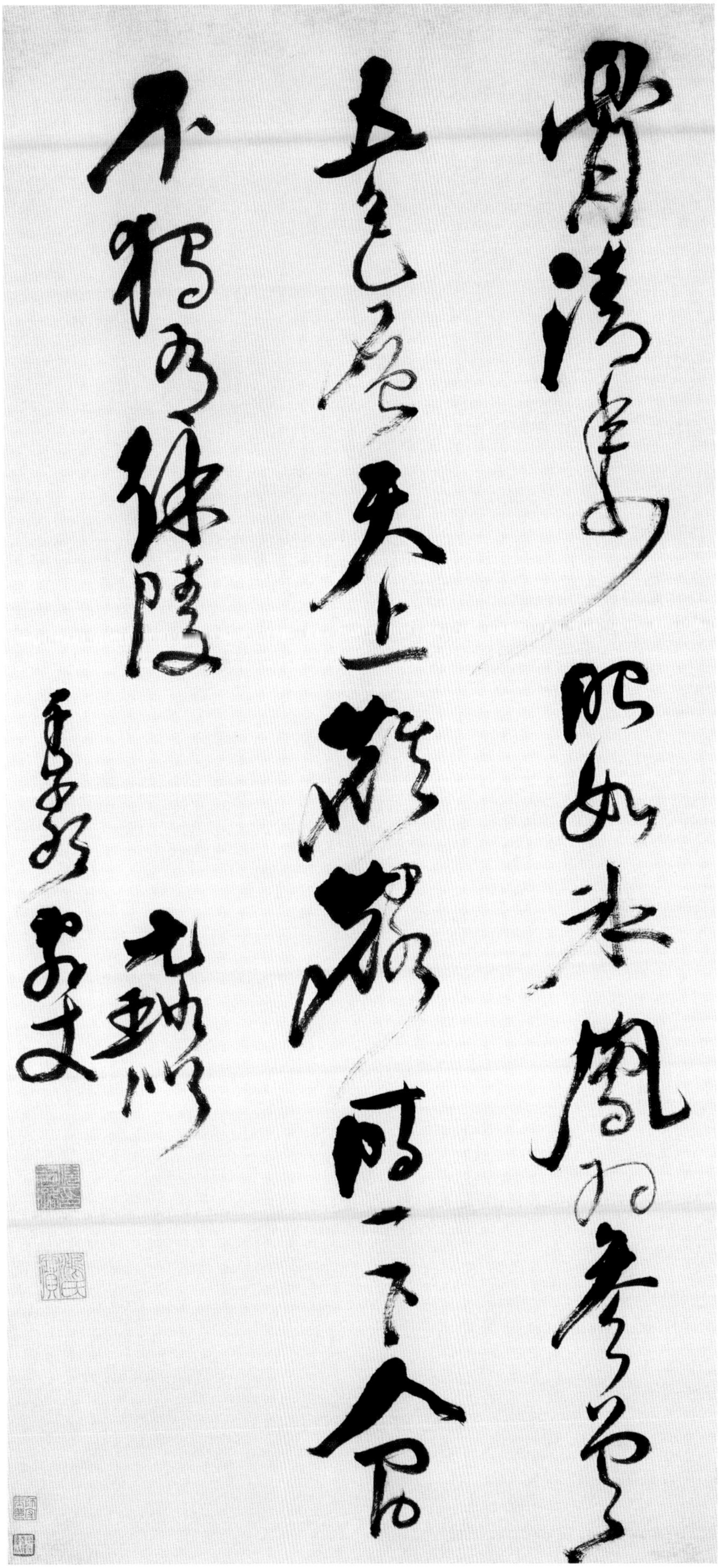

釋文：
骨清年少眼如冰，鳳羽參差五色層。天上麒麟時一下，人間不獨有徐陵。　元璐似千岩辭丈

102

眭明永　草書柳永詞軸
紙本　草書
縱113.5厘米　橫28.3厘米

Liu Yong Ci (Liu Yong's verse) in cursive script
By Sui Mingyong (?-1645)
Hanging scroll, ink on paper
H. 113.5cm　L. 28.3cm

眭明永（？—1645），字嵩年，江蘇丹陽人。崇禎十五年舉人。曾任華亭教諭，為人放浪詩酒，常隨意戲謔悲歌。順治二年，清軍入城上吊自殺，不得死，隨後又投水自盡，又被救出，最後終因不肯投降而被殺。擅畫，亦善楷、草書。

軸書宋柳永《雨霖鈴》詞中句，“楊柳岸”，誤書“楊柳外”。款署“明永”，鈐“眭明永印”（白文）、“嵩年”（白文）印。

此軸書法氣勢奔放豪爽，神完氣足。用筆傾側欹斜，筆勢開張激蕩，大筆迅疾，線條縱逸跌宕，變化多端，頓挫轉換，狂縱而饒富奇趣。

鑑藏印記：“譚觀成”（白文）、“宣君長印”（白文）。

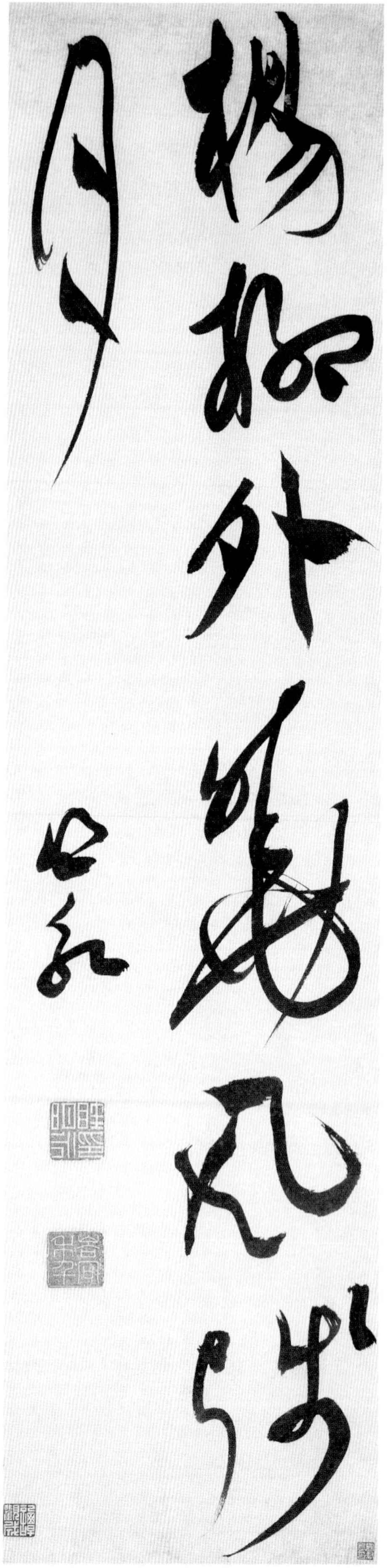

釋文：
楊柳外，曉風殘月。　明永

103

陳洪綬　行書五律詩軸

紙本　行書
縱141厘米　橫57.5厘米

Wu Lu Shi (five-syllable regulated verse) in running script
By Chen Hongshou (1598-1652)
Hanging scroll, ink on paper
H. 141cm　L. 57.5cm

陳洪綬(1598—1652)，字章侯，幼名蓮子，晚年稱老蓮，浙江諸暨人。明諸生。崇禎十五年(1642)納資入國子監，旋召為舍人，入內廷臨摹歷代帝王圖像。南明魯王授翰林待詔，隆武帝召為監察御史，皆不赴。清兵下浙東，一度至紹興雲門寺為僧，號悔遲、老遲等。晚年賣畫為生。工詩善畫，人物畫為後世所重。著有《寶綸堂集》。

軸書五言律詩一首，款署"洪綬似玄濬道盟兄正之，二十餘年不見重為作書樂甚"，鈐"陳洪綬印"(朱文)、"章侯氏"(白文)印。從落款中可知，詩文是陳洪綬晚年為僧時所作。

陳洪綬的書法與繪畫都有共同而鮮明的特色，即奇異、怪誕。此軸書法結構修長，字型呈欹峭之勢。用筆緊密而細膩，簡潔而質樸，姿態誇張，富於變化。線條運用瀟灑俊健，頗有風姿，表現了其獨特的書風。

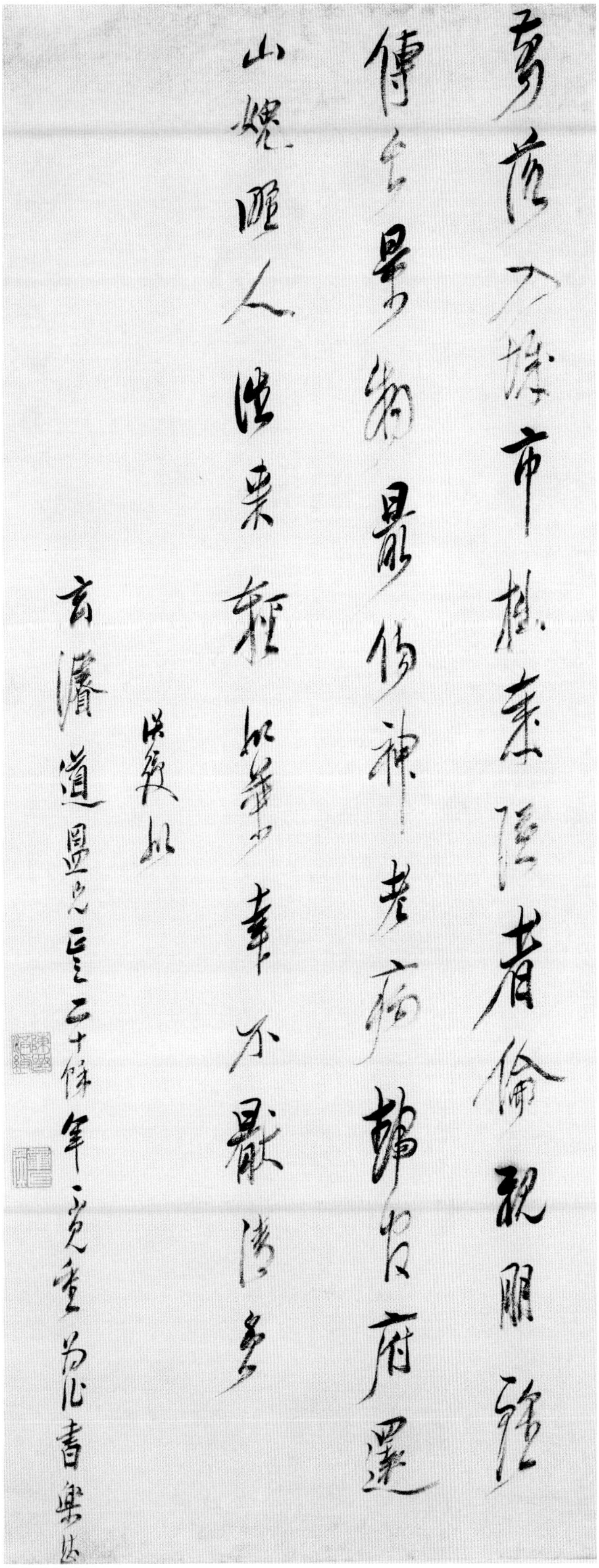

釋文：
剪落入城市，拙歲隱者倫。
親朋雖傳舌，景物最傷神。
老病錦官府，還山愧野人。
往來輕似葉，幸不厭清員。
洪綬似玄濬道盟兄正之，二十餘年不見重為作書樂甚

104

丁元公　草書自書詩卷

紙本 草書
縱28.2厘米 橫213.5厘米

Zi Shu Shi (Self-transcribed Poem) in cursive script
By Ding Yuangong (Dates unkown)
Handscroll, ink on paper
H. 28.2cm　L. 213.5cm

丁元公（生卒年不詳），字原躬，浙江嘉興人。布衣，後為僧，名淨伊，號願庵。善畫山水、人物、佛像，為僧後專畫佛像，而山水筆墨高遠。兼精繆篆，善書工詩。

卷書七言、五言詩七首，款署："明因灖伊書"，鈐"釋淨伊印"（白文），"願庵"（朱文）印。引首王壽祺篆書"明賢詩翰"。

丁元公的書法形態怪異，字型大小錯落，相互穿插。筆畫長短恣肆，頓挫、跳躍幅度很大，線條粗細變化豐富。此卷書法率意、險崛，鋒芒外露，有縱橫造險之勢。

鑑藏印記：王福闇、譚觀成印七方。

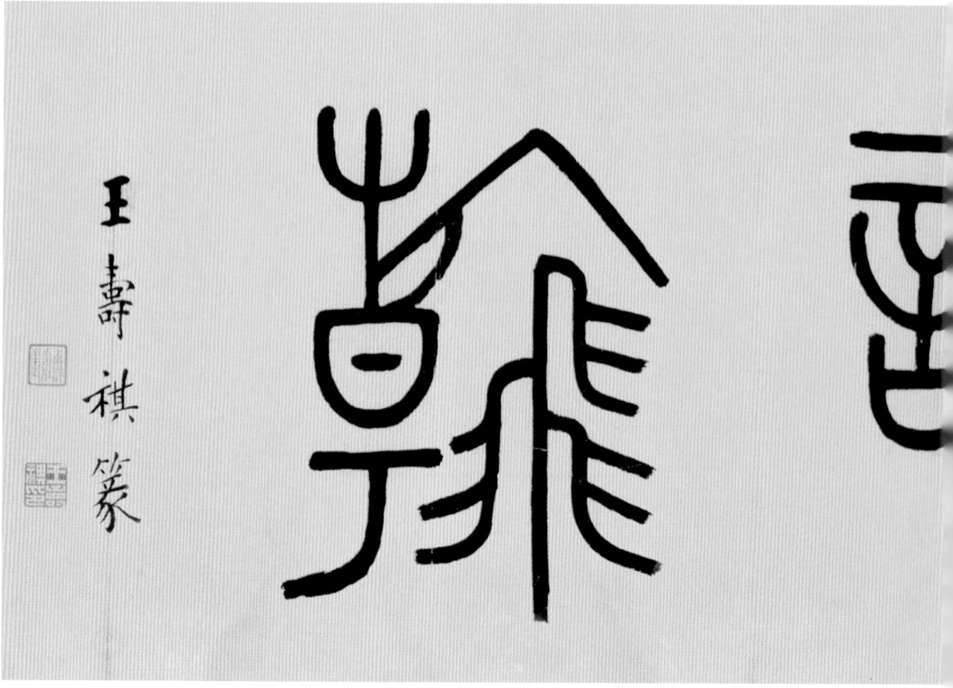

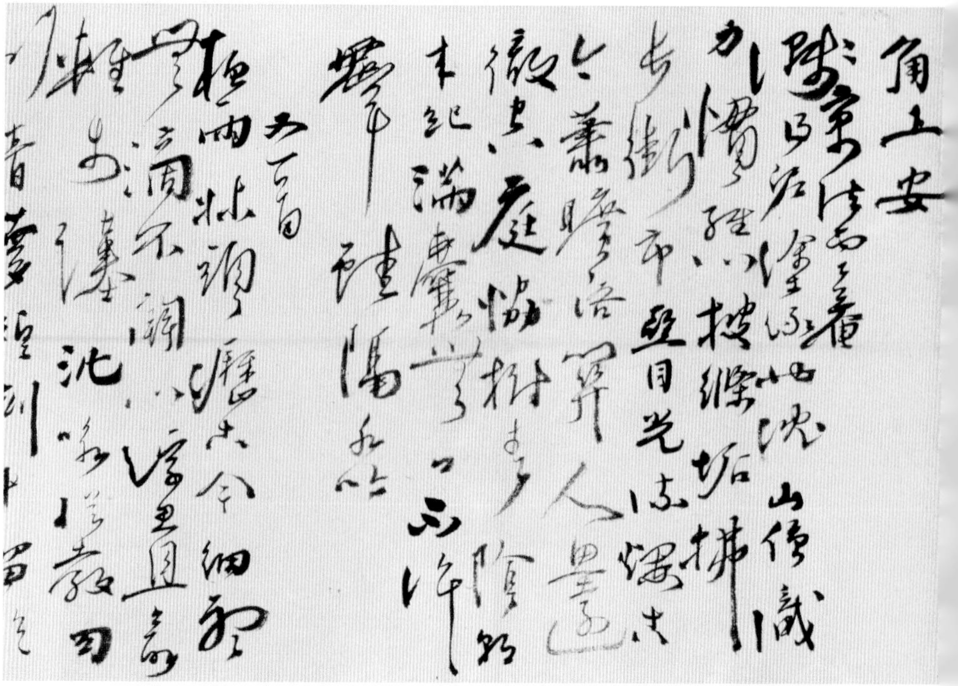

續盤桓）卻教伊日照闌干。

寓郭伯超薔薇室
昨日翁家賦牡丹，薔薇今日主人歡。杳開一座迎侍貴，句點千華絢露溥。古路不知明月照，新英恰喜老僧看。蔓藤疏密流光處，試把袈裟角上安。

寓法雲庵
賦得泥塗緣也沉，山僧識力慣經心。披纔垢拂長街市，亞目光流爛古今。蕭曠洛關人思遠，徹空庭協樹青陰。朝來紀滿囊無口，不許羣蛙隔水吟。

又一首
雨床頭瀝古今，細聽無滴不關心。浮思且命輕於謹，汎咏從教幻

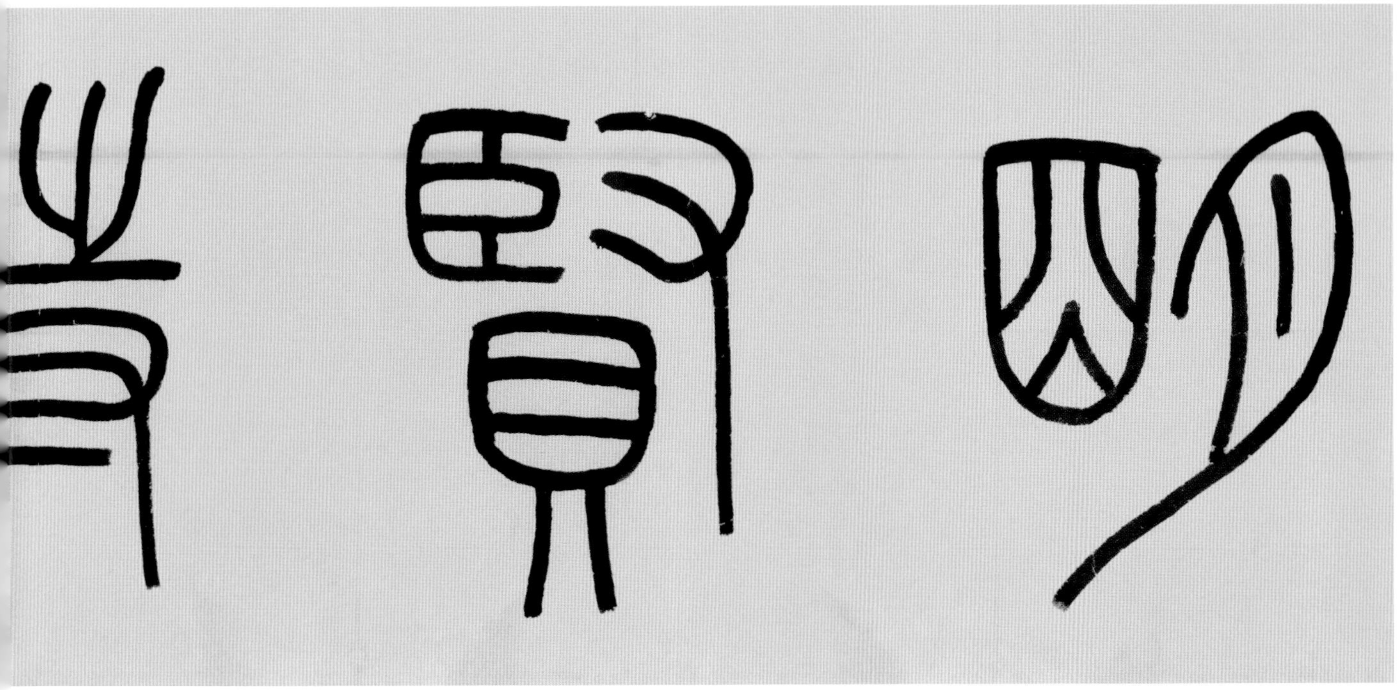

《自書詩卷》之一

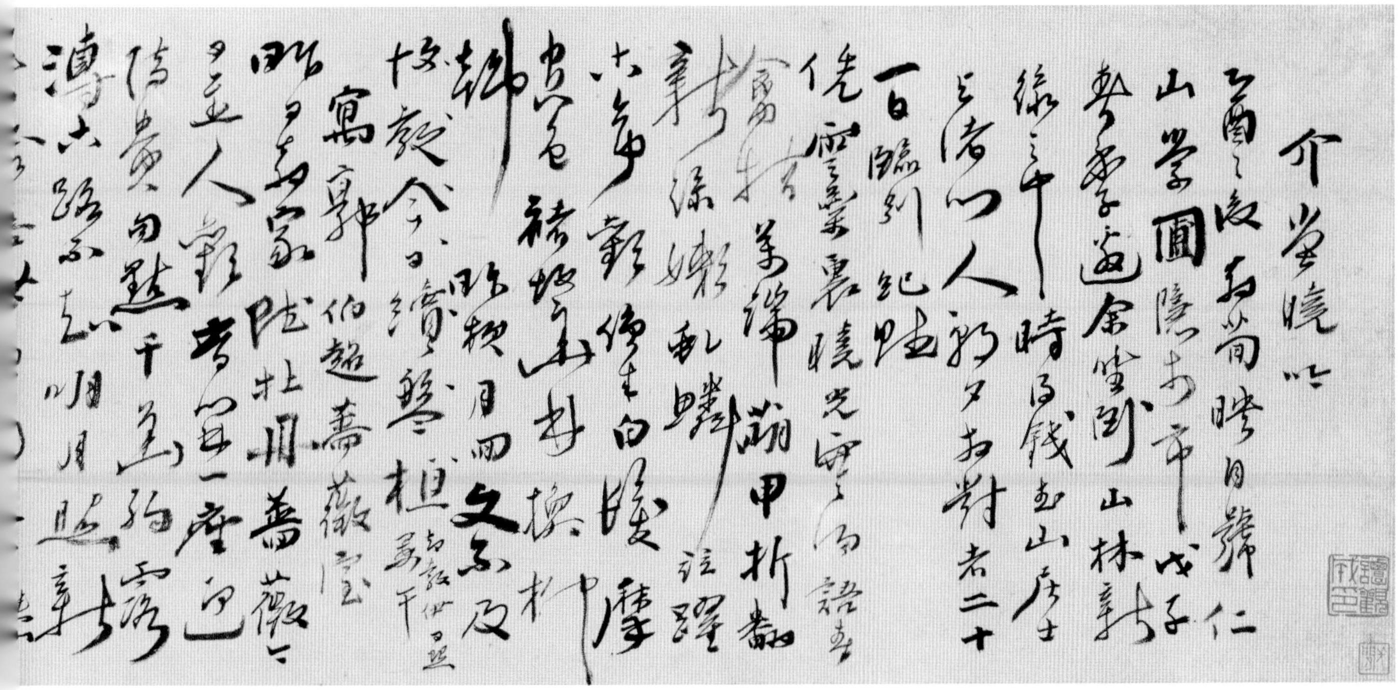

《自書詩卷》之二

釋文：
介堂曉吟
乙酉之後，翁荀映自號仁山，學圃隱於市。戊子春季邀余坐臥山林新綠之中。時得錢武山居士與諸門人朝夕相對者二十一日，臨別紀賦。
憑雲葉裏曉光寒，得語春禽指萬端。萌甲折翻新綠嫩，蚪鱗並躍古爭歡。僧來白髮摩空色，褚故華林換柳韓。昨夜月回文不及，(故教今日及

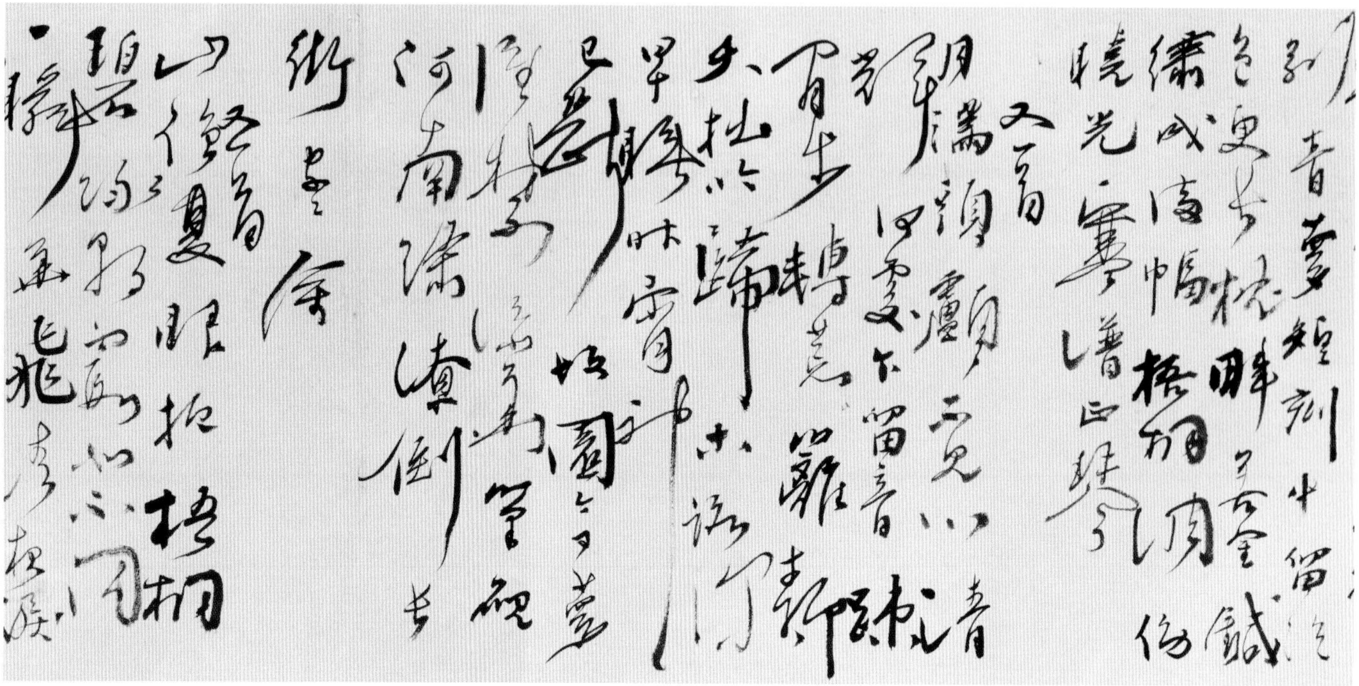

《自書詩卷》之三

夜別音。夢短刻中留冷色，更長枕畔苦金鍼。繡成滿幅梧桐調，傍曉光寒譜正琴。

又一首

月滿頭顱不見心，清輝何處乍留音。疏間步轉荒籬靜，大拙吟歸古路深。早睡昨宵神已斷，故園今日夢誰禁。添華筆硯河南瀟，潦倒長街字字金。

又一首

山僧雙眼抑梧桐，碧綠朝霞似不同。一瞬華飛清夜淚，

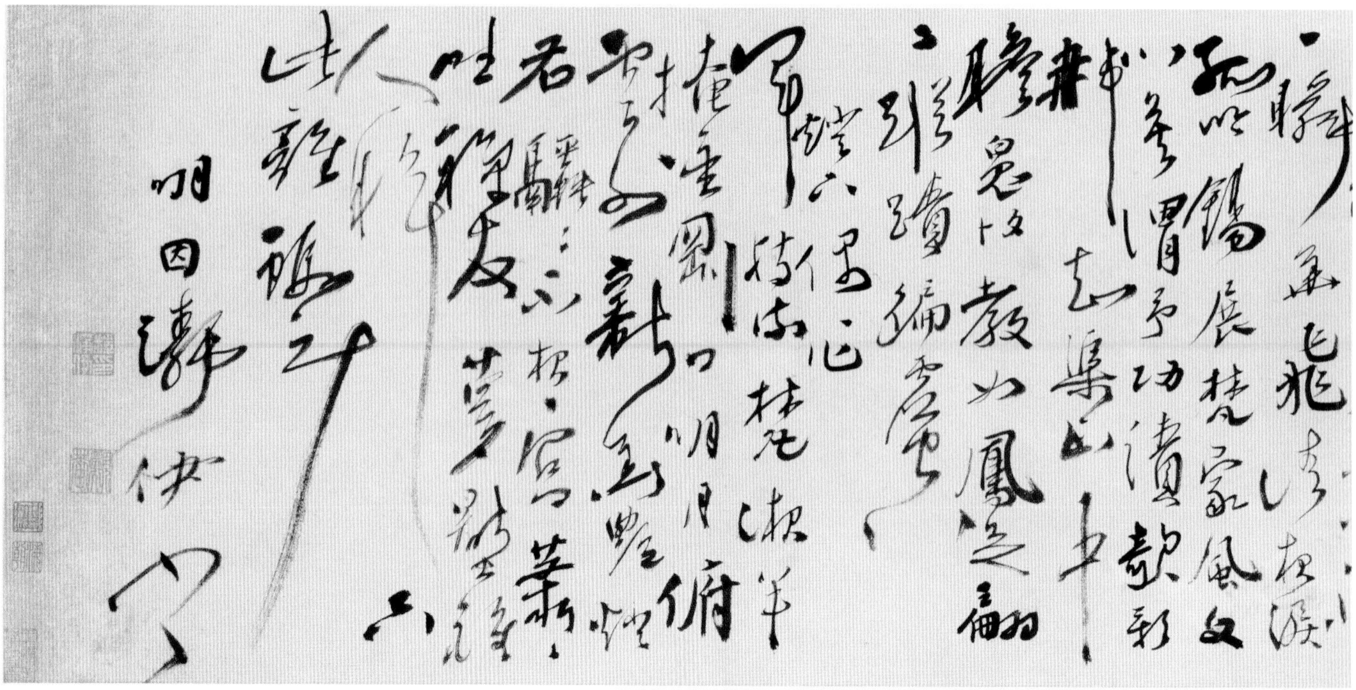

《自書詩卷》之四

孤吟錫展梵家風。文心莫謂予功績，欹影那知渠正中。膽魄故教如鳳足，翩翩縱跡徧虛空。

燈下偶作

軍持流梵液，半掩金剛口。明月俯雲外，新華豔燈右。融融不報宮，藹藹吐禪友。夢壓誰人眸，只此離蝦斗。

明因澥伊書